MI VIDA COMO EXPLORADOR

Sven Hedin

MI VIDA COMO EXPLORADOR

Ecos de Oriente

Título Original: *My life as an explorer*
© 1925, del texto: Sven Anders Hedin
© 2022, de la traducción: Daniel Jorge Hernández Rivero
Corrección del texto: Carlos Pérez Casas

Todos los derechos reservados. Queda prohibida la reproducción total o parcial del contenido de esta obra sin autorización.

Publicado bajo arreglo con la Fundación Sven Hedin de la Real Academia de las Ciencias de Suecia, Estocolmo.

Primera Edición: Noviembre 2022
© de esta edición: Ecos de Oriente
www.ecosdeoriente.com

ISBN: 978-1-7391512-0-1

En memoria de mi querida madre

Sven Hedin

ÍNDICE

1. CÓMO EMPEZÓ TODO 11
2. A TRAVÉS DE LOS MONTES ELBURZ HACIA TEHERÁN 19
3. A CABALLO POR PERSIA 25
4. DESDE MESOPOTAMIA HASTA BAGDAD 32
5. UN PERIPLO ARRIESGADO A TRAVÉS DE PERSIA OCCIDENTAL 38
6. CONSTANTINOPLA 47
7. UN EMBAJADOR ANTE EL SHAH DE PERSIA 52
8. UN CAMPOSANTO 58
9. HACIA LA CIMA DEL MONTE DAMAVAND 63
10. A TRAVÉS DE JURASÁN, LA TIERRA DEL SOL 70
11. MESHED, LA CIUDAD DE LOS MÁRTIRES 77
12. BUJARÁ Y SAMARCANDA 79
13. EN EL CORAZÓN DE ASIA 88
14. CON EL EMIR DE BUJARÁ 94
15. UN PASEO INVERNAL EN EL «TECHO DEL MUNDO» 101
16. CON LOS KIRGUISES 113
17. MI LUCHA CONTRA EL «PADRE DE LAS MONTAÑAS DE HIELO» 121
18. ME ACERCO AL DESIERTO 131
19. EL MAR DE ARENA 139
20. LA CARAVANA SE ENCUENTRA CON EL DESASTRE 147
21. LOS ÚLTIMOS DÍAS 156
22. ROBINSON CRUSOE 165
23. SEGUNDA EXPEDICIÓN AL PAMIR 174
24. DESCUBRO CIUDADES DE DOS MIL AÑOS DE ANTIGÜEDAD 179
25. EL PARAÍSO DE LOS CAMELLOS SALVAJES 186
26. RETROCEDIENDO MIL DOSCIENTAS MILLAS 192
27. UNA HISTORIA DETECTIVESCA DESDE EL CORAZÓN DE ASIA 200
28. MI PRIMERA ENTRADA EN EL TÍBET 207
29. ASNOS SALVAJES, YAKS SALVAJES Y MONGOLES 215
30. EN EL TERRITORIO DE LOS LADRONES TANGUT 224
31. HACIA PEKÍN 232
32. ¡DE VUELTA AL DESIERTO! 242
33. NUESTRA VIDA SOBRE EL RÍO MÁS GRANDE EN EL CORAZÓN DE ASIA ... 251
34. LUCHANDO CONTRA EL HIELO 262
35. UN VIAJE PELIGROSO A TRAVÉS DEL GRAN DESIERTO 269

36. DESCUBRIMOS UNA CIUDAD ANTIGUA EN EL DESIERTO DE LOP 278
37. NUESTRAS ÚLTIMAS SEMANAS EN EL RÍO TARIM 288
38. AVENTURAS EN EL TÍBET ORIENTAL 295
39. UNA RETIRADA SEMBRADA POR LA MUERTE 305
40. A TRAVÉS DEL DESIERTO DE GOBI, SIN AGUA 313
41. LOULAN, LA CIUDAD DURMIENTE 320
42. DE VUELTA AL ALTO TÍBET 326
43. HACIA LHASA, DISFRAZADO DE PEREGRINO 337
44. PRISIONERO DE LOS TIBETANOS 347
45. DETENIDO POR UNA FUERZA ARMADA 355
46. DESDE EL TÍBET HACIA LA INDIA, Y DE VUELTA AL TÍBET 364
47. LUCHANDO CONTRA CUATRO GOBIERNOS 371
48. VIAJES A TRAVÉS DE TORMENTOSAS AGUAS 379
49. MARCHANDO CON LA MUERTE POR EL NORTE DEL TÍBET 391
50. A TRAVÉS DEL GRAN ESPACIO EN BLANCO «INEXPLORADO» 403
51. EL VIAJE DE LOS PEREGRINOS POR EL RÍO SAGRADO 412
52. CON EL TASHI LAMA EN LA FIESTA DE AÑO NUEVO 418
53. NUESTRAS EXPERIENCIAS EN TASHILHUNPO Y SHIGATSE 427
54. MONASTERIOS EXTRAÑOS – MONJES ENCLAUSTRADOS 435
55. NUEVOS PUERTOS EN EL TRANS-HIMALAYA – EL ÚLTIMO VIAJE DE MOHAMMED ISA 445
56. EL DESCUBRIMIENTO DEL NACIMIENTO DEL BRAHMAPUTRA 452
57. MANASAROVAR, EL LAGO SAGRADO 458
58. RAKSHASTAL, EL LAGO DEL DIABLO 466
59. DESDE LA MONTAÑA SAGRADA HASTA EL NACIMIENTO DEL INDO 470
60. DESESPERADOS DÍAS DE INVIERNO EN EL NORTE DEL TÍBET 478
61. ME CONVIERTO EN UN PASTOR 487
62. DE NUEVO, CAUTIVO DE LOS TIBETANOS 497
63. NUEVOS VIAJES A TRAVÉS DE TIERRAS DESCONOCIDAS 510
64. HACIA LA INDIA 519
65. CONCLUSIÓN 526
    NOTAS DEL TRADUCTOR 535

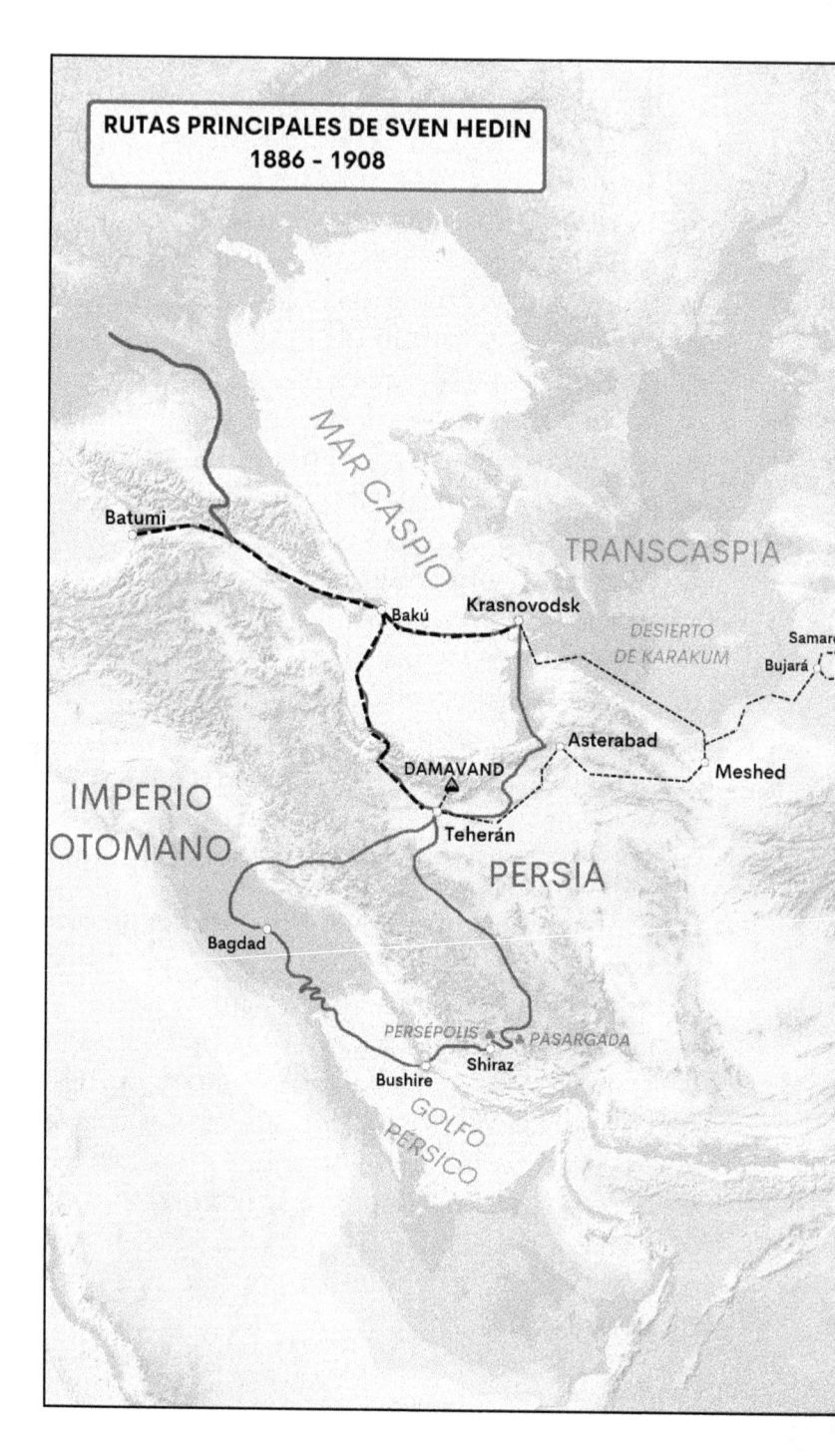

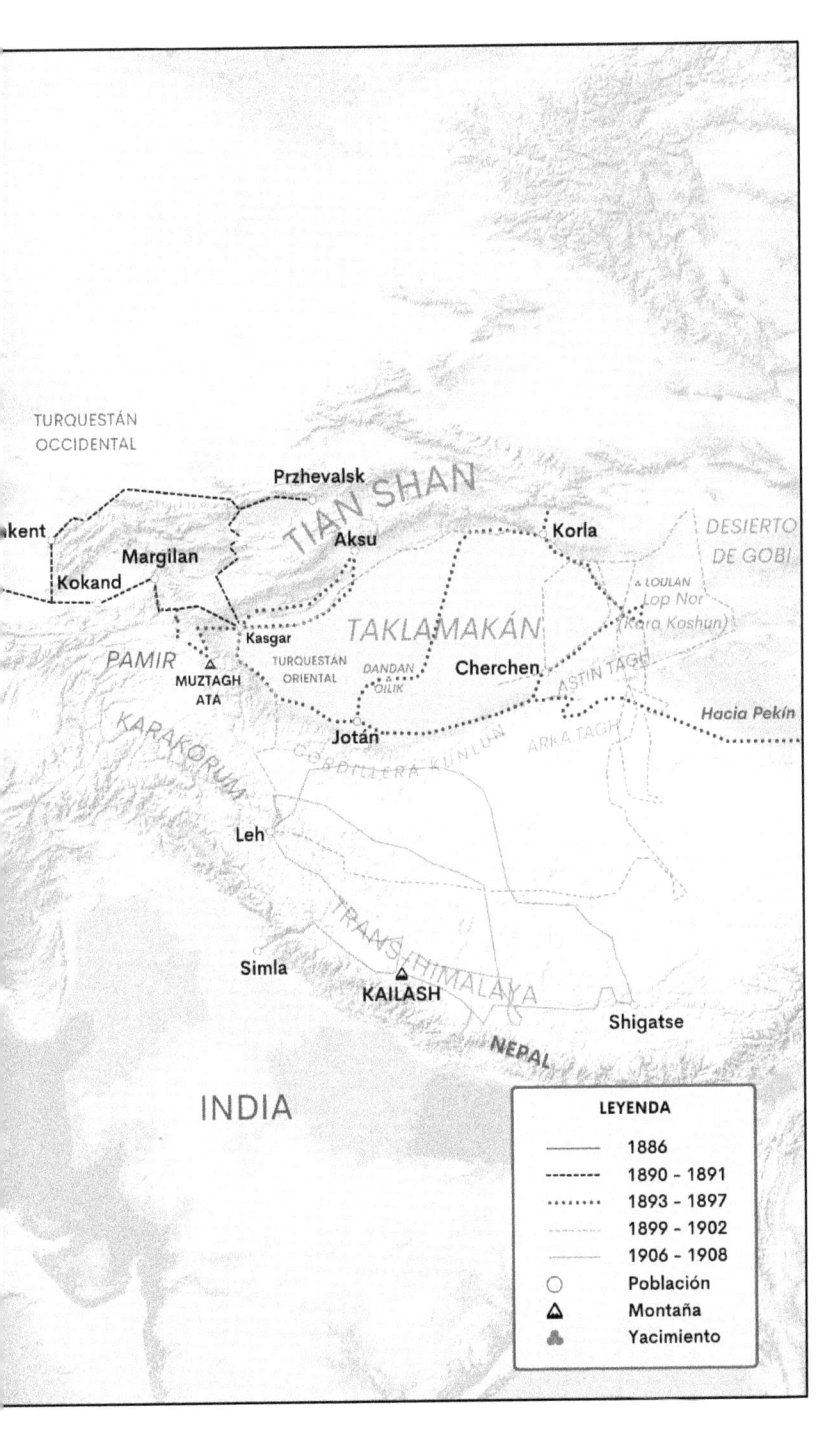

MI VIDA COMO EXPLORADOR

CAPÍTULO I

CÓMO EMPEZÓ TODO

Dichoso es el niño que descubre a una temprana edad cuál será su vocación en la vida. Esa fue, de hecho, mi buena fortuna. A la temprana edad de doce años, mi objetivo estaba bastante claro. Mis amigos más cercanos eran Fenimore Cooper, Julio Verne, Livingstone y Stanley; Franklin, Payer y Nordenskiöld, particularmente la larga saga de héroes y mártires de la exploración del Ártico. Nordenskiöld se encontraba entonces en su audaz viaje a Spitsbergen, Nueva Zembla y la desembocadura del río Yeniséi. Yo solo tenía quince años cuando regresó a mi ciudad natal, Estocolmo, tras atravesar el Paso del Noreste.

En junio de 1878, Nordenskiöld había zarpado de Suecia en el *Vega*, al mando del capitán Palander. Navegó por las costas del norte de Europa y Asia hasta quedar atrapado en el hielo del extremo oriental de la costa ártica de Siberia. El hielo lo retuvo allí durante diez meses. En casa sentimos una gran ansiedad con respecto al destino del explorador y su personal científico y tripulación. El primer movimiento hacia el rescate de la expedición vino de los Estados Unidos. James Gordon Bennett, famoso por su orden a Stanley, «¡Encuentre a Livingstone!», envió al capitán De Long en julio de 1879, en el barco estadounidense *Jeannette*, para buscar el Polo Norte, completar el Paso del Noreste e intentar ayudar a la expedición sueca.

Terribles desventuras esperaban a los estadounidenses. El *Jeannette* naufragó en el hielo y la mayor parte del grupo pereció. Sin embargo, las ataduras de hielo del *Vega* se soltaron; y con la ayuda de su máquina de vapor, atravesó el estrecho de Bering hacia el Pacífico. El Paso del Noreste se completó sin que se perdiera un solo hombre. El primer mensaje por cable vino de Yokohama, y nunca olvidaré el entusiasmo que despertó en

Estocolmo. El viaje a casa, a lo largo de las costas del sur de Asia y Europa, fue un trayecto triunfal incomparable. El *Vega* llegó al puerto de Estocolmo el 24 de abril de 1880.

Toda la ciudad estaba iluminada. Los edificios cerca de la costa se alumbraban con innumerables lámparas y antorchas. En el palacio real, una estrella, *Vega*, brilló en refulgentes llamas de gas; y en medio de este mar de luces el famoso barco entró deslizándose en el puerto.

Con mis padres, hermanas y hermano, disfruté de una vista de la ciudad desde las alturas del lado sur. Fui presa de la mayor emoción. Toda mi vida recordaré ese día. Eso decidió mi carrera. Desde los muelles, calles, ventanas y techos, vítores entusiastas rugieron como un trueno. Y pensé: «A mí también me gustaría volver a casa de esa manera».

A partir de ese momento profundicé en todo lo relacionado con las expediciones al Ártico. Leí libros, viejos y nuevos, sobre la lucha por el Polo, y dibujé mapas de cada expedición. Durante nuestros inviernos del norte, me revolcaba en la nieve y dormía junto a las ventanas abiertas, para endurecerme. Porque tan pronto como fuera adulto y estuviera listo —y un benévolo mecenas apareciese para arrojar una bolsa de oro a mis pies, con un «¡Ve y encuentra el Polo Norte!»— estaba decidido a fletar mi propio barco con hombres, perros y trineos, y viajar de noche sobre campos de hielo hasta el punto donde solo soplan los vientos del sur.

Sin embargo, lo contrario estaba escrito en las estrellas. Un día de primavera en 1885, poco antes de dejar la escuela, el director me preguntó si quería ir a Bakú, en el mar Caspio, para servir durante medio año como tutor de un chico en un curso más bajo, cuyo padre era ingeniero jefe, empleado por los hermanos Nobel. Acepté sin dudarlo. Tendría que esperar mucho tiempo a mi mecenas con su bolsa de oro; pero aquí había una oferta directa de un largo viaje hasta el umbral de Asia que no debía ser despreciada. Así me llevó el destino hacia carreteras asiáticas; y a medida que los años siguieron su curso, mis sueños de juventud sobre el Polo Norte se desvanecieron gradualmente. Y durante el resto de mi vida quedaría atrapado por el poder encantador que emana el continente más grande del mundo.

Durante la primavera y el verano de 1885 me consumía de impaciencia por el momento de la partida. En mi imaginación, escuchaba el rugido de las olas del mar Caspio y el estruendo de campanas de la caravana. Pronto el *glamour* de todo Oriente se desplegaría ante mí. Sentí que poseía la llave de la tierra de leyenda y aventura. Un zoo itinerante acababa de montar sus tiendas en una parcela en Estocolmo, y entre los animales había un camello del Turquestán. Miré a este camello como a un compatriota de una tierra lejana, y lo visité una y otra vez. En poco tiempo tendría la oportunidad de transmitir saludos a sus familiares en Asia.

Mis padres, hermanas y hermano tenían miedo a dejarme marchar en un viaje tan largo. Pero no fui solo.

No solo mi alumno, sino también su madre y un hermano menor me acompañaron. Después de una conmovedora despedida de mi familia, abordamos un vapor que nos llevó a través del Báltico y el golfo de Finlandia. Desde Kronstadt vimos la cúpula dorada de San Isaac, reluciente como el sol; y unas horas después desembarcamos en el muelle de Neva, en San Petersburgo.

MOSCÚ

No disponíamos de tiempo para quedarnos. Después de unas horas en la capital del zar, partimos en el tren rápido que pasaba por Moscú en un viaje de cuatro días a través de la Rusia europea hasta el Cáucaso. Llanuras interminables pasaron con celeridad. Fuimos a toda velocidad a través de pinares delgados y más allá de los campos fértiles, donde el grano de otoño que madura era mecido por el viento. Al sur de Moscú traqueteamos sobre raíles brillantes a través de las ondulantes estepas del sur de Rusia. Mis ojos devoraron todas estas vistas, ya que era mi primer viaje al extranjero. Pequeñas iglesias blancas descubrían sus cúpulas verdes en forma de cebolla sobre pueblos agradables. Campesinos de blusas rojas y botas pesadas trabajaban en los campos, y transportaban heno y raíces comestibles en carros de cuatro ruedas. Sobre los caminos pobres y sin drenaje, que no albergaban ningún sueño de conocer automóviles estadounidenses de aquel entonces, se precipitaban *troikas* (trineos de tres caballos) a la velocidad de un rayo, tirando de *telegas* y *tarantases*[1], al acompañamiento del sonido de sus cascabeles.

Tras dejar Rostov cruzamos el poderoso Don, no lejos de su salida al mar de Azov, un brazo del mar Negro. El tren corría incansablemente hacia el sur. En las estaciones había cosacos, soldados y gendarmes, y hermosos y bien formados miembros de tribus caucásicas, hombres altos con abrigos marrones y gorros de piel, con cartuchos plateados en el pecho, pistolas, y *kinshals* o dagas de doble filo en sus cinturones.

El tren ascendió lentamente hacia la base norte de las montañas del Cáucaso, llevándonos entre sus faldas. En la orilla del río Terek se encuentra la bonita y pequeña ciudad de Vladikavkaz, el «Gobernante del Cáucaso», justo como Vladivostok es el «Gobernante del Este». Ahí el padre de mi alumno, el ingeniero jefe, salió a nuestro encuentro con un carruaje con el que recorreríamos ciento veinte millas en dos días a través del Cáucaso, a lo largo del camino militar de Grusia[2]. Este tramo se dividía en once etapas y era necesario cambiar caballos en cada estación. Se necesitaban siete caballos para transportar el pesado vagón hasta la estación de Godaur, a 2.400 metros de altitud sobre el nivel del mar. El viaje hacia abajo solo requería dos o tres. La pendiente era desigual. A veces conducíamos hasta la cresta de una empinada montaña, solo para descender de nuevo por cuatro o cinco zigzags hacia el lecho del valle al otro lado de la montaña; después de lo cual había que superar una nueva altura.

Fue un viaje magnífico. Nunca en mi vida había participado en algo comparable. A nuestro alrededor se elevaban los gigantes del Cáucaso; ofreciendo maravillosas vistas, con picos nevados al fondo entre empinadas paredes montañosas. El más alto de todos, el Kazbek, bañaba al sol su cúpula de 5.040 metros de altitud.

EL MONTE KAZBEK, A 5.040 METROS DE ALTITUD, UNO DE LOS PICOS MÁS ALTOS DEL CÁUCASO

El camino en sí era bueno. Fue construido durante el reinado de Nicolás I, a un costo tan grande que, al inaugurarlo, el zar exclamó: «Esperaba ver un camino hecho de oro, pero me lo encuentro de piedras grises». En el borde exterior, un parapeto bajo de piedra brindaba protección contra el abismo que se abría debajo. En las laderas, donde en invierno enormes avalanchas cruzan el camino e inundan el valle, atravesamos cobertizos de nieve, construidos sólidamente con paredes de tres metros.

Los caballos mantuvieron su velocidad máxima durante todo el día. Íbamos a un ritmo de locura. Sentado al lado del conductor, me mareaba cada vez que el camino giraba bruscamente, porque parecía desvanecerse en el espacio, y sentía miedo de ser arrojado a las profundidades en cualquier momento.

Pero no ocurrió nada; y nos dirigimos a Tiflis, la principal ciudad del Cáucaso, sanos y salvos.

LA CARRETERA DEL EJÉRCITO A TRAVÉS DEL CÁUCASO

¡Qué cantidad de vida! ¡Qué imágenes más coloridas! Las casas se elevaban como anfiteatros en las empinadas y áridas laderas de las montañas, desde las orillas del Kura. Las calles y callejuelas rebosaban de camellos, mulas, vehículos y gente de varias razas: rusos, armenios, tártaros, georgianos, circasianos, persas, gitanos y judíos.

En Tiflis reanudamos el viaje por ferrocarril. El verano estaba en pleno apogeo, y hacía un calor sofocante. Tomamos un compartimento de tercera clase, porque era el mejor ventilado, y nos encontramos en compañía de mercaderes persas, tártaros y armenios, con sus hijos y esposas, y otros maravillosos orientales, tanto en el aspecto como en el atuendo. A pesar del calor, todos llevaban grandes gorros de piel de cordero. Recuerdo mi sensación de asombro cuando algunos peregrinos, que regresaban de La Meca, extendieron sus delgadas alfombras de oración sobre el piso del compartimento, mientras el tren avanzaba. Todos los peregrinos se volvieron en dirección a la ciudad santa y dijeron sus oraciones mientras el sol se hundía en el horizonte.

A veces estábamos al norte del río Kura y a veces al sur. Sus riberas frescas, verdes y cultivadas brillaban con frecuencia a lo lejos. Por lo demás, el territorio estaba desolado, en su mayor parte una estepa, donde los pastores cuidaban sus rebaños; pero en algunos lugares era casi un desierto. Al norte, la cordillera del Cáucaso aparecía como un escenario de caída iluminado de tonos azules con vetas blancas en las crestas. ¡Esto era Asia! No podía hartarme de la fascinante imagen. Ya sentía que amaría este desierto sin fin, y que durante los años venideros me sentiría atraído más y más hacia el este.

En Ujiri[3], conforme a mi costumbre habitual, me apeé para trazar algunos bocetos en mi cuaderno. No había ido muy lejos cuando unas manos pesadas fueron puestas sobre mis hombros, y tres gendarmes me agarraron con apretones como si fueran tornos. Bruscos y suspicaces, me disparaban preguntas. Una niña armenia, que hablaba francés, se convirtió en mi intérprete, porque yo todavía no entendía ruso. Los gendarmes se apoderaron de mi cuaderno de bocetos y se rieron con desdén de mis explicaciones.

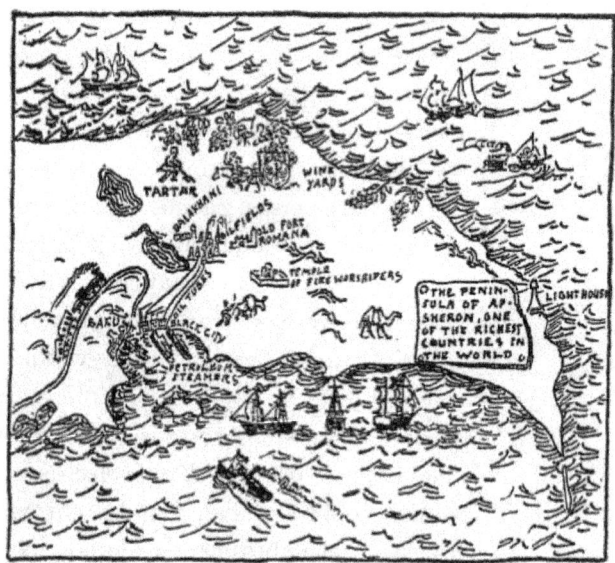

LA PENÍNSULA DE ABSHERÓN

Evidentemente se olían a un espía, que podría ser peligroso para la existencia del país del zar. Una densa multitud nos rodeó. Me pareció que los gendarmes querían llevarme y encerrarme en una celda. Sonó la primera señal de salida del tren. El jefe de estación se abrió paso entre la multitud para ver qué sucedía. Me tomó del brazo y me acompañó de regreso al tren. La campana sonó por segunda vez. Me subí a una plataforma con los gendarmes pisándome los talones. Chirriando, el tren arrancó. Flexible como una anguila, atravesé dos o tres carruajes y me escondí en un rincón. Cuando regresé con mis compañeros, los gendarmes habían saltado del tren.

Nos aproximábamos al mar Caspio. Soplaba un viento fuerte. Nubes de polvo eran barridas por el suelo. Primero desaparecieron las montañas y luego todo el territorio quedó envuelto en una neblina impenetrable. El viento aumentó. Se convirtió en un vendaval, un huracán. La locomotora luchaba desesperadamente contra el viento opuesto. Resoplábamos y jadeábamos pesadamente a lo largo de la orilla, con vistas solo indistintamente a las olas cubiertas de blanco mientras se sacudían y rompían. El tren se detuvo por fin en Bakú, la «Ciudad de los Vientos», que esa noche seguramente merecía su nombre.

La península de Absherón se extiende casi cincuenta millas hacia el este en el mar Caspio. Bakú está situada en la costa sur de esta península, y al este encontramos la «Ciudad Negra», donde Nobel y otros reyes del petróleo tienen sus enormes refinerías. Desde aquí, el petróleo refinado se transporta por tuberías a lo largo de

UN LAGO DE CRUDO ARDIENDO

todo el sur del Cáucaso hasta el mar Negro, mientras que los petroleros transportan el preciado fluido a través del mar Caspio hasta Astracán y Tsaritsyn[4], en el Volga. El campo que contiene la mayor parte de los pozos de petróleo se centra alrededor de Balakhany[5], un pueblo tártaro a nueve millas al noreste de Bakú.

Durante mucho tiempo se sabía que esta región contenía crudo, pero no fue hasta 1874 cuando los hermanos Ludwig y Robert Nobel llegaron e introdujeron el método de perforación estadounidense. Durante los años siguientes, la industria prosperó enormemente, y en 1885, cuando visité por primera vez Balakhany, había trescientas setenta perforadoras y otros tantos pozos que producían petróleo por cientos de millones de *puds*[6] al año. A veces sucedía que la presión subterránea hacía brotar el petróleo como un manantial. Un solo pozo expulsaba a menudo medio millón de *puds* en veinticuatro horas.

Pasé siete meses en medio de este extraño bosque de grúas. Atiborré a mi alumno de historia, geografía, idiomas y otras materias útiles; pero obtuve el mayor placer al acompañar a Ludwig Nobel durante sus inspecciones al campo petrolífero. Por encima de todo, me encantaba recorrer los pueblos a caballo, elaborar bocetos de los tártaros, sus mujeres, niños y casas, o galopar hasta Bakú en un caballo juguetón, para pasear allí en el Bazar Negro, donde los tártaros, los persas y los armenios, sentados en sus tienditas oscuras, vendían alfombras de Kurdistán y Kermán, colgaduras y brocados, zapatillas y papajas, o grandes gorros de lana típicos del Cáucaso.

Observaba a los orfebres martillar sus adornos y los armeros transformar el hierro en cuchillos y *kinshals*. Todo me resultaba encantador e interesante, tanto los derviches con sus harapos como los mendigos o príncipes con sus largas túnicas azul oscuro. Un objetivo tentador para viajes más cortos era el templo de los adoradores del fuego. Antiguamente, el fuego sagrado ardía allí día y noche, bajo la cúpula del templo, alimentado por gas natural; pero ahora estaba permanentemente extinguido; y por la noche el antiguo santuario yacía en la estepa rodeado de oscuridad y silencio. Una tarde de invierno, mientras nos sentábamos alrededor de la lámpara, escuchamos gritos ominosos de «¡*Yango, yango!*» (¡Fuego, fuego!) desde la calzada frente a nuestras ventanas. Los tártaros corrían de casa en casa, despertando y advirtiendo a la gente, y gritando a todo pulmón. Nos apresuramos a mirar que ocurría. Todo el campo petrolífero estaba iluminado, tan brillante como el día. El corazón del fuego estaba a solo unos cientos de metros de distancia. Era un lago resplandeciente de petróleo crudo, ardiendo entre paredes de tierra amontonada; ¡y una torre de perforación también estaba en llamas! El viento azotaba las llamas como si fueran rasgadas banderas ondeando, y se elevaban pesadas nubes de humo marrón. Por todos lados se veían cosas chisporroteando y ardiendo. Los tártaros intentaron sofocar el fuego con tierra, pero resultó en vano. Las torres de perforación estaban bastante cerca unas de otras.

POZO PETROLÍFERO EN BALAKHANY

El viento llevó chispas de torre a torre, destruyendo todo en el campo que se elevaba sobre su superficie. Las perforadoras más cercanas parecían fantasmas blancos bajo la luz cegadora. Los tártaros las despedazaban lo más rápido que podían. Con un esfuerzo sobrehumano, lograron así controlar el fuego, y después de algunas horas el lago se quemó y la oscuridad volvió a reinar sobre el terreno.

CAPÍTULO II

A TRAVÉS DE LOS MONTES ELBURZ HACIA TEHERÁN

DURANTE las tardes de invierno en Balakhany, aprendí a hablar los idiomas tártaro y persa con bastante fluidez. Baki Khanov, un joven tártaro de rango, fue mi maestro. A principios de abril, al concluir mi período de servicio, decidí gastar los trescientos rublos que había ganado y emprender un viaje a caballo hacia el sur, a través de Persia, y desde allí hasta el mar. Baki Khanov iría conmigo.

Me despedí de mis compatriotas y más tarde, una noche, abordé un vapor ruso de ruedas. Un violento vendaval del norte azotaba Bakú y el capitán no se atrevía a abandonar el puerto. Por la mañana, el vendaval había amainado. Las ruedas comenzaron su lucha contra las olas y el buque se dirigió hacia el sur. Después de una navegación de treinta horas, desembarcamos en Anzali, en la orilla sur del mar Caspio, e inmediatamente cruzamos en lancha a través de la gran laguna de agua dulce, llamada Murdab o el «Agua Muerta», hasta un pueblo incrustado en un verde exuberante junto al lago. Desde allí debíamos continuar a caballo hasta Rasht, una ciudad comercial.

Había cambiado todos mis fondos a *kran*[7] persas, y en ese momento un *kran* se valoraba en un franco. Las pequeñas monedas de plata estaban cosidas en cinturones de cuero que usábamos alrededor de la cintura. Yo tenía la mitad del dinero y Baki Khanov, la otra. Salvo esta excepción, íbamos vestidos de la manera más ligera posible. No llevaba ropa excepto un traje de invierno, un abrigo corto de invierno y una manta. Estaba armado con un revólver. Baki Khanov tenía una pistola colgada de su abrigo tártaro y una pistola en el cinturón.

El tigre real de Bengala merodeaba en las densas junglas alrededor de Rasht, y desde los rebosantes pantanos surgían miasmas que producían fiebre, que a veces provocaban terribles epidemias. En una ocasión, seis mil personas perecieron en el pequeño pueblo, y los supervivientes, al no tener tiempo de enterrar a sus muertos, arrojaron los cuerpos a las mezquitas. Estas mezquitas se veían muy pintorescas, con sus minaretes bajos y tejados de pizarra roja. Los puestos de los comerciantes estaban cubiertos con cortinas multicolores, como protección contra el sol. La seda, el arroz y el algodón eran los principales productos del país a lo largo de esta costa.

Había un cónsul ruso en Rasht, el señor Vlásov. Le hice una llamada, y fui invitado a cenar esa misma noche. Vestido con mi sencillo traje de viaje y botas de montar, entré en una casa decorada con esplendor persa y majestuosamente iluminada; entonces me sentí muy infeliz cuando mi anfitrión apareció en traje formal de noche. Lamenté no haberme quedado con Baki Khanov en nuestro humilde caravasar. Pero yo no tenía traje de noche; y simplemente tenía que aprovechar al máximo esta lujosa cena para dos.

A la mañana siguiente, dos caballos descansados estaban parados en la puerta del caravasar con dos niños que los protegían. Un *kurchin* tártaro o bolso doble blando, atado detrás de la silla, contenía todo mi equipaje. Montamos, con los muchachos siguiéndonos a pie, medio corriendo.

UNA MEZQUITA EN RASHT

El camino atravesaba un frondoso bosque. Nos encontramos con jinetes y peatones, y grandes caravanas de mulas con mercancías para el transporte por mar a Rusia, entre ellas frutas desecadas en cajas forradas de cuero. El bosque resonaba con el tintineo de los cencerros; y el primer animal de cada caravana llevaba una enorme campana de bronce, que sonaba con un ruido sordo.

Pasamos la noche en Kodom, en una posada donde cientos de golondrinas anidaban en el techo cubierto de musgo y entraban y salían volando de los nidos y a través de las ventanas abiertas.

Más adelante, el terreno se inclinaba hacia las montañas. Seguimos a lo largo del lecho del valle del río Sefid, o el «río Blanco», e hicimos noche en pueblos bellamente situados entre olivares, árboles frutales, plátanos de sombra y sauces. Íbamos sin provisiones y vivíamos de lo que ofrecía el país (aves, huevos, leche, pan de trigo y frutas) a un costo increíblemente pequeño. El camino se hacía cada vez más empinado. Estábamos en la cordillera de Elburz y comenzamos a ascender hacia las alturas. El bosque se aclaró y llegó a su fin.

En Mendjil[8] cruzamos un viejo puente de piedra con ocho arcos. Era un día gris y ventoso. Todas las montañas estaban completamente cubiertas por

A TRAVÉS DE LOS MONTES ELBURZ EN MEDIO DE UNA VENTISCA

un manto de nieve, que se hacía más espeso a medida que ascendíamos. Y ahora también empezó a nevar. Todo el territorio estaba envuelto en una cegadora tormenta de nieve. Yo no estaba vestido para ese tipo de clima. La nieve me sujetaba literalmente a la silla de montar y sentí que el frío penetraba gradualmente en mis huesos y músculos. El manto de nieve borraba el sendero, los caballos se sumergían en los ventisqueros como delfines, la nieve torrencial golpeaba nuestros rostros, todo estaba blanco; y pensábamos que nos habíamos perdido, cuando algo apareció tenuemente a través de la nieve arremolinada. Era una caravana de caballos y mulas que se desplazaba en la misma dirección que nosotros. Dos hombres cabalgaban al frente, sondeando la nieve con largas y delgadas lanzas, para evitar posibles grietas ocultas o precipicios. Con mucho frío, finalmente llegamos al pueblo de Masra; y allí, en una choza sucia que parecía una cueva, encendimos una hoguera en el suelo. De esta manera cuatro tártaros, dos persas y un sueco se sentaron frente al fuego para descongelar sus articulaciones rígidas y secar sus ropas mojadas.

El camino serpenteaba a través de la cresta más alta de las montañas Elburz. La nieve pronto desapareció en la ladera sur, y la estepa se abrió lentamente hacia la ciudad de Qazvín, sobre la cual el Profeta mismo dijo: «Honra a Qazvín, porque esa ciudad se encuentra en el umbral de una de las puertas del Paraíso».

Harún al-Raschid, el gran califa, embelleció Qazvín, y el shah Tahmasp I la convirtió en su propia capital, así como la de Persia (1548 d. C.), llamándola Dar-es-Saltanet, o la «Sede de la Realeza». Su *glamour* se desvaneció cuarenta años después, cuando el shah Abbás el Grande transfirió su capital a Isfahán. Cuenta la leyenda que el poeta árabe Locman, que vivió en Qazvín, al sentir que la muerte se acercaba, llamó a su hijo y le dijo: «Tesoros no tengo ninguno para darte, pero aquí hay tres botellas llenas de medicina milagrosa. Si viertes unas gotas de la primera botella sobre un muerto, su alma volverá al cuerpo. Si lo rocías con el contenido de la segunda botella, se sentará. Si se vierte sobre él el contenido de la tercera botella, volverá completamente a la vida. Pero usa esta piadosa medicina con moderación». Llegado a la vejez y consciente de que su fin estaba cerca, el hijo llamó a su criado y mandó que le aplicaran el remedio tan pronto como muriera. El sirviente llevó a su amo muerto a la casa de baños y vertió la primera y la segunda botella sobre él. Acto seguido, el hijo de Locman se levantó, gritando a todo pulmón «¡Viértela, viértela!», pero el sirviente estaba tan aterrorizado por el cuerpo muerto que hablaba que se le cayó la tercera botella al suelo de piedra y huyó. Allí se quedó sentado el pobre hijo de Locman, cuyo padre ahora debía regresar al reino de los muertos. Aún hoy se pueden escuchar los espantosos gritos de «¡Viértela, viértela!» desde la bóveda del balneario de Qazvín.

EN EL ALBERGUE DE MASRA

Qazvín está situado en la llanura al sur de las montañas Elburz. Una carretera de noventa millas de largo, dividida en seis etapas, va desde Qazvín hasta Teherán, la capital del país. El viaje se hace por medio de *tarantases* y *troikas*, a la usanza rusa, y se cambian cinco veces los caballos. El clima era primaveral y brillante, y disfrutamos del rápido viaje. Los caballos galopaban a toda velocidad y las ruedas levantaban nubes de polvo. Hacia el norte se veían las crestas nevadas del Elburz. Hacia el sur, la llanura se extendía hasta la línea del cielo, y aquí y allá, los frescos corrales de los jardines, en varios pueblos dispersos, embellecían el paisaje, por lo demás monótono, de color gris amarillento.

Una vez escuchamos el traqueteo de otro *tarantás* detrás de nosotros, viajaba a toda velocidad. Los pasajeros, tres comerciantes tártaros, gritaron burlonamente «¡Feliz viaje!» cuando pasaron volando junto a nuestro *tarantás*. Ahora *ellos* serían los primeros en la siguiente estación y podrían apropiarse de los mejores caballos. Esto hirió mi orgullo. Le prometí al conductor dos *krans* si lograba adelantar a los tártaros. Así que azuzaron a los caballos y, cerca de la próxima estación, adelantamos a los tártaros a buen paso. Ahora era mi turno de lanzar un «¡Feliz viaje!» en su dirección, lo cual hice con todas mis fuerzas.

Sabía que un médico sueco, con el rango de un noble persa y con el honorable título de *kan*, o príncipe, había sido dentista del shah de Persia desde 1873. Así que, al llegar a Teherán, fui directamente a su casa. Feliz de encontrar por fin a un compatriota, me recibió con los brazos abiertos y durante un tiempo viví en su hermosa casa, cuyas decoraciones se acercaban al estilo persa. Día tras día recorrimos esta gran ciudad, de la que hablaré con detalle más adelante. Aquí relataré solo un incidente, debido a su futuro significado para mí.

Un día, el doctor Hybennet y yo caminábamos entre las paredes de arcilla amarilla y las casas de las calles polvorientas de Teherán. Algunas de estas calles, que eran suficientemente anchas, tenían en sus costados estrechos fosos abiertos e hileras de plátanos de sombra, álamos, sauces o moreras. De repente nos percatamos de una banda de *ferrashes*, o pregoneros, ataviados de rojo, con cascos y largas varas de plata en las manos. Con estas varas se abrieron paso entre la multitud, ya que el Rey de Reyes era conducido por la calle. Una tropa de cincuenta jinetes seguía a estos pregoneros, y luego llegó el carruaje gris del shah, tirado por seis sementales negros con magníficos caparazones plateados, cada caballo del lado izquierdo con un jinete. El shah vestía un manto negro sobre los hombros, y en la cabeza un gorro negro, con una gran esmeralda y un broche enjoyado. Otra cabalgata siguió al carruaje del shah, y en la cola de la procesión iba un carruaje de emergencia, siempre preparado en caso de que el otro se averiara. Aunque las calles no estaban pavimentadas, no había polvo de los cascos de los caballos; porque antes de que el shah partiera, los caminos a recorrer eran rociados con agua de bolsas de cuero, llevadas por mulas. En un minuto más o menos, la magnífica cabalgata había desaparecido en la distancia entre los árboles.

Esa fue la primera vez que vi a Naser al-Din, shah de Persia. Tenía una apariencia regia, con ojos oscuros, nariz aguileña y un gran bigote negro. Cuando el carruaje pasó junto a nosotros, el shah, señalándome, preguntó a Hybennet:

—¿*In ki est?* (¿Quién es ese?).

Hybennet respondió instantáneamente:

—Un compatriota que me visita, su majestad.

Años más tarde tuve la oportunidad de conocer mejor a este hombre, el último shah en el antiguo trono de Persia, que tenía el temperamento imperioso de un verdadero déspota asiático.

CAPÍTULO III

A CABALLO POR PERSIA

SE acercaba el verano. Se hacía más cálido cada día y no tenía más razones para posponer mi viaje proyectado hacia el sur. Pero Baki Khanov cayó enfermo con fiebre, así que tuve que seguir solo. Se fue a su casa en Bakú, mientras yo proseguía, sin sirvientes, el 27 de abril de 1886.

Pero uno no podía estar completamente solo cuando viajaba *chapari* (con caballos alquilados) de un sitio a otro, a través de Persia. Un mozo de cuadra nos acompañó para que los dos caballos pudieran ser devueltos a la estación donde los habíamos alquilado. Los caballos costaban un par de *krans* y una noche de alojamiento en el *chaparkhaneh*, o estación, más o menos lo mismo. El caballo y el mozo de cuadra se cambiaban en cada estación. El viajero podía cabalgar día y noche, si se sintiera con las suficientes ganas. Las etapas oscilaron entre doce y dieciocho millas. La bolsa doble detrás de mi silla contenía todas mis pertenencias, pero todavía llevaba las monedas de plata, unos seiscientos *krans* (o francos) cosidos en el cinturón de cuero alrededor de mi cintura. Los bolsillos de este cinturón se podían abrir según fuera necesario. Afortunadamente, era posible conseguir comida a bajo precio durante todo el camino.

Extensiones interminables de un país extraño yacían ante mí cuando salí cabalgando por la puerta sur de Teherán con mi primer mozo. La recepción asiática con brazos abiertos sin restricciones me hacía feliz. Jinetes, caravanas, derviches errantes, cada criatura viviente que vimos era mi amiga, y sentí infinita pena por las cansadas mulas, hundidas bajo su carga de sandías rojas y melones de azúcar amarillos en cestas de juncos trenzados. La «Torre de las Iras», la antigua ciudad nombrada en el libro apócrifo de Tobías, se elevaba a la izquierda. Bajo su cúpula dorada dormía el santo Abdul-Azim Shah, en la mezquita funeraria donde, diez años más tarde, Naser al-Din Shah caería a manos de un fanático mulá.

El territorio se volvió más desolado. Menos jardines serían vistos, apareció la estepa, y luego todo se volvió como un desierto. A veces trotábamos y otras veces íbamos al galope. Nos recibió un grupo de peregrinos de La Meca. Mi compañero desmontó para besar el borde de los mantos de cada uno de ellos.

En Qom hay un santuario sagrado, visitado por innumerables peregrinos, donde la santa Fátima duerme su último sueño. Una cúpula dorada brilla a la luz del sol sobre su lugar de descanso, y dos minaretes altos y esbeltos se elevan junto a ella.

Nuestro camino discurría hacia el sur a través de la importante ciudad comercial de Kashan, tras lo cual ascendió hacia nuevas montañas. No noté a nuestra partida que el mozo, un muchacho de quince años, había tomado un caballo fresco para él, dándome a mí uno agotado. Cambié de caballo con él en el campo y ya no pudo seguirme. Casi lloró e imploró que no me alejara de él. Pero fui lo bastante insensible para decir:

—Conoces el camino y el territorio mejor que yo. Seguramente encontrarás el camino a la estación de Ghohrud por ti mismo. Te espero allí.

—Sí, pero, ¿no ves que la noche se acerca? Tendré miedo de cabalgar solo por el bosque.

—¡Oh, no! No es peligroso en absoluto. Simplemente cabalga tan rápido como tu caballo te permita.

Cabalgué hacia el sur. El chico desapareció en la distancia detrás de mí. El sol bajó. Llegó el crepúsculo, seguido pronto por la oscuridad. Todo estuvo bien mientras pude ver el camino; pero después de eso tuve que confiar en mi caballo. Trotando rápido, me llevó a las montañas de Ghohrud. No tenía ni idea sobre cómo sería

LA TUMBA DE LA INMACULADA FÁTIMA EN QOM

el paisaje, pero de vez en cuando rozaba el tronco de un árbol o sentía que las hojas me rozaban la cara. Tal vez el caballo me estuviese desviando fuera de la ruta. Sin duda hubiera sido más prudente quedarse con el chico que conocía el camino. Pero ahora todo dependía del caballo. Simplemente caminó y caminó. La oscuridad era impenetrable. Solo las estrellas titilaban sobre el valle, y una y otra vez veía el brillo de un relámpago distante.

Después de cabalgar en la oscuridad durante cuatro horas, noté un rayo de luz que brillaba entre los árboles. Era la tienda de un nómada. Até mi caballo y, levantando la lona de la tienda, pregunté si había alguien en casa. Un anciano me respondió enojado que era desconsiderado molestarlo a él y a su familia en medio de la noche. Pero cuando le aseguré que no quería nada más que saber si estaba en el camino correcto a Ghohrud, salió y me acompañó parte del camino a través del bosque, y me indicó la dirección correcta y desapareció nuevamente en la oscuridad sin decir una palabra. Finalmente llegué a Ghohrud, donde el chico al que había abandonado con tanta crueldad estaba de pie, riéndose ante la entrada. Al llegar unas horas antes que yo, se preguntó si me habían secuestrado. Al final tomé té, huevos, sal y pan, coloqué la alforja en el suelo a modo de almohada y me quedé profundamente dormido.

La línea telegráfica anglo-india, que atraviesa Persia, llega a su punto más alto (2.100 metros) en Ghohrud.

Al acercarnos a una ciudad, la vida en la carretera se hizo más diversificada y colorida. Los pueblos y los jardines estaban más cerca, pasamos pequeñas caravanas de mulas, caballos y burros cargados de frutas y granos, y finalmente entramos en una calle. Era la famosa Isfahán, la capital del shah Abbás el Grande.

El Zāyandé-Rud (río Zayandeh) corría a través de la ciudad, y poderosos puentes, de más de trescientos años de antigüedad, cruzaban sus remolinos de aguas turbias. Había mucho que ver para el forastero en Isfahán. Se podía encontrar allí una de las plazas más grandes del mundo, la Maidan-i-Shah[9], de seiscientos metros de largo por doscientos metros de ancho. También pude admirar la gloriosa fachada del Mesjid-i-Shah[10], revestida de una hermosa fayenza[11]. En Chehel Sotún, o el «Palacio de los Cuarenta Pilares», solo podría contar veinte columnas; pero al ver su contraparte reflejada en el tranquilo estanque que se extendía ante la fachada, se entenderá fácilmente cómo obtuvo su nombre.

En Yulfa, el suburbio habitado por armenios pobres, me hice consciente del olor aromático de melocotones, albaricoques y uvas; y dentro de los muros de mampostería del enorme bazar se oía un ruido ensordecedor, mientras las caravanas se abrían paso entre la muchedumbre, donde los mercaderes pregonaban sus mercancías y los caldereros golpeaban sus cacerolas.

Fue verdaderamente un cuadro encantador el que se desplegó ante mi mirada cuando, desde las alturas al sur de la ciudad, me volví hacia atrás y contemplé las innumerables casas incrustadas en exuberantes jardines, y las brillantes cúpulas y minaretes que se elevaban sobre el fresco verde. Volví a cabalgar a través de páramos donde se escondían arañas rojas y lagartijas grises y verdes, y donde los nómadas cuidaban a sus ovejas.

LA MEZQUITA REAL DE ISFAHÁN

A través de esa región ascendí a las ruinas de la ciudad de Pasargada y disfruté de una breve estadía en un pequeño edificio de mármol al que se accedía a través de altas escaleras, que aún desafían los veinticinco siglos que han transcurrido volando desde su coronación en las alas del tiempo.

Los persas llaman a este antiguo monumento Mader-i-Suleiman, o la «Madre de Salomón», al creer que el lugar de descanso de esta gran dama se encuentra en la cámara sepulcral, de tres metros de largo y dos metros de ancho, en la parte superior de las escaleras. Pero los europeos la llaman la tumba de Ciro, aunque es muy dudoso que el gran rey fuera realmente enterrado aquí en un sarcófago dorado, con costosos tapices de Babilonia en las paredes, y con la espada, el escudo y el arco del fallecido; además de su collar, aretes y atuendo real.

Recordé las orgullosas palabras de Ciro: «El país de mi padre limita al sur con tierras tan tórridas que son inhabitables, y al norte con regiones encadenadas con cadenas de hielo. Lo que está en el medio está sujeto a los sátrapas».

YESDIKAST, CASTILLO CONSTRUIDO SOBRE UN PEÑASCO

El distrito montañoso recién atravesado se abría a la llanura de Merdasht; y desde allí cabalgué hasta un antiguo monumento aún más notable, las ruinas de Persépolis, capital de los señores supremos del antiguo Imperio aqueménida, la reliquia más hermosa de la antigüedad conservada en Persia. Estas ruinas están situadas en una región casi completamente árida. El suelo de arcilla amarilla está agrietado por el calor. No se aprecia vida. Envié al mozo a la estación con el caballo y me quedé solo entre las ruinas todo el día.

Un tramo de escaleras, con alas dobles y lo suficientemente anchas para que diez jinetes en fondo pudieran subir sus bajos escalones de mármol, conduce a la gigantesca plataforma, donde aún descansan los cimientos de las paredes del palacio de Darío I y trece de las treinta y seis columnas que sostenían las vigas del techo en el palacio de Jerjes, hace dos mil cuatrocientos años. Uno puede imaginárselo al leer la descripción del palacio de Asuero en Susa[12], hecha en el Libro de Ester 1:6: «Donde se encontraban las cortinas blancas, verdes y azules, atadas con cuerdas de lino fino y púrpura a anillos de plata y pilares de mármol; las camas eran de oro y plata sobre un pavimento de mármol rojo, azul, blanco y negro».

Todo este esplendor fue destruido en el 331 a. C., cuando el victorioso Alejandro Magno, después de una borrachera salvaje, prendió fuego a los palacios reales y redujo Persépolis a cenizas.

Continuamos hacia el sur. Un paso de montaña angosto nos ofreció una vista inolvidable de la ciudad de Shiraz, recostada en la llanura debajo. A este paso se le ha dado el nombre de *Tang-i-Allah Akbar* porque los persas, al acercarse por primera vez y ver a Shiraz a lo lejos, exclaman sorprendidos: «*¡Allah Akbar!*» (¡Dios es grande!).

Shiraz es famosa por su vino, sus mujeres, sus canciones y sus rosas exuberantes. Allí el vino madura en la ladera de la colina, el aire está cargado de olor a flores, y los cipreses se alzan sobre las tumbas de ilustres poetas. Las tumbas más notables son los mausoleos de los dos más grandes poetas de Persia, Sadi (nacido en 1176), autor de *Gulistán* o *El jardín de rosas*, y Hafiz (nacido en 1318), quien escribió *El diván* y su propio epitafio: «Oh, amados míos, acérquense a mi tumba con vino y canciones, puede ser que al sonido de sus voces alegres y música melodiosa me despierte de mi sueño y me levante de entre los muertos». Tamerlán, admirador de los poemas de Hafiz, lo visitó en Shiraz durante una de sus campañas.

Hay muchas órdenes de derviches. El jefe de cada orden se llama *pir*. Tienen diferentes costumbres y reglas. Algunos de ellos siempre gritan «*¡Allajúm!*» (¡Oh, Dios!). Otros, «*Ya hu, ¡ya jack!*» (Él es justo, ¡él es la verdad!). Otros, que son más estrictos, se flagelan sus hombros con cadenas de hierro. Pero casi todos ellos tienen un elemento en común: sus miembros llevan un bastón en una mano, y en la otra, la mitad de una cáscara de coco para recibir limosna. En 1863, un doctor en medicina sueco, llamado Fagergren, vino a vivir a Shiraz y pasó treinta años en la Ciudad de las Rosas y los Poetas. Hoy yace enterrado en el cementerio cristiano de allí. Un día, un derviche llamó a su puerta. Fagergren lo recibió y arrojó una moneda de cobre al mendigo. El derviche exclamó con desdén que no había venido a mendigar sino a convertir al infiel al islam.

—Primero dame una prueba de tus poderes milagrosos —exigió Fagergren.

—Sí —respondió el derviche—, puedo hablar contigo en cualquier idioma que me indiques.

—Bueno, entonces habla un poco de sueco —dijo Fagergren en su propia lengua.

El derviche alzó la voz y en impecable sueco recitó algunos versos de *La historia de Frithiof* de Tegnér [13]. El buen doctor se quedó asombrado. Difícilmente podía creer lo que estaba escuchando. Entonces el derviche, al creer que ya había atormentado al médico lo suficiente, se quitó el disfraz y se reveló como Arminius Vámbéry, profesor de lenguas orientales en la Universidad de Budapest, que más tarde se haría mundialmente famoso.

Sin disimulo llegué a Shiraz y viví unos días con *monsieur* Fargues, un francés muy amable. En 1866, como un joven funcionario en su país natal, había recibido una licencia de seis meses para hacer un pequeño viaje a Shiraz. Pero cuando llegué allí, en 1886, aún no había salido de la ciudad; y cuatro años después lo volví a ver en Teherán. Se había enamorado por completo de Persia.

El tramo más accidentado de todo el viaje desde el mar Caspio fue el de Shiraz al golfo Pérsico. Los caminos sobre las montañas de Farsistán eran empinados y agotadores. Subimos la colina y bajamos el valle, entre rocas sueltas, trituradas y quemadas por el sol, y cruzamos los tres pasos, Sin-i-sefeid (la «Silla Blanca»), Pir-i-san (la «Anciana») y Kotel-i-dukhter (el «Paso de la Niña»). En un momento dado mi caballo perdió el equilibrio y rodó por un declive, pero logré soltarme de la silla a tiempo y seguir por el camino.

El calor era sofocante. Las montañas se hicieron más pequeñas y gradualmente se fundieron en una costa plana, seca como un desierto. Otra noche me alejé de mi mozo, que era un anciano. Había poca seguridad en estas regiones, que eran frecuentadas por numerosos asaltadores de caminos y bandidos. Pero todo salió bien. Llegó el amanecer. Ante mí apareció un rayo brillante, parecido a una hoja de espada pulida. Unas horas más tarde, llegué a Bushire, un puerto, tras haber cubierto novecientas millas en veintinueve días de viaje, a través del vasto reino del shah.

CAPÍTULO IV

DESDE MESOPOTAMIA HASTA BAGDAD

¡BUSHIRE fue probablemente la ciudad más detestable que visité en toda Asia! Debe ser un verdadero castigo tener que vivir y trabajar ahí. Sin vegetación, o a lo sumo una palmera o dos; casas blancas de dos pisos; callejones reducidos a la máxima estrechez en aras de la sombra y el frescor; un baño de sol durante todo el año, especialmente intolerable en verano; con una temperatura que una vez encontré alcanzando los 43 °C, pero capaz de subir a 45 °C y más, a la sombra; y finalmente, el sol resplandeciente sobre antiguos mares convertidos ahora en los desiertos cálidos, salados y sin vida del golfo Pérsico.

Viví con amables europeos. Las camas, rodeadas de mosquiteros, estaban situadas en la azotea. Pero incluso antes del amanecer tenía que bajar corriendo a la sombra para evitar las ampollas blancas de agua que producen un dolor punzante.

Un día, llegó un barco de vapor inglés, el *Assyria*, y ancló en el puerto abierto en las afueras de Bushire. Me apresuré a subir a bordo. Para conservar mis fondos, cada vez más reducidos, reservé mi pasaje para la cubierta superior al aire libre. El vapor transportaba mercancías y pasajeros entre Bombay y Basora, y orientales de la India, Persia y Arabia pululaban a bordo. El viaje a través del golfo Pérsico no fue largo, e incluso antes de avistar tierra, mientras se acercaba a la desembocadura del gran río Shat-el-Arab, los motores se ralentizaron y los pilotos navegaron con cuidado entre los traicioneros bancos de barro alrededor del delta.

Este río está formado por la confluencia del Tigris y el Éufrates, y lleva consigo tales cantidades de arena y arcilla que el delta avanza sobre el golfo Pérsico una distancia de cincuenta y tres metros al año.

Navegamos río arriba. En las orillas bajas había palmerales, chozas y tiendas negras, rebaños de vacas y ovejas; y búfalos grises, con los cuernos hundidos, que buscan en el barro. En las afueras de Basora, el *Assyria* echó anclas, y unas treinta barcas a remo, con agua salpicando en la proa, se situaron a su lado. Estos *belem*, como se les llama, transportan tanto pasajeros como carga. En el río, donde el agua es profunda, se utilizan remos multicolores con palas anchas; pero en los bajíos, los remeros árabes saltan sobre la barandilla y propulsan los botes con largas y delgadas pértigas. Los consulados europeos, establecimientos mercantiles y almacenes están en el paseo marítimo. Como no tenía nada que hacer allí, tomé un *belem* no más ancho que una canoa y me hice conducir a remo por un riachuelo sinuoso, a través de un denso bosque de exuberantes palmeras datileras.

La atmósfera era húmeda, cargada y cálida, sin una brisa que proporcionara alivio. Pero había un olor aromático proveniente de las palmeras. Un poeta persa afirma que hay setenta tipos diferentes de palmeras datileras, y que sirven para trescientos sesenta y tres propósitos diferentes. La palmera es conocida como «el árbol bendito del islam», y su delicioso fruto es, sin duda, el principal alimento de gran parte de la población.

La Basora árabe, conquistada por los turcos en 1668, está compuesta de casas de dos plantas con balcones, a través de cuyas celosías las mujeres observan la vida de las calles estrechas. Hay cafés con terrazas abiertas, donde turcos, árabes, persas y otros orientales beben su café o té y fuman sus narguiles[14]. La ciudad está sucia e infestada de malaria. Sus principales trabajadores sanitarios son los chacales y las hienas, que se cuelan de noche desde sus madrigueras en el desierto para limpiar entre los desperdicios y los cadáveres en descomposición que encuentran en las calles y callejuelas.

El vapor de ruedas *Mejidieh* partió de Basora el último día de mayo, para Bagdad, y yo tenía un camarote en su cubierta superior. Los oficiales del barco eran ingleses; la tripulación, turca. Yo era el único pasajero blanco; todos los demás eran orientales. Desde el puente se podía disfrutar de la vida del castillo de proa. Mercaderes árabes se sentaban allí para jugar a las tablas reales mientras los persas fumaban sus pipas e insuflaban vida en las brasas del *samovar*[15].

Uno podía encontrarse abajo con un harén, en el cual se distinguían colgaduras azules suspendidas donde las mujeres jóvenes pasaban el rato entre cojines y edredones, matando el tiempo comiendo dulces, fumando y bebiendo té. Un derviche recitaba parábolas en voz alta a los muchachos que escuchaban, y luego se dirigía a su audiencia con su cáscara de coco para obtener donaciones de comida.

El Tigris y el Éufrates, los ríos del Paraíso, se encuentran en la ciudad de

Al-Qurnah; y los árabes declaran que, al comienzo de los tiempos, el Jardín del Edén estaba en el punto de la península entre estos dos ríos. Incluso te muestran el Árbol del Conocimiento del Bien y del Mal. Otros dicen que el Éufrates es macho, el Tigris hembra y que Al-Qurnah es su lugar de bodas. Mirando los dos ríos en el mapa, uno no puede dejar de notar su parecido con un par de cuernos de buey; y, de hecho, el nombre *Qurnah* es sorprendentemente parecido al latín *cornu*.

El Éufrates, el río más caudaloso del oeste de Asia —1.665 millas de largo— tiene su origen en las tierras altas de Armenia, no lejos del sagrado monte Ararat. Junto con el Tigris, que es más corto, encierra Mesopotamia, la «Tierra entre Ríos», El-Yezireh o la «Isla» de los árabes. Aquí todo el suelo desprende un olor a antiguos milenios, cuando Asiria y Babilonia, entonces las grandes potencias de su época, libraron sus *guerras mundiales*. Allí floreció la antigua Babilonia, donde el presumido pueblo provocó la ira de Dios al construir la Torre de Babel hacia el cielo; allí, en el Tigris, encontramos las ruinas de la antigua Nínive, la capital de los reyes asirios Senaquerib, Asarhaddón y Sardanápalo.

Dejamos la desembocadura del Éufrates y navegamos lentamente hacia arriba a través del sinuoso Tigris. El deshielo de Armenia y Tauro enviaban a estas tierras riadas que fluían a través de su lecho. Nos tomaría cuatro días llegar a Bagdad. Cuando el agua estaba baja, y con los bancos de arena en constante cambio, acechando bajo el agua sucia, parecida a una sopa de guisantes, el vapor tocaba fondo con frecuencia. Entonces había que vaciar el agua de lastre, descargar las mercancías y las personas para reflotar el barco. Cuando eso sucede, el viaje se prolonga hasta siete días. Al navegar río abajo en marea alta, se puede llegar a Basora, desde Bagdad, en cuarenta y dos horas.

Echamos anclas en la tumba de Ezra, donde había palmeras que se reflejaban en el río, y alegres muchachos judíos salían remando para buscar carga y pasajeros. En la orilla, nómadas medio salvajes de las tribus de Al-Muntafiq[16] y Abu Mohammed cabalgaban con sus rebaños. Llevaban lanzas en las manos y en la cabeza llevaban coronas de crin de caballo para sujetar los velos blancos que ondeaban sobre sus hombros y costados.

Barcos de vela (*kashti*) pasaban rozando sobre el agua río arriba, con sus blancas velas hinchadas por una ligera brisa.

Las montañas del Kurdistán eran visibles en la distancia azul. Una manada de búfalos cruzaba nadando el río, los pastores a su alrededor usaban lanzas para mantenerlos en línea. Se levantaron tiendas negras en la estepa quemada. La luz de las fogatas atravesaba la oscuridad de la noche.

Apenas había salido el sol cuando el calor se volvió sofocante. Los mosquitos nos torturaron durante la noche, y durante el día el cielo estaba literalmente nublado con saltamontes. Enjambres enteros de saltamontes

LA TUMBA DE EZRA EN EL RÍO TIGRIS

volaban sobre el río. Descendieron sobre el barco, trepando y arrastrándose por todas partes, sobre nuestras ropas, manos y rostros; y tuvimos que cerrar las puertas y ventanas de nuestros camarotes para escapar de su compañía durante la noche. Al golpear la chimenea caliente del barco, se quemaban las alas y caían en un montón cada vez mayor sobre la base de esta.

En Kut-el-Amara subimos a bordo sacos de lana. Repentinamente nos detuvimos. Estábamos encallados en un banco de arena. Se vació el agua de lastre y con la ayuda de la corriente, que aquí fluía a razón de dos millas y media por hora, nos liberamos. Un poco más arriba, el río describía una larga curva que el barco doblaba en dos horas y cuarenta minutos, aunque un peatón podía cruzar la base del promontorio en media hora. En este promontorio se encuentran las ruinas de la ciudad de Ctesifonte, donde gobernaron sucesivamente partos, romanos, sasánidas y árabes.

Aquí también se levantan las hermosas ruinas del castillo Taq-i Kisra, o «Arco de Cosroes», llamado así por el rey sasánida, Cosroes I (531-578 d. C.) El capitán del *Mejidieh* no puso objeción a que yo desembarcara. Remaban cuatro árabes, dos de los cuales me acompañaban a través del promontorio. Pedazos rotos de fayenza hacían ruido bajo nuestros pies, y en «Arco de Cosroes» me detuve una hora para dibujar. El desierto había reclamado el lugar donde una vez se alzaron las murallas de Ctesifonte, la capital. Entonces el jardín del rey se desplegó en un exuberante esplendor; pero en medio del verde formal había un espacio donde solo crecían malezas y cardos.

Un enviado de Roma pidió una explicación y el rey respondió que el terreno abandonado era de una viuda pobre que no quería venderlo, a lo que el romano respondió que esta misma pieza era la cosa más hermosa que había visto en el jardín del rey.

En el año 637 d. C., el rey Yazdgerd III se rindió a la superior fuerza de los árabes que avanzaban rápidamente. En sus negociaciones, el rey respondió: «He visto muchas naciones, pero nunca una tan pobre como la tuya; ratones y serpientes son tu comida, pieles de ovejas y camellos son tu ropa. ¿Qué te permite conquistar mi país?». Y los enviados le respondieron: «Tienes razón, el hambre y la desnudez han sido nuestra suerte, pero Dios nos ha dado un profeta cuya religión es nuestra fortaleza».

¡Nos acercábamos a Bagdad! El paisaje desolado estaba envuelto en una nube de niebla. Soñé con los cuentos de *Las mil y una noches* y con toda la riqueza y el esplendor que tanta fama dieron a la capital de los califas abasíes en todo Oriente. Pero la bruma se disipó. Solo vi casas comunes de barro y palmeras. El sueño se desvaneció. Un frágil puente de pontones cruzaba el Tigris. El agua para riego se extraía del terraplén mediante grandes ruedas propulsadas por caballos. En el margen derecho apareció la tumba de Zubaida, la esposa favorita de Harún al-Raschid. El *Mejidieh* echó el ancla fuera de la aduana. Un enjambre de barcos con forma de concha (*guffas*), «sin proa ni popa, y parecidos a un escudo», según Heródoto, rodeó el barco y nos llevó a todos a tierra.

El poderoso califa Al-Mansur fundó Bagdad en el año 762 d. C. y honró a su capital con el título de Dar-es-Selam, o «Morada de Paz». Bajo el mandato de su nieto, Harún al-Raschid «el Justo», la ciudad disfrutó sus días de verdadera gloria. En 1258 Bagdad fue saqueada e incendiada por los mongoles bajo Hulagu Kan; sin embargo, en 1327, Ibn Battuta se asombró por su grandeza y esplendor. Pero en 1401 el terrible Tamerlán llegó a sus puertas. Saqueó y destruyó todo excepto las mezquitas, y construyó una pirámide de noventa mil cabezas humanas.

Poco quedaba en Bagdad de los días de los califas: un caravasar, una puerta de la ciudad, la tumba de Zubaida y el minarete Suq al-Ghazl, altísimo y digno sobre un mar de casas donde vivían doscientas mil personas. Las calles eran estrechas y pintorescas, y fui arrastrado por una multitud de árabes, beduinos, turcos, persas, indios, judíos y armenios, con túnicas alegres. En los bazares, los ojos podían deleitarse con alfombras gloriosas, fajines de seda, tapices y brocados, en su mayoría importados desde la India.

Las casas eran de dos pisos, con balcones y cuartos subterráneos que brindaban refugio durante los calurosos días de verano. Un *punkah* o ventilador, para mayor comodidad y ventilación, colgaba del techo y un niño lo mantenía en constante movimiento con una cuerda. Altas palmeras se elevaban sobre los techos planos de las casas, y el viento de verano susurraba entre sus ramas.

CAPÍTULO V

UN PERIPLO ARRIESGADO A TRAVÉS DE PERSIA OCCIDENTAL

En Bagdad, acudí a la casa del señor Hilpern, un comerciante inglés. Él y su esposa me recibieron muy hospitalariamente y me quedé con ellos tres días. Paseé por la ciudad y sus alrededores, remé en una *guffa* en el río y comí majestuosamente en la mesa del señor Hilpern. Parecía creer que yo era un joven imprudente. Había venido solo a Bagdad; y ahora, sin sirviente, cabalgaría de regreso a través del desierto, a través del inseguro Kurdistán y el oeste de Persia, hasta Teherán. No me atreví a decirle que no llevaba en el cinto más de ciento cincuenta *krans*, estaba decidido a ofrecerme como arriero a través de regiones baldías, en lugar de revelarle mi pobreza.

El señor Hilpern me acompañó a los grandes caravasares relacionados con el bazar. En un patio nos encontramos con algunos hombres que empaquetaban balas de mercancías para cargarlas en albardas. Preguntamos adónde iban.

—A Kermanshah —respondieron.
—¿Cuántos días se tarda?
—Once o doce días.
—¿Cómo de grande es tu caravana?
—Tenemos cincuenta mulas con carga. Nuestro grupo consta de diez mercaderes, que irán montados a caballo; algunos peregrinos que regresan de La Meca; seis peregrinos de Kerbala; y un mercader caldeo[17].
—¿Puedo unirme a tu caravana? —pregunté.
—Sí, si pagas bien.
—¿Cuánto cuesta alquilar un caballo hasta Kermanshah?
—Cincuenta *krans*.

El señor Hilpern me aconsejó que aceptara la oferta. Me irían a buscar a su casa durante la tarde del 7 de junio. A la hora señalada, aparecieron dos árabes. Mi silla persa fue colocada sobre el caballo de alquiler. Me despedí de mis amables anfitrión y anfitriona, monté en mi caballo y los árabes me condujeron a través de Bagdad hasta el caravasar en sus afueras.

Era Ramadán, el mes en el que los seguidores del Profeta no comen, ni beben ni fuman mientras sea de día. Pero después de la puesta de sol compensan la privación. Es entonces cuando los hombres se reúnen en los cafés al aire libre de los bazares y cenan religiosamente.

Nuestro camino conducía a través de la multitud. El humo de las pipas de agua flotaba como niebla en los estrechos pasajes, y la luz de las lámparas de aceite se peleaba contra la oscuridad.

No fue sino hasta las dos de la mañana cuando nuestras mulas fueron cargadas y la larga caravana partió. Las arboledas y los jardines se hicieron más escasos, y el silencioso y oscuro desierto nos rodeaba. Las campanas tintineaban y las campanillas de bronce que colgaban de los cuellos de los líderes hacían sonar su tintín. Antes del amanecer, sombras al acecho aparecieron aquí y allá a los lados del camino. Eran chacales y hienas que volvían a sus madrigueras después de sus correrías nocturnas.

A las cuatro y media salió el sol sobre el desierto; y cuatro horas después paramos en el caravasar de Ben-i-Said. Las mulas fueron liberadas de sus cargas y los hombres se acostaron a dormir durante las horas más calurosas del día.

En la pequeña ciudad de Baquba, a orillas del río Diyala, un pelotón de soldados que custodiaba la frontera me rodeó y declaró que, dado que mi pasaporte sueco no tenía visado, no se me permitiría cruzar la frontera entre Turquía y Persia. Cuando intentaron apoderarse por la fuerza de mis modestas posesiones, las defendí con el valor de un león. Se produjo una pelea en la que mis compañeros de viaje árabes se pusieron de mi lado. La pelea terminó con una marcha hasta el gobernador, quien regularizó mis papeles por una tarifa de seis *krans*.

Durante el viaje de la noche siguiente luché desesperadamente por no quedarme dormido; pero durante largos ratos me adormecí sobre la silla de montar. Una vez, cuando mi caballo se asustó y dio un respingo al ver un camello muerto, me encontré en el suelo antes de que pudiera darme cuenta de lo que había sucedido. El animal se alejó al galope en la oscuridad, pero fue capturado por una pareja de árabes; ahora sí que me encontraba completamente despierto.

En la tarde del 9 de junio nos adelantó un viejo árabe que iba en nuestro grupo y montaba un genuino purasangre árabe. En ese momento decidí abandonar la caravana, ya que no me gustaba la idea de tener que recorrer toda la distancia de ciento ochenta millas hasta Kermanshah de noche, cuando el paisaje estaba envuelto en la oscuridad. No podría llevar a cabo ese plan por mí mismo, así que entablé una cautelosa conversación con el mercader caldeo y el árabe. El primero me disuadió enérgicamente, tras asegurar que seríamos atacados por ladrones kurdos, y luego asesinados. Este último no tenía miedo; pero me exigió veinticinco *krans* al día por su espléndido caballo, aunque yo ya había pagado todo el viaje. Pero si cabalgaba con él, llegaría a Kermanshah en cuatro días, en lugar de nueve noches. Lo que estuviera por suceder, cuando mis bolsillos se quedasen absolutamente vacíos de dinero, estaba por ver. Después de todo, la muerte por inanición no era inminente todavía. Podría conseguir un trabajo como arriero en una caravana, o mendigar como un derviche.

Pero otro árabe escuchaba a escondidas, y traicionó nuestro plan a sus compañeros. Fueron firmes en su negativa a dejarnos partir. Un infiel más o un infiel menos no importaba, pero un caballo no se podía perder a la ligera. Fingí ceder y proseguimos nuestro viaje nocturno como de costumbre. La luna brillaba en el cielo. Las horas transcurrían lentamente. Arrullados por el monótono tintineo de las campanas, los cansados mercaderes se durmieron sobre sus caballos. Algunos de

HIENAS DEVORANDO UN CAMELLO MUERTO

ellos habían estado cantando para evitar el sueño, pero pronto se detuvieron. Nadie parecía darse cuenta del hecho de que el viejo árabe y yo cabalgábamos uno al lado del otro. Tentado por mis brillantes monedas de plata, iba a desafiar a sus compañeros. Lenta e imperceptiblemente, avanzamos hasta la cabeza de la caravana. Allí nos quedamos hasta que se puso la luna y oscureció. Luego nos alejamos poco a poco. El sonido de las campanas ahogaba el paso de nuestros caballos. Aumentamos nuestra velocidad mientras el tintineo de las campanas se debilitaba, y finalmente se extinguió por completo. Luego presioné mis talones en los costados de mi caballo y, con mi compañero, cabalgué a un trote rápido en dirección a Kermanshah.

Después del amanecer nos detuvimos un rato en un pueblo. Las cigüeñas regresaban a sus nidos con ranas en el pico. ¡Y después de un rato volvimos sobre las sillas de montar otra vez! Una fuerte lluvia nos azotaba a nosotros y a la tierra. Las últimas palmeras se alzaban detrás de nosotros. Estábamos en la peligrosa región montañosa, escenario de numerosos asaltos y robos. Mi revólver estaba listo, pero solo encontramos pacíficos jinetes, peatones y caravanas. Un grupo de peregrinos, montados en mulas, se dirigía a Bagdad, Damasco y La Meca. El mayor deseo de sus vidas sería alcanzado cuando vieran la ciudad santa desde lo alto del monte Arafat. Y después de decir sus oraciones en la Kaaba, la piedra negra sagrada, adquirirían el honroso título de *hadji*, o «Peregrino a La Meca».

En un distrito considerado particularmente inseguro, nos unimos a una caravana que iba en nuestra dirección. Durante un tiempo, también, una pequeña tropa de soldados persas, con capas blancas y azules y cinturones bordados en plata, nos hicieron compañía. Realizaron todo tipo de demostraciones ecuestres, tras lo cual pidieron ser recompensados por haberme salvado de ladrones, en cuyas manos declararon que debí haber caído. No tenía dinero para entregarles y solo pude salvar mi honor al afirmar que nunca había pedido su protección.

El 13 de junio entramos en Kermanshah, cabalgando a través de sus ruidosos bazares, donde teníamos que abrirnos paso a codazos entre mulas, derviches, caravanas, jinetes, compradores y comerciantes.

En el patio de un caravasar, mi compañero árabe desmontó, y yo seguí su ejemplo. Después de pagarle cien *krans* por el caballo alquilado, todavía poseía algunas monedas de plata; pero cuando el anciano exigió persistentemente (y apropiadamente) una propina por el viaje felizmente completado, también la obtuvo. Guardé solo una moneda pequeña, que valía unos quince centavos, con la que comprar un par de huevos, un trozo de pan y unas tazas de té para la cena. Luego me despedí del anciano, arrojé mis pertenencias sobre mi hombro y entré en el pueblo.

No había un solo europeo en Kermanshah y yo estaba sin cartas de presentación para los musulmanes. Ni siquiera en el desierto me sentí tan solo y abandonado como aquí. Me senté a pensar sobre un muro de arcilla en ruinas y observé la multitud que circulaba. La gente me miraba como si fuera un animal salvaje y se reunía a mi alrededor hasta formar un grupo ruidoso. Ninguno de ellos era tan pobre como yo. ¿Qué diablos iba a hacer yo? Solo quedaban unas pocas horas hasta el crepúsculo, y ¿dónde iba a pasar la noche, a salvo de los chacales? Las multitudes son siempre crueles, y ¿a quién le importaba un infiel, un perro cristiano como yo?

«Supongo que tendré que vender mi silla de montar y mi manta», pensé.

Pero de repente recordé que en Bushire y Bagdad había oído hablar de Aga Mohammed Hassan, un rico comerciante árabe, cuyas caravanas recorrieron Asia occidental, entre Herat y Jerusalén, Samarcanda y La Meca. Además, era *wakilet-dovlet-i-Inglis*, es decir, agente del Imperio británico, en Persia occidental. ¡Él era mi hombre! Si me rechazase, entonces no tendría más remedio que acudir a un caravasar y conseguir trabajo en una caravana.

Me levanté y le pregunté a un hombre de aspecto amable si sabía dónde vivía Aga Mohamed Hassan.

—Oh, sí —respondió—. Ven por aquí.

Pronto nos detuvimos ante una puerta y llamamos sobre una placa con una aldaba de hierro. El portero abrió. Le hice saber mi petición, y me llevó a través de un jardín a una casa palaciega, subió corriendo un tramo de escaleras y pronto regresó para informarme que el rico mercader me recibiría. Me condujeron a través de majestuosas habitaciones decoradas con alfombras persas, tapices y telas de Cachemira, divanes y bronces, y finalmente llegué al estudio de Aga Mohammed Hassan. Estaba sentado en una alfombra, rodeado de montones de documentos y cartas. Un par de secretarias escribían de su dictado mientras varios visitantes permanecían junto a las paredes.

Aga Mohammed Hassan era un anciano con una barba canosa. Tenía una apariencia amable y noble. Llevaba anteojos, un turbante blanco y una capa de seda blanca entretejida con hilos de oro. Se levantó y me invitó a pasar. Caminé sobre las mullidas alfombras con mis polvorientas botas altas y mis prendas gastadas, las únicas que poseía. Me extendió su mano y me pidió que me sentara. Me preguntó sobre mi viaje y mis planes. A todas mis respuestas, asentía comprensivamente. El único escollo para él era Suecia y su ubicación geográfica. Traté de orientarlo diciéndole que Suecia estaba entre Inglaterra y Rusia.

Tras reflexionar un rato, me preguntó si yo procedía del condado donde Temirbash era rey. Temirbash, o el «Cabeza de Hierro», es el nombre por el que Carlos XII es famoso en Oriente hasta estos días.

—Sí —respondí—, procedo del país donde reinó Temirbash.

Entonces el rostro de Aga Mohammed Hassan se iluminó e inclinó su cabeza, como si rindiera tributo a un gran recuerdo. Dijo:

—Debes quedarte aquí como mi invitado durante seis meses. Todo lo que tengo es tuyo, no tienes más que mandar. Ahora deberás disculparme, porque mis obligaciones me atan a mi trabajo; pero los mirzas[18] que serán tus sirvientes te llevarán a una casa en mi huerto, donde espero que te sientas como en tu hogar.

Entonces acompañé a Khadik Effendi y Mirza Misak a una casa cercana de espléndido estilo persa, con habitaciones elaboradas, hermosas alfombras, divanes de seda negra y resplandecientes candelabros de cristal. Solté un suspiro de alivio y estuve tentado de abrazar a los dos hombres asignados a mi servicio. Apena media hora antes estaba parado entre el polvo de la calle como un andrajoso, rodeado de otros andrajosos; y ahora la lámpara de Aladino ardía ante mis ojos con una luz clara, y a través del poder mágico del Destino me había transformado en un príncipe de *Las mil y una noches*. Mientras hablábamos, unos sirvientes, silenciosos como fantasmas, entraron en la habitación, extendieron un paño fino sobre la alfombra y sirvieron una cena a la que hice plena justicia. Había

EL RICO MERCADER ÁRABE, AGA MOHAMMED HASSAN, ME RECIBE CON GRAN HOSPITALIDAD

pequeños trozos de cordero en un asador, tazones llenos hasta el borde con pollo, pudin de arroz, queso, pan, *sharbat* (bebida elaborada mediante jugo de dátiles y azúcar), y para acabar, café turco y *kalian*, la *hookah* persa o pipa de agua.

Cuando por fin quise acostarme, fui conducido a un diván en uno de los muros de mármol del jardín, al borde de un estanque también de mármol, en cuya agua jugaban peces de colores y de cuyo centro salía disparado un chorro, claro como el cristal y fino como un cabello, que brillaba en el cielo como la plata. El aire era de verano, fragante con el aroma de innumerables rosas y lilas. ¡Qué diferente de los sucios caravasares! Era como estar en un cuento de hadas o un sueño.

La noche fue ciertamente deliciosa; sin embargo, anhelaba la mañana, para probar los caballos de Aga Mohammed Hassan. Tan pronto como me atreví a llamar a un sirviente, los caballos estaban listos y ensillados frente a mi puerta. Con Mirza Misak y un *gulam* (mozo de cuadra) cabalgué hasta Taq-i Bostan, la gruta de los reyes sasánidas.

Allí contemplé figuras en alto relieve, talladas en la montaña sólida, que representaban a reyes montados (realizadas alrededor del año 380 d. C.) y Cosroes II Parvez (590-628 d. C.), con armadura, lanza en mano, montando a Shabdiz, su enérgico caballo de guerra; también representaciones de expediciones reales de caza, perfectamente ejecutadas, con elefantes para perseguir jabalíes, caballos para antílopes y botes para el caso de las aves marinas.

Los días se sucedían entre excursiones y banquetes, pero mis bolsillos siguieron tan vacíos como siempre. No tenía ni un centavo para entregar a un mendigo; sin embargo, traté de conservar la tranquila seguridad de un caballero, al menos exteriormente. Pero la situación no podía prolongarse indefinidamente; así que, finalmente, me armé de valor y le confié a Khadik Effendi que mi viaje se había alargado más allá de mis cálculos, y que no me quedaba ni un centavo. Se sorprendió, pero sonrió compasivamente (¿había sospechado algo por el estilo?) y luego pronunció estas palabras, que nunca olvidaré:

—Puedes tomar todo el dinero que quieras de Aga Hassan.

Mi salida estaba fijada para el 16 de junio, pasada la medianoche. Acompañaría al mensajero que viajaba con un convoy de tres jinetes armados como protección contra los ladrones.

Me miró dudoso y declaró que probablemente me dejaría atrás porque, durante todo el tramo entre Kermanshah y Teherán, casi trescientas millas, solo se le permitía descansar un día o una noche, en la ciudad de Hamadán. En las otras estaciones se le permitía quedarse solo el tiempo necesario para cambiar de caballo y comer huevos, pan, fruta y té. Pero yo tenía veinte años y era un orgulloso; y decidí que, aun a riesgo de que me hiciera pedazos sobre la silla de montar, demostraría a Ali Akbar, el guardia del correo, que podría soportarlo.

A medianoche festejé por última vez con Aga Mohammed Hassan. Hablamos de Europa y Asia. Sonrió con amabilidad y benevolencia, pero ni él ni yo dijimos una palabra sobre mi ruina financiera. Me levanté, le di las gracias y me despedí.

Sonriendo, me deseó un feliz viaje. Hace muchos años que se marchó a su descanso final, cerca de la tumba de algún santo, pero conservo su imagen en mi memoria con amor y gratitud.

Cuando, por última vez, entré en mi «palacio», Mirza Misak me entregó una bolsa de cuero llena de *krans* de plata, un préstamo que más tarde fue debidamente reembolsado. Acto seguido, salté sobre la silla y salí en la noche con Ali Akbar y los tres hombres armados.

¡En verdad resultó ser un viaje duro! Durante las primeras dieciséis horas recorrimos ciento dos millas. A la mañana siguiente, el pico nevado de Alvand (3.260 metros sobre el nivel del mar) brillaba ante nosotros, y a su pie pasamos nuestro día de descanso en Hamadán.

Dormí la mitad del día; la otra mitad la dediqué a visitar la tumba de Ester y las ruinas de Ecbatana.

Así seguimos de pueblo en pueblo, hasta llegar a una estación, muertos de cansancio, donde nos arrojamos sobre el suelo para descansar mientras se ensillaban los caballos frescos y se preparaba el té; y luego volvíamos a volar, sobre montañas y pasos, a través de jardines y valles, sobre puentes y arroyos. Durante el día nos abrasaba el sol; y por la noche espantábamos a las hienas que se daban un festín con los restos de los animales de las caravanas que habían quedado por el camino. Vimos salir el sol, completar su curso y ponerse; vimos salir y ponerse la luna, flotando como una concha plateada entre las estrellas, en un cielo azul negruzco. Una vez nos encontramos con una caravana fúnebre, identificable de antemano por el hedor que emanaba de los cadáveres, que estaban envueltos en mantas, y eran transportados por mulas a Kerbala, para descansar cerca del sepulcro del imán Hussein. Cuando por fin llegamos a Teherán, temprano en la mañana del 21 de junio, ninguno de nosotros había pegado ojo durante las cincuenta y cinco horas anteriores. Cada uno de nosotros había agotado nueve pobres caballos.

DIFUNTOS DE CAMINO A KERBALA

Después de un descanso muy necesario, crucé las montañas Elburz rumbo a Barfrush en el mar Caspio, y proseguí en bote a lo largo de la costa de turcomana hasta Krasnovodsk[19], de allí a Bakú, continuando por tren, vía Tiflis, a Batumi en el mar Negro, y de allí en barco hasta Constantinopla[20].

En Adrianópolis[21] fui arrestado a causa de mi cuaderno de bocetos. Llegué a Sofía el 24 de agosto y estuve a punto de recibir un disparo del guardia mientras caminaba demasiado cerca del castillo. Habían transcurrido solo tres días desde la revolución que le había costado el trono a Alejandro de Battenberg. En Stralsund abordé un vapor sueco y pronto fui recibido con regocijo por mis padres, hermano y hermanas. Así terminó mi primer largo viaje por suelo asiático.

CAPÍTULO VI

CONSTANTINOPLA

Ahora estudiaba Geografía y Geología en las universidades de Upsala y Berlín, y también en la Hogskola de Estocolmo (literalmente, «escuela secundaria»). Mi maestro en Berlín fue el barón Ferdinand von Richthofen, famoso por sus viajes en China y la mayor autoridad de su época respecto a la geografía de Asia.

Y también establecí mi debut como autor; en un volumen ilustrado por mis propios bocetos, relaté la historia de mi viaje persa. Como yo nunca había escrito para una publicación, el día que un amable editor acudió a mi casa y me ofreció ciento veinte libras por el derecho a publicar mis experiencias de viaje, yo no me lo podía creer. Solo esperaba publicar el libro sin tener que pagarlo yo mismo y aquí estaba un anciano amable, dispuesto a comprar mi manuscrito por una suma que, en mis circunstancias, parecía enorme. Afortunadamente, comprendí la importancia de la situación, adopté actitud de diplomático, fruncí el ceño rápidamente y respondí que la tarifa ofrecida no estaba en absoluto acorde con los peligros y las dificultades extremas del viaje. Pero finalmente cedí y acepté la oferta. De hecho, estaba listo para saltar de alegría.

Animado por este éxito, traduje y resumí los viajes en el interior de Asia del general ruso Nikolái Przhevalski[22], que publiqué en un solo volumen. Como no era una obra original mía, solo me dieron cuarenta libras por ella[23].

En el verano de 1889, Estocolmo fue escenario de un congreso de orientalistas, y nuestras calles se llenaron de nativos de Asia y África. Entre los asiáticos había cuatro persas distinguidos, encargados por Naser al-Din Shah de presentar una condecoración real al rey Óscar II. Me sentía como en familia con estos hijos de Persia, y deseaba volver a visitar su país más que nunca. La lámpara de Aladino se encendió de nuevo y ardió con una llama tan clara como en el jardín de Aga Mohammed Hassan.

Pasé un mes en otoño con mi madre y una hermana en la costa del mar al sur de Estocolmo, en la hacienda de Nordenskiöld —el héroe del *Vega*—, una granja situada en Dalbyö. Un día recibí una carta de mi padre que decía: «Debes estar en la ciudad mañana a las once para presentar tus respetos al primer ministro. El rey enviará una comitiva al shah de Persia en la primavera, y han decidido incluirte. ¡Hurra!».

La cabaña donde nos alojábamos resonó con vítores. Nos sentamos durante horas para discutir el evento. Casi no dormí esa noche, ya que tenía que levantarme a las cuatro de la madrugada. El trayecto entre Dalbyö y Estocolmo fue miserable. Tuve que caminar a través de los bosques y remar siete millas a través del archipiélago para llegar a tiempo antes de que el barco zarpase. Pero corrí por el bosque y volé como un pato salvaje sobre el agua, y arribé puntual a Estocolmo.

Suecia y Noruega estaban unidas bajo la misma corona en ese momento. El rey nombró a F. W. Treschow, chambelán del rey, un noruego, para encabezar la comitiva; C. E. von Geijer fue nombrado secretario; el conde Claes Lewenhaupt, agregado militar; y yo, intérprete. Partimos a principios de abril de 1890, cruzamos el continente y llegamos a Constantinopla durante Ramadán, el mes del ayuno.

Constantinopla es una de las ciudades más bellas del mundo, situada como está en el estrecho Bósforo, que conecta dos mares y separa dos continentes, el Cuerno de Oro y el mar de Mármara.

Al igual que sucede con Roma y Moscú, hay siete colinas en la ciudad. Su sección principal es Estambul, la ciudad específicamente turca, situada en una lengua de tierra triangular, protegida en el lado de tierra por un muro con torres, y separada de Pera y Galata[24] por la profunda bahía del Cuerno de Oro. Estambul es un mar ondulado de casas blancas y colores brillantes, sobre las cuales se elevan las poderosas cúpulas y los altos y esbeltos minaretes de las mezquitas. Durante las noches de Ramadán, las mezquitas están iluminadas por cientos de miles de luces, dispuestas entre los minaretes para formar los nombres del Profeta y los santos imanes.

El más grande y hermoso de todos los templos de Estambul es la Iglesia de Santa Sofía[25], la «Santa Sabiduría», solemnemente inaugurada en el año 548 d. C. por Justiniano, el emperador bizantino. La cúpula con sus galerías está sostenida por cien columnas, algunas de ellas de mármol verde oscuro, otras de pórfido rojo oscuro.

En aquellos días la cruz cristiana coronaba la cúpula. Pero transcurrieron nueve siglos, y una cálida noche de verano, el 29 de mayo de 1453, Mahoma el Conquistador y sus hordas salvajes, bajo la bandera verde del Profeta, llegaron frente a las puertas de la ciudad.

Después de una heroica defensa, Constantino, el último emperador romano, tras desprenderse de su capa púrpura, cayó, sin ser reconocido, entre las pilas de cadáveres.

Al observar el esplendor del palacio de Constantino, la melancolía se apoderó del sultán victorioso, reflexionó sobre la transitoriedad de la vida y exclamó, en palabras del poeta persa: «La araña ha tejido su tela en el palacio imperial, y el búho canta su canción crepuscular desde la torre de Afrasiab». Cien mil cristianos aterrorizados se refugiaron en la Iglesia de Santa Sofía y cerraron las puertas. Pero los turcos, enloquecidos por la sed de sangre, derribaron las puertas y se precipitaron en su interior.

Comenzó así una terrible matanza. En el altar mayor estaba de pie un obispo griego, con túnicas pontificias, que leía la misa de difuntos en voz alta. Finalmente se quedó solo y tras detenerse en medio de una oración, tomó el cáliz de la comunión y subió las escaleras que conducían a las galerías superiores. Como lobos hambrientos, los turcos corrieron tras él. Dirigió sus pasos hacia una pared donde se abría una puerta. Entró, y la puerta se cerró de nuevo. En vano atacaron los soldados esta pared con lanzas y hachas.

Durante más de cuatro siglos y medio, los griegos han creído ciegamente que el día en que la Iglesia de Santa Sofía volviera a caer en manos de los cristianos, aquel muro se abriría y el obispo saldría con el cáliz en la mano. En el altar mayor continuaría la misa desde el punto exacto en que los turcos la habían interrumpido. Sin embargo, durante el último período de la Gran Guerra[26], cuando Constantinopla estaba en manos de las tropas de los aliados, dicho obispo no apareció.

En el momento de nuestra visita, la media luna descansaba segura sobre la cúpula y los minaretes, desde cuyos balcones circulares el almuédano proclamaba las horas de oración. Fuerte y claro en cuatro direcciones, su voz resonaba: «¡Alá es grande! ¡No hay otro dios sino Alá! ¡Mahoma es el profeta de Alá! Ven a la oración. Ven a la dicha eterna. ¡Alá es grande! *¡La illaha il Allah!*».

Desde las galerías de la gran mezquita, iluminadas por innumerables lámparas de aceite, vimos a miles de fieles, absortos en sus oraciones.

Mahoma el Conquistador puso los cimientos del serrallo, o palacio, donde han reinado veinticinco sultanes desde que Abdul Mejid construyó el Palacio de Dolmabahçe, en el Bósforo, exactamente cuatrocientos años después de la conquista. El serrallo ocupa el punto más alto de la ciudad. Sus pináculos son los primeros en ser bañados por la luz de la mañana, y los últimos en palidecer cuando se desvanece el resplandor de la tarde. Hay una

EL OBISPO GRIEGO DE SANTA SOFÍA

gran vista desde sus terrazas, sobre el mar de Mármara, el Cuerno de Oro y la costa asiática.

El serrallo consta de varios grupos de edificios y patios, separados por puertas. La Orta Kapu, o «Puerta del Medio», en el patio de los jenízaros, consta de dos pares de puertas, entre las cuales hay una habitación oscura con bóvedas. Un *pasha*[27] que llegase allí en respuesta a una llamada del sultán y escuchase el primer par de puertas cerrarse detrás de él, sin que el par opuesto se hubiera abierto, entendería que su hora había llegado; porque era allí donde los *pashas* que caían en desgracia eran ejecutados.

Dentro de la tercera puerta, Bab-i-Seadet, la «Puerta de la Felicidad», está el tesoro donde, entre otros objetos de valor, se encuentran el trono de oro, perlas, rubíes y esmeraldas que el sultán Selim I incautó del shah Ismael de Persia. La bandera, el manto, el bastón, el sable y el arco del Profeta se conservan en una parte apartada del palacio, donde no se admite a ningún extraño. Solo una vez al año se dirige el sultán a ese lugar sagrado.

Un día nos invitaron al *iftar* del sultán, como se conoce la cena en el mes de Ramadán. Se sirvió en el palacio de Yildiz. Las funciones de anfitrión fueron realizadas por Osman Ghasi Pasha, famoso por la valentía con la que defendió Pleven en 1877, cuando resistió a la fuerza superior de los rusos durante más de cuatro meses[28]. El comedor era pequeño y de color oscuro, pero inundado de luz. En el exterior, la luz del día se desvanecía. Y mientras esperaban la puesta del Sol, todos se sentaron en silencio como estatuas, inclinados sobre placas de oro macizo. Al final se produjo un disparo y los lacayos sirvieron la cena.

ABDUL HAMID II, ANTIGUO SULTÁN DE LOS TURCOS

Posteriormente nos recibió Abdul Hamid II. Era un hombre pequeño, de finas facciones pálidas, barba negra azulada, ojos oscuros y penetrantes y nariz romana.

Llevaba un fez rojo y un abrigo largo de uniforme azul oscuro. Su mano izquierda descansaba en el mango de su cimitarra; y con una graciosa inclinación de cabeza recibió la carta holográfica que nuestro rey nos había encargado que le entregáramos.

Tampoco dejamos de visitar la Ciudad de los Muertos. Hay un ambiente de tranquilidad y paz en los cementerios fuera de Estambul y en Escutari[29]. Altos cipreses de color verde oscuro se alzan entre las tumbas, e innumerables monumentos marcan el último lugar de descanso de los agotados peregrinos de la tierra. A menudo se pueden encontrar huecos en forma de cuenco en los monumentos horizontales. El agua de lluvia se acumula allí y los pájaros pequeños se acercan a beber. Durante estas visitas, su canto quizás trae consuelo a los muertos que duermen bajo las piedras.

CAPÍTULO VII

UN EMBAJADOR ANTE EL SHAH DE PERSIA

EL 30 de abril abordamos el barco ruso *Rostov-Odessa*, y navegamos a través del Bósforo, con la costa europea a nuestra izquierda, la asiática a nuestra derecha, y por todos lados un paisaje fascinante en su peculiar belleza. Hacia la tarde, los últimos faros desaparecieron y nos deslizamos hacia el mar Negro. Estaba familiarizado con el camino que estábamos a punto de tomar. Hicimos un alto en la ciudad en la costa de Asia Menor, desembarcamos en Batumi, y seguimos por ferrocarril, vía Tiflis, hasta Bakú. Vi las mismas escenas que durante mi anterior visita; las mismas caravanas, jinetes y pastores, y los mismos carros pintorescos tirados por búfalos grises.

Esta vez también visitamos los campos petrolíferos de la familia Nobel en Balakhany. Había entonces (1890) cuatrocientos diez pozos, ciento dieciséis de los cuales pertenecían a los Nobel. De estos, cuarenta bombeaban crudo a pleno rendimiento, mientras que veinticinco estaban siendo excavados. De uno de ellos se podía extraer la cantidad de 150.000 *puds* en veinticuatro horas. Los pozos eran generalmente de 130 a 160 brazas de profundidad (1 braza = 1,6718 metros), y la tubería más grande tenía sesenta centímetros de diámetro. Unos 230.000 *puds* de crudo se canalizaban diariamente a la Ciudad Negra, a través de dos líneas, y ofrecían, después de la destilación, 60.000 *puds* de petróleo refinado al día.

El 11 de mayo, tarde en la noche, abordamos el vapor *Mikhajl*, acompañados por algunos de los ingenieros de Nobel. Estábamos sentados en la popa, charlando, cuando oímos penetrantes silbidos de vapor por todos lados. Llamas blancas se elevaron desde la Ciudad Negra, con densas nubes marrones de humo escupidas sobre ellas. Los ingenieros suecos se apresuraron a desembarcar y fueron llevados al lugar del incendio en *isvostschiks*[30]. A la luz de las llamas, el *Mikhajl* soltó amarras y nos dirigimos al sur hacia la costa persa.

Al desembarcar en Anzali sonaron las trompetas y cuarenta disparos de cañón fueron efectuados en nuestro honor como saludo. En la orilla había dos altos dignatarios del país que vestían uniformes resplandecientes con galones y baratijas de oro, con las escarapelas del sol y el león en sus gorros de piel de cordero. Uno de ellos era el general Mohamed Aga, el *mahmandar*, o anfitrión oficial, que nos dio la bienvenida en nombre del shah. Estaba allí para acompañarnos a Teherán con una gran *suite*, escolta y caravanas.

Fuimos remolcados en un bote hasta Rasht por trabajadores en ropa suelta, que me recordaron a los troles del bosque, o Robin Goodfellows[31], ya que entraban y salían disparados entre arbustos y cañaverales. El gobernador nos entretuvo ofreciéndonos *dastarkhan*, una comida servida en cincuenta platos.

Salimos de Rasht el 16 de mayo. Carpas, alfombras, camas, equipo y provisiones fueron cargados en cuarenta y cuatro mulas. La escolta de soldados en sus uniformes negros, y armados con rifles, sables y pistolas, disponía de sus caravanas propias.

Y así comenzó un viaje como el que se encuentra solo en las narraciones antiguas. Los persas desplegaron la pompa y el esplendor que se debían a los representantes de una gran potencia. La primavera estaba en su apogeo, el bosque estaba cargado de fragancia, cada arroyo ondeaba, y todos los pájaros cantores saludaban a nuestra brillante procesión. El viaje de cada día se dividía en dos etapas, una por la mañana y la otra por la tarde. Las horas cálidas del día, cuando la temperatura ascendía a más de 30 °C, las pasábamos en tiendas de campaña ventiladas, acampados bajo olivos y moreras. En cada pueblo por donde pasábamos nos recibían los ancianos, viejos de barba blanca, vestidos con caftanes que les llegaban hasta las suelas de los zapatos, y altos turbantes.

Nuestra entrada en Qazvín superó todo lo que habíamos experimentado hasta ahora. Lejos de la ciudad, el alcalde y una gran escolta nos salieron al encuentro, y después el gobernador con cien jinetes. Nuestra procesión se convirtió gradualmente en una enorme cabalgata, trotando a lo largo del camino y a veces desapareciendo entre nubes de polvo de color gris amarillento. Dos mensajeros cabalgaban delante, uno de negro, el otro de rojo, y ambos con gorros de piel de cordero blanco y galones plateados. Seguidos por jinetes con trompetas a todo volumen y, a ambos lados, soldados corriendo con uniformes azules. Ejecutaron dos *jigitovkas* (maniobras ecuestres) donde las proezas acrobáticas se sucedían continuamente. A veces se paraban en sus sillas mientras galopaban a toda velocidad, o se lanzaban hacia abajo en plena carrera para recoger un objeto del suelo. A veces lanzaban sus rifles al aire, disparándolos en el instante de su recuperación, o hacían malabarismos con delgados sables desnudos, de modo que las hojas brillaban bajo el sol. Así atravesó nuestra ruidosa procesión viñedos y jardines, bajo la torre de porcelana de la puerta de Qazvín, a través de bazares y plazas abiertas.

NUESTRA ENTRADA EN QAZVÍN

Algo más tarde nos encontramos una empresa bastante diferente a la nuestra. Era una procesión fúnebre chiita. Dos banderas rojas y dos negras abrían la marcha, luego enormes bandejas llenas de pan, arroz y dulces, con velas encendidas en las esquinas. Les seguía un grupo de hombres que se lamentaban lastimeramente: «Hussein Hassan». Detrás de ellos era conducido el caballo gris del difunto, con una silla de montar preciosa y un paño bordado, el pomo con un turbante verde, símbolo de que el propietario descendía del Profeta. El féretro tenía un arco alto y estaba cubierto con mantas marrones. A cualquiera de los transeúntes le estaba permitido relevar a los porteadores, y todo el mundo quería hacerlo, porque el muerto había sido un sumo sacerdote de gran distinción. La procesión cerraba con una inmensa multitud de sacerdotes con turbantes blancos.

Tras haber recibido los merecidos honores en Qazvín, procedimos en carruaje a Teherán. Un día nos cayó una lluvia de granizo y nuestros vehículos quedaron cubiertos de aguanieve. En otra ocasión el camino permaneció bloqueado por una caravana de mulas cargadas de alfombras. Al oír el traqueteo de los carruajes detrás de ellos, las mulas perdieron la cabeza y se fueron a galope lento. Las cuerdas que ataban sus cargas se soltaron, y una alfombra tras otra cayó al suelo. A medida que sus cargas se hacían más ligeras, las mulas aumentaron su velocidad. Alegres y bulliciosas, se alejaron correteando frente a los carruajes. Nos atragantamos de la risa con este espectáculo, pero los pobres conductores de caravanas estaban lejos de reírse, mientras iban por el camino recogiendo sus alfombras polvorientas.

El día que entramos en Teherán, el esplendor oriental llegó a su clímax. ¡Qué diferente a mi última entrada! Por aquel entonces había venido como un estudiante pobre; ahora llegaba como uno de los embajadores reales. Regimientos enteros de caballería estaban en uniforme completo y la infantería se alineaba en las calles. Bandas montadas tocaron el himno nacional sueco, y fuimos recibidos en un jardín por los altos dignatarios del país. Aquí organizamos nuestra cabalgata. Nos fueron ofrecidos caballos árabes, con mantillas bordadas en oro y plata, y pieles de pantera debajo de las sillas de montar. Incluso los caballos se animaron con la música, y se pusieron a bailar con gracia a través de la puerta de la ciudad. Toda la población parecía estar en pie para presenciar nuestra entrada. La procesión terminó en un jardín, de los cuales, por su exuberancia y belleza, nunca había visto antes. En su centro se alzaba el palacio señorial de Emaret Sepa Salar (el Palacio del Mariscal), donde residiríamos.

Un festín sucedió a otro durante doce días. Teníamos caballeros y oficiales esperándonos y siguiéndonos a todas partes, como sombras. En las comidas, presidía el cuñado del shah, el buen anciano Yahiya Khan; y por las noches una banda tocaba cerca de la gran pila de mármol en frente del palacio.

A los pocos días de nuestra llegada fuimos convocados a una audiencia, escoltados por chambelanes y funcionarios estatales en carruajes reales, cada uno tirado por cuatro caballos blancos con colas teñidas de violeta. Heraldos vestidos de rojo, portando bastones de plata y *ferrashes*, corrían delante de nosotros.

Después de unos minutos de espera en una antecámara, un cortesano anunció que *Ala Hasret* (Su Majestad) estaba listo para recibirnos. Nos condujeron a una gran estancia, decorada con un fino estilo persa, cubierta de alfombras y tapices; que contaba con una veintena de cortesanos, ministros y generales ataviados con caftanes de bordados anticuados. Todos se encontraban alineados, inmóviles como estatuas.

Naser al-Din Shah estaba de pie junto a la pared exterior, entre un ventanal enorme que se extendía hasta el suelo y el famoso trono con forma de pavo real. Este extraño mueble, parecido a una gigantesca silla con respaldo y asiento alargado y con escaleras que suben desde el suelo, estaba recubierto de oro grueso y engastado con piedras preciosas en forma de cola de pavo real extendida. Había sido arrebatado al gran mogol de Delhi, casi doscientos años antes, por Nadir Shah durante su campaña india.

Naser al-Din Shah vestía de negro. En su pecho llevaba cuarenta y ocho diamantes enormes, y en cada charretera tres grandes esmeraldas. En su gorra negra había un broche de diamantes, y a su lado colgaba un sable, cuya vaina estaba tachonada con gemas. Nos observó fijamente. Se comportaba como un rey y se mantenía allí de pie como un verdadero déspota asiático, consciente de su superioridad y poder.

El titular de nuestra embajada hizo entrega de la condecoración que nuestro rey había enviado a su «primo» persa. Después de haber sido recibido por el intérprete y mostrado al shah, conversó con cada uno de nosotros durante un rato, nos formuló varias preguntas sobre Suecia y Noruega. Nos dijo que había estado en Europa tres veces, y que tenía la intención de visitar Suecia y América durante su próximo viaje.

Había un cierto encanto persa, como chapado a la antigua, en toda la ceremonia. Pero cuando fui recibido por el hijo de Naser al-Din, Shah Mozaffareddín, quince años después, dicho encanto se había desvanecido considerablemente; y hoy por hoy ya ni existe.

NASER AL-DIN, ANTIGUO SHAH DE PERSIA

En los días que siguieron, todo se hacía en pos de nuestro entretenimiento y regocijo. Se celebró una espléndida fiesta en nuestro honor en el palacio real, con todos los dignatarios del Estado presentes, y el shah, invisible, nos observaba desde una galería.

Nos enseñaron el museo del shah, cuya cerradura está sellada y se abre solo para invitados distinguidos. Entre sus tesoros vimos el diamante Darya-ye Noor, o «Mar de la Luz», y un globo terrestre, de sesenta y un centímetros de diámetro, donde los océanos estaban representados por turquesas muy próximas; las regiones árticas, por diamantes claros como el cristal; y Teherán, por otra joya. También vimos cubos de cristal completamente llenos de perlas reales de Baréin, turquesas de Nishapur y rubíes de Badajshán.

En el patio frente al establo del shah fueron exhibidos ante nosotros nueve de sus novecientos caballos, cada uno montado por un mozo.

Lo más espléndido de todo fueron las maniobras en un campo fuera de la ciudad. Las tropas, 14.000 efectivos, estaban dispuestas en un cuadrado; y, junto a la comitiva del shah, pasamos revista. Entonces el shah se instaló en una gran tienda roja, y nosotros hicimos lo mismo en una rosada a su lado, mientras la infantería desfilaba saludando al monarca, y la caballería espoleaba salvajemente. Los más hermosos fueron los jinetes vestidos con capas y cintas rojas atadas a la cabeza.

Finalmente, un día cabalgamos hacia las ruinas de Rayy, la antigua ciudad que floreció durante los días de Salmanasar y se menciona en el Libro de Tobías. Alejandro Magno descansó allí cuando estaba a un día de marcha de las «Puertas del Caspio». Más de mil años después, la ciudad fue embellecida por el califa Al-Mansur. Entre sus muros nació Harún al-Raschid; y los árabes cantaron su gloria, llamándola la «Puerta de las Puertas de la Tierra». En el siglo XIII, Rayy fue totalmente destruida por los mongoles, y ahora solo una torre bien conservada se eleva sobre las ruinas.

En Teherán me encontré con un dilema. ¿Debería estar satisfecho con estas simples fiestas que no dejan mayores secuelas que los comunes fuegos artificiales? ¿No debería usar esta oportunidad para adentrarme más en Asia, para continuar, de hecho, hasta el corazón del continente? Tal viaje podría ser una valiosa preparación para mayores proyectos. Mi deseo de abrirme camino, paso a paso, hacia las todavía no visitadas partes de la región del desierto y las tierras altas tibetanas, era irresistible.

Mis compañeros de viaje de la embajada aprobaron mi plan. Telegrafié al rey Óscar para solicitar permiso para continuar hacia el este. El rey no solo asintió, sino que también se comprometió a pagar los gastos de mi viaje.

Y así, cuando los otros miembros de la embajada salieron de Teherán, el 3 de junio, para volver a casa por el camino por donde habíamos venido, yo me quedé con mi amigo Hybennet. Contaba con fondos suficientes para que me duraran hasta que llegase a la frontera china.

CAPÍTULO VIII

UN CAMPOSANTO

EL zoroastrismo es una de las religiones más antiguas del mundo. Fue fundada por Zoroastro (o Zaratustra). Sus libros sagrados se llaman *Zend-Avesta*. Fue practicada por uno de los pueblos más poderosos de la Tierra, floreció durante un período de mil años, continuó con una vitalidad menguante durante otros mil años, y finalmente fue aplastada en el 640 d. C., cuando el califa Omar llevó los estandartes del Profeta contra los persas, a quienes venció cerca de Ecbatana. Durante el progreso victorioso del islam, muchos de los zoroastrianos ya habían huido en barcos desde Ormuz a Bombay. En la actualidad quedan unos 100.000 devotos en la India y 8.000 en Persia. El fuego sagrado, por lo tanto, aún no se ha extinguido.

En un capítulo anterior describí una visita al recientemente abandonado Templo del Fuego en Surakhany, cerca de Bakú. En Yazd, Persia, hay una veintena de ellos. Pero en la antigüedad era diferente. Había varios altares de fuego en Persépolis, y Jenofonte relata:

> Cuando Ciro salió de su palacio, se llevaron caballos delante de él para ser sacrificados al sol, así como un carruaje con guirnaldas blancas para el sol. A continuación venía un segundo carruaje con caballos decorados de púrpura, seguido de unos hombres que portaban un fuego en una gran chimenea. Luego se sacrificaba el caballo al sol, después de lo cual se ofrecía un sacrificio a la tierra, según las costumbres establecidas por los magos.

El magianismo surgió en Persia e India antes de la edad de Zoroastro. Los cuerpos celestes y los dos elementos, fuego y agua, ya estaban deificados por entonces. La hechicería y la brujería también florecieron.

La enseñanza de Zoroastro era dualista. Reconocía un dios, Ahura Mazda, el creador de todas las cosas luminosas y buenas. Opuesto a él se encontraba Ahrimán, que representaba el principio de la oscuridad y el mal, con demonios malvados en su séquito. La enemistad entre Ahura Mazda y Ahrimán nunca terminó; y era el deber de los justos ayudar a que Ahura Mazda lograra la victoria.

El fuego sagrado más antiguo era el que ardía en Rayy. El sol y el fuego son símbolos de la omnipotencia de Dios. Nada en la Tierra se acerca más a la perfección divina que el fuego, debido a la luz, calor y limpieza purificadora que irradia. Los cadáveres contaminan la tierra. Por lo tanto, los muertos deben ser enterrados sobre torres, separadas de su entorno por altos muros. El camino que conduce a la torre también está contaminado por el paso del cadáver; pero este se considera purgado si un perro blanco o amarillo, con manchas negras alrededor de los ojos, va delante de la procesión funeraria. El perro exorciza a los demonios. Las moscas que pululan sobre los cadáveres expuestos son duendes, demonios femeninos al servicio de Ahrimán. Los enemigos muertos no contaminan la tierra, porque llevan testimonio de la victoria del bien sobre el mal.

Los adoradores del fuego en Persia, conocidos como parsis, son despreciados y detestados por los adoradores del islam. Por eso se aíslan en sus propias aldeas, para que puedan dedicarse sin interferencia a sus prácticas religiosas. Muchos de ellos son comerciantes y jardineros. Después de miles de años, todavía siguen los preceptos de Zoroastro. Una lámpara arde en cada casa. Fumar tabaco es un pecado contra el fuego; y si se desata un incendio, no debe extinguirse, no se permite a ningún mortal combatir el poder del fuego.

Cuando un parsi muere, es vestido de blanco, se envuelve una tela blanca alrededor de su cabeza, se encienden lámparas de aceite y se le coloca sobre un féretro de hierro, con un pedazo de pan a sus pies. Si un perro, al ser admitido en la morgue, come el pan, se considera que el hombre está muerto. Pero si el perro se negase a comerlo, se considera que el alma todavía habita en el cuerpo, y se permite que el cadáver permanezca hasta que comience la descomposición.

A continuación, el muerto es lavado por el lavador de cadáveres, que es considerado impuro y en cuya casa nadie se atreve a poner un pie.

Cuatro porteadores, con ropas blancas que han sido lavadas en agua corriente, llevan el féretro al lugar del funeral, la llamada Torre del Silencio. No es realmente una torre sino un muro de sesenta y ocho metros de circunferencia y casi siete metros de alto. Dentro de este, el cadáver se coloca en una cavidad rectangular abierta y poco profunda. Finalmente, se aflojan y abren las ropas del muerto, se retira el vendaje de la cabeza y los invitados caminan de espaldas a la pared para volver a casa. Durante el funeral, los buitres se posan en la cresta de la pared y los cuervos sobrevuelan el lugar.

Cuando todo está en silencio, les toca a ellos permanecer activos; y en poco tiempo el esqueleto yace desnudo, secándose bajo el sol abrasador.

Se dice que los parsis, o adoradores del fuego, descienden directamente de los antiguos seguidores de Zoroastro, y son, por lo tanto, los representantes más puros de la raza indoeuropea.

Antes de mi partida, en Estocolmo, un famoso profesor de Medicina y Antropología me pidió que tratara de obtener y traer de vuelta, de una forma u otra, los cráneos de algunos de estos adoradores del fuego.

En consecuencia, a mediados de junio, cuando el verano estaba en su apogeo, y el termómetro marcaba 41 °C a la sombra, partí con el doctor Hybennet hacia la Torre del Silencio, el camposanto de los adoradores del fuego, al sureste de Teherán. Elegimos las primeras horas de la tarde para nuestra redada, ya que era el momento cuando todo el mundo se encontraba en sus casas debido al sofocante calor.

Llevamos con nosotros un *kurchin*, o alforja blanda, en cuyos dos bolsillos pusimos paja, papel y dos sandías, cada una del tamaño de la cabeza de un hombre.

Condujimos un carruaje a través de la puerta de Shah Abdul Azim. Las calles estaban tan vacías como lechos de ríos secos. Camellos, alimentándose de cardos, vagaban por la estepa fuera de la ciudad, y aquí y allá una nube de polvo flotaba sobre la cocida tierra como si fuera un fantasma.

Tomamos el camino a través del pueblo de Hashemabad para pedir prestado un cántaro de agua y una escalera a un campesino. Al llegar a la Torre del Silencio apoyamos la escalera contra la pared; pero resultó ser demasiado corta, por casi un metro. Sin embargo, subí al último peldaño, logré agarrarme bien de la albardilla y me columpié hacia arriba. Luego le eché una mano al doctor Hybennet para que subiera.

Fuimos recibidos por un olor rancio y repugnante de cadáveres. Hybennet permaneció en la cofia para vigilar al conductor y asegurarse de que no nos espiaba mientras yo bajaba las escaleras de cemento para dirigirme al cuenco circular del lugar funerario. Había sesenta y una tumbas abiertas poco profundas. En unas diez de ellas yacían esqueletos y cadáveres en varios estados de putrefacción. Huesos blanqueados y curtidos por la intemperie yacían apilados junto a la pared.

Después de algunas deliberaciones, seleccioné los cadáveres de tres hombres adultos. El cadáver más fresco llevaba allí solo unos pocos días; sin embargo, las partes blandas, los músculos y las entrañas, ya habían sido arrancadas y devoradas por las aves rapaces. Los ojos habían sido elegidos, pero el resto del rostro permanecía seco y duro como el cuero. Separé el cráneo del muerto y lo vacié de su contenido.

Hice lo mismo con la segunda cabeza. El tercer cadáver había estado tostándose al sol tanto tiempo que sus sesos se habían secado.

Nos habíamos llevado la alforja y la vasija de agua, bajo el pretexto de que íbamos a almorzar allí. Usé el agua para lavarme las manos. Luego vacié la bolsa, envolví las calaveras en papel, después de llenarlas primero con paja, y luego las coloqué en la bolsa en lugar de las sandías. La bolsa conservó así su forma; y no había nada que despertara la sospecha del conductor, excepto el olor desagradable, que posiblemente podría ponerlo sobre aviso. A nuestro regreso al carruaje, encontramos al conductor profundamente dormido en la estrecha sombra de la pared. Así las cosas, no nos traicionó. A la vuelta devolvimos la vasija y la escalera y continuamos a través de las calles, todavía vacías, hasta la casa de Hybennet.

Enterramos los cráneos en el suelo, los dejamos allí durante un mes y luego los cocimos en leche, hasta que estuvieron tan claros y blancos como el marfil.

La necesidad de toda esta discreción es obvia. ¿Qué habrían pensado los supersticiosos persas y parsis de nosotros si se hubieran enterado de que los infieles estábamos robando cráneos de sus camposantos? Además, Hybennet era el médico habitual del shah, en concreto, su dentista. La gente podría haber supuesto que teníamos la intención de quitar los dientes de las mandíbulas de los cráneos para su posterior uso en la elegante boca del shah. Podrían haberse producido disturbios y revueltas, podríamos haber sido atacados y finalmente entregados al pueblo. Pero la cosa salió bien al final.

Sin embargo, al llegar al muelle de Bakú, de camino a casa al año siguiente, casi me meto en problemas con los funcionarios de aduanas. Todas mis pertenencias fueron examinadas con sumo cuidado y tres objetos redondos, envueltos en papel y fieltro y parecidos a balones de fútbol, acabaron tirados por el suelo.

—¿Qué es esto? —preguntó el inspector de aduanas.

—Cabezas humanas —respondí sin pestañear.

—Le ruego me disculpe, ¿cabezas humanas?

—Sí, mire si le parece.

Una de las bolas se abrió y una calavera sonrió a los inspectores. Se miraron el uno al otro completamente perplejos. Por fin el inspector dijo a los demás:

—¡Envuelvan el paquete y métanlo todo dentro! —Y a mí me dijo—: Agarra tus cosas y sal de aquí lo más rápido que puedas.

Probablemente pensó que los cráneos eran evidencia de un triple asesinato, y que era mejor no involucrarse en un asunto tan turbio.

Esos cráneos parsis se pueden ver hasta el día de hoy en el Museo Craneológico de Estocolmo[32].

CAPÍTULO IX

HACIA LA CIMA DEL MONTE DAMAVAND

CADA año, Naser al-Din Shah hacía un viaje en verano a las montañas Elburz para escapar del calor de Teherán y sus alrededores. Para este año, la salida estaba prevista el 4 de julio. Como acompañante del doctor Hybennet, fui invitado por el shah a unirme a la fiesta. Estaríamos fuera durante más de un mes. Otro europeo estaba, por supuesto, adscrito al grupo. Este era el doctor Feuvrier, un francés, que fue el primer médico habitual del shah. De hecho, muy pocos europeos han formado parte alguna vez en estas excursiones reales.

El espectáculo fue tan único como encantador e impresionante. El día antes de partir nos visitó un chambelán, que nos informó sobre la ruta y me obsequió con un puñado de monedas de oro persas del shah, una costumbre que implicaba el deseo de que al receptor nunca le faltase dinero.

El viaje nos llevó al noreste, a las montañas, y a las cuencas de dos ríos, el Jajrud y el Lar; el primero fluye hacia el sur, en el desierto, y el último hacia el norte hasta el mar Caspio. Nuestra ruta incluía dos puertos altos, el segundo a una altitud de 2.895 metros sobre el nivel del mar.

Habíamos llegado a las montañas y seguíamos los sinuosos caminos a través de acantilados y pasos, a través de valles y pastos, cuando de repente encontramos el camino completamente bloqueado, en ambos sentidos, por los dos mil animales de carga (camellos, mulas y caballos) que llevaban las tiendas, provisiones y otros equipos del shah, sus ministros y sirvientes. Mil doscientas personas tomaron parte en la expedición, doscientas de las cuales eran soldados. Cuando acampamos de noche, surgió una ciudad de trescientas tiendas en los valles solitarios.

Todos, excepto los sirvientes, tenían un juego de tiendas duplicado. No importa lo rápido que cabalgáramos, después de levantar el campamento por la mañana, más tarde encontraríamos las tiendas ya montadas en la siguiente parada.

Las tiendas del shah eran transportadas por camellos decorados con altos penachos. Sus cajas, cubiertas con tela roja ribeteada de negro, eran llevadas por mulas. Sus caballos también llevaban plumas rojas y los caballos blancos tenían la cola teñida de violeta. La disposición de las tiendas era siempre uniforme. Todos conocían el lugar que ocupaban sus tiendas, y cómo se configuraban las calles formadas por éstas. El shah, además de su gran tienda roja, tenía otra para cenar y otra para fumar, y varias otras tiendas para las damas de su harén. Cuántas mujeres había traído consigo de su harén no se conocía definitivamente; pero algunos decían que eran cuarenta. Este número incluía a las doncellas de las damas del harén. Casi todos los días pasábamos junto a esposas reales, con tupidos velos, sentadas a horcajadas sobre sus caballos. Sin embargo, la etiqueta y el tacto nos hacían girar la cara cuando estas damas estaban cerca. Eunucos y enanos cabalgaban delante y detrás de ellas.

Rodeando las tiendas reales había una pantalla alta de tela roja gruesa en postes. Esta pantalla encerraba el patio interior real. El atrio exterior estaba rodeado por las tiendas que albergaban a la guardia principal, los *ferrashes*, los víveres, la cocina, etc. Este era exactamente el mismo arreglo de tiendas que, según Jenofonte, fue usado dos mil cuatrocientos años antes en el campamento de Ciro.

Emin-i-Sultan, el gran visir, era responsable de mantener el orden en «la ciudad en movimiento». El maestro de cocina y el comisario-general era Mejed Dovleh, un pariente del shah. Otros funcionarios de nota eran el maestro del caballo, el jefe de la silla de montar, el jefe de la guardia personal, el jefe de vestuario, el jefe de alcoba del shah (un anciano, que siempre dormía en la entrada de la tienda dormitorio del shah), el jefe de los eunucos, el jefe del *kalian* (cuya tarea era enjuagar las pipas de agua), el jefe de cocina, el mayordomo, el barbero jefe, el jefe de los *sakkas* (los hombres que constantemente rociaban agua alrededor de la tienda del shah para cubrir el polvo) y el jefe de los *ferrashes*.

Hybennet y yo teníamos tiendas de campaña en el centro de la gran ciudad-campamento. Teníamos una para nosotros, una para la cocina y otra para nuestro servicio. Es imposible expresar una idea del jaleo que prevalecía durante las tardes. Los gritos de los caravaneros y los gendarmes, el tintineo de las campanas, el relincho de los caballos, el rebuzno que por todas partes se oía, el bramido de los mulos y el rugido de los camellos. A las diez en punto, una señal de trompeta indicaba que solo a aquellos que sabían la contraseña del día les estaría permitido permanecer dentro de una cierta distancia de la tienda del shah. Se escuchaba con frecuencia el grito de advertencia del vigilante, cuando andaban cerca paseantes nocturnos no autorizados. Vistosas fogatas ardían por todas partes, las luces brillaban desde las tiendas, y cualquiera que saliera a visitar a un amigo siempre iba precedido por un hombre que portaba una lámpara de aceite en una linterna de papel.

La justicia era dispensada en el campamento por hombres especialmente confiables. Si las bestias de la caravana del shah pisoteaban la cosecha de un aldeano, el denunciante recibía daños y perjuicios. Pero aquellos que diesen falso testimonio eran normalmente condenados a la *falka*[33].

El shah atendía los asuntos diarios del Gobierno con sus ministros, y a veces dejaba que su primer intérprete, Etemad-e-Saltanet, leyera en voz alta los periódicos franceses. A menudo cabalgaba para cazar con un gran séquito, y si la presa era comestible, el resultante plato lo repartía entre su séquito, sin falta. Cuando la expedición pasaba por un pueblo, la gente siempre venía para contemplar a Shahinshah, el «Rey de Reyes». En esos momentos, repartía monedas de oro entre el populacho. Cuando cabalgaba, generalmente usaba un abrigo marrón y una gorra negra y llevaba un parasol negro. La silla de montar y la manta estaban bordadas en oro.

A orillas del río Lar, nuestra pesca con caña produjo las truchas más deliciosas. Grandes comunidades nómadas acampaban en esa vecindad, en tiendas negras y de colores. A veces yo echaba una mirada dentro y elaboraba bocetos. Una vez, cuando quise dibujar un retrato de una bella chica nómada, su padre se negó rotundamente a dejarla posar. Interrogado sobre sus miedos, respondió:

—Si el shah ve su retrato, la querrá para su harén.

Como el propio shah era algo adicto al dibujo, estaba muy interesado en mis bocetos, y a veces me hacía traerlos a su tienda.

Todavía no se ha mencionado a una persona interesante que participó en este viaje. Asis-i-Sultan, que significa «el afecto del rey», era un muchacho feo y tuberculoso de doce años, el talismán viviente del shah. El shah no podía viajar ni emprender ninguna empresa sin él, o de hecho vivir sin él. Se decía que su afecto supersticioso por esta persona desagradable tenía su origen en una profecía que limitaba los años del shah a la vida del muchacho. Así que el niño era cuidado con la máxima solicitud. Tenía su propia corte, sus enanos, bufones, negros[34], masajistas y sirvientes para ejecutar su más mínimo deseo. También era un mariscal del ejército. Debido a su influencia sobre el rey, todo el mundo estaba dispuesto a dejarse la piel por él, aunque en secreto todos deseaban su muerte.

Naser al-Din siempre parecía necesitar algún ser vivo a quien otorgar su afecto. Antes del ascenso de Asis-i-Sultan al poder, cincuenta gatos eran los favoritos del shah. Estas mascotas también tenían su propia casa real; y cada vez que el shah viajaba, los gatos eran llevados en cestas forradas de terciopelo. El nombre del principal favorito era Babr Khan, o el tigre-gato; que desayunaba todos los días en la mesa del shah. Cuando, como sucedía a veces, los gatos se multiplicaban, pululaban sobre las alfombras del palacio, ¡y que Dios salvara al ministro que tropezara con ellos!

En general, nuestros días de verano pasaron muy agradablemente. Paseé con gusto, dibujé y escribí asiduamente; y como yo era la única persona en el campamento que sabía inglés, a veces me pedían que tradujera comunicados en inglés a Emin-i-Sultan. Cuando estábamos en el valle del río Lar, no muy lejos de Damavand, me invadió un deseo irresistible de ascender los 5.700 metros de esta, la montaña más alta de Persia. Había sido escalada con frecuencia por diplomáticos europeos en Teherán.

Se decía que Damavand era una *solfatara*, una región volcánica que ya no era violentamente activa, compuesta de traquita, pórfido y lava, con un cráter de azufre de medio kilómetro de circunferencia, coronado por nieve eterna. En la antigüedad, los poetas persas la celebraban con canciones. Se decía que su nombre original era Divband, o el «Hogar de los Espíritus» e incluso en nuestros días, se cree que *jinn* y *divs*[35] (buenos y malos espíritus) moran en su cumbre.

Cuando el shah se enteró de mi plan, expresó gran interés, pero dudé si podría llegar a la cima sin una gran preparación y una numerosa escolta. Por órdenes suyas, el gran visir escribió una carta al anciano de la aldea de Rahna, donde el ascenso comenzaba, ordenando que se hiciera todo lo posible para acelerar mi viaje.

Jafar, uno de los hombres del shah, fue a buscarme la mañana del 9 de julio; y cabalgamos —yo en un caballo; él, en una mula— hacia a Rahna, donde pernoctamos. El anciano del pueblo declaró, por supuesto, que yo solo tenía que mandar y él obedecería. Yo deseaba el mínimo de impedimentos, dos guías fehacientes y provisiones para dos días. Kerbelai Tagi y Ali me fueron asignados de inmediato. Me comentaron que ellos habían hecho treinta viajes a la cima de Damavand para adquirir azufre.

La cumbre de Damavand estaba envuelta en nubes cuando llegó el momento de partir, a las cuatro y media de la mañana. Los guías llevaban largos bastones de alpinista con punta de hierro, junto con nuestras provisiones e instrumentos.

Avanzamos lentamente por empinadas laderas de grava, entre rocas y cruzando arroyos. Así se consumió todo el día. Al anochecer los hombres se detuvieron en una cueva, donde pasaríamos la noche. La cima aún estaba tan lejos que les dije que continuaran. Después de que oscureciera, el terreno se volvió tan accidentado que tuvimos que avanzar a pie entre las rocas. Cuando llegamos al primer tramo nevado pedí hacer un alto por la noche. Encendimos una fogata en el matorral. El humo se alargaba como un velo en la ladera sur. Comimos pan, huevos y queso, y luego nos fuimos a dormir bajo el cielo abierto.

La noche era fría y ventosa; pero mantuvimos el fuego encendido, y nos acurrucamos, como erizos, tan cerca de sus cálidas llamas como nos fue posible.

A las cuatro de la mañana del día siguiente, me despertó Ali, que estaba a mi lado y gritaba:

—¡*Sahib, berim!* (¡Señor, separémonos!).

Bebimos unos cuantos sorbos de té, comimos un poco de pan y partimos a lo largo de una cresta rocosa de pórfido y toba. Damavand tiene la forma de un cono volcánico muy regular. A una altitud de 3.350 metros nos encontramos con la omnipresente nieve, que yace como un gorro sobre la cabeza de la montaña, y deja regueros de agua sobre las rocas que se extienden sobre la ladera. Nos abrimos paso entre dos de esas lenguas nevadas.

LA CIMA DEL DAMAVAND, CON SU CRÁTER DEL VOLCÁN VISIBLE. 5.700 METROS DE ALTITUD

El sol salió de un cielo despejado, esparciendo su luz dorada sobre este glorioso paisaje salvaje. En el suroeste, en el puente de piedra de Polur, el lecho del valle apareció lleno de motitas blancas. Estas eran, de hecho, las trescientas tiendas del campamento del shah, que había sido trasladado allí la noche anterior. Pero pronto se tornó nublado y una granizada nos golpeó a latigazos. Estuvimos obligados a detenernos y agacharnos entre dos rocas, con el granizo golpeando nuestras espaldas.

Luego continuamos la empinada subida. Mis guías subían tan fácilmente como las cabras, pero a mí el andar me resultaba terriblemente pesado. Yo no era alpinista, no tenía práctica y nunca había intentado ascender un pico alto. Cada diez pasos tenía que detenerme para recuperar el aliento, después de lo cual volvía a dar algunos pasos. Mis sienes palpitaban, tenía un fuerte dolor de cabeza y estaba muerto de cansancio.

El camino pedregoso terminó y nos metimos en la nieve. Después de un rato me tiré de cabeza sobre su superficie.

¿Llegaré alguna vez a la cima? ¿Qué ganaba con eso? ¿No sería mejor dar la vuelta? ¡No, nunca! Por mi vida no podría comparecer ante el shah y admitir que había fracasado. Después de un minuto me quedé dormido, pero Ali tiró de mí, llamando de nuevo:

—¡*Sahib, berim*!

Me levanté y seguí. Pasaron las horas. A veces el pico me parecía infinitamente lejano; otras veces estaba envuelto en nubes o remolinos de nieve. Finalmente, Ali se quitó el cinto y sostuvo un extremo con firmeza, mientras que Kerbelai Tagi tomó el otro, y fui deslizado a lo largo de su centro. Así me arrastraron a través de la nieve, lo que facilitó considerablemente las cosas.

De nuevo se aclaró y la cumbre parecía estar más cerca. La alcanzamos a las cuatro y media, después de doce horas de esfuerzos. No fue cosa pequeña hervir el agua. La temperatura descendió a −2 °C, había un fuerte viento y hacía un frío penetrante. Dibujé un boceto, reuní algunos especímenes de azufre y admiré las vistas entre los claros de las nubes, tanto hacia el mar Caspio como hacia el sur sobre las llanuras alrededor de Teherán.

Después de un descanso de tres cuartos de hora, di la orden de volver. Mis dos guías me llevaron a un punto al comienzo de una grieta cubierta de nieve, que se estrechaba hacia abajo a lo largo de la ladera de la montaña. Aquí se acuclillaron sobre la fina corteza de nieve, presionaron sus bastones con punta de hierro en la superficie y se deslizaron cuesta abajo a una velocidad de vértigo. Seguí su ejemplo. Tuvimos que usar nuestros talones como frenos, mientras la nieve era escupida como espuma en la proa de un vapor. Por cerca de dos mil metros, descendimos de esta manera. Finalmente la nieve se hizo tan delgada que preferimos atravesar las rocas a pie. Justo cuando el sol se estaba poniendo, las nubes se levantaron. Llegamos a la cueva al anochecer. Jafar y unos pastores esperaban allí con mi caballo, y en pocos minutos estaba durmiendo como una roca.

Unos días más tarde, el shah me pidió que lo fuera a ver. Estaba sentado en su gran carpa roja, rodeado por varios de su corte. Algunos dudaron de que realmente hubiera llegado a la cima. Pero cuando el shah vio mis bocetos, se volvió hacia ellos y dijo:

—*Refte, refte, bala bood* (Ha caminado, ha estado arriba).

Los cortesanos se inclinaron sobre la alfombra, y todas sus dudas se desvanecieron como las nubes alrededor de Damavand. Nos quedamos en las refrescantes montañas durante algún tiempo, y luego regresamos a la capital con el shah y su corte.

DESLIZÁNDONOS POR LA LADERA NEVADA DEL DAMAVAND

Mi último recuerdo de Teherán es sangriento. *Kurban bairam,* o la ofrenda del sacrificio, se estaba celebrando en la ciudad. Un camello con bridas de plata, alto penacho y costosos bordados, fue conducido a un lugar abierto, donde miles de personas estaban reunidas. Tocaba una banda, cabalgaban jinetes montados en monturas vivarachas y *ferrashes* con largas varas trataban de mantener a raya a la multitud. El camello que iba a ser sacrificado fue hecho acostarse en medio de la multitud. Tenía un manojo de hierba delante de él y comió mientras sus atavíos eran removidos. Diez carniceros en delantales, y con mangas arremangadas, aparecieron. Uno de ellos, un hombre grande y fornido, clavó su cuchillo en el pecho del camello con un poderoso movimiento. La bestia dio una sacudida y cayó de costado, con la cabeza hundida hasta el suelo. En ese mismo momento, apareció otro carnicero y con dos cortes separó la cabeza del cuerpo. Después el camello fue desollado y cortado, y la multitud se abalanzó sobre el cadáver ensangrentado como una manada de lobos hambrientos. Tan pronto como uno lograba arrancarle un pequeño trozo de carne, se retiraba para dejar lugar a otro. Después de unos minutos no había más que una mancha roja para mostrar dónde había estado el camello. Pero se había celebrado el debido sacrificio a los altos poderes que forjan el destino del hombre.

CAPÍTULO X

A TRAVÉS DE JURASÁN, LA TIERRA DEL SOL

El 9 de septiembre de 1890 emprendí el largo camino de las caravanas, marcado por veinticuatro estaciones, que conecta Teherán con Meshed[36], la capital de Jurasán, la tierra del sol, y el santuario principal de los peregrinos de Persia en sí.

Ya en la época de Jerjes y Darío, un sistema postal era operado a lo largo de este camino; y en los días de Tamerlán, cuyos mensajeros atravesaban el camino con correos, las estaciones eran más o menos las mismas que ahora.

La tierra allí huele a recuerdos del pasado. Es el lugar donde Alejandro Magno alcanzó a Darío III Codomano mientras huía; también desde donde Harún al-Raschid y sus hordas salieron para detener la rebelión de Rafi ibn al-Laíz. Fue allí donde las salvajes tribus mongolas saquearon y asesinaron; los páramos todavía reverberaban con el repiqueteo de armas de Nader Shah; y donde cientos de miles de cansados peregrinos han encaminado sus pasos hacia la tumba del imán Reza, en Meshed.

Dos días antes de partir, me despedí del anciano Naser al-Din Shah. Caminaba solo por un sendero en el jardín de Sultanabad, apoyado en un bastón con empuñadura de oro. Me deseó un feliz viaje y continuó su camino solitario. Su tataratataranieto se encuentra actualmente en el trono de Persia[37]. Él mismo reinó durante cuarenta y ocho años. Aunque en los veintiocho años que siguieron a su muerte el trono ha sido ocupado por cuatro generaciones.

Me disponía a emprender un viaje de 3.600 millas; a realizar a caballo, en trineo, carruaje y tren. Viajé tan barato como fue posible y los gastos totalizaron solamente doscientas libras esterlinas[38].

Tenía tres caballos: uno para montar, otro para transportar mi equipaje y otro para el mozo de cuadra que me acompañaba. Como en el viaje al golfo Pérsico, el mozo de cuadra y los caballos eran cambiados en cada estación.

Salimos de Teherán a través de la puerta de Jurasán, que tiene cuatro pequeñas torres, cubiertas en loza amarilla, azul y blanca. A cambio de una moneda, el guardián de la puerta nos gritó una especie de «¡*Siaret mubarek!*» o «¡Feliz peregrinaje!».

A la derecha, la cúpula sobre la tumba de Shah Abdol-Azim brillaba como una bola de oro; y al pie de su montículo apareció la Torre del Silencio. A la izquierda, Damavand, entronizado en nubes ligeras, estaba a punto de ser envuelto en su ropa blanca de invierno. Las tiendas negras de los nómadas yacían esparcidas por la estepa. Al anochecer, llegamos al pueblo de Kubed Gumbed, donde pasamos la tarde entre perros y gatos.

El cartero a caballo era esperado en ese momento; y como tendría la primera opción de monturas frescas, continuamos nuestro camino a la medianoche. Pasamos del trote al galope, y de nuevo al paso, para no cansar a los caballos. El aire era templado, reinaba Orión y salía la luna. A lo lejos sonaron levemente campanas de caravanas; y pronto los camellos se deslizaron como sombras.

Cabalgamos la mayor parte del día siguiente. A veces hacíamos un alto en un *kavekhaneh*, o café, al borde de la carretera; otras veces con una caravana descansando o en una tienda nómada, donde niños de color cobrizo jugaban con perros y corderos. Una vez me quedé dormido, pero me despertó un sonoro «¡*La illaha il allah!*» mientras el sol desaparecía. A las cinco de la tarde el calor seguía en 34 °C.

En el pueblo de Deh Namak nos alcanzó el primer cartero. Era un tipo decente y sugirió que nos uniéramos a él. Así que cabalgamos durante la noche, un total de cinco caballos. El camino estaba marcado por muchas pistas paralelas, desgastadas durante miles de años por las almohadillas de los camellos, los cascos de los caballos y los pies humanos. Así fuimos de aldea en aldea, pasando por Semnán, hasta Qusheh. Una vez nos encontramos con veinticuatro derviches con turbantes blancos y verdes. Regresaban de Meshed a su hogar en Shushtar. En otra ocasión nos encontramos con unos peregrinos de barba blanca, cuya debilidad los obligaba a viajar en sus camellos con literas (*palekeh*).

En Qusheh había solo dos casas, el caravasar y la estación. Desde el techo de la estación, hacia el sur y sureste, se podía ver el desierto de Kavir, también conocido como el «Desierto de Sal», semejante a un mar helado. Dediqué un día a cabalgar hasta su orilla y volver de su deslumbrante superficie blanca. Después de un viaje de treinta y una millas, llegué a un lugar donde la superficie de la sal alcanzaba nueve centímetros de espesor. Hacia el sur, la superficie blanca se extendía hasta el horizonte. Dieciséis años después, cruzaría este terrible desierto por dos rutas diferentes.

Una vez más en el camino de las caravanas, pronto vimos desde una colina la ciudad de Damghan con sus jardines, un lugar que fue devastado por los mongoles y donde ahora se puede encontrar una hermosa mezquita con altos minaretes, y una mezquita más antigua, muy deteriorada, pero con arcos y claustros pintorescos.

Aquí decidí hacer un viaje secundario a Asterabad[39], una ciudad sesenta millas más al norte. Para llegar allí tuve que cruzar los montes Elburz y los bosques en sus laderas. Contraté un *charvadar*, o caravanero, y dos caballos, y partimos.

LOS MONGOLES SAQUEANDO JURASÁN

El viaje del segundo día me llevó a un pueblecito pobre, Chardeh[40], rodeado de colinas desnudas. Mi *charvadar* no me llevó al pueblo mismo, que era conocido por sus alimañas venenosas, sino a un jardín a unos cientos de metros de distancia. Este jardín estaba rodeado por un muro de arcilla de metro y medio de altura sin puertas; así que tuvimos que trepar para entrar. El *charvadar* extendió mi alfombra en el suelo debajo de un manzano, arregló mi manta, mi abrigo y mi almohada en una cama, colocó las dos cajas de cuero a un lado y se fue con los dos caballos al pueblo a comprar huevos, pollo, manzanas y pan. Después de un rato, regresó con otros dos hombres y preparamos nuestra cena. Lo que sobró se colocó en las cajas al lado de mi cama, después de lo cual los tres hombres regresaron al pueblo.

Como todavía quedaba luz del día, escribí sentado sobre la cama. No se veía ni una mosca. De vez en cuando oía un perro ladrar de lejos. Cuando cayó la oscuridad, me acosté y me fui a dormir.

En algún momento durante la noche un traqueteo proveniente de las cajas me despertó, y me incorporé para escuchar mejor. Todo estaba en silencio y me quedé dormido de nuevo. Pero al poco tiempo me desperté una vez más y escuché un ruido parecido a un rasguido sobre el cuero. Me puse en marcha y, a la luz de las estrellas, distinguí débilmente a media docena de chacales que, alarmados, se escabulleron a la sombra de la pared. Ahora sí que estaba completamente despierto y en una aguda vigilancia. Los vi deslizarse como sombras y escuché sus pasos detrás de mí. Su número se incrementó con los recién llegados del páramo y la estepa.

Sabía que los chacales, por regla general, eran animales inofensivos, pero estaba solo, y uno nunca podía fiarse. Para pasar el tiempo pensé en seguir con la cena. Pero las cajas habían sido vaciadas; los chacales se lo habían llevado todo excepto las manzanas. Como se volvieron más atrevidos y se acercaron a la cama, agarré una manzana y la lancé directo a la manada con todas mis fuerzas. Un lloriqueo lastimero indicó que uno de los ladrones nocturnos había sido alcanzado. Regresaron, sin embargo, con su audacia acrecentada. Agarrando un látigo de montar, traté de asustarlos golpeando fuertemente las cajas de cuero. Las horas transcurrieron lentas. Ciertamente podría haberme vuelto a acostar, pero uno no duerme tranquilo con un montón de chacales dando vueltas y pisándole la cara.

Al fin amaneció y los gallos de Chardeh empezaron a cantar. Los chacales saltaron el muro y no regresaron; así que fui capaz de descansar hasta que el *charvadar* me despertó. En nuestro siguiente campamento me obsequiaron con varias anécdotas sobre chacales. Una era sobre un hombre que salió de un pueblo en dirección a otro, a lomos de una mula. Nada más ponerse en camino fue perseguido por diez chacales y enfrentó grandes dificultades para mantenerlos alejados. También se contaban historias de personas que habían sido asesinadas por chacales hambrientos.

Cabalgamos a través de bosques de enebros y dormimos junto a fogatas. Atravesamos densos bosques de robles, plátanos de sombra y olivos. El camino seguía abruptos precipicios. Los valles del norte estaban cubiertos de niebla blanca. Cruzamos distritos habitados por los otrora poderosos turcomanos yomud y finalmente llegamos a Asterabad, a través de la puerta que lleva el nombre de la provincia de Mazandarán.

Permanecí aquí como huésped del cónsul ruso durante unos días. Casualmente en el cumpleaños del shah, nos invitaron al del gobernador.

Nunca olvidaré esa fiesta. Se celebró por la noche con fuegos artificiales espectaculares. Jinetes sobre caballos de papel participaron en un torneo, portando lanzas de madera bañadas en alquitrán. Una banda ruidosa, compuesta por címbalos de cobre, flautas, timbales y tambores, proporcionó la música. Muchachos disfrazados de mujeres bailaron; y, a pesar de la prohibición del Corán, se bebían cantidades considerables de vino.

LA CABEZA DE UN CAMELLO PERSA

Seguimos adelante a través de frondosos bosques y a lo largo de precipicios peligrosos, siguiendo un camino más al este, y nos reincorporamos a la ruta de la caravana principal en las ciudades de Bastam y Shahrud.

En Bastam encontramos varios edificios antiguos cubiertos de loza verde-mar, una mezquita que lleva el nombre del sultán Bayaceto y dos minaretes conocidos como las Torres Temblorosas.

Luego continuamos hacia el este sobre terrenos baldíos ligeramente ondulados, y estepas rodeadas a la izquierda por las cadenas montañosas que forman el límite del país de los turcomanos con el norte. Hace apenas cincuenta años, el nombre «turcomano» despertaba el mayor de los terrores entre los habitantes de esta región. Los turcomanos organizaban expediciones saqueadoras en territorio persa, y regresaban con ricos botines de guerra, que comprendían bienes, ganado y esclavos. El comercio de esclavos floreció. En 1820, cuando Nikolái Muraviev era embajador ruso en Jiva, había treinta mil esclavos en la ciudad, persas y rusos. Los cristianos que rechazaban el islam eran enterrados vivos o clavados por la oreja a una pared, donde se les dejaba morir de hambre. Skóbelev liberó a veinticinco mil esclavos cuando tomó Gökdepe, en 1881[41].

Las torres al borde de la carretera, de doce y quince metros de altura, conocidas localmente como *burj*, aparecieron en números cada vez mayores. Estas torres fueron ocupadas en su momento por centinelas persas, que vigilaban el norte y el este para advertir a los habitantes de los pueblos adyacentes que huyesen y se escondiesen a tiempo. Este distrito se llamaba Ja-i-kuf, o la «Zona del Terror», debido a las hazañas depredadoras de los turcomanos de la tribu gokleng.

El caravasar Miandasht, situado en medio del desierto, es sin duda uno de los más grandes de todo el islam. Es un lugar de parada para las caravanas de Oriente y Occidente; y los peregrinos descansan aquí durante un día o dos. Mujeres, niños llorando, derviches, soldados y mercaderes se agolpan en una masa de vibrante color. A algunos de ellos se les oye disputar posiciones ventajosas, otros extraen agua de los pozos del patio, y a otros se les ve comprando fruta a los vendedores en pequeños puestos. Una

UN CAMBISTA EN EL BAZAR DE SABZEVAR

caravana se preparaba para partir mientras los camellos de otra eran liberados de sus cargas. Vi a una hermosa dama entrar en el caravasar, sentada en un *takhterevan* (una especie de silla de manos, pero llevada por dos mulas) y acompañada por peatones y jinetes. A medida que avanzábamos hacia el este, el territorio tomaba la apariencia de un desierto. Pasamos junto a un camello moribundo, que había sido abandonado por su dueño; y nos encontramos con cuatro derviches que llevaban sus zapatos sobre los hombros, para no desgastarlos. Una bandada de cuervos nos precedió durante mucho tiempo, como una vanguardia. En la habitación superior del refugio donde pasé la noche entraban remolinos de nubes de polvo danzantes.

Luego llegamos a Sabzevar, la «Ciudad de las Verduras», con quince mil habitantes, dos mezquitas grandes y varias pequeñas, y un bazar bajo un techo de vigas, ampliamente abastecido con bienes de toda clase. También se ve un arca o fuerte; pero es solo una reliquia, ahora que han cesado las expediciones de saqueo de los turcomanos. Y luego están los fumaderos de opio, que, por vergüenza, se mantienen ocultos bajo tierra. Acompañado por un armenio, entré en uno de ellos. Dos hombres fumaban, estirados sobre alfombras extendidas en el piso de tierra.

La pipa de opio consta de un tubo largo y una bola de arcilla con un pequeño orificio. Se deposita en el agujero una pastilla de opio del tamaño de un guisante grande, se sostiene la pipa sobre una llama y el fumador inhala el humo venenoso. Se inserta una pastilla tras otra, y gradualmente el fumador trasciende a un mundo de sueños brillantes. Cuatro fumadores, ya insensibles, yacían en la oscuridad a lo largo de las paredes. Tomé algunas bocanadas y solo podría comparar el humo con el del cuerno quemado.

En el camino a Nishapur adelantamos a una caravana comercial de doscientos treinta y siete camellos; también un grupo de peregrinos, las mujeres, de las cuales había diez, viajaban en *kajeveh* (cestas de transporte). Los hombres dormían en sus mulas. Un sacerdote conducía a este grupo de peregrinos a la tumba del imán Reza, mientras relataba leyendas sagradas por el camino.

La siguiente ciudad por la que pasamos fue Nishapur, que es famosa en todo Oriente por sus turquesas, las mejores del mundo. Los montes de Binalud, al norte de la ciudad, contienen plata, oro, cobre, peltre, plomo y malaquita. Nishapur ha sido destruida y reconstruida varias veces durante los últimos siglos, y Alejandro Magno se cuenta entre los destructores de esta.

Unos días más y llegamos a Tepe-i-salam, la «Colina del Saludo», donde, desde siempre, innumerables peregrinos se han arrodillado en oración al ver Meshed, el lugar del martirio; porque desde este cerro se ve la ciudad santa. Cada peregrino coloca una piedra en uno de los miles de túmulos y pirámides que se alzan en lo alto, como un simple tributo ceremonial a su piedad.

FUMADORES DE OPIO EN SABZEVAR

CAPÍTULO XI

MESHED, LA CIUDAD DE LOS MÁRTIRES

TRES hombres famosos están enterrados en Meshed. En 809, el califa Harún al-Raschid, famoso por *Las mil y una noches*, murió en el camino a esta ciudad, adonde iba para reprimir una revuelta.

Nueve años más tarde, el octavo imán, el imán Reza, fue enterrado en Meshed. Los musulmanes persas, llamados chiitas, consideran a Alí y once de sus sucesores como imanes. Alí y sus hijos, Hussein y Hassan, fueron los primeros; el imán Reza fue el octavo; y Al-Mahdi «el Místico», era el duodécimo, el que esperaba restablecer el Reino de Dios en la Tierra, en el Día del Juicio.

La tercera tumba es la de Nader Shah, un ladrón tártaro que devastó Jurasán y se hizo poderoso. Ofreció su apoyo al shah Tahmasp II, reconquistó para él todas las provincias tomadas por los turcos, expandió las fronteras de Persia en todas direcciones, destronó al shah y lo hizo asesinar, hizo correr la sangre en Delhi (1739), cegó a su hijo, construyó pirámides de cabezas humanas en los techos de las mezquitas e hizo estampar en sus monedas: «Oh, moneda, anuncia a toda la Tierra el reinado de Nader, el rey que conquista el mundo». En la primavera de 1747, yacía con su ejército fuera de Meshed. Indignado con sus soldados persas y oficiales, ordenó que fueran apuñalados a una señal dada. El plan resultó fallido. Los soldados turcos, uzbekos, turcomanos y tártaros fueron descubiertos afilando sus cuchillos y espadas. Por lo tanto, no quedó más remedio que asesinar a Nader. Salah Bey, un coronel de los guardias, se coló en su tienda durante la noche y le cortó la cabeza. El cuerpo fue enterrado en un mausoleo; pero más tarde, Aga Mohamed Khan, fundador de la actual casa real (los Kayars), que accedió al poder en 1794, abrió la tumba del conquistador y dejó que los perros devoraran el cuerpo. Se dice que los restos de Nader Shah ahora descansan debajo de una colina en un patio, a la sombra de cuatro moreras.

El lugar santo casi forma un pequeño pueblo por sí mismo en el corazón de Meshed. Pero los objetos más bellos de la ciudad son la cúpula dorada de veinticuatro metros de altura sobre la tumba misma, las fachadas y minaretes cubiertos de fayenza y los patios con sus alcobas para tres mil peregrinos, sus fuentes y sus palomas. La esposa favorita de Tamerlán construyó una mezquita con una cúpula azul y dos minaretes. Tesoros de valor incalculable se guardan en estos edificios sagrados. En el momento de mi visita, se decía que cien mil peregrinos acudían en masa a Meshed cada año, y que llevaban en total diez mil cadáveres para enterrarlos cerca del imán, para que pudiera llevarlos de la mano hasta el Paraíso el Día de la Resurrección. Los chacales merodean por el cementerio, y de noche llegan hasta el pueblo y se adentran en sus jardines. Se decía que de la población estimada de ochenta mil, tres quintas partes estaban formadas por sacerdotes, derviches y peregrinos. Cerca del camposanto se entregaba comida a los pobres, se devolvía la vista a los ciegos y los paralíticos recobraban el uso de sus miembros.

Todas las calles que conducen al área sagrada están cerradas con cadenas. Dentro de sus límites, todos los malhechores están a salvo, y muchos asesinos confesos y bandidos se aprovechan de este asilo.

Desde Naqareh Khaneh, o la «Torre del Tambor», una curiosa orquesta toca todas las mañanas para saludar al sol cuando sale; y todas las tardes para despedirse de él, cuando se hunde en el oeste, mucho más allá de Jurasán.

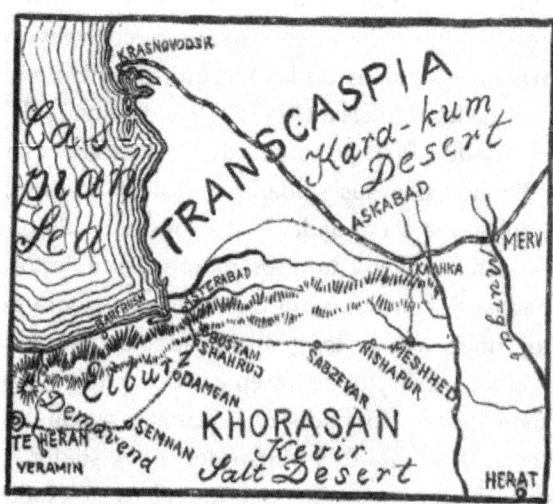

RUTA DE TEHERÁN A KAAHKA

CAPÍTULO XII

BUJARÁ Y SAMARCANDA

ERA mediados de octubre y se acercaba el otoño cuando salí de Meshed con un *charvadar* y tres caballos para atravesar los estrechos pasillos, desfiladeros y pasos de las montañas de Jurasán, y más allá de la fuerte fortaleza natural de Kalat-e Naderi, en mi camino hacia el norte, hacia el ferrocarril transcaspio, donde alcancé la estación de Kaahka.

En Asjabad, la capital de Transcaspia[42], conocí al gobernador militar, el general Kuropatkin. Había luchado en Pleven durante la guerra ruso-turca y había tomado parte en la conquista de Transcaspia. En la guerra contra Japón fue comandante en jefe de los ejércitos rusos. Me lo encontré varias veces después, en Samarcanda, Tashkent y San Petersburgo, y recuerdo su nombre con gratitud porque fue uno de los hombres que me facilitó mis viajes.

Realicé excursiones por Asjabad. Observé que algunos turcomanos cercanos a las aldeas colonizadas por ellos ya habían alterado su vida nómada hacia una sedentaria agricultura. Visité la hermosa mezquita de Annau[43], famosa por los dragones chinos amarillos entretejidos en el diseño de su fachada cubierta de loza. Aquí pude ver por primera vez el Karakum, el desierto de Arenas Negras, que se encuentra entre el mar Caspio y el río Amu Daria, y entre Jurasán y el mar de Aral; donde deambulaban el asno salvaje, el jabalí, el tigre y el chacal. Partes de Turquestán ya habían sido conquistadas: Jiva y toda la costa oriental del mar Caspio estaban bajo el cetro del zar. La tierra que se extendía por el desierto de Karakum, en cuyos oasis pastaban los rebaños de los turcomanos pertenecientes a la tribu teke, aún quedaba por conquistar.

Al principio, los rusos se encontraron con reveses, y perdieron diecisiete mil de sus dieciocho mil camellos en una campaña. La arrogancia de los turcomanos aumentó. Era necesario asestarles un golpe que nunca olvidasen. Así que Skóbelev inauguró una campaña que se convirtió en una de las más crueles en la historia de la guerra asiática, y que mantuvo a raya a los turcomanos hasta que llegaron los días de Lenin.

Con siete mil hombres y setenta cañones, Skóbelev marchó hacia el desierto en diciembre de 1880, mientras el general Annenkov, con sorprendente rapidez, colocó entre las dunas de arena movediza la hilera de rieles que serviría como línea de abastecimiento para el cuerpo operativo. Los turcomanos llamaban a Annenkov el «Samovar Pasha», y a las locomotoras, los «carros del Diablo». Un gran número de turcomanos procedentes de la provincia de Ahal (cuarenta y cinco mil personas, de las cuales diez mil eran jinetes armados) fueron sitiados con mujeres y niños en el fuerte de Gökdepe (la Colina Verde), rodeados de altos muros de arcilla. Majdum Kuli Khan era su líder. Tenían rifles, armas cortas y un cañón con el que disparaban bolas de piedra.

UN TURCOMANO

En enero de 1881, los rusos adelantaron sus trincheras cerca del fuerte con la intención de plantar una carga explosiva que abriría una brecha en la muralla. Los turcomanos, tras haber escuchado los trabajos de perforación subterránea, creyeron que se abriría un agujero en el muro, a través del cual los rusos se arrastrarían uno por uno. Por lo tanto, se mantuvieron preparados con los sables desenvainados hasta el día fatídico, cuando los rusos detonaron una tonelada de pólvora y dio comienzo la gran ejecución. El ejército ruso se precipitó hacia la brecha en tres columnas, dos de las cuales estaban comandadas por Kuropatkin y Skóbelev. Skóbelev montaba un caballo blanco, vestía un uniforme blanco y estaba perfumado y engalanado como un novio, mientras la banda del regimiento tocaba una marcha. Veinte mil turcomanos fueron asesinados. Cinco mil mujeres y niños, junto con los persas esclavos, se salvaron. Los rusos perdieron cuatro oficiales y cincuenta y cinco hombres. A partir de entonces, durante muchos años, los turcomanos lloraban cada vez que escuchaban el sonido de la música militar rusa, porque no había un turcomano en el país que no hubiera perdido a un pariente en Gökdepe.

Los rusos tardaron solo unos años en conquistar un país que alcanzaba casi hasta Herat. El peligro que suponía para la India, junto con el rápido avance de los rusos en Asia central, suscitó los temores justificados de los británicos.

En 1888 el ferrocarril a Samarcanda, de 870 millas de longitud, fue inaugurado; y a fines de octubre viajé por esa línea hasta el oasis de Merv, que en el *Avesta* es llamado Moru por Histaspes, uno de cuyos sátrapas, Marga, se estableció allí.

Merv está situado en el límite entre Turán[44] e Irán. Pasó de un gobernante a otro durante miles de años. En el siglo V d. C. un arzobispo nestoriano vivió en Merv. En 651, Yazdgerd III, el último rey sasánida, llegó tras huir con cuatro mil hombres y trajo consigo el fuego sagrado de Rayy. Los tártaros asaltaron la ciudad. Solo y a pie, el rey huyó, y se refugió con un molinero que accedió a esconderlo con tal de que el rey pagara las deudas del molinero. Yazdgerd le entregó su espada y su preciosa vaina. Durante la noche, el molinero, tentado por el brillante atuendo del rey, lo asesinó. Pero los tártaros serían finalmente expulsados y el molinero descuartizado.

Yaqut, el erudito árabe, estudió en la biblioteca de Merv y escribió alabanzas del agua fresca, los melones jugosos y el suave algodón del oasis. En 1221, el distrito fue arrasado por Tolui, hijo de Gengis Kan; y en 1380, Tamerlán tomó el oasis. Los turcomanos de Merv eran temidos. En Jiva y Bujará, se decía de estos: «Si te encuentras con una víbora y un merví, ¡mata primero al merví y luego a la víbora!».

Cuando estuve en Merv, cada domingo se celebraba un mercado en el oasis. Productos de la industria local, particularmente las hermosas alfombras, de color sangre de buey con hileras de figuras blancas, se vendían en puestos de lona al aire libre. Las multitudes y el jaleo presentaban un espectáculo encantador: hombres con gorros altos de piel, camellos bactrianos, los famosos caballos turcomanos con cabezas torpes y cuellos delgados, jinetes, caravanas y carros. Y no menos encantadoras fueron las ruinas y cúpulas de la antigua Merv (conocida como Baýramaly).

Desde Merv, el ferrocarril serpentea entre las dunas móviles. Sobre estas dunas se cultivan saxaúles[45], tamariscos y otras plantas del desierto, para contrarrestar la tendencia de la arena a enterrar las vías de tren. Sobre un puente de madera, de dos kilómetros de largo, el tren cruza el gran Amu Daria, que mide 1.450 millas desde su nacimiento en el Pamir hasta su desembocadura en el mar de Aral.

El siguiente centro importante de la cultura y la historia de Asia occidental que encontramos fue *Bukhārā-ye sharīf*, «la noble Bujará», una de las joyas entre las ciudades del mundo, una Roma asiática.

Los ejércitos griego, árabe y mongol han pasado como devastadoras avalanchas sobre esta región. Los griegos la llamaban Sogdiana; los romanos, Transoxiana. En el siglo undécimo, Bujará era el centro del islam en lo que respecta a las enseñanzas clásicas. Un proverbio nos dice: «En todas las demás partes del mundo, la luz desciende sobre la Tierra desde lo alto; pero en Bujará viene de abajo y se eleva». La impresión que Hafez de Shiraz[46] tiene de ella y de Samarcanda, su ciudad hermana, se refleja en sus versos, uno de los cuales dice así:

> Si esa doncella turca, Sharazi, tomara mi corazón en sus manos,
> le daría Bujará o Samarcanda, por el lunar de su mejilla.

MULÁS, LOS ANCIANOS SACERDOTES SABIOS

Había ciento cinco madrasas o escuelas de formación religiosa, y trescientas sesenta y cinco mezquitas, que permitían a los fieles realizar sus devociones en una mezquita diferente cada día del año.

Esta ciudad también fue saqueada por Gengis Kan y tomada por Tamerlán. En 1842, el coronel Stoddart y el capitán Connolly visitaron Bujará. El cruel Nasrullah era por aquel entonces emir. Ordenó arrestar a los dos ingleses, los torturó y los hizo arrojar al famoso foso de las alimañas para que fueran posteriormente decapitados. Vámbéry, disfrazado de derviche, logró llegar a la ciudad en 1863 y describió sus notables características.

La población se compone de diversos grupos étnicos. Los más importantes son los tayikos, de estirpe iraní, a los que pertenecen las clases cultas y los sacerdotes; los uzbekos y los turcos chagatai, de raza mongola; y los sartos[47], una raza mestiza a la que pertenece el populacho y la población permanente en general.

Muchos otros pueblos orientales están también representados: persas, afganos, kirguises, turcos, tártaros, caucásicos y judíos.

En los arcos de los bazares, donde siempre reina el crepúsculo, la bulliciosa vida de Oriente es muy heterogénea. Se pueden admirar las maravillas del arte textil de Bujará; y en las tiendas de antigüedades uno se encuentra con monedas de plata y oro griegas y sasánidas, entre otras rarezas. El algodón, la lana de oveja, las pieles de cordero y la seda cruda son exportadas en grandes cantidades; y en los patios de los caravasares conectados con los bazares, los fardos se apilan a gran altura. Hay buenos restaurantes y cafés; y de lejos se percibe el olor a empanadas elaboradas con cebolla y especias, y de café y té. Una tarta pequeña cuesta un *pūl* (64 *pūl* = 20 kopeks = 1 tenga; 20 tenga = 1 tillah = 4 rublos).

UN ANCIANO TAYIKO DE BUJARÁ

No me cansaba de caminar por las hermosas callejuelas, entre graciosas casas de dos pisos, con caravanas de camellos que se abrían paso entre carretas, jinetes y peatones. Me detenía con frecuencia para trazar un boceto de una mezquita o una escena callejera irresistible. Una multitud ruidosa se reunía a mi alrededor, y Said Murad, uno de los sirvientes de la legación rusa, mantenía a distancia a los pilluelos atrevidos, usando su nudo trenzado. Una vez fui a dar un paseo sin él, y luego los muchachos se vengaron, bombardeándome sistemáticamente, lo que hizo que dibujar fuera imposible. Se precipitaron hacia mí desde todos los lados, sus proyectiles eran manzanas podridas, terrones de tierra y todo tipo de basura. Después de tratar en vano de defenderme, me retiré apresuradamente a la legación y fui a buscar a Said Murad.

En 1219, Gengis Kan entró por la puerta de Masjid-i-Kalan, la Gran Mezquita, y ordenó una masacre general. Apenas doscientos años después, Tamerlán restauró el templo. Hace no más de treinta y cinco años, todavía se arrojaba a los criminales desde lo alto de un minarete de cincuenta metros de altura, después de que el juez anunciara con voz estrepitosa su crimen desde el mismo lugar. Un par de cigüeñas tenían ahora su nido allí y nadie podía subir a la parte más alta, porque desde allí se veían los patios del harén cercano.

Frente a la Gran Mezquita se encuentra Mir-Arab, una madrasa más famosa que todas las demás en Asia central. Tiene torres circulares, dos cúpulas de loza verde brillante, una casa con cuatro portales y ciento catorce habitaciones para doscientos mulás o sacerdotes musulmanes.

Sin embargo, la perla entre las ciudades de Asia central es Samarcanda, donde tomé mi morada el 1 de noviembre. Cuando Alejandro Magno conquistó estos países, la capital de Sogdiana se llamaba Maracanda. Incluso en la actualidad, el nombre macedonio sobrevive en la forma de Iskander Bek. Aunque Samarcanda fue defendida contra Gengis Kan por ciento diez mil hombres capaces de portar armas, tuvo que rendirse y fue completamente arrasada.

UN CUENTACUENTOS EN BUJARÁ

El nombre de un tercer conquistador está asociado más de cerca con Samarcanda. Tamerlán nació en 1333, proveniente de una tribu tártara. Un refugiado de Jiva que tomó parte en aventuras épicas en el desierto de Karakum. Fue herido en Sistán y se quedó cojo. Por lo tanto, fue nombrado Timur Lenk o Timur Lane, un nombre que luego degeneró en Tamerlán. En 1369, estaba sentado a salvo en su trono en Samarcanda. Después comenzaron las grandes conquistas. Persia fue tomada. En Shiraz conoció a Hafez, como se mencionó antes. Entre campañas, Tamerlán erigió edificios incomparablemente magníficos en Samarcanda, lo que hizo que esta ciudad fuera única en su tipo. Incluso en este día, las cúpulas verdes y brillantes se elevan desde el verdor de los jardines; y minaretes y cúpulas de un profundo color azul puro y turquesa se destacan contra el azul más claro del cielo.

En 1398, Tamerlán atravesó el Hindú Kush[48], derrotó al rey Mahmud de Indostán y saqueó Delhi, de donde se llevó hasta Samarcanda un botín

LA TUMBA DE TAMERLÁN, SAMARCANDA

incalculable en elefantes también robados. Fueron conquistadas Bagdad, Alepo y Damasco; y, en 1402, derrotó al sultán Bayaceto en Angora[49]. Según una leyenda, de escasa fiabilidad, el conquistador cojo metió a su prisionero tuerto, el sultán, en una jaula de hierro para exhibirlo más tarde en las ciudades de Asia. Mientras Tamerlán regresaba a Samarcanda por el camino que he descrito, de Teherán a Meshed, fue seguido de cerca por Ruy González de Clavijo, embajador del rey Enrique III de Castilla y León, quien escribió un relato magnífico de su viaje.

En enero de 1405, Tamerlán partió de Samarcanda en su última campaña. Quería derrotar a Yongle, el emperador más grande de la dinastía Ming. Pero murió en Otrar, en el otro lado del río Sir Daria (llamado Jaxartes por los griegos). Tenía en ese momento setenta y dos años de edad. Su cuerpo fue llevado de regreso a Samarcanda, donde uno de los más bellos mausoleos del mundo fue construido según su propio diseño. Embalsamado en almizcle y agua de rosas y después envuelto en lino, el cuerpo fue depositado en un ataúd de marfil. En la bóveda funeraria debajo de la cúpula, el lugar estaba marcado por una pieza sólida de jade, de casi dos metros de largo, medio metro de espesor y de ancho, siendo esta la pieza de jade más grande conocida. En una de las paredes aparecen las siguientes palabras en árabe, escritas en relieve, sobre alabastro: «Si todavía estuviera vivo, la humanidad temblaría».

Al comienzo de la era mahometana, uno de los descendientes del Profeta, Qutham ibn Abbas, llegó a Samarcanda para predicar el islam. Apresado y decapitado por la gente malagradecida, Qutham ibn Abbas puso su propia cabeza bajo su brazo y desapareció en una cueva subterránea. En la parte superior de esta cueva, Tamerlán construyó más tarde su espléndido palacio de verano, cuyas elegantes líneas de siete cúpulas azul verdosas todavía se elevan sobre el suelo amarillo. El conquistador celebraba allí sus borracheras, donde el mayor bebedor era declarado *bahadur* o caballero. Había una abertura a través de la cual uno podía mirar dentro de una cueva subterránea para observar a este hombre que caminaba con su propia cabeza bajo el brazo. Se le llama Shah-i-Zinda, o el Rey Viviente, un nombre que aún conserva el propio palacio. Mientras los rusos avanzaban, paso a paso, hacia Asia, se profetizó que cuando llegaran a Samarcanda, Shah-i-Zinda saldría de su cueva y, con la frente en alto, liberaría la ciudad de Tamerlán. Pero no apareció cuando Kauffman conquistó Samarcanda, y de este modo Shah-i-Zinda perdió gran parte de su prestigio entre los mahometanos.

Las madrasas de Ulugh Beg, Tilya-Kori y Sher-Dor fueron construidas después de la era de Tamerlán, alrededor del Registán, la plaza más bella del mundo. Las madrasas resplandecen con los más gloriosos diseños en loza, y sus cúpulas y minaretes han sido espléndidamente retratados por el pintor ruso Vereshchaguin.

Fuera de la ciudad visité la mezquita de Bibi Khanum, llamada así en honor de la esposa favorita de Tamerlán, hija del emperador de China. Después de su muerte fue enterrada en esta misma mezquita. Data del año 1385, y es magnífica aun en su estado ruinoso[50].

En compañía de un francés, también di un paseo nocturno alrededor de Pai-Kabak, el no muy respetable barrio de las bailarinas. Nos condujeron a habitaciones perfumadas cubiertas con alfombras y con divanes a lo largo de las paredes. Bellas mujeres tocaban la *simra* (cítara) y la *chetara* (guitarra), y manipulaban las cuerdas con delicados dedos. Otras, con igual habilidad y gracia, tocaban la pandereta. Para mantener apretado el parche del tambor, de vez en cuando sostenían el instrumento sobre un *mangal*, o brasero incandescente. A medida que la música se elevaba en la noche, las bailarinas aparecían en ligeras prendas ondulantes, haciendo movimientos llenos de gracia. Algunas de ellas eran persas o afganas, otras portaban sangre tártara en las venas. Y con los sonidos rítmicos de la música de los instrumentos de cuerda, bailaban de forma sugerente como hadas en un sueño, mensajeras de *Bihasht*[51] y las alegrías del paraíso.

PERSIA

CAPÍTULO XIII

EN EL CORAZÓN DE ASIA

Las campanas que colgaban del yugo de los caballos tintineaban mientras me alejaba de Samarcanda, con sus cúpulas azules desapareciendo en la distancia y el sol naciente que daba vida y color a las colinas de Afrasiab[52].

Conduje en una *troika* a través de una gran cantidad de jardines resplandecientes en el ocre otoño. Crucé el río Zarafshán (el rociador de oro) que irriga Samarcanda y los oasis de su alrededor. Pasé a través del estrecho paso rocoso llamado la «Puerta de Tamerlán», y a través de Golodnaya[53] o la «Estepa del Hambre», que es un rincón del desierto de Kyzyl Kum, o «Arena Roja», entre el Oxus[54] y Jaxartes, los ríos gigantes del Turquestán ruso.

Fuimos llevados al otro lado del Jaxartes (cuyo nombre en uzbeko es Sir Daria) en un enorme transbordador, que transportaba diez camellos y doce carretas con sus caballos, además de nosotros. Después de más cambios de caballos, llegamos a Tashkent, la capital del Asia central rusa.

Chagatai Kan, hijo de Gengis Kan, llegó a reinar aquí; y en 1865 el general Cherniáyev sometió la ciudad a dominio ruso. La urbe entonces contaba con ciento veinte mil habitantes. Cherniáyev la capturó con solo dos mil hombres. En la tarde de la rendición, Cherniáyev, acompañado por dos cosacos, cabalgó por las calles, se aseó en un baño turco y cenó en el bazar. Este descaro causó una gran impresión en los habitantes.

El barón von Wrewski, gobernador general, residía en Tashkent en el momento de mi llegada; y su casa se convirtió en mi hogar durante mi estancia. Me proporcionó mapas, un pasaporte y cartas de presentación, y me abrumó con amabilidad y hospitalidad. Había sido uno de los embajadores rusos en la coronación de mi rey[55], en Estocolmo, en 1873.

Continuamos nuestro viaje en caballos frescos, cruzamos el Sir Daria de nuevo a Juyand, y nos adentramos en el fértil valle de Ferganá, rumbo a Kokand, donde visitamos el palacio de Khudayar Kan (el último Kan[56]) y las chozas de los derviches cantores. De allí seguimos hacia Margilan, una ciudad que no tiene reparos en enseñar Gur-i-Iskander-Bek, la tumba de Alejandro Magno[57], a los extraños.

A la brillante luz de la luna fuimos tintineando a lo largo de Osh. El coronel Deubner era en ese momento jefe del distrito. Había decidido ir hasta Kasgar, la ciudad más occidental de China, en el lado extremo de las cadenas montañosas que unen Tian Shan con el Pamir.

Su puerto de montaña más alto es atravesado por la carretera de caravanas que discurre entre Osh, en el Turquestán ruso, y Kasgar, en el Turquestán chino, y se llama Terek-Davan, o el «Paso de los Álamos». Su altitud es de 3.710 metros sobre el nivel del mar.

El coronel Deubner me informó de que las últimas caravanas ya habían partido, que la temporada de tormentas de nieve se acercaba y que solo los robustos kirguises que conocían el camino rara vez se aventuraban a cruzar el paso. Esto no fue suficiente para disuadirme; así que el coronel no tuvo más remedio que ayudarme para acelerar mi viaje. Compré provisiones, un abrigo de piel y alfombras de fieltro; alquilé cuatro caballos, por cada uno de los cuales tuve que pagar sesenta kopeks diarios; y contraté a tres sirvientes, Kerim Jan, el *jigit* o postillón[58]; Ata Bai, el mozo de cuadra; y Ashur, el cocinero.

Muy abrigados y con *valenki*, o botas de fieltro suave, partimos el 1 de diciembre. La nieve caía espesamente; y entre las montañas, el paisaje, blanco como la tiza, revelaba las *kibitkas* o grandes tiendas de campaña arqueadas de los kirguises, que parecían como puntos negros. El día más largo de marcha fue cuando nos dirigimos a Sufi-Kurgan, tras haber recorrido un total de cuarenta y dos millas. Aquí, como en todos nuestros otros campamentos, nos alojamos en las tiendas de los kirguises y comimos, descansamos y dormimos alrededor de sus alegres hogueras. En Sufi-Kurgan había un *aul*, un pueblo de cincuenta tiendas. Khoat Bi, el anciano jefe, nos recibió amablemente; y en su campamento Ashur preparó una sopa llamada *hesh barmak* (los cinco dedos) porque es lo suficientemente espesa como para comerse con la mano. Consistía en cordero, repollo, zanahorias, patatas, arroz, cebolla, pimiento y sal, todo hervido en agua.

El 5 de diciembre partimos hacia Terek-Davan con un clima bastante frío (−14 °C). Mis hombres usaban pantalones de cuero lo suficientemente espaciosos para cubrir toda su ropa, incluidos sus abrigos de piel. De hecho, les llegaban hasta las axilas.

El camino cruzaba arroyos cubiertos de hielo sobre pequeños y frágiles puentes de madera. En las laderas del valle por donde pasamos crecían abedules y enebros. Llegamos a un pasaje, apenas seis metros de ancho, entre escarpadas paredes montañosas, que se conocía como Darvaseh (la puerta). El empinado camino trazaba zigzags a través de la nieve. El día casi había terminado cuando llegamos a la cima del puerto, una zona bastante escabrosa. Los huesos de los seres humanos y de caballos, símbolos mudos de fatídicas tormentas de nieve, yacían ocultos bajo la nieve.

Al este y al sur se desplegaba un magnífico paisaje, un laberinto de sierras salvajes. Los arroyos que fluían hacia el este durante la estación cálida terminaban en el lago Lop Nor; los que fluían hacia el oeste desembocaban en el mar de Aral.

Al descender asustamos a una manada de *kiyiks* (cabras salvajes), que con movimientos seguros y elegantes desaparecieron por un declive. Seguimos adelante, de tienda en tienda, a través de los valles, por el puesto fronterizo ruso de Erkeshtam y el río Kyzyl-Suu, hacia la región boscosa de Nagara-Ghaldi, donde cien kirguises vivían en veinte tiendas de campaña. Su jefe nos invitó a una cena de leche agria, cordero grasiento, caldo y té. En el fuerte fronterizo chino de Ulughchat, una guarnición de ochenta kirguises y veinticinco soldados chinos era comandada por Khoang Darin. Por la noche me visitó, acompañado por tres *beks*[59] y doce hombres, trayendo consigo una oveja de cola gorda como obsequio.

Día tras día, el territorio se desplegaba frente a nosotros. Hacia el este, nuestros ojos vislumbraban tramos interminables, que se extendían hasta el desierto. El 14 de diciembre cabalgamos a través de los primeros pueblos que rodeaban el oasis de Kasgar, y así hasta el consulado ruso situado fuera de las murallas de la ciudad. Un hombre alto, anciano, barbudo, con anteojos de montura dorada, gorra cónica verde y un largo *khalat* o capa, salió y nos recibió amablemente en el patio. Era Nikolái Fyodorovich Petrovski, consejero privado y cónsul general imperial ruso para el Turquestán oriental. Me quedé en su casa durante diez días. También demostró ser mi amigo en viajes posteriores, cuando volví a hacer de Kasgar mi cuartel general.

UN KIRGUÍS DE ERKESHTAM, EN LA FRONTERA ENTRE RUSIA Y CHINA

A lo largo de su historia, Kasgar ha pasado de manos de un conquistador a otro, ha representado a muchos pueblos diferentes de ascendencia aria o mongola; y a este suelo también le quedan recuerdos de los días de Gengis Kan y Tamerlán. Los chinos gobernaron el territorio en varios momentos. De 1865 a 1877, Yaqub Beg, un conquistador del Turquestán ruso, gobernó despóticamente todo el territorio entre el Tíbet y Tian Shan. Desde su muerte, los chinos han vuelto a tomar las riendas del poder.

Kasgar es una ciudad peculiar, ya que está más alejada del océano que cualquier otra ciudad del mundo. Dao Tai era el gobernador chino de Kasgar; pero el hombre más poderoso del lugar era Petrovski, quien era apodado el «Nuevo Chagatai Kan» por la población nativa. El consulado contaba con una fuerza militar de cuarenta y cinco cosacos y dos oficiales.

Recuerdo, también, con gratitud y simpatía, a otros cuatro hombres que vivieron allí, aunque la muerte me ha separado de dos de ellos, y la Gran Guerra de los otros dos[60]. Estos dos últimos fueron el capitán (más tarde sir Francis) Younghusband y el señor (más tarde sir George) Macartney. Younghusband acababa de completar su primer viaje a lo largo de Asia, tras cruzar el paso de Mustagh, y ahora vivía en el jardín de Chini-Bagh, fuera de las murallas de la ciudad. No tenía casa, sino una enorme *kibitka*, con pisos de madera cubiertos con alfombras, en las paredes de las cuales colgaban costosos chales y alfombras de Cachemira.

MERCADER HINDÚ DE KASGAR

Macartney era su intérprete chino. Afganos, gurkhas y otros nativos indios se alojaban en su *suite*. Pasé muchas veladas memorables con estos dos amables ingleses.

Un día, mientras charlábamos en el estudio del cónsul, entró un sacerdote barbudo y con anteojos que vestía la larga túnica marrón de monje y me saludó con unas pocas palabras en sueco. El padre Hendricks era holandés. En 1885 había llegado a Kasgar procedente de Tomsk, vía Gulja, acompañado por un polaco, Adam Ignátiev. No había recibido una sola carta desde su llegada, y su pasado estaba rodeado de misterio. Nadie sabía nada sobre ese pasado, y él mismo guardaba silencio. Pero en cuanto a Ignátiev (un hombre alto, bien afeitado, con el pelo muy corto, tan blanco como la tiza, vestido de blanco y con un crucifijo y una cadena alrededor del cuello), se sabía que había ayudado a ahorcar a un sacerdote ruso durante la última revolución polaca, un hecho que justificaba la deportación a Siberia. Vivía en una choza pobre cerca del consulado y tomaba todas sus comidas en la casa del cónsul.

En un caravasar indio, el padre Hendricks ocupaba una habitación igualmente vacía, con piso de tierra y ventanas de papel, una silla, una mesa, una cama y algunos barriles de vino, porque era un experto enólogo. La habitación, una de cuyas paredes estaba adornada con un crucifijo, también servía de iglesia. Nunca dejaba de celebrar misa. Su congregación estaba formada por Adam Ignátiev. El padre Hendricks le predicó a Ignátiev durante algunos años y luego tuvieron una pelea. Adam Ignátiev fue excluido de la iglesia y la congregación cesó de existir. Pero el cura siguió impartiendo misa ante las paredes desnudas y los toneles llenos de vino, mientras el pobre Adam tenía que quedarse afuera con la oreja pegada al ojo de la cerradura.

Algunos soldados chinos estaban estacionados en las puertas de la ciudad, pero la mayor parte de la guarnición se apostaba en Yangi Shahr, una ciudad amurallada a siete millas de distancia. En el Kasgar musulmán uno podía encontrar los mercados al aire libre con sus puestos, donde además había vendedoras sin velo, que eran de lo más pintoresco. Aquí y allá, una mezquita rompía la monotonía de las casas de arcilla gris amarillenta. Yaqub Beg descansa en el patio exterior de la mezquita funeraria de *Hazret Apak*, bajo moreras y plátanos de sombra. Se dice que los chinos incineraron su cadáver cuando recuperaron la ciudad. Hay muchas tumbas de otros santos alrededor de Kasgar. De hecho, hay tantos de ellos que la gente misma ve lo ridículo que es.

La siguiente anécdota era corriente en ese momento: un jeque solía enseñar el Corán a sus discípulos en la tumba de un santo en las afueras de Kasgar. Un día uno de los alumnos se acercó al jeque y le dijo: «Padre, dame dinero y comida para que pueda salir al mundo y probar suerte». El jeque respondió: «No tengo nada más que darte excepto un burro. Tómalo y que Alá bendiga tu viaje».

Con su burro, el joven vagó durante días y noches, y finalmente cruzó el gran desierto. Hasta que el burro se consumió y murió. Lamentando su pérdida y su soledad, el joven cavó una tumba en la arena, enterró al burro y se sentó en la tumba a llorar. Luego pasaron unos ricos mercaderes con su caravana. Al ver al joven, le preguntaron: «¿Por qué lloras?». Él respondió:

«He perdido a mi único amigo, mi fiel compañero de viaje».

Los comerciantes quedaron tan conmovidos por esta lealtad que ordenaron erigir un magnífico mausoleo en la colina. Enormes caravanas llevaron ladrillos y loza al lugar, y un edificio sagrado con una cúpula brillante y minaretes que llegaban hasta las nubes se levantó en el desierto. La historia de la tumba del nuevo santo viajó rápido, y los peregrinos venidos de todas partes se agolparon allí para realizar sus devociones. Después de muchos años, el anciano jeque de Kasgar también fue allí. Asombrado por encontrar a su antiguo alumno ahora hecho un jeque en la tumba de un santo tan prominente, preguntó: «Dime, en confianza, ¿quién es el santo que descansa bajo esta cúpula?». El alumno susurró: «Es solo el burro que me diste. Por cierto, ¿quién era el santo que reposaba donde tú me enseñabas?». A lo que el viejo jeque respondió: «Era el padre de tu burro».

CAPÍTULO XIV

CON EL EMIR DE BUJARÁ

EN Nochebuena comencé un viaje divertido, una osada expedición relámpago a caballo, en trineo y en carruaje por todo el Asia occidental. Tres cosacos del consulado, que habían terminado su período de servicio, regresaban a Narinsk en la provincia de Semiryetchensk, el «País de los Siete Ríos» en el lado ruso, y me fui con ellos para perseguir nuevas aventuras.

Viajamos hacia el norte con nuestra pequeña caravana de caballos de carga. El camino nos llevó a través de estrechos valles, entre un frío penetrante (-15 °C). Cruzamos ríos que solo estaban parcialmente congelados. Allí los cosacos demostraron ser inestimables.

LOS PONIS TENÍAN QUE ZAMBULLIRSE EN EL AGUA HELADA MIENTRAS CRUZÁBAMOS RÍOS MEDIO CONGELADOS

Cabalgaron sobre el hielo cerca de la orilla hasta que se rompió, y los caballos se sumergieron como delfines entre los témpanos de hielo. Yo temía que los animales se cortasen el vientre con los bordes afilados del hielo. El agua llegaba hasta la mitad de nuestras sillas de montar y tuvimos que equilibrarnos con las piernas cruzadas sobre los caballos para mantener secas las botas de fieltro.

Más arriba, los cursos de agua estaban congelados. Los caballos se deslizaban y retorcían como locos sobre la superficie cristalina del hielo. Cruzamos la frontera china, y cabalgamos a través del paso de Torugart (3.750 metros), cruzando el lago helado y cubierto de nieve de Chatyr, sobre el paso de Tash Rabat (3.200 metros). Estábamos en un laberinto de valles, en una maraña de grandes montañas salvajes, pertenecientes a la cordillera del Tian Shan, o las «Montañas Celestiales», como las llaman los chinos.

Desde el último paso mencionado, el camino descendía en innumerables curvas cerradas, entre espolones y estribaciones rocosas y afiladas, en esa temporada parcialmente cubiertas de nieve o hielo. Aquí se resbaló un caballo de carga, rodó por el precipicio, se rompió el cuello y murió en el mismo lugar donde aterrizó.

Nevaba con frecuencia; y el día de Año Nuevo de 1891, los copos cayeron como un velo blanco tupido. En Narinsk, la caravana se dispersó y yo solo conduje mil millas hasta Samarcanda. El camino del trineo era espléndido. Por lo general, conducíamos con dos caballos, pero donde la nieve era profunda y suelta, usábamos tres. El conductor se sentaba en el lado derecho de su asiento, con las piernas colgando hacia afuera, y azuzaba a los caballos con unos alentadores:

—Bueno, mi amiguito, eso es todo, hijo mío. Inténtalo de nuevo. Ahora aléjate, muy bien.

Las campanas tintineaban alegremente, la nieve caía y caía, envolviendo su velo a nuestro alrededor, y los ventisqueros a los lados del camino crecían varios metros de profundidad. Avanzábamos a una velocidad vertiginosa. El trineo cabeceaba como un barco sobre el camino irregular, pero este no era fácil de volcar, ya que estaba provisto de dos correderas de seguridad horizontales que actuaban como amortiguadores cuando el trineo estaba a punto de volcar. Solo una vez, de noche, volcamos completamente en una zanja cubierta de nieve, pero pronto enderezamos el trineo en una pendiente más pareja, y seguimos, a trancas y barrancas, a través de la oscuridad.

Al llegar al extremo occidental más estrecho del gran lago de Issyk-kul (conocido como el «Lago Cálido», porque sus afluentes tibios y su profundidad evitan la congelación de este), decidí hacer una peregrinación a la tumba de Przhevalski, el gran explorador ruso, situada cerca de la localidad que ahora lleva su nombre[61]. La distancia era de doscientos tres kilómetros. Una cruz de madera negra con una figura de Cristo y una corona de laurel se elevaba sobre la loma. Apenas habían pasado dos años desde que Przhevalski había fallecido en esta tierra baldía en el umbral de un nuevo viaje de descubrimiento en el corazón de Asia.

Viajamos hacia el oeste a lo largo de la base norte de la cordillera Alatau hasta el pequeño pueblo de Aulie Ata[62]. En el vado al otro lado del río Asa, los viajeros y el equipaje frágil eran llevados a través de aguas de un metro de profundidad en una *araba*, un carro de dos ruedas altas, mientras los caballos tiraban del trineo, que flotaba como un bote.

Nevaba sin cesar. La temperatura descendió a −22 °C y, por lo tanto, la nieve permanecía suelta. El equipo de tres caballos saltaba a través de montones de nieve de varios centímetros de altura, con la nieve volando como la espuma alrededor del trineo. Pero a medida que me acercaba a Shymkent y Tashkent, las ventiscas se debilitaron; y al oeste de la capital, donde el suelo estaba pelado, abandoné el trineo y seguí el viaje en un *tarantás*.

En China llegué a la orilla del Sir Daria. Los transbordadores no podían operar en el hielo a la deriva. En su lugar, se tuvo que usar un bote pequeño y frágil; y yo y un joven teniente de Curlandia[63] fuimos conducidos a través del río por tres hombres robustos con postes de hierro, en medio de témpanos de hielo que crepitaban a la deriva.

Después de haber cruzado, tomamos cada uno un *tarantás* de tres caballos y continuamos. A medio camino de la estación de Murza-Rabat se rompió el eje trasero de mi vehículo. Se soltó una rueda, el chasis del carruaje comenzó a arrastrarse por el suelo y los caballos se asustaron y corrieron incontroladamente hacia la estepa. El carruaje saltaba, chocaba y se golpeaba entre los montículos. Yo me agarraba al carruaje con todas mis fuerzas. Los caballos, exhaustos, se detuvieron al cabo de un rato. El conductor y yo rescatamos nuestras pertenencias dispersas por el camino y cargamos todo en uno de los caballos. Luego, cabalgando a pelo sobre los otros dos, y tras abandonar el *tarantás* destrozado, nos dirigimos a Murza-Raba, donde el joven teniente esperaba nuestra llegada.

Nuestra siguiente desventura ocurrió en el río Yizaj, adonde habíamos llegado a última hora de la tarde. El cielo estaba nublado, soplaba un fuerte viento y hacía un frío desagradable. Poco antes de la medianoche alcanzamos la orilla del río. El agua estaba alta y el hielo a la deriva era abundante. No se veía ni una criatura viviente cuando nuestros dos *tarantases* se detuvieron.

El teniente de Curlandia entró primero en el agua cubierta de hielo. Su carruaje apenas hubo avanzado unos pocos tramos cuando se quedó atrapado en el hielo quebrado. Los pequeños témpanos empezaron a amontonarse en el carruaje, y los caballos no podían moverlo. Después de varios intentos en vano, los caballos fueron desenganchados. El teniente cogió sus pertenencias y, junto con su conductor, regresaron a salvo a la orilla. El carruaje tuvo que ser abandonado. Probablemente se quedó allí hasta la primavera siguiente, a menos que fuera aplastado en pedazos cuando el hielo se hubiera roto finalmente.

Los conductores conocían otro lugar vadeable, donde el río se bifurcaba en dos brazos. En consecuencia, dos de los caballos del teniente fueron enganchados a mi *troika*, y su equipaje se guardó con el mío. Él mismo se sentó en el asiento del conductor, de espaldas a los caballos, apoyándose sobre el borde delantero del capó.

Cuando todo estuvo listo, nos dispusimos a cruzar el primer ramal. El hielo nos golpeaba sin piedad, mientras el pesado vehículo cruzaba con estruendo. Hielo en polvo volaba sobre los cascos de los caballos. Uno de ellos resbaló, pero se recuperó a tiempo. Todo fue bien hasta que llegamos al otro ramal, donde el banco descendía abruptamente hacia el agua y giraba bruscamente hacia la derecha.

UN ACCIDENTE NOCTURNO EN EL RÍO YIZAJ

Lanzando gritos salvajes y agitando el látigo, el conductor azuzaba a los caballos. Mientras estos, que echaban espuma por la boca y se encabritaban, se lanzaron enérgicamente cuesta abajo hasta que estuvieron medio en el agua. Este era el desvío. Las dos ruedas de la derecha todavía estaban en la pendiente helada cuando las de la izquierda empezaron a deslizarse hacia el río. Todo sucedió en un instante. Al percatarme de lo que venía, me apreté contra el lado derecho del capó. Los caballos iban a toda velocidad cuando dieron la vuelta. El carruaje volcó sobre un metro de agua con tal fuerza que el capó se hizo añicos. Los dos caballos que iban delante se cayeron y se enredaron tanto en los arneses que casi se ahogan. En el momento justo, el conductor saltó al río en su ayuda. El agua le llegaba a la mitad del cuerpo. El teniente salió disparado de su asiento y tuvo un encuentro violento con un bloque de hielo. Solo las esquinas de mis cajas sobresalían del agua; y mi manta, mi abrigo de piel y mi alfombra casi fueron arrastrados por la corriente. Muchas de nuestras pertenencias se arruinaron y todo se empapó de agua, incluso nosotros mismos. Poco a poco, rescatamos nuestras posesiones. Las enviamos a caballo a través del río y nosotros los seguimos saltando de témpano en témpano. La siguiente estación no estaba muy lejos. Secamos nuestras cosas allí y salvé lo que pude. Pero el pobre teniente apenas escapó de la muerte. Cuando lo llevé a un hospital en Samarcanda, tenía fiebre muy alta.

Yo había recibido una invitación para visitar al emir Said Abdul Ahad[64] de Bujará, quien en esa época del año vivía en su castillo en Shahrisabz, a menos de cincuenta millas de Samarcanda. No es este el único motivo de la fama de Shahrisabz, Tamerlán el Grande nació dentro de sus muros en 1333. Ahora debía presentar mis respetos a su sucesor[65], una sombra de otra sombra (en realidad, un vasallo del zar). Un rey que, al asistir a la coronación de Alejandro III en Moscú, y al ser preguntado qué despertó su mayor interés, respondió: «La limonada helada». Fui recibido en la frontera por una tropa de jinetes, y cabalgué de pueblo en pueblo, acompañado por ellos y por una escolta cada vez mayor. Cuando nos detuvimos para pasar la noche, encontramos habitaciones agradables y cálidas cubiertas de alfombras, y en todas partes ofrecían un *dastarkhan*, u «obsequio», que consistía en montones de pasteles, pasas, almendras, frutas y dulces, además de la carne habitual. Fui recibido por Shadibek Karaol Begi Shigaul, un funcionario de la corte, junto con un grupo de caballeros vestidos con *khalats* de terciopelo rojo y azul, montados en espléndidos caballos con sillas de montar cubiertas en tela bordada en oro. Me dieron la bienvenida en nombre del emir. En todos los puntos la gente se agolpaba para observar nuestra imponente cabalgata.

En la ciudad de Kitob, donde el magistrado me honró con un banquete, me interrogaron sobre mi país y sobre las relaciones entre Suecia y Rusia. Este hecho explicaba por qué, más tarde, el emir demostraría estar tan bien informado sobre Suecia.

El relato de Clavijo sobre su recepción camino a la corte de Tamerlán en Samarcanda muestra que la ceremonia no ha cambiado mucho en el transcurso de casi quinientos años. En las memorias del sultán Babur, el primer gran mogol

UN DERVICHE DEL TURQUESTÁN

del Indostán, leemos que Shahrisabz y Kitob estaban antiguamente rodeadas por un muro común, que en primavera se cubría de un verdor tan exuberante que dio lugar al nombre de Ciudad Verde.

Un palacio majestuoso fue puesto a mi disposición. El *dastarkhan* se sirvió en treinta y un platos enormes. Mi cama estaba cubierta con seda roja, y grandes y maravillosas alfombras de Bujará cubrían en el suelo. ¡Ojalá me hubieran permitido llevarme un par de ellas a casa!

A la mañana siguiente, a las nueve en punto, tuvo lugar la recepción. Vestido en mis mejores galas, atravesé la puerta de Ak-Saray, o «Palacio Blanco», en su día el palacio de Tamerlán. Me acompañaron oficiales con uniformes azules, cincuenta hombres presentaron armas y tocó una banda de treinta músicos.

La procesión estaba encabezada por dos heraldos, vestidos en *khalats* bordados en oro, que llevaban bastones dorados en las manos. Cabalgamos a través de tres patios del castillo antes de encontrarnos con los funcionarios de la corte en el nuevo castillo. Me hicieron pasar a una gran sala de recepción, en cuyo centro había dos sillones. Uno de ellos fue ocupado por el emir. Se levantó y me dio la bienvenida en persa. Era un hombre alto, apuesto, de barba negra, con rasgos arios puros. Llevaba un turbante de raso blanco, un *khalat* de terciopelo azul, charreteras, un cinturón y una cimitarra, y su vestido brillaba con diamantes.

SAID ABDUL AHADI, EMIR DE BUJARÁ

Durante veinte minutos hablamos sobre mi viaje, Suecia, Rusia y Bujará. Posteriormente, el gobernador de la ciudad celebró un estupendo banquete de cuarenta platos. En esta ocasión me entregó un recuerdo de oro del emir, junto con un discurso que comenzaba con estas maravillosas palabras:

—En esta ocasión, *Agha* [66] Sven Hedin de Estocolmo ha llegado a Turquestán para ver nuestro país. Debido a los lazos de amistad que nos unen con S. M. el emperador de Rusia [!] se le ha permitido entrar en los dominios del bendito Bujará y ha tenido el honor de aparecer ante nuestros ojos para conocernos…

No tenía nada que ofrecer al emir y sus caballeros a cambio, mis fondos de viaje no permitían extravagancias. Todo lo que podía hacer era intentar, mediante un comportamiento decoroso, mantener el buen nombre del que evidentemente disfrutaba Suecia con este último ocupante, bondadoso pero impotente, del trono de Tamerlán.

Luego pasé una semana con Lessar, el ministro ruso en Bujará, uno de los hombres más eruditos y nobles que alguna vez representó al zar en una corte asiática.

Finalmente regresé a través del desierto de Karakum, cruzando el mar Caspio, luego a través del Cáucaso, Novorosíisk, Moscú, San Petersburgo y Finlandia, para llegar a mi antiguo hogar en Estocolmo.

CAPÍTULO XV

UN PASEO INVERNAL EN EL «TECHO DEL MUNDO»

Cuando llegué a casa en la primavera de 1891, me sentía como el conquistador de un territorio inmenso; porque había atravesado el Cáucaso, Mesopotamia, Persia, el Turquestán ruso y Bujará, y había penetrado en el Turquestán chino. Por lo tanto, ahora estaba seguro de ser capaz de dar un nuevo golpe y conquistar toda Asia, de oeste a este. Mis años de aprendizaje en la exploración asiática habían quedado atrás; sin embargo, ante mí yacían grandes y serios problemas geográficos. Ardía en deseos de emprender una vez más el camino de la aventura salvaje. Paso a paso, había abierto un camino cada vez más profundo en el corazón del continente más grande del mundo. Ahora no me contentaba con nada menos que pisar caminos donde ningún europeo había pisado jamás.

Con el tiempo resultaría ser un viaje que duró tres años, seis meses y veinticinco días, y cubrió una distancia mayor que la que existe de polo a polo. Unos 10.500 kilómetros, equivalentes a un cuarto de la circunferencia de la Tierra, serían trazados sobre un mapa. Los gráficos del mapa, en quinientas cincuenta y dos hojas, medían ciento once metros. De esta porción cartografiada, casi un tercio, o 3.250 kilómetros, representaban tierras hasta ahora desconocidas por completo. El gasto del viaje fue de menos de 2.000 libras esterlinas[67].

No quise empezar hasta que el barón von Richthofen me hubiera enseñado a fondo la geografía asiática; y así fue como el 16 de octubre de 1893, cuando me despedí de mi familia, solté mis amarras y me dirigí hacia el este, rumbo a San Petersburgo.

En el camino desde la capital del zar hacia Oremburgo, una distancia de 2.250 kilómetros, atravesamos a toda velocidad Moscú y los bosques de Tambov, y cruzamos el Volga en un puente de 1.480 metros de largo. Oremburgo es la capital de los cosacos del homónimo *óblast* de Oremburgo, y el gobernador es su *atamán* o jefe. La presencia de basquires, kirguises y tártaros hacía evidente que este era el umbral de Asia.

Mi primer objetivo era Tashkent. Ya estaba familiarizado con la ruta del sur desde el mar Caspio. En esta ocasión quise probar la ruta del norte por la estepa kirguís, de 2.080 kilómetros de distancia, y dividida en noventa y seis etapas.

Todo el viaje se hacía en *tarantás* y, para evitar noventa y seis transbordos de equipaje, el viajero solía traer su propio carruaje y repuestos, además de llevar lubricantes y víveres. El *staresta*, o jefe de estación, siempre era un ruso. Los *yamshchiks*, o conductores, eran tártaros o kirguises, que ganaban un salario anual de sesenta y cinco rublos, además de un *pud* y medio de pan y media oveja al mes. Las casas de la estación tenían habitaciones amuebladas con mesas, sillas y sofás, donde los viajeros podían descansar durante la noche. En un rincón había un icono religioso, y sobre la mesa una Biblia, regalo de Przhevalski.

El nuevo ferrocarril a Samarcanda, promovido por el general Annenkov, que pronto se extendió hasta Tashkent, asestó un duro golpe al camino de carretas a través de la estepa kirguís. Aun así, la carretera se mantuvo, por razones estratégicas, hasta que finalmente fue suplantada por un ferrocarril.

Así las cosas, compré un *tarantás* en Oremburgo por setenta y cinco rublos y luego lo vendí en Margilan por cincuenta. Mi equipaje pesaba trescientos kilogramos. Las cajas iban cosidas en esteras de junco y sujetas detrás del automóvil, así como al asiento del conductor. Entre ellos había dos cajas de municiones pesadas. Si mi ángel de la guarda no me hubiera protegido, seguramente habría volado por los aires; ya que los violentos golpes que sufríamos por culpa de los baches redujeron los cartuchos a polvo, y fue un milagro que ninguna chispa hubiese hecho saltar todo por los aires.

Cuando salí de Oremburgo el 14 de noviembre, hacía –6 °C y la primera ventisca del invierno estaba en pleno apogeo. Me senté en un pequeño fardo de heno, cubierto con una alfombra, envuelto en pieles, mantas y un *bashlik*[68], mientras la nieve se arremolinaba bajo la capota levantada en nubes asfixiantes. Durante la noche me alcanzó el mensajero, un anciano de barba gris, que durante veinte años había viajado de un lado a otro, treinta y cinco veces al año, entre Oremburgo y Orsk, lo que equivale a la distancia que hay entre la Tierra y la Luna, más seis mil millas. Cubierto de nieve y con escarcha en la barba, se sentó al lado del samovar y bebió once vasos de té hirviente durante el breve descanso.

Orsk es una pequeña ciudad en la orilla asiática del río Ural. «Adiós, Europa», pensé, mientras el *tarantás* dejaba atrás la última calle y emprendía su viaje por la inmensa estepa kirguís, situada entre el mar Caspio, el mar de Aral, el río Ural y el Irtish.

Abundaban los lobos, los zorros, los antílopes y las liebres; los nómadas kirguises deambulaban por allí con sus rebaños, levantando sus *kibitkas*, o tiendas negras en forma de colmena, y sus tiendas de juncos a lo largo de los frecuentes riachuelos que desembocan en los lagos salados. Un kirguís acomodado suele poseer tres mil ovejas y quinientos caballos.

En 1845, los rusos conquistaron esta parte de la estepa y construyeron algunos fuertes que todavía permanecen ocupados por pequeñas guarniciones.

Las ruedas crujían sobre la nieve helada. Los caballos trotaban y galopaban, y la *troika* avanzaba a toda velocidad por el camino. Las sacudidas constantes casi me hicieron pedazos. Continuamos hora tras hora, pero el *tarantás* seguía siendo el centro de un círculo en la llanura. De vez en cuando, el cochero se detenía un rato para dejar que los sudorosos caballos recuperaran el aliento. A veces apuntaba con su látigo en la dirección en la que íbamos y decía:

—Dentro de un rato nos encontraremos con un *tarantás* en el sur.

Escudriñé el horizonte con mis prismáticos y apenas descubrí más que una pequeña mota. Pero el conductor incluso podía distinguir el color de los caballos que se acercaban. La vida al aire libre en la estepa ha agudizado increíblemente los sentidos de los kirguises. En medio de la noche, cuando es completamente oscuro y nublado, son capaces de encontrar su camino. Solo las ventiscas desconciertan su sentido de orientación. Por supuesto, los postes de telégrafo marcan el camino hasta cierto punto; pero en fuertes ventiscas uno puede perderse entre dos postes, sin otra opción que esperar hasta el amanecer. Durante tales noches, conviene tener cuidado con los lobos.

En Tomdi, donde descansé unas horas mientras el *staresta* llenaba el horno con plantas esteparias secas, vinieron los lobos y robaron tres gansos.

El 21 de noviembre, la temperatura bajó a –20 °C, la noche más fría que experimenté en mi camino a Tashkent. La siguiente estación, Constantinovskaya, era del tipo más humilde y constaba de solo dos *kibitkas*. Aquí el camino bordeaba el mar de Aral, un lago salino rico en peces, del tamaño del lago Victoria. Durante setenta y dos millas, nuestro camino transcurrió a través de dunas de arena. En consecuencia, se engancharon tres camellos bactrianos al *tarantás*. El conductor montó el camello del centro. Era divertido verlos correr por los desfiladeros, sus jorobas balanceándose de un lado a otro.

Progresivamente nos acercábamos a zonas más cálidas. Estaba lloviendo, y los pies acolchados de los camellos se sacudían sobre la arena mojada. Así llegamos a Kazaly, un pequeño pueblo en el Sir Daria (Jaxartes), donde los cosacos de los Urales pescan esturión y hacen un buen negocio con el caviar. El camino sigue la orilla del gran río. Innumerables tigres, jabalíes y faisanes habitan el denso, casi impenetrable monte. Un cazador me dio una prueba de su habilidad al proporcionarme suficientes faisanes para que me duraran hasta Tashkent.

Todavía faltaban ciento ocho millas para llegar a la ciudad de Turkestán cuando se rompió nuestro eje delantero. Después de haber sido reparado temporalmente, condujimos con cautela y lentamente a esta ciudad antigua[69], donde Tamerlán había erigido una hermosa mezquita conmemorativa[70] con cúpulas y minaretes en honor a Khoja Ahmad Yasavi, también conocido como el sultán Khazret, el santo patrón de los kirguises.

Seguimos adelante, rodando más y más lejos en este interminable viaje por la estepa. Una vez, el *tarantás* se atascó tanto en el barro que los tres caballos no pudieron moverlo ni un centímetro. Era una noche completamente oscura. Los caballos se desbocaron, empezaron a dar coces y rompieron sus arneses.

Finalmente, el conductor tuvo que montar uno de ellos de regreso a la estación para buscar ayuda. Transcurrieron las horas y el viento de la noche aullaba. Esperé y esperé, preguntándome si los lobos aprovecharían esta oportunidad. Por fin, el cochero volvió con un hombre y dos caballos; y después de un tiempo pudimos continuar.

Cruzamos el río Arys en ferry. El terreno se ondulaba ligeramente, y nos pasamos a otro carruaje. Una *piatorka* ordinaria, o tiro de cinco caballos, con un hombre que lideraba el grupo. Mientras la pesada carroza rodaba cuesta abajo a una velocidad vertiginosa, y los caballos corrían a toda velocidad, temía que el caballo del jinete cayera y él mismo fuera aplastado por las ruedas. Pero no ocurrió nada. En Shymkent llegamos al primero de los lugares que había aprendido a conocer en mi viaje anterior; y el 4 de diciembre, con el tintineo de las campanas, llegamos a Tashkent.

Así, en diecinueve días, había recorrido once grados y medio de latitud, superado los treinta mil postes de telégrafo, empleado ciento once conductores, usado trescientos diecisiete caballos y veintiún camellos, y pasado de un invierno siberiano a una temperatura que, durante el día, ascendía a 12 °C.

En Tashkent, donde nuevamente me acomodé en la casa del gobernador general, el barón von Wrewski, y en Margilan, donde me hospedé con el general Pavalo-Shweikowsky, gobernador de Ferganá, completé la compra de mi carga más pesada: tiendas de campaña, mantas, abrigos de piel, botas de fieltro, sillas de montar, provisiones, utensilios de cocina, municiones frescas y mapas del Asia rusa. Así como regalos para los nativos, como telas, vestidos, revólveres, herramientas, cuchillos, dagas, copas de plata, relojes, lupas y otros objetos curiosos. Para todo este pesado equipaje, compré cofres de madera forrados en cuero (*yakhtan*) que se podían ajustar a las sillas de los caballos.

Había decidido ir a Kasgar a través del Pamir, una de las regiones montañosas más notables de todo el interior de Asia. El Pamir es como un nudo de enormes masas de montañas apiñadas cubiertas de nieve, de las que irradian las cordilleras más altas y poderosas de la Tierra: al noreste, el Tian Shan; al sureste, el Kunlun, la cordillera Muztagh, o Karakórum, y el Himalaya; y al suroeste, el Hindú Kush. Por lo tanto, es llamado apropiadamente Taghdumbash o el «Techo del Mundo».

El Turquestán ruso, Bujará, Afganistán, la Cachemira británica y el Turquestán chino son los países cuyos intereses políticos convergen en el Pamir. En el momento en que escribo, esta región dio lugar a una tensión política considerable entre Rusia y Gran Bretaña. Los británicos y los afganos tenían bastiones en las partes occidental y meridional del país. Los chinos se mantuvieron en el este. En 1891 los rusos ejercieron su reclamo de las partes del norte por medio de una exhibición militar; y dos años más tarde construyeron el fuerte de Pamirski Post, en el Murghob, uno de los nacimientos del Amu Daria. La más mínima imprudencia susceptible de interpretarse como un desafío habría precipitado una guerra.

UNO DE LOS CABALLOS CAYÓ AL FONDO DEL BARRANCO Y MURIÓ EN EL ACTO

El camino desde Margilan hasta Pamirski Post era de cuatrocientos setenta y tres kilómetros de largo. La distancia no era grande, pero la ruta era temida por el frío y la nieve en invierno.

El mercurio aún se congelaba por la noche, todos me advertían que nunca saldría vivo de las profundas nieves del valle de Alay. Solo los *jigits*, mensajeros kirguises que llevaban el correo entre Margilan y el fuerte, podrían lograrlo; e incluso ellos a menudo se encontraban con terribles contratiempos y sufrimientos.

Sin embargo, persistí en ello. Llegar a buen término con la nieve de invierno en el «Techo del Mundo» era lo que me tentaba.

El general Pavalo-Shweikowsky envió un mensajero a caballo hacia las aldeas de tiendas de campaña kirguises a lo largo del camino, con órdenes para que me recibieran y me ayudaran en todo cuanto fuera posible; y el capitán Záitsev, comandante del fuerte, también fue notificado sobre mi llegada.

No tenía cargas elaboradas o pesadas. Solo tres hombres irían conmigo: Rehim Bai, mi sirviente personal, y dos caravaneros, uno de los cuales, Islam Bai, llegó a ser mi fiel sirviente durante muchos años difíciles. Alquilé un caballo de montar y siete caballos de carga, a un rublo por día cada caballo, pero así me liberé de la responsabilidad del cuidado y la alimentación de las bestias. Los caravaneros trajeron tres caballos más, cargados de grano y heno, a sus expensas.

El 23 de febrero de 1894 comenzamos la marcha. Nuestro camino nos llevó a través el valle del río Isfairán, que atraviesa las laderas del norte de las montañas Alay. Cuanto más subíamos, peor se volvía el camino. Dejamos atrás el último asentamiento y los últimos frágiles puentes de madera. El valle se estrechaba hasta convertirse en nada más que un corredor, y el camino ascendía por las empinadas laderas de las montañas, ahora a la derecha, ahora a la izquierda. El hielo marcaba los sitios de manantiales a lo largo del camino. En uno de estos lugares, un caballo de carga resbaló, dio un doble salto mortal, se rompió la columna contra un saliente de pizarra y murió en la orilla del río.

Una multitud de nativos nos acompañaba desde el último pueblo, ¡y ciertamente los necesitábamos! Lo que quedaba del camino era terrible. El camino seguía como una cornisa a lo largo de precipicios. A veces este quedaba enterrado bajo la nieve, cuando no cubierto de hielo. Usábamos constantemente picos y hachas, y había que excavar los lugares más resbaladizos.

El crepúsculo se deslizó en silencio sobre la zona, y anocheció. Todavía nos quedaban tres horas de caminata hasta nuestro lugar de campamento. Trepamos, gateamos y resbalamos al borde de abismos, cuyo fondo no podíamos ver en la oscuridad. Cada caballo era conducido por un hombre, mientras que otro lo sujetaba por la cola, listo para ayudar en caso de que el animal resbalara. Gritos salvajes resonaban en el valle.

Nuestro progreso se interrumpía constantemente. Un caballo se resbalaba en el borde y había que sujetarlo hasta que llegara la ayuda para liberarlo de su carga. Era la temporada de las avalanchas. Cada minuto corríamos el riesgo de ser enterrados por masas sueltas de nieve. Esqueletos de caballos yacían allí. No pocas veces, caravanas enteras, hombres y todo, fueron sepultadas por tales avalanchas.

Por fin llegamos a un lugar donde el valle se expandía, y fue con una sensación de alivio indescriptible que vimos fogatas en la distancia. Después de una dura marcha de doce horas, llegamos extenuados a Lyangar, donde los kirguises habían levantado una bonita *yurta*, o tienda de campaña, para mi disfrute.

Desde aquí envié a ocho kirguises, con palas, picos y hachas, al paso de Tengizbay, en la sierra de Alay, para excavar un camino para nuestros caballos. Al día siguiente cabalgamos hacia Rabat, un pequeño refugio, a una altitud de 2.910 metros sobre el nivel del mar, donde yo y varios de mis hombres nos familiarizamos completamente con el dolor de cabeza, palpitaciones, zumbidos en los oídos y náuseas que constituyen el mal de montaña. No podía soportar la vista de la cena y dormí mal. Más tarde, en el Tíbet, me acostumbré al aire enrarecido y no sentía ni la menor angustia, ni siquiera a 4.800 metros de altitud.

Temprano, a la mañana siguiente, partimos por el sendero que los kirguises habían abierto. La cordillera de la montaña Alay se elevaba por encima de nosotros. Surgimos por una depresión que ascendía abruptamente, y era tan blanca como la tiza. Sobre la nieve de dos metros de profundidad, los kirguises habían abierto un sendero estrecho que era tan delicado como tablones sobre un pantano, porque un paso en falso significaba hundirse en la nieve.

Después de zigzaguear cientos de veces, llegamos al puerto de montaña (3.800 metros) y disfrutamos de una vista espléndida sobre una vasta región de crestas cubiertas de nieve. Hacia el sur, el valle de Alay se extendía entre las cadenas montañosas de Alay y Trans-Alay, de este a oeste.

Una cañada conducía al valle de Alay. La seguimos, cruzando y recruzando un pequeño riachuelo, sobre puentes y arcos de nieve. Los caballos se enterraban con frecuencia, y hacía falta nuestro esfuerzo conjunto para sacarlos y volver a cargarlos. Una gran avalancha había caído el día anterior, cubriendo el valle y borrando el camino. Los kirguises nos felicitaron por haber escapado. Ahora caminábamos sobre este, con unos veinte o treinta metros de nieve bajo nuestros pies.

En Darautkurgan, donde entramos en el valle de Alay, había un *aul*, un pueblito de unas veinte yurtas. Pudimos ver la ventisca rugir sobre Tengizbay, y nuevamente los kirguises nos felicitaron. Si hubiésemos llegado un día antes, habríamos quedado enterrados bajo la avalancha; un día después, y hubiéramos acabado cubiertos de nieve y congelados mortalmente en medio de la ventisca.

La ventisca había llegado a Darautkurgan la noche anterior al 1 de marzo. Casi arrasó las yurtas, que tuvieron que ser sujetadas con cuerdas y piedras. Cuando desperté, encontré una pequeña pared de nieve sobre mi almohada. Las yurtas estaban enterradas en la nieve hasta un metro de profundidad.

Después de haber descansado un día, continuamos nuestro viaje con guías kirguises, que sondeaban la nieve con largas varas. A lo lejos, en la ilimitada extensión blanca, vi con satisfacción un pequeño punto negro, la yurta donde pasaríamos la noche. Allí ardía una hoguera y el humo se arremolinaba alrededor de la chimenea. Esa noche, un kirguís nos entretuvo al tocar un instrumento de cuerda. Durante la noche, la ventisca volvió a rugir.

Nuestro camino continuó hacia el este a lo largo del valle de Alay, por el cual el río Kyzyl-Suu (el «Agua Roja»), una de las fuentes del Amu Daria, fluye hacia el este. Aquí tuvimos que poner cuatro camellos a hollar un camino para nuestros caballos. A veces se hundían por completo en la nieve, y había que llevarlos a lugares menos profundos.

Nos encontrábamos a ciento cincuenta pasos de la yurta donde sería nuestro campamento la noche siguiente. Pero esa corta distancia, fue atravesada con dificultad. Entre nosotros y las tiendas había un barranco lleno de tres metros de nieve. El primer caballo de carga desapareció por completo, pero fue liberado de sus cajas y levantado por medio de cuerdas. Era inútil tratar de retirar la nieve con una pala. A los kirguises se les ocurrió el recurso de quitar trozos de manta de la yurta y extenderlos sobre la nieve.

Luego, los caballos fueron conducidos uno por uno, sobre las mantas, paso a paso. Nos llevó una eternidad hacerlos cruzar a todos.

Paredes completas de nieve rodeaban la tienda de campaña. Durante la noche la temperatura era de –20 °C. A la mañana siguiente, el punto más alto de la cordillera de Trans-Alay, el pico Kauffmann [71] (7.130 metros) se destacaba en todo su esplendor.

Desde Jiptik, nuestro campamento, envié a un kirguís para buscar ayuda. Su caballo se hundió en la nieve hasta las rodillas del jinete. La imagen que ofrecía era cómica. Pronto tuvo que abandonar el intento. Estábamos literalmente cubiertos de nieve y no teníamos más remedio que esperar.

Por fin llegaron unos kirguises con camellos y caballos, y nos ayudaron durante un rato. Nos dijeron que nieves más profundas eran frecuentes, y que se empleaban yaks para abrirse paso en la nieve, haciendo así una zanja, a través de la cual pasaban caballos y hombres.

También hablaron de cuarenta ovejas, pertenecientes a uno de sus amigos, que habían sido masacradas por un lobo durante la última ventisca. Otro hombre había perdido recientemente ciento ochenta ovejas. El lobo es el peor enemigo de los kirguises. Un solo lobo que se acercase sigilosamente de noche a un rebaño de ovejas durante una tormenta de nieve acabaría con todo el rebaño. Su sed de sangre es insaciable. ¡Pero que Dios lo ayude si los kirguises lo capturan vivo! Tienen como costumbre atar un palo pesado al cuello y un trozo de madera entre sus mandíbulas, atándolo bien todo con cuerdas. Luego sueltan al lobo, lo torturan con látigos y azotes, lo ciegan con brasas y le llenan la boca con rapé seco (tabaco de aspirar). En una de estas ocasiones, tuve la oportunidad de acortar las agonías de un lobo.

Muchas ovejas salvajes (llamadas *Ovis poli*, en honor a Marco Polo) han sido despedazadas por los lobos, que cazan sistemáticamente cuando establecen puestos de avanzada y persiguen a las ovejas hasta un declive empinado. Las ovejas, al ver detrás de ellas a sus perseguidores jadeantes y de ojos rojos, prefieren saltar por encima del precipicio y amortiguan la caída, según afirman los kirguises, al aterrizar sobre las almohadillas en la base de sus poderosos y bellamente formados cuernos. Pero aun así las ovejas están condenadas; porque otros lobos las esperan al pie del precipicio.

Uno de mis kirguises, junto a un compañero, viajó por el valle de Alay el invierno anterior y fue atacado por doce lobos. Pero afortunadamente los hombres estaban armados. Dispararon a dos de los lobos, que fueron devorados inmediatamente por el resto.

No mucho antes, un kirguís había acudido de una tienda a otra, pero no regresó. Una búsqueda reveló su cráneo y otras partes de su esqueleto, junto con su abrigo de piel, en la nieve, donde se podían apreciar rastros sangrientos de una lucha desesperada.

No pude quitarme de la cabeza la imagen de ese hombre solitario, y me quedé despierto durante la noche pensando en su situación cuando se vio rodeado por los lobos. Debió de haber tratado de llegar al pueblito, pero los lobos indudablemente lo atacaron por todos lados. Probablemente desenvainó su daga y apuñaló a diestro y siniestro, lo que solo aumentó la furia y la sed de sangre de sus agresores.

Finalmente, su fuerza debió de haberle fallado, se tambaleó por el cansancio, todo se oscureció y entró en la noche interminable mientras los colmillos del lobo más cercano se hundían en su garganta.

Cruzamos el Kyzyl-Suu en un punto donde una enorme franja de hielo perfilaba la orilla, mientras que, en el medio, el agua fluía rápida y honda. Los caballos tuvieron que saltar del hielo resbaladizo a las aguas embravecidas y luego prepararse para dar otro salto al borde de hielo del otro lado.

No muy lejos de aquí, acampamos en la nieve profunda, de la cual se había quitado suficiente para hacer espacio para una tienda. La noche era brillantemente clara, tranquila y hermosa con sus brillantes estrellas y nieve. La temperatura era de –28 °C. Sentí pena por los caballos. Tuvieron que quedarse fuera y congelarse de frío.

Cabalgando hacia el este, como íbamos, descubrí que el lado derecho de mi cuerpo se mantenía bastante caliente por el sol, mientras que el lado izquierdo, al estar a la sombra, se congelaba. La piel de mi cara se peló y agrietó, pero finalmente se endureció y se volvió dura como el cartón.

Bordoba es una pequeña choza de barro donde se alojan los mensajeros de correos. Me adelanté hasta allí con un kirguís. Atravesamos zonas de nieve de un metro de profundidad y no llegamos hasta tarde en la noche. Pudimos ver las huellas de siete lobos cerca de la zona.

Desde este lugar el suelo se eleva hasta el paso de Kyzylart (4.280 metros) en el Trans-Alay. En la parte superior se encuentra un mojón y algunos postes con banderines ondeantes. Los kirguises se arrodillan allí y agradecen a Alá por permitirles un viaje seguro a través de este paso sagrado pero temido. Más tarde, en el Tíbet, encontré con frecuencia la misma costumbre: los mismos túmulos, los mismos postes y banderines, y la misma veneración a los espíritus de las montañas.

En el lado sur del paso había mucha menos nieve. La temperatura más baja que experimentamos durante toda la expedición fue de –38 °C. Esto fue en la choza de barro de Kok-sai.

Al día siguiente cruzamos una pequeña cresta parecida a un umbral, desde cuya cima la vista abarcaba toda la perspectiva del Karakul, el «Lago Negro». El sol se estaba poniendo y las sombras de las montañas al oeste se movían rápidamente sobre los desolados espacios fríos.

El 11 de marzo caminé sobre la inmensa superficie helada del Karakul, con cuatro hombres, cinco caballos y provisiones para dos días. El resto del grupo se encontraría con nosotros en la costa sureste.

El área de este lago es de trescientos cuarenta kilómetros cuadrados. Tiene veintiún kilómetros de largo y quince kilómetros de ancho. Pensé en medir su profundidad. Hicimos sondeos a través de agujeros en el extremo este y pasamos la noche en una pequeña isla rocosa. El hielo emitía sonidos extraños, como si se estuvieran moviendo tambores y violas, o automóviles se cerrasen a portazos. Mis hombres creían que peces gigantes golpeaban sus cabezas contra el techo de hielo.

Después de sondear la gran cuenca occidental del lago, que había mostrado una profundidad máxima de doscientos treinta metros; mi socio kirguís y yo seguimos el camino de los demás, que se habían adelantado. El crepúsculo ya se había fusionado con la oscuridad. Llegamos a terreno desnudo y perdimos el rastro; no pudimos seguirlo cuando llegamos a un terreno cubierto de nieve nuevamente. Cabalgamos durante cuatro horas, gritando todo el tiempo; pero no hubo respuesta.

Finalmente, nos detuvimos donde crecían unas plantas esteparias secas y encendimos una hoguera, no solo para calentarnos, sino también para que sirviera de señal a nuestros hombres. Nos sentamos y charlamos hasta la una de la mañana, sin un pedazo de pan ni una gota de té, mientras nos infundíamos miedo el uno al otro con cuentos sobre lobos. Luego nos enmendamos en nuestros abrigos y nos fuimos a dormir frente al fuego.

A la mañana siguiente encontramos la caravana. Continuamos hacia el valle de Muskol, que conduce al paso de Ak-baital (4.655 metros). Allí encontramos «volcanes de hielo» en el valle, formados por el agua que, tras haber brotado y después congelarse capa por capa, había adquirido forma de cono. El más grande de estos tenía ocho metros de alto y doscientos metros alrededor de la base.

La nieve se arremolinaba y volaba como el velo blanco de una novia sobre el paso. Tuvimos que abandonar uno de nuestros caballos aquí. Kul Mametiev, el intérprete de Pamirski Post, nos recibió al otro lado. Era un kirguís alegre y agradable, y había sido educado en Rusia. Cuando habíamos cabalgado cierta distancia, señaló hacia el sur sobre el ancho valle del Murghob y dijo:

—¿Ves esa bandera de allí? ¡Está ondeando sobre Pamirski Post, el más alto de todos los fuertes rusos!

CAPÍTULO XVI

CON LOS KIRGUISES

EL fuerte estaba construido con bloques de tierra y sacos de arena. Las armas estaban montadas sobre barbetas en sus cuatro esquinas. A medida que avanzábamos hacia su frente norte, toda la guarnición de ciento sesenta soldados y cosacos, alineada en el parapeto, comenzó a vitorear. En la entrada principal nos recibió el comandante, el capitán Záitsev, que había sido ayudante de Skóbelev, y los seis oficiales de su Estado Mayor.

Mi llegada supuso un merecido paréntesis en su monótona vida. No habían visto a un hombre blanco en todo el invierno; y como mi presencia era como un regalo del cielo, fui abrumado por la hospitalidad y la buena voluntad, y permanecí como prisionero voluntario durante veinte días.

¡Fue un descanso espléndido! Charlábamos con los soldados, yo dibujaba y tomaba fotografías; y también hicimos excursiones a caballo para vernos con los jefes kirguises de esa región. Los domingos se organizaban juegos y la guarnición bailaba al son de una concertina. Los martes barríamos el horizonte norte con prismáticos, con la esperanza de localizar al ansiado mensajero que traía el correo y los periódicos.

Y así, sin darme cuenta, el agradable período de descanso llegó a su fin. El 7 de abril me despedí, volví a montar a caballo y cabalgué hacia el noreste con mi pequeña compañía hasta el lago Rangkul, donde pasé la noche en una *yulameika*, una tienda cónica sin chimenea. El lago, aunque solo tenía dos metros de profundidad, estaba cubierto por un metro de hielo. Donde los manantiales descargaban su agua, no había hielo. Este lago era frecuentado por bandadas de gansos y patos salvajes.

Al continuar hacia el este, cruzamos las montañas Sarikol a través del paso Chugatai, al otro lado del cual acampamos en el primer asentamiento de tiendas kirguises ubicado en suelo chino. Nos recibieron tres *beks*, o jefes, de Bulunkul, un cercano fuerte chino; y después de preguntar cuántos éramos y mirarnos bien, volvieron al fuerte. Corría el rumor de que un ejército ruso se dirigía a conquistar el Pamir chino. Incluso se creía que escondíamos soldados y armas en nuestras cajas. Pero al ver que yo era un europeo solitario con pocos nativos, se tranquilizaron.

No muy lejos de Bulunkul, el propio comandante, Chao Darin, llegó con una escolta de diez hombres. No puso ninguna objeción a mi plan de acudir a la base occidental del Muztagh Ata, pero estipuló que debería dejarle como garantía a un hombre y la mitad de mi equipaje. El único camino que tenía abierto hacia Kasgar era el que atravesaba el valle de Ghez Daria, que empezaba en Bulunkul.

Los chinos desconfiaban bastante y mantuvieron guardias y espías en nuestras tiendas toda la noche. Pero no nos molestaron mucho. El 14 de abril partí con cuatro hombres y cuatro caballos de carga, y me dirigí hacia el sur a través del amplio valle de Sarikol, pasé por el pequeño pero hermoso lago de montaña de Karakul y llegué a la aldea de tiendas de campaña de Togdasin Bek, un jefe kirguís hospitalario.

LLEVÉ A CABO DOS INTENTOS DE ASCENSO A LA CIMA DEL MUZTAGH ATA

Los kirguises, al enterarse de que un europeo acampaba en la vecindad, trajeron a sus enfermos a mi yurta y yo los curé lo mejor que pude con quinina y otras substancias amargas e inofensivas, que demostraron ser maravillosamente eficaces.

La montaña Muztagh Ata, el «Padre de las Montañas de Hielo», se elevaba sobre nosotros con su cumbre de 7.540 metros de altitud y coronada con un campo brillante de nieve eterna. Como un faro visible desde el interior de los desiertos hacia el este, levanta su cúpula sobre las montañas meridionales conocidas como la cordillera de Kasgar, que bordean las tierras altas del Pamir hacia la cuenca del este de Turquestán.

Los kirguises tienen muchas leyendas sobre Muztagh Ata. Se cree que es un gigantesco *masar*, o tumba de un santo, donde descansan Moisés y Alí. Hace algunos cientos de años, un sabio anciano subió a la montaña. Encontró en su cumbre un lago y un río, en la orilla del cual pastaba un camello blanco. Hombres venerables, vestidos de blanco, paseaban en un jardín de ciruelos. El sabio comió del fruto, ante lo cual uno de los ancianos se acercó y lo felicitó por no haber despreciado el fruto; porque de lo contrario habría tenido que permanecer allí para siempre, como los demás. Entonces un jinete sobre un caballo blanco lo subió a la silla de montar y se tiró con él por el precipicio.

En la cima del «Padre de las Montañas de Hielo» también se cree que hay una ciudad, llamada Janaidar, cuyos habitantes son absolutamente felices, y no conocen ni el frío, ni el sufrimiento, ni la muerte.

Dondequiera que fuese, y dondequiera que era un invitado en las aldeas kirguises, escuchaba nuevas historias acerca de esta montaña sagrada. Así que era natural que al final desarrollara un deseo irresistible de conocerla mejor y de asaltar sus empinadas laderas, no necesariamente ascender a la cima, pero sí recorrer parte del camino, al menos.

En consecuencia, dejé mis caballos y un par de hombres en el valle, contraté a seis robustos kirguises, alquilé nueve espléndidos yaks y trasladé mi campamento seiscientos metros más arriba, a una región libre de nieve, con lechos rocosos y montones de grava y los murmurantes arroyos glaciares. Pasamos la primera noche al aire libre junto a una hoguera alimentada por plantas esteparias secas.

Pero mi primer intento de acercarme a esta montaña gigante terminó tristemente. Ayudados por yaks, subimos laboriosamente a través de la nieve hasta el borde de la escarpada pared montañosa que bordea el profundo surco del enorme glaciar Yam-bulak por el norte. Desde este punto teníamos una vista magnífica del valle de Sarikol al oeste, y del poderoso glaciar que era alimentado por la cuenca debajo de la parte superior, y se deslizaba hacia abajo, blanco y azul brillante. A través de su profundo surco, justo debajo de nuestros pies, el glaciar emergía de su morada rocosa, orgulloso como un rey.

Pero nos fue dado poco tiempo para la contemplación. El viento se levantó, y en las laderas más altas había comenzado una ventisca furiosa. Nubes de nieve se arremolinaban sobre nosotros, oscureció y tuvimos que regresar apresuradamente al campamento.

Durante nuestra ausencia, Togdasin Bek había llegado a nuestro campamento con una gran tienda de campaña. Llegó en el momento más oportuno. En poco tiempo, la ventisca envolvió toda la montaña. Todo se perdía de vista, y era agradable saber que estábamos adecuadamente protegidos contra el viento.

Al darme cuenta de que podrían transcurrir muchos días antes de que el tiempo permitiera un nuevo ascenso, envié a varios kirguises al valle para buscar provisiones.

Pero ahora la mala suerte dio al traste con todos mis planes, sufrí una violenta inflamación reumática en los ojos, que me obligó a buscar regiones más cálidas sin demora. La expedición se disolvió y, con los ojos vendados, continué con mi pequeña caravana más allá de Karakul y Bulunkul, y más adelante a lo largo del angosto y salvaje valle de Ghez Daria, conocido como lugar de reunión de bandidos y ladrones fugitivos.

Una y otra vez tuvimos que cruzar el río, que se precipitaba entre grandes peñascos, espumantes y rugientes. Los hombres vadearon el agua para sostener a los caballos, que podrían haberse ahogado de no haber sido por esta ayuda. Encontramos puentes solo en unos pocos lugares. Uno de ellos tenía un gigantesco bloque de piedra por pilar y ofrecía una vista interesante mientras nuestros caballos cruzaban sus tablas combadas.

La temperatura subió rápidamente. Descendimos al aire de verano, el termómetro registraba 19 °C. Mis ojos estaban casi recuperados cuando finalmente llegamos a Kasgar, el 1 de mayo.

Relataré solo algunos recuerdos de mi estancia en Kasgar, que pasé en gran parte con mi viejo amigo Petrovski, el cónsul general, y con el hospitalario señor Macartney y el ingenioso padre Hendricks.

Mi primer deber fue visitar a Chan Dao Tai, gobernador de la ciudad y de la provincia, un hombre espléndido, a quien anteriormente había conocido durante mi primera visita. Me recibió amable y benévolamente, y concedió todos mis deseos en cuanto a pasaportes y permisos para circular libremente.

Vino al día siguiente para devolverme la visita, y fue realmente un espectáculo digno de ver, con su procesión multicolor entrando en el patio del consulado. Primero venía un heraldo a caballo, que golpeaba un gong sonoro cada cinco pasos. Luego seguía un grupo de hombres a pie, portando varas y puñales, con los cuales abrían paso a su excelencia. Él mismo iba en un pequeño carruaje cubierto, tirado por una hermosa mula. A cada lado caminaban asistentes, portando sombrillas y estandartes amarillos, inscritos en negro, en altos postes. La procesión terminó con una tropa de jinetes vistosamente uniformados sobre caballos blancos.

Un día, Adam Ignátiev, el cónsul y yo fuimos invitados a una cena de Estado en la residencia de Chan Dao Tai. Nuestra procesión rusa fue más sencilla que la de los chinos. El *aksakal*, o anciano (literalmente, «barba blanca»), de los mercaderes del Turquestán occidental cabalgaba a la cabeza, y un jinete llevaba la bandera del Imperio ruso frente a nuestro carruaje. Nos seguían los dos oficiales de la escolta y doce cosacos de uniforme blanco. Así recorrimos toda la ciudad y sus bazares, cruzamos el Registán, la plaza del mercado, y atravesamos el mercadillo local, donde uno podía comprar ropa vieja y llevarse de paso toda clase de bichos.

Cuando llegamos a la oficina y residencia del gobernador, se dispararon dos armas de fuego. En el patio interior nos recibieron nuestro anfitrión y su séquito. Una gran mesa redonda estaba en el centro del comedor. Nuestro anfitrión sacudió las sillas para indicarnos que podrían soportar nuestro peso. Hizo un gesto con la mano sobre la mesa y las sillas para indicar que todo estaba limpio y bien. Se tocó la frente con los palillos de marfil y luego los devolvió a su lugar.

Nos sentamos y comenzamos a cenar, poco a poco, a través de cuarenta y seis platos. A intervalos, se servían licores calientes.

UNA ORQUESTA EN KASGAR

Adam Ignátiev suscitó admiración por su apetito y por su desprecio a la muerte, tras haber vaciado diecisiete copas de licor sin embriagarse. El siguiente mensaje estaba colgado en la pared: «Bebe y cuenta historias picantes». Hicimos las dos cosas. Pero me temo que con frecuencia violamos las leyes de la mejor etiqueta china. Nuestros anfitriones probablemente se habrían puesto pálidos si no fuera porque su color era tan amarillo como los melocotones secados al sol. Una orquesta musulmana[72] tocó durante toda la comida. Tan pronto como terminó el último plato, partimos.

El verano estaba ahora en pleno apogeo y el calor subió a 35 °C. No podía olvidar al «Padre de las Montañas de Hielo», los campos de nieve permanentes y los glaciares de un azul brillante. Con una pequeña caravana ligera, encabezada por Islam Bai, dejé Kasgar en junio y fui a caballo a Yengisar, un pequeño pueblo cuyo *amban*[73] me advirtió sobre los ríos crecidos en los estrechos valles y, para facilitar mi viaje, me proporcionó algunos kirguises, bajo la jefatura de Nias Bek, como acompañantes.

Así penetramos las montañas y fuimos recibidos en las aldeas donde se hablaba kipchak-kirguís[74]. Estas consistían a veces en yurtas, y en otras ocasiones en chozas de arcilla y piedra. Una y otra vez, la deslumbrante cúpula blanca del Muztagh Ata se elevaba sobre el resto de la tierra. Los valles eran salvajes y pintorescos, los ríos espumosos y profundos. Pero seguimos sin contratiempos. Aquí y allá, las aldeas se extendían en valles donde la hierba era exuberante y donde crecían rosas silvestres, espinos y abedules. En el pueblo de Pas Rabat nos alcanzó una lluvia torrencial; y después de esto los ríos crecieron de verdad, el agua se volvió gris pardusca y rugía sorda y pesadamente en los valles.

La parte más difícil del camino conducía a través de la cañada de Tengitar, el estrecho corredor encerrado entre empinadas paredes montañosas separadas solo por unos pocos metros. El río ocupa todo el lecho del valle, y el viajero al Pamir se ve obligado a cabalgar en el río mismo. El agua surgía entre las rocas rodantes. Un eco ensordecedor llenaba el estrecho desfiladero. Los caballos, inseguros sobre dónde pisaban, se abrieron paso con cuidado entre los grandes callaos. De vez en cuando saltaban sobre uno y disponían sus músculos para saltar al siguiente, siempre con las cajas de equipaje en equilibrio sobre sus lomos. En los lugares más difíciles, dos hombres se apeaban en rocas convenientemente colocadas y guiaban y apoyaban al caballo a cada lado.

Sentimos un gran alivio cuando vimos la estrecha franja de cielo azul, que hasta entonces había sido visible entre las cimas de las paredes de granito gris, extenderse sobre montañas más abiertas y redondeadas. Después de dejar el paso de montaña de Kok Moinak[75] (4.730 metros de altitud), nos encontramos de nuevo en el «Techo del Mundo»; donde los *beks* nos recibieron cortésmente en el gran espacio abierto del valle de Tagarma.

UN PASO DIFÍCIL ENTRE PAREDES VERTICALES

Las vistas más hermosas de la vida alpina se desplegaron ante nosotros en el aire puro y claro. El Muztagh Ata disponía sus glaciares en forma de lengua a través de sus profundas y estrechas hendiduras, por donde discurrían riachuelos cristalinos y sinuosos que atravesaban verdes pastos donde grandes rebaños de yaks y ovejas pastaban, y donde se habían levantado unas ochenta yurtas.

Continuamos hacia el norte hasta las llanuras de Subashi, donde nos recibió nuestro amigo Togdasin Bek, quien puso a nuestra disposición una de sus mejores yurtas. A partir de entonces, durante casi tres meses me quedé con los kirguises. Viví como ellos, monté sus caballos y yaks, comí su alimento (carne y leche agria) y me hice su amigo. Más tarde solían decir: «Ahora te has convertido en un verdadero kirguís».

El 11 de julio, Togdasin Bek preparó una *baiga* en Subashi, un torneo en las llanuras en mi honor. Vestidos con sus suntuosos mantos, o *khalats*, adornados con oro y de vistosos colores, todos los *beks* de la región se reunían en nuestras tiendas; y acompañado por un séquito resplandeciente de cuarenta y dos hombres a caballo, cabalgué hasta el lugar donde el salvaje tumulto estaba a punto de tener lugar. Multitudes nos esperaban allí, entre ellos el viejo Khoat, de ciento once años, y sus cinco hijos, todos ancianos de barba blanca.

Toda la llanura estaba llena de jinetes que esperaban ansiosos la señal para comenzar el torneo. Finalmente se dio esta señal. Un jinete se precipitó hacia nosotros a todo galope. Dio vueltas delante de nosotros, dirigiendo su caballo con las rodillas, porque en su mano izquierda sostenía una cabra viva y en su mano derecha un sable afilado. Con un golpe bien dirigido cortó la cabeza de la cabra, el cuerpo colgando a su lado, retorciéndose y ensangrentado.

Luego completó una vuelta al circuito; y con ochenta jinetes pisándole los talones, se acercó de nuevo a nosotros en una carrera salvaje. El suelo tembló bajo el ruido de los cascos. Se acercaron más y más, desapareciendo de vez en cuando entre nubes de polvo, hasta que estuvieron muy cerca de nosotros. Sentí que en cualquier momento podrían aplastarnos como una avalancha devastadora. Pero cuando estaban a solo unos pocos pasos, con la arena y la tierra ya cayéndonos encima, dieron media vuelta; y tras arrojar el cadáver de la cabra a mis pies, el líder desapareció en la llanura, envuelto en polvo.

En unos segundos, sin embargo, estaban de regreso; y entonces comenzó la lucha por el cadáver de la cabra. Nos retiramos a toda prisa. El objetivo era alcanzar el cadáver desde la silla de montar y marcharse con él. Fue una lucha de lo más fantástica. Todos los ochenta jinetes se amontonaron. Algunos caballos se desbocaron, otros cayeron. Los jinetes salían disparados y tenían que encontrar la manera de salir del campo para evitar morir aplastados. Desde el borde del círculo, otros kirguises avanzaron, arrastrando sus caballos entre los demás, y ya estaban tan apiñados que no cabía un alfiler. Podrían haber sido confundidos por los hunos en pleno saqueo.

Finalmente, un forzudo kirguís aseguró la cabra y dio vueltas con ella salvajemente sobre la llanura mientras los demás lo perseguían como una manada de lobos hambrientos. Y así el espectáculo se repetía una y otra vez.

Togdasin Bek se emocionó tanto que se lanzó de cabeza al juego. Pero durante su marcha dio una voltereta con su caballo, y se le imprimieron en la frente unos ideogramas chinos en rojo, por lo que desistió del torneo.

Después nos obsequiaron con un elaborado *dastarkhan* de cordero, arroz, leche agria y té; y repartí premios, en forma de monedas de plata, a todos los ganadores. Entre los vencedores estaban Yehim Bai y Mollah Islam, dos vigorosos kirguises, a quienes tomé a mi servicio.

A medida que avanzaba el crepúsculo, las hordas de jinetes regresaron a sus tiendas, y la oscuridad de una nueva noche cayó sobre las llanuras al pie del Muztagh Ata.

CAPÍTULO XVII

MI LUCHA CONTRA EL «PADRE DE LAS MONTAÑAS DE HIELO»

La tarea que me había propuesto era trazar un mapa de la región alrededor del Muztagh Ata, el «Padre de las Montañas de Hielo». Acompañado por mis sirvientes y algunos amigos kirguises, me dirigí a la orilla de Karakul, el «Pequeño Lago Negro». Se puso a mi disposición una refinada yurta y nuestros vecinos nos proporcionaron leche agria, leche fresca, *kumis* (leche fermentada de yegua) y ovejas. Las horas del día se dedicaban al trabajo de campo. Por las tardes venían los kirguises a visitarnos y yo les sonsacaba todo lo que sabían sobre su país. Cada vez que soplaba un viento fuerte o llovía a cántaros, me quedaba en casa y tomaba notas o dibujaba retratos de los kirguises.

DOS NIÑOS KIRGUISES

Un día desapareció el perro guardián que habíamos traído de Ferganá. Más tarde, durante una de nuestras excursiones cerca de Karakul, se nos acercó un perro kirguís demacrado de color blanco amarillento. Islam Bai y los demás trataron de ahuyentarlo a pedradas, pero siempre regresaba. Así que dejé que se quedara con nosotros. Con generosas raciones de carne y huesos, pronto se recuperó y se convirtió en el favorito de todos. Lo llamábamos *Yoldash*, o el «compañero de viaje». Vigilaba fielmente mi tienda. Fue mi mejor amigo durante diez meses y no daba un paso sin él. Nos dejó en circunstancias trágicas. Pero esa es otra historia, que se contará más adelante.

Los kirguises sacan a pastar sus ovejas, yaks y caballos alrededor del Muztagh Ata. Cada familia tiene sus pastos fijos de verano e invierno. Aunque son musulmanes, las mujeres no llevan velo, sino que exponen sus rostros libremente y usan mantos blancos altos, como turbantes. Sus vidas están ligadas al bienestar de sus rebaños. Al atardecer, se llevan las ovejas a los rediles. Los perros medio salvajes los protegen contra los lobos. Las mujeres cargan con el trabajo más pesado en cuanto a las ovejas y los corderos, y también les proporcionan el forraje. La mayoría de los hombres están en la silla de montar, visitándose unos a otros, cabalgando a la feria en Kasgar y supervisando el cuidado de los caballos y yaks. Los niños juegan alrededor de las carpas. Estos son a menudo adorables y bonitos. Observamos a uno de ellos, un niño de ocho años, que caminaba perfectamente desnudo, excepto por las botas y el gorro de piel de cordero de su padre.

A través de la niebla y la neblina, avanzamos hacia las laderas septentrionales del Muztagh Ata, donde las lenguas de los glaciares apuntaban hacia abajo, como si fueran dedos, hacia el valle de Sarikol. Solo teníamos yaks para montar y animales de carga. Se necesita cierta cantidad de paciencia para montar un yak. La bestia tiene un anillo de hierro fijado en el cartílago de su nariz, junto con una cuerda guía. Sin embargo, obstinado y gruñendo, hace lo que quiere.

Tras haber examinado los glaciares del norte, trasladamos nuestro campamento al lado occidental de la montaña e hicimos excursiones a pie a lo largo de esas enormes corrientes de hielo que reciben el nombre de Yambulak y Kamper Kishlak. Arroyos de hielo derretido formaban olas sobre el hielo verde azulado, claros como el cristal. Aquí y allá se abrían profundas hendiduras en el glaciar, y en algunos lugares grandes rocas formaban hermosas tablas glaciares.

Al amanecer del 6 de agosto, comencé el ascenso de un acantilado empinado en el lado norte del glaciar Yambulak, con cinco kirguises y siete yaks. El clima era glorioso. A las ocho ya estábamos por encima de la cima del Mont Blanc, a 4.880 metros de altitud. Ahí nos encontramos con la línea de nieve. Esta aumentó rápidamente en profundidad y su superficie se congeló. Avanzamos lentamente. Los yaks se detenían continuamente para recuperar el aliento. Dos de ellos estaban bastante cansados y tuvieron que ser abandonados para que se las arreglaran solos.

Nuevamente llegamos al borde de un acantilado, con el glaciar Yambulak, a 3.660 metros de altitud, directamente debajo de nosotros. Unos trescientos metros más arriba, Mollah Islam y otros dos kirguises se tiraron sobre la nieve, se durmieron y se quedaron ahí. Seguí con dos kirguís y dos yaks. Los yaks estaban claramente descontentos con esta escalada aparentemente inútil y estúpida a través de la nieve interminable.

A 6.145 metros de altitud, tuvimos que hacer una pausa para un largo descanso. Los yaks se quedaron con la lengua fuera y su respiración sonaba como el aserrado de la madera. Los kirguises y yo sufríamos de dolor de cabeza mientras nos sentábamos a comer nieve. Ahora me di cuenta de que si tuviéramos que ascender otros trescientos o seiscientos metros, sería necesario traer provisiones y tiendas de campaña, y prepararnos para pasar la noche a esta altitud de 6.100 metros. Decidido a repetir el intento, regresé al campamento.

Después de más vagabundeos entre los glaciares, finalmente el 2 de agosto hicimos nuestro segundo intento de ascender la montaña, esta vez a lo largo de la empinada pendiente que se eleva inmediatamente al sur del glaciar Chal Tumak. Con una pequeña tienda de campaña, comida y combustible, los yaks y los kirguises lucharon hasta que estuvimos a 5.180 metros de altitud, donde descansamos un rato.

De repente, oímos un rugido ensordecedor procedente del acantilado perpendicular que limitaba el lado norte del corredor del glaciar; un rugido que llenó la profunda quebrada con su eco durante mucho tiempo. Los tramos más altos de la montaña parecían estar cubiertos con una capa de hielo, que se proyectaba sobre la parte superior de la pared rocosa y, al romperse por su propio peso, se precipitaba hacia la superficie del glaciar. Enormes bloques de esta armadura de hielo descendieron en ese momento, y al golpear las rocas que sobresalían, se convirtieron en polvo, tan blanco y revuelto como agua espumosa.

Más arriba vimos cuatro cabras salvajes, nerviosas y asustadas que huían a través de la capa de nieve. Poco antes habíamos visto dos grandes lobos, de color gris claro, que evidentemente acechaban a las cabras en la nieve permanente, pero que, por falta de fuerza, no las habían perseguido más.

La nieve que yacía a sesenta centímetros de profundidad sobre la armadura de hielo hizo que nuestro ascenso fuera aún más difícil que antes. Mollah Islam abrió la marcha con un yak que cargaba dos grandes fardos de una estepa, dura como la madera, que los kirguises llaman *teresken*. De repente, el yak desapareció, como si se hubiera abierto una trampilla debajo de él. Corrimos al lugar y encontramos al yak suspendido de su pata trasera derecha, sus cuernos y los fardos de *teresken*. Había atravesado un puente de nieve traicionero que se extendía por una hendidura de un metro de ancho, y debajo de él se abría un abismo negro. Afortunadamente, el asustado animal no se movió, de lo contrario se habría perdido. El kirguís le puso una cuerda alrededor del vientre y los otros yaks, uniendo sus fuerzas, sacaron a la desdichada bestia del atolladero.

Lenta y cautelosamente, hicimos un segundo intento. Otro yak estuvo a punto de ser tragado, y uno de los kirguises apenas escapó de un destino similar al colgarse del borde. Llegamos a una grieta, de tres o cuatro metros de ancho y siete de profundidad, entre empinadas paredes de hielo azul celeste. Esta la sorteamos cuidadosamente. La grieta se extendía hasta donde alcanzaba la vista, en ambas direcciones. Supuso un alto absoluto a todo avance posterior. Nuestra altitud era de 5.820 metros.

A mi regreso al campamento decidí intentar la ascensión una vez más, esta vez por la ladera norte del glaciar Yambulak, que habíamos escalado dos veces antes.

Nos llevó un día llegar al nivel de 6.145 metros de altitud, al borde del abismo, que habíamos alcanzado previamente. Tuvimos que decidirnos si continuar o no; pero como los diez yaks que habíamos traído estaban muertos de cansancio, decidimos pasar allí la noche y continuar la ascensión a la mañana siguiente.

RESCATANDO A UN YAK QUE HABÍA CAÍDO EN UNA GRIETA PROFUNDA

Los yaks estaban atados a las pocas rocas de pizarra que sobresalían de la nieve; y una pequeña yurta fue levantada sobre el precipicio, bien asegurada con cuerdas a varias rocas. La hoguera del interior hacía que los ojos escocieran y el aire era asfixiante por la falta de ventilación. La nieve derretida formó un charco alrededor del fuego; pero después de que se apagase, durante la noche, el agua se congeló en una capa de hielo. Dejé que dos kirguises enfermos bajaran a donde el aire estaba menos enrarecido. Todos mostrábamos síntomas del mal de montaña: pitidos en los oídos, sordera, pulso acelerado, temperatura por debajo de lo normal e insomnio.

El sol se puso y su luz púrpura murió en las laderas occidentales del Muztagh Ata. Cuando la luna llena se elevó sobre la cresta de la pared rocosa al sur del glaciar, salí a la oscuridad para admirar uno de los espectáculos más magníficos que he presenciado en Asia. Los campos de nieve permanentes en la cúpula más alta de la montaña, la cuenca firme que alimenta el glaciar y las regiones más altas del glaciar estaban bañadas por la luz plateada de la luna; pero donde yacía la corriente de hielo, oscura como boca de lobo, en su profunda hendidura, prevalecía una sombra insondable. Delgadas nubes blancas flotaban sobre los montañosos campos nevados, como tantos espíritus de las montañas danzantes. Tal vez fueran las almas de los kirguises difuntos, con sus ángeles de la guarda, trascendiendo del desgaste físico en la Tierra a las alegrías del Paraíso; o los seres afortunados en la ciudad encantada de Janaidar, que, a la luz de la nieve, bailaban alrededor del «Padre de las Montañas de Hielo».

Estábamos casi a la misma altitud que la cima del Chimborazo, y a más altitud que el Kilimanjaro, el Mont Blanc y todos los picos montañosos de por lo menos cuatro continentes. Solo los picos más altos de Asia y los Andes se elevaban más alto que nuestra elevación actual. La cima del monte Everest, la montaña más alta del mundo, se extiende 2.740 metros más alto. Sin embargo, creo que en lo que respecta a la belleza salvaje y fantástica, la imagen que se reveló a mi alrededor superó cualquier otra cosa que pudiera presentarse al hombre en estos parajes. Me sentí como si estuviera parado en el borde del espacio inconmensurable, donde los mundos misteriosos giran por los siglos de los siglos. Solo un paso me separaba de las estrellas. Podía tocar la luna con mi mano; y bajo mis pies sentía el globo de la Tierra, esclavo de las inflexibles leyes de la gravitación, que continuaba girando en su órbita a través de la noche del espacio universal.

Las sombras nítidamente definidas de la tienda y los yaks caían sobre la nieve. Las bestias atadas a las rocas permanecieron en silencio excepto por algún crujido ocasional mientras frotaban los dientes de la mandíbula inferior contra el cartílago de la superior; y a veces la nieve crujía bajo sus cascos cuando cambiaban de posición. Su respiración era inaudible, pero visible en forma de nubes blancas de vapor que brotaban de sus fosas nasales.

La hoguera del campamento de los kirguises entre dos grandes rocas se había apagado; y de vez en cuando los robustos montañeses, curtidos por la intemperie, refunfuñaban mientras yacían acurrucados, boca abajo, con la frente sobre la nieve.

Intenté en vano dormir en la pequeña tienda. El frío no era severo (solo -12 °C), pero mi abrigo de piel se sentía tan pesado como el plomo. Como me faltaba el aire, me levantaba una y otra vez para respirar mejor.

Antes del amanecer escuchamos un estruendo, que poco a poco fue aumentando de volumen; y por la mañana una tormenta envolvió nuestro campamento con nubes impenetrables de nieve arremolinada. Esperamos hora tras hora. Nadie quería comer y todos padecían dolor de cabeza. Esperaba que el vendaval amainara para que pudiéramos continuar hacia la cumbre. Sin embargo, solo aumentó en violencia, y hacia el mediodía me di cuenta de lo desesperada que era nuestra situación. Deseoso de probar el temple de los kirguises, les ordené cargar los yaks y continuar nuestro ascenso a través de la tormenta. Todos obedecieron. Pero cuando dije que tendríamos que regresar a nuestro campamento de abajo, se alegraron y agradecieron el cambio de ruta.

Con dos hombres, comencé el descenso. Monté un gran yak negro, fuerte como un elefante. Lo dejé a su suerte, porque era inútil tratar de guiarlo. No podía ver mi mano delante de mi cara, a causa de la fustigante nieve arremolinada. El yak vadeó, se zambulló, saltó y se deslizó hacia abajo a través de la nieve, sumergiéndose como un delfín en esta. Tuve que presionar mis rodillas con fuerza, o me habría caído de la silla por las sacudidas repentinas y espasmódicas del yak. En ocasiones me acostaba espalda contra espalda con el yak, solo para sentir un momento después las puntas de sus cuernos clavarse en mi estómago.

UNA RETIRADA APRESURADA EN MEDIO DE UNA TORMENTA DE NIEVE EN MUZTAGH ATA

Pero finalmente dejamos atrás las nubes de nieve y llegamos al campamento, que estaba al nivel de la cima del monte Whitney, en la Sierra Nevada de los Estados Unidos de América, a 4.420 metros de altitud.

Así terminó nuestra lucha contra el «Padre de las Montañas de Hielo». Me había hartado de esta montaña y decidí realizar una breve visita a

Pamirski Post. Pero habría que cruzar la frontera rusa sin despertar las sospechas de los chinos; porque podrían alarmarse y negarse a dejarme volver a su zona. Todo mi equipaje fue guardado en una yurta kirguís en una región remota, y con dos compañeros partí en medio de la noche para recorrer caminos secretos e inaccesibles hacia la frontera rusa. A la luz de la luna se veían aldeas de tiendas de campaña kirguises lejanas, pero sus perros se mantuvieron en silencio y en medio de un torbellino de nieve cruzamos a salvo el paso de Muskurau hacia territorio ruso.

Fue un viaje largo y difícil. A Yoldash, nuestro perro, le dolían las patas traseras y tuvimos que confeccionarle calcetines. Se sentía muy avergonzado con estas prendas. Trató de caminar en cuclillas, con las patas traseras en el aire. Al darse cuenta de que se quedaba atrás, optó por correr sobre tres patas, manteniendo alternativamente levantados en el aire el calcetín derecho e izquierdo.

Con el capitán Záitsev y otros dos oficiales atravesé gran parte del Pamir y, finalmente, monté mi tienda en las orillas de Yeshil Kul[76], un hermoso lago alpino. Y de allí regresé tranquilo y desapercibido a territorio chino. Durante mi ausencia, los chinos me habían dado por perdido y habían iniciado un rescate. El kirguís que ocultó mi equipaje se habría metido en problemas si lo hubieran descubierto. Para liberarse de sospechas, había movido mis cajas a un montón de piedras, mis pertenencias escondidas entre dos rocas. Y así, el 30 de septiembre, cuando mi yurta se había instalado de nuevo en la orilla oriental del Karakul, nadie se imaginó que había pasado doce días en territorio ruso.

Todavía quedaba una tarea pendiente en el encantador pequeño lago antes de regresar a Kasgar, mi cuartel general. Quería sondear la profundidad del lago. Pero no había la menor señal de un barco. Ninguno de los kirguises había visto un barco ni sabía qué aspecto tenía. Entonces elaboré un pequeño modelo de madera y papel, y el trabajo de construcción comenzó en el «astillero», bajo la dirección de Islam Bai.

Las pieles de un caballo y de un cordero fueron cosidas juntas y estiradas sobre un armazón de costillas construidos con los postes de una tienda de campaña. De otras costillas se hicieron remos y un mástil, y una pala servía de timón. Era un barco maravilloso, ¡abollado y serrado como una lata de sardinas desechada! Se sujetaron odres inflados a babor y estribor, y también a popa, para estabilizar la embarcación. Este extraño navío parecía un animal prehistórico incubando sus huevos. Uno de los kirguises dijo que nunca pensó que un barco se vería así, y Togdasin Bek comentó:

—Seguramente te ahogarás si sales al agua en esa cosa. Mejor espera a que el lago se congele.

Pero el bote me llevó bien, y un kirguís llamado Turdu pronto aprendió a remar. Con motivo de su botadura, los nómadas se reunieron en la orilla, con sus esposas y familias, y observaron el procedimiento en silencio. Probablemente pensaron que me había vuelto loco y solo esperaban verme desaparecer en medio de las profundidades claras y cristalinas.

Se hicieron sondeos en varias direcciones, y un día estábamos destinados a recorrer la ruta más larga de todas, de sur a norte. Remamos y navegamos desde la costa sur, pero no habíamos avanzado mucho cuando se levantó un viento del sur con fuerza de huracán. Levantamos nuestra vela. Las olas subían más y más, la espuma silbaba en sus crestas y el bote saltaba como un yak encabritado. Yo me senté a gobernar el timón. De repente la popa se hundió, y una ola se abalanzó sobre mí y llenó de agua la mitad del bote. Uno de los flotadores hecho con un odre de piel de cabra se había soltado y ahora flotaba sobre las olas como un pato salvaje. Cada nueva ola nos dio una buena ducha fría. Turdu saltó para salvar su vida, y yo traté de frustrar las olas asaltantes con la pala. El bote se hundió más y más, mientras se oía un silbido y un pitido procedente de los odres de estribor. Se les estaba exprimiendo el aire. Escoramos peligrosamente. Profundidades insondables se abrían debajo de nosotros. ¿Nos mantendríamos a flote hasta llegar a tierra? ¿O se demostraría que Togdasin Bek tenía razón?

Los kirguises, tanto a pie como a caballo, se congregaron en la orilla más cercana para ver cómo nos ahogábamos; pero finalmente alcanzamos aguas poco profundas y desembarcamos, empapados hasta la médula. En otra ocasión —era al atardecer y estábamos a decenas de metros de las costas del norte— se levantó un fuerte viento del norte y nos mandó de vuelta sobre el lago. Llegó la noche; pero afortunadamente había una tenue luz de luna. El viento se calmó después de un rato. Islam Bai había encendido una hoguera en la costa, que nos sirvió de faro. La mayor profundidad sondeada fue de solo veinticuatro metros.

Una y otra vez, las ventiscas y las granizadas me obligaron a permanecer en casa. En esos momentos me visitaban los kirguises; y nunca me aburría. Me contaron sus aventuras y experiencias; y a veces también me contaban sus problemas. Un joven kirguís que se había enamorado de la hermosa Nevra Khan, pero que no podía pagar el *kalim*, o dote, a su padre vino a mi tienda y trató de pedir prestada la suma necesaria. Pero mi cartera estaba demasiado escueta para tal empresa. Ya se había extendido por todo el Pamir el rumor de que había llegado un europeo, había saltado sobre Muztagh Ata como un rebeco y había cruzado el lago volando como un ganso salvaje. Esta leyenda, debidamente elaborada y mejorada, probablemente sobrevive hasta el día de hoy.

Había encontrado agradable la vida entre los kirguises; y cuando llegó el momento de partir, había emoción en sus voces cuando me despidieron. ¿No había vivido con ellos y me había convertido en su amigo? Su vida era libre de preocupaciones, pero no alegre. Libraban una amarga lucha contra la naturaleza fría y parsimoniosa. Y cuando cumplieran el lapso de su vida serían llevados a sus tumbas en el valle, donde un hombre santo dormía bajo una simple cúpula blanca.

Regresé a Kasgar por una nueva ruta, y allí resumí mis hallazgos y trabajé en mis notas.

El 6 de noviembre estábamos sentados alrededor del burbujeante samovar en la mesa del comedor en casa del cónsul Petrovski. Sin aliento y polvoriento, entró un mensajero cosaco y entregó un telegrama al cónsul. Contenía solo la breve declaración de que Alejandro III había muerto. Todos se levantaron y los rusos se santiguaron, profundamente consternados.

La Navidad llegó de nuevo. La pasé con el señor Macartney, el padre Hendricks y mi compatriota Hoglund, un misionero que poco antes había llegado a Kasgar con su familia. El padre Hendricks salió a medianoche para celebrar la misa de Navidad en su cuartito, con los barriles de vino y el crucifijo. Sentí lástima por él, mientras se abría paso a través de la ciudad oscura y dormida; solo... eterna e inmutablemente solo.

NUESTRO «BOTE» SOBRE EL PEQUEÑO LAGO
KARAKUL, EN EL PAMIR ORIENTAL

BUJARÁ Y EL TURQUESTÁN RUSO

CAPÍTULO XVIII

ME ACERCO AL DESIERTO

El 17 de febrero de 1895 dejé Kasgar y comencé un viaje que resultó ser uno de los más difíciles que he emprendido en Asia.

Teníamos dos *arabas* o carretas de dos ruedas altas, tiradas por cuatro caballos, uno de ellos entre los ejes, y los otros tres al frente, todos atados con arreos. Cada equipo fue conducido por un *arabakesh* o conductor. Los carros tenían techos arqueados fabricados con esteras. Conduje en el primero, con parte del equipaje, e Islam Bai, con las cajas pesadas, el otro. Teníamos dos perros, Yoldash, venido del Pamir, y Hamra, de Kasgar. Estaban atados al carro de Islam Bai.

Entre fuertes chirridos y grandes nubes de polvo amarillo, nuestras *arabas* atravesaron Kum Darwaza, la «Puerta de Arena» de Kasgar. En Yangi Shahr, el barrio chino, tuvimos una pequeña aventura. Un soldado chino nos detuvo y declaró que Hamra era su perro. Cuando se dio cuenta de que no íbamos a soltar al perro, se tumbó en el suelo, justo enfrente de una rueda, chillando y comportándose como un loco. Una gran multitud se reunió a nuestro alrededor. Finalmente hice esta declaración:

—Soltaremos al perro. Si va contigo, es tuyo. Si va con nosotros, es nuestro.

Las ruedas habían dado solo unas pocas vueltas cuando Hamra se lanzó como una flecha en nuestra dirección; y pude escuchar como la multitud se reía burlonamente detrás del soldado.

Nuestro camino fue hacia el este, cerca del río Kashgar Daria. Aquí y allá atravesamos pantanos helados. En una ocasión las ruedas de mi carro rompieron el hielo, se enterraron hasta el eje y los líderes del equipo cayeron al suelo. Esto sucedió durante la noche. Así que encendimos una hoguera grande, descargamos el equipaje, enganchamos los caballos a la parte trasera del carro y lo desatascamos; después de lo cual probamos otro camino.

En los pueblos donde pasábamos las noches, los conductores dormían en los carros para proteger el equipaje frente a los ladrones. Después de atravesar bosques de álamos y estepas de tamariscos, llegamos al pequeño pueblo de Maralbexi.

Nos habían obsequiado, en cada parada, con historias acerca del desierto de Taklamakán, nuestro objetivo actual. Una leyenda hablaba acerca de un pueblo antiguo, Taklamakán, que había sido enterrado bajo la arena en medio del desierto. Entre las ruinas de sus torres, murallas y casas, yacían expuestos lingotes de oro y trozos de plata. Pero si una caravana iba allí y cargaba sus camellos con oro, los conductores quedaban hechizados y daban vueltas y vueltas en círculo hasta que caían desplomados. Pensarían que viajaban en línea recta, pero en realidad estarían moviéndose en círculos durante todo el tiempo. Solo si arrojaban el oro podrían romper el maleficio y salvarse.

Se decía que un hombre fue solo a la ciudad vieja y cargó con todo el oro que pudo llevar. Innumerables gatos salvajes lo atacaron. Tiró el oro y he aquí que los gatos desaparecieron sin dejar rastro.

Un anciano me dijo que cuando un viajero se pierde en el desierto escucha voces que lo llaman por su nombre. Queda hechizado, sigue las voces y es atraído más y más hacia el desierto, solo para morir de sed.

Esta es exactamente la misma historia que relató Marco Polo hace seiscientos cincuenta años, cuando recorría el borde del desierto de Lop, situado más al este. En el famoso relato de sus viajes, dice:

> Hay un cuento maravilloso sobre este desierto. Cuando los viajeros estén en movimiento de noche, y uno de ellos tenga la mala fortuna de retrasarse o quedarse dormido o algo parecido, al tratar de alcanzar su caravana de nuevo oirá espíritus hablando y supondrá que se trata de sus camaradas. A veces los espíritus lo llamarán por su nombre; y así un viajero se extraviará a menudo de modo que nunca encuentre a su grupo. Y de esta manera, muchos han perecido. Incluso durante el día uno oye hablar a esos espíritus, y a veces se podrá oír el sonido de una variedad de instrumentos musicales, más comúnmente, el sonido de tambores.

Mientras nos dirigíamos al gran desierto de Taklamakán, la tentación de adentrarme en su interior aumentaba día a día, y no pude resistir su misterioso atractivo. En todos los pueblos donde nos detuvimos, sonsaqué a los nativos todo lo que sabían sobre el desierto. Un niño no podría haber escuchado un cuento de hadas con más atención que yo las historias de estos simples y supersticiosos campesinos. Las crestas de las dunas de arena amarilla, parecidas a las olas del mar, ya se veían aquí y allá a través del bosque. Costase lo que costase, estaba decidido a atravesarlos. Dejamos el

Kashgar Daria y giramos hacia el suroeste, a lo largo de la orilla del Yarkand Daria, el río principal. Nuestro camino discurría alternativamente por campos de tupidos juncos, donde había un gran número de jabalíes, y a través de bosques.

El 19 de marzo acampamos en el pueblo de Merket[77], cerca de la orilla derecha del río. Este se convirtió en nuestro cuartel general durante un tiempo.

Mientras yo salía en excursiones cortas por el distrito, Islam Bai hacía todas las compras necesarias para nuestro próximo viaje. Lo más difícil fue encontrar camellos adecuados. Esperé con impaciencia el regreso de mi líder de caravana. Transcurrió una semana, luego otra, y otra más. La primavera hizo su aparición al borde del desierto. Cuanto más cálido se ponía, más peligroso era emprender un viaje por el desierto.

No tenía nada de lo que quejarme, por lo demás. Vivía en la agradable casa de Togda Khoja Bek, el jefe de la aldea. Se le había otorgado autoridad judicial, y fui testigo de la administración diaria de justicia en su tribunal. Un día le trajeron una adúltera. Fue declarada culpable y sentenciada a que le pintaran la cara de negro y ser exhibida en el bazar montada en un burro, con las manos atadas a la espalda.

CRIMINALES SIENDO OBLIGADOS A CONFESAR

En otra ocasión interrogó a una mujer que había sido terriblemente golpeada. Acusó a su marido de haberla atacado con una navaja. Cuando el hombre negó esto, le ataron las manos a la espalda y una cuerda alrededor de los tobillos y lo subieron a un árbol. Acto seguido, confesó y recibió una flagelación. Posteriormente, declaró que su esposa también lo había golpeado; pero fue declarado culpable de mentir y recibió otra flagelación.

Era evidente que se veneraba la religión del Profeta; porque aquellas personas que, durante el mes de ayuno del Ramadán, habían comido mientras el sol estaba alto, eran pintadas de negro y conducidas por una cuerda, como animales salvajes, a través del bazar, para ser abucheadas y burladas por la multitud.

Sufrí de dolor de garganta durante un par de días, y Togda Khoja vino y me pidió que le dejara curarme, con la ayuda del exorcista del pueblo (*peri-*

bakshi).

—¡Con mucho gusto! —respondí.

Pensé que sería divertido ver cómo perseguían a los malos espíritus que poseían mi cuerpo. Tres hombres altos y barbudos entraron en mi habitación, se sentaron en el suelo y, con los dedos, los puños y las palmas, comenzaron a tocar los tambores que sostenían delante de ellos, las pieles de becerro de estos estaban tan apretadas que parecían láminas de metal. Tocaron los tambores con una fuerza asombrosa y al unísono, de modo que sonaba como un solo tambor; y mientras tanto se emocionaban cada vez más por el rugido ensordecedor, el ritmo y el *crescendo* constante. Se levantaron, bailaron, lanzaron los tres tambores al aire simultáneamente y los atraparon de nuevo, todos juntos, con un chasquido de dedos sobre el parche de los tambores. Mantuvieron este espectáculo durante una hora. Cuando terminó el exorcismo, realmente me sentí mucho mejor; pero al día siguiente estuve medio sordo.

Islam Bai regresó el 8 de abril. Había comprado cuatro cisternas de hierro y seis odres para transportar el agua; aceite de sésamo para alimentar a los camellos en el desierto; y provisiones diversas, como harina, miel, legumbres secas, macarrones, etc. También palas y utensilios de cocina, y muchas otras cosas indispensables para una caravana. Lo más importante de todo, había comprado ocho espléndidos camellos, a treinta y cinco dólares cada uno. Todos eran machos. Todos menos uno eran camellos bactrianos o de dos jorobas. Les dimos nombres en chagatai, el idioma del país[78], de la siguiente manera: «el Blanco», «*Boghra*» (el Semental), «Una Joroba», «el Viejo», «Gran Negrito», «Negrito», «Cervatillo Grande» y «Cervatillo Pequeño».

Las grandes campanillas de bronce que tres de los camellos llevaban colgadas al cuello resonaron mientras los conducían a la corte de Togda Khoja, donde Yoldash, que nunca había visto camellos, ladró hasta quedar ronco.

Además de Islam Bai, contraté a tres nuevos hombres para que me acompañaran al interior del desierto. Eran Mohammed Shah, un anciano camellero de barba blanca, cuya esposa e hijos vivían en Yarkanda; Kasim, de barba negra, poderoso y obediente, acostumbrado a manejar camellos; y, por último, un hombre que vivía en Merket, también llamado Kasim, pero a quien llamamos *Yolchi*, o «el Guía», porque afirmaba que conocía bien el desierto y podría encontrar su camino en todas partes. En el último momento nuestras provisiones se vieron incrementadas con dos sacos de pan recién horneado, tres borregos, diez gallinas y un gallo para amenizar la quietud de nuestros campamentos en la eterna arena. Las cisternas de hierro y los odres se llenaron con 455 litros de agua, todo planeado para que nos durasen veinticinco días.

La parte del gran desierto de arena que estaba a punto de atravesar tenía forma de triángulo. Limitaba al oeste con el río Yarkand Daria; al este, con el Jotán Daria (un afluente del Yarkand Daria); y al sur, con las montañas Kunlun. Nuestra ruta discurría, más o menos, de oeste a este; y como el Jotán Daria fluye de sur a norte, tarde o temprano nos encontraríamos con este río, siempre y cuando no muriésemos de sed por el camino. Diez años antes, en 1885, Carey y Dalgleish[79], dos ingleses; y Przhevalski, un ruso, habían viajado por el valle del Jotán Daria. Por lo tanto, se conocía la ubicación del río.

En su orilla occidental habían observado una cadena montañosa bastante pequeña, llamada Mazar Tagh, o la «Montaña de la Tumba del Santo». Otra pequeña montaña, situada en el ángulo entre Kashgar Daria y Yarkand Daria, que había visitado durante mi camino a Merket, también se conocía como Mazar Tagh, por lo que supuse que las dos montañas formaban las alas extremas de la misma cordillera, que se extiende por todo el desierto y va de noroeste a sureste.

Si esto fuera así, deberíamos encontrar a sus pies tierra libre de arena y, quizás, vestigios de una civilización de milenios pasados. La distancia de Merket al Jotán Daria era de 175 millas; pero se hizo mucho más largo para nosotros por las innumerables curvas que trazaba el río. Esperaba cruzar el desierto en menos de un mes y avanzar hacia las frescas alturas del norte del Tíbet durante los cálidos meses de verano. Por lo tanto, llevamos abrigos de piel, mantas y ropa de invierno.

Nuestro arsenal constaba de tres rifles, seis revólveres y dos cajas de municiones pesadas. Tenía tres cámaras fotográficas, junto con mil placas de vidrio y celuloide, los instrumentos astronómicos y meteorológicos habituales y, por último, algunos libros científicos y una Biblia.

En la mañana del 10 de abril, nuestros ocho majestuosos camellos y sus líderes salieron de Merket. Los camellos estaban muy cargados y las campanas de bronce repicaban solemnemente, como en un funeral. Los aldeanos se habían reunido en los techos y en las calles. Todos parecían serios. Escuchamos a un anciano decir:

—Nunca volverán.

—Sus camellos están demasiado cargados —agregó otro.

Dos cambistas hindúes arrojaron unas monedas de cobre sobre mi cabeza y gritaron: «¡Feliz viaje!». Cerca de cien hombres a caballo nos acompañaron durante un corto trecho.

Los camellos procedieron en dos grupos, el primero dirigido por Kasim, el segundo por Mohammed Shah. Monté a Boghra, el primer camello del segundo grupo, y desde mi lugar elevado disponía de una vista espléndida de la tierra plana.

Los camellos estaban gordos y descansados, y, en consecuencia, de buen humor, cuando comenzaron su marcha. Primero, dos de los más jóvenes, luego otro par se soltaron y comenzaron un galope pesado alrededor de la estepa, de modo que sus cargas cayeron al suelo. Una de las cajas de municiones colgaba del flanco de un camello. Después de reunir a los rebeldes, cada camello fue conducido por separado por un hombre de Merket.

Montamos nuestro primer campamento en un barranco, en medio de dunas y estepa. Todos los animales fueron dejados sueltos. Se encendió una hoguera y se preparó la cena. Consistía en pudin de arroz con cordero. Comí la misma comida que los hombres. Mi tienda estaba equipada con una alfombra, un catre y dos cajas que contenían instrumentos y cosas de uso constante. Los hombres de Merket se habían ido a casa.

Al día siguiente nos encontramos con unas dunas tan altas que dos de los camellos se tropezaron y hubo que volver a cargarlos. Pero pronto se acostumbraron al suelo arenoso, suave y ondulado, y caminaron con firmeza y seguridad. Parecía prudente evitar la arena profunda unos días más, así que avanzamos por el borde hacia el noreste.

En cada campamento cavamos un pozo y encontramos agua a una profundidad de metro o metro y medio. Estaba salada, pero no demasiado salada para los camellos. Por lo tanto, vaciamos la mayor parte del contenido de las cisternas de hierro. Teníamos la intención de llenarlas antes de adentrarnos definitivamente en el desierto.

El 14 de abril extrañamos a los perros durante bastante tiempo, y cuando regresaron estaban mojados hasta la barriga. Encontramos el estanque de agua dulce donde habían bebido y acampamos esa noche en su orilla.

Los álamos crecían aquí y allá, y vastos cañaverales se extendían entre extensiones baldías de arena del desierto. Generalmente cubríamos veinticuatro o veintiséis kilómetros por día. Se escuchaban sonidos como silbidos o susurros en los densos juncos, mientras los camellos se abrían paso entre la maleza.

El 17 de abril, vislumbramos colinas ocasionales en el noreste. Eran los Mazar Tagh del norte. No sabíamos que se extendían tanto en el desierto; porque nadie había estado allí antes.

Al día siguiente llegamos inesperadamente a un lago de agua dulce, cuya orilla seguimos hacia el este. Atravesamos un bosque verdaderamente primitivo, tan denso que con frecuencia nos vimos obligados a retroceder y dar un rodeo. A veces no podíamos avanzar sin usar nuestras hachas. Desmonté para no ser barrido del lomo de Boghra por las ramas que sobresalían.

El día 19 acampamos bajo unos frondosos álamos a la orilla de otro lago más, y permanecimos allí más de un día. Unos días más tarde, cuando nos encontrásemos en el desierto estéril, recordaríamos en nuestra imaginación este campamento como si fuese un paraíso terrenal. La montaña brillaba con tintes violetas; el lago era azul ultramar; los álamos, de un verde primaveral; y los juncos y la arena, amarillos. Una de nuestras ovejas ya había sido sacrificada, y ahora le tocaba el turno a la segunda. La tercera la conservaríamos.

El 21 de abril, nuestro camino pasaba entre dos montañas aisladas y a lo largo de la orilla occidental de un largo lago. Dimos la vuelta al extremo sur de este lago y acampamos en su orilla este. No se distinguían más montañas en el sureste. Nuestro campamento se encontraba en el extremo sur de una cordillera que era como el cabo más alejado de la costa del mar.

El 22 de abril, que se dedicó al descanso, ascendí a pie a esta montaña. Al este, sur y suroeste no se veía nada más que estériles dunas de arena amarilla. El mar del desierto se abría ante nosotros.

Hasta esta noche teníamos todo un lago de agua justo afuera de nuestras tiendas. Los hombres, los camellos y los demás animales podrían beber hasta saciarse. Los juncos crecían abundantemente en las orillas, por lo que los camellos y las ovejas supervivientes podían pastar sin descanso. Quizás los animales también soñaron con este campamento durante las noches que siguieron, como un lugar bendito y feliz.

Yolchi, el guía, que se había ganado la desaprobación de los otros hombres y se mantenía aislado la mayor parte del tiempo, declaró que eran solo cuatro días de viaje hacia el este hasta el Jotán Daria, y que seríamos capaces de encontrar agua incluso antes de llegar al río.

No obstante, les dije a los hombres que tomaran agua suficiente para diez días, ya que la distancia podría ser mayor que la que el guía indicaba. Si las cisternas estuvieran medio llenas, podríamos dar de beber dos veces a los camellos en el interior del desierto. Las cisternas se colocaron en soportes de madera y se protegieron de la exposición directa al sol con manojos de juncos. Me quedé dormido en la orilla de este último lago, al sonido del chapoteo del agua, mientras los hombres la vertían en las cisternas.

CAPÍTULO XIX

EL MAR DE ARENA

Temprano en la mañana del 23 de abril, se cargaron los camellos y partimos hacia el sureste. Quería convencerme de que nuestra última montaña no se extendía hasta el desierto.

En dos horas habíamos dejado atrás los jirones de juncos, y las estériles dunas de arena se hicieron más altas. Una hora más tarde, alcanzaban dieciocho metros de altura; y pronto se elevaron a veinticuatro y veintisiete metros. Llanuras de arcilla abierta, seca y dura se revelaban aquí y allá entre las dunas. Desde este suelo firme, los camellos parecían bastante pequeños mientras pisaban la cresta de la duna más cercana. Zigzagueábamos y girábamos en todas direcciones para evitar las difíciles crestas de las dunas y permanecer lo más cerca posible del mismo nivel.

Después de un rato vimos los últimos tamariscos y pasamos los últimos lugares de suelo arcilloso. Ahora no había nada más que arena fina y amarilla. Hasta donde alcanzaba la vista, solo se veían altas dunas completamente desprovistas de vegetación. Resulta extraño que no me sorprendiera este espectáculo y que no me hiciera detenerme. Me tenía que haber dado cuenta de que la temporada estaba demasiado avanzada y que el riesgo era demasiado grande. Si prevalecía la mala suerte, podría perderlo todo. Pero no dudé ni un momento. Había decidido conquistar el desierto. Por muchos pasos fatigosos que tuviera que dar hasta el Jotán Daria, no volvería atrás sobre un solo paso de mi camino. Fui arrastrado por el irresistible *desiderium incogniti*,[80] que rompe todos los obstáculos y se niega a reconocer lo imposible.

Sin embargo, aquí ya observé cómo mis hombres trabajaban con sus palas para facilitar el acceso de los camellos a los lugares difíciles.

Después de una marcha de dieciséis millas, acampamos al anochecer en un pequeño lugar de tierra uniforme y arcillosa, completamente rodeado de altas dunas de arena. Aquí crecían los dos últimos tamariscos, que los camellos despojaron de su corteza de un bocado. Más tarde tuvimos que atar los camellos para evitar que volvieran al lago durante la noche. Excavamos en busca de agua, pero como la arcilla arenosa resultó estar seca como la yesca, desistimos del intento.

Faltaba Hamra. Subimos a las dunas y silbamos, pero el perro nunca volvió. Claramente había sido más sabio que nosotros y había regresado por el camino de la caravana. Yoldash, sin embargo, pagaría su fidelidad con su vida.

Pasada la medianoche, un fuerte viento del oeste se levantó sobre el árido desierto. Cuando comenzamos a cargar los camellos al amanecer, columnas de arena revoloteaban desde cada cresta de las dunas y una neblina roja amarillenta flotaba sobre el horizonte. Más tarde conoceríamos los vendavales del este, que traían nubes de polvo fino y convertían el día en noche.

Nos mantuvimos al sureste; pero después de asegurarnos de que el Mazar Tagh no se extendía en esa dirección, decidí cambiar nuestro rumbo hacia el este. Esta dirección prometía la distancia más corta al Jotán Daria. Islam Bai encabezó la procesión, brújula en mano. Al verlo escalar altas dunas en forma de pirámide, dedujimos que buscaba un camino practicable para los camellos. Un camello cayó en lo alto de una duna en una postura tan incómoda que no pudo volver a levantarse a cuatro patas hasta que lo hicimos rodar unos veinte metros hasta arena más sólida. Al mediodía hicimos un alto y todos bebieron, incluso Yoldash y la última oveja. La temperatura del agua era de más de 30 °C.

Los camellos se habían comido las cañas que servían para tapizar las cisternas. En el campamento vespertino no se veía rastro de vida vegetal o animal, ni una hoja arrastrada por el viento, ni una polilla. Les dábamos a los camellos unos cuantos tragos de aceite vegetal, por la mañana y por la noche.

El 25 de abril nos despertó un viento del noreste y una nube de polvo. Los colores se desvanecieron y las distancias y dimensiones se distorsionaron. Una duna cercana tomó la apariencia de una alta montaña remota.

Cuando las cisternas fueron cargadas sobre sus tres portadores, el sonido del agua al salpicar fue tal que examiné el suministro. Para mi sorpresa descubrí que era suficiente para solo dos días. Interrogué a los hombres y les recordé mi orden de traer agua suficiente para diez días. Yolchi, el guía, respondió que estábamos a dos días del Jotán Daria. No me atreví a regañarlos, porque yo mismo debí haber inspeccionado cuánta agua se tomaba del lago. Habíamos viajado solo dos días y hubiera sido prudente volver sobre nuestros pasos. La caravana se habría salvado y no se habría perdido ninguna vida. Pero no me atreví a regresar, y deposité una confianza indebida en el guía. En presencia de todos, encargué a Islam Bai la responsabilidad del suministro de agua. Las raciones de agua se redujeron para los hombres, y los camellos tendrían que seguir sin una sola gota. Desde ese momento yo, al igual que mis hombres, fuimos a pie. Cordilleras enteras, mesetas y extensiones de arena se extendían en todas direcciones.

Nuestro camello «el Viejo» se cansó y tuvo que ser conducido sin su carga. Durante una de las paradas tomó un sorbo de agua y un puñado de heno, sacados de su propia albarda. Las dunas aún tenían veinte metros de altura. Un estado de ánimo pesado y ominoso prevaleció en toda la caravana. Las conversaciones habían cesado. No se oía más que el susurro del viento, la respiración cansada de los camellos y el repique fúnebre de las campanas de bronce.

—¡Un cuervo! —exclamó Islam.

El pájaro negro de la muerte voló en círculos sobre la caravana, se posó varias veces en la cresta de una duna y desapareció en la neblina. Nos animó la idea de que debía de haber venido de los bosques y las aguas del este.

En este punto, «Gran Negrito» también estaba cansado, por lo que nos vimos obligados a acampar. Todo el heno de la albarda del «Viejo» se repartió entre los camellos. Tomé solo té, pan y algo de comida enlatada; los hombres, té, pan y *talkan* (harina de cebada tostada); ya no quedaba combustible, así que hubo que sacrificar una caja de madera para hacer el té. Dos mosquitos eran la única señal de vida. Aunque tal vez habían venido con la caravana.

El 26 de abril partí solo al amanecer. Sostuve la brújula en mi mano y conté mis pasos. Cada cien representaba una ganancia, cada mil aumentaba mi esperanza de salvación. El día se hizo cálido. El silencio era más profundo que en un cementerio. Solo faltaban las lápidas. Las dunas de arena ascendían ahora a una altura de cuarenta y cinco metros. Los exhaustos camellos tuvieron que superarlas todas. Nuestra situación era desesperada. Al mediodía el sol era como un horno incandescente. Yo mismo estaba muerto de cansancio. Tuve que descansar un rato. ¡Pero no! Primero otros mil pasos, y luego a descansar.

Agotado por caminar sobre la arena blanda y vencido por la fatiga, me arrojé de espaldas sobre la cresta de una duna y me cubrí la cara con la gorra blanca. El descanso fue dulce. Me dormí y soñé que acampaba a la orilla de un lago. Oí el murmullo del viento en los árboles y el canto de las olas al romper contra la orilla. Pero de repente fui despertado a la horrible realidad por el cruel tintineo de las campanas de bronce. Me incorporé. Llegó el cortejo fúnebre. Había una mirada moribunda en los ojos de los camellos. Su mirada era indolente y resignada. Respiraban pesada y mesuradamente, y su aliento despedía un hedor desagradable.

Solo había seis de ellos ahora, y estaban dirigidos por Islam y Kasim. «El Viejo» y el «Gran Negrito» se habían rezagado. Mohammed Shah y el guía se quedaron con ellos. Acampamos en un pequeño lugar de tierra arcillosa dura, no más grande que la cubierta de un bergantín. Desistí de montar mi tienda de campaña. Dormimos a cielo abierto, todos. Las noches aún eran frías. Siempre estábamos de mejor humor cuando nos acomodábamos para la noche que durante el día; porque venía el descanso, la distribución del agua y el frescor de la tarde después del calor del día.

Los dos camellos agotados fueron conducidos al campamento esa noche. A las seis de la tarde les dije a los hombres:

—Vamos a cavar en busca de agua.

Todo el mundo se animó a ponerse manos a la obra. Kasim tomó una pala y de inmediato comenzó a cavar. Solo Yolchi, el guía, se burlaba de los demás, al afirmar que aquí podría encontrarse agua a treinta brazas. Le preguntaron dónde estaba el río del que había dicho que llegaríamos en cuatro días. Se avergonzó aún más cuando, a una profundidad de un metro, el suelo arenoso se humedeció.

La tensión creció indescriptiblemente. Los cinco trabajábamos como si nos llevara la vida en ello. La pared de arena arrojada alrededor del pozo creció en altura. La arena tuvo que ser acarreada en un balde. A una profundidad de metro y medio, la temperatura de la arena era de 13 °C, en comparación con los 29 °C del aire. El agua de las cisternas estaba a 29,5 °C, tras haber sido calentada por el sol. Colocamos una jarra de hierro, llena de agua, en la arena fría y bebimos temerariamente; pues pronto volveríamos a llenar las cisternas hasta el tope.

Cuanto más profundo cavábamos, más húmeda se hacía la arena. Ahora podíamos exprimirla en bolas que no se desmoronaban. A medida que cada excavador se cansaba, era reemplazado por uno nuevo. La parte superior de nuestros cuerpos estaba desnuda y sudábamos abundantemente. De vez en cuando nos acostábamos en la arena húmeda para refrescar nuestra sangre febril. Los camellos, Yoldash y las ovejas esperaban impacientes alrededor del pozo. Sabían que su sed eventualmente sería saciada.

Estaba completamente oscuro; así que colocamos un par de cabos de vela en pequeños nichos a los lados de la pared.

¿A qué profundidad puede estar el agua? Aunque tuviéramos que cavar toda la noche y todo el día siguiente, estábamos decididos a encontrar agua. Trabajábamos con la determinación que aporta la desesperación. Me senté a observar a Kasim, quien, iluminado desde arriba por la luz de las velas, se veía fantástico en el fondo del pozo, a tres metros de profundidad. Estaba esperando a ver el reflejo que devolverían las primeras gotas de agua.

De repente, Kasim se detuvo abruptamente en su trabajo. La pala se deslizó de sus manos. Con un grito medio ahogado, se derrumbó en el fondo del pozo. Con el temor que hubiera tenido un infarto, le grité:

—¿Qué pasó?

—La arena está seca —respondió; sonaba como una voz desde la tumba, como el toque de difuntos de nuestra desafortunada caravana.

La arena estaba tan seca como la yesca. Habíamos agotado nuestras fuerzas en vano. Habíamos consumido casi todo nuestro escaso suministro de agua, y habíamos trabajado hasta caer rendidos en sudor, todo en vano. Sin una palabra, los hombres se tiraron al suelo, esperando olvidar las penas del día en el sueño, hablé con Islam durante un rato y no oculté el peligro de nuestra situación. Sin embargo, el Jotán Daria no podía estar muy lejos. Teníamos que llevar a cabo la empresa. Quedaba agua para un día más. Tendría que aguantar para tres días. Eso significaba dos tazas al día por hombre, un cuenco para Yoldash y otro para la oveja. Los camellos no habían bebido durante tres días. No recibirían ni una gota más. Todo nuestro suministro era menos de una décima parte de lo que un camello necesitaría para beber hasta saciarse.

NUESTROS CAMELLOS DESCENDIENDO LAS DUNAS DE ARENA BAJO LA PUESTA DE SOL

Mientras me envolvía en una manta y me acostaba en mi alfombra, los camellos seguían tirados junto al pozo, esperando en vano el agua, pacientes y resignados, como siempre.

Tras haber desechado las pertenencias superfluas, como las alfombras de la tienda, el catre, la estufa... partimos temprano el 27 de abril. Fui a pie, expectante. Las dunas tenían ahora solo diez metros de altura. Mis esperanzas aumentaron. Pero nuevamente las dunas aumentaron el doble y el triple de tamaño, y una vez más nuestra situación parecía desesperada.

El cielo estaba cubierto de finas nubes que moderaban ligeramente el calor de un sol resplandeciente. Después de cuatro horas de caminata, esperé a que la caravana me alcanzara. Los camellos todavía estaban a salvo. Vimos dos gansos salvajes volar hacia el noroeste. Su avistamiento despertó nuestras esperanzas. Sin embargo, ¿qué eran cien o doscientas millas para un ganso salvaje?

Agotado por el cansancio y la falta de agua, monté sobre Boghra. Sentí temblar débilmente las patas del camello; así que volví a saltar y seguí caminando con pasos tambaleantes.

Yoldash siempre se mantuvo cerca de la cisterna donde aún se agitaba nuestro pequeño suministro de agua. Durante una de nuestras innumerables paradas, el fiel perro se me acercó, meneó la cola, gimió y me miró fijamente, como preguntando si se había esfumado toda esperanza. Señalé hacia el este, gritando:

—¡Agua, agua!

El perro corrió unos pasos en la dirección indicada, pero volvió decepcionado.

La altura de las dunas era ahora de cincuenta y cinco metros. Desde la cima más alta escudriñé el horizonte con unos prismáticos. No se veía nada más que dunas altas y móviles; un mar de arena amarilla, sin el menor rastro de orilla. Innumerables olas de dunas se elevaban por el horizonte oriental, donde la arena desaparecía en la bruma de la distancia. ¡Teníamos que superarlas a todas, y las que estaban más allá del horizonte! ¡Imposible! ¡No teníamos fuerzas! Tanto los hombres como los animales se debilitaban cada día que pasaba.

«El Viejo» y el «Gran Negrito» no pudieron seguirnos hasta el campamento esa noche. Mohammed Shah y el guía, que los habían estado conduciendo, llegaron solos al campamento. El primero nos contó que «el Viejo» se había acostado con las piernas y la cabeza estiradas sobre la arena, mientras que «Gran Negrito» se había quedado erguido con las piernas temblorosas, incapaz de dar un paso más. Cuando sus seis camaradas desaparecieron entre las dunas, les dirigió una larga mirada de asombro. Y luego los hombres abandonaron a los dos camellos moribundos. Un par de cisternas de agua vacías fueron abandonadas al mismo tiempo.

Pensé en esos dos camellos con horror mientras yacía despierto por la noche. Primero, simplemente habrían disfrutado del descanso. Luego llegaría la noche con su frescor. Estarían esperando que los hombres regresaran para buscarlos. La sangre que fluía por sus venas se habría hecho más y más espesa. «El Viejo» probablemente moriría primero. Después «Gran Negrito» estaría solo. Finalmente, él también moriría, en la majestuosa quietud del desierto; y a su debido tiempo los montículos de arena movediza enterrarían los restos de los dos mártires.

Nubes de color azul metálico, llenas de lluvia, aparecieron en el oeste antes del atardecer. Nuestras esperanzas revivieron de nuevo. Las nubes se expandieron y se acercaron. Guardamos las dos últimas cisternas vacías, colocamos todos los cuencos y cántaros sobre la arena y extendimos la tienda de campaña sobre la superficie de la duna. ¡Oscureció! Tomamos la tienda de campaña por las esquinas y nos dispusimos a recoger el rescate que había de venir del cielo. Pero cuando se acercaron a nosotros, las nubes se diluyeron gradualmente. Un hombre tras otro soltó la tela y se alejó tristemente.

Las nubes desaparecieron sin dejar rastro, como si el vapor acuoso hubiera sido aniquilado en el cálido aire del desierto. No nos llegó ni una gota.

Por la tarde escuché la conversación de los hombres, Islam dijo:

—Los camellos se derrumbarán primero, uno por uno; entonces será nuestro turno.

Yolchi, el guía, pensó que habíamos venido por *telesmat* o brujería.

—Imaginamos que caminamos en línea recta, pero en realidad caminamos en círculos todo el tiempo. Nos agotamos inútilmente. Bien podríamos acostarnos para morir en cualquier lugar.

—¿No has notado el curso regular del sol? —pregunté—. ¿Tú crees que uno camina en círculo cuando tiene el sol a su derecha todos los días al mediodía?

—Es solo nuestra opinión; es *telesmat* —insistió—, o el mismo sol se ha vuelto loco.

Sedientos, después de los dos míseros vasos de agua que fueron nuestra dádiva durante todo el día, volvimos a descansar.

SUJETANDO UNA LONA PARA RECOGER UNAS
POCAS GOTAS DE LLUVIA

CAPÍTULO XX

LA CARAVANA SE ENCUENTRA CON EL DESASTRE

Temprano en la mañana del 28 de abril, una tormenta de arena, como nunca habíamos visto, estalló sobre nuestro campamento. El viento apiló montones de arena sobre nosotros, nuestras pertenencias y nuestros camellos; y cuando nos levantamos al amanecer para hacer frente a otro día terrible, descubrimos que estábamos casi enterrados en la arena. Todo estaba lleno de arena. Mis botas y mi gorra, mi portainstrumentos de cuero y otros artículos habían desaparecido; tuvimos que desenterrar las cosas de nuevo con nuestras manos.

Propiamente dicho, había poco amanecer del que hablar. Incluso al mediodía la oscuridad era más pronunciada que al anochecer. Era como marchar de noche. La atmósfera estaba llena de nubes opacas de arena en suspensión. Solo el camello más cercano era vagamente visible, como una sombra en esta niebla, por lo demás impenetrable. Las campanas de bronce eran inaudibles, incluso cuando estaban muy cerca. No se escuchaban gritos. Solo el rugido ensordecedor de la tormenta llenaba nuestros oídos.

Con ese clima, fue prudente que todos nos mantuviéramos unidos. Quedarse detrás de la caravana, o dejar que se perdiera de vista, significaría perderla para siempre. Los rastros de camellos y hombres eran borrados casi instantáneamente.

El vendaval se convirtió en huracán. La velocidad del viento era de ochenta y ocho kilómetros por hora. Durante las ráfagas más violentas casi nos asfixiábamos. A veces los camellos se negaban a caminar, echándose sobre la arena, donde estiraban el cuello. En esos momentos nosotros también nos tirábamos hacia abajo, y apretábamos la cara contra sus costados.

Uno de los camellos más jóvenes comenzó a tambalearse durante la marcha de ese día. Yolchi lo conducía en la parte trasera de la caravana. Mientras caminaba, mantuve mi mano en una de nuestras cajas, para no perderme. Yolchi se acercó y me gritó al oído que el camello se había caído en un arenal empinado y no podía ser persuadido para levantarse. Inmediatamente ordené un alto y envié a Mohammed Shah y Kasim para salvar el camello. Regresaron a los pocos minutos, y afirmaron que el rastro había desaparecido y que no habían podido encontrar al camello entre las espesas nubes de los torbellinos de arena. Como era una cuestión de vida o muerte para todos nosotros, tuvimos que dejarlo, así como su carga, compuesta por dos cajas de víveres, municiones y pieles. El camello estaba condenado a morir de sed en este desierto asfixiante y asesino.

Durante la noche, cuando acampamos, nos deshicimos de las otras cajas, que contenían provisiones, pieles, mantas, alfombras, almohadas, libros, utensilios de cocina, queroseno, ollas y sartenes, un juego de vajilla de ágata y porcelana, etc. Todo lo prescindible fue embalado en cajas, que guardamos entre dos dunas. En la cima de la duna más alta clavamos un poste, en cuya parte superior atamos un periódico para que sirviera de faro. Solo guardamos suficiente comida para unos pocos días. Toda la comida húmeda enlatada se distribuyó entre los hombres. Comieron, después de asegurarse de que no contenía carne de cerdo. También bebieron con avidez el aceite de las latas de sardinas. Otra albarda fue vaciada de su relleno de heno; pero los camellos comieron el heno sin gusto, tan secas estaban sus gargantas. Por la noche bebí mi última taza de té. Ahora solo quedaban dos pequeñas tinajas de hierro llenas de agua.

ATRAVESANDO UNA TORMENTA DE ARENA

El vendaval amainó durante la noche. Al amanecer del 29 de abril, Islam informó que uno de los cántaros de agua había sido robado durante la noche. Todo el mundo sospechaba de Yolchi, sobre todo porque no apareció hasta la mañana siguiente.

Empezamos con los cinco camellos restantes. Nuevamente hicimos observaciones desde las altas dunas. Solo había un mar de arena amarilla en todas direcciones. Ni un signo de vida orgánica, ni siquiera del tamaño de la cabeza de un alfiler. Sin embargo, para nuestra sorpresa, detectamos el tronco gris poroso de un álamo, marchito durante siglos, tal vez durante miles de años. ¿Cuántas dunas habían pasado sobre este árbol, muerto desde que sus raíces dejaron de alcanzar la humedad del subsuelo?

Como resultado de la tormenta, el aire se llenó de partículas de arena en suspensión, lo que tendía a moderar un poco el calor del sol. Sin embargo, los camellos caminaban lentamente, con pasos deliberados y cansados. Las dos últimas campanas de bronce tintineaban con un ritmo lento y solemne. Avanzamos durante doce horas y media, con innumerables paradas e interrupciones. Desde nuestro campamento nocturno no se podía ver nada que indicara que el mar del desierto tenía una orilla.

A la mañana siguiente, 30 de abril, los camellos se comieron toda la mantequilla que quedaba. Todavía quedaban algunas tazas de agua en la última jarra de hierro. Mientras cargábamos los camellos, nos encontramos con Yolchi, que tenía la jarra en la boca. Llenos de rabia, Islam y Kasim se le echaron encima, le golpearon la cara, lo tiraron al suelo, le dieron patadas y lo habrían matado en el acto si yo no hubiera intervenido.

Apenas quedaba una taza de agua. Dije a los hombres que al mediodía mojaría la punta de un pañuelo y humedecería mis labios y los de ellos, y que las últimas gotas bastarían para un pequeño sorbo para cada uno. Al mediodía les humedecí los labios, pero por la noche la jarra ya estaba vacía. Yo no sabía quién era el culpable, y de nada servía hacer un juicio. El desierto era interminable y todos nos dirigíamos hacia una muerte segura.

Cuando habíamos avanzado un rato, las dunas se hicieron más bajas, con un promedio de unos siete metros y medio. Una lavandera saltó sobre una cresta de las dunas. Islam Bai estaba tan animado por esto, que pidió permiso para apresurarse hacia el este con las jarras de hierro vacías y regresar después de haberlas llenado en el agua más cercana. Pero yo no lo permitiría. Ahora lo necesitábamos más que nunca.

Yolchi volvió a desaparecer; y los demás estaban furiosos. Creyeron que había subestimado deliberadamente la distancia, después de habernos robado el agua esa noche, con la esperanza de que nos muriésemos de sed y después pudiera robarnos nuestras monedas chinas para refugiarse en los bosques del Jotán Daria. Pero creo que sus sospechas eran infundadas.

Esa noche escribí lo que supuse serían mis últimas líneas en mi diario: «Detenido en una duna alta, donde los camellos se desplomaron. Examinamos el este a través de los prismáticos; montañas de arena en todas direcciones, ni una brizna de hierba, ni vida. Todos, tanto los hombres como los camellos, están extremadamente débiles. ¡Ayúdanos, Dios!».

El Primero de Mayo, una fiesta primaveral de alegría y luz en Suecia, fue para nosotros el día más pesado de nuestra *vía dolorosa*[81] por el desierto.

La noche había sido tranquila, clara y fría (2 °C); apenas había salido el sol por el horizonte cuando empezó a hacer calor. Los hombres exprimieron las últimas gotas del aceite rancio de un odre y se las dieron a los camellos. El día anterior no había tomado una sola gota de agua, y dos días antes, solo dos tazas. Sufría de sed; y cuando por casualidad encontré la botella en la que guardábamos el aguardiente chino para el hornillo Primus[82], no pude resistir la tentación de beber un poco. Fue una estupidez; pero sin embargo me bebí la mitad de la botella. Yoldash escuchó el gorgoteo y vino hacia mí, moviendo la cola. Le dejé que olfateara. Resopló y se fue triste. Tiré la botella y el resto del líquido se derramó en la arena.

Esa bebida traicionera acabó conmigo. Intenté levantarme pero mis piernas no me sostenían. La caravana levantó el campamento pero yo me quedé atrás. Islam Bai iba al frente, brújula en mano, rumbo al Este. El sol ya empezaba a quemar. Mis hombres probablemente pensaron que moriría donde yacía. Avanzaron lentamente, como caracoles. El sonido de las campanas se hizo más débil y finalmente se extinguió por completo. En cada cresta de las dunas, la caravana reapareció como una mancha oscura, cada vez más pequeña; en cada hueco entre las dunas permanecía oculta por un tiempo. Finalmente, no la vi más. Pero el sendero profundo, con sus sombras oscuras, producidas por un sol que aún estaba bajo, me recordó lo peligroso de mi situación. No tenía fuerzas suficientes para seguir a los demás. Me habían dejado. El horrible desierto se extendía en todas direcciones. El sol quemaba y cegaba; no había ni una brisa de aire.

Entonces me asaltó un pensamiento terrible. ¿Y si esta fuera la tranquilidad que precede a una tormenta? En cualquier momento, entonces, podría ver la raya negra cruzando el horizonte por el este, que anunciaba la proximidad de una tormenta de arena. El rastro de la caravana sería entonces borrado en unos momentos, y nunca más encontraría a mis hombres y camellos, restos de un naufragio en el desierto.

Ejercí toda mi fuerza de voluntad, me levanté, me tambaleé, me caí, me arrastré un rato por el sendero, me levanté, me arrastré una y otra vez. Pasó una hora, y luego otra. Desde la cresta de una duna vi la caravana. Estaba parada. Las campanas habían dejado de sonar. Con esfuerzos sobrehumanos, logré alcanzarla.

Islam se paró en una colina para escudriñar el horizonte oriental mientras se protegía los ojos con la mano. Nuevamente pidió permiso para correr hacia el este con las jarras. Pero al ver mi condición, rápidamente abandonó la idea.

Mohammed Shah estaba acostado boca abajo, sollozante mientras invocaba a Alá. Kasim se sentó a la sombra de un camello, con el rostro cubierto con las manos. Me dijo que Mohammed Shah había estado delirando sobre el agua todo el tiempo. Yolchi yacía en la arena como si estuviera muerto.

Islam sugirió que continuáramos y buscáramos un lugar de tierra arcillosa dura, donde podríamos cavar en busca de agua. Todos los camellos estaban acostados. Me subí a «el Blanco». Como los demás, se negó a levantarse. Era una situación desesperada. Aquí estábamos listos para morir. Mohammed Shah yacía balbuceando, jugando con la arena y delirando sobre el agua. Me di cuenta de que habíamos llegado al último acto de nuestro drama del desierto. Pero todavía no estaba listo para rendirme por completo.

TODOS, CAMELLOS Y HOMBRES, SE MORÍAN DE SED

El sol ahora brillaba como un horno.

—Cuando el sol se haya puesto —le dije a Islam— levantaremos el campamento y marcharemos toda la noche. ¡Arriba la tienda!

Los camellos fueron liberados de sus cargas, para luego yacer bajo el sol abrasador durante el resto del día. Islam y Kasim montaron la tienda. Me metí, me desnudé por completo y me acosté sobre una manta, con la cabeza apoyada en un saco. Islam, Kasim, Yoldash y la oveja se fueron a la sombra, mientras que Mohammed Shah y Yolchi se quedaron donde habían caído. Las gallinas fueron las únicas que mantuvieron el ánimo.

Este «campamento de la muerte» fue el más infeliz que experimenté entre todas mis andanzas por Asia.

Eran solo las nueve y media de la mañana y apenas habíamos recorrido tres millas. Estaba absolutamente deshecho y no podía mover un dedo. Pensé que me estaba muriendo. Me imaginé ya tendido en una capilla mortuoria. Las campanas de la iglesia habían dejado de tocar para el funeral. Toda mi vida pasó volando como un sueño. No me quedaban muchas horas en el umbral de la eternidad. Pero, sobre todo, me atormentaba la idea de la ansiedad y la incertidumbre que les causaría a mis padres y hermano y hermanas. Cuando me declarasen como desaparecido, el cónsul Petrovski haría las investigaciones. Se enteraría de que había dejado Merket el 10 de abril. Sin embargo, todos los rastros posteriores habrían sido borrados; pues varias tormentas habrían pasado sobre el desierto desde entonces. Me esperarían en casa. Pasaría un año tras otro. Pero no llegarían noticias, y finalmente dejarían de esperar.

Alrededor del mediodía, la lona de la tienda de campaña comenzó a ondear gracias a una débil brisa del sur se movía por el desierto. Sopló más fuerte, y después de un par de horas el tiempo estaba tan fresco que me envolví en mi manta.

¡Y he aquí que sucedió un milagro! ¡Mi debilidad se desvaneció y me encontré con fuerzas de nuevo! Si alguna vez anhelé la puesta de sol, fue ahora. No quería morir: ¡no moriría en este miserable desierto de arena! Podía correr, caminar, gatear sobre mis manos y pies. Mis hombres bien no podrían sobrevivir, ¡pero tenía que encontrar agua!

El sol yacía como una bala de cañón al rojo vivo sobre una duna en el oeste. Yo me sentía en las mejores condiciones. Me vestí y ordené a Islam y Kasim que se prepararan para partir. El resplandor del atardecer extendía su luz púrpura sobre las dunas. Mohammed Shah y Yolchi estaban en la misma posición que por la mañana. El primero ya había comenzado su lucha contra la muerte; y nunca volvería a recuperar la consciencia. Yolchi, en cambio, volvió a la vida durante el fresco de la tarde. Con las manos apretadas, se arrastró hasta mí y gritó lastimosamente:

—¡Agua! ¡Denos agua, señor! ¡Solo una gota de agua!

Luego se alejó a rastras.

—¿No queda nada de líquido aquí? —pregunté.

—Vaya, ¡el gallo!

Entonces le cortaron la cabeza al gallo y bebieron su sangre. Pero eso fue solo una gota en el océano. Sus ojos se posaron en la oveja, que nos había seguido tan fielmente como un perro sin quejarse. Todos vacilaron. Sería un asesinato matar a la oveja para prolongar nuestras vidas durante un solo día. Pero Islam Bai se la llevó, giró su cabeza hacia La Meca y le cortó las carótidas. La sangre, de color marrón rojizo y maloliente, fluía lenta y espesamente. Se coaguló inmediatamente en un pastel, que los hombres se tragaron. Yo también lo probé; pero sentí náuseas y la membrana mucosa de mi garganta estaba tan seca que se me quedó pegada ahí, y tuve que deshacerme de ella rápidamente.

Locos de sed, Islam y Yolchi recogieron orina de camello en un recipiente, la mezclaron con azúcar y vinagre, se taparon la nariz y bebieron. Kasim y yo nos negamos a unirnos a esta borrachera. Los dos que habían bebido este veneno estaban totalmente incapacitados. Fueron vencidos por violentos calambres y vómitos, y yacían retorciéndose y gimiendo en la arena.

Islam se recuperó ligeramente. Antes de que oscureciera, revisamos nuestro equipaje. Puse todo lo que era insustituible en un montón: cuadernos, itinerarios, mapas, instrumentos, lápices y papel, armas y municiones, las monedas chinas (con un valor aproximado de 260 libras esterlinas), linternas, velas, un balde, una pala, provisiones para tres días, algo de tabaco y algunas cosas más. Una Biblia de bolsillo fue el único libro que se salvó. Entre las cosas abandonadas estaban las cámaras y cerca de mil placas, de las cuales ya habían sido expuestas unas cien, el botiquín, sillas de montar, ropa, regalos destinados para los nativos, y mucho más. Saqué un traje de ropa limpia del montón de cosas desechadas y me cambié de pies a cabeza. Si iba a morir y ser sepultado por las tormentas de arena en el desierto eterno, al menos estaría vestido con un sudario nuevo y limpio.

Las cosas que habíamos decidido llevar se empaquetaron en alforjas blandas más ligeras, y se amarraron a los camellos. Se desecharon todas las albardas, ya que solo habrían añadido peso innecesario.

Yolchi se había metido en la tienda para acostarse sobre mi manta. Daba un aspecto repulsivo, manchado como estaba con la sangre de los pulmones de las ovejas. Traté de sujetarlo y le aconsejé que siguiera nuestro rastro durante la noche. No me respondió. Mohammed Shah ya deliraba. En su delirio, murmuró el nombre de Alá. Traté de acomodar su cabeza, pasé mi mano por su frente ardiente, le rogué que se arrastrara por nuestro camino lo más lejos que pudiera y le dije que volveríamos a rescatarlo tan pronto como encontráramos agua.

Estos dos hombres finalmente morirían en el «campamento de la muerte», o cerca de él. Nunca se supo sobre ellos; y cuando, pasado un año, aún seguían desaparecidos, entregué una suma de dinero a sus respectivas viudas e hijos.

Persuadimos a los cinco camellos para levantarse y los atamos uno a otro en una sola fila. Islam lideraba y Kasim cerraba la marcha. No llevamos a los dos moribundos porque los camellos estaban demasiado débiles para transportarlos; y, de hecho, en su condición deplorable, no podrían haber mantenido sus asientos entre las jorobas. También acariciamos la esperanza de encontrar agua, en cuyo caso llenaríamos los dos odres que aún llevábamos y nos apresuraríamos a regresar para salvar a los desafortunados.

Las gallinas, tras haber satisfecho su hambre aguda con la sangre de las ovejas muertas, se habían ido a descansar. Un silencio más profundo que el de una tumba reinaba alrededor de la tienda. Cuando el crepúsculo estaba a punto de convertirse en oscuridad, las campanas de bronce sonaron por última vez. Nos dirigimos hacia el este como de costumbre, evitando las crestas más altas. Después de caminar unos minutos me di la vuelta y lancé una mirada de despedida al «campamento de la muerte». La tienda se destacaba claramente en la luz del día que se desvanecía y que aún persistía en el oeste. Fue un alivio alejarse de este espantoso lugar. Pronto sería tragado por la noche.

Cuando oscureció totalmente encendí la vela de la linterna y seguí adelante, en busca del camino más fácil. Uno de los camellos se desplomó durante la marcha y se tumbó inmediatamente, preparado para la muerte, con el cuello y las piernas estirados. Su bolsa se colocó sobre «el Blanco», el más fuerte de los cuatro camellos supervivientes. La campana de bronce del camello moribundo permaneció con él. Su tintineo era ahora cosa del pasado.

Nuestro progreso era desesperadamente lento. Cada paso era un esfuerzo para los camellos. Se detenía uno a descansar y después le seguía otro camello. Islam sufrió nuevos ataques de vómitos y yacía retorciéndose en la arena como un gusano. A la tenue luz de la linterna, aligeré el paso y seguí adelante. Caminé así durante dos horas. El sonido de las campanas se apagó detrás de mí. No se percibía ningún sonido salvo el susurro de la arena bajo mis talones.

A las once en punto subí a duras penas a una loma plana y arenosa, para escuchar y hacer un reconocimiento. El Jotán Daria no podía estar muy lejos. Escudriñé el este, con la esperanza de detectar el fuego del campamento de un pastor; pero todo estaba oscuro como boca de lobo. Solo brillaban las estrellas. Ningún sonido interrumpió el silencio. Coloqué la linterna en una posición que sirviera como un faro para Islam y Kasim, me acosté de espaldas para reflexionar y escuchar. Mi aplomo, sin embargo, permaneció inquebrantable.

A lo lejos se volvió a oír el repiqueteo de la última campana. Hubo intervalos de silencio, pero el sonido se acercaba. Después de esperar lo que pareció una eternidad, los cuatro camellos aparecieron como fantasmas. Se acercaron a mí en la cresta y se acostaron de inmediato. Probablemente confundieron la linterna con una fogata. Islam avanzó tambaleándose, se arrojó sobre la arena y susurró con mucho esfuerzo que no podía avanzar más. Moriría donde estaba. No respondió cuando traté de animarlo a aguantar.

Al ver que se nos habían agotado todas las opciones, decidí renunciar a todo menos a mi vida. Incluso sacrifiqué diarios y registros de observaciones, y llevé solo lo que siempre llevaba en los bolsillos; a saber, una brújula, un reloj, dos cronómetros, una caja de cerillas, un pañuelo, una navaja, un lápiz, un trozo de papel doblado y, por pura casualidad, diez cigarrillos.

Kasim, que todavía aguantaba, se alegró cuando le dije que viniera conmigo. Apresuradamente tomó la pala y el balde, pero olvidó su gorra. Más tarde usó mi pañuelo para protegerse de la insolación. Me despedí de Islam y le dije que lo sacrificara todo, pero que tratara de salvarse siguiendo nuestro rastro. Parecía que iba a morir y no respondió.

Después de una última mirada a los pacientes camellos, me alejé rápidamente de esta dolorosa escena, donde un hombre luchaba contra la muerte y donde los veteranos de nuestra otrora orgullosa caravana terminarían su viaje por el desierto para siempre. Acaricié a Yoldash y dejé que él decidiera si se quedaba o se iba con nosotros. Se quedó, y nunca volví a ver al fiel perro. Era medianoche. Habíamos naufragado en medio del mar y ahora abandonábamos el barco que se hundía. La linterna aún ardía junto a Islam, pero su luz pronto se extinguió detrás de nosotros.

CAPÍTULO XXI

LOS ÚLTIMOS DÍAS

DE este modo caminamos a través de la noche y la arena. Después de dos horas, estábamos tan agotados por la fatiga y la falta de sueño que nos arrojamos de cabeza sobre la arena y nos quedamos dormidos. Llevaba ropa fina, blanca, de algodón, y pronto me despertó el aire frío de la noche. Luego caminamos de nuevo, hasta que llegamos al límite de nuestra resistencia. Dormimos una vez más en una duna. Mis botas de caña dura, que me llegaban hasta las rodillas, dificultaban el avance. Estuve a punto de tirarlas varias veces; pero afortunadamente no lo hice.

Después de otro alto caminamos cinco horas más, es decir, de cuatro a nueve de la mañana. Esto ocurrió el 2 de mayo. Luego una hora más de descanso y una hora y media de marcha lenta. El sol ardía. Todo se volvió negro ante nuestros ojos mientras nos hundíamos en la arena. Desde una ladera que daba al norte, Kasim excavó arena que aún estaba fría desde la noche anterior. Me desnudé y me acosté dentro del hoyo, mientras Kasim me echaba arena hasta el cuello. Él hizo lo mismo. Nuestras cabezas estaban bastante cerca una de la otra y nos protegíamos del sol colgando nuestra ropa en la pala que habíamos clavado en el suelo.

Nos quedamos así todo el día, sin hablar ni una palabra, y sin pestañear. El cielo azul turquesa se arqueaba sobre nosotros, y el amarillo mar del desierto se extendía a nuestro alrededor, más allá del horizonte.

Cuando el sol se posó de nuevo tras la cresta de una duna por el oeste, nos levantamos, nos sacudimos la arena, nos vestimos y nos arrastramos lentamente con innumerables interrupciones, hacia el este, hasta la una de la mañana.

El baño de arena, aunque refrescante y agradable durante el calor del día, también nos debilitaba. Nuestra fuerza estaba disminuyendo. No pudimos cubrir tanto terreno como la noche anterior. La sed no nos atormentaba como los primeros días; porque la cavidad de la boca se había vuelto tan seca como la piel exterior, y el ansia se había mitigado. En su lugar, comenzó una debilidad creciente. El funcionamiento de todas las glándulas se redujo. Nuestra sangre se hizo más espesa, fluyendo a través de los capilares con creciente lentitud.

Tarde o temprano este proceso de deshidratación alcanzaría su clímax en la muerte.

Desde la una hasta las cuatro y media de la mañana del 3 de mayo, yacíamos inanimados; y ni siquiera el aire frío de la noche podía despertarnos para continuar. Pero al amanecer volvimos a arrastrarnos hacia adelante. Daríamos un par de pasos intermitentes. Nos las arreglamos para descender las laderas arenosas bastante bien; pero escalar las olas de arena era un trabajo pesado.

KASIM Y YO, ARRASTRÁNDONOS Y LUCHANDO POR SALVAR NUESTRAS VIDAS

Al amanecer, Kasim me agarró por el hombro, miró fijamente y señaló hacia el este, sin decir una palabra.

—¿Qué es? —susurré.

—Un tamarisco —jadeó.

Un signo de vegetación por fin, ¡alabado fuera Dios!

Nuestras esperanzas, que habían estado al borde de la extinción, despertaron una vez más. Caminamos, y nos arrastramos tambaleándonos durante tres horas, antes de llegar a ese primer arbusto, una rama de olivo que insinuaba que el mar del desierto tenía una orilla. Dimos gracias a Dios por este bendito regalo, mientras masticábamos las amargas agujas verdes del tamarisco. Como un nenúfar, el arbusto se alzaba sobre su ola de arena, disfrutando del sol. Pero, ¿a qué profundidad estaba el agua que nutría sus raíces?

Hacia las diez encontramos otro tamarisco; y vimos varios más en el este. Pero nuestra fuerza se había desvanecido. Nos desnudamos, nos enterramos en la arena y colgamos nuestra ropa en las ramas del tamarisco para hacer sombra.

Nos quedamos en silencio durante nueve horas. El aire cálido del desierto secó nuestros rostros hasta convertirlos en cuero. A las siete nos vestimos y seguimos adelante. Íbamos más despacio que nunca. Después de tres horas de caminata en la oscuridad, Kasim se detuvo en seco y susurró:

—¡Álamos!

Entre dos dunas aparecieron tres álamos, muy juntos. Nos desplomamos en su base, exhaustos por la fatiga. Sus raíces también debían de nutrirse desde abajo. Agarramos la pala con la intención de cavar un pozo; pero la pala se nos escapaba de las manos. No nos quedaban fuerzas. Nos acostamos y rascamos el suelo con las uñas, pero desistimos del intento por inútil.

En cambio, arrancamos las hojas frescas y las frotamos en nuestra piel. Luego recogimos ramitas secas y caídas e hicimos un fuego en la cima más cercana como una señal para Islam, en caso de que siguiera vivo, cosa que yo dudaba mucho. El fuego también podría, quizás, atraer la atención de un pastor en los bosques a lo largo del Jotán Daria. Pero incluso si un pastor viera este fuego en un área de silencio sepulcral, era más probable que se asustara y creyera que era el espíritu del desierto quien frecuentaba el lugar y practicaba la brujería. Durante dos horas completas mantuvimos el fuego encendido, considerándolo como un compañero, un amigo y una oportunidad de rescate. Hoy en día, los náufragos en el mar tienen otros medios para enviar su SOS en momentos de extremo peligro. Nosotros solo teníamos este fuego; y nuestros ojos estaban pegados a sus llamas.

La noche llegaba a su fin; y el sol, nuestro peor enemigo, pronto se alzaría de nuevo sobre las dunas del horizonte oriental, para atormentarnos otra vez. A las cuatro de la mañana del 4 de mayo partimos, dando traspiés durante cinco horas. Entonces nuestras fuerzas se agotaron. Nuestra esperanza estaba de nuevo en declive. En oriente ya no había ni álamos ni tamariscos para estimular con su verdor nuestra vitalidad moribunda. Solo montones de arena, hasta donde alcanzaba la vista.

Nos desplomamos en la ladera de una duna. La habilidad de Kasim para desenterrar arena fría se había esfumado. Tuve que ayudarme a mí mismo lo mejor que pude.

Durante diez horas completas nos quedamos en silencio sobre la arena. Era extraño que todavía estuviéramos vivos. ¿Tendríamos la fuerza suficiente para arrastrarnos a través de una noche más, la última?

Me levanté al anochecer e insté a Kasim a que viniera. Apenas audible fue su jadeo:

—No puedo seguir.

Así que dejé atrás los últimos restos de la caravana y continué solo. Me arrastré y me caí. Me arrastré por una duna cuesta arriba y me tambaleé por el otro lado. Me quedé en silencio durante largos períodos, tratando de escuchar. ¡Ni un sonido! Las estrellas brillaban como antorchas eléctricas.

Me preguntaba si todavía estaba en la Tierra, o si este era el «valle de la sombra de la Muerte». Encendí mi último cigarrillo. Kasim siempre había recibido las colillas; pero ahora estaba solo, así que fumé este hasta el final. Me proporcionó un poco de alivio y distracción.

Habían transcurrido seis horas desde el comienzo de mi viaje solitario cuando, completamente vencido por la debilidad, me desplomé junto a un nuevo tamarisco y caí en el sopor que temía, porque la muerte podía llegar mientras dormía. De hecho, casi no dormí. Todo el tiempo, en el silencio sepulcral, escuchaba los latidos de mi corazón y el tic-tac de los cronómetros. Y después de un par de horas escuché el susurro de pasos en la arena y vi un fantasma tambaleándose y forcejeando a mi lado.

—¿Eres tú, Kasim? —susurré.

—Sí, señor.

—¡Ven! ¡No estamos muy lejos!

Alentados por nuestro reencuentro, seguimos luchando. Nos deslizamos por las dunas; luchamos hacia arriba. Quedábamos inmóviles donde caíamos, en nuestra batalla contra el insidioso deseo de dormir. Aflojamos el paso y nos volvimos cada vez más indolentes. Éramos como sonámbulos; pero aun así luchamos por nuestras vidas.

De repente, Kasim me agarró del brazo y señaló hacia abajo en la arena. ¡Había distintas huellas de seres humanos!

En un abrir y cerrar de ojos estábamos completamente despiertos. ¡Era evidente que el río debía de estar cerca! Era posible que algunos pastores hubieran notado nuestro fuego y hubieran acudido a investigar. O tal vez una oveja, extraviada en el desierto, hubiera sido buscada por estos hombres que habían pasado tan recientemente sobre la arena.

Kasim se inclinó, examinó las huellas y jadeó:

—¡Es nuestro propio camino!

En nuestro estado apático y somnoliento, habíamos descrito un círculo sin saberlo. Al llegar a este punto, ya habíamos tenido bastante y no podíamos aguantar más. Nos derrumbamos en el camino y nos quedamos dormidos. Eran las dos y media de la mañana.

Cuando amaneció el nuevo día, el 5 de mayo, nos levantamos pesadamente y con dificultad. Kasim se veía terrible. Tenía la lengua blanca e hinchada, los labios azules, las mejillas hundidas y los ojos con un brillo vidrioso moribundo. Fue torturado por una especie de hipo de muerte que sacudía todo su cuerpo. Cuando el cuerpo está tan completamente deshidratado que las articulaciones casi crujen, cada movimiento supone un esfuerzo.

Se hizo más claro. Salió el sol. Desde lo alto de una duna, donde nada obstruía la vista hacia el este, notamos que el horizonte, que durante dos semanas había revelado una hilera de dientes de sierra amarillos, ahora revelaba una línea absolutamente uniforme, de color verde oscuro. Nos detuvimos en seco, como petrificados, y exclamamos al mismo tiempo:

—¡El bosque!

Y añadí:

—¡El Jotán Daria! ¡Agua!

De nuevo reunimos las pocas fuerzas que nos quedaban y avanzamos penosamente hacia el este. Las dunas se hicieron más bajas, pasamos por una depresión en el suelo en cuyo fondo intentamos cavar; pero todavía estábamos demasiado débiles. Proseguimos. La línea verde oscura creció, las dunas disminuyeron, se detuvieron por completo y fueron reemplazadas por terreno llano y blando. Estábamos a unos cientos de metros del bosque. A las cinco y media llegamos a los primeros álamos y, cansados, nos desplomamos en su sombra. Disfrutamos de la fragancia del bosque. Vimos flores crecer entre los árboles, y oímos el canto de los pájaros y el zumbido de las moscas y los tábanos.

A las siete continuamos. El bosque se hizo más escaso. Llegamos a un sendero que mostraba huellas de hombres, ovejas y caballos, y pensamos que podría conducir al río. Después de seguirlo durante dos horas, caímos a la sombra de un bosque de chopos.

Estábamos demasiado débiles para movernos. Kasim yacía boca arriba. Parecía como si fuera a morir. El río *debía* estar bastante cerca. Pero estábamos como clavados. Un calor tropical nos envolvía. ¿Acaso el día nunca llegaría a su fin? Cada hora nos acercaba a una muerte segura. Tendríamos que arrastrarnos hasta el río antes de que fuera demasiado tarde. Pero el sol no se puso. Respiramos pesadamente y con esfuerzo. Las ganas de vivir estaban a punto de abandonarnos.

A las siete de la tarde, pude levantarme. Colgué la pala de hierro en la copa de un árbol y usé el mango de madera como bastón. La pala serviría para marcar el camino, por si volvíamos con unos pastores para rescatar a los tres moribundos y recuperar el equipaje perdido. Pero hacía cuatro días que habíamos abandonado a los hombres. Seguro que ya estarían muertos. Y nos llevaría varios días más llegar hasta ellos. Su situación era claramente desesperada.

De nuevo insté a Kasim para que me acompañara al río a beber. Señaló con la mano que era incapaz de levantarse y susurró que pronto moriría bajo los álamos.

Solo, me arrastré a través del bosque. Matorrales de arbustos espinosos y ramas caídas y secas obstruían mi camino. Rasgué mis finas ropas y me arañé las manos; pero poco a poco me abrí paso. Descansaba con frecuencia, gateaba parte del camino a cuatro patas y notaba con ansiedad cómo la oscuridad se hacía más densa en el bosque. Finalmente llegó la nueva noche, la última. No podría haber sobrevivido otro día más.

UNA FRANJA OSCURA DE UN BOSQUE LEJANO NOS INFUNDIÓ NUEVAS ESPERANZAS

El bosque terminó abruptamente, como si hubiera sido quemado por un incendio. Me encontré en el borde de una terraza de dos metros de altura, que descendía casi perpendicularmente a una llanura absolutamente plana, desprovista de vegetación.

El suelo estaba compactado, una rama marchita y sin hojas sobresalía de él. Me di cuenta de que era un trozo de madera flotante y que al fin había llegado al lecho del río Jotán Daria. ¡Y estaba seco, tan seco como el desierto arenoso detrás de mí!

¿Iba a morir de sed en el mismo lecho del río, después de haberme abierto camino con tanto éxito hasta su orilla? ¡No! No iba a acostarme y morir sin antes cruzar el Jotán Daria y asegurarme de que todo el cauce estaba seco y que toda esperanza se había desvanecido irremediablemente.

ME ARRASTRÉ, AGONIZANDO, A TRAVÉS DEL BOSQUE EN BUSCA DE AGUA

Sabía que el curso del río estaba casi al norte. Por lo tanto, la distancia más corta a la orilla derecha sería directamente hacia el este. Aunque la luna estaba alta y miraba la brújula, todo el tiempo e inconscientemente, me sentía atraído hacia el sureste. No tenía sentido luchar contra esta fuerza. Caminé como guiado por una mano invisible. Finalmente no resistí más, y caminé hacia el sureste, donde estaba la luna. Con frecuencia me agachaba para descansar. Entonces me invadió un terrible deseo de dormir. Mi cabeza se hundió en el suelo y tuve que usar toda mi fuerza de voluntad para no dormirme. Si me hubiera tumbado a dormir, tan exhausto como estaba, estoy seguro de que nunca más me habría despertado.

Como los lechos de todos los ríos del desierto en Asia central, el del Jotán Daria es muy ancho, plano y poco profundo. Una ligera neblina flotaba sobre el desolado paisaje. Había recorrido aproximadamente una milla cuando los contornos del bosque en la costa este aparecieron debajo de la luna. Densos matorrales de arbustos y juncos crecían en la orilla escalonada. Un álamo caído estiraba su tronco oscuro hacia el lecho del río. Parecía el cuerpo de un cocodrilo. El cauce seguía tan seco como antes. No estaba lejos de la orilla donde debía acostarme y morir. Mi vida pendía de un hilo.

De repente me sobresalté y me detuve en seco. Un ave acuática, un pato salvaje o un ganso, se elevó con un zumbido de alas y oí un chapoteo. Justo después, estaba parado en el borde de una charca, ¡de veinte metros de largo y cinco de ancho! El agua parecía tan negra como la tinta, bajo la luz de la luna. El tronco de álamo volcado se reflejaba en sus profundidades.

En la noche silenciosa di gracias a Dios por mi salvación milagrosa. Si hubiera continuado hacia el este, me habría perdido. De hecho, si hubiera alcanzado la orilla a solo cien metros al norte o al sur de la charca, habría creído que todo el lecho del río estaba seco. Sabía que las corrientes de agua provenientes de los campos de nieve derretidos y los glaciares en el norte del Tíbet fluían a través del lecho del Jotán Daria solo a principios de junio, para secarse a fines del verano y el otoño, lo que secaba el lecho durante el invierno y la primavera. También había oído que, en ciertos lugares, separados a veces por un día de viaje o más, el río forma remolinos, que excavan el lecho en mayores profundidades, y que el agua puede permanecer todo el año en estos huecos cerca de la orilla escalonada. ¡Y ahora me había topado con una de estas masas de agua extremadamente raras!

Me senté tranquilamente en la orilla y me tomé el pulso. Era tan débil que apenas se notaba: solo cuarenta y nueve latidos por minuto. Después me dispuse a beber. Bebí, y bebí sin parar, sin restricciones. El agua estaba fría, era clara como el cristal y tan dulce como la mejor agua de manantial. Seguí bebiendo. Mi cuerpo reseco absorbió la humedad como una esponja. Todas mis articulaciones se suavizaron, todos mis movimientos se hicieron más fáciles. Mi piel, antes dura como el cuero, ahora recobró su suavidad. Mi frente se humedeció. El pulso aumentó con fuerza; y al poco tiempo alcanzó cincuenta y seis pulsaciones por minuto. La sangre fluyó más libremente en mis venas. Tuve una sensación de bienestar y comodidad. Bebí de nuevo y me senté a acariciar el agua de este charco bendito. Más tarde, bauticé a este estanque Khoda Verdi Kol, o la «charca del regalo de Dios».

LA CHARCA QUE ME SALVÓ LA VIDA

Los juncos se hacían más tupidos en la orilla, y los arbustos formaban matorrales enredados. La medialuna plateada colgaba de la copa de un álamo. Hubo un susurro en la espesura. Cañas quebradizas y secas fueron desplazadas como por un cuerpo que se impulsaba a sí mismo. ¿Era un tigre, acechando en el charco para beber? Con la sonrisa de un conquistador, esperé a ver sus ojos brillar en la oscuridad. «¡Oye tú, ven! —pensé—. ¡Trata de quitarme la vida, que hace solo cinco minutos me fue concedida por segunda vez!». Pero el sonido sibilante entre los juncos se apagó; y ya fuera un tigre o algún otro habitante del bosque que había venido a la charca para saciar su sed, evidentemente pensó que lo mejor era retirarse, al descubrir la intrusión hecha por este hombre solitario y descarriado.

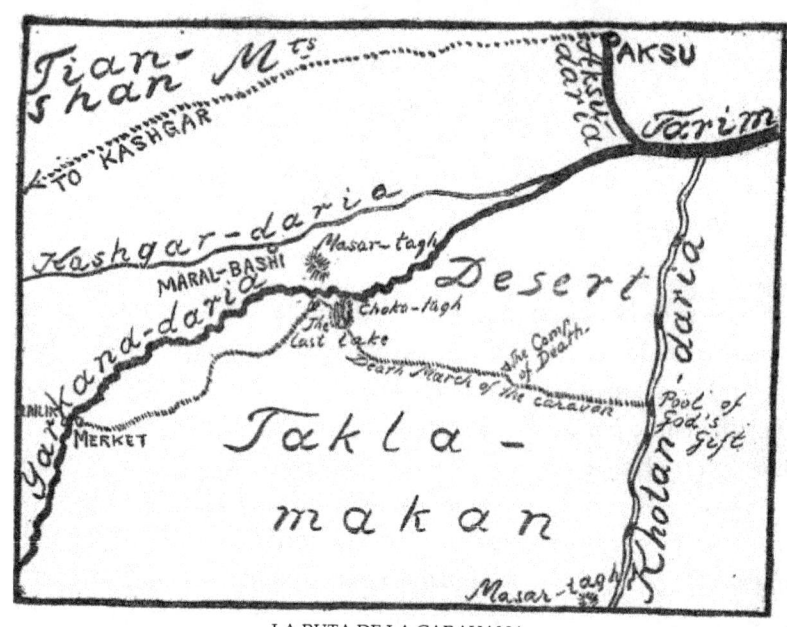

LA RUTA DE LA CARAVANA

CAPÍTULO XXII

ROBINSON CRUSOE

Había saciado mi sed y, curiosamente, no sufrí ningún daño por beber imprudentemente.

Mis pensamientos ahora volvieron a Kasim, quien yacía débil por la sed en el borde del bosque, en la orilla occidental. De la caravana señorial de hace tres semanas, yo, un europeo, era el único que había resistido hasta el momento del rescate. Si no desperdiciaba mis minutos, tal vez Kasim también podría salvarse. Pero, ¿en qué recipiente podría llevar el agua? ¡Vaya, en mis botas impermeables! De hecho, no había otro receptáculo. Las llené hasta arriba, las colgué en cada extremo del mango de la pala y volví a cruzar con cuidado el lecho del río. Aunque la luna estaba baja, mis antiguas huellas eran claramente visibles. Llegué al bosque. La luna se puso y una densa oscuridad descendió entre los árboles. Perdí el rastro y me extravié entre arbustos espinosos y matorrales que no cedían bajo mis pies enfundados en gruesos calcetines.

De vez en cuando, gritaba «¡Kasim!» todo lo fuerte que podía. Pero el sonido se desvanecía entre los troncos de los árboles; y no obtuve más respuesta que el ululato de un búho asustado.

Si me perdiese, tal vez nunca encontrase el rastro, y entonces Kasim estaría perdido. Me detuve en un matorral impenetrable de ramas secas y arbustos, le prendí fuego y disfruté al ver cómo las llamas lamían y quemaban los álamos más cercanos. Kasim no podía estar muy lejos; estaría seguro tanto de oír como de ver el fuego. Pero no vino. No tuve más remedio que esperar hasta el amanecer.

Al pie de un álamo, fuera del alcance del fuego, me acosté y dormí algunas horas. El fuego me protegía contra cualquier bestia salvaje que merodease por la zona.

Cuando llegó el alba, el fuego nocturno todavía estaba encendido y una columna de humo negro se elevaba sobre el bosque. Ahora era fácil encontrar mi rastro y el lugar donde yacía Kasim. Todavía estaba en la misma posición que la noche anterior. Al verme, susurró:

—Me estoy muriendo.

—¿Quieres un poco de agua? —pregunté mientras le dejaba escuchar el sonido del chapoteo.

ENCENDÍ UNA HOGUERA ENORME PARA LLAMAR LA ATENCIÓN DE KASIM

Se incorporó, aturdido y mirando. Le entregué una de las botas. Se la llevó a los labios y vació hasta la última gota. Después de una breve pausa, vació también la otra.

—Ven ahora a la charca —le dije.

—No puedo —respondió Kasim.

—Entonces sigue mi rastro, tan pronto como puedas. Yo iré a la charca primero, y luego hacia el sur a lo largo del lecho del río. ¡Adiós!

No podía hacer más por Kasim en ese momento; y pensé que ya estaba fuera de peligro.

Eran las cinco de la mañana del 6 de mayo. Volví a beber en la charca, me bañé y descansé un rato. Luego caminé hacia el sur, siguiendo la terraza boscosa del margen oriental, el banco derecho del río. Había caminado durante tres horas cuando oscureció, y un *kara buran* o tormenta negra, arrasó todo el páramo.

«Estas son las primeras paladas de tierra sobre mis camaradas muertos en la arena del desierto», pensé.

Los contornos del bosque se desvanecieron y toda la zona quedó envuelta en una neblina. Después de tres horas de camino volví a tener sed, y se me ocurrió que pasarían días antes de llegar a otro balneario. Claramente, fue imprudente haber dejado la primera charca, Khoda Verdi Kol.

Me dije a mí mismo: «Volveré a la charca y encontraré a Kasim».

Después de una caminata de media hora hacia el norte, llegué justo a una poza muy pequeña, con agua mala. Me detuve allí y bebí. Sufría de hambre ahora, sin haber comido durante una semana. Comí hierba, cañas y hojas, e incluso probé los renacuajos en el estanque; pero tenían un sabor amargo y repugnante. Ahora eran las dos de la tarde.

«Dejaré de buscar a Kasim —pensé—, y me quedaré aquí hasta que pase la tormenta».

Entonces me adentré en el bosque, y encontré un denso matorral que me protegió del fuerte viento. Dispuse mis botas y mi gorra como almohada y dormí profundamente por primera vez desde el 30 de abril.

Me desperté a las ocho. Estaba oscuro. La tormenta rugía y se precipitaba sobre mí, las ramas secas gemían y crujían. Reuní combustible para el «campamento» y encendí una fogata. Luego volví a beber en el pequeño estanque, comí hierba y hojas y me senté a contemplar el juego de las llamas. ¡Ojalá hubiera tenido la compañía de nuestro fiel Yoldash! Silbé, pero la tormenta ahogó todos los sonidos y Yoldash nunca regresó.

Cuando me desperté en la madrugada del 7 de mayo, la tormenta había cesado pero el aire aún estaba lleno de polvo fino. Me alarmó la idea de que los pastores más cercanos pudieran estar a varios días de distancia y que no pudiese sobrevivir mucho tiempo sin comida. Debía de haber ciento cincuenta millas hasta Jotán. En mi estado actual, necesitaría al menos seis días para cubrir esa distancia.

Partí a las cuatro y media y me dirigí hacia el sur, caminando justo en medio del lecho del río. Para estar seguro, llené mis botas de agua hasta la mitad y las llevé suspendidas del mango de la pala, como un yugo, sobre mis hombros. Al cabo de un rato me acerqué a la orilla izquierda, donde vi un corral de ovejas abandonado y un pozo. Al mediodía el calor era insoportable. Caminé hacia el bosque y almorcé hierba, hojas y brotes de juncos. El crepúsculo me tomó por sorpresa. Encendí un fuego y pasé la noche allí.

El 8 de mayo empecé la marcha antes de que saliera el sol y caminé casi todo el día. Antes del anochecer hice un sorprendente descubrimiento en la orilla de una pequeña isla. En la arena compacta del lecho del río aparecieron huellas bastante recientes de dos hombres descalzos que conducían cuatro mulas hacia el norte. ¿Cómo fue que no nos habíamos encontrado? Muy probablemente me habían adelantado durante la noche, mientras dormía. Ahora estaban muy por delante y sería inútil dar marcha atrás e intentar alcanzarlos.

Me pareció oír un sonido inusual de una lengua de tierra que sobresalía, así que me detuve a escuchar. Pero el bosque estaba en completo silencio; así que, tras concluir que debía de tratarse del canto de algún pájaro, continué.

¡Pero no! Después de un minuto, ¡escuché una voz humana y el mugido de una vaca! No fue una ilusión. ¡Eran pastores!

Vacié el agua de mis botas, me las puse, mojadas como estaban, y corrí hacia el bosque, atravesando matorrales y saltando sobre árboles caídos. En ese momento escuché el balido de las ovejas. Un rebaño pastaba en un valle. El pastor se quedó petrificado cuando salí de la jungla.

A mi saludo, «¡*Salam aleikum!*» (La paz sea contigo), dio media vuelta y desapareció entre los árboles. Pronto regresó con un pastor mayor. Se detuvieron a una distancia segura. Entonces les conté en pocas palabras lo que había sucedido.

—Soy europeo —dije—. Entré al desierto desde el Yarkand Daria. Mis hombres y mis camellos murieron de sed, y yo lo perdí todo. Durante ocho días no he comido nada más que hierba. Dadme un pedazo de pan y un plato de leche, y dejadme descansar cerca de vosotros; estoy muerto de cansancio. Podré pagaros por vuestra ayuda más tarde.

Me miraron con sospecha, evidentemente pensando que les mentía. Pero después de algunas dudas me pidieron que los acompañara; y los seguí a su choza. Estaba a la sombra, al pie de un álamo, y consistía en solo cuatro postes delgados que sostenían un techo de ramitas y maleza. Una alfombra de fieltro gastada yacía en el suelo y me dejé caer sobre ella. El pastor más joven sacó una vasija de madera y me ofreció un trozo de pan de maíz. Le di las gracias, partí un trozo y de inmediato me sentí como si estuviera lleno. Luego me dio un cuenco de madera lleno de la más deliciosa leche de oveja.

Sin una palabra, los pastores se levantaron y desaparecieron. Pero sus dos grandes perros medio salvajes se quedaron y no pararon de ladrar.

Al anochecer volvieron con un tercer pastor. Acababan de llevar las ovejas al corral cercano. Ahora encendieron una hoguera enorme frente a la choza; y cuando se hubo consumido, los cuatro nos fuimos a dormir.

Los pastores se llamaban Yusup Bai, Togda Bai y Pasi Ahun. Cuidaban ciento setenta ovejas y cabras, y setenta vacas, que pertenecían a un comerciante en Jotán.

Al amanecer del 9 de mayo encontré a mi lado un cuenco de leche y un trozo de pan; los pastores se habían ido. Tomé mi desayuno con apetito voraz y luego fui a inspeccionar mi entorno inmediato. La choza estaba sobre una altura arenosa desde la que se veía el cauce seco del Jotán Daria, cerca de cuya orilla tenían su pozo los pastores. Sus ropas estaban gastadas y andrajosas. Sus pies estaban cubiertos con piezas sencillas de piel de oveja, atadas juntas; y en sus cinturones llevaban su provisión de té. Sus utensilios domésticos, que consistían en dos vasijas de madera tosca, yacían en el techo de la choza, junto con el suministro de maíz y una guitarra primitiva con tres cuerdas. También tenían hachas para abrirse camino a través del bosque, y un yesquero para el que había poco uso, ya que solo tenían que soplar las ascuas encendidas debajo de las cenizas para que volvieran a la vida.

Una cosa muy extraña sucedió esa tarde. Los pastores estaban en el bosque con las ovejas. Me senté mirando hacia el lecho del río y vi una caravana de cien mulas, cargadas con bolsas, que viajaban de sur a norte, de Jotán a Aksu. ¿Debería apresurarme hacia el líder? No. Eso no habría servido de nada, ¡ya que no tenía ni un centavo en el bolsillo! Sin duda, tendría que quedarme con mis pastores como un parásito, descansar completamente en su lugar durante un par de días y luego caminar hasta Jotán. Me acosté a dormir bajo el techo de maleza.

Despertado de repente por las voces y el ruido de los caballos, me incorporé y vi a tres mercaderes con turbantes blancos cabalgando hacia la choza, desmontaron y se inclinaron humildemente ante mí. Dos de mis amigos pastores les habían mostrado el camino y ahora sujetaban sus caballos.

Sentados sobre la arena, contaron que el día anterior cabalgaron por el lecho del río, en su camino de Aksu a Jotán, pasando al borde de la terraza boscosa de la orilla izquierda, cuando vieron a un hombre, aparentemente muerto, tendido en la orilla, al pie de la terraza. Un camello blanco pastaba entre los árboles.

Como el Buen Samaritano, se detuvieron para preguntarle qué le sucedía. Había susurrado: «*Su, su*» (Agua, agua). Enviaron a su criado con un cántaro a la charca más cercana, probablemente la misma que me había salvado la vida. Después le dieron al hombre pan y nueces.

Me di cuenta de inmediato de que era Islam Bai. Les había contado la historia de nuestro viaje y les había pedido que me buscaran, aunque realmente creía que estaba muerto. Yusup, el jefe de los comerciantes, me ofreció uno de sus caballos y me pidió que los acompañara a Jotán, para buscar descanso y tranquilidad.

Pero yo no quería eso en absoluto. Su noticia cambió instantáneamente mi situación, que había sido tan sombría tan solo un momento antes. Quizá pudiésemos volver al «campamento de la muerte» y averiguar si los hombres que dejamos allí seguían vivos, salvar el equipaje y preparar una nueva caravana. A lo mejor podríamos encontrar mi dinero. El futuro parecía brillante una vez más.

Los tres comerciantes se despidieron y continuaron su viaje, después de prestarme dieciocho moneditas de plata, que valían unos ocho chelines[83], y entregarme una bolsa de pan blanco.

Los pastores se avergonzaron cuando se dieron cuenta de que les había dicho la verdad.

El 10 de mayo dormí todo el día. Me sentía como un convaleciente después de una larga enfermedad. Al atardecer escuché el rugido de un camello y salí de la choza. ¡Era uno de los pastores conduciendo el camello blanco, con Islam y Kasim tambaleándose detrás de ellos!

Islam se arrojó a mis pies, llorando. Había creído que nunca nos volveríamos a ver.

Nos sentamos alrededor de una hoguera, provistos de leche y pan, e Islam relató sus aventuras. Después de algunas horas de descanso, durante la noche del 1 de mayo, él y los últimos cuatro camellos habían recobrado suficientes fuerzas para seguir nuestro rastro en la arena. El 3 de mayo, por la noche, había visto nuestro fuego, y se había sentido muy animado por ello. Al llegar a los tres álamos majó uno de los troncos para chupar la savia. Como dos de los camellos se estaban muriendo, los descargó en el bosque de álamos. El 5 de mayo, Yoldash, nuestro perro, murió de sed. Dos días después, los dos camellos moribundos colapsaron. Uno de ellos cargaba con todos nuestros instrumentos hipsométricos y muchas otras cosas de importancia. Uno de los dos últimos camellos se soltó y fue a pastar en el bosque; mientras que Islam continuó con «el Blanco», hasta el río, al que llegó en la mañana del 8 de mayo. Al encontrar seco el lecho del río, se desesperó y se acostó para morir. Yusup y los otros dos comerciantes llegaron unas horas más tarde y le dieron agua. Más tarde también descubrieron a Kasim; y ahora estaban aquí.

En la mochila del camello blanco encontramos mis diarios y mapas, las monedas chinas, dos rifles y una pequeña provisión de tabaco. Así, de un solo golpe, volví a ser rico. Pero se perdieron todos los instrumentos para medir altitudes y muchos otros artículos indispensables.

Compramos una oveja a Pasi Ahun, y esa noche junto al fuego nos sentimos como reyes. Mi pulso estaba ahora alrededor de sesenta latidos por minuto, y se elevó lentamente hasta la normalidad durante los días siguientes.

Un día después, los pastores trasladaron su campamento a un mejor pasto. Aquí, Islam y Kasim me construyeron un bonito cenador entre dos álamos. Mi cama consistía en la estera de fieltro desgarrada, y mi almohada en la bolsa donde guardaba las monedas chinas. El camello blanco pastaba en el bosque. Era el único que quedaba de nuestra elegante caravana. Tres veces al día recibíamos leche y pan de los pastores. No teníamos nada de qué quejarnos; pero a veces mis pensamientos se dirigían a Robinson Crusoe. El 12 de mayo vimos una caravana de Aksu, que se dirigía al sur, en el lecho del río. La acompañaban sus dueños, cuatro comerciantes. Islam los condujo a nuestra alcoba; y nuestra situación mejoró nuevamente por el comercio que entonces tuvo lugar. Compramos tres caballos por 750 *tenga* (1 *tenga* equivalía a 5 peniques); también tres alforjas, una silla de montar, aperitivos, un saco de maíz, un saco de harina de trigo, té, jarras, cuencos y un par de botas para Islam, que había perdido las suyas en el desierto. Una vez más éramos libres para movernos y podríamos ir a donde quisiéramos.

AHMED MERGEN, EL CAZADOR

Nos visitaron dos jóvenes cazadores de ciervos. En esta región los ciervos son apreciados por sus cuernos, que los chinos usan con fines medicinales. Me obsequiaron con un ciervo recién sacrificado. Al día siguiente, Ahmed Mergen, su padre, también vino a nuestro campamento; y se dispuso que Islam, Kasim y los tres cazadores intentaran encontrar el camello que llevaba los instrumentos, recuperar las cosas que habían quedado en los álamos y, si era posible, dirigirse al «campamento de la muerte».

Partieron con el camello blanco y los tres caballos; y de nuevo me quedé solo con los pastores.

El siguiente período puso a prueba mi paciencia. Anoté mis aventuras recientes en los diarios recuperados; y el resto del tiempo me acostaba en la alcoba y leía. Solo se había rescatado un libro del naufragio de la caravana; pero era un libro que uno puede comenzar de nuevo cuando lo ha leído hasta el final: la Biblia. Los pastores, que ahora eran mis amigos, se preocuparon por mi bienestar. El calor era tropical. Pero estaba bien protegido y el viento soplaba suavemente entre los álamos. Un día, unos comerciantes que pasaban me vendieron una gran bolsa de pasas. En otra ocasión mis sueños fueron perturbados por un gran escorpión amarillo, que se arrastraba sobre mi estera de fieltro. Soñaba con el Tíbet. Tan pronto como Islam y los demás regresaran con los instrumentos perdidos, iríamos allí a través de Jotán. Mi fuerza había sido restablecida. Fue un delicioso período de descanso y soledad en el bosque.

La expedición de rescate regresó el 21 de mayo. Se encontraron los bienes que Islam había dejado en los tres chopos. Los cadáveres de los camellos muertos despedían un hedor insoportable. Pero «Una Joroba», el camello que había llevado el ebullómetro, los tres aneroides, un revólver del ejército sueco... se había ido para siempre.

No tenía sentido ir al Tíbet sin instrumentos para medir altitudes. Habría que conseguir un equipo nuevo en Europa; y no me quedó otra que regresar a Kasgar. Nos despedimos de los pastores, después de recompensarlos regiamente por sus servicios. Luego cabalgamos hasta Aksu, que está a doscientas setenta millas de Kasgar. Llegamos allí el 21 de junio y desde allí envié un mensajero montado a la estación de telégrafo más cercana en la frontera rusa. El nuevo equipo no llegaría a Kasgar en menos de tres o cuatro meses. ¿Cómo emplearía este tiempo de espera? Pues en otra expedición al Pamir, por supuesto. El cónsul Petrovski y el señor Macartney me prestaron los instrumentos necesarios.

Un día me invitaron a cenar con Dao Tai. Cuando entré en su *yamen*[84], señaló un revólver sobre la mesa y preguntó:

—¿Reconoces esto?

¡Era mi revólver del ejército sueco, que había sido embalado con los instrumentos hipsométricos!

Asombrado, le pregunté:

—¿De dónde sacaste eso?

—Se lo encontró un campesino, en el pueblo de Tavek Kel, en el Jotán Daria, debajo de Jotán.

—Pero, ¿dónde están las otras cosas que llevaba el mismo camello?

—No han sido encontradas. Pero se está realizando una búsqueda cuidadosa a lo largo del Jotán Daria. No tienes por qué preocuparte.

Ladrones y traidores estaban evidentemente involucrados en esto. ¿Qué satisfacción podría obtener esta gente sencilla de los instrumentos científicos, que no significaban nada para ellos, pero todo para mí? ¡Habría dado diez camellos por recuperarlos!

El revólver y su descubrimiento son otra historia; pero eso debe dejarse para un capítulo posterior.

Ahora el destino me llevaba de vuelta al Pamir.

CAPÍTULO XXIII

SEGUNDA EXPEDICIÓN AL PAMIR

MI fiel servidor, Kasim, había sido nombrado vigilante en el consulado ruso. Así que tomé a Islam Bai, otros dos hombres y seis caballos, y partí de Kasgar el 10 de julio de 1895.

Al día siguiente llegamos a Upal, un gran pueblo situado en un profundo barranco creado por la erosión de la tierra blanda. Por la tarde cayó una lluvia torrencial como nunca había visto. Una hora antes de la puesta de sol, escuchamos un rugido furioso, hueco y poderoso, que se aproximaba poco a poco. En pocos minutos, el lecho del río se convirtió en un torrente embravecido, que pronto se desbordó hasta inundar gran parte del pueblo. Grandes volúmenes de agua se precipitaron con tremenda violencia y formaron una inundación de lodo asfixiante que arrastró todo a su paso. El suelo tembló bajo su peso. El rocío arremolinado yacía como una niebla sobre las olas marrones. El puente fue arrastrado como si sus postes y tablones fueran de paja; y en la superficie del agua, árboles arrancados, carros, enseres domésticos y balas de heno se agitaban en una danza salvaje.

Los asombrados aldeanos corrían entre gritos mientras el agua arrastraba sus frágiles casas de arcilla. Las madres, con sus bebés a la espalda, huían por el agua que les llegaba a la cintura; mientras que otros intentaron salvar los muebles de sus chozas ya invadidas por el agua. Los sauces y álamos de los callejones estaban encorvados; y en un punto expuesto, quince casas fueron arrasadas. De un campo de melones que estaba amenazado; los melones, casi maduros, fueron transportados apresuradamente a un lugar seguro. Y en cuanto a mí, fue solo por un pelo que esta caravana tampoco fue destruida. Afortunadamente, nuestras habitaciones estaban lo suficientemente lejos del banco del río. Al anochecer, el agua retrocedió rápidamente; y a la mañana siguiente el lecho del río estaba nuevamente vacío.

Estábamos ahora a punto de escalar nuevamente la cordillera, y elegimos el paso de Ullug Art, que tiene 5.150 metros de altitud y está cerrado a causa de la nieve durante diez meses al año.

Descansamos en el *aul* o pueblito de tiendas de campaña de Ullug Art en medio de un torbellino de nieve; y los kirguises pensaron que tendríamos un viaje difícil.

Pero su jefe se comprometió, con la ayuda de diez hombres, a llevar todo nuestro equipaje a través de la cresta más difícil del paso, por una remuneración equivalente a unos treinta chelines.

Salimos temprano a través del estrecho valle y, recorriendo cientos de curvas en zigzag, ascendimos la pendiente extremadamente empinada. Enormes montañas se elevaban a ambos lados, y lenguas de glaciares se veían aquí y allá. La nieve alcanzaba alrededor de treinta centímetros de profundidad. Las cargas fueron amarradas a las espaldas de los kirguises, y lenta y pesadamente comenzamos el ascenso hacia la entrada del paso. En la misma cima de este había un montón de piedras con varas y trapos. Los kirguises se postraron ante él.

Si el ascenso fue difícil, el descenso fue bastante más exigente. El camino cubierto de nieve era como un sacacorchos, y en algunos lugares caía perpendicularmente entre las rocas que sobresalían. Trazamos surcos en la superficie del hielo y, poco a poco, bajamos las cajas con ayuda de cuerdas. Cada caballo estaba asistido por dos hombres; pero uno de los que había comprado en el campamento de pastores en el Jotán Daria perdió el equilibrio, cayó por la pendiente y murió. Nosotros mismos nos deslizamos a cuatro patas.

Proseguimos hacia el sur a través de territorio familiar, y remontamos el río Hunserab hasta el Hindú Kush, donde crucé cuatro pasos sumamente altos, desde los cuales —al menos con mis ojos— alcanzaba a ver el Kanjut Sar [85]. Había pedido permiso a las autoridades británicas para ir allí, pero me dijeron: «Este camino está cerrado para los viajeros».

UNA MADRE KIRGUÍS CON SU HIJO

Continuamos hasta el paso de Vakjir, donde el agua fluye en tres direcciones diferentes: a través del río Panj, hacia Amu Daria y el mar de Aral; a través del Tagdumbash Daria, al Yarkand Daria y al lago Lop Nor; y a través de los ríos que nacen en el lado sur del paso, hacia el Indo y el océano

Índico. En el lago Chaqmaqtin[86] me enteré de que la Comisión de Fronteras anglo-rusa estaba en la región de Mihman Yoli, a un día de viaje hacia el noreste. Los comisionados determinarían el límite entre los dominios rusos en el norte y los británicos en el sur, desde el lago Victoria hasta el Pamir chino. Decidí visitar el campamento de la comisión. Así que envié un kirguís con cartas al general británico Gerard y al general ruso Pavalo-Shweikowsky; y, al cabo de un día, recibí cordiales invitaciones de ambos.

El 19 de agosto llegué allí con mi pequeña caravana, con la intención de montar mi tienda en terreno neutral entre los dos campamentos. Como invitado de ambos generales, tuve que observar una estricta neutralidad. Pero pensé que debería visitar primero a Pavalo-Shweikowsky, ya que había sido su invitado en Margilan. Sin embargo, para llegar a su gran yurta kirguís, tuve que pasar entre las tiendas de campaña de los oficiales británicos. Mi viejo amigo, el señor Macartney, salió corriendo de una de ellas con una invitación del general Gerard para cenar esa misma noche. Así que allí me quedé, entre dos fuegos, preguntándome cómo se mantendría mi neutralidad. Me refugié en mi relación con el general ruso y pedí que me permitieran visitar a Gerard al día siguiente. Durante mi estancia en el campamento, visité a los rusos y los británicos en días alternos.

Sin duda, fue el campamento más pintoresco que jamás se haya levantado entre las desoladas cordilleras del Pamir. Desde las cumbres cubiertas de nieve, las ovejas salvajes contemplaban la abigarrada y monótona vida del valle, sin preocuparse por las fronteras políticas. Los británicos tenían sesenta tiendas de campaña para oficiales del ejército indio; mientras que los rusos disponían de una docena de grandes yurtas de fieltro kirguís. Algunas de las cuales eran llamativas, cubiertas con mantas blancas y cintas de colores alegres. El lugar estaba repleto de cosacos, gurkhas, afridis, hindúes y kanjutis[87]; y, a la hora de comer, bandas de música tocaban composiciones británicas y rusas.

Había muchos personajes ilustres entre los británicos. Primero estaba el jefe, el general Gerard, el cazador de tigres más atrevido de la India, que por sí mismo había abatido doscientos dieciséis tigres, batiendo así todos los récords. Luego estaba el espléndido coronel sir Thomas Holdich, una de las más grandes autoridades de nuestros días en la geografía de Asia; y finalmente, el capitán McSwiney, cuya amistad nunca olvidaré. Lo volví a encontrar, años después, poco antes de su muerte, cuando era general de brigada en Ambala, la India. Entre los rusos, no menos notorio era el topógrafo Bendersky, uno de los miembros de la embajada que visitó a Sher Ali Khan[88], emir de Afganistán, en Kabul. Abdur Rahman Khan[89], el entonces emir, también tenía un representante en la Comisión de Fronteras. Era Gulam Moheddin Khan, un afgano silencioso, digno y elegante.

En cuanto a mí, después de vagar por el desierto, fue como una resurrección participar en todas las festividades y fiestas en Mihman Yoli. Y ciertamente no había peligro de morir de sed en el hospitalario comedor de oficiales. Cuando nos reunimos en el gran casino de los rusos, cosacos con antorchas de gasolina montaban guardia frente a las yurtas; y cuando éramos invitados de los británicos, las montañas solitarias resonaban con los acordes de la banda que tocaba durante nuestras comidas.

DOST MOHAMMED KHAN, UN OFICIAL AFGANO AL SERVICIO DEL IMPERIO BRITÁNICO

Para el entretenimiento de los hombres, había deportes de campo frente al campamento. Se organizó un juego de la soga entre ocho cosacos y ocho afridis, y los cosacos ganaron. Los cosacos también obtuvieron la victoria en una carrera de caballos en campo abierto, superando a los indios por dos minutos. Pero en la cortante piedra caliza y la inclinación de un circuito, los indios se tomaron la revancha. Un evento que hizo que todos, tanto europeos como asiáticos, se partieran de risa, fue una carrera a pie entre diferentes nacionalidades, los competidores corrían con sacos atados a la cintura y tenían que saltar una cinta durante su carrera. Una carrera entre camellos y yaks era igual de ridícula. Pero el evento final fue el más emocionante de todos. Dos bandas de jinetes kirguises, veinte cada una, tomaron posiciones frente a frente, a doscientos treinta metros de distancia. A una señal, se lanzaron a todo galope, se encontraron a mitad de camino y chocaron entre la mayor confusión. Muchos de ellos cayeron de cabeza al suelo; otros sufrieron magulladuras y fueron arrastrados por el suelo; y solo unos pocos salieron ilesos del encuentro.

Mientras tanto, se llegó a un acuerdo sobre la línea fronteriza. Los mojones fueron erigidos en consecuencia, lo que concluyó el trabajo de la comisión. La última noche, cuando los británicos ofrecieron un espléndido banquete de despedida, los soldados indios realizaron sus danzas nacionales con espadas alrededor de un gran fuego. Entonces los invitados se dispersaron por los cuatro vientos; la región regresó de nuevo a su tranquilidad habitual, y después de que todos se hubieran marchado, el valle fue barrido por una ventisca.

Regresé a Kasgar con mi caravana. Tuvimos que atravesar cuatro cordilleras altas, pero la mayor aventura fue cruzar el Yarkand Daria en el pueblo de Tong. El río era magnífico en su estrecho y apretado valle. El enorme volumen de agua rodaba pesada y poderosamente entre montañas empinadas. Hassan Bek, el jefe de la aldea, se preparó para llevarnos al otro lado. Seis tayikos medio desnudos de origen iraní, con odres inflados atados al pecho, transportaron nuestro equipaje en cuatro viajes separados, mediante una balsa compuesta por una camilla unida a una docena de odres inflados. Un caballo iba atado a la balsa, mientras que un nadador pasaba su brazo alrededor del cuello del caballo y lo guiaba a través del río. Pero durante el viaje la corriente arrastró la balsa una milla río abajo, y el problema era llevar la balsa a la orilla opuesta antes de que se hiciera pedazos en los remolinos donde comenzaban los rápidos principales.

Estaba sentado sobre una caja en el centro de la balsa. El extraño artilugio fue arrastrado locamente por el torrente; y a mí me pareció como si los acantilados de la orilla opuesta corrieran contra la corriente. La balsa se oscilaba y escoraba; yo estaba aturdido y mareado por la danza salvaje; el rugido sordo y amenazador de los rápidos aumentaba en fuerza. La balsa estaba siendo succionada, sin resistencia, hacia el caldero espumoso de las brujas, donde en cualquier momento podríamos ser reducidos a átomos si chocásemos contra los acantilados. Pero nuestros nadadores tenían mucha práctica y eran seguros en sus cálculos. En el punto de peligro casi ineludible, empujaron la balsa contra la corriente al pie de un acantilado saliente, y llegamos a la orilla opuesta sanos y salvos.

CAPÍTULO XXIV

DESCUBRO CIUDADES DE DOS MIL AÑOS DE ANTIGÜEDAD EN EL DESIERTO

La fiebre me mantuvo en Kasgar durante mucho tiempo. Mientras tanto, llegaba el nuevo equipo de Europa, y el 14 de diciembre de 1895, una pequeña caravana estaba nuevamente lista para partir. Incluía a Islam, otros tres hombres y nueve caballos. La distancia a Jotán era de trescientas seis millas. Ese camino lo conocíamos por experiencia, y sus dificultades no nos estorbarían esta vez. Pasaba por Yarkanda, la ciudad más grande del este de Turquestán, con ciento cincuenta mil habitantes, el setenta y cinco por ciento de los cuales padecía un extraño tumor llamado *boghak*,[90] que afectaba la garganta y a menudo crecía hasta alcanzar el tamaño de la cabeza.

Al este de Kargilik, donde pasé la Nochebuena, el territorio se volvió más yermo; sin embargo, el antiguo camino de las caravanas siempre estaba marcado con *potai*, o mojones aplanados de arcilla. Pasamos algunas de nuestras noches en grandes caravasares, donde el agua potable se obtenía de pozos profundos. Uno de ellos tenía treinta y ocho metros de profundidad.

Kum Rabat Padshahim, o el «caravasar de mi rey en la arena», era un punto en el camino donde miles de palomas sagradas llenaban el aire con sus arrullos y con el sonido de los aleteos cuando volaban. Todo viajero debe traer a las palomas una ofrenda de maíz, y nosotros llevamos una bolsa entera solo para ese propósito. De pie allí, alimentando a los hermosos pájaros gris azulados, me envolvió una nube de palomas, que se posó con valentía sobre mis hombros, gorra y brazos. Altos postes colgados con trozos de tela representaban ofrendas y servían como espantapájaros contra las aves rapaces. Pero la gente piadosa del lugar me aseguró que si un halcón capturaba una paloma, el propio halcón seguramente moriría.

El 5 de enero llegamos a Jotán, en la antigüedad llamada Kustana en sánscrito, conocida por los chinos desde hace miles de años, y revelada a Europa por Marco Polo. Fa Xian (400 d. C.), el famoso monje chino, describe a Jotán como una ciudad magnífica donde floreció el culto a Buda.

Una leyenda que data del año 632 d. C. habla de un antiguo pueblo enterrado en la arena del desierto. Se decía que en el pueblo de Pima, al oeste de Jotán, había una imagen de Buda hecha en sándalo, de seis metros de altura, que resplandecía de luz. Antes había pertenecido al pueblo de Ho-lao-lo-kia, más al norte. Se dice que una vez, un sabio fue a Ho-lao-lo-kia para adorar esta imagen de Buda. Los habitantes lo trataron con dureza, lo agarraron y lo enterraron hasta el cuello. Un hombre piadoso le trajo comida en secreto y finalmente lo rescató. Antes de irse apresuradamente, el sabio le dijo a su salvador: «Dentro de siete días, Ho-lao-lo-kia será sepultado por la arena del cielo, y solo tú te salvarás». El hombre piadoso advirtió a la gente del pueblo; pero todos se rieron de él con desdén. Luego se refugió en una cueva. El séptimo día se desató una lluvia de arena que enterró el pueblo y asfixió a todos los que estaban en él. El hombre piadoso salió sigilosamente de la cueva y fue a Pima. Apenas había llegado cuando la imagen sagrada de Buda salió volando por los aires, después de elegir a Pima como su santuario en lugar del enterrado Ho-lao-lo-kia.

Un viajero chino del mismo período, durante la dinastía Tang, escribió sobre las regiones desérticas al norte de Jotán:

> No hay agua ni vegetación, pero a menudo se levanta un viento cálido que arrebata el aliento a hombres, caballos y bestias; y no pocas veces es la causa de enfermedad. Casi siempre se escuchan silbidos estridentes o gritos fuertes; y cuando tratas de descubrir de dónde proceden, te aterra no encontrar nada. Sucede muy a menudo que los hombres se pierden, porque ese lugar es la morada de los malos espíritus. Después de cuatrocientos *li*[91], se llega al antiguo reino de Tu-ho-lo. Hace mucho tiempo que ese país se transformó en un desierto. Todos sus pueblos están en ruinas y están cubiertos de plantas silvestres.

No es de extrañar, entonces, que a pesar de mi desafortunado viaje al desierto la primavera anterior, ¡fuera nuevamente atraído de forma irresistible hacia la tierra misteriosa bajo la arena eterna! Los habitantes del oasis de Jotán, que se extiende alrededor de la ciudad del mismo nombre, me hablaron de ciudades enterradas; y dos hombres se ofrecieron a guiarme a una de ellas a cambio de una generosa remuneración.

En Jotán, como también en el antiguo pueblo de Borasán, compré reliquias antiguas a los nativos: pequeños objetos en terracota, que representaban camellos de dos jorobas; monos tocando la guitarra; grifos inspirados en el motivo indio de Garuda[92]; cabezas de león que habían adornado vasijas de la escuela greco-budista o indo-helénica, y que demostraban la influencia griega después de Alejandro Magno; jarras y cuencos bellamente ejecutados en terracota; imágenes de Buda; y otras cosas. Mi colección constaba de 523 artículos, sin contar algunos manuscritos antiguos y una gran cantidad de monedas. Compré unas monedas de oro cristianas, una cruz y una medalla con una representación de San Andrés Avelino adorando ante un crucifijo, y en el reverso, Santa Irene coronada con un nimbo. Marco Polo habla de sectas nestorianas y jacobitas que, en 1275, tenían sus propias iglesias en Jotán.

Liu Darin, el gobernador de la ciudad, era un chino anciano, amable y benévolo. Me ayudó en todas mis empresas y compras, y no se opuso a que visitara un antiguo lecho de un río donde se encontraba nefrita. Allí obtenían los chinos el hermoso jade, que tanto estiman. Aparece en piezas en forma de riñón entre las rocas. Es mayormente verde. El jade amarillo, o blanco con manchas marrones, es el más preciado.

El 14 de enero estaba nuevamente listo para partir. Esta vez viajé más liviano que nunca, con solo cuatro hombres, tres camellos y dos burros. El viaje sería bastante corto hasta la ciudad cubierta de arena de la que había oído hablar. Por lo tanto, tomé solo provisiones suficientes para unas pocas semanas y dejé mi equipaje pesado, la mayor parte de mi dinero, mi pasaporte chino, la tienda, etcétera, con un comerciante en Jotán. Quería dormir al aire libre, al igual que mis hombres, aunque la temperatura podría descender a –21 °C.

En realidad, pasarían cuatro meses y medio antes de que regresáramos a Jotán; y parte de esta expedición se convertiría en una historia digna de Robinson Crusoe. Cuando me despedí de Liu Darin, quiso darme dos camellos porque pensó que mi caravana era demasiado pequeña. Pero rechacé su amable oferta.

Mis cuatro hombres eran Islam Bai, Kerim Jan y los dos cazadores (Ahmed Mergen y su hijo, Kasim Ahun) que habían participado en la expedición de Islam Bai el año anterior, después de nuestro desastre en el desierto. También llevamos a los dos hombres que habían prometido mostrarnos la ciudad antigua.

Seguimos el Yurungkash, la cabecera oriental del Jotán Daria, hasta el pueblo de Tavek Kel, donde se había encontrado mi revólver del ejército sueco. Nuestra búsqueda del resto del equipo fue infructuosa. De hecho, no se llevó a cabo con mucho vigor, ya que había reemplazado todo lo que se había perdido, excepto las cámaras.

El 19 de enero dejamos el río y nuevamente nos abrimos camino hacia el mortífero desierto arenoso. Pero esta vez era invierno. Nuestro suministro de agua, almacenado en cuatro odres, se congeló en trozos de hielo. En nuestros campamentos encontramos agua al excavar entre metro y medio y dos metros de profundidad. Si hubiéramos caminado hacia el este, habríamos estado cerca del río Keriya (o Keriya Daria), que fluye hacia el norte, paralelo al Jotán Daria.

Las dunas de esta parte del desierto no eran tan altas como las de la región donde se había perdido nuestra caravana el año anterior. Sus crestas tenían de diez a doce metros de altura.

El cuarto día acampamos en una hondonada, donde un bosque seco y muerto nos proporcionó un excelente combustible. El día siguiente fuimos a las ruinas de la antigua ciudad, a la que nuestros guías llamaron Taklamakán, o Dandan Oilik, las «Casas de Marfil». La mayoría de las casas estaban enterradas en la arena. Pero aquí y allá sobresalían de las dunas postes y paredes de madera, y en una de las paredes, que posiblemente tenía un metro de altura, descubrimos varias figuras artísticamente ejecutadas en yeso. Representaban a Buda y deidades budistas, algunas de pie, otras sentadas sobre hojas de loto, todas ataviadas con amplios ropajes y sus cabezas rodeadas de aureolas llameantes. Todos estos hallazgos y muchas otras reliquias fueron envueltos cuidadosamente y embalados en mis cajas; y anoté en mi diario las notas más completas posibles sobre la ciudad antigua, su ubicación, los canales cubiertos de arena, las avenidas de álamos muertos y los huertos de albaricoques secos. No estaba equipado para hacer una excavación completa y, además, no era arqueólogo. La investigación científica la dejé por voluntad propia a los especialistas. En unos pocos años ellos habrían de seguir mis pasos para excavar este yacimiento. Para mí fue suficiente haber hecho el importante descubrimiento y haber ganado en el corazón del desierto un nuevo campo para la arqueología. Y ahora, por fin, me sentía recompensado y alentado, después de la vana búsqueda del año anterior de rastros de una civilización muerta. Las antiguas geografías chinas, así como los nativos actuales que viven al borde del desierto, habían sido reivindicados. Mi regocijo por este primer hallazgo, que sería seguido por descubrimientos similares en años posteriores, es evidente por las notas que tomé en ese momento.

«Ningún explorador», escribí, «tenía idea, hasta ahora, de la existencia de esta antigua ciudad. Aquí estoy, como el príncipe en el bosque encantado, tras haber despertado a una nueva vida la ciudad que ha dormido durante mil años».

Durante varias tormentas de arena sucesivas, medí la velocidad a la que se mueven las dunas de arena y, guiado por eso y por el curso de los vientos dominantes, calculé que el desierto de arena había tardado unos dos mil años en extenderse desde la región de la antigua ciudad hasta su actual límite en el sur. Los descubrimientos realizados en una fecha posterior justifican la conclusión de que la edad de la antigua ciudad era de unos dos mil años.

Al recibir su bien ganada paga, los dos guías volvieron por el rastro que dejamos detrás. A la mañana siguiente continuamos nuestro camino por la arena eterna.

El aire estaba cargado del polvo más fino. En la densa neblina no teníamos ni idea de dónde estaba el sol en el cielo. Las dunas crecieron en altura. Escalamos la cresta de una ola de arena de treinta y seis metros de altura, preguntándonos si nos dirigíamos hacia otro laberinto tan mortal como el del año anterior. Debido a la neblina, no podíamos discernir nada en el este.

Era como si se hubiera corrido una cortina frente a nosotros, y como si camináramos hacia un abismo desconocido. Sin embargo, continuamos y no ocurrió nada malo. Las dunas se hicieron más y más bajas, fusionándose gradualmente en un suelo arenoso suave y llano. Una tarde acampamos en el bosque a orillas del río Keriya. El cauce tenía aquí treinta y dos metros de ancho y estaba cubierto de hielo espeso. Los camellos recibieron generosas raciones de hierba, y bebieron hasta saciarse después del viaje a través del desierto. No había seres humanos a la vista. Solo una desierta cabaña de pastor. Encendimos una gran fogata y la mantuvimos encendida toda la noche. El frío del invierno no nos hizo daño. Dormir a la intemperie no traía más que satisfacción.

Ningún europeo había seguido nunca el curso de este río hasta su final en la arena del desierto, y nadie sabía dónde desaparecían las últimas gotas de agua después de su desesperada lucha con las dunas.

Decidí, por lo tanto, seguir el río hacia el norte hasta su final. Nos sirvió de guía y así fuimos independientes de los hombres. No se veía un pastor, y habíamos matado a nuestra última oveja. Pero había muchas liebres, corzos y ciervos, así que no teníamos miedo al hambre. En las orillas molestábamos de vez en cuando a familias enteras de jabalíes, que huían ruidosamente hacia los densos juncales. A veces también sorprendíamos a un zorro, que se lanzaba veloz y sutilmente hacia la cañada del bosque.

Ahmed Mergen, el mayor cazador de ciervos, una vez hizo una excursión al bosque y regresó con un pastor. El pastor nos dijo que había pensado que éramos ladrones y que había llegado su última hora. Acampamos junto a su choza de juncos. Toda la información que él y su esposa pudieron proporcionarme fue debidamente anotada en mi diario.

—¿Cómo te llamas? —le pregunté.
—Hassan y Hussein —respondió.
—¿Cómo es eso? ¿Tienes dos nombres?
—Sí. Pero Hassan es realmente el nombre de mi hermano gemelo, que vive en Keriya.

En nuestro camino hacia el norte a través de los bosques fluviales, nos encontramos constantemente con pastores. Para obtener información sobre las diversas regiones forestales y sus nombres, siempre llevábamos uno o dos pastores con nosotros. Así llegamos más al norte, día a día. El río helado se adentraba mucho más en el desierto de lo que pensábamos. Medí su ancho a través del hielo y encontré que excedía los noventa metros. Más abajo, donde el Keriya Daria se ensanchaba, a menudo aparecía majestuoso entre sus riberas boscosas. Cada mañana traía nueva emoción. ¿Hasta dónde seríamos capaces de llegar antes de que el río se fusionara con la arena circundante, que, en algunos lugares, se extendía hasta el mismo borde? Finalmente, tracé el arriesgado plan de cruzar el desierto hasta el río Tarim, que debía de ser su frontera norte, si el río fluía lo bastante lejos.

Cerca de Tonkuz Basste (el Jabalí Colgante), un pastor me dijo que si nos adentrábamos en la arena hacia el noroeste pronto encontraríamos las ruinas de un antiguo pueblo llamado Kara Dung (la Colina Negra).

Los días 2 y 3 de febrero se dedicaron a buscar Kara Dung. Aquí también encontramos casas enterradas en la arena, la mayor de ellas medía ochenta y cinco por setenta y seis metros de superficie, y muchos rastros de otras estructuras hechas por manos humanas, que datan del período en que las enseñanzas de Buda prevalecieron en el lejano interior de Asia. La ubicación de este pueblo también fue cuidadosamente determinada, para que los arqueólogos estuvieran seguros de encontrarlo más tarde.

Acto seguido continuamos nuestro viaje a través de bosques y campos de juncos. El río mostraba una tendencia a dividirse en varios brazos y formar deltas interiores. El 5 de febrero nos encontramos con cuatro pastores a cargo de ochocientas ovejas y seis vacas. Dos días después, Mohammed Bai, un antiguo habitante del bosque, nos dijo que el punto donde el río se extinguía en la arena estaba a solo otro día y medio de camino. Vivía en tal reclusión que no sabía si Yaqub Beg (fallecido en 1878) o el emperador de China gobernaba el Turquestán oriental.

También me dijo que no había visto ningún tigre durante los últimos tres años. El último había atacado a una de las vacas de Mohammed Bai, después de lo cual fue hacia el norte, pero solo para regresar más tarde. Finalmente acabó marchándose por el desierto hacia el este.

—¿Hasta dónde llega el desierto en el norte, a partir del punto donde termina el río? —pregunté.

Y Mohammed Bai respondió:

—Hasta el fin del mundo. Y se tarda tres meses en llegar.

CAPÍTULO XXV

EL PARAÍSO DE LOS CAMELLOS SALVAJES

EL 8 de febrero acampamos en un punto donde el río apenas tenía quince metros de ancho; y en nuestro siguiente lugar de acampada la capa de hielo se había reducido a cuatro metros y medio. El bosque seguía siendo exuberante y los campos de juncos tan impenetrables que teníamos que desviarnos o usar las hachas para abrirnos camino. Partes de los senderos abiertos por los jabalíes formaban verdaderos túneles a través de enredados juncos.

¡Nunca olvidaré la emoción con la que vi la delgada capa de hielo terminar, como la punta de una flecha, en la base de una duna!

Pero durante un día más caminamos a través de una auténtica jungla, y el lecho del río era claramente visible. En sus hondonadas más profundas cavamos en busca de agua, y con éxito. Por todas partes se elevaban las crestas amarillas de las dunas.

Ya el 1 febrero habíamos oído hablar a los pastores acerca del camello salvaje, cuyo hábitat estaba en la arena debajo del delta del río. Con creciente expectación deseaba ver a este maravilloso animal, cuya existencia en esta parte del gran desierto no había sido sospechada por ningún europeo hasta entonces. Przhevalski, quien trajo la piel de un camello salvaje a San Petersburgo en 1877, nos asegura que el regio animal solo se encuentra muy al este de donde estábamos entonces, en el desierto de Lop Nor. En esa región, el general Pevtsov[93], sus oficiales y el señor Littledale habían logrado cazar algunos especímenes, que también se llevaron a casa. Según los pastores, el camello salvaje viaja en pequeños rebaños. Evitan los bosques y la maleza y deambulan al aire libre. Nunca beben agua en invierno, sino solo en verano, cuando las aguas altas llegan más al norte. Con frecuencia son víctimas de los cazadores de ciervos. La veracidad de estas declaraciones se confirmó de varias maneras; por ejemplo, el hecho de que varios pastores usaban zapatos hechos de piel de camello salvaje, tomada de los pies, con sus uñas córneas, almohadillas y todo. Uno de los pastores nos dijo que Dios había enviado un espíritu a la Tierra en forma de derviche, y le había pedido que fuera a Hazret Ibrahim (el patriarca Abraham) para pedirle un rebaño de animales domésticos. Abraham accedió al pedido del derviche con tanta generosidad que se empobreció. Entonces Dios ordenó al derviche que devolviera todos los animales a Abraham. Pero Abraham se negó a recuperar lo que una vez le había dado. Entonces Dios montó en cólera, y ordenó a los animales que vagaran sin dueño por la Tierra. Cualquier hombre que así lo deseara podría matarlos. Las ovejas se convirtieron en ovejas salvajes; así como las cabras, los yaks, los caballos y los camellos.

El viejo Mohammed Bai, cuya arma era inútil a una distancia superior a cuarenta y cinco metros, había disparado contra tres camellos salvajes ese año. Nos dijo que les aterrorizaba el humo de las fogatas, y que tan pronto como olían la madera quemada, huían al desierto.

Nunca he sido un cazador, y nunca lo seré. Esto no se debe al primer mandamiento de Buda, de no destruir la vida. Pero siempre he sido incapaz de decidirme a extinguir una llama que no podría volver a encender. Y menos que nada podría matar a un animal tan noble como el camello salvaje. Él era el amo en su tierra desierta, mientras que yo era un mero intruso. Por otro lado, siempre he llevado cazadores conmigo, considerándolo necesario no solo por el bien de las provisiones, sino también por el bien de las colecciones científicas. Islam Bai manejaba hábilmente el fusil Berdan[94], y Ahmed Mergen y su hijo Kasim eran cazadores profesionales. Ninguno de mis cuatro sirvientes había visto nunca un camello salvaje, y durante mucho tiempo había sido un sueño mío ver como estos señoriales animales se movían majestuosamente sobre la arena.

Con una tensión cada vez mayor, marchamos hacia el norte el 11 de febrero, entre dunas de altura creciente, y vimos que el lecho del río era cada vez menos nítido. Solo de vez en cuando avistamos un álamo solitario, y encontramos más a menudo troncos de árboles muertos y marchitos, quebradizos como el cristal. Fueron ciento cincuenta millas de desierto de arena, en línea recta, hasta el río Tarim, distancia mayor que la recorrida por la caravana que fue destruida entre el 23 de abril y el 5 de mayo del año anterior. ¡Y ahora no podíamos tomar más agua de la que cabría en cuatro odres! Fue una aventura audaz; pero el frío del invierno nos favorecía. ¿Tendríamos éxito? ¿O nos esperaría un nuevo desastre? ¿Es de extrañar que viéramos crecer las dunas y desaparecer la vegetación con una entrecortada tensión?

El 9 de febrero vimos las primeras señales de camellos salvajes: un mechón de pelo castaño rojizo claro pegado a un tamarisco. Pero al día siguiente nos encontramos con muchas huellas frescas, que cruzaban la arena en varias direcciones. El día once mantuvimos una atenta vigilancia. Kasim, el cazador, iba delante con su primitivo fusil de pedernal al hombro.

De repente se detuvo como golpeado por un rayo. Nos hizo señas para que nos detuviéramos, se agachó y se deslizó entre los arbustos como una pantera. Me apresuré hacia adelante. Sonó un disparo. Era un rebaño pequeño. Los animales se sobresaltaron, mirando en nuestra dirección. Luego dieron media vuelta y huyeron. Pero su líder, un macho de doce años, solo dio unos pocos pasos y cayó.

LOS PRIMEROS CAMELLOS SALVAJES QUE DIVISAMOS

Acampamos en el lugar. El rey del desierto caído era un hermoso espécimen. Medía casi tres metros y medio de largo y dos metros de cintura. El resto del día lo dedicamos a desollarlo y cubrir el interior de la piel con arena caliente para aligerar la carga.

Cavamos un pozo en una depresión, pero incluso a la profundidad de tres metros no produjo agua. Por lo tanto, decidimos quedarnos donde estábamos al día siguiente y no avanzar tanto en el desierto como para poner en peligro nuestro regreso.

El pozo se hizo más profundo, y a poco más de cuatro metros el agua empezó a fluir como un pequeño hilo. Se transfería gradualmente a un balde para ser sacado del pozo. Se permitió que los camellos y los asnos bebieran hasta saciarse. Luego se llenaron los cuatro odres.

Al día siguiente nos adentramos en el desierto desconocido. Uno de los burros llevaba la piel del camello salvaje. El lecho del río aún era visible, pero hacia la tarde desapareció bajo las dunas móviles, que ahora tenían ocho metros de altura.

A nuestra izquierda vimos una manada de seis camellos: un macho viejo, dos jóvenes y tres hembras. Islam Bai le disparó al anciano. Le quitaron la grasa de las jorobas, así como algunos trozos de carne, y le cortaron el pelo para convertirlo en bramante y cuerda. Antes de que pudiera evitarlo, Islam había disparado contra una camella en una segunda manada de cinco animales.

Se cayó en la postura en que suelen descansar los camellos. Corrimos hacia ella e hice algunos bocetos mientras aún vivía. No nos miró, pero parecía estar deprimida por tener que separarse para siempre de su tierra desértica. Antes de morir, abrió la boca y mordió la arena. A partir de ese momento, prohibí disparar más.

Me sorprendió encontrar a los camellos salvajes con la guardia baja. Cuando el viento estaba en contra, éramos capaces de acercarnos hasta sesenta metros de ellos. Miraban en nuestra dirección y, si estaban echados mientras rumiaban, se levantaban. Esta última manada corrió unos cincuenta pasos, repitió esto dos veces, se detuvo y nos miró atentamente, y parecía tan absorta en su curiosidad que sus miembros se olvidaron de huir. Por lo tanto, los cazadores no tuvieron ninguna dificultad a la hora de disparar.

Nuestros tres camellos domesticados se pusieron bastante frenéticos cuando vieron a sus parientes salvajes. Era su temporada de celo. Rugían sordamente, se azotaban la espalda con la cola y rechinaban los dientes, mientras la espuma blanca caía de sus bocas. Cuando vieron a la camella agonizante, estaban completamente fuera de sí y tuvieron que ser atados. Se les pusieron los ojos en blanco y bramaron horriblemente con pasión. Por la noche siempre estaban atados, de lo contrario habrían huido con sus parientes libres en el desierto.

Durante los días siguientes avistamos varias manadas, así como camellos solitarios; y finalmente nos acostumbramos tanto a las bestias que dejaron de llamar nuestra atención. Pero yo, por mi parte, no me cansaba de seguir sus movimientos con mis prismáticos. Disfruté de una vista imponente desde mi alto camello de montar; y los vi moverse con facilidad por la arena, ora deambulando, ora al galope. Sus jorobas eran más pequeñas y firmes que las de los domesticados, cuyas jorobas son presionadas por alforjas y cargas.

Cada paso nos adentraba más en el gran desierto desconocido y nos alejaba más de los últimos brazos del delta del Keriya Daria. Hasta el 14 de febrero todavía podíamos ver rastros del antiguo lecho del río. La suerte estaba de nuestro lado. Todas las tardes lográbamos obtener agua a una profundidad de metro o metro y medio. Al día siguiente, las dunas se elevaron a más de treinta metros y había mucho bosque muerto. Más adelante nos sorprendió encontrar un oasis de setenta álamos vigorosos en una hondonada. Vimos la huella de una pantera y abundaban los excrementos secos de camello. El frío era cortante, pero el combustible no nos faltaba. Siempre acampábamos no lejos de los troncos de árboles muertos. Me acosté boca abajo en la arena para escribir en mi diario a la luz de la fogata, mientras mis hombres preparaban la cena, cuidaban de los animales, cavaban un pozo o recogían combustible. Yo me sentía como el monarca de todo lo que contemplaba.

Nunca un hombre blanco había pisado esta parte de la superficie de la Tierra. Yo era el primero. Cada paso era una nueva conquista para el conocimiento humano.

El 17 de febrero los odres estaban vacíos, pero encontramos agua a dos metros de profundidad. Goteó tan lentamente que solo aseguramos lo suficiente para los hombres y para llenar una bolsa. Al día siguiente, las dunas se elevaron a cuarenta metros, y solo se veía arena alta y estéril hacia el norte. Los hombres se deprimieron. Agotamos el agua del último odre, y por la noche todas nuestras excavaciones fueron en vano. El heno de una albarda fue dado a los camellos como alimento. El rastro de un zorro, que iba hacia el norte, nos infundió la esperanza de que los bosques del Tarim no estuvieran lejos.

Cuando levantamos el campamento el 19 de febrero, sin una gota de agua, resolvimos que si no encontrábamos agua por la tarde regresaríamos al lugar de nuestro último suministro.

Así seguimos caminando. Las huellas de camellos volvieron a ser numerosas. Las dunas se hicieron más bajas; y entre los huecos de estas a menudo encontrábamos hojas de árboles del bosque arrastradas por el viento. Nos detuvimos en un campo de cañas por el bien de los camellos. Encontramos agua a dos metros bajo tierra, pero era tan salada que incluso los sedientos camellos se negaban a beberla.

A pesar de esto decidimos continuar hacia el norte. No habíamos avanzado mucho cuando las dunas se redujeron a una altura insignificante. Desde la cima de una de las últimas dunas vimos a lo lejos la línea oscura de los bosques del Tarim. En lo que una vez fue un brazo del río, llegamos a una charca helada, donde deberíamos haber acampado. Pero pensamos que el río estaba tan cerca que sería mejor seguir caminando. Y seguimos, a través de parches de juncos y bosques. Pasó una hora tras otra. La tarde nos envolvió con su crepúsculo, y al caer la noche estábamos literalmente atrapados en una espesura impenetrable. Aquí pasamos una segunda noche sin agua.

Al amanecer atravesamos la espesura y nuevamente encontramos una charca helada, donde acampamos, y donde hombres y bestias bebieron sin límite. Al día siguiente cruzamos la capa de hielo del Tarim, de ciento sesenta metros de ancho. Dejé ir a Ahmed Mergen y a su hijo Kasim, y estos regresaron a Jotán. Además de su remuneración en dinero, les di los burros. Así mismo, se llevaron consigo la piel del camello salvaje.

Cuando llegamos al pequeño pueblo de Xayar habían pasado cuarenta y un días. Habíamos atravesado el enorme desierto, cartografiado toda la parte baja de un río hasta entonces desconocida, descubierto dos ciudades antiguas y el paraíso difícilmente accesible del camello salvaje.

Como no deseaba volver a Jotán, mi cuartel general, por caminos que ya conocía; decidí tomar la larga ruta indirecta que cruza el Lop Nor en el este, y luego cabalgar de regreso a Jotán a lo largo de la carretera del sur, antaño atravesada por Marco Polo. Era una ruta de unas mil doscientas millas. Nuestras provisiones se agotaron, pero pudimos vivir con la misma comida que los nativos. No había traído ningún mapa de las regiones orientales, pero estaba preparado para dibujar otros nuevos yo mismo. Había dejado mi pasaporte chino en Jotán, pero posiblemente nos las podríamos arreglar sin él. Mis diarios y cuadernos de bocetos estaban llenos, así que compré papel chino en Xayar. Mi suministro de tabaco se había convertido en humo, así que tendría que contentarme con una pipa de agua china y el amargo tabaco nativo.

Temir Bek, el jefe de Xayar, pidió ver mi pasaporte chino. Como me era imposible mostrarlo, declaró que el camino hacia el este estaba cerrado para nosotros. Pero lo engañamos y escapamos subrepticiamente a los matorrales del Tarim, sin dejar rastro.

CAPÍTULO XXVI

RETROCEDIENDO MIL DOSCIENTAS MILLAS

Como el espacio en este libro es limitado, debo relatar el largo viaje de vuelta a Jotán muy brevemente; y estoy más dispuesto a hacerlo así por la oportunidad que me brindará un capítulo posterior de volver a la parte más interesante, el desierto de Lop y el lago en movimiento llamado Lop Nor.

Durante dos semanas recorrimos los bosques a orillas del Tarim, siempre con pastores que nos guiaban. Obtuve un placer especial cuando observaba los gansos salvajes, que habían comenzado a revolotear en esa estación. Eran vistos diariamente en bandadas de treinta a cincuenta, volando hacia el este. Mientras el sol estaba alto, se elevaban por encima de la tierra, pero después del anochecer volaban bajo. Por la noche podíamos escuchar sus cotorreos en los caminos invisibles del aire. Era evidente que todos volaban exactamente por la misma ruta.

El 10 de marzo llegamos a la pequeña ciudad de Korla y fuimos recibidos con hospitalidad por Kul Mohammed de Margilan, el *aksakal* o «barba blanca» de los mercaderes del Turquestán occidental. Cabalgó conmigo hasta la ciudad de Karashar —una excursión provechosa desde el punto de vista científico— donde me arriesgué a visitar a Hven Darin, el gobernador chino. Entré en su *yamen* y le dije francamente que no tenía pasaporte.

—¡Un pasaporte! —exclamó este cortés caballero, con una agradable sonrisa—. No necesitas ningún pasaporte. Eres nuestro amigo e invitado. ¡Tú eres tu propio pasaporte!

Y añadió a su amabilidad brindándome un documento que facilitó nuestro camino a todas partes en su propia provincia.

Cuando regresé a Korla, Islam Bai me dijo, con un nudo en la garganta, que había tenido una experiencia desagradable durante mi ausencia. Un día estaba sentado muy tranquilamente en el bazar, hablando con un comerciante del Turquestán occidental, cuando un jefe chino con cuatro soldados pasó cabalgando. Llevaban una vara con un emblema del poder del emperador. Todos debían levantarse en señal de respeto a este símbolo. Pero Islam, al ser un súbdito ruso, se quedó quieto. Acto seguido, los soldados chinos se detuvieron, lo agarraron, le desnudaron el cuello y lo azotaron hasta que manó la sangre.

El vejado hombre echaba espuma por la boca de la rabia contra sus verdugos y exigía venganza. Le escribí a Li Daloi, el comandante, para preguntarle dónde estaba escrito que los soldados chinos podían golpear a los súbditos rusos, y exigirle imperativamente que se castigara al culpable. Li Daloi vino a mí al instante, pidió perdón y lamentó que no se pudiera identificar a las personas culpables. Entonces exigí que toda la *lansa* (guarnición de tropas) desfilara, y que Islam se encargase de señalar al culpable.

LA ENTRADA A KARASHAR

—¡Ahí está! —gritó Islam mientras el autor del ultraje pasaba frente a nosotros.

Ahora era el turno de este pobre pecador de recibir una paliza. Y así, apaciguada la justicia, Islam se declaró satisfecho; y Li Daloi se marchó con su *lansa*.

Compramos un cachorrito color fuego en Korla, un auténtico salvaje asiático, que heredó el nombre de Yoldash y pronto se convirtió en el favorito de todos. Dejé Korla a finales de marzo, acompañado por Islam, Kerim Jan, dos nativos que conocían bien el camino, y nuestros tres camellos y cuatro caballos, siguiendo la orilla izquierda del río Kaidu (o Konche Daria), el afluente más grande del bajo Tarim, hacia el sureste.

Yoldash aún era demasiado joven para ir con nosotros sobre sus propias piernas. Acomodado en una canasta encima de uno de los camellos, se mareó terriblemente debido al constante balanceo de un lado a otro. Con el tiempo creció, se desarrolló y se convirtió en mi mejor amigo. Me acompañó a través del Tíbet y China hacia Pekín, a través de Mongolia y Siberia hacia San Petersburgo, y también habría hecho su entrada en Estocolmo si no hubiera oído que me era imposible traerlo debido a la epidemia de rabia en Rusia. Por lo tanto, lo dejé a cuidado del profesor Backlund, un compatriota mío que era director del Observatorio de Púlkovo, con la intención de ir a buscarlo cuando terminara la cuarentena.

Pero Yoldash era irremediablemente un salvaje, al haber servido para defender nuestra caravana contra todo tipo de enemigos más o menos imaginarios; así que carecía por completo de las maneras necesarias para alojarse en una casa respetable en Púlkovo. Para empezar, mató a mordiscos a todos los gatos que pudo atrapar en un radio de media milla; y más tarde se convirtió en un lujo demasiado caro, por su gusto de arañar los pantalones de los visitantes del observatorio. Y cuando, finalmente, mordió a una anciana en la pierna, Backlund consideró prudente mudarlo con un campesino a una distancia considerable de Púlkovo. Así perdí el rastro de mi fiel compañero de viaje y todavía sigo ignorante en cuanto al final de la historia de este héroe; pero en este punto de mi relato estaba en la flor de la juventud en su primer viaje, y yacía gimiendo en su cesta mecedora sobre el lomo de un camello, en la orilla del Konche Daria.

Nuestro objetivo era el delta interior del Tarim y el Lop Nor. Marco Polo fue el primer europeo en escribir sobre el desierto de Lop y la gran ciudad del mismo nombre. El famoso comerciante veneciano no conocía el Lop Nor; pero los chinos sabían de su existencia y su ubicación geográfica desde hacía varios cientos de años, y habían situado el lago en mapas en varios períodos. El primer europeo en penetrar hasta sus orillas fue el gran general ruso Przhevalski, durante su viaje de 1876-1877. Encontró el lago un grado más al sur que el Lop Nor de los mapas chinos. Esto hizo que el barón von Richthofen, el famoso explorador de China, presentara la teoría de que debido a los cambios en el delta del Tarim en los años subsiguientes, el lago se había movido un grado hacia el sur.

Cuatro expediciones (las de Carey y Dalgleish, de Bonvalot y el príncipe Enrique de Orleans[95], de Littledale, y de Pevtsov y sus oficiales) visitaron el Lop Nor después de Przhevalski, y todas ellas siguieron fielmente la pista del general ruso. Ninguno de ellos parece haber considerado la importancia de determinar si existían otras vías fluviales más al este. Yo quería hacer esta investigación ahora. Sería el primer paso hacia la solución del problema de Lop Nor, que tanto debate suscitó posteriormente.

Ya de camino al delta oí hablar acerca de un curso de agua oriental, alimentado principalmente por el Konche Daria, que formaba toda una serie de lagos al este de la ruta que habían seguido mis predecesores, y situado en el mismo grado de latitud que el Lop Nor de los chinos. Seguí la orilla este de todos estos lagos. Estaban casi cubiertos de juncos. En 1893, Kozlov[96], un capitán ruso, descubrió un brazo de río, seco desde hacía mucho tiempo, que una vez había sido el lecho del Konche Daria y que parecía continuar hacia el este desde un punto por encima de mi cadena de lagos. Los nativos lo llamaban el «río de arena» o «río seco». Durante una expedición posterior tuve la oportunidad de trazar un mapa de todo su curso y descubrir su importancia.

Así viajamos hacia el sur a lo largo de los lagos. Dunas de arena, bosques, algunos viejos y muertos, otros frescos y vivos, y vastos campos de juncos dificultaban el progreso. En Tikenlik, un pequeño pueblo, tuvimos grandes problemas para cruzar el Konche Daria con los camellos. El agua todavía estaba demasiado fría para cruzar a nado. Así que atamos unas cuantas canoas largas y estrechas de los nativos, las cubrimos con tablas y cañas y cruzamos primero un camello y luego los otros dos. Los pobres animales se asustaron y se resistían desesperadamente a cruzar; por lo que tuvieron que ser amarrados a bordo del extraño transbordador.

El tiempo se había vuelto cálido. De día, la temperatura alcanzaba los 33 °C; y por las tardes y por la noche nos atormentaban mucho los mosquitos. Me unté aceite de tabaco en la cara y las manos, y en una ocasión prendimos fuego a todo un campo de juncos densos y secos, para mantener alejados a los insectos sedientos de sangre. Los tallos de las cañas sonaban como disparos de rifle cuando estallaban por el calor, y así permanecimos toda la noche bajo ese crepitar constante. Las llamas barrieron la tranquila región, lo que hizo la noche tan clara como el día.

Desde Kum Chekkeh, un lugar de pesca, Islam siguió por el camino principal hasta un lugar que habíamos acordado, donde se juntaban los brazos del delta. Yo mismo alquilé una canoa, de seis metros de largo y medio de ancho, tallada en un tronco de álamo, y fui con dos remeros a lo largo del largo curso de agua, sobre lagos y brazos de río, hasta el punto de encuentro. Fue un viaje delicioso. Me senté en medio del barco como en un sillón, con la brújula, el reloj y el mapa en mi regazo, y tracé nuestra ruta. Yoldash, que yacía a mis pies, encontró este modo de viajar más placentero que mecerse en el lomo del camello. Los remeros se mantuvieron erguidos, sumergiendo sus delgados remos de palas anchas casi perpendicularmente en el agua.

La canoa se deslizaba tan rápidamente por el agua que había remolinos alrededor de su popa, y apenas se distinguían los bancos que dejábamos atrás. Se oía un crujido y un silbido cuando atravesábamos la densa maleza de los juncos. Uno de mis remeros, el viejo Kurban, había cazado en esta región durante cincuenta años y recordaba la época cuando el territorio estaba seco, y cuando veinte años antes había matado un camello salvaje y vendido su piel a Przhevalski, el primer europeo que había aparecido en este territorio.

Un día, un *kara buran* de primer orden arrasó la zona y los majestuosos y viejos álamos inclinaron dócilmente sus cabezas ante el viento. No se nos ocurría la idea de salir en canoa. Yacíamos tranquilamente, esperando en chozas de juncos, cuyos habitantes nos recibieron hospitalariamente y nos obsequiaron con pescado fresco, pato salvaje, huevos de ganso y brotes de caña. Todo el tiempo vivimos de la comida nativa que, complementada con sal, pan y té, era excelente.

Unos días más tarde llegamos a Abdal, un pequeño pueblo compuesto por las más primitivas chozas de juncos en la orilla del Tarim, justo encima del punto donde el río desemboca en el Lop Nor. El cacique del lugar, Kunchekkan Bek (el Jefe del Sol Naciente), de ochenta años de edad, había sido amigo de Przhevalski y nos recibió con la mayor hospitalidad. Nos contó historias maravillosas acerca de su propia vida, sobre ríos, lagos, desiertos y bestias, y me invitó a una larga

KUNCHEKKAN BEK, «EL JEFE DEL SOL NACIENTE», UN ANTIGUO AMIGO DE PRZHEVALSKI CON EL QUE TRABÉ AMISTAD

excursión en canoa hacia el este a través de esta extraña combinación de pantano de juncos y lago de agua dulce.

El Tarim se bifurcaba en varios brazos por debajo de Abdal. Seguimos por uno de ellos, y al poco tiempo vimos frente a nosotros un crecimiento de juncos que parecían formar una barrera eficaz contra nuestro viaje.

Pero nuestros remeros sabían cómo manejarse. Dirigieron la canoa hasta la entrada de un corredor en la empalizada de caña. Este corredor era tan angosto que no podíamos ver el agua debajo de nosotros, ni el cielo que teníamos encima. Estos laberintos de estrechos canales entre los juncos eran permanentemente navegables, porque los juncos se desarraigaban con frecuencia, para así controlar los nuevos crecimientos. Aquí, pequeñas redes de fibra vegetal eran dispuestas en largas filas; y se capturaban los deliciosos pescados que constituyen el alimento básico de los habitantes de Lop.

Las cañas más altas que medí alcanzaban ocho metros de alto. Al nivel del agua, uno difícilmente podría rodearlas con el pulgar y el dedo corazón. Aquí y allá, las fuertes tormentas golpeaban y rompían los juncos, y estaban tan densamente apelmazados que podíamos caminar sobre ellos. Los gansos salvajes solían depositar sus huevos en esos lugares; y en dos ocasiones uno de mis guías, ágil como un gato, saltó a tal techo de cañas rotas y enredadas a nuestro paso, y volvió con los brazos llenos de excelentes huevos de ganso.

PASILLOS ESTRECHOS ENTRE EL CAÑAVERAL

Hacia la tarde nos deslizamos fuera de los pasajes estrechos y llegamos a aguas abiertas, donde nadaban innumerables bandadas de gansos salvajes, patos salvajes, cisnes y otras aves acuáticas. Acampamos en la orilla norte al aire libre, y al día siguiente continuamos hasta el final del lago. Por la noche regresamos a la brillante luz de la luna. Fue un viaje nocturno en un ambiente veneciano en el corazón de Asia.

Quedaba el tramo de seiscientas veinte millas de Abdal a Jotán, y quería cubrir esa distancia lo más rápido posible. Esto solo era posible con caballos, y así, en el pequeño pueblo de Charklik, con el corazón dolorido, vendí los tres camellos veteranos que tan notoriamente nos habían ayudado en nuestros importantes descubrimientos en el campo geográfico y arqueológico. Lamenté particularmente separarme del espléndido camello que durante tanto tiempo me había llevado a través del desierto y el bosque; y que, todas las mañanas, me había dado un golpe con la nariz para despertarme y recordarme las dos tortas de pan de maíz que le correspondían. Pero ahora había llegado el momento de la despedida. El comerciante que los compró vino a buscarlos él mismo. Le odiaba; y hubo lágrimas en mis ojos cuando vi a los camellos desaparecer en el patio vacío. Con paciencia y calma, con aire majestuoso, partieron hacia nuevos trabajos y nuevas aventuras.

NUESTRO PASO BLOQUEADO POR LAS CAÑAS

Pronto tuvimos algo más en qué pensar. Li Darin, el gobernador civil, envió un mensajero a mi casa para demandar mi pasaporte. Respondí que lo había dejado en Jotán. Acto seguido, Li Darin me informó que el camino hacia el oeste, que conducía a Jotán, estaba cerrado para mí, ¡pero podía volver por el mismo camino por el que había venido! ¡Y si intentaba tomar el camino más corto a través de Cherchen[97] y Keriya en contra de sus órdenes, me arrestaría!

Allí estaba yo, enfrentándome a la posibilidad de un viaje a través de bosques y desiertos en el calor sofocante del verano, ¡y por caminos que ya había trazado! Por la noche, Shi Darin, el comandante, vino a mi alojamiento a visitarme. Era un hombre amable y sensato; y se informó a fondo acerca de mis viajes.

—¿Fuiste tú quien el año pasado perdió su caravana y casi muere de sed en el desierto de Taklamakán? —preguntó.

Confirmé su suposición y se alegró efusivamente, para después pedirme un relato detallado sobre mis aventuras. Escuchó de la misma forma que un niño escucha una historia maravillosa. Al final me quejé de la severidad de Li Darin, pero Shi Darin me rogó que no me preocupara.

Al día siguiente le hice una nueva visita.

—¿Qué sucede con mi arresto? —le consulté.

Shi Darin se rio a carcajadas y dijo:

—Li Darin está loco, yo soy el comandante, y sin mi aprobación no puede hacer que un soldado te arreste. Tú solo tienes que tomar el camino más corto a Jotán. Yo me ocuparé del resto.

Le agradecí su amabilidad, compré cuatro caballos nuevos, me despedí una vez más de nuestros fieles camellos y cabalgué por los bosques del río Cherchen Daria hasta Kapa, un lugar donde se extrae polvo de oro del lecho del río, y finalmente, vía Keriya, a Jotán, donde nosotros (tres polvorientos jinetes) hicimos nuestra entrada el 27 de mayo.

CAPÍTULO XXVII

UNA HISTORIA DETECTIVESCA DESDE EL CORAZÓN DE ASIA

MI primera tarea después de regresar a Jotán fue visitar a Liu Darin[98], el gobernador. A partir de ahí, las secuelas de nuestro desastroso viaje por el desierto comenzaron a desarrollarse como una emocionante historia de detectives. Algunos de los hombres a quienes habíamos considerado como ángeles rescatadores el año anterior ahora se revelaron como sinvergüenzas y ladrones.

Resultó que Yusup, uno de los tres comerciantes que le dieron agua a Islam Bai —lo que le salvó la vida—, había visitado a Said Akhram Bai, el *aksakal* o «barba blanca» de los comerciantes del Turquestán occidental en Jotán, y le entregó un revólver para asegurar su silencio y buena voluntad. Pero Said Akhram, tras ser advertido por el cónsul Petrovski, sometió a Yusup a un agudo examen. Acto seguido, Yusup confesó que Togda Bek, jefe de la aldea Tavek Kel, le había regalado el revólver. Said Akhram inmediatamente entregó el arma a Liu Darin, quien a su vez la envió a Dao Tai, en Kasgar. Era el mismo revólver del ejército sueco que Dao Tai me había devuelto.

Al sentir que el cerco se cerraba en torno a él, Yusup huyó a Urumchi. Said Akhram envió a un astuto espía a Tavek Kel, que obtuvo de Togda Bek un puesto como cuidador de sus ovejas. Un día, el pastor espía fue a la casa de Togda Bek para cobrar su paga. Le impidieron entrar. Pero ya había visto cómo Togda Bek y otros tres hombres estaban sentados en cuclillas alrededor de unas viejas cajas polvorientas, cuyo contenido estaba esparcido por el suelo de tierra. Estos tres hombres eran Ahmed Mergen y sus hijos, Kasim Ahun y Togda Shah, los cazadores que habían acompañado a Islam en la expedición de recuperación tras la destrucción de nuestra caravana en el desierto. Dos de ellos habían estado conmigo en mi viaje a las ciudades antiguas y la región de los camellos salvajes. No tenía idea, en ese momento, que dos de mis cuatro hombres eran ladrones y me habían robado.

Mientras tanto, el espía había visto suficiente. Caminó lentamente en dirección a su rebaño de ovejas; pero una vez que se perdió de vista, atrapó al primer caballo que vio y galopó lo más rápido que pudo hacia Jotán. Como lo extrañaron al poco tiempo, Togda Bek comenzó a sospechar que algo andaba mal y envió hombres a caballo para perseguirlo. Pero ya era tarde; se había adelantado demasiado.

Al llegar a Jotán, el espía le contó su historia a Said Akhram, quien informó a Liu Darin. Este último envió a dos funcionarios chinos y algunos soldados a Tavek Kel.

Togda Bek entonces se dio cuenta de que lo habían descubierto y tendría que actuar con diplomacia. Al considerar que era mejor sacrificar sus posesiones ilícitas que su posición y su empleo, empaquetó los artículos robados en cajas y se los llevó a Jotán. En el camino se encontró con los hombres de Liu Darin y se inventó la historia de que los objetos buscados habían sido encontrados y llevados a su casa solo unos días antes, y que ahora se dirigía a entregárselos a las autoridades chinas. Luego, todo el grupo fue a Jotán, donde Togda Bek y los otros ladrones se instalaron en un caravasar. Pero Said Akhram también tenía espías allí, y escucharon a Togda Bek instruir a los tres cazadores sobre qué responder en caso de que fueran interrogados.

Suficientemente informado, Said Akhram realizó una investigación e hizo que los tres cazadores confesaran que en el transcurso del invierno habían seguido el rastro de un zorro en la arena; que los condujo al desierto, en el extremo oeste, a un lugar donde había una duna blanca debido a restos esparcidos de harina. Atraídos por el olor de nuestros comestibles desechados, los zorros probablemente habían ido directos al «campamento de la muerte».

Como el rastro del zorro no continuaba más hacia el oeste, los cazadores habían llegado a la conclusión correcta de que ese debía ser el lugar donde habíamos abandonado la tienda y las cajas. Después de cavar un poco, encontraron la tienda, que probablemente había sido volcada por el viento antes de ser enterrada por las tormentas de arena del verano. A partir de entonces fue una cuestión sencilla desenterrar las cajas que habíamos dejado en la tienda. No sabían nada sobre nuestros dos hombres, que probablemente habían muerto fuera de la tienda. Cargaron las cajas en sus burros y ellos mismos transportaron lo que quedaba de su suministro de agua en odres.

De una forma u otra, Togda Bek, en Tavek Kel, se enteró del hallazgo y persuadió a los cazadores, que por lo demás eran hombres honestos, para que llevaran las cajas a su casa. Habían estado allí escondidas durante algún tiempo. Ahmed Mergen y Kasim Ahun empezaron entonces a trabajar conmigo y participaron en mi viaje a las ciudades antiguas. Por lo tanto, durante este viaje, sabían mucho, pero no dijeron nada al respecto. Pero cuando regresaron a Jotán con la piel de camello salvaje, Liu Darin, que se había enterado de todo mientras tanto, los arrestó, les dio una paliza y los encerró en la cárcel.

A mi regreso a Jotán, Liu Darin me devolvió todo lo que quedaba. No había nada de gran valor para mí, porque mientras tanto yo había conseguido nuevo equipo de Europa. ¡Y qué iba a hacer yo con la cámara grande y su soporte, después de que todas las placas de vidrio, tanto las expuestas como las no expuestas, hubieran sido retiradas de sus películas y utilizadas como cristales para las ventanas en Tavek Kel!

Liu Darin quería recurrir a la tortura para sacarles toda la verdad a los culpables; medida que yo, por supuesto, impedí. Cuando, en un examen final, Togda Bek y los cazadores se echaron la culpa unos a otros, Liu Darin pronunció la sentencia salomónica de que cada uno de ellos me debería devolver el valor de los artículos perdidos, que, en una estimación baja, puse en cien libras. Pero declaré que no quería su dinero, y que el daño hecho no podía repararse con este. Como advertencia para los demás, Liu Darin insistió en que no deberían quedarse sin castigo; así que reclamé una suma equivalente a tres caballos de caravana, o unas veinte libras. Togda Bek sin duda tendría que soportar esa pérdida, porque los cazadores no tenían nada. Y realmente sentí pena por ellos.

No me extrañaría que alguno de mis lectores se hiciera la pregunta: «¿De qué te sirvió exponer tu propia vida, la de tus hombres y camellos, y todo tu equipo a los tremendos riesgos de aquellos largos viajes, por desiertos arenosos desprovistos de agua?».

A esto me gustaría responder que, aunque los mejores mapas existentes del interior de Asia indicaban desiertos arenosos en esta sección del Turquestán oriental, ningún europeo los había atravesado jamás; y así, una investigación sobre la naturaleza de esta parte de la corteza terrestre permanecía como una tarea inconclusa para la investigación geográfica. Tampoco estaba fuera de duda que se pudieran descubrir rastros de una civilización antigua en las regiones que habían quedado completamente enterradas en la arena flotante. También hemos visto que, en un capítulo anterior, esas esperanzas mías finalmente se vieron colmadas por el éxito a través de mi descubrimiento de dos ciudades antiguas.

También he mencionado mi esperanza de que estas ciudades en ruinas se conviertan en algún momento en objeto de excavación y examen arqueológico por parte de expertos. En esto tampoco fui defraudado, aunque mis deseos no se cumplieran hasta doce años después. Fue mi amigo, sir Marc Aurel Stein, el famoso arqueólogo inglés, húngaro de nacimiento, quien, apoyado por el Gobierno de la India, asumió esta difícil pero agradecida tarea. Y mis antiguas ciudades difícilmente podrían haber caído en mejores manos que las suyas. Por sus logros allí, así como en otras partes de Asia, más tarde se le otorgó la Medalla de Oro Retzius de la Sociedad Geográfica Sueca, por recomendación mía.

A principios de febrero de 1908, Stein se aventuró audazmente a seguir la misma ruta a lo largo del Keriya Daria, y a través del desierto, que he descrito en los dos capítulos anteriores. Se guio por mis mapas. Sin embargo, hizo el viaje en la dirección opuesta, es decir, de norte a sur. Lo describió así (*Ruinas del desierto de Cathay*, Vol. II, p. 379):

> Si hubiera sabido en Kuchar que los guías no se obtendrían en Xayar, tal vez hubiera dudado antes de intentar cruzar el desierto hasta el río Keriya, porque sin tales guías no podría ni por un momento obviar la dificultad de la tarea y sus riesgos inherentes. Hedin, que venía del sur, había dejado el final del río Keriya con la certeza de alcanzar el amplio objetivo del Tarim justo en su ruta en algún punto u otro, si se mantenía el tiempo suficiente en el curso norte. Para nosotros, que vinimos del norte, el caso fue esencialmente diferente. Nuestra esperanza de llegar al agua en un tiempo razonable dependía únicamente de nuestra capacidad para navegar correctamente a través de unas ciento cincuenta millas de altas dunas hacia un punto en particular: la desembocadura del río Keriya, que fluía, no directamente a través de nuestra ruta, sino prácticamente en la misma dirección. Implicaba también la suposición de que el río todavía descargaba sus aguas donde Hedin las había visto.
>
> Ahora sabía bien, por experiencia, la dificultad de seguir un rumbo correcto solo con la brújula en un verdadero mar de arena desprovisto de todo punto de referencia. Tampoco podía pasar por alto el hecho de que, por muy justificada que mi confianza estuviera puesta en el cuidadoso mapa de Hedin, las diferencias de longitud deducidas de los simples recorridos de la ruta debían de ser considerables en ese terreno, y en nuestro caso todo dependía de que la longitud asumida fuera correcta. Si no conseguíamos alcanzar el final del río en el confuso delta de lechos secos, que el río ha formado desde los primeros períodos en su lucha a muerte con la arena, nuestra posición habría sido ciertamente delicada. No habría nada que indicara si el

lecho real, donde podríamos encontrar al menos agua del subsuelo cavando pozos, estaba al este o al oeste. Si continuásemos nuestro rumbo hacia el sur, habría un gran riesgo de que nuestro suministro de agua se agotara por completo, y que los animales (y también los hombres) sucumbieran de sed mucho antes de alcanzar la línea de pozos y oasis al pie del Kunlun.

Así fue como su propia vida, junto a la de sus hombres y los animales de su caravana, dependían de mi mapa. Si este no hubiera sido fiable, y lo hubiese llevado a virar a la derecha o a la izquierda del punto donde yo había encontrado el final del río en el desierto de arena, se habría perdido sin posibilidad de rescate. Tenía, por tanto, una gran responsabilidad; y hasta el día de hoy me siento feliz por la confianza que depositó en mi mapa. No se puede apostar más a una sola carta que la propia vida y la de los demás. Stein tenía una ventaja sobre mí, ya que sabía por mi relato que las dunas se podían atravesar con camellos y burros. Yo, sin embargo, no sabía nada de esto cuando me aventuré en el desierto desde el punto donde terminaba el río. El viaje de Stein se realizó sin contratiempos; y así escribió cuando todo el peligro había pasado:

Vi para mi deleite un ancho cinturón, similar a un valle, de bosque muerto y tamariscos verdes, que se extendía hacia el sur-suroeste. Las altas arenas que acabábamos de cruzar, y esta extensión continua de selva muerta concordaban bien con la descripción que Hedin había hecho del terreno donde, en su marcha desde el sur, finalmente había perdido el contacto con el lecho seco del río que marcaba la antigua extensión de este. De hecho, me sentí casi seguro de haber llegado al mismo punto que su mapa muestra como Campamento XXIV. Parecía una reivindicación triunfante de la precisión de la cartografía de Hedin y de nuestra propia ruta.

Unos meses más tarde, Stein viajó hacia el norte, por el lecho seco del Jotán Daria; y es de gran interés escuchar lo que afirma, trece años después de mi viaje a través del desierto, sobre la charca que me salvó la vida y de la que llevé agua en mis botas a Kasim. Cito de su libro (*Ruinas del desierto de Cathay*, Vol. II, p. 420):

El 20 de abril partí de Mazar Tagh por el lecho seco del río Jotán hacia Aksu. Durante las ocho rápidas marchas que nos llevaron hasta la unión del río con el Tarim en el norte, sufrimos mucho por el creciente calor del desierto y una sucesión de tormentas de arena. Tales condiciones me hicieron darme cuenta con toda intensidad de las vivencias de Hedin en su primera travesía desastrosa por el Taklamakán, en mayo de 1896.[99] Kasim, que lo había conocido después durante su descanso forzoso en el campamento de pastores de Boksam, pudo mostrarme la charca de agua dulce, unas veinte millas más abajo en la orilla derecha, que había resultado ser el salvavidas del gran viajero cuando luchaba por salvar su vida en el «mar de arena», exhausto por la sed.

La constancia de estos charcos, que se encuentran a intervalos considerables a lo largo del cauce del río donde pasa la corriente, y la deliciosa frescura de sus aguas, prueban que debe haber un flujo constante de agua del subsuelo que se abre paso por el cauce del río, a menudo más de una milla de ancho, incluso durante la estación más seca.

El mismo problema geográfico que me había tentado a emprender el desastroso viaje por el desierto de Taklamakán también impulsó a Stein, dieciocho años después, a tomar la misma ruta. Al igual que yo, pensaba que Mazar Tagh era una cadena montañosa que se extendía por todo el desierto, desde el noroeste hasta el sureste. Pero eligió una estación más adecuada que yo; porque él comenzó su viaje un 29 de octubre[100], mientras que yo lo había hecho un 23 de abril. Tenía el invierno, con su frío, por delante. Eligió el mismo punto de partida que yo: el extremo sur del largo lago que yo había descubierto. Cuando, después de dieciséis millas, descubrí que la cordillera no continuaba a través del desierto, cambié mi rumbo hacia el este y crucé todo el desierto. En cambio, Stein, después de veinticinco millas, encontró que la empresa era demasiado arriesgada.

La abandonó y volvió al lago. Fue más sabio que yo: *vestigia terrent*[101]. A este respecto escribió (*Geographical Journal*, agosto de 1916):

Desde un lago cercano [a la colina], que se alimenta de las inundaciones del río Yarkanda pero que encontramos salobre en su extremo, Hedin había comenzado, en mayo de 1895, ese audaz viaje a través de los páramos arenosos. Rumbo hacia el este, y que resultó en la destrucción de su caravana y que él mismo se salvase por los pelos. Con rumbo sureste, nos abrimos paso durante tres marchas difíciles hacia el mar de dunas. Apiñadas y empinadas desde el principio, crecían constante e invariablemente y se elevaban en una línea que discurría en diagonal a través de nuestra dirección prevista. Para el segundo día, todo rastro de vegetación, muerta o viva, había quedado atrás, y una interminable sucesión de imponentes riscos, sin un trozo de arena nivelada entre ellos, nos hacía frente. Las crestas que debíamos escalar pronto alcanzaron los sesenta o noventa metros de altura, y el progreso se volvió dolorosamente lento con los camellos pesadamente cargados... Era, con mucho, el terreno más imponente que jamás había encontrado en el Taklamakán. Para la tarde del tercer día, los camellos contratados se habían derrumbado por completo o mostraban serios signos de agotamiento. A la mañana siguiente, subí a la duna más alta cerca de nuestro campamento y, al escudriñar cuidadosamente el horizonte, no vi nada más que la misma extensión de formidables lomas de arena, como si fueran enormes olas de un océano embravecido que de pronto se hubiese detenido en movimiento. Había una extraña atracción en esta vista, que insinuaba la naturaleza en las contorsiones de la muerte. Pero por difícil que parezca resistir los cantos de sirena del desierto que me llamaban, me sentí obligado a girar hacia el norte... Menos mal que tomé esa dura decisión a tiempo; porque, más tarde, al tercer día, surgió un violento *buran* (tormenta)...

Todavía le quedaban ochenta y cinco millas por recorrer, desde su cambio de ruta hasta la pequeña montaña de Mazar Tagh, en la orilla occidental del Jotán Daria. Sin duda fue una suerte para él y sus compañeros que virase a tiempo. En una situación similar, yo nunca hubiese tomado tal decisión. Continuaría por el desierto. Podría haberse convertido en mi muerte y la de mis hombres, podría haberlo perdido todo, como en 1895, pero la aventura, la conquista de un territorio desconocido, la lucha contra lo imposible, todo esto me provoca una fascinación que me atrae con una fuerza irresistible.

CAPÍTULO XXVIII

MI PRIMERA ENTRADA EN EL TÍBET

¡Oh, dulce verano en Jotán! ¡Oh, descanso delicioso, después viajes interminables en el desierto y bosques!

Con tierna tristeza recuerdo el mes que pasé en la antigua ciudad. Desde la mañana a la noche mis días estaban llenos de trabajo. Completaba mapas y notas, escribía cartas, leía y también organizaba los preparativos para un viaje al norte del Tíbet. Vivía bastante solo en un espacioso pabellón de madera que contenía una sola habitación grande con ventanas que se abrían por todos lados y que se cerraban por la noche con celosías de madera. El edificio estaba erigido sobre una terraza de ladrillo y se encontraba en medio de un gran jardín rodeado por un alto muro. Solo había una puerta en la pared; y había una cabaña para el cuidador, donde vivían Islam Bai y mis otros sirvientes y que albergaba la cocina. La distancia entre el pabellón y la cocina era demasiado grande para llamar a los sirvientes. Por lo tanto, instalamos un sistema de timbre muy simple entre las dos casas.

Quince caballos nuevos estaban en el jardín, comiendo grano de sus pesebres. Liu Darin fue magnífico en su generosidad. Todos los días me enviaba provisiones para los caballos, así como para los hombres. Le había pedido que me recomendara un joven chino, a quien pudiese llevar a Pekín y que me pudiera impartir lecciones de chino durante el viaje. Un día apareció mi nuevo compañero de viaje. Su nombre era Fong Shi. Era un hombre agradable y dispuesto, y estaba muy feliz de ir a Pekín. Inmediatamente comenzamos las lecciones y me dispuse a tomar apuntes diarios en la extraña lengua materna de Fong Shi.

Hacía calor, pero en nuestro jardín no nos importó que hiciese 38 °C. Había suficiente sombra para nosotros y el agua corría en riachuelos entre los árboles. Violentas tormentas pasaban por el distrito de vez en cuando. Luego, el viento silbaba y cantaba en las copas de los árboles, y se oía cómo crujían las ramas y se frotaban unas con otras, o se partían. Durante una noche oscura, una tormenta barrió Jotán. Me quedé despierto mientras escuchaba cómodamente el viento rugiente del exterior. Yoldash, que había crecido y se había convertido en un buen perro guardián, se acercó de repente y comenzó a ladrar salvajemente en una de las ventanas más alejadas.

Las rejas de madera habían desaparecido. El perro se estremeció y se puso muy furioso. Me arrastré hasta el alambre atado a la campanilla. Había sido cortado. Salí a la terraza y vi un par de sombras oscuras que, debido a los ladridos del perro, desaparecieron entre los arbustos. Desperté a Islam. Disparamos algunos tiros al azar. A la mañana siguiente encontramos dentro del muro una escalera, que los ladrones habían dejado atrás en su huida apresurada. Después de eso siempre mantuvimos un vigilante nocturno en el jardín. Una vez por minuto, el vigilante debía hacer sonar tres golpes en su tambor. A partir de entonces, ningún ladrón volvería a perturbar nuestro descanso.

UN UIGUR, HABITANTE DE LAS MONTAÑAS DE DALAIKURGAN

Cuando todo estuvo listo para nuestra partida, me despedí del buen anciano Liu Darin y le regalé como recuerdo un reloj de oro y una cadena. Se celebró un festín de despedida en torno a una gran fogata en el jardín, donde todos los que nos habían asistido, y también mis propios hombres, fueron obsequiados con carne de cordero, pudin de arroz y té, mientras se deleitaban la vista con el baile, y el oído con música de cuerdas. A la mañana siguiente, nuestras bestias de la caravana estaban cargadas y partimos hacia Keriya y Niya[102], donde compramos seis camellos frescos, y luego a Kapa, un pequeño e insignificante pueblo de unas pocas chozas de piedra al pie de las montañas, donde se podía encontrar oro.

El 30 de julio pasamos entre las montañas exteriores de la fortaleza natural más alta y gigantesca de la Tierra, el altiplano del Tíbet. Un valle nos condujo hasta el distrito de Dalaikurgan, donde ya estábamos a una altitud de 3.350 metros. Esta parte del país todavía estaba habitada por uigures[103] procedentes del Turquestán oriental. Aquí no había más que dieciocho familias, con sus tiendas y sus seis mil ovejas. Pero después de dejar Dalaikurgan llegamos a un país despoblado, donde viajaríamos hacia el este durante dos meses sin encontrarnos con un solo ser humano.

Lo que era peor, dejamos la última tierra de pasto decente a un día de distancia de Dalaikurgan. Luego la hierba se puso cada vez peor y finalmente terminó por completo. Partimos de Dalaikurgan con veintiún caballos, veintinueve burros y seis camellos. De estos, solo tres caballos, tres camellos y un burro atravesaron el norte del Tíbet sanos y salvos. También teníamos doce ovejas, dos cabras y tres perros: mi fiel Yoldash, o el «Compañero de Viaje»; Yolbars, el «Tigre»; y Buru, el «Lobo». Y un perro pastor, que cojeaba sobre tres patas como resultado de una pelea con lobos, se unió a nuestra caravana por su propia voluntad.

Solo tenía ocho servidores fijos: Islam Bai, Fong Shi, Parpi Bai, Islam Ahun, Hamdan Bai, Ahmed Ahun, Roslak y Kurban Ahun. También llevamos con nosotros diecisiete uigures de Dalaikurgan, y su *aksakal*, o jefe, que nos acompañaría durante dos semanas y nos ayudaría en los pasos más difíciles.

Parpi Bai era un hombre de unos cincuenta años, de facciones agradables, barba negra poblada y ojos vivaces de color castaño oscuro, vestido con un abrigo de piel de oveja y un gorro con bordes de piel. Había sido sirviente de Dalgleish cuando este último fue asesinado en el paso de Karakoram, y de Dutreuil de Rhins[104], que fue asesinado en el este del Tíbet, y del príncipe Enrique de Orleans, que murió en las Indias Orientales francesas. En las fogatas parecía no haber fin a los relatos de sus maravillosas aventuras vividas durante sus largos viajes por Asia.

Nos dimos cuenta desde el principio que los uigures no eran dignos de confianza. Una noche dos de ellos se escaparon, y luego dos más. Habían recibido sus salarios por adelantado. Su *aksakal* tuvo que responder por las libertades tomadas por sus hombres. Entre el laberinto de valles y montañas que tuvimos que cruzar para llegar a la meseta tibetana, los hombres eran sumamente necesarios.

La caravana procedió en cinco grupos. Los camellos, con sus líderes, iban primero; luego los caballos; luego los burros, en dos grupos; y, por último, las ovejas y las cabras, con sus pastores. Acompañado por Fong Shi y un uigur familiarizado con el territorio, yo siempre cubría la retaguardia; porque estaba ocupado dibujando un mapa de nuestra ruta, y elaborando bocetos de las gloriosas montañas que se elevaban por todos lados, y también recolectando plantas y especímenes de rocas. Islam Bai seleccionaba los lugares para acampar, que siempre se eligieron en función del agua, el pasto y el combustible. Para cuando yo llegase al campamento, las tiendas ya estarían armadas y los animales pastarían en la escasa hierba que pudiera haber. Las hogueras estarían listas y Yoldash, que generalmente me abandonaba al ver el campamento a lo lejos, estaría de pie, en la entrada de mi tienda, moviendo la cola y dándome la bienvenida como si fuera el dueño de la casa.

El valle viraba hacia el sureste y se estrechaba cada vez más. Nos aproximamos al primer paso elevado por el que los uigures debían guiarnos. La caravana lo atravesó sin pérdidas. Su altitud era de 4.780 metros sobre el nivel del mar; y desde su cresta bastante afilada teníamos una magnífica vista sobre un mundo de montañas cubiertas de nieve. Al sur, el terreno se abría de nuevo. Aquí asustamos al primer asno salvaje, que desapareció entre las montañas, perseguido por los perros. El perro de tres patas descubrió que no podía seguir el ritmo de la caravana. Se quedó solo y abandonado sobre una roca que sobresalía y aullaba mientras la caravana seguía su camino.

Bulak Bashi (la «Cabeza del Manantial») fue el último lugar para el que los uigures tenían un nombre. Hacia el este desde allí, vagaríamos mucho tiempo a través de regiones sin nombre, donde ningún europeo había puesto jamás un pie. Las montañas del sur, entre las crestas y cumbres cubiertas de nieve de las que descendían las lenguas de los glaciares, eran conocidas por los uigures simplemente como Arka Tagh, o «las montañas más lejanas».

El invierno llega temprano en estas regiones altas. Una mañana nos despertó una tormenta de nieve. Mi tienda se volvió inestable a causa del viento y hubo que amarrarla con cuerdas y cajas. La temperatura descendió a –7 °C, a pesar de que estábamos bien entrados en agosto. Todo el campo era blanco, y no siempre era fácil encontrar el rastro de la caravana. El mal de montaña también cobró sus víctimas. La mayoría de los hombres se quejaron de dolor de cabeza y palpitaciones. Pero nadie estaba en una situación tan triste como Fong Shi, cuya condición empeoraba día a día. Tenía mucha fiebre y apenas podía mantenerse en la silla de montar. Llevarlo más lejos hubiera sido arriesgar su vida; así que tuve que enviarlo de regreso al Turquestán oriental. Le dejé quedarse con su caballo, le entregué dinero y comida, y un uigur como escolta. Estaba profundamente apenado por sus esperanzas arruinadas de llegar a Pekín. Parecía verdaderamente desconsolado en la mañana cuando nos separamos al calor de las brasas de una de nuestras fogatas.

Mi fiel sirviente, Islam Bai, también estaba enfermo. Tosió sangre y pidió que lo dejaran atrás con dos uigures. Pero después de unos días de descanso, en un valle donde encontramos pasto tolerable, mejoró. Los animales no habían tenido forraje verde durante cuatro días. Pero siempre tenían maíz. Los burros llevaban el maíz para los caballos y camellos. Ellos mismos eran menos exigentes e incluso toleraban los excrementos de asnos salvajes y yaks. Teníamos maíz para un mes y provisiones para dos meses y medio. Todas las tardes, al ponerse el sol, los camellos volvían de pastar y subían andando al campamento, donde se descargaban sus raciones de maíz sobre un trozo de tela de la tienda.

Fue con un grupo de inválidos con quienes hice mi entrada en el norte del Tíbet. Estábamos a una altitud de 4.970 metros y la temperatura en la noche bajó a −10,5 °C. Una tormenta del oeste, con granizo y nieve, barría la meseta día tras día. No importaba lo despejado que estuviera el cielo, el oeste se oscurecía y nubes de color plomizo llenaban los espacios entre los picos nevados.

Se oyó un estruendo acercarse a una velocidad terrible. Era mediodía y se había hecho tan oscuro como después del anochecer. Un trueno retumbó y un eco sordo reverberó entre las paredes de las montañas. Luego cayó una lluvia de granizo, con la fuerza de un auténtico fuego de artillería. Los golpes de las innumerables bolitas de hielo, que azotaban nuestros pobres cuerpos, se podían sentir a través del abrigo de piel de oveja más grueso. Los pobres caballos se asustaron y estremecieron ante sus inmerecidos azotes. Era imposible ver nada. Protegimos nuestras cabezas debajo de nuestras capuchas. La noche nos rodeó y la caravana se detuvo.

Pero estas tormentas, tan regulares como violentas, pasaban rápidamente. Por lo general, les seguía una nevada; pero aproximadamente una hora más tarde el cielo se despejaba y el sol se escondía detrás de las montañas en todo su esplendor.

Ahora nos disponíamos a cruzar el Arka Tagh y, en consecuencia, nuestros guías nos condujeron a través de un valle empinado. Seguí a los caballos, que ese día iban a la cabeza. Después de muchas horas difíciles llegamos al paso, a una altitud de 5.240 metros. En el momento de superar el collado del paso, llegó la habitual granizada. No podíamos continuar, porque no podíamos ver nuestro camino. Así que decidimos acampar temporalmente. Las tiendas estaban montadas y atadas; los animales, amarrados. Faltaba agua, pasto y combustible, pero los granizos que se acumulaban en las grietas nos proporcionaron agua. Rompimos una caja de madera para conseguir leña. Era un lugar horrible para acampar. Los truenos retumbaban a nuestro alrededor. El suelo temblaba bajo el impacto. No podíamos oír a los burros o a los camellos. Por la tarde el cielo se aclaró y salió la luna, brillante y plateada.

Al día siguiente descubrimos que nuestros uigures nos habían extraviado y que el paso donde acampábamos pasaba por una cresta más pequeña, no por encima del propio Arka Tagh. Tuvimos que volver a descender para buscar el paso correcto y encontrar los grupos de la caravana que se habían perdido.

Logramos la última tarea; pero, como todos estaban exhaustos, tan pronto como encontramos algunos pastos tolerables a la orilla de un arroyo, acampamos.

Ahora se dispuso que tres uigures regresaran a casa, pero que los demás nos acompañaran hasta que nos pusiéramos en contacto con otros seres humanos. Estos últimos pidieron la mitad de sus salarios por adelantado para enviar el dinero a sus familias a través de sus tres camaradas que regresaban.

LA CARAVANA FUE ATACADA POR UNA TORMENTA DE GRANIZO Y NIEVE

El silencio cayó sobre el campamento a una hora temprana esa noche. Nuestros uigures solían disponer los sacos de maíz y las cajas de provisiones en una pequeña barricada circular, en cuyo centro encendían su fogata y luego se refugiaban del viento constante.

En la mañana del 19 de agosto sonó la alarma. ¡Todos los uigures habían desaparecido!, probablemente a medianoche. Cansados como estábamos, habíamos dormido profundamente y nadie había notado nada. Los uigures robaron dos caballos, diez burros y un suministro de pan, harina y maíz. Y para desconcertarnos, partieron del campamento en grupos, avanzando en diferentes direcciones, como se desprendía de sus huellas. Posteriormente, por acuerdo previo, se reunieron en un punto de encuentro y continuaron juntos hacia el oeste.

A Parpi Bai se le encomendó la tarea de perseguir a los fugitivos con dos hombres y nuestros tres mejores caballos. Un día y medio después regresó con la lamentable pandilla y ofreció el siguiente informe.

Después de que los uigures hubiesen recorrido una distancia igual a la que se tardaba tres días en cubrir, se sintieron fuera de peligro, así que se detuvieron y encendieron una fogata. Cinco de ellos estaban sentados a su alrededor y los demás ya estaban dormidos. Cuando Parpi Bai llegó cabalgando, se pusieron en pie de un salto y huyeron en diferentes direcciones.

Parpi Bai disparó un tiro al aire y gritó:

—¡Regresad, si no queréis que os mate a tiros!

Acto seguido, regresaron, se arrojaron al suelo y pidieron misericordia. Parpi Bai tomó su dinero y les ató las manos a la espalda. A la mañana siguiente partieron temprano hacia nuestro campamento, y a las diez de la noche llegaron los pobres muchachos, medio muertos de cansancio.

De hecho, fue una pintoresca escena cortesana la que se presentó ante mi tienda a la luz mixta de la fogata y la luna. Fueron condenados a permanecer atados y bajo vigilancia durante la noche, y a compensar a Parpi Bai y a los otros dos hombres por las molestias; después de lo cual se fueron a dormir detrás de su barricada de bolsas y cajas y, completamente exhaustos, durmieron profundamente, mientras la luna brillaba con fuerza sobre un suelo cubierto por una fina capa de nieve.

Unos días más tarde, después de haber hecho un reconocimiento completo, cruzamos la cresta principal del Arka Tagh, por un paso de 5.550 metros de altitud; y por el otro lado descendimos a un vasto valle, que se extendía por el este hasta donde alcanzaba la vista. Seguimos este valle durante casi un mes. A nuestra izquierda se elevaba el Arka Tagh, con imponentes cumbres, campos de nieve perpetua y glaciares azules; y a la derecha, o al sur de nuestra ruta, la cadena montañosa, cuyo extremo oriental es llamado Kokoshili[105] (las Colinas Verdes) por los mongoles.

Ningún ser humano visita jamás estas regiones. Ni los nómadas ni sus rebaños pueden vivir allí. La altitud es demasiado grande. Incluso en la parte más baja de las montañas estábamos a un nivel más alto que la cima del Mont Blanc, y la mayor parte del tiempo estuvimos a una altitud de 4.940 metros.

En nuestro primer campamento los espíritus de la montaña nos saludaron con un sonido atronador. Impresionantes nubes salvajes de color negro púrpura se alzaron al atardecer, llenaron el valle y flotaron hacia el este como una corriente de lava. Se oscureció a nuestro alrededor. El vendaval amenazó con llevarse por delante todo el campamento, y tuvimos que sujetar la tienda para mantenerla en su lugar. El granizo azotó toda la región como un flagelo. Pero al cabo de cinco minutos el fuerte chubasco se alejó mientras las formaciones de nubes avanzaban hacia el este como grandes flotas de barcos de guerra. La niebla impermeable siguió su estela, para ser sucedida, a su vez, por la noche y sus irresolubles misterios.

CAPÍTULO XXIX

ASNOS SALVAJES, YAKS SALVAJES Y MONGOLES

Estábamos ahora en la cima de la enorme meseta tibetana, la acumulación de montañas más grande y alta de la Tierra. Nuestro período de penurias comenzó cuando el aire enrarecido y la ausencia de pastos quebrantaron la resistencia de la caravana, y cuando, casi a diario, nuestro rastro era marcado por las bestias de carga que dejábamos tiradas en el camino.

Este era también El Dorado de los animales salvajes. En una tierra donde buscábamos pasto en vano, los asnos salvajes y los antílopes encontraban su camino hacia los escasos pastos, y los yaks salvajes obtenían su subsistencia de los líquenes y musgos que crecían entre la grava y en los acantilados, al borde de los altos glaciares. Los veíamos diariamente, solos y en manadas; y el paisaje desolado y estéril era amenizado por estos señores de la tierra alta.

Algunos de los miembros de cuatro patas de la expedición, es decir, los perros, estaban al menos tan interesados como los hombres en los animales salvajes. Una vez, un asno salvaje curioso se mantuvo corriendo delante de la caravana durante dos horas. Una y otra vez se detenía, olfateaba, resoplaba y volvía a correr. Cuando Yolbars, el «Tigre», lo persiguió, el asno se dio la vuelta para atacar al perro. Todos nos reímos al ver al perro huir con el rabo entre las piernas.

En otra ocasión, mi compañero de tienda favorito, Yoldash, salió disparado como una flecha tras un asno salvaje, que huyó y desapareció sobre las colinas más cercanas, tentando al perro a que lo siguiera. Y así, el valiente perseguidor no regresó. Acampamos, y pasó la tarde, y también la mayor parte de la noche. Pero a las tres de la mañana me despertó Yoldash, que se retorcía debajo de la lona de la tienda. Gimiendo de alegría, se me acercó y me lamió la cara. Evidentemente, había perdido nuestro rastro, había vagado buscándonos durante catorce horas y probablemente había encontrado nuestro campamento por mera casualidad.

Un día, Islam Bai disparó un tiro contra un asno salvaje solitario y le destrozó una pata. El animal recorrió una corta distancia y luego cayó, aterrizando de manera pintoresca sobre mi cuaderno de bocetos. Medía dos metros y treinta centímetros desde el labio superior hasta la base de la cola. Su color era un hermoso marrón rojizo oscuro, su vientre y patas blancas y la nariz gris. Los cascos eran tan grandes como los de un caballo, las orejas bastante largas, las fosas nasales grandes y anchas, la cola como la de una mula, los pulmones bien desarrollados. Mantuvimos la piel, y la carne fue una adición bienvenida a nuestro suministro de alimentos.

Los hermosos y elegantes antílopes no fueron molestados por Islam Bai, pero algunos yaks cayeron ante sus balas. Uno era una hembra, que medía dos metros y medio de largo, cuya lengua, riñones y médula proporcionaron una variedad bienvenida a mis comidas. Los hombres se apropiaron de la carne. Otro, un macho, no fue derribado tan fácilmente. Islam llegó triunfante al campamento y nos dijo que había disparado contra un majestuoso yak macho a cierta distancia de nuestras tiendas. Se necesitaron siete balas para que la bestia se despidiera por última vez de sus pastizales. Mientras yacía cerca del camino por el que iríamos al día siguiente, le pedí a Islam que me mostrara el lugar para elaborar un dibujo del animal.

Así que Islam tomó la iniciativa a la mañana siguiente. Imagínense mi sorpresa al encontrar el lugar vacío y el yak que se suponía muerto, desaparecido. Al principio me pregunté si había sido el típico cuento chino de los cazadores. ¡Pero no! El rastro mostraba claramente que el yak, después de recuperarse de la serie de disparos, se había levantado y vagado hasta un manantial. Allí estaba caminando, al borde de la charca, y escarbando en la tierra. Cuando nos vio, levantó la cabeza y presentó una imagen magnífica de fuerza compacta y furia resplandeciente. Cuando la octava bala se alojó en su cuerpo con un sonido sordo, bajó los cuernos y corrió hacia nosotros. Hicimos girar a nuestros caballos y huimos a toda velocidad. Pero el yak nos persiguió y acortó distancias. Estaba bastante cerca, cuando de repente se detuvo en seco, levantó arena con un golpe de cuernos, azotó el aire con la cola y se le pusieron los ojos en blanco. Luego nos detuvimos también, y el cazador le disparó otra bala, que lo hizo retorcerse varias veces, mientras la tierra y la arena volaban a su alrededor. Yoldash, que estaba con nosotros, despertó la ira del macho, pero se salvó a tiempo. La undécima bala penetró en la región del corazón, y el viejo yak salvaje cayó pesadamente al suelo donde había pasado su vida en libertad imperturbable.

Este macho tenía unos veinte años y era un buen ejemplar, de tres metros de largo. La longitud de la cornamenta era de algo más de medio metro; y los gruesos flecos negros de lana a los lados, que forman cojines suaves y cálidos sobre los que acostarse, medían un poco más de medio metro de largo.

De este ejemplo se desprende que el yak no es fácil de abatir. No se derrumba, a menos que le disparen detrás de la cruz[106]. Simplemente gruñe y sacude la cabeza ante una bala enviada a su enorme frente baja. Pero si es golpeado en un punto más vital, se vuelve peligroso y entonces cargará contra el cazador. Ha evolucionado para adaptarse al aire muy enrarecido y no se queda sin aliento fácilmente. Por lo tanto, lo más probable es que alcance al cazador y a su caballo, que están acostumbrados a respirar un aire más denso.

UN YAK SALVAJE CARGANDO CONTRA NUESTROS PERROS

En nuestro camino hacia el este descubrimos toda una línea de lagos, la mayoría de ellos más o menos salados. En lugar de darles nombres europeos, los designé con números romanos. El lago número XIV estaba a una altitud de 5.105 metros. Una semana más tarde recorrimos la orilla de un gran lago durante diecisiete millas.

El territorio seguía siendo monótono. Pero cada día se abrían nuevas vistas sobre picos nevados y glaciares a ambos lados. No se veía rastro de ningún ser humano. Hasta que una vez, mientras cruzábamos la ruta de Bonvalot y el príncipe de Orleans, encontramos un trapo de fieltro que probablemente había pertenecido a uno de sus animales de carga. Los excrementos secos de los yaks salvajes fueron recogidos en bolsas durante nuestra marcha. Ardían con una llama rojo-azulada y proporcionaban un calor intenso. Lo peor fue que los pastos se hicieron cada vez más escasos. Se desplomaba un caballo o un burro tras otro, y nos considerábamos afortunados en aquellos días en que no teníamos pérdidas que registrar. Los camellos eran los más resistentes; pero les dolían las almohadillas por el roce con la arena, así que les tejimos calcetines. Cuando la caza era escasa, los perros tenían que contentarse con la carne de los animales muertos de las caravanas. La tensión crecía día a día, y al final dudábamos si tropezaríamos con alguna tienda nómada antes de que sucumbiera la última de las bestias de la caravana. En ese caso, tendríamos que deshacernos de nuestro equipaje y emprender el camino a pie hasta encontrar otros seres humanos.

De hecho, nuestra cacería no había tenido éxito durante algún tiempo; y ya habíamos matado nuestra última oveja. Cuando el primer camello se derrumbó, los hombres cortaron lo mejor de su carne para comer. Una mañana, mi fiel caballo de montar, que me había llevado durante dieciséis meses, fue encontrado muerto entre las tiendas.

El 21 de septiembre acampamos en la orilla occidental de un lago, que obstruía nuestro camino en diagonal. No podíamos distinguir su extremo sureste, y bien podríamos habernos imaginado estar de pie en la orilla de una bahía. Seguimos el lago hacia el noreste y perdimos dos días en este rodeo. Un día nos sorprendió aquí una tormenta que superó en magnitud y violencia a todas las anteriores. El cielo se oscureció rápidamente. El lago azul se volvió gris oscuro, y su superficie se elevó en olas blancas, espumosas y rugientes. Las montañas desaparecieron detrás de nubes impenetrables. El granizo azotaba las rocas, mientras las olas interrumpían nuestro avance y nos obligaban a acampar precipitadamente a la entrada de un valle.

Ahora nos quedaban cinco camellos, nueve caballos y tres burros. Los animales recibieron grano por última vez. Todavía había suficiente harina para un mes, por lo que los últimos caballos recibieron un pequeño bollo de pan cada día.

El 27 de septiembre dejamos atrás el amplio valle con numerosos lagos y nos dirigimos hacia el noreste por un paso de montaña. En el otro lado sorprendimos a una manada de yaks, habrían sido unos cien. Islam disparó un tiro al grupo. Los asustados animales se separaron en dos grupos, uno de los cuales, de unos cuarenta y siete animales, se dirigió directamente hacia mí y el uigur que me acompañaba. Un macho enorme corría delante. Cuando estaban a unos cien pasos de distancia, nos vieron y se desviaron. Islam disparó un segundo tiro. El macho cargó; y estuvo a punto de lanzar por los aires al caballo y al jinete cuando, en el último momento, Islam giró sobre su silla y le dio a la bestia un tiro mortal en el pecho. Acampamos cerca del animal caído. Su cadáver proporcionó alimento para varios días.

Ahora no podríamos estar muy lejos de otros seres humanos. En la cima del siguiente paso había un túmulo de piedras, evidentemente erigido por cazadores de yaks mongoles. Vimos manadas de asnos salvajes de unos doscientos ejemplares. Otro par de caballos nuestros murió. ¿Cuánto tiempo sobreviviría la caravana? Nuestro suministro de alimentos estaba casi agotado; y tiendas, camas, cajas y especímenes pesaban tanto como antes, si no más.

El último día de septiembre llegamos a una brecha del valle y encontramos un muy hermoso *obo*, o monumento religioso, dedicado a las deidades de la montaña. Consistía en cuarenta y nueve losas de pizarra de color verde oscuro, algunas de ellas de metro y medio de largo, colocadas de canto unas contra otras, como un establo con tres pesebres. Estaban cubiertas con ideogramas tibetanos. Yo nunca había visto un *obo*. Muy probablemente, uno de los caminos de peregrinación de los mongoles de Tsaidam[107], que conducían a Lhasa, pasaba por aquí. ¿Quizás la escritura en estas losas de pizarra contenía alguna información histórica importante? Pero no tuve que estudiar mucho las inscripciones antes de descubrir que los mismos signos se repetían invariablemente y en el mismo orden en todas las losas. Era, por supuesto, el famoso mantra, «*¡Om mani padme hum!*» (¡Oh, la joya está en el loto!).

Al día siguiente, al descender por un valle entre montañas de granito, encontramos otro *obo*, así como algunas fogatas y restos de tiendas abandonadas. Una manada de yaks pastaba en una ladera. Islam disparó a los animales a larga distancia, pero nunca se movieron. En lugar de eso, una anciana se adelantó corriendo, gritando a todo pulmón. Aprendimos de ella que los yaks eran mansos. Esto lo pudimos ver por nosotros mismos cuando nos acercamos, ya que el yak domesticado es más pequeño que el salvaje. Un arroyo corría por el valle, y en su orilla armamos nuestras tiendas, bastante cerca de la susodicha «vieja dama de las montañas».

Fue bastante interesante reencontrarse con un ser humano, después de cincuenta y cinco días de soledad. Pero ninguno de nosotros entendía mongol, el idioma de aquella criatura humana. Parpi Bai conocía solo una palabra, *bane* (hay), y yo conocía cinco, *ula* (montaña), *nor* (lago), *gol* y *muren* (río) y *gobi* (desierto). Pero era difícil hacerle entender a la anciana, con este vocabulario, que nuestro primer y principal deseo era comprar una oveja gorda y jugosa. Intenté balar como una y le mostré dos monedas chinas de plata, con lo cual quedó sellado el destino de una de sus ovejas. La carne pronto llegó a nuestra sartén.

La anciana estaba vestida con una piel de oveja, un cinturón y botas, y tenía un pañuelo envuelto alrededor de la frente. Llevaba el pelo recogido

UN «OBO» COMPUESTO POR 49 LOSAS CON LA SAGRADA INSCRIPCIÓN PARA LOS ESPÍRITUS DE LAS MONTAÑAS

en dos trenzas. Su hijo de ocho años estaba vestido de manera similar, pero tenía tres trenzas. Su tienda de alfombras de fieltro negro estaba sostenida por dos postes verticales y se mantenía tensa con cuerdas. Su interior revelaba un desorden pintoresco de cacerolas, cuencos de madera, cucharones, utensilios de caza, abrigos, pieles, vejigas de oveja llenas de grasa de yak y grandes trozos de carne cortados del cadáver de un yak salvaje. Dos pequeñas imágenes de Buda y algunos vasos sagrados estaban de pie sobre una caja de madera en la parte de atrás. Esto, según mis hombres mahometanos, era el altar de la casa, o el *budkhaneh* (santuario de Buda) de la familia.

El cabeza de familia llegó a casa por la noche. Se llamaba Dorche y era un cazador profesional de yaks. Estaba no poco asombrado de haber adquirido vecinos en el desierto, que venían de Dios sabe dónde. Se quedó como paralizado, mirándonos, sin saber si éramos reales o si sufría una alucinación.

La anciana y el niño probablemente le dijeron que no éramos bandidos, sino hombres bastante decentes que pagaban honradamente lo que conseguían, además de obsequiarles con tabaco y azúcar.

Entonces Dorche se animó gradualmente y se mostró muy amable cuando más tarde lo llevamos a mi tienda. Se convirtió en nuestro amigo y confidente, y luego sirvió como guía durante varios días, y nos llevó a conocer a los miembros de su tribu, los mongoles *tajinoor* de Tsaidam. El primer día nos vendió tres caballos pequeños y dos ovejas.

Al principio tuvimos mucha dificultad para entendernos. Cuando no entendíamos lo que decía, gritaba como si estuviéramos completamente sordos. Inmediatamente comencé a tomar lecciones de mongol con él. Primero escribí los números. Luego señalé la frente, los ojos, la nariz, la boca, las orejas, manos y pies, tienda, silla de montar, caballo, etc., para obtener los nombres de estos objetos. Fue más difícil aprender los verbos. Primero dispusimos de los más sencillos, como comer, beber, acostarse, caminar, sentarse, cabalgar, fumar, etc. Pero cuando quise saber la palabra mongola para «golpear», y en consecuencia golpeé a Dorche en la espalda, se sobresaltó bastante asustado, al creer que yo estaba enojado. Las lecciones continuaron los días siguientes; y después de unos días de descanso, durante una cabalgata por el valle del Naiji Muren, mantuve a Dorche constantemente a mi lado, preguntándole los nombres de los valles y las montañas. Quería aprender mongol y, además, la necesidad me obligó. A veces es una ventaja no tener un intérprete, porque entonces uno debe necesariamente familiarizarse con el idioma. Después de unas pocas semanas hablaba la sencilla lengua vernácula de los nómadas sin dificultad.

El 6 de octubre partí antes de que la caravana estuviera lista, con Dorche y Yoldash, el perro, mis únicos compañeros. Cabalgamos kilómetro tras kilómetro por el valle que se ensanchaba y, finalmente, el horizonte llano de las tierras bajas de Tsaidam apareció en el norte. Pasamos todo el día cabalgando. Estábamos cruzando una franja de tierra desértica cuando cayó el crepúsculo y luego entramos en un sendero que serpenteaba a través de una estepa de tamariscos.

Dorche se detuvo y, al señalar la dirección por la que habíamos venido, declaró que nuestra caravana nunca llegaría a mi campamento sin un guía. Por lo tanto, tendría que volver y liderarla él mismo. Pero primero me indicó con la mano en qué dirección debía proceder; y cuando le insinué que entendía lo que quería decir, se rio, asintió y dio un salto en la silla de montar por puro deleite. Luego desapareció en la oscuridad y yo seguí cabalgando.

La noche se volvió completamente oscura. Evidentemente, el caballo recién comprado conocía su camino, ya que simplemente seguía trotando. El camino parecía interminable. Finalmente, la luz de algunos fuegos apareció en la distancia. Lentamente, la luz aumentó. Se oían perros ladrar hacia el norte; y, al cabo de un rato, nos atacó una jauría de perros furiosos. Probablemente habrían hecho pedazos a Yoldash si no hubiera saltado de mi caballo y subido a la pobre criatura a la silla de montar. Así, después de una cabalgata de casi treinta millas, hicimos nuestra entrada (el caballo, Yoldash y yo) en la aldea de tiendas de campaña de Yike Tsohan Gol. Até mi caballo y entré en una tienda donde media docena de mongoles estaban sentados alrededor de una hoguera, bebiendo té y amasando *tsampa*, o harina de maíz tostada[108], en sus cuencos de madera.

Los saludé con un: «¿*Amur san bane?*» (literalmente, ¿cómo está tu salud?).

Me miraron, boquiabiertos. Bebí un buen trago de leche de yegua en una olla y encendí mi pipa con una frialdad imperturbable. Los mongoles estaban sumamente asombrados. Aparentemente no sabían qué pensar de mí. Traté de impresionarlos pronunciando algunas de las palabras que Dorche me había enseñado. Pero solo se quedaron mirando, y no pude sacarles ni un sonido.

Así estuvimos sentados, mirándonos los unos a los otros y observando el fuego durante dos horas completas, hasta que el paso de los caballos y las voces anunciaron que la caravana por fin había llegado. Habían muerto dos caballos y un burro, veteranos del Turquestán oriental; y solo quedaban tres camellos, tres caballos y un burro de los cincuenta y seis animales originales.

Después de que Dorche les explicara las cosas a los mongoles de Yike Tsohan Gol, pronto nos hicimos amigos. Estuvimos con ellos cinco días para organizar una nueva caravana.

Los mongoles que vivían cerca, al oír que queríamos comprar caballos, vinieron y ofrecieron sus animales en venta. Compramos veinte de ellos. Parpi Bai, un fabricante de sillas de montar, hizo albardas para ellos. Vino a visitarme Sonum, el jefe del distrito, vestido con un manto rojo y trajo leche, leche agria y *kumis* (leche fermentada de yegua) en vasijas de madera. Le devolví la visita en su tienda, fuera de la entrada de la cual una lanza permanecía clavada en el suelo. El interior estaba adornado con un fino altar doméstico. No se practicaba la agricultura en absoluto en esta zona, pero la gente tenía rebaños (ovejas, camellos, caballos y ganado con cuernos) y algunos de ellos estaban muy bien.

Llevaban pequeñas cajas de latón, cobre, o plata alrededor de sus cuellos. Estos contenían imágenes de Buda, en arcilla o madera, y tiras de papel con la oración sagrada. Estas cajitas se llamaban *gao*. Compré toda una colección de ellas. Estaban bellamente decoradas. Las plateadas en particular estaban adornadas con turquesas y corales. Pero los mongoles no se atrevieron a confesar los unos a los otros que vendían las reliquias sagradas a un infiel, por lo que se infiltraban en mi tienda durante la noche, donde, al amparo de la oscuridad, entregaban las imágenes del insondable Buda en mis manos.

«GAO», CAJITAS DE LATÓN QUE LOS MONGOLES
LLEVABAN COLGADAS EN COLLARES

CAPÍTULO XXX

EN EL TERRITORIO DE LOS LADRONES TANGUT

CUANDO dejamos a nuestros nuevos amigos el 12 de octubre y avanzamos hacia el este a través de estepas, desiertos y complicados terrenos, teníamos una caravana completamente nueva y espléndida de caballos bien acondicionados. A la izquierda se extendían las ilimitadas llanuras de Tsaidam; a la derecha, las montañas tibetanas. Pasábamos las noches en tiendas de campaña mongolas y comíamos la misma comida que sus habitantes. Después de unos días, Dorche fue debidamente compensado. Fue reemplazado por Lobsang, un afable mongol corpulento. Estábamos todavía a un mes de viaje de Sining[109] y a mil doscientas cincuenta millas de Pekín. Se acercaba el invierno con su frío, pero habíamos llegado a regiones más bajas y generalmente estábamos a una altitud de entre 2.740 y 3.050 metros.

Nos desviamos hacia el norte y llegamos al Tosun Nor[110], un lago salado de un hermoso color azul oscuro. Esa región estaba casi deshabitada, pero en las orillas del río Holin Gol vimos hogueras por la noche. Había una atmósfera maravillosa y misteriosa en esa región. Aquí y allá, uno podía encontrarse con pintorescos *obos*, decorados con fantasmales banderas de plegaria. En lugares donde había fuentes de agua dulce, cerca de las orillas del lago Tosun Nor, se podían ver cisnes blancos nadando en el agua azul. La temperatura había descendido a –26 °C, el viento estaba tranquilo y la luna llena iluminaba el territorio desolado, con sus rayos de luz que trazaban un sendero brillante en el lago.

Mientras cabalgábamos a lo largo de la orilla sur de Kurlyk Nor[111], un lago de agua dulce, Lobsang iba sentado serio y en silencio en su silla de montar, murmurando incesantemente la fórmula sagrada, «*Om mani padme hum*». Le pregunté por la causa de su melancolía. Me respondió que se había enterado, gracias a los últimos mongoles con los que nos encontramos, que unos ladrones de la etnia tangut[112] habían estado en Kurlyk y habían robado varios caballos a los nómadas unos días antes. En consecuencia, nos aconsejó que tuviésemos preparadas todas nuestras armas de fuego. Nuestros tres rifles y cinco revólveres fueron distribuidos entre los hombres. Por la noche nuestros caballos fueron atados cerca del campamento, centinelas nocturnos fueron apostados alrededor de las tiendas, y también contamos con los tres perros para advertirnos del peligro.

El último día de octubre acampamos en las costas de Khara Nor[113], donde abundaban las huellas de osos y donde teníamos que vigilar más atentamente que nunca a los caballos. Aunque el oso normalmente se contenta con bayas silvestres, a finales de otoño atacará a cualquier caballo pastando que pueda encontrar.

Al día siguiente cabalgamos hacia el este, a través de un amplio valle rodeado de montañas bajas. La huella de un oso que había trotado en la dirección que tomábamos era visible en el camino en el centro del valle. Islam Bai y Lobsang cabalgaron en su persecución. Al cabo de una hora regresaron galopando a toda velocidad, como si hubieran visto al mismo Diablo.

Al acercarse a nosotros, gritaron con el aliento que les quedaba:

—¡Ladrones tangut!

Detrás de ellos, y levantando una nube de polvo, apareció una banda de alrededor de una docena de tangut montados a caballo, todos con rifles en sus hombros o en sus manos. Iban directamente hacia nosotros. Nos detuvimos y arreglamos nuestra posición de defensa en un santiamén. Nos situamos sobre un montículo, de casi dos metros de altura, en la cima del cual Islam, Parpi, Lobsang y yo nos apostamos, con rifles y revólveres listos para la acción. Los otros hombres, con la caravana, tomaron posiciones detrás de nosotros, donde estaban protegidos por el montículo. Mis hombres pensaron que había llegado su último momento y les temblaron las rodillas. Nos habíamos quitado los abrigos para estar más ágiles cuando empezase el tiroteo. *A priori*, el resultado era incierto. Solo éramos tres fusiles contra doce. Encendí mi pipa, con la esperanza de imbuir a mis hombres de una calma que yo apenas sentía.

Cuando los ladrones vieron que tenían que hacer frente a toda una caravana, se detuvieron en seco a ciento cincuenta pasos y celebraron un consejo de guerra. Se apiñaron, hablando y gesticulando, sus rifles brillando a la luz del sol. Después de un momento se dieron la vuelta. Volvimos a montar en nuestros caballos y reanudamos nuestro viaje. Los tangut se mantuvieron a nuestra derecha, a una distancia equivalente a dos tiros de fusil. Se separaron en dos pelotones, uno cabalgando por un valle lateral, el otro bordeando el pie de la montaña en el lado derecho del valle. Se mantuvieron juntos y parecían tener la mente puesta en anticipar nuestra llegada al estrecho pasaje en el que se estrechaba el valle principal. Percibimos el peligro que se avecinaba y nos apresuramos tan rápido como nuestros caballos podían hacerlo. Lobsang estaba literalmente casi muerto de miedo.

—Nos abatirán desde lo alto de las rocas —dijo—. Será mejor que demos la vuelta y tomemos otro camino.

Pero insté a mis hombres a seguir adelante por todos los medios. Los tangut volvieron a aparecer en las rocas cerca de la entrada estrecha. Nuestra situación era de lo más dramática. Los tangut podrían esconderse entre las rocas muy por encima de nosotros y atraparnos, uno por uno, sin necesidad de exponerse. Habían elegido unas auténticas Termópilas[114] que nosotros, con nuestros tres fusiles, teníamos pocas posibilidades de conquistar.

Inhalando vigorosamente mi pipa, cabalgué por el estrecho y rocoso pasaje. «Aquí viene», pensé. «Seré alcanzado por una bala mientras mis valientes musulmanes huyen para salvar su vida».

Pero no sucedió nada. Cruzamos sanos y salvos el desfiladero, y nos alivió ver que el valle del otro lado se abría a una gran llanura. Los tangut habían desaparecido, sin dejar rastro. Continuamos nuestra marcha hasta encontrar una poza de agua dulce helada, rodeada de pasto, en medio de la planicie. Allí ordené un alto y armamos el campamento para pasar la noche.

Los caballos se soltaron instantáneamente en la hierba y se mantuvieron bajo vigilancia hasta que oscureció. Luego fueron atados entre las tiendas. Islam y Parpi se hicieron cargo de la guardia nocturna. No se necesitaron medidas adicionales para mantener despiertos a los hombres, ya que todos esperaban que los tangut regresaran en mayor número. Przhevalski fue atacado una vez por trescientos tangut, y si sus parientes al este de Khara Nor hubieran sido un poco más audaces, habrían conseguido un gran botín.

Tan pronto como oscureció la noche, escuchamos los aullidos más salvajes: gemidos lastimeros prolongados, como los aullidos hambrientos de hienas, chacales y lobos en la noche. Provenían de todos los alrededores de nuestro campamento y además muy cerca. Lobsang nos aseguró que era el grito de guerra tangut, usado para asustarnos y descubrir cuán atentos y valientes eran nuestros perros guardianes. Los bandidos se arrastraban por la hierba sobre sus codos y rodillas, y podían acercarse bastante sin ser vistos en la oscuridad. En cualquier momento esperábamos escuchar los primeros disparos de un ataque, que solo podíamos haber devuelto a ciegas.

Hicimos todo lo posible para detener el ruido que estaban haciendo. Dos veces por minuto, Parpi Bai gritaba «¡*Khabardar*!» (¿Están despiertos los centinelas?). Y, en ausencia de tambores, dos de los hombres golpeaban un par de cacerolas ruidosas tan fuerte como podían.

Pasó una hora tras otra y no hubo intercambio de tiros. Evidentemente, los tangut todavía se sentían inseguros y, por lo tanto, pospusieron su ataque. Me entró sueño y me acosté, escuchando el grito del infatigable Parpi Bai, «¡*Khabardar*!», hasta que me quedé dormido.

LADRONES TANGUT AVANZANDO SIGILOSAMENTE
HACIA NUESTRO CAMPAMENTO NOCTURNO

Así transcurrió la noche sin más aventuras; y cuando salió el sol, los tangut habían montado sus caballos y marchado fuera de nuestro alcance. Cargamos nuestros animales y partimos hacia el este. Tan pronto como dejamos nuestro lugar de campamento, los tangut cabalgaron hacia él y desmontaron. Los vimos escarbar y buscar por donde habían estado las tiendas y nuestra hoguera. Cajas de fósforos vacías, extremos de velas y pedazos de periódicos sin duda les informaron que la caravana estaba bajo dirección europea. En cualquier caso, no nos persiguieron y no los volvimos a ver más.

Ahora que nos sentíamos nuevamente seguros, dejé que mis hombres, después de una noche de trabajo tan dura, durmieran todo el día. Ni antes ni después escuché a la gente roncar tanto como en ese día.

Desde entonces, pasábamos a menudo por las tiendas de los nómadas tangut y comprábamos ovejas y leche. Los tangut son una tribu tibetana, pero se los considera más salvajes y feroces que los tibetanos. Asaltan caravanas débiles y roban caballos siempre que pueden. Una vez tomé a Lobsang y entré desarmado en una tienda. Un par de mujeres estaban sentadas allí, amamantando a sus bebés. Tomé nota de todos los muebles de su casa y les pregunté los nombres de los diversos objetos. Las mujeres se rieron, al creer que estaba loco. Lobsang era de la opinión de que nos meteríamos en problemas si los maridos volvían en ese momento. En una ocasión nos encontramos con veinticinco tiendas; pero, por mucho que negociamos, ninguno de los tangut estuvo dispuesto a acompañarnos como guía.

El valle se hizo más animado a medida que nos acercábamos al monasterio de Dulankit, donde residía un *hutuktu gigen*, o «Buda viviente». En la noche cuando acampamos en el pequeño Tsagan Nor (el «Lago Blanco»), nuevamente escuchamos espantosos aullidos cerca, lo que nos hizo creer que los tangut se congregaban para un ataque decisivo. Pero estaba cansado y me quedé dormido. Por la mañana me dijeron que esta vez el aullido había sido de lobos, que se habían acercado hasta las tiendas y se habían encontrado con nuestros perros.

Al día siguiente nos encontramos con una caravana de unos cincuenta tangut. Habían estado en Tenkar[115], un pequeño pueblo, para comprar harina y otros suministros para el invierno. Acamparon cerca de nosotros y merodearon alrededor de nuestras tiendas durante la noche, con la esperanza de poder robar algo.

Más tarde nos encontramos con una región desolada donde no vimos ni hombres ni animales. Pero por la noche se oía el aullido miserable de los lobos, y los perros ladraban hasta quedarse roncos.

Después de cruzar el medio congelado río Yak[116] (Bukhain Gol), contemplamos una magnífica vista en el este, el enorme lago Koko Nor[117] (el Lago Azul), cuyos colores cambiaban de un glorioso tono verde malaquita a otro. El lago era grande pero no tanto como para que en sus orillas se notara un «flujo y reflujo periódico», como nos cuenta el buen Abate Huc (1846) en sus memorias de viaje[118]. Su altitud es de 3.050 metros sobre el nivel del mar. Los tangut acampan a lo largo de sus costas en invierno, pero en verano se trasladan a pastos frescos en las tierras altas. Desde nuestro camino a lo largo de la costa norte teníamos una hermosa vista de las montañas al sur de la cuenca del lago. Había una pequeña isla rocosa en el lago, habitada por unos pobres ermitaños. Vivían de las ofrendas voluntarias de los peregrinos y nómadas que, cuando el invierno era más frío, caminaban por el hielo hasta la isla. Esta era una caminata bastante arriesgada, porque podía surgir una fuerte tormenta y romper el hielo cuando los caminantes estuvieran a mitad de camino. Pero su cometido era aceptable para los dioses, y de buena gana se arriesgaban.

Grandes manadas de antílopes pastaban en las orillas de este lago, y una vez sorprendimos a seis lobos que los acechaban en un barranco. A menudo vimos tiendas de campaña y rebaños de ovejas. En una ocasión nos encontramos con una caravana de sesenta yaks, cargados de maíz, que los mercaderes iban a vender a los tangut de Koko Nor. En otra ocasión, todo un valle parecía estar lleno de hombres y animales. Era una gran caravana de mongoles provenientes de Dzunsasak, que habían estado en Tenkar para reponer sus provisiones de invierno. Se componía de mil caballos, trescientos camellos, trescientos jinetes con ciento cincuenta fusiles, además de mujeres y niños. Un ruido estrepitoso, producto de las pisadas de los cascos de los caballos, llenó el valle cuando pasaron.

Cuando los tangut preguntaron a Lobsang qué había en nuestras cajas, él, sin pestañear, respondió que las grandes contenían dos soldados y las pequeñas solo uno. Yo llevaba una estufa pequeña y liviana de chapa de hierro, con su chimenea, para calentar mi tienda. Lobsang dijo que era un cañón. Los tangut expresaron su asombro al ver que había que «calentar» un cañón, a lo que Lobsang explicó que esta era la práctica común cuando el arma estaba lista para la acción. Les dijo que a través de la chimenea se disparaban las balas contra el enemigo, y que ningún poder terrenal sería capaz de resistir tal lluvia de balas.

Más allá del paso de Khara Kottel llegamos a regiones que tenían una salida al mar por el Huang He (el río Amarillo). Hasta ese momento, yo había pasado tres años completos en un territorio desde el cual ninguna gota de agua llegaba al océano. Pero todavía estaba a novecientas millas de Pekín. Deseaba llegar a la capital de China y, sin embargo, me parecía inalcanzable.

Cuanto más al este nos desplazábamos, más animado se volvía el territorio. Nos encontramos con caravanas de camellos, jinetes, peatones, carretas, rebaños de ganado vacuno y ovino. Atravesamos pueblos rodeados de álamos, abedules, sauces y alerces; pasamos puentes, templos y *chortens*[119] (monumentos sagrados); y finalmente entramos en Tenkar.

Había oído que existía una misión cristiana en esta ciudad, así que me dirigí a la casa china donde vivían los misioneros. El jefe de la misión, el señor Rijnhart, holandés, había ido a Pekín; pero la doctora Susie C. Rijnhart, su esposa, una estadounidense culta, amable y talentosa, me recibió muy hospitalariamente y aseguró alojamiento para mis hombres y para mí. Esta dama valiente y capaz, pronto se encontraría con la desgracia más terrible que le puede ocurrir a una mujer. En 1898, acompañada de su marido y su hijo pequeño, intentó penetrar en Lhasa. En Nagchu se vieron obligados a dar marcha atrás. El niño murió y los tibetanos robaron sus caballos, no lejos del lugar donde el francés Dutreuil de Rhins fue asesinado en 1894. Despojados de todo, el señor y la señora Rijnhart se fueron a descansar a orillas del río Tsachu[120]; en la orilla opuesta se veían algunas tiendas tibetanas. El señor Rijnhart intentó cruzar a nado el río. Su esposa lo vio desaparecer detrás de una roca y, como había divisado otras tiendas más cercanas, pensó que pronto regresaría. Pero no volvió. Esperó todo el día. Pasaron días y noches, pero nunca más se supo de él. Nadie sabe si se ahogó o murió. Después de penas y sufrimientos casi demasiado grandes para ser soportados, la señora Rijnhart finalmente logró volver a China para luego regresar a su hogar en Estados Unidos[121].

De la hospitalaria casa de los Rijnhart, pasé al famoso monasterio de Kumbum, toda una ciudad de templos, resplandeciente bajo techos dorados. Allí presenté mis respetos al prior, un «Buda viviente», quien dio su bendición a mi amigo Lobsang. Vi la estatua colosal de Tsongkhapa[122], el maestro budista; y también vi el árbol maravilloso del cual el abate Huc relata que cada primavera la fórmula sagrada, «*Om mani padme hum*» se escribe automáticamente en sus hojas. Pero Lobsang me susurró al oído que los mismos lamas imprimían las sílabas sagradas en las hojas por la noche. Partimos tarde un 23 de noviembre, y la noche estaba bastante avanzada cuando nos detuvimos en la oscuridad, fuera de la entrada principal de la ciudad de Sining. Un vigilante se paseaba por el muro y tocaba un tambor. Después de golpear en vano la puerta con nuestras fustas, llamamos al vigilante y le prometimos una buena propina si nos abría. Después de mucho discutir, envió un mensajero al *yamen* del gobernador para solicitar órdenes. Esperamos una hora y media antes de que llegara la respuesta. ¡Y esta decía que la entrada se abriría al amanecer!

No tuvimos más remedio que pasar la noche en un pueblo contiguo. Al día siguiente fuimos a ver a Ridley, Hunter y Hall, de la China Inland Mission[123], quienes, durante los días que pasé con la familia del primero mencionado, me abrumaron con una amabilidad y hospitalidad indescriptibles.

Mi manera de vivir, así como mi modo de viajar, sufrió aquí un cambio. Dejé ir a todos mis asistentes excepto a Islam Bai. Les pagué el doble de lo que les debía y les regalé todos los caballos excepto dos. Como eran súbditos chinos, fue fácil conseguirles un pasaporte para entrar en su madre patria por medio del Dao Tai[124] de Sining.

¡Y allí estaba yo, con setecientos setenta *taels*[125] restantes, y todavía a tres meses de viaje hasta Pekín!

CAPÍTULO XXXI

HACIA PEKÍN

Los meses restantes de mi largo viaje se parecieron mucho a una carrera de regreso a la civilización; y así relataré ahora rápidamente nuestras aventuras.

Islam Bai era, como ya he dicho, mi único sirviente en aquel momento. Era el responsable del equipaje. Condujimos con carros y mulas hasta Ping Fan[126], y con grandes carros y caballos del Turquestán hasta Liang Chow Fu[127]. Al cruzar el río Shi Ming Ho[128], las ruedas de nuestro primer carro cortaron como la mantequilla el frágil hielo, pero finalmente el vehículo logró cruzar sin problemas. El otro carro quedó irremediablemente atascado en el lodo de hielo. Hubo que llevar todo el equipaje a tierra, y un chino (todavía me estremezco cuando pienso en él) se desnudó y caminó hasta las profundidades del río para retirar los trozos de hielo que se habían acumulado frente a las ruedas. Todo el asunto tomó cuatro horas.

Después de muchas otras aventuras, atravesamos la hermosa puerta de la ciudad de Liang Chow Fu y nos dirigimos a la casa de una familia de misioneros ingleses, llamada Belcher, donde fuimos recibidos cálida y hospitalariamente. Sin embargo, la temperatura de la capilla donde pasé doce noches no fue tan cálida. Solo se calentaba los domingos. El resto de la semana, el mercurio allí descendía a -15 °C. Compré un *sho-lo*, o estufa de latón portátil con forma de tetera, donde unos pocos trozos de carbón en medio de cenizas permanecían con lumbre durante día y noche.

Mi larga estancia en Liang Chow Fu fue necesaria por la dificultad de conseguir animales de tiro para continuar hacia Ning Shah[129]. Invertí el tiempo explorando dentro y alrededor de la ciudad. La excursión más memorable fue la que hice a los eruditos y amables misioneros belgas en el pueblo de Sung Shu Choang[130]. Era extraño ver a los campesinos chinos, por su propia voluntad, dejar su trabajo en el campo y entrar en la iglesia para santiguarse ante una estatua de la Virgen María. Me dijeron que muchas familias habían sido católicas, de padre a hijo, a lo largo de siete generaciones.

Por fin encontramos a un buen chino, que por cincuenta *taels* se ofreció a llevarnos a Islam, a mí y a todo el equipaje en nueve camellos, a lo largo de las doscientas ochenta millas que nos separaban de Ning Shah. Nuestro camino atravesaba el desierto arenoso de Alashan, conocido como Ulan Alesu (Arena Roja) y la capital de Alashan, Wang Ye Fu[131]. Allí pasé una hora agradable con el viejo, aunque de espíritu jovial, Norvo, un príncipe vasallo bajo el emperador de China.

También en Ning Shah fui recibido con los brazos abiertos por dos buenos y benévolos misioneros, el señor y la señora Pilquist, quienes además eran de mi propio país.

Desde Ning Shah, todavía había seiscientas setenta millas hasta Pekín. ¡Asia es sin duda ilimitada! ¡Se cabalga durante meses y años para cruzar el continente! Nuestra siguiente etapa incluía cruzar la región de Ordos, una estepa y desierto que, al oeste, norte y este, estaba delimitado por la curva del río Amarillo, y al sur por la Gran Muralla China. Los camellos no eran capaces de recorrer grandes distancias en un día, y nos llevó dieciocho días de viaje cubrir las trescientas sesenta millas hasta Baoto[132].

En el punto donde cruzamos el Huang He sobre su espeso hielo, el río tenía trescientos cuarenta y dos metros de ancho. Una semana más tarde cabalgamos por tramos desolados del desierto y rara vez veíamos tiendas de campaña mongolas. Acampábamos cerca de pozos antiguos, bien conocidos, que siempre eran muy profundos. El pozo de Bao Yah Ching tenía ciento treinta y cuatro pies de profundidad. El frío era penetrante, con la temperatura mínima –33 °C. Dentro de la tienda a veces era de –27 °C.

Sin embargo, lo peor de todo era el constante viento del noroeste, gélido y cargado de polvo, que azotaba la tierra y nos dejaba petrificados de frío mientras íbamos sentados entre las jorobas de nuestros camellos. Siempre mantenía mi pequeño *sho-lo* con lumbre encendida en mi regazo, de lo contrario mis manos se habrían congelado durante este difícil viaje. El 31 de enero se desató una verdadera ventisca y no pudimos viajar. Toda la llanura desértica desapareció entre espesas nubes de polvo arremolinado. Nos sentamos en cuclillas dentro de nuestras miserables tiendas pequeñas, en un intento de conservar el calor corporal dentro de nuestros abrigos de piel.

Fue algo encantador cruzar el Huang He nuevamente en un lugar donde el río medía trescientos ochenta y cinco metros de orilla a orilla, y cabalgar hasta Baoto, donde nuevamente fui recibido por misioneros suecos, el señor y la señora Helleberg, de la Sociedad Misionera Americana de la Alianza

Cristiana. Estas espléndidas y abnegadas personas serían asesinadas, junto con muchas otras, durante el levantamiento de los bóxers en 1900.

Aquí dejé a Islam y la caravana, que debía continuar hasta Kalgán[133], mientras yo mismo me dirigía a ese pueblo vía Kwei Hwa Chung[134], viajando en una pequeña carreta azul con dos chinos. A lo largo de este camino había toda una serie de estaciones misioneras americanas, con las que estaban asociados sesenta y un suecos. Así viví en casas suecas durante todo mi viaje a Kalgán. En esa ciudad fui huésped del misionero Larson. Poco podía imaginar, entonces, que veintiséis años más tarde, en noviembre de 1923, haría un viaje en coche con él desde Kalgán hasta Urga[135], a través de toda Mongolia.

A TRAVÉS DEL RÍO HELADO

En Kalgán alquilé un *to-jo* (o palanquín) llevado por dos mulas, y viajé por el valle de Nankou hasta Pekín en cuatro días, un tramo que ahora se recorre en tren en siete horas. Cuando el 2 de marzo bajamos a las tierras bajas al noroeste de Pekín, fui presa de la mayor emoción e impaciencia. Por fin estaba frente a la meta a la que me había estado acercando durante tres años y siete meses. Las horas se arrastraban lentamente, y las mulas tropezaban aún más lentamente, sin prestar atención a las llamadas de sus dos conductores.

Pasamos por pueblos y huertas. Al atardecer, alcancé a ver algo gris entre los árboles. ¡Era la muralla de la ciudad de Pekín! Me sentí como si estuviera de camino al mayor banquete de mi vida. Estaba solo, con dos chinos, con quienes la conversación se limitaba a las palabras más comunes de su idioma. Pero ahora, dentro de media hora, mis andanzas voluntarias por el interior de Asia llegarían a su fin, y volvería a abrazar las comodidades (y las incomodidades) de la civilización.

Mi palanquín, balanceándose como un bote, entró bajo el arco de una de las puertas del sur de la ciudad tártara[136]. Avanzando por la calle de los Embajadores, vi a la izquierda una puerta blanca, frente a la cual montaban guardia una pareja de cosacos. Los llamé y les pregunté de quién era esa casa. «La legación rusa», respondieron. ¡Magnífico! En ese momento, Suecia aún no estaba representada en el «Imperio del Centro»[137]. Salté de mi carreta mecedora y crucé un gran patio hasta una casa construida en un noble estilo chino y llena de sirvientes chinos. Un lacayo me anunció y en dos minutos Alexander Pávlov[138], encargado de negocios de Rusia[139], salió y me recibió. Me felicitó calurosamente por la conclusión de mi viaje y me dijo que hacía mucho tiempo que había recibido una orden del Ministerio de Relaciones

MI PALANQUÍN A MI LLEGADA A PEKÍN

Exteriores en San Petersburgo. En esta se indicaba que el apartamento generalmente ocupado por el conde Cassini, el embajador, quien ahora estaba de permiso en su país de origen, debía ser puesto a mi disposición.

¡Me vino a la mente el palacio de Aga Mohammed Hassan en Kermanshah! Esta vez, también, llegaba cansado y con los bolsillos vacíos, y sin más equipaje del que podía llevar desde las profundidades del desierto y desde las desnudas tiendas mongolas, para encontrar una serie de salones, comedores, habitaciones y dormitorios, decorados con alfombras chinas y bordados de seda; además de costosos y antiguos bronces, jarrones y cuencos de los días de Kang Hi[140] y Chieng Lung[141].

Estaba tan desvalido que tardé tres días en equiparme de pies a cabeza con todo lo necesario para convertir a un vagabundo en un caballero. Y hasta que no hubiera hecho esto, no podría presentarme ante las diversas embajadas y lanzarme de cabeza al torbellino de cenas y banquetes.

Mi recuerdo más agradable de Pekín fue mi relación con Li Hung-chang[142], el sabio y anciano estadista de fama mundial. También era considerado como uno de los chinos más ricos de su época. Sin embargo, vivía con mucha sencillez y sin pretensiones en medio de este desastroso laberinto de casas y callejones. En aquella época las calles de Pekín eran terriblemente estrechas y sucias, y la gente no utilizaba, como ahora, automóviles ni carruajes o, lo que es peor, trolebuses. Incluso el *rickshaw*[143] era apenas visto en Pekín. No se podía caminar por culpa de la suciedad de las calles y las grandes distancias. Uno tenía que montar a caballo o ser llevado en un palanquín.

Sonriendo jovialmente, Li Hung-chang nos recibió a Pávlov y a mí, y después de preguntarme sobre mi viaje y mis planes, nos invitó a cenar unos días después.

¡Fue una cena realmente maravillosa! La pequeña mesa redonda estaba colocada en el centro de una habitación de tamaño medio, cuyas paredes no tenían decoración salvo dos fotografías. A nuestra entrada, el anciano, con evidente satisfacción, de inmediato dirigió nuestra atención a estas fotografías. Una imagen representaba a Li Hung-chang y Bismarck, la otra a Li Hung-chang y Gladstone[144]. Sonrió con condescendencia, como si diera a entender que los dos estadistas europeos eran verdaderos pigmeos en comparación con él, y que bien podrían haber estado agradecidos por haber tenido el honor de ser fotografiados con él.

La comida era europea y el champán corría libremente. Hablamos, a través de un intérprete, del viaje de Li Hung-chang a la coronación en Moscú el año anterior (1896), y de sus visitas a varios países europeos y a Estados Unidos. También hablamos sobre mis viajes por Asia. La conversación tuvo varios puntos delicados. A juzgar por la experiencia de Li Hung-chang, todos los europeos que habían visitado Pekín tenían motivos egoístas y estaban allí solo por interés personal. Él creía que este también era mi caso, y dijo con toda franqueza:

—Por supuesto, has venido aquí para obtener una cátedra en la Universidad de Tientsin.

—¡No, gracias! —respondí—. Si su excelencia me ofreciera un puesto así, incluso con salario de ministro, no lo aceptaría.

Para referirse al rey de Suecia usó el título, *wang*, que significa príncipe vasallo.

Pávlov explicó que Suecia tenía un rey muy poderoso e independiente, que estaba a la altura de todos los demás monarcas europeos. Entonces pregunté:

—¿Por qué su excelencia no visitó Suecia el año pasado cuando estuvo tan cerca del país?

—No tuve tiempo de ver todos sus países allá. Pero cuéntame sobre Suecia y cómo vive la gente en tu país.

—Suecia —dije yo— es un país grande y feliz. Los inviernos no son excesivamente fríos, y los veranos no son demasiado calurosos. No hay desiertos ni estepas, solo campos, bosques y lagos. No hay escorpiones ni serpientes peligrosas y las fieras son escasas. No hay ricos ni pobres.

En este punto, Li Hung-chang me interrumpió y, volviéndose hacia Pávlov, dijo:

—¡Qué país tan extraordinario! Debería aconsejar al zar de Rusia que tome Suecia.

Pávlov se avergonzó y no supo cómo salir de aquello. Entonces respondió:

—¡Imposible, su excelencia! El rey sueco y el zar son los mejores amigos del planeta y no tienen malas intenciones el uno contra el otro.

Li Hung-chang me formuló esta pregunta:

—Dices que has viajado por el este del Turquestán, el norte del Tíbet, Tsaidam y el sur de Mongolia. ¿Por qué razón atravesaste esos estados vasallos nuestros?

—Para explorar y cartografiar sus zonas desconocidas, examinar las condiciones geográficas, geológicas y botánicas, etc., y, sobre todo, ¡para averiguar si había algunas provincias adecuadas para que el rey sueco las anexara!

Li Hung-chang se rio de buen humor, levantó los pulgares y exclamó:

—¡Bravo, bravo!

Me tomé la revancha. Pero en lugar de continuar con el tema de una eventual conquista sueca de los estados vasallos de China, pasó a otra disyuntiva, y preguntó en consecuencia:

—¡Muy bien! Así que estudias las condiciones geológicas. Entonces dime, si fueras cabalgando por una llanura y vieras una montaña que se eleva a lo lejos sobre el horizonte, ¿podrías decir de inmediato si esa montaña contiene oro?

—¡No, en absoluto! Primero tendría que cabalgar hasta la montaña y someter sus minerales a un cuidadoso examen petrográfico.

—¡Oh, gracias! Eso no requiere habilidad. Yo puedo hacer eso también.

La cosa es decidir de lejos si hay oro o no.

Tuve que admitir mi derrota en ese aspecto. De todos modos, la contienda fue honorable, si se considera que mi adversario era el estadista más importante de China en los tiempos modernos. De esta manera se prolongó nuestra conversación durante toda la cena. Y cuando terminó, nos despedimos y nos fuimos a casa en nuestros palanquines.

Después de una estancia de doce días en Pekín, regresé a Kalgán, adonde Islam había ido, mientras tanto, con el equipaje. Había decidido volver a casa a través de Mongolia y Siberia. Por aquel entonces el ferrocarril transiberiano se había completado solo hasta Kansk, al este del Yenisei, y en consecuencia tuve que viajar en carruaje y trineo durante mil ochocientas millas.

Al llegar a San Petersburgo, presenté mis respetos por primera vez al zar Nicolás II, en su palacio situado en la Villa de los Zares. En los años venideros volvería a verlo con frecuencia. Recibí una tarjeta a través de la legación sueca que indicaba el día y la hora que «su majestad el emperador se había dignado fijar para la audiencia», y todos los demás detalles sobre el tren hacia la Villa de los Zares y el transporte al palacio. Un lacayo se reuniría con el huésped en la estación y lo acompañaría al palacio. Durante el camino de la estación al palacio fui detenido un par de veces por circasianos o cosacos montados, y tuve que demostrar con mi tarjeta que yo era la persona esperada.

El zar vestía el uniforme de un coronel y daba la impresión de ser más un hombre de a pie que un emperador, al mostrarse sencillo y sin pretensiones. Exhibió un interés profundo y benévolo en mis viajes, y demostró conocer bien la geografía del interior de Asia. Extendió un enorme mapa de Asia central sobre una mesa para que yo pudiera trazar mi ruta en él. Subrayó con un crayón rojo mis paradas principales como Kasgar, Yarkand Daria, Jotán, Taklamakán, Lop Nor, etc. A sabiendas, se refirió a las regiones donde yo había alcanzado el territorio explorado por Przhevalski. Estaba particularmente interesado en saber acerca de la Comisión de Límites anglo-rusa en el Pamir, en cuyas dependencias yo había pasado algunos días. Me preguntó francamente qué pensaba acerca de la línea divisoria trazada entre las provincias rusa y anglo-india en el «Techo del Mundo», y solo pude responder, según mi convicción, que hubiera sido más natural y simple dejar que la frontera siguiese la cresta principal del Hindú Kush, que separa las aguas, en vez de cortar a través de la meseta nivelada, donde tuvo que ser marcada por montones artificiales de piedra, y donde la fricción podría surgir fácilmente debido a las andanzas de los nómadas.

El zar frunció el ceño, dio un pisotón al suelo y exclamó enfáticamente:

—¡Eso es justo lo que he señalado todo el tiempo, pero nadie me ha dicho la pura y simple verdad sobre el asunto!

Después, cuando supo de mi intención de emprender una nueva expedición al corazón de Asia, me pidió que le informara sobre los detalles del plan cuando se acercara la hora de mi partida, porque deseaba hacer todo lo posible para ayudarme en mi empresa. Más tarde me demostró que esta promesa no fueron palabras vanas.

Unos días más tarde, el 10 de mayo de 1897, navegué en barco de vapor desde Finlandia a Estocolmo. Mis padres, hermanas y amigos me esperaban en el muelle, y nuestra alegría de encontrarnos nuevamente fue indescriptible. ¡Si hubieran sabido que estuve a un pelo de no volver jamás! Ese mismo día visité al anciano rey, mi principal benefactor, y fui honrado regiamente por él. Pero no había ni rastro de la procesión triunfal con la que había soñado de niño en la escuela, aquella vez que Nordenskiöld regresó a Estocolmo. Toda la ciudad pensaba solo en la gran exposición que estaba a punto de inaugurarse[145].

El 13 de mayo, un par de amigos y yo celebramos una pequeña cena íntima de despedida a Andrée, quien, con dos acompañantes, se dirigía a Spitsbergen, para navegar desde allí por el Polo Norte hasta el Estrecho de Bering, en su globo *El Águila*.

Andrée pronunció un discurso conmovedor en el que me felicitó por regresar de mis largos años en Asia y por tener el privilegio de traer a Suecia todos los resultados acumulados. Él mismo se encontraba en el umbral de una empresa cuyo resultado estaba rodeado de incertidumbre. Respondí expresando mi cálida esperanza de que su vuelo a través de los mares y los campos de hielo tuviera un éxito brillante, y que a nosotros, que ahora le deseábamos un feliz viaje, se nos permitiera reunirnos a su alrededor en su regreso victorioso, darle la bienvenida y que la tristeza que ahora nos conmovía se convirtiese en alegría.

Salió de Estocolmo el 15 de mayo. El 11 de julio se elevó desde la costa norte de Spitsbergen, y *El Águila* desapareció más allá del horizonte. Nunca regresó; y hasta el día de hoy nada se ha sabido sobre su suerte ni de la de sus compañeros[146]. Pero el recuerdo de la gloriosa hazaña sigue vivo, y estamos orgullosos de que los primeros hombres que intentaron la audaz proeza de navegar por el aire sobre el Polo Norte fueran suecos.

En la tarde de ese mismo día, apenas unas horas después de la partida de Andrée, el rey ofreció una cena en su palacio para ochocientas personas, con motivo de la inauguración de la exposición. Fridtjof Nansen, tras completar su viaje a través del océano Ártico en el *Fram*, había sido recibido en Estocolmo dos semanas antes de mi regreso a casa. Ahora era mi turno. Se habían dado los brindis oficiales. Un relato contemporáneo del evento cuenta:

«Una vez más el rey tomó la palabra, y su voz, siempre tan hermosa, resonó con un timbre particularmente cálido». Alto y canoso, pasó entre los invitados y pronunció un discurso sobre mí. Dijo, en parte: «A riesgo de su vida y con una energía indomable, Nansen ha buscado tierra entre los campos de hielo del océano Ártico; Sven Hedin, un hijo de Suecia, con igual riesgo por su vida y con la misma energía indomable, ha buscado el agua, el agua que no corre muy libremente en los desiertos arenosos y las estepas del interior de Asia. Los deberes de un rey suelen ser estrictos, pero sus privilegios suelen ser preciosos. Estoy ejerciendo uno de estos privilegios cuando, en nombre de la nación sueca, me dirijo a los representantes políticos y sociales de este pueblo aquí reunido, y los llamo a unirse a mí como portavoz de los sentimientos apreciados por el pueblo sueco, cuando grito en voz alta el nombre de Sven Hedin».

Mi anciano padre asistió a la fiesta y estaba no menos feliz que yo por las palabras de homenaje del rey.

Sería fácil llenar un libro entero con relatos de las recepciones que me brindaron casi todas las sociedades geográficas de Europa. París, San Petersburgo, Berlín y Londres superaron a todas las demás ciudades en ese aspecto. Me colmaron de medallas y distinciones reales.

Recuerdo con especial gratitud a mi antiguo maestro, el barón von Richthofen, de la Sociedad Geográfica de Berlín; Felix Faure, presidente de la República Francesa; Milne Edwards y Roland Bonaparte, de la Sociedad Geográfica de París; el viejo Semiónov, en San Petersburgo; el príncipe de Gales (más tarde rey Eduardo VII); mi viejo amigo sir Clements Markham, presidente de la Royal Geographical Society de Londres; y muchos otros.

La Royal Geographical Society de Londres me entregó una de sus grandes medallas de oro, la Medalla de los Fundadores, y me eligió miembro honorario[1]. Durante mi estancia en Londres estuve frecuentemente en la casa de Henry M. Stanley, el gran explorador de África, quien fue mi amigo durante el resto de su vida. Stanley fue mi mejor consejero en ese momento, cuando recibí buenas ofertas, incluida una del comandante Pond, para ir a Estados Unidos a impartir conferencias. Sin embargo, decidí no llevar a cabo dicho viaje, porque tenía en mente planes muy diferentes.

---

[1] Con respecto a mi recepción en Londres, véase el *Geographical Journal*, vol. XI, 1898, p. 410.

CAPÍTULO XXXII

¡DE VUELTA AL DESIERTO!

EL día del solsticio de verano (24 de junio) de 1899, cuando las lilas estaban plenamente en flor, me lancé al corazón de Asia por cuarta vez. Mis principales patrocinadores fueron el rey Óscar y Emanuel Nobel. Mi equipaje incluía instrumentos, cuatro cámaras con dos mil quinientas placas, papelería y material de dibujo, regalos para los indígenas, ropa y libros. En total pesaba 1.130 kilos, y estaba embalado en veintitrés cajas. Un bote plegable patentado por el capitán E. C. F. James de Londres[147]; con mástil, vela, remos y boyas salvavidas, desempeñaría un papel importante en esta expedición.

La despedida de mis padres, hermanas y hermano fue, como siempre, la parte más dura de todo el viaje. La parte alegre vino después, cuando experimenté el encanto siempre renovado de lo desconocido en cada etapa. Añoraba el aire libre y las grandes aventuras en caminos solitarios.

Unos meses antes de mi partida, visité al zar y le mostré mi plan para la nueva expedición. Hizo todo lo posible para facilitar mi empresa. Se me concedió transporte gratuito y exención de derechos de aduana en todos los ferrocarriles rusos, en Europa y Asia; y el mismo zar me ofreció una escolta de unos veinte cosacos, que no me costarían ni un *kopek*. Le expresé que esto era demasiado y que cuatro hombres serían suficientes; así que nos decidimos por ese número. La cuestión de los cosacos se resolvió debidamente con el general Kuropatkin, ministro de Guerra.

Tuve que recorrer 3.180 millas en tren hasta Andiyán, en el Turquestán ruso. En Krasnovodsk, en la orilla oriental del mar Caspio, me prepararon el vagón que sería mi hogar durante mi viaje a través de la Rusia asiática. Podía quedarme todo el tiempo que quisiera en las distintas ciudades, y solo tenía que especificar el tren al que deseaba se adjuntara mi vagón. Este siempre estaba en la parte trasera del tren, y desde su plataforma trasera disfrutaba de una vista completa del fugaz paisaje.

Islam Bai me estaba esperando cuando llegué a Andiyán. Llevaba una capa azul y la medalla de oro del rey adornaba su pecho. Estábamos felices de reencontrarnos y probar suerte juntos una vez más. Le ordené que se apresurara a viajar a Osh con todo mi equipaje, y efectuar los preparativos con el conductor de la caravana que nos ayudaría a llegar a Kasgar. Mientras tanto, me quedé en la casa de mi viejo amigo el coronel Záitsev.

Con siete hombres, veintiséis caballos y dos cachorros, Yoldash[148] y Dovlet, cada uno de un mes de edad, partí el 31 de julio. Durante la ardua marcha de doscientas setenta millas a través de las montañas hasta Kasgar tuve que cruzar el paso de Tong Burun, la divisoria de aguas entre el mar de Aral y el Lop Nor. ¡Toda Asia se extendía ante mí! Me sentía como un conquistador frente a todo un mundo lleno de descubrimientos, que me esperaban en el fondo de los desiertos y en las cumbres de las montañas. Durante los tres años que duraría este viaje, mi primera regla fue visitar solo regiones donde nadie había estado antes, y la mayoría de mis 1.149 mapas representaban tierras hasta entonces inexploradas.

Fue una delicia escuchar de nuevo, dentro de una tienda de campaña, el murmullo del viento en las copas de los árboles y el sonido de las campanas de las grandes caravanas de camellos. Los kirguises deambulaban por los pastos con sus rebaños como antaño; y en un vado practicable nos ayudaron a guiar nuestros caballos a través del peligroso y espumoso Kyzyl-Suu (río Rojo).

En Kasgar solo me encontré con viejos amigos: el cónsul general Petrovski, sir George Macartney y el padre Hendricks. Hoglund, el misionero sueco, con su familia y ayudantes, había fundado una misión cristiana en la ciudad. Al igual que en el pasado, Petrovski me ayudó tanto de palabra como con hechos. Por 11.500 rublos compré 161 *yambas*[149] chinas de plata, que pesaban trescientos kilogramos. Fueron empaquetadas en varias cajas para reducir la posibilidad de robo o pérdida total. En aquella época una *yamba* costaba setenta y un rublos.

Más adelante, cuando necesité más dinero, la *yamba* había subido de precio (noventa rublos una *yamba*). Compramos quince espléndidos camellos bactrianos, de los cuales solo dos sobrevivieron a nuestras aventuras. Nias Haji y Turdu Bai fueron designados líderes de la caravana. Este último, un anciano de barba blanca que valía su peso en oro, permaneció a mi servicio hasta el final del viaje. Faizullah también era un camellero de confianza; y se empleó al joven Kader porque sabía escribir, para enviar ocasionalmente cartas en el idioma del Turquestán oriental. Dos de los cosacos del zar, Sirkin y Chernov, de Semiryetchensk, fueron conmigo desde Kasgar. Los otros dos debían reunirse con nosotros en mi campamento de Lop Nor.

A las dos de la tarde del 5 de septiembre, partimos bajo un sol abrasador. Con el sonido de grandes campanas de bronce, la caravana, pesadamente cargada, avanzó entre aldeas, jardines y campos, alejándose de Kasgar. El territorio consistía en un suave *loess*[150] amarillo visible en todas direcciones. Nubes amarillas de polvo se arremolinaban alrededor de los camellos y los caballos. Oscureció sobre las montañas del noroeste. Una ráfaga de viento, presagio de tormenta, levantó el polvo hasta crear espesas nubes. Al poco tiempo, una lluvia violenta azotó el suelo, y resonó un trueno tras otro. Estábamos ensordecidos. La tierra temblaba; uno podría haber pensado que el fin del mundo estaba próximo. En menos de un minuto nos empapamos. La arcilla se ablandó y se volvió tan resbaladiza como el jabón. Los camellos se tambalearon como si estuvieran borrachos. Cuando resbalaban y caían, salpicaban barro en todas direcciones. Se podían escuchar los chillidos penetrantes de los camellos a medida que ocurrían nuevas caídas. Teníamos que detenernos continuamente para liberar a los camellos de sus cargas,

CRUZANDO UN PUENTE EN UN PUEBLO A LAS AFUERAS DE KASGAR

ayudarlos a levantarse y cargarlos de nuevo. ¡Si esta fuerte lluvia hubiera caído durante nuestra marcha por el desierto de Taklamakán, la caravana no habría sucumbido! Ahora su efecto era dañino. La noche, con su oscuridad, se apoderó de nosotros mientras acampábamos en un jardín.

Después de una caminata de seis días a través de estepas y desiertos, llegamos a Lailik, situado en el Yarkand Daria, justo enfrente de Merket, el pueblo donde habíamos comenzado nuestro desastroso viaje por el desierto durante la expedición anterior. No lejos de este pueblo, en el margen derecho del río, encontramos una barcaza en venta. Se parecía a la que transportaba caravanas y carros en Yarkanda a través del río. La compramos por una *yamba* y media. Tenía doce metros de largo, dos metros y medio de ancho y, cuando estaba cargada, apenas se elevaba treinta centímetros sobre el agua. De los nativos aprendimos que el río se bifurcaba en varios brazos estrechos cerca de Maralbexi, y construimos otro bote más pequeño. Era menos de la mitad del tamaño del otro. Esperábamos que esto nos permitiera continuar el viaje por el río hasta Lop Nor, independientemente de las condiciones.

Se construyó una cubierta en la proa de la barcaza y sobre ella se levantó mi tienda. En medio del barco había una cabina cuadrada, cubierta con mantas negras, destinada a un cuarto oscuro fotográfico. Estaba provista de mesas y estanterías empotradas, y dos palanganas con agua limpia para lavar los platos. Detrás de este camarote se guardaban los equipajes pesados y los víveres, y en la cubierta de popa mis asistentes cenaban al aire libre, alrededor de una chimenea de arcilla. Así pude tomar té caliente durante el viaje. Un estrecho pasaje corría a lo largo del costado de babor, que permitía la comunicación entre proa y popa.

En la entrada de la tienda se colocaron dos de mis cajas, para que sirvieran de mesas de observación, y una tercera caja, más pequeña, hacía las veces de silla. Desde este punto tenía una vista despejada del río y podía dibujar un mapa detallado de su curso. El interior de la tienda estaba provisto de una alfombra, mi cama y las cajas que necesitaba constantemente.

El muelle ofrecía una vista animada. Los carpinteros aserraban y martillaban madera, los herreros forjaban utensilios y los cosacos supervisaban toda la actividad. Pero ya había llegado el otoño y el nivel del río descendía a diario. Tuvimos que darnos prisa. Cuando todo estuvo listo, botamos el orgulloso barco que durante casi tres meses sería mi hogar y me llevaría novecientas millas a lo largo de un río[151] cuyo mapa nunca había sido trazado en detalle. Por la noche celebré una fiesta para nuestros trabajadores y la gente del barrio. Los farolillos chinos brillaban entre las tiendas; tambores y cuerdas competían con mi caja de música; bailarinas descalzas, cuyo cabello colgaba en largas trenzas y que estaban vestidas de blanco, con gorros puntiagudos, bailaban de la manera más pintoresca alrededor de un fuego ardiente; y un espíritu festivo reinó en las orillas del Yarkand Daria.

El 17 de septiembre estábamos listos para partir. Con los cosacos a la cabeza, la caravana emprendió el camino a través de la maleza. Pasando por los pueblos de Aksu y Kuchar, nos reuniríamos dos meses y medio después, en un cierto punto del río.

Islam Bai, Kader y yo embarcamos en el bote. La tripulación de la barcaza estaba formada por tres hombres, Palta, Naser y Alim. Se colocaron dos en la popa y uno en la proa. Llevaban largos palos con los que mantener a raya el bote en caso de que nos acercáramos demasiado a la orilla.

Un cuarto hombre, Kasim, manejaba la embarcación más pequeña, que parecía una granja flotante con sus gallinas cacareando, melones fragantes y verduras. Dos ovejas también iban atadas a bordo del bote grande. Aquí también, los cachorros Dovlet y Yoldash se sintieron como en casa desde el principio.

En nuestro punto de partida el río tenía ciento treinta y cuatro metros de ancho y casi tres metros de profundidad. La velocidad del flujo era de un metro por segundo y su volumen de noventa y siete metros cúbicos por segundo. Por la tarde di la orden de soltar amarras. Nos deslizamos gloriosamente entre las orillas boscosas. En el primer giro del río, Lailik desapareció detrás de nosotros.

El siguiente recodo nos encontró en aguas poco profundas bastante cerca de la orilla, donde algunas mujeres y niños que nos habían estado esperando se precipitaron al agua con regalos de leche, huevos y verduras, a cambio monedas de plata. Eran las familias de nuestra tripulación, que nos daban el último adiós.

Pronto estuve sentado en mi mesa de escribir, con la primera hoja de papel, la brújula, el reloj, los lápices y los prismáticos delante de mí, contemplando el magnífico río, que describía giros erráticos a medida que serpenteaba por el desierto. Como un caracol, llevábamos nuestra casa con nosotros y siempre estábamos en ella. El paisaje se deslizaba hacia mí, silencioso y lento, sin que yo tuviera que dar un solo paso o frenar un caballo. Nuevas perspectivas de cabos boscosos, matorrales oscuros o juncos ondulantes se abrían a cada tramo. Islam colocó una bandeja con té caliente y pan sobre mi mesa. Un silencio solemne nos envolvió. Solo se rompía donde el agua formaba olas alrededor de una rama clavada en el lodo, o cuando la tripulación tenía que apartar el bote de la orilla, o cuando los perros se perseguían unos a otros o se detenían en la proa para ladrar a un pastor que estaba de pie, fuera de su tienda de maleza y ramas, petrificado como una estatua mientras veía pasar nuestras barcas. Entré en la vida del río; sentí el latido de su pulso. Cada día añadiría sus hábitos a mi conocimiento. Nunca he hecho un viaje más idílico que este. Todavía estimo su recuerdo.

¡Un alto! Habíamos rozado con algo. La proa de la barcaza estaba firme contra un tronco de álamo varado en el lecho del río, y el bote dio media vuelta. Parecía como si el sol rodase por el cielo. Aproveché la oportunidad para medir la velocidad de la corriente. Pero pronto Palta y sus camaradas saltaron por la borda y nos sacaron a flote. Luego nos deslizamos hasta que llegó el crepúsculo y acampamos por primera vez durante este viaje por el río.

Los hombres desembarcaron y amarraron el bote, encendieron una hoguera y prepararon la comida. Los cachorros se apresuraron a bajar y se persiguieron entre los arbustos, pero luego regresaron a mi tienda en el bote, donde yo pasaba las noches mientras los hombres dormían en el campamento. Antes de terminar mis notas del día, Islam Bai me sirvió pudin de arroz, pato salvaje asado, pepinos, leche agria, huevos y té; y los cachorros obtuvieron una parte justa. La tienda estaba abierta. La luz de la luna se reflejaba en el río como un camino que serpenteaba y se torcía sobre los remolinos del río. Estaba embelesado ante semejante encantamiento. Fue difícil apartar la vista del bosque oscuro y el río plateado.

Para ahorrar tiempo, reanudamos la marcha en cuanto salió el sol. El té se preparó en la hoguera de popa. Me vestí y me lavé después de ponernos en camino. Palta se sentó frente a mí con su bastón, cantando una canción sobre las aventuras de un rey legendario. Un pastor en la orilla respondió algunas preguntas mientras nos deslizábamos lentamente más allá de su lengua de tierra.

—¿Qué tipo de caza hay en vuestros bosques?
—¡Ciervos, corzos, jabalíes, lobos, zorros, linces y liebres!
—¿No hay tigres?
—No, no hemos visto un tigre en mucho tiempo.
—¿Cuándo se congelará el río?
—Dentro de setenta u ochenta días.

Tendríamos que darnos prisa. El volumen de agua disminuiría rápidamente durante el otoño. Después de dos días de viaje ya se había reducido a sesenta y seis metros cúbicos por segundo. El viento era nuestro peor enemigo. La tienda y la cabina actuaban como velas. Con viento de cara, la velocidad del bote disminuyó; y cuando el viento era de cola nos movíamos más rápido de lo que deseábamos. Un día no habíamos avanzado mucho cuando un viento violento nos obligó a tomar tierra. Entonces tomé el bote, icé su vela y salí volando río arriba en medio de una brisa intensa. La barcaza, junto con las costas y los bosques, desaparecieron en una neblina gris amarillenta. Disfruté de la paz y la soledad. Luego bajé el mástil y la vela, y me acosté en el fondo del bote. Dejé que la corriente hiciera el resto.

El viento amainó y seguimos. A veces, el mismo Islam se hacía llevar a tierra para vagar entre la maleza, con el arma al hombro. Siempre volvía con faisanes y patos salvajes, lo que aportaba una bienvenida variedad a mi lista de comidas. Una vez se llevó a los otros hombres y permanecieron fuera siete horas. Los vimos por fin, tendidos sobre una lengua de tierra, profundamente dormidos. La barcaza pasó junto a ellos sin hacer ruido y no se despertaron. Envié a un hombre a tierra en el bote para despertarlos y traerlos a bordo.

Los gansos salvajes habían comenzado a moverse y se estaban reuniendo para su largo vuelo a la India. Habíamos traído con nosotros un ganso salvaje capturado en Lailik. Le habían cortado las alas y caminaba libremente en el bote grande. De vez en cuando me visitaba en mi tienda y depositaba su tarjeta de visita (que parecía espinacas) sobre la alfombra. Cuando acampábamos, se le permitía nadar en el río a su antojo y siempre regresaba voluntariamente. Al escuchar a sus primos chillar en el aire, ladeaba la cabeza y los miraba. Quizás pensara en los árboles de mango y las palmeras a orillas del Ganges.

El 23 de septiembre llegamos al lugar crítico del que nos había advertido la gente de Merket, pues allí el río se dividía en varios brazos veloces. El lecho del río se estrechó. Fuimos arrastrados a una velocidad vertiginosa por la corriente. El agua se arremolinaba y formaba espuma a nuestro alrededor. Pasamos volando por un rápido. El pasaje era tan angosto, y las curvas tan abruptas, que los botes no se podían desviar, y el gran bote golpeó la orilla con tanta violencia que mis cajas casi se precipitaron por la borda. Antes de que pudiéramos recuperarnos de este impacto, fuimos arrastrados por dos rápidos más. El río había horadado un nuevo lecho en una corta distancia. Aquí no había bosques, pero los tamariscos seguían en pie en el río, y la madera flotante y los troncos de álamos que se habían amontonado contra ellos formaban verdaderos islotes. El agua formaba remolinos todo el camino y nos movíamos tan rápido que la barcaza estuvo a punto de volcarse cuando golpeamos el fondo con violencia. A veces nos atascábamos tanto en la madera flotante que solo con gran dificultad podíamos soltarnos de nuevo. El río se había vuelto menos profundo, porque sus varios brazos le robaban el agua.

Finalmente, el lecho que seguíamos se volvió tan poco profundo que todo el grupo quedó atrapado en su fondo de arcilla azul. La tripulación fue enviada a algunos pueblos cercanos en busca de ayuda. Regresaron con treinta hombres que llevaron todo nuestro equipaje a tierra y luego arrastraron la barcaza, centímetro a centímetro, a través del lugar poco profundo. Después de eso, solo quedaron los últimos y más empinados rápidos. Me quedé solo a bordo. Los hombres sostuvieron la barcaza en su lugar por medio de una larga cuerda, evitando así que se volcara en el torrente. Se deslizó limpiamente sobre el borde de los rápidos y luego se inclinó hacia abajo como un balancín. A continuación, la corriente fluyó por un canal estrecho, donde nos mantuvimos constantemente alerta para evitar naufragar mientras avanzábamos.

Todavía estábamos en el lecho recién formado, donde las orillas estaban desnudas y la vida animal era escasa. Solo aquí y allá crecían juncos, con huellas de jabalíes y corzos. Un águila se sentó a observarnos y algunos cuervos cantaban al otro lado del río. Los perros me divertían considerablemente. Corrían de proa a popa como duendes felices. Al principio ladraban, hasta quedar roncos, contra los troncos de álamo que yacían balanceándose en la corriente como negros cocodrilos. Pero al cabo de poco tiempo se acostumbraron a ellos y los dejaron en paz. Pronto se inventaron otro juego. En medio del viaje saltaban por la borda y nadaban hasta la orilla, para seguirnos a lo largo de la ribera y acecharnos. Dondequiera que el río se doblara de modo que la barcaza se viera obligada a abandonar la orilla por la que corrían, cruzaban a nado. Este movimiento innecesario se repetía una y otra vez. Al final, se cansaron, nadaron hasta el bote y fueron embarcados.

Terminó el nuevo cauce del río, y de nuevo navegamos entre viejos bosques majestuosos. La corriente era lenta. Los bosques se hicieron más poderosos. Había llegado el otoño. Las hojas eran amarillas y rojas, pero las copas de los álamos eran tupidas y ningún rayo de sol llegaba hasta nosotros. Nos deslizamos como en un canal de Venecia; solo que aquí se levantaron bosques en lugar de palacios. Los gondoleros dormitaban en sus postes. Un ambiente de encantamiento cargado de misterio invadió el bosque. No me habría sorprendido escuchar a Pan tocando su flauta, o ver a las traviesas ninfas del bosque asomarse entre los densos matorrales. Un soplo de aire atravesó el bosque, y las hojas amarillas llovieron sobre la brillante superficie del río. Me recordaron a las coronas amarillas que los brahmanes ofrecen al sagrado Ganges.

El Yarkand Daria serpenteaba de manera asombrosa. En un momento dado, solo faltó una novena parte para completar una circunferencia. En otra ocasión tuvimos que ir a la deriva 1.450 metros para avanzar una distancia de 180 metros. Y una vez solo faltó la doceava parte para completar una circunferencia. Todo indicaba que el agua alta pronto atravesaría la estrecha franja de tierra y luego la corriente abandonaría la antigua curva.

Íbamos muy despacio. La corriente del río disminuyó. El aire se volvió más frío. Me pregunté si quedaríamos atrapados en el hielo antes de llegar a nuestro objetivo.

CAPÍTULO XXXIII

NUESTRA VIDA SOBRE EL RÍO MÁS GRANDE EN EL CORAZÓN MISMO DE ASIA

EL último día de septiembre, el paisaje que nos rodeaba se volvió completamente diferente. El bosque se terminó, la estepa llana se extendía por todas partes y el Mazar Tagh[152] se elevaba sobre el horizonte como una nube nítidamente definida. A veces la montaña se veía delante de nosotros; otras veces estaba a estribor o a babor, e incluso detrás de nosotros cuando las curvas nos llevaban al suroeste en lugar de al noreste.

Un día más, y al norte los picos nevados de Tian Shan se destacaban como un tenue fondo en la distancia. El Mazar Tagh se hizo más claro; los contornos se hicieron más nítidos; y cuando llegó la tarde acampamos al pie de la montaña. Había otra tienda de campaña y nativos amistosos bajaron a la orilla para vender patos salvajes, gansos y peces que habían capturado en sus trampas y redes. El cacique del lugar fue contratado para cabalgar hasta el pueblo más cercano en el camino de la caravana y comprar pieles y botas para mi tripulación, y arroz, harina y verduras para reponer nuestro suministro de alimentos. Se le entregó suficiente dinero para sus necesidades y se le dijo dónde encontrarnos. Corríamos el riesgo de que robara el dinero y no regresara, pues era un completo desconocido para todos nosotros. Pero no se atrevió a engañarnos. Llegó al lugar señalado con su tarea bien cumplida.

Kasim, el piloto de nuestro pequeño bote, era un hábil pescador. Fabricó un arpón para pescar en un punto donde un pequeño afluente formaba una cascada. Después de unos días más, vislumbramos el Choka Tagh, esa parte del Mazar Tagh desde cuyo extremo sur había emprendido mi desastroso viaje por el desierto anteriormente. Quería volver a ver el lugar y visitar el lago del que habíamos sacado muy poca agua. El lago estaba unido al río e íbamos a hacer el viaje en el bote plegable inglés. Islam fue conmigo, pero se olvidó de traer su rifle. En caso de que estuviéramos fuera mucho tiempo, los hombres en el campamento debían encender una señal con una hoguera nocturna.

Con un azotador viento de cola, nos alejamos del río por un estrecho que conducía a un primer lago donde los juncos crecían densamente. Pero también había aguas abiertas, y allí nadaban catorce cisnes, blancos como la nieve, que contemplaban con asombro nuestra embarcación, preguntándose si nuestras velas blancas serían las alas de un enorme cisne. Solo cuando estuvimos bastante cerca de ellos levantaron el vuelo con ruido y bravuconería, pero solo para descender un poco más lejos.

Un largo estrecho conectaba este lago con su vecino más al sur, llamado Chol Kol (el «Lago del Desierto»), en cuyo extremo sur yo había acampado el 22 de abril de 1895. Allí desembarcamos. Palta y dos lugareños nos habían seguido por tierra. Islam y los nativos se hicieron cargo de la barca mientras Palta y yo caminamos hacia el Choka Tagh; luego regresaríamos al campamento por la ladera oriental de la montaña.

Nos tomó mucho tiempo llegar al pie de la montaña y alcanzar su cima. En ese momento el sol estaba cerca del horizonte. Me quedé allí arriba durante un tiempo. La vista sur a este despertó extraños recuerdos. Hasta donde alcanzaba la vista, las crestas de las dunas brillaban con la luz roja de volcanes resplandecientes. Se alzaban como túmulos funerarios sobre mis hombres y camellos muertos. ¡El viejo Mohammed Shah! ¿Podría perdonarme, donde ahora refrescaba su garganta con manantiales paradisíacos bajo las palmeras en *Bihasht*?

Yo fui uno de los tres supervivientes; y allá, a lo lejos, estaba el lugar donde por última vez habíamos plantado nuestras tiendas entre las dunas. No me di cuenta de que el sol se había puesto. Me pareció escuchar un canto fúnebre desde el corazón del desierto. Se hizo más oscuro. Tuve una visión de sombras fantasmales que se precipitaban hacia mí desde las dunas que se oscurecían. Finalmente fui despertado por un ciervo, que saltó levemente por una pendiente, y por Palta, quien dijo:

—El campamento está lejos, señor.

El descenso fue arduo. Estaba oscuro y tuvimos que extremar las precauciones. Llegamos a terreno llano y salimos hacia el norte para una caminata de veinticuatro millas. No estaba acostumbrado a caminar y me sentía muerto de cansancio. Por fin apareció la señal de la hoguera. Fue desconcertante caminar hacia el fuego. Parecía estar bastante cerca, pero tardamos horas en llegar. A medianoche estaba de nuevo a bordo del bote, dentro de mi tienda. Fue mi primer día agotador de esa expedición. ¡Pero más tarde habría otros!

Salimos de ese lugar memorable el 8 de octubre y continuamos nuestro camino tortuoso y sinuoso. Desde entonces tuvimos siempre a bordo uno o dos pastores que conocían el terreno y podían aportar información. Justo delante de nosotros, un ciervo cruzó el río nadando. Islam sacó su rifle a toda prisa. Pero la distancia era demasiado grande; fue optimista y falló el tiro. De un salto, el hermoso animal alcanzó la orilla y desapareció como un rayo entre los juncos. Al caer la noche acampamos en la zona boscosa de More. Dovlet, mi perro mascota, que había estado deprimido durante algunos días y se comportaba de manera extraña, saltó a tierra y buscó ansiosamente entre los arbustos. Finalmente cayó al suelo de un calambre y murió. Sentí su pérdida con amargura. Había sido un cachorrito miserable cuando lo recibimos por primera vez en Osh. Había crecido y prometía convertirse en un perro de buen aspecto. Mollah, un sacerdote, que era un pasajero nuestro en ese momento, cavó una tumba, envolvió a Dovlet en la piel de nuestra última oveja, murmuró una oración y llenó la pequeña tumba. Sentimos la soledad en el barco después de que Dovlet nos dejara.

Cuanto más avanzábamos, más lenta se volvía la corriente. La tripulación no tenía mucho que hacer. Con excepción de Palta, todos escuchaban a Mollah, en la cubierta de popa, cuando leía en voz alta sobre los tiempos en que los seguidores del Profeta conquistaron el Turquestán oriental para el islam. Los tonos verdes del techo del bosque se desvanecieron día a día, y el amarillo y el rojo se hicieron predominantes. Pasamos por lo que parecía un pasillo, con altas columnas a ambos lados. A modo de diversión, Islam Bai ponía en marcha la caja de música, y la ópera Carmen, el himno nacional sueco y las marchas de regimiento de la caballería sueca rompían el silencio. Un pato salvaje llegó nadando por la orilla y un zorro lo rodeó sigilosamente. Una piara de jabalíes había echado raíces en los juncos. Los viejos eran negros; los jóvenes, marrones. Se quedaron quietos y nos miraron fijamente. Luego dieron una vuelta completa y corrieron ruidosamente a través de la espesura.

Yo trabajaba once horas al día, sentado en mi mesa de observación como si estuviera pegado allí. No se debía permitir ningún hueco en el mapa del río. Durante la noche anterior al 12 de octubre, la temperatura descendió por debajo de los cero grados por primera vez; y después de eso, los últimos lugares verdes del bosque pronto desaparecieron. Cuando hacía viento, el río estaba tan cubierto de hojas arrastradas por el viento que uno podría haberse imaginado deslizándose sobre un suelo de mosaico amarillo y rojo. Donde la franja forestal era escasa, a veces podíamos ver la cresta de una duna más cercana en el desierto de Taklamakán.

Cuatro pastores apacentaban sus ovejas en una lengua de tierra. Estaban sentados alrededor de su fogata mientras los botes pasaban sin hacer ruido. Se quedaron mudos de terror y se levantaron y huyeron, rápidos como una flecha, hacia el bosque. Bajamos a tierra, llamamos en voz alta y los buscamos. Pero se habían ido y no los vimos más. Probablemente habrían confundido el bote con un monstruo fantasmal que los estaba buscando para aniquilarlos.

UNA PIARA DE JABALÍES SALVAJES

Un *sarik buran* (tormenta amarilla) se desató el 18 y 19 de octubre, y mares enteros de hojas flotaron en el río. Nos vimos obligados a amarrar el bote en la orilla. Entonces atravesé a pie el bosque hasta el comienzo del desierto arenoso. Por fin amainó el viento y continuamos durante la noche a la luz de la luna y las linternas. Se encendió una fogata en el campamento y cuatro troncos secos de álamo nos proporcionaron calor.

Al día siguiente, en cierto recodo, Mollah declaró que una *khaneka* (mezquita), llamada Mazar Khojam se encontraba en el bosque a cierta distancia de la orilla. Todos nosotros, excepto Kader, fuimos allí. El pequeño templo era del tipo más primitivo, construido con ramas y tablones clavados verticalmente en el suelo arenoso y rodeado por un recinto. Banderines y trozos de tela ondeaban en algunos postes. Solemne como un sumo sacerdote, Mollah leyó una oración; y varios *Allahu akbar, la illaha il Allah* (Alá es el más grande, no hay más dios que Alá) sonaron fuertemente a través del bosque, tan silencioso un momento antes. Cuando volvimos a la barcaza, Kader, en un deseo de mostrar igual devoción por el Profeta, pidió permiso para acudir solo al santuario gracias a nuestro rastro. Sin embargo, pronto regresó, como si todo un ejército de espíritus infernales le pisara los talones. Se había sentido muy inquieto en su soledad, había confundido cada arbusto con una bestia y se había asustado con el aleteo de los banderines.

Kasim se deslizó delante de nosotros con el bote pequeño, para sondear la profundidad y advertirnos de los bajíos. Se paró en la popa con su palo. Luego empujó la pértiga con tanta fuerza hacia el fondo que no pudo sacarla de nuevo. Cayó de espaldas al río mientras el resto de nosotros casi se muere de la risa.

El 23 de octubre las cosas se animaron a bordo. El río seguía de cerca el camino de las caravanas. Un jinete apareció en el borde del bosque y luego desapareció de repente, pero regresó al poco tiempo con toda una tropa de hombres montados a caballo.

Nos pidieron que nos detuviéramos y bajásemos a tierra. Sobre una alfombra amontonaron cantidad de melones, uvas, albaricoques y pan recién horneado. Después invité a subir a bordo a los más destacados entre ellos y seguí adelante, los otros jinetes nos flanqueaban en la orilla. Nuevas hordas aparecieron después de un tiempo. Eran comerciantes del Turquestán occidental, provenientes de Avat. Pero eso no fue todo. Treinta jinetes más salieron corriendo del bosque. Esta vez fue el propio *bek* de Avat quien nos rindió un homenaje. Él y los mercaderes también fueron llevados a bordo. Islam Bai sirvió té a todos. La barcaza siguió deslizándose. Las hordas montadas en la orilla aumentaron. Desembarcamos, acampamos y nos quedamos un día. Toda la población vecina se acercó a la orilla para ver nuestra extraña embarcación. Ocho cetreros y dos jinetes con águilas nos invitaron a ir de caza. Se me presentó el botín, un ciervo y cuatro liebres.

Cuando dejamos esta zona hospitalaria, fragantes tazones de frutas estaban dispuestos sobre mi alfombra, y se había agregado a nuestra tienda suficiente comida para varias semanas. También habíamos conseguido un nuevo perro, Hamra, a quien tomó algunos días domesticar.

Dos días después, el paisaje circundante volvió a cambiar por completo. Llegamos al lugar donde el río Aksu, más poderoso, fluía desde el norte. Aquí terminó el viaje lento y sinuoso por el Yarkand Daria. El río con el caudal incrementado de este modo, que fluía hacia el este, se llamaba Tarim. El paisaje se revelaba mágicamente. Dejamos el último cabo en el margen derecho del Yarkand Daria y atracamos en el margen izquierdo. Allí nos quedamos un día para examinar los remolinos y la corriente donde se juntaban los dos ríos.

Pasamos un día más y después nos fuimos. La barcaza giró una vez en los remolinos, pero luego se quedó inmóvil sobre la fuerte corriente. El agua estaba sucia y gris. El río era ancho y poco profundo. Los giros no eran abruptos y durante largos tramos el río era casi recto. Las orillas pasaban volando. Al sur, se abría la boca seca del río Jotán Daria. Unos años antes, ese río me había salvado la vida.

Acampamos en el Tarim por primera vez. Muchos gansos salvajes pasaban volando en bandadas con forma de punta de flecha. Iban de camino a la India. Una bandada se acomodó muy cerca del bote. No los molestamos, porque teníamos suficiente comida. Temprano a la mañana siguiente, continuaron su viaje. Nuestro ganso salvaje domesticado, desconcertado, los miró fijamente. Un miembro de la bandada se quedó atrás. Probablemente estaba cansado. Pero pronto se sintió solo; así que se elevó de nuevo y siguió el rastro invisible de sus camaradas por el aire. Conocía su siguiente parada y estaba seguro de que los alcanzaría. Nuestra tripulación de Lailik conocía el camino menos que los gansos salvajes. La distancia cada vez mayor entre ellos y Lailik los desconcertaba y no sabían cómo encontrarían el camino de regreso. Pero prometí ayudarlos cuando llegara el momento.

NATIVOS OBSERVANDO NUESTRO BOTE DESLIZÁNDOSE SOBRE EL RÍO

En este punto el Tarim llevaba 78 metros cúbicos de agua y la velocidad de la corriente era aproximadamente un metro por segundo. Durante la noche, la temperatura cayó a -9 °C; la superficie del suelo se congeló, pero se descongeló nuevamente durante el día. Bloques enteros de tierra y arena caían continuamente al río desde las orillas en terrazas perpendiculares. Una vez sucedió justo cuando pasábamos flotando. Todo el lado de estribor de la barcaza recibió una ducha fría y nos balanceamos violentamente. En otra ocasión, una mujer solitaria se paró con una decena de huevos en una canasta. Nos pidió que los compráramos justo cuando nuestra popa se acercó tanto que tomamos la canasta a bordo y le arrojamos una moneda de plata mientras nos movíamos.

La corriente era fuerte. Aquí y allá brotaba el agua, formando remolinos con centros en forma de embudo. A veces parecía que fuéramos a chocar a toda velocidad contra algún saliente de tierra. Todas las pértigas eran arrojadas al agua, pero no servían de nada. Sin embargo, la corriente nos ayudaba a alejarnos de los lugares peligrosos. Durante dos días fuimos llevados a una velocidad vertiginosa a través de un lecho de río recién formado, casi recto y bordeado por orillas perpendiculares con altas terrazas. Grandes masas de arena y tierra descendían continuamente desde estas al río. Parecía como si las orillas humearan.

Reinaba la mayor tensión, todo el mundo estaba alerta. Kasim, que nos precedía, gritó con voz desesperada: «¡Alto!». Un tronco de álamo había quedado atascado en medio de la corriente, lo que provocó que se acumulara un islote completo de madera flotante y maleza. Estábamos bajando directamente hacia ese obstáculo. Solo nos separaban unos cientos de metros. El torrente rugía, formaba espuma y crepitaba a nuestro alrededor. Solo un milagro podría evitar que volcásemos. Cuando el desastre parecía inminente, Alim saltó al agua helada con una cuerda y nadó hasta la orilla. Logró controlar nuestra velocidad para que el bote estuviera bajo control y esquivase lentamente el susodicho obstáculo.

El bote dio vueltas y se sacudió de un lado a otro durante toda la noche en nuestro lugar de campamento.

Al final regresamos al antiguo lecho otra vez, donde las orillas eran boscosas. Encontramos pastores, algunos de los cuales cuidaban ocho o diez

NAVEGANDO A TODA VELOCIDAD EMPUJADOS POR LA CORRIENTE

mil ovejas. Algunos buitres de color marrón grisáceo se agrupaban en una península de limo. Estaban allí sentados, gordos y torpes, sin preocuparse de volver la cabeza más de la mitad y seguir el bote con la mirada. Aquí y allá, en la orilla, los nativos sostenían redes con forma de pata de ganso o de ala de murciélago. Se sumergían en el río, juntaban los brazos y luego izaban todo junto con los peces capturados.

Compramos un gallo en nuestro siguiente campamento. Nada más subir a bordo se enfrentó con nuestro viejo gallo y lo arrojó al río. Después de esto, los dos guerreros tuvieron que mantenerse separados, cada uno en su propio bote. Entonces las cosas empezaron a ir bien entre los dos. Cuando uno de ellos cantaba, el otro respondía de inmediato. También compramos una canoa, en la que Islam y Mollah remaban delante de la barcaza. Y por último, compramos aceite para las antorchas que necesitaríamos más adelante. Un nuevo pasajero subió a bordo, en forma de un pequeño perro marrón, que heredó el nombre de Dovlet, y que instantáneamente asumió el mando del barco más grande.

Al amanecer, todo estaba blanco, cubierto por la escarcha. El bosque estaba desnudo y sin hojas, expectante ante la llegada del invierno. Miles de gansos salvajes viajaban diariamente a latitudes más cálidas. Algunas de las bandadas eran populosas. El líder volaba muy por delante de la punta de la flecha, cuyas dos alas cubrían varios cientos de metros de largo.

PESCANDO CON CANOAS SOBRE EL DELGADO HIELO

La temperatura por la noche era ahora de unos −11 °C. Las ensenadas no expuestas al viento comenzaban a congelarse en este tramo del viaje. Las pértigas de los botes estaban cubiertas de hielo. Nos pusimos ropa de invierno y abrigos de piel y, por las noches, nos calentábamos en grandes hogueras. Me pregunté hasta dónde llegaríamos antes de que el río nos atrapara con sus grilletes de hielo. Empezamos a navegar lo más temprano posible por la mañana y continuábamos hasta el anochecer.

Durante la noche anterior al 14 de noviembre todas las embarcaciones quedaron atrapadas en el hielo de la orilla y tuvieron que ser desalojadas con hachas y picos. Desde entonces acampamos donde la corriente impedía que el agua se congelara. Pasamos por un lugar donde cuatro hombres y cuatro perros cuidaban unos caballos. Los hombres huyeron a toda velocidad como si sus vidas dependieran de ello; aunque sus animales nos siguieron por la orilla durante horas, con los perros ladrando violentamente. Les respondieron los que teníamos en el barco y se produjo un estrépito terrible. Los nativos aquí parecían ser más tímidos que río arriba. En una ocasión todos huyeron de una choza, aún con el fuego ardiendo en la chimenea, cuando acampamos en la orilla cercana. Les gritamos para pedir información, pero todo lo que pudimos hacer fue atrapar a un niño, y estaba tan asustado que no pudimos sacarle una palabra.

Unos días más tarde logramos conseguir un guía que vivía en una choza hecha de ramas y juncos. Era un cazador de tigres y compré una piel que todavía decora mi estudio en Estocolmo.

Los habitantes de los bosques de esta región no se distinguen por su valentía en la caza del tigre. Tras matar a una vaca o un caballo, el tigre come hasta saciarse y luego se retira a los matorrales profundos del bosque. A la noche siguiente regresa para continuar con su comida. Al hacerlo, siempre sigue los caminos trillados de los pastores o el ganado. Mientras tanto, el pastor y sus compañeros habrán cavado un hoyo en el camino que conduce

CAZADO CON UN CEPO

al lugar donde yace el animal abatido. En el fondo colocan una trampa, cuyos bordes pesados y afilados agarran con fuerza la pata del tigre cuando pisa entre ellos. Es imposible que se libere de la trampa. Sin embargo, el tigre conseguirá retirarse, arrastrando la trampa con él. Privado de alimentos, se volverá delgado y miserable; condenado a morir de hambre. Solo después de una semana el cazador se atreverá a salir en su busca. Es fácil seguir el rastro. El cazador, montado a caballo, se acercará al tigre y de un disparo le arrancará su último aliento de vida.

Mientras estábamos con los cazadores de tigres nos pusimos en contacto con los primeros habitantes de la región de Lop. Vivían en chozas de caña en las orillas, el pescado era su alimento principal. Uno de ellos nos mostró cómo pescaban los peces. Colocó una red en la abertura de una ensenada larga y estrecha, entre la orilla y un banco de lodo que sobresalía de ella. La entrada estaba congelada. Remó a lo largo del borde exterior, rompiendo el hielo con su remo hasta donde podía. Luego quitó la red hasta el nuevo borde, y así sucesivamente, poco a poco. Los peces se retiraron bahía arriba. Al final rompió el hielo más cercano a la orilla, y los peces, en un intento de llegar al río, quedaron atrapados en la red. Toda la maniobra se llevó a cabo con rapidez y destreza. Ese día compramos la abundante pesca.

El 21 de noviembre llegamos a un lugar donde el río entraba en un nuevo cauce. La velocidad era muy grande, como de costumbre. El *bek* o jefe local vino a avisarnos; pero fue lo suficientemente valiente como para acompañarnos en el bote. El bosque había sido reemplazado ahora por dunas de arena desnudas, que se elevaban quince metros de altura en las orillas. Pequeñas arboledas de álamos estaban esparcidas, algunas de ellas en el mismo cauce del río. En varios lugares donde tomamos tierra vimos huellas de tigre frescas. Durante todo este tiempo, el Tarim nos llevaba cada vez más adentro en el corazón de Asia.

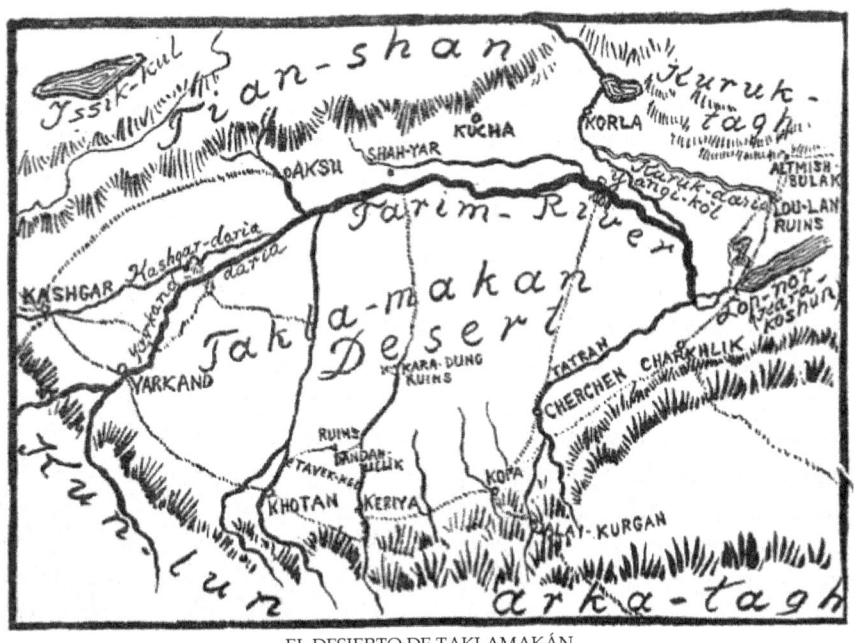
EL DESIERTO DE TAKLAMAKÁN

CAPÍTULO XXXIV

LUCHANDO CONTRA EL HIELO

EL 24 de noviembre vivimos una aventura que podría haber tenido nefastas consecuencias. Contrariamente a la práctica habitual, el barco grande iba en cabeza, a la deriva, seguido de los barcos más pequeños. El río era angosto y la corriente muy fuerte. Habíamos dado un giro abrupto cuando un poderoso álamo apareció no muy lejos de nosotros. Sus raíces habían sido levantadas por el río y se había caído. Ahora yacía como un puente sobre un tercio del río, donde el agua fluía rápidamente. El tronco descansaba horizontalmente a algo más de un metro sobre la superficie del agua. Fue bastante fácil para los botes pequeños pasar por debajo del tronco y entre las ramas que se arrastraban en el agua. Pero el bote grande, que se precipitaba a toda velocidad hacia el obstáculo, habría sido barrido con su tienda y muebles, así como el cuarto oscuro; o, lo que es más probable, la resistencia ofrecida por el cuarto oscuro habría hecho naufragar el barco, con el resultado de que mi equipaje y todos mis datos se habrían perdido sin posibilidad de recuperación. La situación era extremadamente grave. Todos gritaban y daban órdenes. Los remos no llegaban al fondo. El agua bullía y formaba remolinos. En cualquier momento naufragaríamos.

Con gran prisa, guardé mis mapas y todos los artículos sueltos que estaban desperdigados. Los hombres de Lailik remaron desesperadamente con los pesados remos que habían improvisado. La succión de la corriente seguía llevándonos hacia los álamos. Sin embargo, los hombres trabajaron duro y finalmente lograron sacarnos del remolino situado alrededor de la copa del álamo.

Alim saltó de nuevo al agua helada, nadó hasta la orilla izquierda con una cuerda y nos atrajo hacia ella con tal fuerza que la tienda y la cabaña solo resultaron ligeramente dañadas por las ramas más externas del álamo.

¡Qué habría sido de nosotros si esto hubiera sucedido de noche! Apenas me atrevía a pensar en ello.

Poco después, Islam Bai apareció con algo de pescado fresco hervido, sal, pan y té. Apenas había comenzado mi comida cuando río arriba se escucharon gritos desgarradores que pedían ayuda. Resultó ser el bote más pequeño, que había volcado sobre un tronco de álamo varado, oculto bajo el agua. Cubos, toneles, cajas de harina y fruta, pan, tortas, cañas y remos llegaron dando vueltas a lo largo de la corriente, y los hombres del Lop rescataron todo en canoas. Kasim se las había arreglado para agarrarse al traicionero tronco de álamo y, metido a horcajadas y con agua helada hasta la cintura, pidió ayuda. La oveja había nadado hasta la orilla y el gallo estaba empapado en el bote volcado; pero se habían caído palas, hachas y otras herramientas. Tan pronto como me informaron de que Kasim había sido rescatado, volví a ocuparme del pescado, que mientras tanto se había enfriado. Se encendieron grandes fogatas y por la noche nos dedicamos a secar nuestras cosas.

EL BOTE ACERCÁNDOSE A TODA VELOCIDAD CONTRA UN ÁRBOL CAÍDO EN MEDIO DEL RÍO

Al día siguiente se nos unió un *bek*, con dos canoas. Nuestra flota ahora contaba con diez botes. Descendimos hacia un espolón del gran desierto llamado Tokus Kum (las «Nueve Montañas de Arena»). Dunas de sesenta metros de altura, sin rastro de vegetación, se elevaban aquí en la orilla derecha. En su base, estaban separadas por el río, y la arena se deslizaba hacia abajo, poco a poco, para ser arrastrada por el agua y formar bancos más abajo.

Nos quedamos allí una hora y subimos a la cima de la duna, lo cual no fue un trabajo fácil, ya que la arena cedía a cada paso. La vista sobre el río y el desierto era magnífica. El agua y la arena se disputaban la supremacía. Aquí había vida. El río era rico en peces y había bosques. Pero al sur estaba el desierto, la tierra de la muerte, el silencio y la sed.

Nuestros hombres del Lop habían dicho que desde el día en que comenzó la formación de hielo a la deriva, transcurrirían diez días más antes de que el río se congelara. Y el 28 de noviembre me despertó un extraño ruido, como si alguien estuviese serrando el bote. Era el primer hielo a la deriva que bailaba río abajo.

—¡Zarparemos antes del amanecer! ¡Encenderemos una hoguera en la cubierta de popa y pondremos un brasero de hierro con brasas en ascuas en mi tienda para que no se me congelen las manos en el escritorio!

A la una en punto el hielo había desaparecido. Pero durante la noche el termómetro registró –16 °C; y cuando salí por la mañana, el río estaba cubierto de témpanos de hielo de todos los tamaños. Eran redondeados, como discos blancos, debido al contacto entre ellos. Me hicieron pensar en las coronas funerarias que poderes invisibles habían presentado al río antes de que el Frío y la Muerte extendieran su duro sudario de orilla a orilla. Los cristales de hielo brillaban como diamantes a la luz del sol naciente. Tintineaban y hacían ruido como la porcelana al romperse. Rechinaban como si un terrón de azúcar se frotase contra un rallador. Muy pronto también comenzaron a formarse bordes de hielo sólido a lo largo de las orillas. Estos se ensanchaban día a día. En

UN «BEK», O JEFE, LLEGANDO EN SU CANOA

nuestros lugares de campamento, los témpanos a la deriva golpeaban la barcaza con tal fuerza que su estructura se sacudía. Al principio, los perros ladraban al hielo flotante y al ruido que producía; pero pronto se acostumbraron y, mientras navegábamos a la deriva, incluso corrían hacia los témpanos que nos acompañaban a ambos lados. Cuando la barcaza se detenía en un banco de arena era extraño, y a la vez divertido, observar como el hielo continuaba libremente su camino.

De nuevo nos deslizamos por el pie de una enorme duna. Halcones, faisanes y cuervos eran las únicas aves visibles; los patos salvajes y los gansos se habían ido. Por la tarde, los farolillos chinos y las antorchas de aceite en los botes pequeños iluminaban nuestro camino, y continuamos nuestro viaje hasta que la noche estuvo bien avanzada. Yo también tenía una lámpara de escritorio para trabajar durante la noche. La arena se terminaba y era sucedida por densos campos amarillos de juncos. Hacía mucho frío y tuvimos que acampar. Pero la corriente era fuerte y no podíamos ver con suficiente claridad para hacer tierra en la oscuridad. Uno de los botes pequeños recibió la orden de seguir adelante y prender fuego a los juncos. Después vimos toda la orilla arder. Una imagen fantástica, salvaje y magnífica se desplegó ante nosotros. La luz amarilla rojiza transformó el río en oro fundido, y los pequeños botes y sus remeros, recortados en negro azabache, se destacaban contra el fondo de una luz deslumbrante. Las cañas crujían y se rompían del calor. Amarramos en un lugar que no había sido tocado por el fuego.

El 3 de diciembre pasamos un punto donde señales de fuego y jinetes en la orilla nos indujeron a desembarcar. Los habían enviado los cosacos para decirnos que la caravana había acampado más abajo, a varios días de viaje desde donde nos encontrábamos.

Al día siguiente, la velocidad de la corriente era alta, lo que ayudó al bote deslizarse gloriosamente entre los témpanos de hielo flotantes. A veces llegábamos a rozar la orilla y la tierra contra el borde helado. En Karaul[153] vi a Islam Bai en la orilla, con un hombre de barba blanca. Este era nuestro amigo Parpi Bai, miembro de la expedición de 1896. Llevaba una capa de color azul oscuro y un gorro de piel. Embarcamos y lo llevamos a bordo. Me saludó con emoción y pronto se unió a mis fieles criados.

El Tarim todavía fluía a razón de unos cincuenta y siete metros cúbicos por segundo; pero las bandas de hielo a lo largo de la orilla se hacían más anchas, y el canal abierto en el medio se hacía cada vez más estrecho. En un punto poco profundo nos topamos con un tronco de álamo traidoramente escondido y nos habríamos quedado allí si no hubiera sido por el pesado hielo a la deriva que nos empujaba desde atrás. La proa del bote se elevó completamente fuera del agua y luego volvió a caer con un golpe atronador.

El 7 de diciembre fue el último día de este glorioso viaje por el río. Sabíamos que la caravana se había asentado en el Yangi Kol[154] (el Lago Nuevo), y que el río estaba congelado de orilla a orilla a cierta distancia por debajo de ese punto. Tres *beks* y una inmensa tropa de jinetes nos siguieron por la orilla, pero solo se permitió subir a bordo al *bek* de Yangi Kol. Se sentó sonriendo frente a mi tienda y parecía como si disfrutase del mejor momento de su vida.

El río fluía hacia el sureste. A la izquierda había una estepa, con escasos chopos y matorrales. A la derecha había enormes dunas de arena con lagos poco profundos en medio. El canal era tan angosto en algunos lugares que el bote rompía los bordes del hielo en ambos lados, lo que provocaba mucho ruido.

Chernov, Nias Haji y Faizullah se unieron al resto de los jinetes. Al anochecer se encendieron de nuevo los faroles y las antorchas, y continuamos. Estábamos decididos a llegar al campamento de la caravana. Por fin apareció una gran hoguera en la orilla izquierda, y allí estaba la caravana. Echamos el ancla por última vez y nos apresuramos a bajar a tierra para calentarnos las extremidades, que estaban rígidas a causa del frío.

Yangi Kol se convirtió en mi cuartel general durante medio año. Tenía una ubicación espléndida. Contábamos con vecinos en varias direcciones; se tardaba tres días en llegar a la ciudad de Korla, y al sur y al oeste se encontraba el gran desierto.

A la mañana siguiente, después de haber descansado completamente e inspeccionar nuestros camellos y caballos, trasladamos los dos botes a una pequeña ensenada protegida y redonda, que se congelaba hasta el fondo durante el invierno, para que nuestros botes descansaran como si estuvieran en un lecho de granito. Después de eso teníamos mil tareas pendientes. Había llegado un mensajero de correos desde Kasgar con un montón de ansiadas cartas de casa; así que mi primera ocupación fue redactar cartas y enviar el correo de vuelta. En Korla compramos provisiones, velas, mantas, telas, lonas, etc. A la tripulación se le pagó el doble de su salario y también me encargué de que llegaran a casa sanos y salvos. Nias Haji, que había sido culpable de un robo, fue despedido. Islam Bai se convirtió en *karavan-bashi* (líder de la caravana); a Turdu Bai y Faizullah se les confió el cuidado de los camellos; Parpi Bai, que además de cetrero cuidaba los caballos, tenía por mensajero a Kurban, de dieciséis años; y Ordek, un hombre del Lop, llevaba agua, leña y forraje, que habíamos comprado a nuestros vecinos.

Los cosacos lo supervisaron todo. A Sirkin, que sabía leer y escribir, se le enseñó a realizar observaciones meteorológicas.

Durante los días siguientes se formó un bonito corral en Yangi Kol. Se construyó un establo de postes y juncos para nuestros ocho caballos, y su pesebre consistía en dos canoas. Se armó mi tienda de campaña en el suelo y allí se instaló la estufa; pero además de eso me construyeron una choza de caña con dos cuartos, cuyos pisos estaban cubiertos con paja y esteras de fieltro. Todas mis cajas fueron llevadas allí. Con las tiendas y las cabañas de los hombres, los establos, las cargas de los camellos, el montón de leña y mi casa, se formó un verdadero patio o plaza, con un álamo solitario que se alzaba en el centro. Al pie del árbol ardía continuamente una hoguera; y a su alrededor extendimos esteras, donde nuestros visitantes podían sentarse y tomar el té. Los sonidos de charlas, risas y transacciones varias siempre se escuchaban desde allí.

Además de Yoldash, Dovlet y Hamra, que habían estado con nosotros en el barco, y Yolbars, que había acompañado a la caravana, un jefe de Korla nos obsequió con dos perros lobo extraordinariamente hermosos e inteligentes, llamados Mashka y Taiga. Eran altos, rápidos y de color blanco amarillento, pero tan sensibles al frío nocturno que les cosimos unos abrigos de fieltro. Se convirtieron en mis favoritos de inmediato. Dormían en mi tienda y estaban extremadamente agradecidos cuando les ayudaba a ponerles bien los abrigos de fieltro durante las noches. En comparación con los otros perros, parecían muy delgados y frágiles. Pero asumieron el liderazgo de inmediato, trataban como esclavos a todo lo que tuviera forma de perro en todo el vecindario. Eran terriblemente ingeniosos en la lucha. Con rapidez y agilidad, hundían sus colmillos en una de las patas traseras de su adversario y lo hacían girar, para luego soltarlo de nuevo en el momento de mayor velocidad y hacer que rodara por el suelo, aullando.

Los vigilantes nocturnos iban y venían entre las tiendas y las chozas, y mantenían el fuego encendido. No se apagó, de hecho, hasta mayo del año siguiente. Nuestro pueblo se hizo conocido a lo largo y ancho del desierto; y los mercaderes y viajeros venían desde largas distancias para ver este milagro y comerciar con nosotros. Los hombres del Lop llamaron al lugar *Tura-sallgan-ui* («las casas construidas por el señor»). Me imaginé, con cariño, que este nombre permanecería unido al lugar durante muchos años después de que lo hubiéramos abandonado. Pero en la primavera que siguió a nuestra partida, las riadas barrieron toda aquella orilla, y con ella nuestras chozas abandonadas. Solo quedaría el recuerdo de nuestro pueblo transitorio, e incluso este sería borrado paulatinamente por el paso del tiempo.

DOS DE MIS HOMBRES SOBRE EL HIELO DE UNO DE LOS LAGOS

Añoraba el desierto del suroeste y tuve largas conversaciones con los hombres mayores de la región. Algunos de ellos me contaron historias monstruosas sobre ciudades antiguas y grandes tesoros enterrados en la arena. ¡Qué bien recordaba aquellos cuentos del Taklamakán! Otros no sabían nada acerca de lo que ocultaba el desierto, solo que suponía la muerte segura el adentrarse allí. No tenían otro nombre para el misterioso páramo, solo «La Arena».

Antes de emprender la peligrosa aventura de cruzar el desierto con camellos, decidí hacer un pequeño viaje de prueba de unos días. El río estaba congelado ahora, pero el hielo era demasiado delgado para soportar el peso de los camellos. Así que abrimos un canal de orilla a orilla y los animales fueron transportados en el bote grande. Los cosacos, algunos nativos, Mashka y Taiga fueron con nosotros. No llevábamos tiendas de campaña. Examinamos los lagos congelados, Bash Kol[155] y Yangi Kol, y atravesamos un gran promontorio arenoso de cien metros de altura entre ellos. Estos extraños lagos tributarios eran muy largos —Bash Kol doce millas, por ejemplo— y angostos. Ambos se extendían de noreste a suroeste y estaban separados entre sí por dunas de arena de cien metros de altura. Estaban conectados con el Tarim por pequeños canales. Un umbral arenoso, con frecuencia bastante bajo, se elevaba en el extremo suroeste de cada lago, y más allá había otra depresión como la del lago, pero sin agua. Esperaba que, gracias a estas depresiones, pudiéramos cruzar el desierto sin dificultad.

El manto de hielo de los lagos era cristalino y tan brillante como el cristal de una ventana. El agua se veía azul oscuro cuando mirábamos hacia abajo en los lugares profundos; y vimos peces grandes, con lomos negros, holgazaneando entre las algas. Sirkin me había fabricado unos patines con un par de cuchillos, y los hombres del Lop se sorprendieron al verme cortar figuras blancas mientras patinaba sobre el hielo oscuro. Nunca habían presenciado algo así.

Después de mi regreso a *Tura-sallgan-ui*, un jinete nativo galopó hasta la plaza de nuestro pueblo y me entregó una carta de Charles E. Bonin, el conocido viajero francés que había acampado en un pueblo a seis millas al norte del nuestro. Cabalgué hacia allí de inmediato y lo llevé a *Tura-sallgan-ui*. Pasamos juntos un día y una noche inolvidablemente agradables. Estaba vestido con un largo abrigo rojo y un *bashlik* rojo, lo que le hacía parecerse a un lama en peregrinación. Era un hombre extraordinariamente amable y erudito, el único europeo que conocí durante todo el viaje. A excepción de él, yo era el único europeo en lo más recóndito de Asia.

CAPÍTULO XXXV

UN VIAJE PELIGROSO A TRAVÉS DEL GRAN DESIERTO

EL 20 de diciembre comencé un nuevo viaje por el desierto que, si la mala suerte nos hubiera acompañado, podría haber resultado tan desastroso como nuestro terrible viaje al Jotán Daria años antes. Porque la distancia entre nuestro cuartel general en el Tarim y el río Cherchen Daria[156], al sur, era de casi ciento ochenta millas, y las dunas de arena eran más altas que las del Taklamakán.

Llevé conmigo solo a cuatro hombres, Islam Bai, Turdu Bai, Ordek y Kurban; también siete camellos, un caballo y los perros Yoldash y Dovlet. Una pequeña caravana auxiliar, compuesta por cuatro camellos, Parpi Bai y dos hombres del Lop, nos acompañaría los primeros cuatro días y luego regresaría a nuestro cuartel general. Estos cuatro camellos no llevaban nada más que grandes trozos de hielo en bolsas y leña. Tres de mis siete camellos llevaban hielo y madera; los otros llevaban víveres, camas, instrumentos, utensilios de cocina, etc. Yo no llevaba tienda de campaña, y dormiría a la intemperie todo el invierno. Se calculó que nuestro suministro de hielo y comida duraría unos veinte días. Si se necesitaran treinta días para cruzar el desierto, seguramente estaríamos perdidos; porque no podíamos esperar encontrar una sola gota de agua en esa región.

Una vez más, los camellos fueron transportados a través del río. Luego fueron cargados en la orilla derecha u occidental y Turdu Bai los condujo a lo largo del pequeño lago de Tanabagladi. En su extremo sur se abrieron agujeros en el hielo de casi treinta centímetros de espesor, y en ellos los camellos bebieron hasta saciarse por última vez.

Después de este alto, cruzamos la primera loma baja de arena que separaba el lago de la primera depresión seca al suroeste. Estos puntos elípticos libres de arena en el desierto se llamaban *bayirs*. Todavía había cañas en la parte norte de nuestro primer *bayir*, así que los camellos no pasaron hambre.

Al día siguiente pasamos por cuatro *bayirs*. Sus fondos consistían en polvo blando, donde los camellos se hundían más de treinta centímetros, y que con el viento se arremolinaba en ligeras nubes grises alrededor de la caravana. Los líderes de la caravana lo tenían más difícil, mientras los que iban en último lugar tenían una suerte más fácil, ya que los camellos al frente se abrían paso por un camino duro y hundido en el polvo.

En consecuencia, me fui a la parte trasera de la caravana en mi caballo; donde resonaba en mis oídos el sonido de una campana de bronce en todo momento.

El paisaje estaba tan muerto como en la superficie de la luna. Ni una hoja impulsada por el viento, ni el rastro de un animal. Los seres humanos nunca habían estado allí. El viento predominante procedía del este. Estábamos protegidos en ese lado por empinadas dunas como montañas, que se extendían como un muro de arena, en un ángulo de 33°; pero a la derecha, en el lado occidental de cada *bayir*, las laderas de barlovento de las dunas se elevaban solo gradualmente hasta la siguiente cresta alta. El terreno continuó así a lo largo del desierto. Siempre y cuando avanzáramos sobre terreno nivelado con *bayir*, todo iría bien. Fueron las empinadas laderas de las dunas las que cansaban a los camellos. Por lo tanto, la gran pregunta era: ¿hasta dónde se extendía esta serie de *bayirs*? Desde lo alto de cada nuevo montículo de arena, en el extremo sur de un *bayir*, buscábamos ansiosamente el siguiente. El éxito o el fracaso dependían de ello.

Acampamos en el extremo sur de la cuarta de estas hondonadas. Tuvimos que conservar nuestro combustible. No se reservaron más que dos leños para la hoguera de la tarde y solo uno para la mañana. Hacía tanto frío dentro de la tienda de campaña que teníamos que usar nuestros abrigos de piel durante la noche. Aunque hacía aún más frío cuando volvíamos a salir por la mañana. Mi caballo bebía el agua en la que me lavaba y me abstuve de usar jabón para no estropearlo.

En la siguiente depresión encontramos fragmentos blancos, frágiles y porosos de esqueletos de camellos salvajes. ¿Cuántos miles de años habían estado cubiertos de arena antes de ser expuestos por las dunas en movimiento?

Temprano en la mañana de la víspera de Navidad, la luna se paró para mirarnos. El aire estaba casi limpio. El sol resplandecía rojo como la sangre cuando se elevaba, y a su luz, las dunas áridas se coloreaban como una corriente de lava. Los camellos y los hombres proyectaban largas sombras oscuras sobre el suelo. Parpi Bai, con su caravana subsidiaria, fue enviado de regreso y, en consecuencia, mis siete camellos quedaron más cargados.

Me puse por delante de la caravana. El terreno se tornó más difícil. La arena aumentó y las depresiones de *bayirs* se hicieron más pequeñas. Desde una de ellas trepé por un saliente que parecía no tener fin. Al llegar a su cima, en el fondo, entre dunas más altas, vi el siguiente *bayir*, el decimosexto, parecido a un agujero infernal, negro y amplio, rodeado por un anillo blanco de sal. Me deslicé por la arena suelta y esperé a la caravana en el fondo. Los hombres estaban abatidos. Pensaron que nuestras dificultades aumentarían más adelante en el interior desierto. Acampamos. Ningún ángel de Navidad nos visitó esa Nochebuena. Disponíamos de suficiente agua para quince días, y leña para once. Pero al sentir la necesidad de economizar, pronto nos envolvimos en nuestros abrigos y nos fuimos a dormir.

Nos despertó una fuerte tormenta en la mañana de Navidad. La arena se arremolinaba como penachos amarillos desde todas las crestas de las dunas. Prevalecía un gris universal. No se veía nada. Todo se llenó de arena en suspensión. Cuando dos años y medio después saqué mis cuadernos para desarrollar mis trabajos, la arena del desierto cayó de entre las hojas y mi pluma chirriaba sobre el papel.

Vimos el esqueleto de un ganso salvaje. Debió de cansarse en su viaje hacia o desde la India, y descendió para morir. Dunas altas como montañas rodeaban nuestro campamento por todos lados, y la atmósfera era deprimente. Hacía que uno quisiera acostarse temprano.

Las crestas cruzadas entre los *bayirs* aumentaron de altura. Sus laderas del sur caían en un ángulo de 33° hacia las depresiones. La caravana se veía extraña cuando se deslizaba por las pendientes. Los camellos andaban maravillosamente seguros. Se deslizaban hacia abajo junto con la capa superficial de arena, erguidos sobre sus piernas rígidamente extendidas.

Todavía nos quedaban dos cargas y media de hielo, pero la madera se había acabado casi por completo; y cuando se quemara el último palo, no se derretiría más el hielo. Como es habitual en tiempos críticos, se sacrificaron las albardas y se distribuyó su carga de heno entre los camellos. Los marcos de madera se utilizaron luego como combustible. Y aún no estábamos a mitad de camino.

Pero ahora, el 27 de diciembre, recibimos un estímulo inesperado. Al llegar por fin a la cima de una cresta después de una escalada interminable, percibimos la trigésima depresión de un *bayir*, de una tenue coloración amarillo pajizo. ¡Eran cañas! ¡Eso significaba vegetación en medio del desierto! El siguiente *bayir* también tenía cañas, y acampamos allí por causa de los camellos. Se sacrificó una carga completa de hielo a los pacientes animales para aumentar su apetito. ¿Pues no dependía todo de ellos? Además, encendimos una hoguera con cañas secas, lo que ayudaba a conservar nuestro combustible.

Hizo un atardecer glorioso. Sobre un fondo intensamente carmesí se destacaban las nubes, campos azul violeta, con un borde superior dorado, pero las partes inferiores amarillas como la arena del desierto. Las espaldas curvas de las dunas, parecidas a las olas del mar, formaban una silueta casi negra contra el cielo rojo llameante de la tarde. Y en el este, la nueva noche mortalmente fría, negra con estrellas centelleantes, se elevó sobre el desierto.

La temperatura descendió a −21 °C. Me puse en cabeza de la caravana, para actuar como piloto y también para mantenerme caliente. Toda la belleza de la noche anterior se había desvanecido. El desierto, gris y siniestro, nos rodeaba, y soplaba un fuerte viento. En un nuevo *bayir* me encontré con un tamarisco muerto con el que encendí una pequeña fogata. Un camello se había cansado y Kurban lo conducía detrás de la caravana. Pero cuando llegó la oscuridad, Kurban apareció solo. Islam y Turdu fueron a llevar paja al cansado animal por la noche. Pero lo encontraron muerto, con la boca abierta; y todavía estaba caliente. Turdu Bai lloró por él, porque amaba a los camellos.

Nuevamente nos encontramos con algunos tamariscos, y cavamos un pozo en el suelo llano del *bayir*. Y a una profundidad de metro y medio dimos con agua. Era bastante apta para beber, pero salió lentamente. Excavamos más profundamente en el pozo y obtuvimos más agua. Cada uno de los camellos bebió seis baldes. El lugar era tan bonito que nos quedamos al día siguiente. Durante esa estancia vimos las huellas de zorros y liebres. También vimos un lobo casi negro, que saltó sobre la cresta de una duna antes de desaparecer. Los camellos bebieron hasta once baldes cada uno, lo que les permitió continuar sin agua durante diez días.

El último día del siglo XIX cubrimos catorce millas y media, el récord de distancia que hasta ahora habíamos podido recorrer en el denso desierto. El terreno era difícil, pero las depresiones libres de arena nos ayudaron considerablemente. Acampamos en el *bayir* número treinta y ocho. El sol se puso en medio de las nubes; y cuando volvió a subir escribí «1 de enero de 1900» en mi diario.

Apenas habíamos avanzado ocho millas y media cuando el desierto se hizo estéril de nuevo. La nieve cayó durante la noche, y cuando nos despertamos por la mañana las dunas estaban cubiertas por una fina sábana blanca. El viento procedía del sur, y por la tarde se desató una verdadera ventisca. La nevada colgaba del cielo como cortinas blancas de las nubes oscuras. Había pasado todo peligro de morir de sed.

En otro tamarisco de reciente descubrimiento, los camellos volvieron a disfrutar de un día de descanso. Tuvimos que concedérselo. Sus días, de hecho, se hacían largos. Nevaba incesantemente y yo estaba sin tiendas. Me acosté junto a la hoguera, leyendo, pero tuve que sacudir el libro continuamente, ya que los copos caían sobre el texto. Estábamos bastante cubiertos de nieve por la mañana. Islam barrió mis abrigos y mantas con una escoba de juncos. La temperatura había bajado a −30 °C. Cuando nos sentábamos junto al fuego, nos bañábamos y vestíamos, y hacía 30 °C en el lado del fuego, pero −30 °C a nuestras espaldas.

Una vez más se levantó el campamento y se sacrificó el último tronco. Estábamos agarrotados por el frío y soñábamos con nuestras hogueras de otoño en las orillas del Tarim.

Los camellos se veían blancos por la mañana, como tallados en mármol; y su aliento hacía que largos carámbanos colgaran debajo de sus fosas nasales. Las dunas cubiertas de nieve tenían un extraño aspecto azulado en el aire ahora transparente.

El 6 de enero aparecieron las cordilleras del extremo norte del Tíbet, delineadas clara e indudablemente en el sur. Nuestro lugar de campamento era miserable. Toda nuestra leña se había agotado y no había otros combustibles visibles. La tinta de mi pluma se congeló; así que tuve que escribir a lápiz. Los hombres dormían uno cerca del otro, todos juntos acurrucados, para retener la mayor cantidad posible de calor corporal.

El viaje del día siguiente estuvo a nuestro favor. Nos llevó a una región donde había montones de álamos secos y muertos en la arena. Nos detuvimos allí y encendimos una hoguera lo suficientemente grande como para asar un elefante. Los troncos huecos se retorcieron, crepitaron y se partieron. Cuando llegó la noche, los hombres cavaron hoyos en el suelo, llenándolos primero con carbones encendidos y luego con arena. Después dormimos en una losa tan caliente como las de las posadas chinas.

En la mañana del 8 de enero prometí a mis hombres que nuestra próxima fogata ardería en el Cherchen Daria. Dudaron de mis palabras, porque el bosque seco había llegado a su fin. Pero no habíamos avanzado mucho en el árido desierto cuando una línea oscura apareció sobre las dunas blancas hacia el sur. Los hombres querían detenerse en el primer bosque, pero yo seguí. Y antes de que empezaran a caer las sombras de la noche llegamos a la orilla del río. El río tenía noventa metros de ancho en este punto, y su superficie congelada estaba cubierta de nieve. Esa noche disfrutamos de una brillante luz de luna.

El peligroso viaje a través del desierto se había realizado con éxito en veinte días y solo habíamos perdido un camello.

Unos días más de marcha y acampamos en Cherchen, un pequeño pueblo de quinientas familias, donde dormí bajo el techo de Toktamet Bek, de setenta y dos años, mi viejo amigo de Kapa, que ahora era el jefe del lugar.

Después de descansar unos días, emprendí un pequeño viaje hacia el oeste. No había visto esa parte del país que linda con el desierto, pero Pevtsov y Roborovski ya habían estado allí[157]; de modo que este fue casi el único lugar en este viaje que no fui el primero en visitar. Era cuestión de cubrir doscientas diez millas, de ida y vuelta. Solo llevé conmigo a Ordek, Kurban y un Mollah Shah que anteriormente había sido empleado de Littledale. Teníamos siete caballos y Yoldash, comida y ropa de abrigo, pero ninguna tienda.

Partimos el 16 de enero, en un clima frío y fresco. A veces, los cascos de los caballos resonaban en el suelo desnudo; otras veces, la nieve crujía debajo de ellos. El camino serpenteaba frecuentemente como un corredor entre tamariscos enredados que parecían erizos acurrucados. Una y otra vez teníamos que parar durante media hora para encender una fogata y entrar en calor.

Nuestro camino nos llevó a través del lecho seco del río Kara Muran[158], y a través del Molja, que era un río caudaloso, más alto al pie de la montaña. Nos encontramos con un perro vagabundo que había sido gravemente mutilado por los lobos. El 22 de enero nos despertamos bastante cubiertos de nieve y luego tuvimos un viaje difícil sobre la nieve de aproximadamente treinta centímetros de profundidad. Ordek había tendido una manta sobre mi cabeza para protegerme, pero la nieve la había aplastado durante la noche y me desperté con la sensación de tener un cuerpo frío posado sobre mi rostro.

Nos encontramos con algunas ruinas antiguas e hicimos mediciones. Entre las ruinas había una torre de once metros de altura. En las cercanías de Andere dimos la vuelta y volvimos a Cherchen, donde tuvimos que soportar una temperatura de −32 °C.

El largo camino de regreso hasta nuestro cuartel general nos llevó, en primer lugar, a lo largo del Cherchen Daria, a veces sobre el río helado, otras sobre lechos abandonados a sus lados. Los lobos aullaban fuera de nuestro campamento por la noche y teníamos que vigilar bien a los caballos. Nuestro pequeño grupo se había fortalecido con la incorporación de Mollah Shah, quien permaneció a mi servicio durante todo el viaje de regreso. Con frecuencia nos topábamos con las huellas de los tigres.

En una ocasión, un pastor nos mostró un extraño cementerio que no era musulmán ni budista. Excavamos dos viejos ataúdes de tablas de álamo. En uno descansaba un anciano de cabello blanco, rostro encuerado y una prenda casi hecha jirones. En el otro había una mujer, cuyo cabello estaba atado en la nuca con una cinta roja. Su vestido consistía en blusa y falda en una sola pieza, y las mangas eran ceñidas. Tenía un pañuelo alrededor de la cabeza y usaba medias rojas. El pastor nos dijo que había muchas de esas tumbas en el bosque. Estos eran probablemente los restos de raskólnikis[159] rusos, que habrían huido de Siberia en los años veinte del siglo XIX.

A la orilla del río había chopos que medían siete metros de circunferencia y seis metros de altura. Sus ramas estaban retorcidas en todas direcciones, como los brazos de una sepia.

Después de dejar el Cherchen Daria, entramos en el antiguo lecho del Tarim, llamado Ettek Tarim, con orillas boscosas y dunas de sesenta metros de altura hacia el oeste. Después de eso encontramos mejores caminos a lo largo del curso actual del Tarim.

En una región boscosa al norte de un pueblo llamado Dural, nos encontramos por casualidad con Abdur Rahim, un cazador de camellos de Singer, en el norte. Él y su hermano, Malek Ahun, habían llevado a su hermana y su ajuar a un *bek* en Dural, y ahora estaba de camino a su casa en Kuruk Tagh («las montañas secas»), que son el puesto de avanzada más extremo del Tian Shan hacia el desierto de Gobi. Era uno de los dos o tres cazadores de todo el país que conocían el manantial de Altmish Bulak (los «Sesenta Manantiales»), y unos años antes había acompañado hasta allí a Kozlov, el viajero ruso. Mi siguiente proyecto fue cruzar el desierto de Lop, con miras a resolver el problema del lago errante de Lop Nor; y para tal travesía no había punto de partida más seguro que el Altmish Bulak. Abdur Rahim y su hermano no tuvieron inconveniente en acompañarme, y acordamos que también alquilaría sus camellos para la expedición.

El 24 de febrero entramos en nuestro propio pueblo, *Tura-sallgan-ui*. A unas pocas millas de la aldea nos encontramos con Sirkin y los dos cosacos recién llegados, Shagdur y Cherdon, vestidos con uniformes azul oscuro, sables en perchas sobre los hombros, gorras altas de piel de cordero negra y botas relucientes. Saludaron militarmente desde sus espléndidos caballos siberianos. Mientras saludaban, relataron un informe sobre su viaje.

Llevaban cuatro meses y medio de camino desde Chitá, en Transbaikalia, y habían llegado a través de Urumchi, Karashar y Korla. Ambos tenían veinticuatro años, eran budistas, y servían en el ejército cosaco de Transbaikalia. Les di la bienvenida y esperé que les gustara estar a mi servicio. Puedo adelantarme al afirmar que su comportamiento estaba más allá de todo elogio y que ellos, como los dos cosacos ortodoxos, fueron dos de los mejores hombres que he tenido a mi cargo.

Cuando llegamos a nuestro propio pueblo, un poco más tarde, me sorprendió ver lo que parecía ser un tigre vivo parado en medio de la plaza. Pero no era tan peligroso como parecía. Este tigre había recibido un disparo unos días antes y luego se había congelado tan duro como una piedra en esta posición. Su piel fue añadida a mi colección.

Nuestro pueblo había crecido durante mi ausencia. Se habían construido varias tiendas nuevas. Un comerciante del Turquestán ruso había hecho construir una tienda propia, donde vendía tejidos, ropa, capas, gorras, botas, etcétera; y los musulmanes y los cosacos tenían una especie de club bajo su techo, donde les gustaba reunirse para tomar el té y charlar. Llegaron otros mercaderes de Kucha y Korla, con té, azúcar, teteras, porcelana y todo tipo de enseres útiles para las caravanas. Herreros, carpinteros y sastres habían abierto sus tiendas en *Tura-sallgan-ui*, que se había convertido en un lugar comercial conocido en toda la comarca. El camino principal, incluso, se desvió de su curso y formó una curva hacia nuestro pueblo.

Nuestra colección de animales salvajes se había incrementado con dos cachorros recién nacidos, moteados de blanco y negro y con pieles peludas. Fueron bautizados como Malenki y Malchik, y sobrevivieron a todos los demás perros de mi caravana.

Los caballos y camellos ahora estaban descansados y se habían vuelto gordos, fuertes y saludables. Los camellos, al estar en su época de celo, estaban medio salvajes, y había que tenerlos atados para que no diesen patadas ni mordieran. El dromedario era particularmente peligroso, debía llevar bozal y tenía las cuatro patas atadas con cadenas a estacas de hierro. Tenía espuma blanca alrededor de su boca, como si estuviera listo para visitar el barbero.

Durante nuestra ausencia, uno de nuestros camellos había causado gran revuelo. Una vez, cuando él y sus compañeros eran conducidos de vuelta desde los pastos para pasar la noche, se separó de los demás y se escapó. Dos guardias y uno de los cosacos montaron en sus caballos y lo persiguieron. El rastro era claro. Había atravesado el río helado hacia el desierto al este del Tarim y hacia el Kuruk Tagh. Nuestros hombres persuadieron a algunas personas y organizaron una búsqueda. Ese camello había vuelto a descender de las montañas del desierto y corrió como el viento a través de los páramos en dirección a Kucha. Después regresó de allí para finalmente adentrarse en el valle de Yuldus. Allí los perseguidores perdieron su rastro. Nadie supo qué fue finalmente de él. Era y siguió siendo un misterio, un auténtico holandés errante[160]. Un anciano sabio de nuestro vecindario me dijo que el camello domesticado a veces se vuelve bastante loco y se vuelve tan tímido como sus hermanos salvajes. Dado el caso, no es extraño que corra hacia el desierto cuando vea a un hombre, y siga corriendo día y noche, como perseguido por malos espíritus. Corre y corre hasta que su corazón se rinde y se derrumba por el agotamiento. Otro hombre pensó que el camello había visto un tigre en el bosque y se había vuelto loco por eso.

Nuestro ganso domesticado era mucho mejor, porque patrullaba las tiendas como un policía tímido y engreído. Sus parientes salvajes regresaron pronto en gran número de su estancia de cuatro meses en la India. Día y noche los oíamos chillar en el aire y entablar una animada conversación antes de instalarse en sus antiguos criaderos ancestrales. Uno no podía dejar de creer que las leyes y costumbres relativas a los límites de los terrenos de pastoreo que prevalecían entre estas comunidades aviares se mantenían tan firmemente como las relativas a los lugares de pesca entre las diversas familias del Lop.

CAPÍTULO XXXVI

DESCUBRIMOS UNA CIUDAD ANTIGUA EN EL DESIERTO DE LOP

EL 5 de marzo estábamos otra vez listos para dejar nuestro cuartel general. Esta vez llevé conmigo al cosaco Chernov; Faizullah, el camellero; Ordek y Khodai Kullu, los dos hombres del Lop; y los dos hermanos y cazadores, Abdur Rahim y Malek Ahun, montados en dos de sus camellos, otros seis de los cuales también alquilé. Además de estos había seis de nuestros propios camellos, Musa y un hombre del Lop con algunos de nuestros caballos. Los caballos debían ser devueltos cuando el desierto resultara demasiado duro para ellos. Dos de los perros estaban con nosotros, Yoldash de Osh y Mashka, el perro lobo. Llevamos provisiones, dos tiendas y siete odres para almacenar el hielo.

El resto de la caravana permanecería en el cuartel general. Parpi Bai, de fuerte complexión y erguido, se encontraba entre los cosacos y los musulmanes. Fue la última vez que lo vi. Murió doce días después de que yo dejara nuestra aldea, y fue enterrado en el cementerio de Yangi Kol, al pie de las desoladas dunas y a orillas del gran río.

La primavera había regresado. De día la temperatura ascendía a 13 °C y de noche no bajaba de 0 °C. Cruzamos el espeso hielo del río Konche Daria[161], y al otro lado del río encontramos una hilera de túmulos y torres, que indicaban el antiguo camino que una vez unía China con Occidente.

Desde la estepa llana y desolada, dirigimos nuestro curso al pie del Kuruk Tagh. Estas montañas marchitas y estériles, en tonos marrones, violetas, amarillo-grises y rojos, se extendían hacia el este y desaparecían finalmente en la lejana neblina del desierto. A largos intervalos podían encontrarse manantiales. Uno de ellos se ubicaba en el desfiladero de Kurbanchik, que tenía cuarenta metros de profundidad. Otro se llamaba Bujentu Bulak. Cuando me levantaba por la mañana, Chernov encendía mi pequeña estufa; pero esa mañana en Bujentu Bulak el viento agitó la lona contra el tubo de la estufa y en un santiamén la tienda se envolvió en llamas.

Apenas logré salvar mis preciados documentos y notas. Este percance causó que la tienda se encogiera considerablemente, pero la armamos lo mejor que pudimos.

Nos despedimos del Konche Daria y sus bosques. Durante la marcha de los días posteriores, el cinturón oscuro de vegetación en el horizonte sur todavía era visible, pero pronto dio paso al desierto amarillo grisáceo.

Uno de los objetivos de esta expedición era trazar un mapa del antiguo lecho, seco desde hacía más de mil quinientos años, por el que solía fluir el Konche Daria. Había sido descubierto por Kozlov, pero este solo había tenido la oportunidad de mencionar su existencia en un momento determinado de la historia. En Ying Pen, una antigua estación en el viejo camino chino, encontramos dos recodos del lecho seco. Allí medimos y fotografiamos las ruinas que aún quedaban. Una torre tenía ocho metros de altura y su circunferencia treinta y un metros. Había un enorme muro circundante con cuatro puertas y muchas casas y varios muros en ruinas. De una terraza que una vez había sido un cementerio asomaban calaveras casi en cada hoyo.

ACAMPANDO CERCA DE LA RIBERA DEL KONCHE DARIA

El 12 de marzo hizo 21 °C; y como Musa regresaría ahora con todos los caballos, excepto mi «gris» del desierto, también enviamos la mayor parte de nuestra ropa de invierno. Pero pronto nos arrepentimos.

En Ying Pen todavía encontramos álamos vivos; pero no mucho más al este, el bosque se hizo más ralo y los troncos restantes se alzaban como lápidas en un cementerio.

Avanzamos por la orilla del río muerto. El desierto arcilloso se extendía a nuestro alrededor sin rastro de vegetación, y extrañamente esculpido por la fuerza motriz de los vientos. El cielo estaba despejado, el calor era opresivo.

En el horizonte oriental apareció una línea marrón negruzca, que se ensanchaba rápidamente y parecía extender brazos y ramas hacia el cenit.

— *¡Kara buran!* ¡La tormenta negra del desierto! ¡Alto!

El bullicio y la agitación hicieron acto de presencia en nuestra caravana. Nuestra posición era insostenible. Buscamos un lugar más adecuado para acampar. Las primeras ráfagas de viento barrían aullando el suelo. El campo parecía estar más nivelado hacia el suroeste. Me moví un poco en esa dirección. Nuevas ráfagas de viento levantaron nubes enteras de arena y polvo. Me volví rápidamente para no perder de vista a los demás. Pero en ese momento la tormenta vino como un tiro, y barrió el seco y cálido desierto con su furia desatada. Estuve a punto de ahogarme y asfixiarme, y no sabía qué camino tomar. Pero había tenido el viento de espaldas poco tiempo antes, así que pensé que regresaría rápidamente contra el viento. El torbellino de arena me arañó la cara. Protegiendo mi cara con un brazo, traté de ver a través de la neblina, que había cambiado la luz del día en crepúsculo y oscuridad. Pero fui incapaz de ver nada. No escuché llamadas. Todos los demás sonidos, incluso los de posibles disparos de rifle, quedaron ahogados por el aullido del viento. Reuní todas mis fuerzas para luchar contra el viento, pero tenía que parar continuamente y girar a sotavento para tomar aire. Luché durante media hora y luego creí que había pasado junto a la caravana. Todos los rastros habían sido borrados.

«Si no los encuentro pronto y la tormenta continúa, estaré perdido sin remedio», pensé.

Estuve a punto de detenerme donde estaba cuando Chernov me agarró, por casualidad, y me llevó de regreso a la caravana.

Los postes de mi tienda se partieron en dos y ahora solo se podían usar los medios postes. Con gran dificultad, mis hombres lograron armar la tienda al abrigo de un montículo de arcilla. Estaba amarrada con cuerdas, y cajas pesadas fueron apiladas en sus bordes. Los camellos, libres de sus cargas, yacían tendidos en la dirección del viento, con el cuello y la cabeza pegados al suelo. Los hombres se envolvieron en sus capas y se acurrucaron debajo de la lona de la tienda, que no se podía armar. La velocidad del viento a lo largo del suelo era de veintiséis metros por segundo, y ciertamente el doble de esa cifra unos metros más arriba. La arena en suspensión golpeaba contra la tela de la tienda, y las partículas se filtraban y cubrían todo lo que había dentro. Mi cama, que siempre estaba puesta en el suelo, ya no se veía; y las cajas estaban cubiertas de polvo amarillo grisáceo. Todo estaba lleno de arena; que nos hacía cosquillas y arañaba el cuerpo. Como hacer una hoguera estaba fuera de discusión, resultó imposible preparar la comida. Tuvimos que contentarnos con pedazos de pan. La tormenta duró todo el día, toda la noche y parte del día siguiente; y cuando por fin hubo pasado como una exhalación, al dirigirse hacia el oeste, la calma se restableció de nuevo y nos sentimos extrañamente aturdidos como uno se siente después de una larga enfermedad.

Caminamos hacia el este. Los troncos grises y porosos de las orillas del río muerto parecían momias de árboles. Era sorprendente que la arena de las tormentas no los hubiera erosionado por completo.

El 15 de marzo dejamos el lecho del río para ir al manantial de Yardang Bulak. Las huellas de camellos salvajes ahora se habían vuelto frecuentes. Esta era la tercera región del extremo interior de Asia donde me encontraba con este extraordinario animal, dueño del desierto, que vive casi en total soledad en las partes más inaccesibles de la Tierra. Chernov le disparó a una hembra joven, cuya carne fue bienvenida, porque lo poco que nos quedaba era malo. Además, Kirgui Pavan, el viejo cazador del Lop que nos esperaba en Yardang Bulak con varias ovejas, probablemente se había perdido en la tormenta.

El camello salvaje se convirtió en el tema general de conversación. Abdur Rahim los había cazado durante seis años y había matado trece camellos en ese período, por lo que se puede suponer que no son fáciles de atrapar. Pero nuestro guía conocía sus hábitos tan bien como los de los domésticos. El camello salvaje necesita agua cada ocho días en verano, pero solo cada catorceavo día en invierno; y encuentra el camino a los manantiales con tanta seguridad como si estuviera cruzando el océano de arena con la ayuda de una carta náutica. Puede oler un hombre a una distancia de doce millas, y luego huye como el viento. Evita el humo de las fogatas y se mantiene alejado durante mucho tiempo de los lugares donde se han levantado tiendas de campaña. Huye de los camellos domesticados, pero no de sus crías; porque estas aún no han sido usadas por el hombre, y sus jorobas no están desfiguradas por las cargas y las albardas. Bebe solo en los manantiales, pero no se demora; y se queda solo tres días a lo sumo en los lugares donde crece la caña. En la temporada de celo los machos pelean como locos. El vencedor se lleva a todas las hembras, a veces hasta ocho, mientras que al rival derrotado solo le queda lamentarse. Todos los machos exhiben terribles cicatrices como resultado de estas batallas amorosas.

Al abandonar el manantial de nuevo, teníamos los siete odres y dos grandes fardos de juncos cargados en un camello. Nos dirigimos al sureste, de regreso al Kuruk Daria, el lecho seco del río. Abdur Rahim cabalgaba tirando de la carreta. De repente se bajó ágilmente de su camello, y nos hizo una señal para que nos detuviéramos. Chernov y yo lo seguimos mientras se deslizaba, como una pantera, hasta una atalaya detrás de una pequeña cresta de arcilla. A unos cientos de pasos yacía un camello oscuro, rumiando, y no lejos de él descansaban tres hembras, mientras otras dos hembras pastaban. El macho estiró el cuello en nuestra dirección, dilató sus fosas nasales y dejó de masticar.

Se levantó de repente y miró a su alrededor. Nos había olido. Desde la atalaya, podía ver claramente a todos los animales a través de un prismático. Se disparó un tiro. Las tres hembras reclinadas se levantaron como resortes y toda la manada se alejó al galope a un ritmo que hizo que el polvo de color claro se arremolinara a su alrededor. En un minuto la manada se había reducido a un pequeño punto negro; luego no vimos nada más que la nube de polvo pálido, en su camino hacia el interior del desierto. Abdur Rahim aseguró que los animales no se detendrían durante tres días.

Después de un rato sorprendimos a un camello solitario, evidentemente un macho, que probablemente estaba agotado. Al primer disparo saltó y desapareció como por arte de magia.

El Kuruk Daria, el río seco, tenía ahora casi noventa metros de ancho y seis de profundidad. En sus orillas encontramos millones de conchas, fragmentos de vasijas de barro, hachas de pizarra y, aquí y allá, troncos de álamos marchitos que aún se mantenían erguidos. Una vez nos encontramos con una gran vasija de barro vidriado y decorado, y fragmentos azules, con pequeñas orejas redondas. Los seres humanos debieron de vivir en este río cuando el agua discurría entre sus orillas, en tiempos pasados.

Nuestro suministro de agua se había agotado en este punto. Pero no estábamos lejos de Altmish Bulak. Después de una larga marcha de regreso al pie de la montaña, campos de juncos amarillos y oscuros matorrales de tamariscos aparecieron a través de la neblina. Mientras la caravana se posaba cerca de los enormes témpanos de hielo blancos sobre el agua, Abdur Rahim, armado con un rifle, se deslizó hasta el borde oriental del oasis, donde había visto una manada de camellos tan grande como la anterior. Estaba compuesta por un macho moreno y cinco crías. No me cansaba de observar la vida y características de estos gloriosos animales del desierto, así que me fui con él. Pero mis simpatías siempre estuvieron con los camellos, y oré en silencio para que las balas no los alcanzaran. Cuando necesitábamos carne, la caza no estaba prohibida; y, por supuesto, Abdur Rahim, un cazador de camellos de profesión, era su propio maestro. El viento soplaba en nuestra dirección desde la manada que pastaba, y no sospecharon una emboscada. Pero la distancia era demasiado grande y Abdur Rahim tuvo que acercarse mediante un rodeo para pasar desapercibido. Mientras tanto, me senté con los prismáticos en los ojos y tomé notas mentales de la forma y los movimientos de estos nobles animales. Pastaban en silencio, levantaban la cabeza de vez en cuando para escudriñar el horizonte y masticaban lentamente, pero con tal presión que escuchábamos el crujido de los tallos de juncos cuando los trituraban entre los dientes.

Cuando se disparó el tiro, la manada se dirigió directamente hacia mí, rápida como un rayo; pero pronto viraron bruscamente contra el viento. Uno de los pequeños, un varón de cuatro años, no pudo avanzar más. Se cayó; sin embargo, aún estaba masticando cuando lo alcanzamos. Luego trató de levantarse, pero cayó de costado y fue sacrificado. Se encontró una bala de un cazador anterior alojada en su joroba delantera.

Ahora teníamos carne de nuevo durante un tiempo. Los animales descansarían antes de cruzar el desierto, y supuso una alegría ver su satisfacción por el pasto, como también, por las tardes, cuando se paraban y masticaban hielo. El agua del manantial era salada, pero el hielo era dulce. Una manada de ocho camellos salvajes salió a beber por la tarde, pero afortunadamente se asustaron a tiempo y desaparecieron como sombras en la noche.

GUIANDO A LOS CAMELLOS A TRAVÉS DE LOS SURCOS PROFUNDOS CREADOS POR EL VIENTO

Partimos hacia el sur el 27 de marzo, con todos los odres llenos de hielo y cuatro de los camellos de Abdur Rahim cargados de juncos. Él mismo no se atrevió a acompañarnos más allá de dos días de marcha; luego volvió a su casa.

Después de una caminata de dieciocho millas, estábamos en el desierto de arcilla amarilla, atravesado por profundos surcos y barrancos, de dos a tres metros de profundidad, por los incesantes vientos del noreste y del este. Durante todo el tiempo que estuvimos caminando en tales depresiones, las crestas de arcilla obstruyeron nuestra vista a ambos lados. También se encontraron crestas arcillosas más altas.

No se veía ningún rastro de vida de ninguna forma aquí. Pero al día siguiente volvimos a descubrir bosques muertos y troncos de árboles grises, porosos y carcomidos por la arena. En algunos surcos el viento había recogido conchas, que crujían bajo nuestros pies como hojas secas de otoño.

Chernov y Ordek se adelantaron, en busca de la ruta más factible para los camellos en esta extraordinaria tierra de surcos que corren al suroeste y al suroeste. A las tres de la tarde se detuvieron de repente. Me pregunté si habrían vuelto a ver camellos salvajes, pero esta vez fue algo bastante diferente y mucho más notable. Estaban parados sobre una pequeña colina de arcilla, en la cima de la cual habían encontrado los restos de algunas casas de madera.

Ordené un alto; y mientras la caravana se relajaba medí las tres casas. ¿Durante cuánto tiempo habrían mantenido los alféizares en su posición actual? No lo sabía.

Pero las casas se alzaban sobre montículos de dos metros y medio de altura. Era evidente que anteriormente habían estado en terreno llano. El viento se había comido la tierra circundante, mientras que las casas protegían el suelo sobre el que se levantaban.

Un examen apresurado reveló varias monedas chinas, algunas hachas de hierro y algunas tallas de madera que representaban a un hombre que sostenía un tridente, otro hombre con una corona y dos con flores de loto. Solo teníamos una pala, pero se mantuvo en funcionamiento todo el tiempo.

En el sureste, una torre de arcilla se elevaba a una distancia considerable; fui allí con Chernov y Abdur Rahim. Desde su cima divisamos otras tres torres. Todavía no pudimos determinar si habían sido construidas para la defensa o para señales de fuego en tiempos de guerra, o si tenían un significado religioso, como las estupas indias.

Anocheció antes de que pudiéramos llegar al campamento, pero afortunadamente Faizullah había erigido un faro de fuego.

Abandoné este interesante lugar con pesar al día siguiente. No podíamos quedarnos más tiempo, porque se acercaba la estación cálida y nuestros odres seguían goteando el hielo que se derretía a un ritmo alarmante durante la marcha por el día.

Dejé marchar a Abdur Rahim tras entregarle una generosa remuneración. Mi sirviente, Khodai Kullu, fue enviado a casa con dos camellos y todas las tallas de madera y otros objetos que habíamos encontrado.

Continué hacia el sur a través del desierto arcilloso, con Chernov, Faizullah, Ordek, cuatro camellos, un caballo y los dos perros. Después de una caminata de doce millas, llegamos a una depresión con algunos tamariscos vivos. ¡Debía haber agua subterránea cerca! ¡Tendríamos que cavar un pozo! Pero, ¿dónde estaba la pala? Ordek rápidamente confesó que la había olvidado en las ruinas y se ofreció a regresar de inmediato y buscarla. Lo sentí por él, pero esa pala bien podía significar la vida o la muerte en el desierto. La empresa no estaba exenta de riesgos, especialmente si se presentaba una tormenta.

—Si no encuentras nuestro rastro, continúa hacia el sur o suroeste. Así podrás llegar sin problemas al lago de Kara Koshun[162].

Descansó unas horas. Cuando partió, a medianoche, le presté mi caballo de montar. Antes de marchar, Ordek y el caballo bebieron agua en abundancia.

Dos horas después de que Ordek hubiera desaparecido en la oscuridad, se desató una fuerte tormenta por el lado este. Esperaba que regresara con nosotros de inmediato. Pero al no saber nada de él al amanecer, partimos hacia el suroeste. El calor era menos agobiante que de costumbre, gracias a un viento tempestivo.

Después de cruzar un cinturón de dunas bajas, encontramos algunos trozos de madera en un tramo estéril, donde acampamos. Para sorpresa de todos, Ordek apareció sano y salvo, no solo con el caballo sino también con la pala. Y esta fue su historia.

Había perdido nuestro rastro en la tormenta, se había extraviado y se topó con una torre de arcilla; cerca de la cual descubrió las ruinas de varias casas, donde tablas bellamente talladas estaban medio enterradas en la arena. Se llevó algunas monedas que había encontrado, así como dos de las tallas. También encontró nuestro campamento y la pala, después de mucho buscar. Luego trató de poner las tablas en el caballo. Pero el animal se asustó y se deshizo de la carga. Entonces el mismo Ordek las llevó al lugar donde habíamos dejado la pala. No pudo transportar más lejos las pesadas tablas. El caballo se escapó cuando se hicieron nuevos intentos de cargarlo, y solo fue traído de vuelta con mucha dificultad. Acto seguido, Ordek dejó su botín y siguió cabalgando hasta llegar a nuestro nuevo campamento.

¡Así que había más ruinas de las que habíamos visto! Primero envié a Ordek de regreso a buscar las tablas, una tarea que terminó antes de que estuviéramos listos para partir. Me quedé atontado al ver estos pergaminos y hojas tallados artísticamente; y tras saber por Ordek que había más de ellos, aunque solo había podido traer dos muestras, quise volver. ¡Qué locura! Teníamos agua solo para dos días. Se desbarataron todos mis planes de viaje. ¡Tendré que regresar al desierto el próximo invierno! Ordek se encargó de guiarme al lugar donde había descubierto las tablas talladas. ¡Qué suerte que se hubiera olvidado de la pala! De lo contrario, nunca habría regresado a la ciudad antigua para llevar a cabo este descubrimiento tan importante, que estaba destinado a esparcir una luz nueva e inesperada sobre la historia antigua del corazón mismo de Asia.

Pero justo ahora teníamos que pensar en salvarnos a nosotros mismos y a nuestros animales. Nos apresuramos hacia el sur, ora a través de suelo arcilloso, ora sobre dunas de seis metros de altura. Caminaba descalzo. El sol, por supuesto, calentaba el suelo, pero la arena estaba fresca en el camino de los camellos. Al acampar por la noche, los camellos recibieron un balde de agua cada uno y la última bolsa de paja. No habían bebido nada durante cinco días. Teníamos agua solo para un día más, que además sabía mal después de su contacto con los odres de piel de cabra.

Al día siguiente seguí adelante. Se suponía que faltaban treinta y ocho millas hasta el Kara Koshun. Ascendí a una duna y examiné la distancia a través de unos prismáticos. Nada más que dunas bajas. Pero, ¿qué era eso que brillaba en el sureste? ¿Agua o acaso un espejismo sobre un campo de sal?

Me apresuré allí. Era agua pura y clara, que tenía un sabor rancio pero era lo suficientemente buena para beber. ¡Fue una alegría ver beber a los camellos! Pero ahora también teníamos que encontrar pastos para ellos. Y debíamos encontrar algo comestible para nosotros mismos. Todo lo que nos quedaba era una bolsa de arroz y un poco de té.

Seguimos a lo largo de la orilla, y el 2 de abril llegamos al Kara Koshun (Lop Nor), donde se podían ver tramos de juncos hacia el sur que se extendían de este a suroeste. Aquí el agua era del todo dulce. Nadaban patos salvajes, gansos salvajes y cisnes; pero estaban demasiado lejos de la costa para que pudiéramos cazarlos.

El día siguiente se dedicó al descanso y al pastoreo. Soplaba un nuevo viento del noreste. Yo tenía un deseo irresistible de salir al lago y limpiarme todo el polvo del desierto. El problema era alcanzar las aguas, ¿y si construyéramos un barco? Bueno, habría que ponerse en ello. ¡Es la voluntad lo que cuenta! Donde hay voluntad, hay camino. Fui hacia el noreste con Chernov y Ordek. No había árboles, ni madera a la deriva. Pero nos llevamos los odres y las escaleras de madera que habían sido amarradas a las albardas.

Nos detuvimos en una larga lengua de tierra. Ordek infló las pieles hasta que quedaron tensas como los parches de un tambor. Hicimos un armazón amarrando las escaleras con cuerdas y sujetando las pieles debajo. El viento del noreste soplaba constantemente. Podríamos desplazarnos por una amplia extensión hasta el campamento, por lo que debería ser capaz de realizar una serie de sondeos. El calor del sol era sofocante. Sería bueno salir a un lugar fresco. Cuando Chernov «subió a bordo», el flotador casi vuelca. Nos sentamos en el borde con los pies colgando en el agua.

El viento nos empujaba en la espalda y nos hizo salir de la orilla. Olas con crestas de espuma nos golpeaban, cada una de las cuales nos empapaba hasta la cintura, mientras el rocío subía hasta nuestros gorros. No encontré mayor profundidad que tres metros y medio. Los gansos y cisnes salvajes se elevaban con ruidosos aleteos, y los patos salvajes volaban tan cerca de la superficie que las puntas de sus alas tocaban las olas. El viaje duró dos horas y media. La tienda se hacía cada vez más grande en el horizonte. Estábamos tiesos del frío y ansiosos por tomar tierra. Y cuando por fin Ordek se reunió con nosotros en el campamento, estábamos rígidos hasta los huesos y apenas podíamos caminar hacia la hoguera. Yo estaba medio muerto y me caí de un violento temblor. Solo después de haber bebido varias tazas de té caliente y de haberme acostado, mi cuerpo entró en calor.

El cielo, la tierra y el lago se llenaron de maravillosos matices al atardecer. El sol esparcía una luz escarlata sobre las dunas, pero las nubes de polvo que ahora corrían hacia el suroeste brillaban debajo con un color de llama oscura. Era una vista espléndida, casi alucinante. El lago era de color negro azulado, y los casquetes blancos estaban teñidos de púrpura por el reflejo del sol. Pero las olas retumbaban tan violentamente contra la orilla que tuvimos que desplazar mi tienda tierra adentro.

CAPÍTULO XXXVII

NUESTRAS ÚLTIMAS SEMANAS EN EL RÍO TARIM

DURANTE dos días más bordeamos la orilla desolada sin ver rastro de seres humanos. Nos faltaba de todo y teníamos mucha hambre. Una nube de humo apareció hacia el sur en la tarde del segundo día. Ordek, rápido como un lagarto en tierra y ágil como un pez en el agua, caminó y nadó a través de los lagos cubiertos de juncos, y regresó con ocho pescadores, tres gansos salvajes, veinte huevos de ganso, pescado, harina, arroz y pan. Y de este modo pasó el peligro de morir de hambre.

En Kum Chapgan nos encontramos con viejos amigos. Kunchekkan Bek había muerto, pero su hijo, Tokta Ahun, se convirtió en uno de nuestros hombres de confianza. A Numet Bek se le confiaron nuestros cuatro camellos y el caballo, y debía llevarlos a los pastos de Miran, donde una de nuestras caravanas pronto los llamaría en su camino hacia el Tíbet.

Regresé en canoa al cuartel general, con Chernov, Faizullah y Ordek. Pero antes de eso hice un viaje rápido en canoa en el Kara Koshun. Los lagos (o pantanos, mejor dicho) estaban más cubiertos de juncos que durante mi visita cuatro años antes. La mayor profundidad que encontré era de apenas cinco metros. Pasamos por encima de un gran espacio abierto, donde fuimos partícipes de un episodio dramático que jamás olvidaré.

Un cisne muerto yacía en el agua cerca del borde de los juncos, y su pareja nadaba cerca. Mis remeros introdujeron sus palas en el agua, y la canoa salió disparada veloz como una flecha hacia el cisne. No levantó el vuelo, sino que nadó, con velocidad creciente, ayudado por sus alas. Llegó al borde de los juncos y atravesó los tallos secos. Pero una vez allí ya no pudo extender sus alas. Uno de los hombres del Lop se zambulló en el agua y nadó tras él. El cisne se sumergió pero, debido a los juncos, emergió a la superficie en el mismo lugar. El hombre lo atrapó de un solo golpe y le retorció el cuello. Todo terminó en un minuto. El cisne no había sido capaz de decidirse a abandonar su compañero muerto; y fue solo el conocimiento que su dolor había terminado lo que me consoló de su muerte.

Una nueva rama del río, la Shirge Chapgan, se había formado al norte del bajo Tarim. Definitivamente quería cartografiar ese tramo del río y registrar sus dimensiones. Pero no había barcos allí. Nuestros cuatro camellos aún no habían partido, por lo que los amarraron de dos en dos a ambas canoas y arrastraron nuestros botes por tierra hasta el nuevo canal.

Continuamos hacia el norte, a través de nuevas rutas de agua y lagos. Un día, en el Tarim, nos encontramos con Cherdon, quien llevó nuestros treinta y cinco caballos, seis mulas, cinco perros, hombres y provisiones hacia las montañas del norte del Tíbet, donde nuestros diversos grupos se reunirían en el valle de Mandarlik[163].

Todo en el cuartel general estaba en orden. La barcaza estaba lista. Mi tienda de cuadernas y mantas, en la cubierta delantera, se convirtió en un camarote. Teníamos mil tareas por hacer. Nuestro cuartel general se había convertido en la nueva capital del país del Lop. Los lugareños acudían con sus pleitos como si fuese un tribunal, y nosotros les administrábamos justicia.

Los camellos que nos quedaban partirían ahora hacia la cita en el norte del Tíbet. Chernov, Islam Bai, Turdu Bai y Khodai Kullu montaban a caballo. Yolbars, cuyo costado había sido gravemente desgarrado por un jabalí, fue uno de los perros que los acompañó. A pesar de su herida, fue el único perro que sobrevivió al viaje por el desierto hasta el pie de las montañas.

La partida de esa caravana produjo una escena colorida y hermosa. Con campanas de bronce repicando, atravesamos el bosque ralo. *Tura-sallgan-ui* ahora yacía vacío y desolado. Todos los mercaderes y artesanos habían empaquetado sus bienes y se habían marchado. Solo algunos cuervos graznaban en la plaza, y aún salía humo del último fuego en la choza de la cocina.

Sirkin y Shagdur, los cosacos, los únicos que quedaban de mis fieles hombres, estaban todavía conmigo. Acompañado por ellos y por cuatro nuevos hombres del Lop, dejé este cuartel general para siempre el 19 de mayo.

Toda la población del distrito se reunió en la orilla para despedirnos amablemente, mientras la barcaza era arrastrada por la corriente para continuar su viaje por el Tarim, interrumpido durante medio año.

Nos detuvimos una y otra vez para inspeccionar los lagos en el margen derecho del río. Medí una duna entre dos de esos lagos y encontré que se elevaba noventa metros sobre el nivel del río. Otras dunas cercanas eran hasta doce o quince metros más altas. Las gentes del Lop construyen ocasionalmente represas en los canales que unen el río con los lagos. Lo hacen para atrapar el pescado; y el agua que se vuelve ligeramente salada causa que el pescado sea más sabroso. Los pescan en una red de cerco de sesenta brazas de largo, que es arrastrada por dos canoas.

Kirgui Pavan, nuestro viejo amigo cazador, subió a bordo después de unos días. Llamó a hombres y toda una flota de canoas para ayudarnos a cruzar nuevas formaciones de lagos y juncos tan espesos que tuvimos que quemarlos antes de continuar.

El 25 de mayo hicimos un viaje de aventuras en el gran lago de Beglik Kol[164], uno de los situados en el margen derecho del Tarim. Teníamos dos canoas; una con Shagdur y dos barqueros, y la otra con Kirgui Pavan, otro remero y yo. Era un día perfectamente tranquilo; el lago era como un espejo, y los reflejos de las dunas en el agua se perfilaban con perfecta nitidez. Durante tres horas remamos hacia el sur y realizamos sondeos. El sol ardía y tuvimos que rociar agua sobre nuestra ropa para mantenernos frescos.

Por la tarde llegamos a la mitad de la costa oeste y descansamos un rato. Entonces Kirgui Pavan señaló la cresta de la duna en la orilla este del lago y pronunció las palabras más deprimentes:

—¡*Kara buran!* (tormenta negra).

Manchas oscuras y nubes amarillas y rojas se alzaron sobre toda la extensión de dunas y pronto se fusionaron en una sola cortina. Nuestros barqueros querían pasar la noche donde estábamos. Pero yo tenía que volver a la barcaza para dar cuerda a los cronómetros.

—¡Salgamos de aquí, remad por vuestras vidas!

Solo teníamos que llegar a la apertura del canal para estar fuera de peligro. Pero para llegar allí habría que cruzar la boca de una amplia bahía que se extendía hacia el oeste.

El aire aún estaba en calma y el lago parecía de cristal. Los hombres estaban arrodillados, con sus remos doblados como arcos. Si los remos fueran capaces de aguantar la embestida, escaparíamos de la tormenta. De lo contrario, las canoas se llenarían en dos minutos y no podríamos nadar hasta la orilla.

—¡*Ya Alá!* (¡Oh, Dios!) —exclamó con voz apagada Kirgui Pavan—. Ya ha llegado a la duna —agregó, mientras el vendaval barría el lago con columnas negras de torbellinos de arena.

De repente, la duna y toda la costa este fueron tragadas por el polvo. Un estruendo se escuchó en la distancia. Se acercó a una velocidad terrible y se convirtió en un ruido ensordecedor. El vendaval ya estaba en el lago. Las primeras ráfagas de viento nos alcanzaron.

—¡Rema, rema! —gritó Kirgui—. ¡Ay, Dios!

Nuestra velocidad aumentó. Las canoas cortaban el agua como cuchillos. El agua crepitaba y formaba espuma alrededor de nuestras proas. Sentíamos una especie de tensa esperanza. Aún faltaba una milla para la costa norte. Pero en menos de un minuto esta, al igual que la costa occidental, quedó envuelta por la neblina.

En ese momento la tormenta descargó sobre nosotros. El viento nos golpeó con violencia. Si no nos hubiésemos arrojado a barlovento a tiempo, las canoas se habrían volcado.

Las olas se levantaron con tremenda rapidez. De sus crestas salía una espuma crepitante que nos azotaba todo el cuerpo. Las olas levantaban y sacudían las canoas. Una ola tras otra rompió sobre nosotros. Estábamos sentados como en una bañera, y el agua chapoteaba de un lado a otro mientras escorábamos. Kirgui trató de mitigar el azote de las olas al dirigir la canoa hacia ellas. Yo no podía ver nada excepto nuestro bote y las olas blancas más cercanas, que por otro lado parecían casi negras. Todo lo demás había desaparecido por completo entre una espesa neblina. Todo era oscuro y extraño sobre nosotros. Y la noche se acercaba. Envolví mis cuadernos e instrumentos y comencé a desvestirme. Unas pocas olas más serían suficientes para hundirnos. Las largas y rectas bordas de las canoas apenas sobresalían un palmo del agua.

¡Pero de repente ocurrió un milagro! Las olas se hicieron bastante pequeñas y el balanceo cesó. ¡Ajá! Algo oscuro apareció cerca de estribor. Era un matorral de tamariscos en una lengua de tierra que sobresalía de la orilla norte, ¡un rompeolas natural! ¡Estábamos a salvo! Al desembarcar tomamos el tiempo suficiente para vaciar las canoas y luego continuamos por el canal. Pero oscureció por completo y los tallos de los juncos no paraban de azotarnos la cara. Después de mucho andar a tientas, vimos una hoguera azotada por una tormenta y pronto estuvimos de vuelta en la barcaza.

Navegábamos a la deriva con la corriente. Kirgui Pavan se sentó con su bastón frente a mi mesa de trabajo, el anciano era una fuente inagotable de comentarios divertidos y cuentos extraños. Los demonios del aire habían sido apaciguados una vez más. El silencio reinó. Entonces una canoa se acercó a toda velocidad y se detuvo junto a nuestro bote. Pasos rápidos se escucharon a bordo. Musa, el mensajero de Kasgar, se acercó a mi mesa y colocó sobre ella un gran fajo de cartas de mi familia, así como periódicos y libros. Esa noche permanecí leyendo hasta las tres. En los días siguientes nos retrasaron las tormentas muy a menudo. Tuvimos que movernos de noche, cuando había menos viento. A estas horas, los portadores de antorchas tenían que ir delante de nosotros en las canoas.

De nuevo nos sorprendió un mensajero. Solo trajo una carta, y era de Petrovski. Seguro que se trataba de algo importante. El gobernador general de Tashkent había ordenado a los dos cosacos, Sirkin y Chernov, que regresaran a Kasgar porque había disturbios en la frontera entre Rusia y Asia. Chernov estaba en el norte del Tíbet y no se podía hacer nada hasta que regresara a mi campamento. Por lo tanto, envié un mensajero a por él.

En Chegelik Ui, un lugar de pesca, tuvimos que abandonar nuestra vieja barcaza, ya que las vías fluviales eran demasiado estrechas para ella. Así que construimos dos cascos más pequeños. Cada uno constaba de una plataforma que descansaba sobre tres largas canoas. En cada plataforma erigimos un armazón y lo cubrimos con mantas. Me quedé en uno de ellos; el otro se convirtió en el hogar de Sirkin y Shagdur. Mientras tanto, en la cabina del barco grande revelé las placas que había expuesto durante las últimas semanas. Este barco, después de navegar a la deriva novecientas millas por el río, ciertamente había hecho un buen servicio. Se lo regalé a la gente del lugar para sus propios usos.

Los barcos nuevos eran fáciles de manejar, pero cuando el agua era turbulenta, teníamos que achicar las canoas todo el tiempo. Sin embargo, logramos llegar a Abdal, un antiguo pueblo de pescadores, el punto final de nuestro viaje fluvial.

Unos días después, llegaron Chernov, Turdu Bai y Mollah Shah, con cuatro camellos y diez caballos, para llevarme a mí y al resto de mi equipaje a nuestro nuevo cuartel general en las montañas. Las bestias tuvieron que descansar unos días antes de que pudiéramos partir. El calor era terrible; la temperatura ascendió a más de 40 °C en la sombra, y el aire estaba lleno de grandes tábanos sedientos de sangre. Eran la peor plaga para los camellos y los caballos. Si se les dejara pastar libremente durante el día, los animales estarían cubiertos de decenas de miles de estos tábanos. Chupaban la sangre de las bestias y las aniquilaban. En consecuencia, los animales debían permanecer dentro de chozas con techo de paja mientras hubiera sol. Después de la puesta del sol, eran bañados en el río y luego se les permitía permanecer afuera toda la noche. Una noche nuestros camellos desaparecieron. Era evidente por su rastro que habían regresado a las montañas para escapar de los tábanos. Turdu Bai montó a caballo y los persiguió. Los tábanos también nos torturaron a nosotros. Un paseo de una choza a otra era como aventurarse en medio de una lluvia de balas. Todos anhelábamos el aire fresco de las tierras altas.

El 30 de junio, a las cinco de la tarde, mis pertenencias restantes fueron cargadas en los cuatro camellos y dos de los diez caballos. Mientras cargaban los camellos, cuatro hombres se pararon al lado de cada bestia simplemente para matar tábanos. Cuando todo estuvo listo, la caravana siguió adelante. Shagdur se hizo cargo de los perros que aún estaban con nosotros. Estos eran Mashka y Yoldash, junto con los cachorros Malenki y Malchik. Se ordenó a Turdu Bai que llevara la caravana a un punto en la orilla sur del Kara Koshun; dondequiera que el camino fuera hacia el sureste, en dirección al manantial más cercano en las montañas. Nos llevaría toda una noche llegar a este punto en la orilla. Preferí recorrer esa distancia en canoa; y así, después de que la caravana hubiera desaparecido en el crepúsculo, me quedé solo con Sirkin, Chernov y el último de nuestros amigos entre los nativos.

Los cosacos se llevaron todo mi correo con ellos y fueron generosamente recompensados por su excelente servicio. Después de un apretón de manos final, montaron sus caballos y desaparecieron en la oscuridad con su pequeña caravana, cabalgando hacia Kasgar a través de Cherchen y Jotán. Nos separamos con tristeza y pesar mutuo. Me sentí sin compañía en el corazón de Asia, sin un sirviente y sin más equipaje que el que llevaba en los bolsillos. Por lo tanto, no me quedé en el pueblo ni un minuto después de que los cosacos me hubieran dejado. Me despedí de la gente de Abdal, me subí a una canoa que esperaba y dos hombres del Lop me llevaron río abajo a gran velocidad. Mientras la luna estaba alta podíamos ver las costas. Pero la luna se puso después de un rato, el río se abrió en pantanos de juncos, y oscureció completamente. Cómo demonios los hombres encontraron su camino, fue todo un rompecabezas para mí. No hablaban. Simplemente remaban hacia la meta sin la menor vacilación. Las estrellas brillaban sobre las aguas en movimiento. Transcurrieron las horas, y la canoa, sin detenerse nunca, se deslizaba por el agua. Yo cabeceaba de vez en cuando, pero no conseguía dormir. Este último viaje mío por los canales del Tarim fue demasiado emocionante para eso.

Aún reinaba la oscuridad cuando los hombres tocaron la orilla y afirmaron que allí estaba el lugar de reunión. Bajamos a tierra y esperamos. Después de un rato se escucharon gritos a lo lejos. Era Shagdur, que llegaba con los caballos. Encendimos una hoguera, preparamos té y desayunamos.

Al amanecer apareció Turdu Bai con los camellos. Se limitó a saludar con «*Salam aleikum*», y siguió sin detenerse. Nos despedimos del bote, montamos nuestros caballos y seguimos sus huellas.

Salió el sol. La luz, los colores y el calor se extendieron por el desierto. Delgadas nubes violetas, con bordes de oro fundido, flotaban sobre el horizonte.

Las montañas más alejadas del Tíbet, que limitan con el desierto, se parecían mucho a un telón de fondo de contornos nítidos, pintado en tonos claros. Millones de tábanos se despertaron y pasaron zumbando a nuestro lado como disparos; relucientes, con su sangre robada, como rubíes rojos cuando se ven a contraluz.

En Dunglik[165], nuestro primer campamento, donde ya estábamos a doscientos metros sobre los lagos, no había seres humanos, pero encontramos un manantial y pastos para nuestros caballos y camellos.

CAPÍTULO XXXVIII

AVENTURAS EN EL TÍBET ORIENTAL

Unas horas antes del amanecer comenzamos los preparativos para un tedioso viaje de un día a través del campo árido. Después de que los animales hubieran saciado su sed, llenamos las vasijas de cobre con agua para nosotros y los perros. El suelo era duro. Consistía en grava y arena gruesa. Los lagos del norte parecían una débil franja oscura. Todo lo demás era amarillo grisáceo. Las montañas ahora eran más nítidas. Se hicieron visibles rocas salientes, entradas a valles y hendiduras.

Después de siete horas de marcha forzada, pasamos junto a un montículo de piedras.

—Estamos a mitad de camino —declaró Tokta Ahun.

Mashka y Yoldash estaban bastante agotados por el calor y la sequía. Nos detuvimos un par de veces para darles agua. Sin embargo, se quedaron atrás. Nos detuvimos una vez más y esperamos; pero no había ni rastro de ellos. ¿Habrían vuelto a los lagos? Shagdur se fue a por ellos con una lata de agua. Regresó con Yoldash en su silla de montar. Mashka había bebido el agua, pero luego murió como si le hubiera dado un infarto. Yoldash estaba envuelto en una manta y atado a un camello. Estaba absolutamente incapacitado. Los cachorritos yacían en una cesta sobre otro camello, que los sacudía de un lado a otro mientras se balanceaba.

Por fin llegamos a la entrada de un valle con un pequeño arroyo ondulante, y descansamos allí durante un rato. Lo primero que hicimos fue soltar a los tres perros. Apenas podían mantenerse sobre sus piernas, pero al escuchar el agua que fluía y saciar su sed, revivieron. Bebieron, tosieron y carraspearon, bebieron de nuevo y finalmente se acostaron en el arroyo, revolcándose con fuerza. Me entristeció que la hermosa Mashka no hubiera podido llegar. Un poco más arriba en el valle, donde había hermosos tamariscos grandes, acampamos en el pozo de Tatlik Bulak. Habíamos alcanzado una altitud de 1.920 metros sobre el nivel del mar.

Durante los días siguientes cruzamos Astin Tagh y Akato Tagh[166], las dos primeras cadenas montañosas. Desde el paso de la última cordillera, percibimos una tercera cadena montañosa al sur, la Chimen Tagh[167]; y entre ella y nosotros había un largo valle abierto con un pequeño lago, en cuyas orillas montamos nuestro campamento.

En el pozo de Temirlik habíamos alcanzado los 2.950 metros sobre el nivel del mar. Nos elevábamos a alturas cada vez mayores en el desolado Tíbet. Durante el día que pasamos allí, descansando nuestros animales, llegó una caravana completa con maíz que habíamos encargado de Charkhlik[168], un pequeño pueblo al suroeste de Lop Nor.

También llegaron mensajeros del cuartel general de Mandarlik para asegurar que todo iba bien. Uno de los hombres había sido contratado por Islam Bai porque conocía la región mejor que nadie. Se llamaba Aldat, y era de ascendencia afgana. Hablaba persa. Tenía nariz aguileña, barba corta y ojos llenos de melancolía. Era cazador de yaks de profesión y vivía solo en las montañas todo el año. Su comida consistía en carne de yak salvaje y su bebida era agua de nieve. Sus posesiones se limitaban a la ropa que llevaba puesta, una bata de piel, un rifle y municiones. En verano, sus hermanos subían con burros a buscar las pieles de los yaks que había matado. Estos las vendían en el bazar en Keriya. Aldat siempre caminaba solo, con la frente en alto y con porte regio.

—¿Qué haces cuando la caza falla? —le pregunté.

—Paso hambre hasta que encuentro un yak de nuevo.

—¿Dónde duermes durante las frías noches de invierno?

—En barrancos y cuevas.

—¿No tienes miedo de los lobos?

—No. Tengo mi rifle, un eslabón, pedernal y yesca; y por las tardes enciendo una hoguera.

—¿No te hielas de frío durante las duras ventiscas de esta zona?

—Sí, pero siempre me las arreglo para salir del paso de alguna manera.

—¿No es triste estar siempre solo?

—No, no tengo a nadie a quien extrañar excepto a mi padre y mis hermanos, y ellos vienen unos días cada verano.

Aldat era seductoramente misterioso. Era como un príncipe disfrazado de un cuento de hadas. Respondía a todas las preguntas breve y correctamente, pero no hablaba a menos que se le preguntara. Nunca se le vio sonreír o reír, o hablar con los otros hombres. Era como si huyera de un gran dolor y buscara la soledad, el peligro y la dura y aventurera lucha contra los lobos y las tempestades. Sin embargo, era un ser humano, y probablemente albergaba el deseo de ver a otras personas de vez en cuando. Por lo tanto, cuando le pregunté si me acompañaría en mi primer viaje al Tíbet salvaje, ¡contestó que sí! Se convertiría en mi cazador y me mostraría los caminos secretos a través de las montañas.

El 13 de julio nos reunimos todos de nuevo en los manantiales y matorrales de Mandarlik, donde establecimos nuestro segundo gran cuartel general, el punto de partida de nuestras futuras expediciones. El 18 de julio partimos hacia la primera de ellas, planeé trazar un mapa de partes de la meseta del este del Tíbet que no habían sido exploradas hasta ahora. Llevábamos alimentos suficientes para dos meses y medio, y para no más de ocho hombres. Cherdon se convirtió en mi sirviente y cocinero. Turdu Bai conducía los siete camellos, y Mollah Shah once caballos y una mula, Kuchuk, un hábil hombre del Lop, sería mi barquero en cualquier lago que pudiéramos descubrir. Nias, un minero de oro de Keriya, tenía nuestras dieciséis ovejas a su cargo. Aldat era guía y cazador, y Tokta Ahun ayudaba con los caballos. Yoldash, Malchik y un gran perro mongol —desertor de algún campamento nómada del este— también estaban entre los presentes.

En nuestro primer lugar de campamento, después de cruzar dos pasos de montaña, ya habíamos alcanzado una altitud de 3.970 metros. Yaks salvajes, asnos salvajes, marmotas y perdices eran nuestros vecinos cercanos. El verano resplandeciente que habíamos dejado atrás tan recientemente se había convertido ahora en invierno. La temperatura bajó a −5 °C. Levantamos el campamento el 22 de julio en medio de una tormenta de nieve y cabalgamos a través de la nieve y una ventisca que rugió toda la noche.

Una gran conmoción en el campamento me despertó al amanecer. Cherdon me informó que faltaban Nias y doce ovejas. Solo quedaban las cuatro ovejas que habían sido atadas. Todos se apresuraron a buscar, con Cherdon a caballo. Alrededor de las diez, Nias regresó, profundamente afligido, con una sola oveja. Había encontrado a todas las demás asesinadas por lobos, yacientes sobre su sangre, aquí y allá, sobre la nieve. Solo quedaba una oveja sin encontrar. Nias había estado durmiendo debajo de una manta. En medio de la noche, despertado por el ruido de los pasos y los balidos, se levantó y vio a tres lobos, que se habían acercado sigilosamente a las ovejas contra el viento. Los estúpidos animales habían huido hacia los campos. Nias corrió tras ellos pero se olvidó de despertar a los otros hombres. Los lobos interceptaron a las ovejas y las despedazaron. Solo una había escapado. Los astutos lobos se habían aprovechado de la ventisca, que rugía y aullaba tan fuerte que los perros no se habían dado cuenta de nada.

Los lobos probablemente se quedaron en la escena de la matanza después de que nos fuéramos. Ahora dependíamos más que nunca del rifle de Aldat. No habíamos avanzado mucho cuando vimos a la oveja desaparecida, enloquecida y asustada, corriendo por una colina cubierta de nieve. Nos regocijamos más por esa sola oveja de lo que nos lamentamos por la pérdida de las que murieron.

Durante los días que siguieron, recorrimos largas y arduas marchas a través de las montañas nevadas que los buscadores de oro y los cazadores de yaks llamaban Chimen Tagh, Ara Tagh y Kalta Alaghan. Esta última cadena de montañas mencionada la cruzamos a través de un paso de 4.785 metros de altitud. Desde allí vimos, en el sur, una serie de picos con nieves perpetuas, pertenecientes a cuatro cadenas diferentes, y, más lejos, en el horizonte, el Arka Tagh, cuya conquista unos años antes me había costado tantos dolores.

En la ladera sur del Kalta Alaghan bajamos hacia un amplio valle abierto, que seguimos por el oeste. Todavía estábamos en regiones que habían sido exploradas por viajeros rusos, y también por Bonvalot y Littledale. Nos mantuvimos en medio del valle. El lugar estaba repleto de marmotas, que silbaban frente a sus madrigueras y se zambullían en ellas cuando los perros corrían tras ellas.

Una manada de treinta y cuatro asnos salvajes pastaba en el valle. Cherdon y Aldat, a caballo, fueron tras ellos. Todos los animales huyeron, menos una yegua con su potro de apenas cuatro días. Por fin la madre huyó también, y Aldat subió al potro a su montura. Más tarde cazamos otro potro. Envolvimos a ambos en mantas. Teníamos la intención de alimentarlos con gachas de harina hasta que pudiéramos sacarlos a pastar. Y realmente comían con gusto. Pero cuando mostraron signos de languidecer, les dije a los hombres que los dejaran sueltos en la estepa donde los habían atrapado, para que sus madres pudieran encontrarlos de nuevo. Tokta Ahun me aseguró que las madres aborrecían a sus potros después de que las manos humanas los hubieran tocado. Así las cosas, estos potros serían presa de los lobos. Decidimos, pues, matarlos; y encontramos que su carne era tierna y sabrosa.

Un campo bien definido de arenas movedizas, con dunas de considerable altura, se extendía a lo largo de toda la base de la montaña del sur que encerraba este gran valle. Una especie de tábano, llamado *ila,* era común aquí. Tenía la mala costumbre de alojarse en las fosas nasales de los animales de pastoreo. Nuestros caballos se sentían aterrorizados por estos torturadores. Resoplaban, sacudían la cabeza, se tumbaban en el suelo y se retorcían, independientemente de las cargas y los jinetes. Los yaks salvajes, asnos salvajes y antílopes subían entre las dunas de arena, para ponerse a salvo durante el día, y pastaban en el valle durante la noche. Bastante antes de la puesta del sol, vimos treinta hermosos yaks vagando por el campo de arena en su camino hacia el valle. Al ver la caravana se detuvieron en lo alto de una duna enorme. Los yaks, negros como la brea, daban una imagen espléndida e impresionante contra la arena gris amarillenta, mientras formaban una larga fila, olfateando, con las cabezas erguidas y los campos de nieve perpetua como fondo.

ASNOS SALVAJES DE UNA O DOS SEMANAS DE EDAD

Nos acercamos a la orilla del Bash Kum Kol (el «Lago de Arena Superior»), un pequeño lago descubierto por Przhevalski. Allí pastaban catorce yaks. Cherdon se acercó sigilosamente al macho viejo de la manada, pero el animal se negó a asustarse. Miró fijamente al cazador e incluso avanzó unos pasos hacia él. De hecho, Cherdon fue quien dio media vuelta y huyó, para diversión de la caravana. Para salvar su reputación, persiguió a un cachorro de lobo y lo trajo de regreso al campamento. Se puso un cabestro alrededor del cuello de la pequeña bestia y lo mantuvimos prisionero. Tokta Ahun creía que, si el cachorro se lastimaba, la madre seguramente se vengaría de nuestra última oveja. Pero el astuto lobezno cortó la cuerda a mordidas durante la noche y por la mañana ya no estaba. Los hombres esperaban que creciera hasta que la soga lo ahorcara, pero sospecho que la madre loba sabía cómo liberarlo de la cuerda.

Largas y difíciles marchas nos llevaron hacia las alturas del Arka Tagh. Marchamos por estupendos laberintos de montañas. A veces llovía, otras veces el granizo azotaba las colinas, y después el sol brillaba tan cálido que enormes abejorros, vestidos con pieles y borceguís, zumbaban en el aire como si fueran melodías de un órgano. También en los valles sorprendíamos a grandes manadas de antílopes. Es difícil imaginar un espectáculo más hermoso que el presentado por estos animales ágiles y elegantes, con sus cuernos como bayonetas resplandecientes al sol.

El conocimiento del territorio de Aldat terminó aquí; así que Turdu Bai cabalgó hacia las alturas del Arka Tagh para localizar un paso de montaña. Yoldash fue con él. El perro vio un antílope y corrió tras él a través de un desfiladero. Cuando regresó Turdu Bai, Yoldash no estaba. Continuamos al creer que el perro encontraría el camino de regreso a nosotros. Una fuerte lluvia comenzó a caer. Nos detuvimos de inmediato, pero no logramos levantar las tiendas a tiempo para evitar que se mojaran. Yoldash seguía desaparecido. Estaba separado de la caravana por un puerto de montaña, así como por la lluvia torrencial. Turdu Bai cabalgó de regreso, cruzó la cresta por la que habían desaparecido el antílope y el perro, y finalmente se

UNA MANADA DE ANTÍLOPES TIBETANOS

encontró con Yoldash, quien, completamente fuera de sí —después de haber perdido su propio rastro— nos buscaba en un valle lateral donde nunca habíamos estado.

Entonces cruzamos el Arka Tagh por medio de un paso a 5.180 metros de altitud y descendimos al gran valle alargado donde yo había descubierto los veintidós lagos, cuatro años antes. Ahora teníamos un territorio virgen frente a nosotros hacia el sur, y debíamos cruzar las rutas que solo dos exploradores anteriores habían pisado [169]. Fue con una sensación de satisfacción que entré en esta nueva *terra incognita*, donde no había caminos excepto los recorridos por yaks salvajes, asnos salvajes y antílopes. Aldat cazó dos antílopes; y así dispusimos de carne durante varios días, sin tener que recurrir a nuestras últimas tres ovejas.

La noche también poseía una grandeza sublime. Nubes dispersas con bordes luminosos surcaban la luna; y la nieve plateada brillaba gloriosamente sobre una enorme extensión de glaciar en el sur. Estábamos rodeados por una majestuosa desolación y soledad.

Los animales de la caravana empezaron a cansarse. El pasto era miserable en estas grandes altitudes. Los camellos, que mudaban el pelo en verano, se congelaban en la nieve, el granizo y la lluvia, que las voluminosas nubes formadas por los fuertes vientos del oeste dejaban caer diariamente. Sin embargo, inducidos por el clima severo, los abrigos de invierno comenzaron a crecer en los camellos.

Al cruzar las tierras altas tibetanas de norte a sur, como lo hicimos, tuvimos que atravesar todas las cadenas montañosas paralelas que discurrían de oeste a este. Cordilleras siempre nuevas en el sur, y poderosos, amplios e interminables valles entre ellas, eran visibles desde cada puerto de montaña. Una vez más, una cadena montañosa se extendía ante nosotros. Parecía plana y lisa. Cabalgué delante. El suelo yermo estaba empapado y era tan suave como una papilla. Desmonté y conduje a mi caballo, que se hundía en el barro a cada paso. Los camellos nos seguían pesados y lentos. Sus pezuñas horadaban agujeros profundos que inmediatamente se inundaban de agua. No pudimos avanzar en este fango traicionero, y después de escalar en vano hasta una altitud de 5.240 metros, dimos la vuelta. A los animales se les concedió dos días de descanso en un valle donde había escasa vegetación. Cubrimos a los camellos con mantas durante la noche, para evitar que se congelaran con la nieve y el viento. El caballo de Cherdon murió y mi espléndido cosaco quedó desconsolado. Le había enseñado al caballo todo tipo de trucos: acostarse, venir cuando lo llamaban y a caminar con delicadeza y cuidado cuando el cosaco se mantenía sobre sus manos en la silla.

El 12 de agosto intentamos cruzar el desagradable tramo de lodo por otro paso. El suelo continuaba tan traicionero como anteriormente. Chapoteaba bajo los pies de los camellos y los caballos. Todos iban a pie. Nuestros corazones latían como si fueran a estallar. Finalmente llegamos a la cumbre, 5.120 metros de altitud.

Un lobo solitario acechaba allí. En el mismo momento en que llegamos a la cima, la tormenta de granizo del día se desplazó, con truenos rugientes y retumbantes. El suelo temblaba. El ruido sonaba como las salvas de un barco de guerra, o como todo un ejército de gigantes que jugase a los bolos.

Nuestra altura era tal que las nubes estaban parcialmente debajo de nosotros en los valles. Estábamos en el corazón mismo de la tormenta. No se podía distinguir nada en medio del granizo que golpeaba, y no sabíamos qué dirección tomar para bajar de esta terrible cresta. No había otra alternativa sino armar las tiendas, mojados como estábamos, juntar a los camellos en semicírculo y cubrirlos con mantas. Todo estaba salpicado de agua; y la tienda, las mantas y el equipo estaban todos chorreando. Uno de los camellos se había derrumbado en el camino hacia arriba. Los otros celebraron un festín con el heno de su albarda.

El día siguiente trajo buen tiempo, y en el valle en la base sur de esta horrible cordillera encontramos pastos en suelo arenoso, y descansamos durante dos días. Toda nuestra ropa y mantas estaban extendidas sobre la arena para que se secaran.

Dejamos atrás una cordillera más, y luego las tierras altas se abrieron a una vasta meseta, con un suelo muy adecuado para viajar. Un lago salado apareció muy lejos hacia el sur y acampamos en su orilla noroeste. Una tarde, los hombres escucharon sonidos extraños en la distancia. Tenían una sensación de inquietud, porque sonaban como seres humanos que llamasen. Aldat sospechaba de los lobos. Hirió a un antílope, pero se había escapado. Más tarde encontró a la víctima devorada hasta los huesos por lobos. Necesitábamos carne, pero todavía quedaba suficiente arroz y pan.

El 22 de agosto, Kuchuk y yo remamos a través del lago hasta un montículo en la orilla sur, donde la caravana se encontraría con nosotros por la noche y encendería una fogata. El clima era glorioso. El lago era tan poco profundo que durante horas Kuchuk podía impulsar el bote simplemente empujando su remo contra el fondo, que consistía en una dura capa de sal. Más adentro encontramos la mayor profundidad, que no era mayor de dos metros. El lago no era sino una capa de agua extremadamente delgada sobre una cuenca poco profunda. El día era hermoso y tranquilo. La quietud absoluta del sábado reinaba sobre el lago. Los colores eran maravillosos a la luz del sol. Cerca del bote el agua era verde claro; más lejos era azul marino. El cielo, el agua, las nubes, las montañas; todo se destacaba en sombras etéreas y fugaces. El clima era bastante cálido y nos secamos completamente después de haber llegado empapados de las montañas. El agua era tan salada que todo lo que tocaba se volvía blanco. Era exactamente como el mar Muerto, excepto que estábamos aquí a una altitud de 4.755 metros. Durante las primeras horas de la mañana pudimos ver la caravana en la orilla izquierda; pero más tarde la distancia se hizo demasiado grande.

Pasó el día, cayó el crepúsculo y todavía estábamos en el lago. No se veía fuego, ni camellos ni caballos. Desembarcamos y miramos a nuestro alrededor desde una loma. Aquí yacía el cráneo de un asno salvaje, y también vimos la huella reciente de un oso. Gritamos, pero no obtuvimos respuesta. Algo le había ocurrido a la caravana. De lo contrario, un par de jinetes, al menos, nos habrían recibido con comida, abrigo y ropa de cama.

Antes de que oscureciera por completo, recogimos combustible, en forma de excrementos de yak y asno salvaje. A las nueve encendimos una hoguera y nos sentamos a hablar durante una hora. Luego nos fuimos a dormir. Kuchuk envolvió la vela del bote a mi alrededor. Un salvavidas servía de almohada, y la mitad del bote plegable estaba invertido sobre mí como una campana. Allí yacía como un cadáver en su ataúd. Kuchuk echó arena a mi alrededor con las manos para evitar que entrara la corriente de aire. Me recordó a un sepulturero llenando la tumba. Él mismo se deslizó debajo de la otra mitad del bote. Un fuerte aguacero golpeaba ruidosamente el fondo de lona bien estirado. Ese bien podría haber sido el redoble de los tambores de nuestra marcha fúnebre.

Sin embargo, pronto me quedé dormido en este cementerio mío, y no me levanté de entre los muertos hasta que el sol se puso muy por encima del horizonte.

Una brisa fresca se instaló desde el este. Eso nos convenía espléndidamente, ya que nos dirigíamos hacia el oeste a lo largo de la costa sur para averiguar qué había sido de nuestra gente. Volvimos a juntar las dos mitades del bote, colocamos el mástil, izamos la vela e hicimos un hermoso viaje de tres horas a través de las olas saladas. Hubo un cabeceo considerable y Kuchuk se mareó. Por fin vimos la tienda. Cherdon y Aldat se adentraron en las aguas poco profundas y nos sacaron a tierra. Estábamos hambrientos y deseando desayunar. Aldat había matado a un asno salvaje, así que una vez más disponíamos de carne.

La caravana había sido detenida por un río, de cincuenta y ocho metros de ancho y tres de profundidad, que desembocaba en el lago salado. Volvimos a la orilla del río. Tensamos una cuerda a través del río y mediante catorce relevos se transfirió el equipaje. Los caballos cruzaron a nado, pero los camellos nos causaron problemas. Tuvieron que ser arrastrados por el bote, echados en el agua como si estuvieran muertos hasta que sintieron de nuevo tierra firme bajo sus pies.

Hecho esto, continuamos hacia el sur, y a los pocos días llegamos a otro lago salado, que obtenía su suministro de dos hermosos lagos de agua dulce al sur. Esta región era extremadamente encantadora. De buena gana sacrifiqué una semana, durante la cual nuestros camellos y caballos pastaron en las orillas. Yo mismo empleé el tiempo en cruzar los lagos en diferentes direcciones, sondear sus profundidades, cartografiar sus orillas y pescar bajo acantilados perpendiculares. Kuchuk y yo tuvimos muchas aventuras peliagudas aquí, en medio de fuertes tormentas, pero siempre salimos ilesos.

El 2 de septiembre cabalgué diecisiete millas hacia el sur, a través de un terreno lleno de yaks salvajes, asnos salvajes, antílopes, liebres, ratones de campo, marmotas, gansos salvajes, lobos y zorros. Algunas laderas estaban densamente salpicadas de yaks.

Cuando estuvimos de nuevo todos juntos en el campamento, nos dimos cuenta de que teníamos suficiente carne para dos semanas, pues Aldat había cazado un ternero de yak y cuatro antílopes. Pero habíamos estado fuera de nuestro cuartel general en Mandarlik desde hacía un mes y medio, y habíamos llevado provisiones solo para dos meses y medio. Habíamos alimentado con parte de la harina a los animales de la caravana y ahora vivíamos principalmente de carne. Hasta ahora estábamos bien. Pero tendríamos que volver por una ruta más occidental, aún en territorio inexplorado. No formaba parte de mis planes penetrar más profundamente en el Tíbet, porque me propuse visitar la ciudad antigua en el desierto de Lop una vez más antes de que terminara el próximo invierno.

CAPÍTULO XXXIX

UNA RETIRADA SEMBRADA POR LA MUERTE

ORDENÉ a Turdu Bai que llevara la caravana hacia el oeste, por el lado norte de una enorme masa de glaciares, mientras yo la bordeaba por el lado sur, con Cherdon y Aldat. Llevamos comida suficiente para que nos durara, a los tres, una semana.

Un yak solitario pastaba en un montículo cerca de nuestro segundo campamento. Aldat se deslizó como un gato por los barrancos y depresiones, hasta quedar a treinta pasos de él. Seguí la cacería a través de mis prismáticos. Aldat apoyó tranquilamente el rifle sobre un palo con muescas y disparó. El yak dio un respingo, después unos pasos, se detuvo, cayó, se levantó, se tambaleó, volvió a caer y acabó en el suelo postrado. Había sido un tiro fatal. Aldat yacía inmóvil con su rifle. Cherdon y yo avanzamos al lugar con cuchillos. Después de asegurarnos de que el yak estaba muerto, nos dispusimos a desollarlo y quitarle las mejores partes de su carne, incluida la lengua, los riñones y el corazón, que generalmente me estaban reservadas.

A la mañana siguiente, Aldat volvió junto al yak caído para buscar más carne. Estábamos a una altitud de 5.150 metros. Había un fuerte viento del oeste. En la misma dirección se veía un paso elevado que tuvimos que atravesar para encontrarnos con Turdu Bai y la caravana. Al no haber señales de Aldat, Cherdon comenzó a buscar y lo encontró enfermo junto a la víctima de sus disparos. Cherdon lo ayudó a bajar al campamento. El joven cazador sufría de dolor de cabeza y sangraba por la nariz. Cherdon y yo cargamos nuestros caballos, envolvimos a Aldat en su abrigo de piel y lo ayudamos a montar.

El suelo cedía bajo el peso de nuestros caballos, mientras se abrían paso con dificultad hacia este terrible puerto, de 5.425 metros de altitud. Aldat deliraba. Se balanceaba tanto de un lado a otro en su silla que tuvimos que atarlo a ella.

Un día después nos encontramos con Turdu Bai y Kuchuk, que nos estaban buscando. Nos llevaron a su campamento. Cuando más tarde continuamos hacia el oeste en un solo grupo, hicimos una cama de sacos y mantas a lomos de un camello para Aldat. Él, que solía ser tan taciturno, ahora yacía cantando canciones persas. Durante bastante tiempo, un viejo yak negro como el carbón, cuyos costados estaban adornados con largos flecos, caminó delante de nosotros. Parecía un caballo de competición vestido de luto.

Proseguimos hacia el noroeste durante varios días. El clima fue cruel con nosotros, había viento y nieve todos los días. La nieve tenía treinta centímetros de profundidad y ocultaba traicioneramente los agujeros de las marmotas. Los caballos los pisaban con frecuencia y tropezaban. Donde acampábamos, los animales buscaban en vano la escasa hierba bajo la nieve.

Aldat empeoró. Sus pies se pusieron negros. Los froté durante horas para inducir la circulación y le dimos baños de pies tibios, lo que le alivió. Deberíamos habernos detenido por él, pero nuestro suministro de alimentos estaba peligrosamente cerca de agotarse, y Aldat era el cazador que debería habernos proporcionado carne fresca. Cherdon era un tirador excelente, pero se había llevado muy pocos cartuchos. Con el último derribó un yak joven, que nos proporcionó carne durante algún tiempo.

Una tarde, Aldat pidió que lo dejaran afuera entre dos camellos, porque pensó que el calor de sus cuerpos resultaría beneficioso. Su deseo fue concedido. Mollah Shah y Nias lo vigilaron.

La mañana del 17 de septiembre me despertaron gritos y ruidos en el campamento. Salí corriendo justo a tiempo para ver un oso, que había estado husmeando entre las tiendas, trotando perseguido por los perros.

Dos días más tarde volvimos a la horrible cordillera fangosa que habíamos cruzado con tanta dificultad hacia el este. Un camello se hundió profundamente en el lodo, se cayó, hubo que soltarlo de su carga, y se habría perdido si no hubiéramos logrado desenterrarle las patas, una a una, y ponerle mantas debajo. Por medio de postes y cuerdas, finalmente logramos que se pusiera de pie de nuevo. Parecía un modelo de arcilla. Su armadura gris oscura tuvo que ser raspada con un cuchillo.

No habíamos visto señales de seres humanos desde hacía dos meses. Todavía estábamos a doscientas cuarenta millas de Temirlik, donde la caravana había recibido instrucciones de esperar nuestra llegada. Todo el mundo anhelaba llegar allí, lejos de este altiplano misterioso y asesino.

En un campamento, Aldat se enfermó tanto que nos quedamos allí un día. Con el rifle de Aldat, Cherdon disparó a un yak y, cerca del campamento, a un antílope. Los musulmanes luego intentaron una nueva cura en el paciente. Desollaron al antílope, desvistieron a Aldat y envolvieron el cuerpo del enfermo con la piel todavía caliente, y el lado peludo hacia afuera.

Yoldash cortó la retirada de una marmota hacia su agujero, y uno de los hombres atrapó al pequeño roedor y lo ató a un poste entre las tiendas. Tratamos de domarlo, con la esperanza de adquirir un nuevo y agradable compañero de juegos. Pero nunca llegó a ser muy manso. Si se le ofrecía un bastón o un poste de tienda, mordía grandes pedazos con sus afilados incisivos. En cada campamento empezaba a cavar un nuevo hoyo donde refugiarse, pero antes de que el agujero tuviera siquiera treinta centímetros de profundidad ya nos poníamos en marcha hacia un nuevo campamento.

Por la tarde, Aldat se debilitó aún más. Respiraba rápidamente, su pulso era imperceptible y su temperatura baja. Cuando estuvimos listos para partir a la mañana siguiente, dispusimos al enfermo lo más cómodo posible en su camello. Justo cuando la bestia estaba a punto de levantarse, una extraña palidez gris pasó por el rostro quemado por el sol de Aldat, y abrió los ojos. Estaba muerto. Nos quedamos allí, silenciosos y solemnes, alrededor de su féretro viviente. Yacía allí, majestuosamente erguido y orgulloso, con la mirada entrecortada dirigida hacia el cielo tibetano.

A pesar de los deseos de los hombres, no me atreví a enterrar a Aldat de inmediato. Su cuerpo aún estaba caliente. Parte de la caravana ya había iniciado la marcha del día. Al camello de Aldat también se le permitió levantarse y seguir el camino. Fue un viaje triste y sombrío. No se escuchaba ningún canto ni ninguna conversación. Solo repicaron las campanas de bronce, como si fueran las campanadas de una iglesia para un cortejo fúnebre en marcha. Dos cuervos volaban en círculos sobre nosotros. Yaks, asnos salvajes y antílopes nos miraban y se acercaban más de lo habitual. Parecían ser conscientes de que el Nimrod de los montes estaba muerto[170].

Nos detuvimos y armamos la tienda en un pequeño valle cerca de un lago salado, cuyas orillas ningún europeo había pisado antes. Se cavó una tumba. El hombre muerto fue bajado, en su abrigo, a esta tumba y cubierto con su alfombra de piel. Luego se llenó la tumba y la pesada tierra del Tíbet descansó sobre su pecho. Su rostro estaba vuelto hacia La Meca. Un poste, en cuya parte superior atamos la cola del último yak que había matado, marcaba su tumba; y una pequeña cabecera, clavada al poste, decía su nombre, la fecha de su muerte y el hecho de que había sacrificado su vida a mi servicio.

El 24 de septiembre todos querían abandonar el valle de «la sombra de la Muerte» lo antes posible. Cuando los camellos estuvieron cargados y todo estuvo listo, fuimos a la tumba, donde los musulmanes se arrodillaron en oración. Luego partimos. En una loma cercana me di la vuelta en mi silla. La cola de yak ondeaba al viento. Aldat dormía su último sueño en paz y soledad majestuosa. Hice girar a mi caballo y la tumba desapareció de mi vista.

¡Sin hierba y sin animales salvajes! Un caballo se cayó para nunca levantarse y los demás estaban en mal estado. Los camellos caminaban con los ojos entrecerrados, como afectados por la enfermedad del sueño. Solo teníamos suficiente maíz para dos días, y cedimos una parte de nuestro arroz a los animales. Acampamos a una altitud de 5.120 metros. Después de haber apagado mi vela por la noche, la solapa de la tienda se abrió violentamente y ahí vino de nuevo otra ventisca, con torbellinos de nubes de nieve.

LA TUMBA DE ALDAT EN MEDIO DE LA SOLEDAD DEL TÍBET

Atravesamos una vez más las mismas cadenas montañosas que ya habíamos cruzado, muy al este, en el orden habitual. Una de ellas se elevaba justo delante de nuestro camino. Subimos lentamente hasta su paso, que tenía más de 5.200 metros de altitud. Pero la ladera norte era muy empinada. Desde lo alto de la cresta parecía como si la tierra firme hubiera llegado a su fin, un espacio insondable se abría ante nosotros. Una tormenta de nieve rugía en el valle, y la nieve se arremolinaba a lo largo de la ladera de la montaña como si fuera un caldero de brujas. Los caballos se deslizaban sobre sus patas, y los camellos tuvieron que ser conducidos cuidadosamente a través de la nieve.

Sacrificamos nuestra última oveja en el siguiente campamento. Era como asesinar a un compañero de viaje. Continuamos hacia el norte. Yoldash alcanzó a un antílope joven y lo mató; tuvimos carne una vez más. Avanzamos hacia otro paso. Dos caballos murieron en el camino y dos más antes de llegar a la cima. Uno de ellos era el pequeño caballo gris en el que había montado a través del desierto hasta Cherchen, y a través del desierto de Lop hasta los sesenta pozos y la ciudad antigua. Por la mañana, otro caballo yacía muerto entre las tiendas. Nuevamente estábamos en tierras conocidas.

El 8 de octubre la temperatura descendió a –18 °C. Nuestras provisiones se habían reducido a seis piezas de pan y suficiente arroz para cuatro días. El camino discurría a través de un valle rodeado de acantilados de granito y con algunas minas de oro abandonadas en su centro. Todos íbamos a pie. Un camello murió la noche siguiente. Había aguantado hasta el final, orgulloso y resignado. Ahora estaba renunciando a toda esperanza de pasto y no tenía más remedio que morir. Su albarda fue consumida por los veteranos supervivientes.

Descendimos por el valle. Nos acercamos a las regiones más bajas y armamos nuestras tiendas a una altitud de 4.050 metros. En la cara de una roca descubrí unos petroglifos, que representaban arqueros persiguiendo antílopes. También había un *obo* mongol con piedras *mani*. Cherdon le disparó a un asno salvaje con el rifle de Aldat y nos procuramos alimento una vez más. Pero lo más maravilloso que sucedió en este campamento fue que Mollah Shah, mientras cuidaba a los animales de pastoreo, vio a dos cazadores montados del este del Turquestán y los saludó. Fueron conducidos a mi tienda. Hacía ochenta y cuatro días que no veíamos a ningún ser humano y este encuentro fortuito nos animó mucho. Empecé por comprar sus dos caballos y una pequeña cantidad de harina de trigo. A continuación, uno de los hombres recibió el encargo de cabalgar hasta Temirlik, para llevar personalmente mi orden a Islam Bai de que se apresurara a recibirnos con comida y quince caballos. Le entregué dos latas vacías para que sirvieran de credenciales. Togdasin, así se llamaba, bien podría haber robado el caballo, que yo ya había pagado. Pero confié en él, y cumplió fielmente su encargo.

Después de dos días más de viaje hacia el este, levantamos el campamento el 14 de octubre con mejor estado de ánimo, ya que ese día nos reuniríamos con el grupo de rescate de Islam Bai. Marchamos todo el día. Se volvió gris y oscuro; sin embargo, seguimos caminando.

—¡Un fuego en la distancia! —gritó alguien.

Aumentamos nuestra velocidad. Todo el mundo tenía hambre. El fuego desapareció. Gritamos y disparamos algunos tiros de revólver, pero no obtuvimos respuesta. El frío de la noche nos helaba. Nos detuvimos durante media hora y encendimos una fogata. Luego continuamos hacia el este, hora tras hora, a través de este gran valle donde estaban situados Temirlik y nuestro cuartel general.

El fuego reapareció. Seguimos durante un tiempo; pero cuando la luz finalmente se desvaneció nos encontrábamos exhaustos. Nuestros animales estaban muertos de cansancio. No eran más que piel y huesos. Quizá solo habíamos visto un fuego fantasma. Quedaba un poco de té en una jarra, y comí un trozo de carne asada de asno salvaje para la cena. Abundaba la hierba y el combustible, y nos quedamos allí durante un día. Cerca de este lugar se descubrió un pozo. Evidentemente, el fuego de ayer había sido encendido por cazadores que querían evitarnos. Quizás, después de todo, Togdasin nos había fallado.

Más tarde, ese día, Cherdon vino a verme a mi tienda y dijo que le pareció ver una tropa de jinetes acercándose desde el oeste. Salí con mis prismáticos. ¿Eran asnos salvajes o una danza de brujas lo que veía en este valle encantado? Fuera lo que fuese, la atmósfera brillante me permitió ver un enjambre de algún tipo, flotando sobre el suelo. Pero las figuras se hicieron más grandes. Se acercaron. Podía ver las nubes de polvo que levantaban. ¡Eran realmente jinetes! En ese momento, Islam Bai cabalgó hasta mi tienda e informó que todo estaba en orden en el cuartel general.

Traía quince caballos, y pronto organizó una cena fastuosa para nosotros, que habíamos pasado mucha hambre durante tanto tiempo. Resultó que habían pasado junto a nosotros durante la noche después de que nuestro fuego se hubiera apagado. Siguieron hacia el oeste hasta que fueron corregidos por el rastro de nuestros camellos.

OVEJAS SALVAJES DEL TÍBET

Kader Ahun, un hermano de Aldat, estaba entre los hombres de Islam. Contó que una noche había soñado que estaba paseando por el desierto y se había encontrado con nuestra caravana. Todos excepto Aldat estaban allí. Cuando despertó comprendió que Aldat había muerto, y se lo contó a Islam y a los demás. Descubrimos que había tenido su sueño el mismo día que murió Aldat. Obtuvo el rifle de su hermano, el salario que se le debía y el equivalente de su ropa y de las pieles de yaks que había matado.

Quedaban dos caballos de los doce iniciales y cuatro camellos de siete cuando llegamos a Temirlik, dos días después. Y Aldat estaba muerto.

Después de un descanso y haber revelado en una cueva las placas expuestas, partí el 2 de noviembre en una expedición de un mes. Mi objetivo era el gran lago salado de Ayag Kum Kol[171]. Llevé conmigo a Cherdon, Islam Bai, Turdu Bai, Tokta Ahun, Khodai Verdi el cazador, Togdasin, trece caballos, cuatro mulas y dos perros. Se cartografió un territorio desconocido hasta entonces. Las montañas eternas fueron atravesadas por nuevos pasos. Un día, Cherdon y Togdasin fueron a cazar ovejas salvajes. Vieron un rebaño, ataron sus caballos y persiguieron a las ovejas por los precipicios. Pero las ovejas se escaparon. Togdasin se derrumbó repentinamente como un muñeco, quejándose de dolores en el corazón y la cabeza. Permanecieron al aire libre toda la noche y llegaron al campamento a la mañana siguiente muy exhaustos. A partir de ese momento, Togdasin quedó inválido. Lo envié a Charkhlik, después de volver a nuestro cuartel general de Temirlik. Perdió ambos pies, y la compensación que pude entregarle en moneda no fue proporcional a su pérdida. A pesar de haberse quedado lisiado, siempre estuvo alegre, contento y agradecido.

Tokta Ahun y yo hicimos algunos viajes largos por las amplias aguas del Ayag Kum Kol, para sondear su profundidad. Encontramos que la mayor profundidad era de veintitrés metros. Más tarde regresamos por un nuevo camino al cuartel general en el valle de Temirlik.

Una gran caravana de peregrinos mongoles, del distrito alrededor de Karashar, había llegado a Temirlik durante nuestra ausencia y se había detenido allí durante algunos días. Consistía en setenta y tres sacerdotes lamas y dos monjas, con ciento veinte camellos, cuarenta caballos y siete hermosos caballos destinados como regalo al dalái lama en Lhasa. Habían mantenido largas conversaciones con Shagdur, que hablaba su idioma, y habían mostrado un marcado interés por nuestro cuartel general. Dijeron que tenían ciento veinte *yambas* de plata (unas mil cien libras esterlinas[172]), que también serían obsequiadas al dalái lama. Ese era el equivalente budista del Denario de San Pedro, que los piadosos tenían que entregar al sumo sacerdote del lamaísmo por el favor de ser bendecidos por su santa mano y ver su rostro. Sus provisiones consistían en carne seca, harina de trigo tostada y té. Viajarían por las altas montañas, a través de la cordillera de Tanglha y hacia el río Nakchu, donde tenían la intención de dejar sus camellos, y continuarían hasta Lhasa en caballos alquilados. Le dijeron a Shagdur que el gobernador de Nakchu exigía un pasaporte a cada peregrino, y ejercía el control más riguroso para evitar que los europeos disfrazados penetraran en Lhasa. Esta caravana de peregrinos nos perjudicó considerablemente. Mi plan, que todavía no había sido confiado a ninguno de mis hombres, era intentar acercarme disfrazado a la ciudad santa al año siguiente. Los peregrinos se nos adelantarían e informarían en Lhasa de lo que habían visto y oído de nosotros, y los caminos que conducían a Nakchu estarían más vigilados que nunca.

Durante un tiempo pensé en adelantarme a los peregrinos y cabalgar con una caravana de caballos ligera hasta Lhasa por una ruta más occidental. Pero entre las alternativas de Lhasa y la antigua ciudad del desierto elegí esta última. Grueber y D'Orville, dos jesuitas, habían visitado Lhasa en 1661; y en el siglo XVIII los capuchinos mantuvieron allí una estación misionera durante varias décadas, cuyos miembros y cronistas más famosos fueron Orazio della Penna y Cassiano Beligatti. Los sacerdotes jesuitas Ippolita Desideri y Manuel Freyre habían estado allí en 1715, y Van de Putte, un holandés, dos décadas después. En 1847 Huc y Gabet, dos lazaristas franceses, visitaron Lhasa y dieron testimonio de ello. Los *pundits*[173] ingleses y los buriatos rusos [174] habían sido enviados allí, una y otra vez, con instrumentos y cámaras. Así que tenemos un conocimiento bastante preciso sobre Lhasa.

En cambio, desde los tiempos en que Noé abandonó su arca[175], ningún europeo había puesto un pie en la antigua ciudad del desierto hasta que descubrí sus torres y casas en marzo de 1900. Por lo tanto, un peligroso viaje disfrazado a Lhasa sería más bien un capricho, una proeza deportiva si se quiere; mientras que un examen sistemático de la ciudad del desierto podría ser de incalculable importancia para la ciencia. Por lo tanto, dediqué el invierno al desierto y sus misterios. La expedición a Lhasa se pospuso para el próximo verano. En un capítulo posterior contaré cómo los peregrinos mongoles lograron frustrar mis planes.

CAPÍTULO XL

A TRAVÉS DEL DESIERTO DE GOBI, SIN AGUA

Por órdenes mías, Cherdon, Islam Bai, Turdu Bai y algunos más de mis hombres trasladaron nuestro cuartel general a la pequeña ciudad de Charkhlik, para esperar allí mi llegada en la primavera siguiente.

Me acompañaban el cosaco Shagdur; los musulmanes Faizullah, Tokta Ahun, Mollah, Kuchuk, Khodai Kullu, Khodai Verdi, Ahmed; y otro Tokta Ahun, un cazador de habla china al que llamábamos Li Loye, para no confundir a los dos hombres del mismo nombre. Teníamos once camellos; once caballos; y Yoldash, Malenki y Malchik, los perros. Todos los animales estaban completamente frescos y en excelente forma. Mi plan era marchar doscientas cuarenta millas entre las cordilleras paralelas del Astin Tagh hasta Anambaruin Ula —una masa montañosa en el este—, luego hacia el norte a través del desierto de Gobi, desde allí hacia el oeste hasta alcanzar Altmish Bulak, y finalmente hacia el suroeste hasta la ciudad antigua y por el Lop Nor hasta llegar a Charkhlik.

Partimos el 12 de diciembre. Al principio tuvimos algunos días problemáticos mientras abríamos camino a través de los estrechos valles de Akato Tagh, con su blanda arcilla de pizarra. Nadie había estado allí antes, y ni siquiera los nativos conocían la cañada que esperábamos que condujera a un paso a través de la cordillera. Las montañas laterales eran perpendiculares y de varios cientos de metros de altura.

El fondo del valle estaba seco como la yesca, absolutamente yermo. Las campanas de bronce resonaban maravillosamente en este pasaje amarillo. Había habido deslizamientos de tierra en varios lugares, pero las rocas no nos detuvieron. Sin embargo, siempre estuvimos en peligro de ser enterrados por nuevos corrimientos de tierra. El valle se hizo más estrecho. Al cabo de un tiempo, las manadas rozaban las paredes en ambos lados; y los camellos, abriéndose paso, hacían volar el polvo. Me apresuré a realizar un reconocimiento y descubrí que el valle se reducía a medio metro y que al final solo había una grieta vertical por la que ni siquiera un gato podría haber cruzado.

No quedaba más remedio que dar la vuelta. Esperábamos que no hubiera habido un deslizamiento de tierra mientras tanto, porque en ese caso muy bien podríamos haber quedado atrapados como ratones en una madriguera.

Después de un minucioso reconocimiento, finalmente logramos superar las cordilleras; y luego caminamos hacia el este y el noreste sobre buen terreno.

La víspera de Año Nuevo, la última noche del siglo, fue fría y clara, y la luna brillaba como un arco iris. Leí los textos que se escucharían en todas las iglesias de Suecia esa noche. Solo, en mi tienda, esperaba la llegada del nuevo siglo. Aquí no había más campanas que las de los camellos; ni música de órgano, solo el rugido de las tormentas continuas.

El 1 de enero de 1901 acampamos en el valle de Anambaruin Gol, y decidí rodear todo el macizo montañoso de ese nombre, una extensión de ciento ochenta y seis millas. En una ocasión sorprendimos a doce hermosas ovejas salvajes que trepaban con la agilidad de los monos por los despeñaderos de una pared montañosa casi perpendicular. Nos miraron fijamente, mientras que Shagdur se las arregló para colarse debajo de ellas. Sonó un disparo, y un majestuoso carnero se desplomó sesenta metros por el precipicio y recibió un golpe mortal en las almohadillas redondas de sus cuernos retorcidos.

Una semana más tarde estábamos en el lago de Bulungir Gol [176] y visitamos algunas yurtas de la tribu sartang de Mongolia en la estepa circundante. El camino de regreso a Anambaruin Gol nos llevó al norte del grupo montañoso, y tuvimos que atravesar sus profundos valles, que se extendían hacia el desierto de Gobi. Había innumerables manantiales y témpanos de hielo. El pasto era bueno y acampamos bajo viejos sauces. No importó mucho que el frío descendiera a −33 °C, pues teníamos suficiente combustible. Las perdices abundaban y daban una agradable variedad a mis cenas. Dos viejos mongoles, a quienes preguntamos por el camino, nos vendieron grano para nuestros camellos y caballos. Y por fin acampamos en el Anambaruin Gol, en el mismo lugar donde lo habíamos hecho antes.

Desde allí envié a Tokta Ahun y Li Loye al cuartel general en Charkhlik, con seis caballos cansados y los especímenes que había recolectado hasta el momento. También llevaron una orden escrita a Islam Bai para enviar un grupo de socorro a la orilla norte del Lop Nor (o Kara Koshun) y establecer allí una base de suministros para encender una hoguera todas las mañanas y tardes, a partir del 13 de marzo en adelante; porque en ese momento estaríamos en camino desde la ciudad antigua a través del desierto.

El resto del grupo, con seis bolsas llenas de hielo, partió hacia el norte, en dirección al desolado desierto de Gobi. Caminamos a través de tramos de altas dunas de arena, pequeñas montañas de granito desgastadas por el clima, un desierto arcilloso y una estepa. Seguimos un camino muy antiguo, identificable solo por los montones de piedras que habían resistido el paso del tiempo. Camellos salvajes, antílopes y lobos aparecían de vez en cuando. Cavamos un pozo en una depresión que fue bienvenida. Proporcionó agua potable y los camellos y caballos saciaron su sed.

Con hielo suficiente para que los hombres y los caballos aguantasen diez días, marchamos hacia el norte a través de un desierto desconocido. Las huellas de camellos salvajes eran extremadamente frecuentes ahora. El desierto era tan suave como un lago. Después de un tiempo, el terreno se elevó y cruzamos algunas pequeñas crestas desgastadas por el clima. No había ni una gota de agua; y hubiera sido inútil cavar en busca de ella. En consecuencia, giramos al suroeste y al oeste, y me dirigí a Altmish Bulak con ayuda de la brújula.

Recorrimos largas marchas durante la mayor parte de la siguiente semana. Nuestro amigo Abdur Rahim, que nos había mostrado el camino a Altmish Bulak el año anterior, había mencionado tres manantiales de agua salada situados al este de ese lugar. Los camellos no habían tomado agua durante diez días; solo unos pocos bocados de nieve de una grieta. El 17 de febrero nuestra situación empezó a ser crítica y se hizo imperativo encontrar uno de los tres manantiales mencionados por Abdur Rahim. Durante dos días seguidos buscamos agua en vano. El terreno también actuaba ahora en nuestra contra. Llegamos a aquellas partes del desierto arcilloso donde el viento había abierto surcos de seis metros de profundidad y once de ancho, entre largas crestas arcillosas perpendiculares. Corrían de norte a sur y tuvimos que explorar sin parar antes de pasarlos. No había ni un palo de leña en el campamento esa noche, así que sacrificamos el poste de nuestra tienda.

Para el 19 de febrero los camellos no habían bebido nada durante doce días. Pronto morirían de sed si no encontrábamos agua. Me adelanté de antemano. Mi caballo me siguió como un perro. Yoldash estaba conmigo. Una pequeña cadena montañosa me hizo desviarme hacia el suroeste. Caminé sobre un lecho seco, en cuyo fondo arenoso distinguí el rastro fresco de una treintena de camellos salvajes. Un pequeño valle se abría a la derecha.

Todas las huellas de camellos irradiaban desde allí como un abanico. Debía de haber un pozo allí.

Caminé valle arriba y pronto encontré un trozo de hielo, de doce metros de diámetro y ocho centímetros de espesor. Así fueron salvados los camellos. Cuando llegaron al valle, rompimos el trozo de hielo en pedazos y se los dimos de comer a los animales. Hicieron crujir el hielo como si fuera azúcar.

Durante los días siguientes descubrimos también los otros dos manantiales. Estaban rodeados de cañaverales. Dieciocho camellos salvajes pastaban cerca del último manantial. Shagdur se abalanzó sobre ellos, pero disparó a una distancia demasiado grande y los camellos desaparecieron rápidos como el viento.

Habíamos previsto estar a veintiocho kilómetros de Altmish Bulak el 24 de febrero. El pequeño oasis debería de encontrarse en la latitud 60° SO. En consecuencia, por la mañana prometí a mis hombres que antes de que llegara la noche montaríamos nuestra tienda entre los tamariscos y cañaverales de los «Sesenta Manantiales».

Soplaba un fuerte viento del noreste, que nos ayudó a avanzar. Pero una neblina envolvente descansaba sobre el páramo, ¿qué sería de nosotros si pasáramos por el pequeño oasis sin darnos cuenta? Me dirigía a cierto punto en el desierto, pero la neblina de polvo obstruía mi vista.

Ya había recorrido veintiocho kilómetros y comencé a temer que el oasis estuviera detrás de mí. Algo amarillo como la paja brilló justo en frente de mí. Eran cañas. Y vi catorce camellos salvajes. Me detuve, mientras Shagdur se acercaba sigilosamente. Logró derribar a una hembra joven, que todavía estaba de pie cuando llegamos a ella; también un ejemplar mayor, un macho, cuyo esqueleto preparamos durante los días siguientes y que ahora reposa en el Museo Zoológico de la Escuela Secundaria de Estocolmo.

Según mis cálculos, nuestra distancia al manantial debería haber sido de veintiocho kilómetros; pero resultó ser treinta y uno. Este error de cálculo tampoco era demasiado, tres kilómetros de un total de 1.450, equivaldría a un 0,2 % del total.

Nos permitimos un descanso completo después de estas marchas forzadas. Luego dejé a un hombre, los caballos y algunos camellos cansados en el pasto, y me dirigí al sur con el resto de la caravana. Llevamos todo nuestro equipaje y nueve bolsas de hielo.

El 3 de marzo acampamos en la base de una torre de barro de nueve metros de altura. Guardamos nuestro hielo a la sombra de una loma de arcilla y enviamos a un hombre de vuelta al manantial con todos los camellos. Estos volverían con nosotros en seis días con más hielo. Prometimos encender una fogata el sexto día.

Ahora estábamos separados del mundo. Me sentía como un rey en su propia capital. Nadie más en la Tierra sabía acerca de la existencia de este lugar. Pero tendría que hacer un uso provechoso de mi tiempo. Primero localicé astronómicamente el lugar. Luego dibujé planos de las diecinueve casas cerca de nuestro campamento. Ofrecí una tentadora recompensa para el primer hombre que descubriera escritura humana en cualquiera de sus formas. Aunque solo encontraron retazos de mantas, pedazos de tela roja, cabello humano castaño, suelas de botas, fragmentos de esqueletos de animales domésticos, pedazos de cuerda, un arete, monedas chinas, astillas de loza y otros cachivaches.

Casi todas las casas habían sido construidas de madera, con paredes de mimbre atado o mimbre cubierto de arcilla. En tres lugares, los marcos de las puertas aún permanecían en posición vertical. De hecho, una puerta estaba abierta de par en par, tal como debió dejarla el último habitante de esta antigua ciudad, hace más de mil quinientos años.

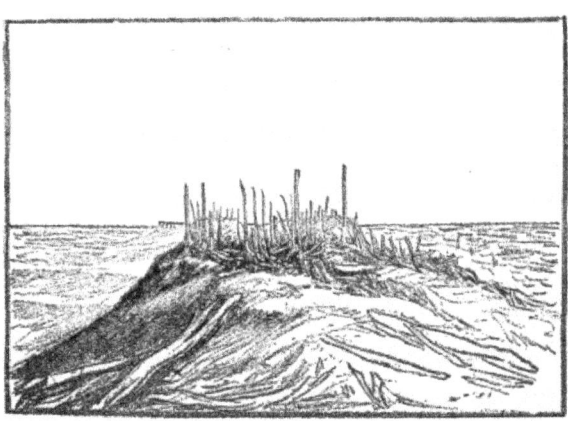

LOS RESTOS DE UNA CASA EN LOULAN, DE UNOS 1.650 AÑOS DE ANTIGÜEDAD

Shagdur logró encontrar el lugar que Ordek había descubierto el año anterior, cuando volvió a por la pala. Allí nos encontramos con los restos de un templo budista. En su día debió de haber presentado una vista encantadora. Originalmente la ciudad estaba situada en el antiguo Lop Nor, que, debido al curso alterado del Kuruk Daria, se había movido desde entonces hacia el sur. Sin duda, el templo se encontraba en un parque, con amplias aguas que se extendían hacia el sur. Casas, torres, murallas, jardines, caminos, caravanas y peatones se habrían visto entonces por doquier. Ahora era el hábitat de la muerte y el silencio.

Nuestras excavaciones dieron con el marco de una imagen de Buda de pie, de un metro de altura; frisos horizontales con budas sentados y postes verticales de madera con budas de pie tallados artísticamente; adornos florales de flor de loto; también varios ídolos femeninos, todos tallados en madera y muy bien conservados. Fue Shagdur quien finalmente encontró una pequeña tabla con inscripciones de escritura karosti (India) y ganó el premio. Se prometió una cantidad similar para el próximo descubrimiento. Mis hombres trabajaron mientras quedase un rastro de luz en la tierra baldía.

BUDAS TALLADOS EN MADERA, USADOS COMO DECORACIÓN EN UN TEMPLO DE LOULAN

Avanzaron los días. El alba nos encontraba trabajando sin descanso. Efectuamos excavaciones en cada casa. Por fin solo quedó una estructura, de barro secado al sol, en forma de establo, con tres pesebres abiertos hacia el exterior. Mollah encontró una hoja de papel con ideogramas chinos en el pesebre del extremo derecho; y obtuvo la recompensa. El papel yacía a medio metro de profundidad bajo la arena y el polvo. Cavamos más profundo y tamizamos la arena y el polvo entre nuestros dedos. Un pedazo de papel tras otro fue sacado a la luz, treinta y seis en total, cada uno de los cuales estaba escrito. También descubrimos ciento veintiuna duelas de madera pequeñas cubiertas con inscripciones. Aparte de estos documentos antiguos solo encontramos algunos trapos, raspas de pescado, algunos granos de trigo y arroz, y un pequeño fragmento de alfombra con un diseño de esvástica y colores todavía bastante claros. Por lo que yo sabía, podría haber sido la alfombra más antigua del mundo. Toda la colección parecía un montón de basura. Sin embargo, tuve la sensación de que esas hojas contenían una ligera contribución a la historia del mundo. No encontramos nada en las otras dos chozas. El 9 de marzo, nuestro último día estaba a punto de acabar. Completé los planos y medidas de las casas, y examiné una torre de arcilla, encontrándola sólida. Encontramos dos alfileres para el cabello como los que usan los chinos hoy en día; una vasija de barro entera, de dos y un tercio de altura; una olla más pequeña; y un gran número de monedas y pequeños objetos de diversa índole. El poste más alto aún en pie en una casa medía algo más de cuatro metros.

Al anochecer, los dos hombres regresaron del manantial con todos los camellos, diez bolsas y seis odres llenos de agua. El sol se puso y nuestro trabajo en la antigua ciudad llegó a su fin.

CAPÍTULO XLI

LOULAN, LA CIUDAD DURMIENTE

SE necesitaría un libro entero para describir Loulan y los descubrimientos que tuve la suerte de hacer entre sus ruinas, aunque aquí solo puedo dedicar unas pocas páginas a mi antigua ciudad del desierto. A mi regreso a casa entregué todos los manuscritos y las demás reliquias a Herr Karl Himly, de Wiesbaden, quien redactó el primer informe sobre estos y afirmó que el nombre de la ciudad era Loulan, y que floreció durante el siglo III d. C. Después de la muerte de Himly, el profesor A. Conrady, de Leipzig, se hizo cargo del material, tradujo todos los documentos y recientemente publicó un voluminoso trabajo sobre ellos[II].

El más antiguo de los documentos es un fragmento de la obra histórica Chan-Kuoh-ts'eh[177] y data de la última dinastía Han (25-220 d. C.). Los chinos inventaron la fabricación del papel en el año 105 d. C. El documento al que se hace referencia fue escrito entre el año 150 y el 200 de nuestra era y, por lo tanto, es el trozo de papel más antiguo que existe [178] y, en consecuencia, la escritura en papel más antigua que se conoce; precede en unos setecientos años a las escrituras en papel que Europa había creído hasta entonces como las más antiguas.

Todos los demás documentos en papel y duelas de madera datan aproximadamente del año 270 de nuestra era. Muchos de ellos están fechados, y por lo tanto podemos determinar su edad con precisión. Revelan el estilo oficial y epistolar en China, sobre administración, comercio, informes, productos, agricultura, organización del ejército, eventos políticos e históricos, así como guerras. En suma, aportan una imagen clara de la vida en Loulan hace 1.650 años.

II *Die Chinesischen Handschriften-und Sonstigen Kleinfunde Sven Hedins in Lou-Lan* (1920). Texto de 191 páginas, 53 facsímiles a página completa de manuscritos chinos en papel y madera, y algunas ilustraciones en color. Instituto Litográfico del Estado Mayor General del Ejército Sueco, Estocolmo.

Las cartas en papel habían sido dobladas y encerradas entre dos tablas de madera, que estaban unidas con una cuerda y marcadas con texto. Un ejemplo era «Carta sellada por Ma Li».

UNA CARTA ESCRITA SOBRE PAPEL Y DOS RECIBOS EN MADERA (ALREDEDOR DEL AÑO 270), DE LOULAN

Las cartas, informes, avisos y recibos de la administración militar, la oficina de abastecimiento de alimentos y la oficina de correos se escribían sobre duelas de madera. Dichas duelas también se utilizaron como símbolos de autoridad oficial. El hallazgo de los dos alfileres para el cabello demostró que tales artículos estaban en uso en China ya en el siglo II d. C.

Para que el lector se haga una idea sobre cómo se escribía en esos lugares hace 1.650 años, reproduzco dos de las traducciones del profesor Conrady.

Una carta privada dice así:

«Chao Tsi dice: Chao y los otros están (aquí) lejos; mi hermano menor, mi hermana y los niños están en casa, y no podemos encontrarnos a voluntad; y, por lo tanto, hay escasez de ropa y comida allí. Ahora les informo que los que están en casa han enviado (un mensajero) a Tienki Wang Heh en Nan-chou (?) y obtener permiso para recibir cincuenta fanegas de grano para que puedan tener suficiente comida. Te suplico que intercedas ante Heh y lo induzcas a enviar todo a tiempo. Espero muy respetuosamente su noble simpatía y benevolencia, y por lo tanto no necesito usar muchas palabras; ¡(así) dice Chao Tsi!».

Escrito al recibir un mensaje acerca de una triste noticia:

«Tsi Ch'eng responde: La señorita Yin no había tenido ninguna enfermedad previa, la desgracia que tan repentinamente le sobrevino fue mucho más allá de lo esperado. Recibí la triste noticia y tanto mayor es (por lo tanto) mi más sentida solidaridad y pesar. Pero una herida profunda no se puede soportar. Entonces, ¿qué puede ser de ayuda?».

Una hojita muestra la existencia de Lop Nor y del río que le rendía tributo:

«Shi Shun probablemente espera… (ya que) el lago Ta-choh es de gran profundidad (y) la contracorriente también es débil, calculo que habrá llegado a Loulan a finales de mes».

Un recibo del almacén del Gobierno, relativo a las entregas de provisiones, termina con estas palabras:

«En el segundo año de T'ai-shi[179] (es decir, 266 d. C.), en el undécimo día del décimo mes, Ts'ang-ts'ao-shi Shen Chuan, Kien-ts'ang-shi Tih T'ung y K'an Hi han entregado (¿este recibo?) a Shu-shi Lin Ngo».

Un bastón de madera dice:

«La oficina militar. Con respecto a la lista de soldados comunes enviados en el sexto mes del cuarto año de T'ai-shi (es decir, 268 d. C.), los que llegaron al campamento en Kao-ch'ang desertaron, muertos...».

La colección de objetos más pequeños que excavamos en Loulan contenía muchas monedas que llenan un vacío histórico en el sistema monetario de las dinastías Wei y Qin. Una lleva la fecha del año 7 d. C., otra 14 d. C., años en los cuales Cristo aún pisaba la faz de la Tierra.

También había flechas de caza, flechas de batalla y flechas de fuego, «a las que se podía atar el fuego»; plomos y piedras para redes de pesca, conchas de caracoles marinos, pendientes para las orejas, collares, una joya antigua con una imagen del dios griego Hermes, vidrio de Siria o Roma, cucharas, pinzas y horquillas de bronce, una cadena de hierro, cucharas y otros artículos de madera, piezas de seda en varios tonos para ropa, una colcha, una alfombra de lana, lino, zapatos, etc.

Los documentos escritos y los objetos mismos muestran que el Gobierno de Loulan tenía sus almacenes, que había una posada, un hospital, un edificio de correos, un templo, viviendas particulares y chozas donde vivían los pobres, chozas que seguramente desaparecieron al igual que las modernas cabañas de caña en el territorio de Lop lo harán algún día. Las referencias a las importaciones, particularmente de seda china para el consumo local, son evidencia de que la población era muy grande. En las mejores casas, los pisos de tierra dura se cubrían con esteras de caña, sobre las cuales se colocaban las preciosas alfombras tejidas. En los patios había grandes cántaros de barro con agua para la casa. Se usaban cuencos y platos decorados con cabezas de león indo-persa; también vidrio de Siria, el país más cercano en aquellos días que conocía la fabricación de vidrio.

Las clases educadas poseían obras literarias famosas. Según Conrady, en Loulan floreció una cultura mixta bárbara-china-internacional, de corte moderno; porque la ciudad era una ciudadela fronteriza, una puerta de entrada o barricada a los antiguos caminos en el corazón de Asia, principalmente a la gran «Ruta de la Seda» entre China, en el este, y Persia, India, Siria y Roma, en el oeste. Llegaban viajeros de lejos y de cerca. Los campesinos transportaban allí sus productos sobre bestias de carga y carretas, comprando y pagando al Gobierno las mercancías. Era allí donde los soldados recibían su paga en grano, y en sus plazas compraban fieltro para su ropa de invierno. A veces la ciudad se abarrotaba y todas las posadas quedaban ocupadas.

Los documentos también aluden a los evasores de impuestos y su sanción; a correos postales; a Ma, el inspector jefe, que continúa con su turno de servicio con escoltas y guardaespaldas; a tribus hostiles de nómadas; a las caravanas de seda, enarbolando el estandarte del Gobierno a la cabeza y con robustos asnos tibetanos en su séquito; a la caballería, lanceros, arqueros, cuadrigas de guerra, aparatos de asedio y defensa; a los trenes de equipajes militares; a todo tipo de armas; al alto mando militar; a un general; a un oficial del Estado Mayor General; al inspector de cuadrigas de guerra; al inspector de suministros militares; al personal de cirugía y otros funcionarios.

Debido a la importancia y la ubicación de Loulan, esta estaba fuertemente guarnecida. También se mencionan a los funcionarios del servicio civil, el canciller, comisionados de distrito, secretarios, el alcalde o prefecto de ciudad, el jefe de diques, el inspector de agricultura, el director de postas y sus cuatro suplentes, varios administradores de almacenes y depósitos, supervisores principales, etc. Hay referencias a la administración de la ley, estatutos penales, impuestos, derecho domiciliario, reclutamiento, pasaportes, el trueque de grano por seda —aunque había un sistema regular de acuñación de moneda— y a muchos otros asuntos.

El profesor Conrady señala que la organización social y la administración en Loulan, que era extraordinariamente precisa y eficiente, implica un proceso de evolución que se prolongó durante muchos siglos —mejor dicho, miles de años— antes del siglo III.

También está claro, a partir de los textos de Loulan, que prevalecían condiciones inestables en la ciudad y sus alrededores. Hablan acerca de graves revueltas, de expediciones bélicas y de batallas. La estructura del dominio chino se tambaleaba hacia su caída. La soga que rodeaba a Loulan se tensaba cada vez más. El ulular de las lechuzas, como se llama en una de las cartas al clamor de la guerra, se acercaba más y más. Debilitada por las luchas internas, China finalmente sucumbió ante los bárbaros, se desmoronó y fue gobernada por sus conquistadores durante siglos.

Loulan cayó a principios del siglo IV, un símbolo de la caída de la propia China. La pequeña ruina es, como dice Conrady, un monumento a una catástrofe de alcance universal. Los autores de las cartas que encontré han contribuido, cada uno en su lugar, al relato de estos hechos históricos.

Pero las autoridades nunca vacilaron en su deber con el Estado, a pesar de la ominosa nube que se cernía sobre el pueblo. Todos cumplieron su parte. Cuando los tambores de guerra fuera de las murallas tocaron el zafarrancho de combate, y las hogueras ardieron en las torres, estos oficiales permanecieron firmes en sus lugares, para terminar sus informes como si nada inusual hubiera sucedido. Enviaron saludos de Año Nuevo y cartas de condolencias a sus amigos, sin dejarse molestar por el peligro inminente.

Leemos con admiración y emoción la fuerza de carácter y el coraje con que estos chinos cumplieron con su deber, y comprendemos cómo este notable pueblo pudo mantener el control de Asia en sus manos.

Y esto no es fantasía ni mito. Es la verdad desnuda. Las cartas, que han descansado en silencio bajo la tierra durante 1.650 años, han entregado nuevamente un mensaje. Fueron escritas por seres humanos que una vez vivieron en la Tierra, y cuyos problemas, penas y alegrías finalmente han salido a la luz del día.

El mismo realismo que hay en Pompeya se encuentra aquí en simples ejercicios de escritura y garabatos de niños hechos a mano, cuando practicaban la tabla de multiplicar, «$2 \times 8 = 16$; $9 \times 9 = 81$; etc.».

Conrady llama a la historia de los textos de Loulan un *idilio*, una imagen de género vista con el trasfondo poderoso, tormentoso y oscuro de la historia del mundo.

En relación con el descubrimiento de mis dos primeros pueblos del desierto, ya he señalado que no soy arqueólogo. Por lo tanto, tuve la suerte de confiar mi material a manos como las del profesor Conrady. Su interpretación prueba plenamente la importancia del descubrimiento de Loulan. La corroboración radica en el hecho de que después de mi descubrimiento en 1900 y mi segunda expedición al yacimiento en 1901, este fue visitado en 1905 por Ellsworth Huntington, el geógrafo estadounidense; en 1906, por sir Aurel Stein; en 1910, por el japonés doctor Tachibana; y nuevamente, en 1914 y 1915, por el doctor Stein. Este último, en particular, contribuyó mucho a desarrollar mis descubrimientos durante sus tres visitas. Fue con la ayuda de mis mapas que les fue posible a los viajeros encontrar las ruinas en medio del desierto. Así cuenta Stein en su gran obra, *Serindia* (Vol. I, p. 362):

> También me sentí agradecido por el excelente mapa del doctor Hedin, que, a pesar de la diferencia de nuestras rutas y la ausencia total de puntos de orientación, me había permitido llegar a las ruinas sin perder un día. Cuando, posteriormente, se completaron los resultados de nuestro propio estudio topográfico gracias a una plancheta, verificada por observaciones astronómicas y una triangulación que llegaba tan lejos como las montañas al suroeste de Cherchen; me complació mucho descubrir que la ubicación del doctor Hedin difería de la nuestra en solo una milla y media de longitud, siendo idéntica la latitud observada astronómicamente.

Un crítico del *Geographical Journal* (Vol. XXXIX, 1912, p. 472) llamó a esto «un verdadero triunfo de la ciencia geográfica».

El lector ahora comprenderá por qué consideré menos importante llegar a Lhasa que hacer una investigación a fondo de Loulan, la ciudad de mis sueños. Hasta el día de hoy, me gusta soñar con su grandeza pasada y su *glamour* alrededor del año 267, el mismo año en que los godos atacaron Atenas y fueron rechazados por Dexipo el Historiador, y cuando el emperador romano Valeriano fue prisionero del rey persa Sapor. Me sobrecoge pensar que ni una sola de nuestras antiguas piedras rúnicas suecas sea más antigua que las frágiles duelas de madera y los fragmentos de papel que encontré en Loulan.

Cuando Marco Polo hizo su famoso viaje por Asia, en 1274, la ciudad dormida había permanecido desconocida y olvidada en el desierto durante mil años. Y después del viaje del gran veneciano, durmió seiscientos cincuenta años más, antes de que los fantasmas de su pasado volvieran a la vida, y sus antiguos documentos y cartas arrojaran nueva luz sobre días pasados y los misteriosos destinos de sus habitantes.

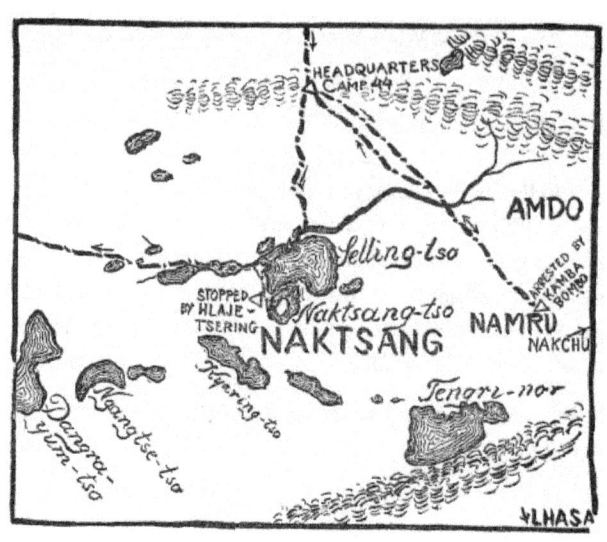

CAPÍTULO XLII

DE VUELTA AL ALTO TÍBET

En la mañana del 10 de marzo dividí la caravana en dos secciones, me llevé a Shagdur, Kuchuk, Khodai Kullu y Khodai Verdi, también cuatro camellos, de los cuales uno llevaba el equipaje y la comida necesaria para ocho días, los otros llevaban hielo y cañas. Faizullah condujo al resto de la caravana (camellos, caballos, todo el equipaje pesado y los hallazgos de Loulan) hacia el suroeste a través del desierto hasta los pantanos de Kara Koshun y Abdal, donde nos encontraríamos.

Mi intención era estudiar el desierto con una mira estadimétrica y un telescopio, y así cartografiar definitivamente la depresión del norte. Con tres de mis hombres avancé a pie, mientras elaboraba mis cálculos. Khodai Verdi debía seguirnos con los cuatro camellos y mantenerse cerca cuando acampáramos al anochecer. Pero cuando terminamos nuestro primer día de trabajo, desapareció. Shagdur volvió a buscarlo. Khodai Verdi apareció durante la noche, guiado por el gran fuego que habíamos encendido. Se había perdido y se había confundido por el fuego de Faizullah, muy al oeste. A la mañana siguiente se desató una feroz tormenta de arena y Shagdur desapareció. Pero como por milagro, regresó cerca del mediodía.

Durante los días siguientes prosiguió mi trabajo, a menudo dificultado por las tormentas. A pesar de los surcos hechos por el viento, el desierto estaba casi llano. Para el 15 de marzo habíamos recorrido nueve millas y descendido treinta centímetros. Nos acercábamos al Kara Koshun, pero buscamos en vano la hoguera que Tokta Ahun debía haber mantenido en la orilla norte del lago a partir del 13 de marzo. El 17 llegamos a la orilla a salvo y acampamos. Habíamos descendido unos 2,3 metros en una distancia de ochenta y un kilómetros y medio. En esta sección norte del desierto había demostrado claramente la existencia previa de un lago en la antigüedad. Todavía estaba lleno de rastrojos de juncos y conchas de moluscos. Loulan había estado situada en la orilla norte de este lago. Después de todo, los viejos mapas chinos y el barón von Richthofen, que se basó en ellos para respaldar su teoría[180], tenían razón.

Nuestra siguiente tarea fue establecer contacto con Tokta Ahun y su expedición de socorro. Nuestro suministro de alimentos había llegado a su fin. Kuchuk practicó algo de pesca, sin suerte, y fue Shagdur quien nos salvó al cazar patos salvajes todos los días. Tan pronto como acampamos, envié a Khodai Kullu al suroeste a lo largo de la orilla del lago para buscar al grupo de Tokta Ahun. Una tormenta furiosa comenzó por la tarde y continuó durante tres noches y dos días. Esperamos todo este tiempo; pero el 20 partimos hacia el suroeste.

Apenas habíamos avanzado cuando nos detuvo una masa de agua que había inundado el desierto estéril; y tuvimos que caminar alrededor de este lago recién creado. Dos veces vimos las huellas de Khodai Kullu. Todo indicaba que había nadado a través de un brazo de agua.

El 23 de marzo envié a Shagdur a buscarlo. Al cabo de un rato lo divisamos de nuevo a lo lejos, nos hizo señas para que nos acercáramos; cuando llegamos allí, señaló hacia el suroeste, gritando:

—¡Jinetes, jinetes!

Entonces vimos dos hombres montados a caballo, al galope en medio de una nube de polvo.

Nos detuvimos a esperarlos. Cuál fue mi sorpresa al ver a Chernov, mi fiel cosaco, a quien el gobernador general de Tashkent había ordenado el verano anterior, junto con Sirkin, que regresara a Kasgar, debido a los disturbios en la frontera asiática. Su presencia aquí era fácil de explicar.

El gobernador general no tenía derecho a retirar ninguno de los cuatro cosacos que me habían sido asignados por orden del zar, por lo que yo había escrito en protesta al mismo zar. Los cosacos llevaron la carta con ellos cuando fueron a Kasgar. Tan pronto como el zar recibió mi carta, telegrafió al cónsul general Petrovski para que enviara a los cosacos Sirkin y Chernov a mi campamento de inmediato. Chernov me contó su alegría cuando recibieron la petición ese sábado por la noche, para buscarme en el corazón de Asia. Habían pedido permiso para quedarse el domingo, pero el cónsul dijo que una orden del zar no podía posponerse. Así que ensillaron sus caballos y trajeron mi correo, cámara, placas y veintisiete *yambas* de plata. Cuando por fin llegaron al cuartel general en Charkhlik, Tokta Ahun ya estaba allí. Entonces, Islam Bai organizó la expedición de socorro que, dirigida por Chernov y Tokta Ahun, debía buscarme en la orilla norte del Kara Koshun.

Con provisiones, marcharon en un gran grupo a lo largo de la orilla del lago hasta que fueron detenidos por las bolsas de agua recién formadas. Allí construyeron chozas y establecieron su base de abastecimiento. Un verdadero corral, con ovejas y aves, canoas y redes de pesca, animaba aquella orilla solitaria. Todas las noches encendían una gran hoguera en un montículo; pero como el aire estaba borroso, no vimos su luz. Khodai Kullu se les apareció de repente, un día, medio muerto de hambre, sin haber comido durante cinco días. Partieron inmediatamente con él como guía.

Y ahora nos habían encontrado. Fue una gran alegría para mí volver a ver a Chernov. Las bolsas de los hombres contenían todas las cosas buenas del mundo, incluso paquetes de cartas de mi casa. Estábamos en una provincia china y, sin embargo, mis primeras noticias sobre el levantamiento de los bóxers en China llegaron a través de Estocolmo, con un año de retraso.

Continuamos juntos hacia Abdal, cruzamos el rastro de la caravana de Faizullah y encontramos un caballo muerto, cuya carne sin duda él y sus hombres habían comido cuando se agotaron sus provisiones. Desde Abdal había solo tres días de marcha hasta Charkhlik, nuestro nuevo cuartel general.

Ahora llegaba un período de trabajo y preparación. Alquilamos un caravasar agradable con un jardín donde mi yurta estaba montada bajo moreras y ciruelos. Un ciervo domesticado paseaba por allí, regalo del gobernador, Jan Daloy. Hileras enteras de caballos y mulas se agolpaban en los pesebres del establo; y compré veintiún camellos nuevos para añadir a los dieciocho que teníamos antes. Pero tres de los nuevos eran crías, el más joven tenía solo unos pocos días y apenas podía mantenerse en pie. Se convirtió en el favorito de todos, y cuando murió, en el Tíbet, sus dos camaradas ya se habían ido por entonces.

Compramos provisiones para diez meses: arroz, harina y harina tostada. Las bolsas se colocaron en portacargas ligeros, que eran fáciles de sujetar en las sillas de montar de los camellos. Compramos una provisión adecuada de pieles para los hombres y esteras de fieltro para los camellos.

Revelé muchas placas fotográficas y escribí cartas. La más larga, para mis padres, cubría doscientas dieciséis páginas; escribí también al rey de Suecia, al zar, Nordenskiöld —quien recibió mi carta unos días antes de su muerte—, y lord Curzon, virrey de la India. Todos mis especímenes estaban empaquetados en cajas: los descubrimientos de Loulan, esqueletos, minerales, plantas, etc. Este material viajaba sobre ocho pesados camellos. Los envié a Kasgar al cuidado de Islam Bai y Faizullah. Partieron el 5 de mayo, envueltos en una tormenta de arena aulladora.

Unos días después partió la caravana principal, al mando de Chernov y Turdu Bai. Tenían unos veinticinco hombres. Tras pasar por Abdal, donde comprarían cincuenta ovejas, tomarían el camino más cómodo hasta la orilla occidental del Ayag Kum Kol. Era mi caravana más grande hasta el momento, y se veía bastante imponente a medida que avanzaba desde Charkhlik, con el sonido de las campanas tintineando. Solo una quinta parte de esta caravana llegaría con vida a Ladakh, y ni uno solo de los animales estaría con nosotros cuando finalmente llegásemos a Kasgar.

De Dovlet, un caravanero de Bujará, contratamos setenta mulas que, cargadas con maíz para los animales de nuestra caravana, debían seguir al grupo de Turdu Bai y regresar en dos meses, tiempo en el que se agotaría la mayor parte del maíz. Partió con diez hombres y tomó un atajo hacia las montañas.

Por lo tanto, estuve completamente ocupado durante el período de descanso. Los visitantes llegaban continuamente, entre ellos los vendedores de ganado y provisiones. Un pequeño señor que venía a menudo a verme en mi yurta era el hijo de seis años de Jan Daloy, un niño encantador, educado y de buenas maneras, como requería la etiqueta china. Me obsequió con dulces y a mi caballo de montar con tréboles. Supe con dolor y pesar una noche que había muerto de viruela, el día antes de que su afligido padre regresara de un viaje oficial.

Nuestras grandes caravanas habían partido, y solo Sirkin, Li Loye y Mollah Shah permanecieron conmigo; además de doce caballos en el patio. Ocho perros se habían ido con las caravanas, pero Yoldash se quedó conmigo. Nuestro patio, otrora escenario de vida y tumulto, ahora aparecía vacío y desierto.

Poco después de nuestra llegada a Charkhlik encargué a Shagdur y Cherdon, los dos cosacos buriatos de ascendencia mongola, una importante misión. Debían cabalgar hasta Karashar y comprar un conjunto completo de ropa, pieles, gorros, botas, cajas de embalaje, utensilios de cocina, jarras, etc. Todos productos mongoles genuinos, en cantidades suficientes para cuatro hombres. Estos artículos estaban destinados para mi viaje a Lhasa, que haría disfrazado de mongol. También debían contratar a un lama que hablara tibetano, uno que pudiera interpretar para nosotros. Esperaba que regresasen en un mes. Realizaron su tarea más allá de mis expectativas, y Shagdur devolvió la mitad del dinero como si no hubiera sido necesario. El 14 de mayo llegaron con todo el equipo mongol, y con Shereb Lama, de Urga, de veintisiete años, vestido con la típica túnica roja de lama, con faja amarilla y gorro chino. Nos hicimos amigos al instante y comenzamos de inmediato con lecciones en el idioma mongol, que, después de todos estos meses sin practicarlo, había olvidado. El lama le había descrito a Shagdur las maravillas de Lhasa. Había estudiado en esa ciudad y estaba deseoso de volver.

Shagdur también trajo a nuestro amigo Ordek, quien me rogó que le permitiese acompañarnos al Tíbet. Cherdon se uniría lo más rápido posible a las grandes caravanas que iban por delante.

El 17 de mayo estábamos listos para partir. Un grupo de diez peregrinos mongoles procedentes de Tarbagatai[181] había llegado a Charkhlik el día anterior. Se dirigían a Lhasa y se volvieron desconfiados al enterarse de que nosotros también nos dirigíamos a las altas montañas. Como los peregrinos que nos encontramos el año anterior, estos estaban destinados a dar al traste con mis planes. Justo cuando partía con Sirkin, Shagdur, Mollah Shah, Li Loye, Shereb Lama, un guía, doce caballos y diez mulas que cargaban maíz, los peregrinos estaban allí, siguiéndonos con la mirada.

Cabalgamos a través del valle de Charkhlik Su —un camino hasta ahora no recorrido por mí—, y dejamos atrás el resplandeciente verano del Turquestán oriental; cruzamos un paso difícil y pronto estuvimos de nuevo en la meseta tibetana, donde fuimos recibidos por tímidos asnos salvajes, escarcha y una nevada. En un valle encontramos a dieciocho pastores, a quienes compramos doce ovejas. En ese momento contratamos nuevos guías.

Durante un día de descanso, le confié a Shereb Lama mis planes para llegar a Lhasa. Se sorprendió y declaró que un lama que llevase un europeo a Lhasa sería decapitado. Nunca se habría unido a nosotros si Shagdur le hubiera desvelado mis planes en Karashar. Le advertí que no revelara nada sobre mis planes, que debían mantenerse en secreto. Discutimos el asunto, no solo durante horas sino todo el día, y al final Shereb Lama accedió a ir al Ayag Kum Kol. Desde allí podría regresar a Karashar, si así lo deseaba. Debería informarme de su decisión cuando llegáramos al gran lago salado; y, en cualquier caso, era perfectamente libre de decidir si continuar o no.

El 1 de junio llegamos a la orilla izquierda del Ayag Kum Kol, donde pasamos unos días a la espera de nuestras grandes caravanas, de las que aún no se sabía nada, ya que su ruta era mucho más larga que la nuestra. El 4 de junio, Shereb Lama avistó algo que parecía una enorme caravana, en seis grupos, al pie de la montaña en el noreste. Estaba en lo correcto. Las líneas oscuras se agrandaron lentamente. Primero, los dos cosacos vinieron a informar que todo estaba bien. Entonces los asnos se dirigieron penosamente al campamento, y las campanillas de bronce de los camellos comenzaron a oírse a lo lejos. Después apareció Dovlet de Bujará con sus setenta mulas de maíz. Un asno salvaje se unió a ellos; pero descubrió su error a tiempo, y corrió como una flecha hacia el interior del desierto. Los caballos y las cincuenta ovejas cerraban la marcha. El líder del rebaño, un carnero llamado Vanka, de Kucha, sería el único superviviente del rebaño que entraría conmigo en Kasgar, un año después. Las otras ovejas seguían a Vanka, que mostraba una autoridad y una seguridad inusuales en un carnero.

Nuestro campamento presentaba una vista espléndida, especialmente de noche con las hogueras que ardían en la orilla del lago. Los hombres sobrantes fueron devueltos, pues cuantas menos bocas hubiera, más duraría la comida. Pero quedó un número suficiente para aportar color y variedad a la vida del campamento. Los mahometanos eran mayoría en el grupo. Mezclados con ellos estaban los cosacos buriatos y ortodoxos, y un lama con una túnica roja brillante. Entre los animales, los tres jóvenes camellos y Vanka atraían la mayor atención. El ciervo había muerto y decidimos conservar su esqueleto. En Charkhlik habíamos comprado el hermoso camello grande que nos acompañó en nuestro viaje a lo largo del curso del Keriya Daria en 1896 y que todavía nos acompañaba. Era mi favorito en particular, un auténtico veterano de rango.

Una vez reunidos y tras partir hacia el sur, nuestra caravana parecía un pequeño ejército invasor. Cada hombre tenía su trabajo y los cosacos mantuvieron una excelente disciplina. Los campamentos se armaban de acuerdo con un plan fijo, exactamente como en los días de Jenofonte. Las cargas de los camellos se depositaban en largas filas, y junto a ellas Turdu Bai y sus hombres tenían sus tiendas. Cerca estaba la carpa-cocina donde Cherdon preparaba mis comidas. Sirkin, Shagdur y Shereb Lama compartían una pequeña yurta. Este último, doctor en teología, no tenía otro deber aparte de ser mi maestro; sin embargo, siempre hizo más de lo que le correspondía cada vez que era necesario. Chernov y Cherdon vivían en una pequeña tienda de campaña junto a la mía que, en el extremo de uno de los flancos, estaba vigilada por Yoldash y Yolbars. Shereb Lama finalmente tomó una decisión en el Ayag Kum Kol. Se declaró dispuesto a ir conmigo hasta el fin del mundo.

De nuevo nos acercamos al Arka Tagh, a través por un terreno húmedo y resbaladizo que minaba las fuerzas de los animales. Dos de los camellos estaban exhaustos; y uno, se negó a ir más lejos y se quedó atrás, aún vivo, en un lugar cubierto de hierba. Dovlet de Bujará lo mantendría, en caso de que el animal todavía estuviera vivo cuando los asnos regresaran. Pero el panorama no era muy brillante. Un día se derrumbaron nueve asnos; otro día fueron trece.

Una tarde acampamos a las puertas de un valle cubierto por una gruesa capa de hielo. Cuando se montaron las tiendas, Chernov señaló en dirección al suelo de hielo y dijo:

—Un oso se dirige directamente hacia el campamento.

Atamos a todos los perros. El oso pardo trotaba lentamente por el hielo. Parecía viejo y cansado. Se detuvo a descansar un par de veces, luego caminó hasta el borde del hielo, directo a la muerte. Los cosacos estaban al acecho. Se dispararon tres tiros. El oso se alejó, pasó al galope más allá de las tiendas y subió una pendiente. Dos tiros más y rodó hasta el fondo. También decidimos conservar su esqueleto. Tenía grandes caries en los dientes y debía haber sufrido terriblemente de dolor de muelas. Su estómago contenía una marmota que se había comido, con piel y todo. Después de enrollar la piel en una bola con el cabello adentro, se lo había tragado de golpe.

Los días siguientes fueron terribles. Constantemente enviábamos hombres por adelantado para hacer un reconocimiento. El pasto era miserable. Fuimos azotados por el granizo y la nieve, y las tormentas del oeste nos empujaban a través de las tierras altas. Un camello, por lo demás satisfactorio, tenía la mala costumbre de negarse rotundamente a ascender pendientes empinadas. Lo llamábamos el «odiador de los pasos». Incluso cuando los hombres se unían para empujarlo cuesta arriba, permanecía inamovible. Retrasó toda la caravana y finalmente tuvo que quedarse atrás.

Le dije a Dovlet de Bujará que regresara con los asnos supervivientes. Les permitimos raciones generosas para aligerar las cargas de nuestros animales. Cinco de nuestros camellos se habían retirado cuando llegamos al valle desolado que se eleva hasta un paso del Arka Tagh, a más de 5.180 metros sobre el nivel del mar. En el camino hacia el paso, una tempestad muy violenta estalló sobre nosotros. Primero hubo un granizo martilleante, luego vino una nieve cegadora en torbellinos. No podía ver nada más que el camello más cercano caminando pesadamente delante de mí. Una y otra vez se escuchaba la llamada espantosa: «¡Un camello está exhausto!», y podíamos verlo con su mozo, acechando detrás como un espectro en la nieve arremolinada.

Cabalgué hasta la cima del paso con Shereb Lama. Al cabo de un tiempo, llegó la pesada y lenta caravana arrastrándose. Esperamos a que todos pasaran; pero de los treinta y cuatro camellos, solo treinta llegaron a la cima. El resto estaban agotados, habían muerto o habían sido sacrificados.

UN OSO VIEJO ACERCÁNDOSE LENTAMENTE A NUESTRO CAMPAMENTO

Como resultado de estas bajas, la carga de los animales volvió a ser demasiado pesada. En consecuencia, se les dio todo el maíz que pudieran comer. Los dos jóvenes camellos fueron alimentados con pan blanco. Siempre había alguna enfermedad entre los hombres. Les daba quinina y se recuperaban inmediatamente. El botiquín era muy solicitado en todos los campamentos. No es fácil viajar en el Alto Tíbet; desde luego no es un camino de rosas.

El 26 de junio acampamos en el mismo lugar que habíamos ocupado el año anterior, a la orilla de un lago. La madera carbonizada de nuestro fuego todavía estaba allí. El hielo aún no se había roto, pero al mediodía la temperatura era de 20 °C y una hermosa brisa de verano barría el lago cubierto de hielo.

Ascendimos por un paso, de 5.330 metros de altitud, en una región de arenisca erosionada de color rojo ladrillo. Cuando llegamos a la cima, todos los hombres estaban muertos de cansancio y se tiraron al suelo. Todo era rojo —montañas, lomas, valles— y Shereb Lama, con su túnica roja, armonizaba con el fondo carmesí. En un estanque, Yoldash alcanzó a una hembra de antílope y su cría, y mató a esta última. Le pedí a Sirkin que le disparara a la madre para poner fin a su miseria. Pero se escapó. Yo permitía la caza solo por el bien de la carne. A los cosacos solo les quedaban ciento cuarenta y dos cartuchos; de ahí la necesidad de economizar municiones. Por la tarde, una niebla cubrió las tierras altas. La luna llena arrojaba una luz amarilla sobre las nubes negras.

Atravesamos el valle donde, muy al este, Aldat dormía bajo su montículo. Luego cruzamos un paso alto y, después de eso, durante varios días estuvimos en campo abierto. Todas las noches visitaba la tienda de Sirkin para comprobar las lecturas meteorológicas y probarme el atuendo mongol que Shereb Lama y Shagdur me estaban confeccionando. Shereb Lama dibujó un plano de Lhasa y me mostró la ubicación de varios monasterios. Los jefes de nuestras diferentes caravanas también acudían a esa tienda para recibir órdenes sobre el viaje del día siguiente. Nuestros cansados animales rara vez podían recorrer más de doce millas.

El camello veterano de Keriya Daria estaba exhausto; y lloró, lo cual era señal segura de que la muerte se acercaba. Se puso de pie con las piernas temblorosas cuando le tomé una última foto y lanzó una mirada filosóficamente indiferente sobre la tierra que pronto reclamaría su vida.

El 8 de julio solo veintisiete camellos pudieron llegar al campamento. Elegí once de los más débiles y también seis caballos. Debían ser conducidos a nuestra retaguardia, lenta y cautelosamente, a cargo de Chernov y cinco mahometanos. Con el resto de la caravana continué hacia el sur. Los puerros silvestres crecían aquí en abundancia, para satisfacción de todos, en particular de los camellos. La temporada de lluvias había comenzado. Caía a cántaros; y el chorrear de los animales, las cargas y las tiendas lo hacía todo más pesado, a la vez que ablandaba el suelo, como un pantano. En un campamento donde el agua era salada, Shagdur se llevó una jarra en busca de agua y fue atacado por un lobo. Arrojó la jarra a la bestia y volvió al campamento, muy alterado, a buscar su rifle. Pero el lobo escapó.

Sorprendimos a un hermoso yak viejo en una amplia cañada. Los perros lo atacaron. Levantó la cola en el aire, plantó los cuernos en el suelo y se dirigió a sus agresores, ahora a uno, después a otro. Prohibí a los cosacos que le dispararan. Pero entonces Turdu Bai anunció la sentencia de muerte. Él necesitaba la carne y no podíamos sacrificar las últimas seis ovejas. En otra ocasión, Yoldash atacó a una liebre, que se refugió en su agujero, pero no lo suficientemente profundo como para evitar que Shagdur sacara a la pobre criatura con la mano.

—¡Sujeta a Yoldash y a la liebre! —grité.

La liebre salió corriendo como una flecha, pero apenas había recorrido cien metros cuando un halcón se abalanzó sobre ella. Nos apresuramos en su ayuda, pero llegamos demasiado tarde. El halcón ya le había arrancado los ojos y yacía con convulsiones que anunciaban una muerte segura.

En nuestro campamento del 16 de julio, junto a un arroyo, un lobo gris amarillento pagó con su vida su osadía. Un oso también llegó chapoteando por el arroyo y fue perseguido por los cosacos. Regresaron en una hora. El oso había escapado, pero ellos mismos habían cabalgado directamente hacia un campamento tibetano. Allí había tres cazadores de yaks, con caballos y rifles. Los cosacos volvieron a buscar a Shereb Lama, el único de nosotros que podía hablar tibetano. Lo envié a él y a Shagdur al lugar. Pero los tibetanos se habían ido. El rumor de nuestra aproximación pasaría ahora de boca en boca hasta llegar a Lhasa, que todavía estaba a trescientas treinta millas de viaje. Los nómadas y cazadores sabían que les esperaba una recompensa a quien advertía a las autoridades tibetanas que viajeros europeos se habían adentrado en el país. Abandonamos toda idea de perseguir a los tres hombres. No habríamos ganado nada con ello, además nuestros animales estaban demasiado agotados. Shereb Lama, al darse cuenta de que ahora era muy probable que lo descubrieran, se puso ansioso.

Al día siguiente dejamos atrás un camello exhausto en un campo donde el pasto era bueno. En una lata vacía, atada a un poste de la tienda, puse una orden escrita para buscar el camello, si no lo veían. Pero dio la casualidad de que Chernov y la retaguardia dieron un rodeo en este lugar y no vieron ni el camello ni la lata. Por lo tanto, permanecimos ignorantes del destino final del animal abandonado.

El 20 de julio cruzamos una inmensa cordillera nevada, donde trescientos yaks vagaban por el borde de un glaciar. Estaban todos esparcidos por el terreno. En el otro lado, en un valle, había siete yaks que los perros derrotaron. Todos huyeron menos uno, por lo que los perros concentraron su ataque en él. Caminó bastante imperturbable y se plantó en el arroyo del valle, el agua corría a su alrededor, con los perros desconcertados en la orilla, ladrando.

Una perdiz yacía inmóvil en un campo, escasamente cubierto de hierba, donde pretendíamos acampar. Uno de los cosacos le disparó. Se puso en pie, pero cayó muerta, mientras los tres pollitos que había mantenido calientes corrían ilesos, en busca de su madre. La destrucción de tal felicidad filial fue para mí como un asesinato. Esta acción me dolió durante mucho tiempo. De buen grado habría entregado mi cena de perdiz, si hubiera podido conceder la vida a la desdichada familia. Traté de consolarme al pensar que yo no había cazado la perdiz.

¡Lluvia torrencial, terreno pantanoso y arenas movedizas! ¡Qué detestable era todo! Nuevamente tuvimos que sortear una cordillera embarrada. Detrás iban dos camellos cansados. Uno de ellos llegó a nuestro campamento. El otro se hundió tanto en el lodo en la parte superior del paso, que todos los esfuerzos por liberarlo fracasaron. Algunos de los hombres se quedaron con él toda la noche, con la esperanza de que el rescate pudiera ser más factible cuando el suelo se hubiera congelado. Pero durante la noche se hundió más y más, y cuando llegó la mañana estaba muerto. Las arenas movedizas son la mayor dificultad que uno debe superar en el norte del Tíbet. Pero esta fue la única vez que uno de mis camellos literalmente se hundió en el lodo. Es un camino duro el que transcurre por el norte del Tíbet, una auténtica *vía dolorosa*.

Durante nuestra marcha del 24 de julio divisamos, en un valle distante, mejores pastos que los que habíamos visto en muchos días. Dirigimos nuestros pasos hacia este lugar y acampamos. Fue la última ocasión en mucho tiempo en que tuve la compañía de la caravana.

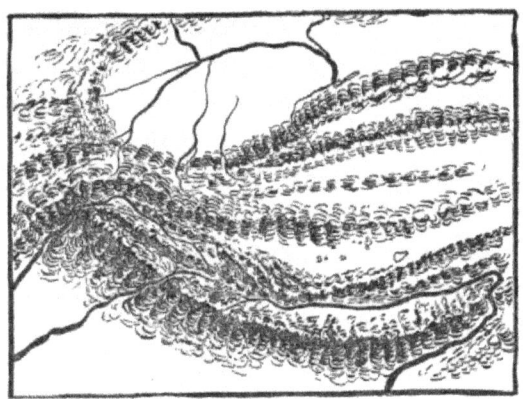
REPRESENTACIÓN PLÁSTICA DEL SISTEMA MONTAÑOSO DEL TÍBET

CAPÍTULO XLIII

HACIA LHASA, DISFRAZADO DE PEREGRINO

Nuestro nuevo cuartel general, a 5.120 metros de altitud, fue designado como número 44. Desde allí debíamos comenzar nuestro arriesgado viaje hacia Lhasa. Tenía la intención de descansar una semana por el bien de los animales; pero como Sirkin había visto huellas recientes de un hombre que montaba a caballo no muy lejos, decidí levantar el campamento de inmediato. ¿Ya estábamos siendo observados? También decidí que solo me acompañaran Shereb Lama y Shagdur. Esto fue difícil de encajar para Cherdon, quien también era de fe lamaísta; pero nuestro cuartel general necesitaba todas las defensas posibles en caso de que los tibetanos usaran sus fuerzas armadas contra nosotros.

Nos convertimos en tres peregrinos buriatos, con destino a Lhasa. Nuestra caravana debía ser lo más ligera y móvil posible, con solo cinco mulas y cuatro caballos, todos recién herrados para el viaje. Arroz, harina, harina tostada, carne seca y ladrillos de té chino constituían nuestras provisiones. Mi capa de Mongolia, de color rojo como la sangre de buey, tenía bolsillos secretos para mi aneroide, brújula, reloj, libreta y un libro donde había dibujado un mapa de la ruta. En mi bota izquierda había un bolsillo para el termómetro. También llevé utensilios de afeitar, una linterna, algunas velas, fósforos, un hacha, ollas y sartenes de Mongolia y diez *yambas* de plata. Dos estuches de cuero mongoles contenían la mayoría de estos enseres. Llevaba un gorro chino con orejeras; alrededor de mi cuello había un rosario con ciento ocho cuentas, y una caja de cobre que contenía una imagen de buda. Una daga, palillos chinos, un eslabón para encender fuego, etc., colgaban de mi cinturón. También teníamos pieles y mantas de fabricación mongola, pero no camas. La más pequeña de nuestras tiendas era para cobijarnos.

Durante la última noche antes de partir me dirigí a mis hombres. Sirkin fue nombrado comandante del cuartel general y recibió las llaves de las cajas que contenían el dinero. Si no volvíamos en dos meses y medio, él regresaría a Charkhlik y Kasgar con toda la caravana. Veinte cuervos volaban en círculos alrededor de nuestras tiendas. Llegó la noche y nos acostamos.

Al amanecer del 27 de julio, Shagdur me despertó. Nunca olvidaré ese día. ¡De camino a Lhasa! Lo lográramos o no, la experiencia sería algo extraordinario. Si tuviera éxito, veríamos la ciudad santa, que los europeos no habían visitado desde que Huc y Gabet, dos abades franceses, hubieran pasado allí dos meses en 1847, o cincuenta y cuatro años antes. Y si fallábamos, estaríamos completamente a merced de los tibetanos, nos convertiríamos en sus prisioneros, sin tener ni idea sobre cómo podría terminar ese cautiverio. Sin embargo, cuando Shagdur me despertó, me levanté con el entusiasmo que me provocaba la gran aventura; y en menos de un cuarto de hora me convertí en un completo mongol, de pies a cabeza.

En el último momento se decidió que Ordek nos acompañara durante un día o dos, para cuidar a nuestros animales en el campamento, y así permitirnos un buen sueño antes de que comenzaran nuestras vigilias nocturnas. Monté mi caballo blanco; Shagdur, el suyo amarillo; Shereb Lama, la mula más pequeña; y Ordek, uno de los otros caballos. Malenki y Yolbars vendrían. Yolbars había sido lacerado recientemente por un jabalí; era el más grande y el más salvaje de nuestros perros.

Cuando todo estuvo listo y ya habíamos montado, le pregunté a Shereb Lama si prefería quedarse en el cuartel general.

—¡No, nunca! —fue su respuesta.

Nos despedimos. Los que dejamos atrás pensaron que nunca nos volverían a ver. Sirkin se giró y lloró. Fue un momento solemne, pero seguro en la protección del Eterno, mi calma no se desvaneció.

Bajamos por el valle a gran velocidad. Los cazadores habían acampado recientemente en la orilla de su arroyo. Allí yacía el esqueleto de un yak. Un oso había rebuscado comida. Cabalgamos hacia el sureste. En un manantial abierto establecimos nuestro campamento. Los animales fueron sueltos para que pastasen y Ordek los cuidó. Dimos nuestra bendición a la luna que iluminaba el desierto silencioso, aunque nos fuimos temprano a dormir en la tienda estrecha.

El segundo día cabalgamos veinticuatro millas, por terreno bastante llano, hasta dos pequeños lagos; uno de ellos salado, el otro de agua dulce. La tienda estaba montada en la estrecha franja de tierra entre los lagos. Fue una velada encantadora.

Sentado al aire libre frente al fuego, fui disfrazado por Shagdur y Shereb Lama. El primero me afeitó la cabeza y el bigote, hasta dejarme tan suave como una bola de billar; este último me frotó una mezcla de grasa, hollín y pigmento marrón. Casi me asusté al verme reflejado en la pulida caja de mi reloj, mi único espejo. Estábamos muy animados, riendo y charlando como colegiales.

Comimos y tomamos té junto al fuego, y nos fuimos a descansar temprano. Los animales pastaban en la orilla a doscientos pasos de distancia: Ordek los vigilaba. Por la tarde se desató una tormenta. A medianoche, Ordek metió la cabeza dentro de la tienda y dijo:

—Hay un hombre fuera.

Salimos corriendo con los dos rifles y el revólver que constituían nuestro arsenal. La tempestad aullaba. La luna esparcía una luz pálida entre las oscuras nubes voladoras. En una pequeña colina al suroeste vimos a dos jinetes al galope, azuzando a dos caballos sueltos delante de ellos. Shagdur les dirigió algunos tiros, pero desaparecieron en la oscuridad.

ATACADOS POR LADRONES, QUE ROBARON DOS DE
NUESTROS MEJORES CABALLOS

¿Qué debíamos hacer ahora? Primero contamos nuestros animales. Había siete de ellos. Faltaban mi caballo blanco y el amarillo de Shagdur. Era evidente por las huellas que uno de los ladrones había robado a los caballos más alejados y los había asustado hasta la orilla, donde dos tibetanos montados se los habían llevado con ellos. Nos habían estado acechando como lobos, y la tormenta los ayudó. Estaba furioso por este ataque furtivo, y mi primer impulso fue intentar perseguirlos día y noche. Pero, ¿podríamos dejar atrás nuestro campamento y el resto de los animales? Tal vez estábamos rodeados por toda una banda de ladrones. Encendimos una hoguera y nuestras pipas, y nos sentamos a conversar hasta el amanecer. La paz se había ido. Nuestras manos estaban sobre nuestras dagas. El alba encontró a Ordek llorando. Debía regresar solo al cuartel general. En una hoja arrancada de mi cuaderno escribí instrucciones a Sirkin para reforzar la guardia.

Después supimos que Ordek había llegado medio muerto al cuartel general. Se había colado como un gato en hondonadas y cauces de ríos, tomando cada sombra por un ladrón, y dos dóciles asnos salvajes por jinetes hostiles. Al llegar finalmente al campamento, estuvo a punto de recibir un disparo del guardia. Cuando los demás se enteraron de que habíamos sido atacados por ladrones, después de solo dos días de viaje, sus temores crecieron y se convencieron de que nunca volveríamos con vida.

Continuamos hacia el sureste; y el solitario Ordek, después de ayudarnos a cargar las bestias, desapareció. Nos encontramos con una gran manada de yaks en una llanura. ¿Estaban domesticados? No, se dieron a la fuga. Armamos nuestra tienda en terreno abierto y recogí excrementos de yak para el fuego. A partir de ese momento no se habló ni una palabra de ruso, solo mongol. Shagdur recibió la orden de actuar como nuestro líder. Yo sería su sirviente, y él debía tratarme como tal en presencia de los tibetanos.

Dormí hasta las ocho de la noche. Entonces llegaron Shagdur y Shereb Lama para conducir a nuestros siete animales hasta la tienda. Estaban de un humor serio porque habían visto a tres jinetes tibetanos que estaban al acecho. Los animales fueron atados inmediatamente al abrigo de la tienda, cuya entrada estaba abierta. Yolbars estaba atado más allá de los animales y Malenki a barlovento de la tienda. La noche se dividió en tres vigilias. La mía sería la primera, de nueve a doce; la segunda de Shagdur, de doce a tres; y para Shereb Lama fue la última, hasta las seis.

Así mis dos camaradas se fueron a dormir mientras yo montaba guardia.

Caminaba de Yolbars a Malenki y daba media vuelta, alternando entre jugar con ellos y acariciar a los exhaustos caballos y mulas. A las nueve y media estalló una tormenta infernal: nubes negras como el carbón, relámpagos y truenos, y una lluvia torrencial y martilleante. Me refugié en la entrada de la tienda. La lluvia azotaba la lona y se colaba una fina llovizna por esta. Encendí mi pipa y la vela de la linterna y saqué mi libreta. Pero cada diez minutos patrullaba el espacio entre los perros. La lluvia salpicaba sorda y monótonamente.

El agua corría a chorros desde las crines y colas de los animales, y desde las albardas. Salía de mi abrigo de piel. La gorra china se pegó a mi cabeza calva como si fuera pegamento.

Escuché un sonido lastimero en la distancia y salí corriendo. «Oh», pensé, «debe de ser solo Yolbars, expresando enojo por la lluvia». Sentía mis párpados pesados. Un rayo me despertó. Los perros gruñeron y volví a salir. Se oyó un chasquido y silbidos cuando pisé en el barro. Las horas parecían interminables. ¿Nunca llegaría mi turno a su fin? Pero por fin llegó la medianoche. Estaba a punto de despertar a Shagdur, cuando los dos perros comenzaron a ladrar furiosamente. Shereb Lama se despertó y salió corriendo. Tomamos nuestras armas, y los tres nos alejamos a sotavento. Se oían pisadas de caballos. Había jinetes cerca y nos apresuramos en su dirección. Pero luego desaparecieron, y de nuevo todo quedó en silencio. La

CABALGANDO A TRAVÉS DE LA INCESANTE LLUVIA

lluvia golpeaba el suelo. Me acosté en mi ropa mojada. Durante un rato escuché los chapoteos de los pasos de Shagdur en la humedad; pero luego me quedé profundamente dormido.

Levantamos el campamento al amanecer, cruzamos una cresta del paso, entramos en un camino trillado, vimos muchos lugares antiguos para acampar, pero no había gente, y nos detuvimos nuevamente en una franja de tierra entre dos pequeños lagos. Tan pronto como armamos el campamento, dos de nosotros nos fuimos a dormir. Atamos a los animales como la noche anterior y comencé mi guardia. La lluvia despiadada cayó durante toda la noche. Una mula se soltó y trotó hacia el pasto. La seguí. Al menos ella me mantuvo despierto. Después de muchos intentos vanos, logré agarrar su cabestro y amarrarla.

El 31 de julio partimos bajo una lluvia torrencial, que hacía relucir a nuestros animales y a nosotros mismos. Caían chuzos de punta. El camino se hizo más ancho. Sin duda conducía a Lhasa. Seguimos el rastro de una gran caravana de yaks a través de cinco pequeños pasos. La caravana de yaks estaba acampada al costado del camino. Shereb Lama se acercó a ellos. Los viajeros eran tangut de Kumbum camino a Lhasa. Interrogaron a Shereb Lama sobre nosotros y nuestro propósito. Mientras tanto, nuestros perros y los suyos comenzaron a pelear. Sentí pena por los perros que se pelearon con Yolbars.

Un poco más adelante acampamos en una cañada, bastante cerca de una tienda tibetana, donde vivían un joven y dos mujeres. El dueño llegó pronto a casa. Lo invitamos a nuestra tienda y nos dio un puñado de excrementos de yak y un recipiente de madera con leche. Su nombre era Sampo Singi, y el lugar era Gom Jima. Sampo Singi estaba negro como el tizne de la suciedad, tenía la cabeza descubierta, el pelo largo, no llevaba pantalones, pero se sentó, justo en la humedad, fuera de la tienda. Aspiró rapé que le ofreció Shereb Lama y, después de estornudar unas cien veces, preguntó si era habitual que nuestro rapé tuviera pimienta. Pensó que era loable por nuestra parte, que pese a ser de tan lejos, hubiéramos decidido peregrinar a Lhasa. Aún estábamos a ocho días de camino.

De repente, Shagdur me rugió para que hiciera entrar a nuestros animales y yo obedecí de inmediato. El sol se puso y la luna se asomó en el cielo. Pero durante la noche volvió a llover. Me sentí seguro en la vecindad de los nómadas.

A la mañana siguiente, Sampo Singi y una de las mujeres nos trajeron grasa de oveja, leche agria y también dulce, queso en polvo, nata, y una oveja. No aceptaba dinero, pero teníamos una pieza de seda china azul que casi enloqueció a la mujer. El hombre estranguló a la oveja; le enrolló una correa alrededor de la nariz y le metió el pulgar y el índice en las fosas nasales.

Luego la sacrificó. Le permitimos retener la piel. Entonces nos despedimos de los amables nómadas, nos montamos en nuestras sillas y seguimos adelante.

En ese mismo momento la lluvia comenzó de nuevo. Caía del cielo a cántaros, y era como cabalgar a través de densos cúmulos de cristal. Una gran masa de agua se veía tenuemente a través de la niebla. Al principio creíamos que era un lago; pero al llegar a la orilla encontramos un río gigantesco, cuyas masas de agua fangosa, espesa, de color gris amarillento, rodaban hacia el suroeste con un rugido hueco y siniestro. Supe de inmediato que era el Sachu Tsangpo[182], que Bonvalot y Rockhill habían cruzado una vez. La orilla opuesta (izquierda) no era visible en absoluto. El camino a Lhasa nos había llevado hasta la orilla derecha. Pero, ¿dónde estaba el vado? Antes de que uno pudiera decir «amén», Shereb Lama se abrió camino hacia el río, conduciendo las mulas de carga. Shagdur y yo lo seguimos.

Nos detuvimos durante un minuto sobre un banco de arena en medio del río, donde el agua era de unos treinta centímetros de profundidad. Desde allí no se veía ni el margen derecho ni el izquierdo. El agua bajaba en gran volumen, agitada y retumbante. Debido a la lluvia constante, el río crecía rápidamente. Si nos quedábamos demasiado tiempo, nos arriesgábamos a quedar cortados en ambas direcciones. Shereb Lama continuó. Empezó a verse mal cuando el agua subió por encima de la raíz de la cola de su pequeña mula. Y entonces una de las mulas de carga resbaló. Las dos cajas mongolas atadas a su lomo actuaban como flotadores de corcho y la mantenían a flote. La rápida corriente arrastró a la mula a una velocidad vertiginosa. Pensé que estaba perdida. Solo su cabeza y los bordes de las cajas eran visibles sobre el agua. Nadó, sin embargo, y después de un tiempo volvió a tocar tierra. Vi a lo lejos como se enderezó y trepó por la orilla izquierda, sana y salva.

El lama cabalgaba solo. El agua se hacía más y más profunda. Lo llamamos a todo pulmón; pero él continuó, audaz y sin miedo. La lluvia golpeaba al río; todo era agua. Yo cabalgaba el último y mi caballo se quedó atrás. Vi a los otros dos y a los animales de carga elevarse sobre la superficie del agua. Eché un vistazo a la orilla izquierda. Se las arreglaron para hacerlo de manera segura. Clavé mis talones en mi caballo. Desgraciadamente, estábamos pasando un poco más abajo del vado y nos hundíamos cada vez más. Me sentí mareado cuando el agua llenó mis botas. En ese punto se había elevado por encima de mis rodillas y la silla de montar. Me aflojé el cinturón y me quité el abrigo de piel. El lama y Shagdur gritaron y señalaron; pero con el estruendo del agua no los oí.

Ahora me llegaba a la cintura y de mi caballo no veía más que su cabeza y cuello. Me preparé para tirarme de la silla y soltar el caballo. Pero en ese mismo momento mi montura empezó a nadar. Involuntariamente, agarré su melena. Fue arrastrado por la corriente y casi se asfixia. Pero tocó fondo de golpe, se puso de pie y se lanzó a la orilla. Nunca experimenté un vadeo de ríos en Asia peor que aquel. Fue un auténtico milagro que nadie se hubiese ahogado. Ni Shagdur ni Shereb Lama sabían nadar.

Nuestra pequeña caravana parecía tragicómica bajo la lluvia torrencial. El lama, que siempre guiaba el camino, continuaba como si el río no existiera. Me quité las botas para vaciar el agua y las colgué detrás de mi silla. Llovía mucho y todo estaba empapado. El agua salía a raudales de las dos cajas.

CRUZANDO UN RÍO GRANDE EN MEDIO DE UN DILUVIO

Por fin, nuestro honorable monje se detuvo en un campo, donde había excrementos de yak. Al raspar la capa más húmeda, logramos, después de muchos intentos, encender las bostas. Y cuando el fuego comenzó a arder adecuadamente, a pesar de la lluvia que chisporroteaba en las llamas, me desnudé poco a poco y escurrí el agua de mis ropas mongolas. Si hubiera pasado algún tibetano, se habría quedado estupefacto al ver mi cuerpo blanco.

Llegó la noche con su manto de oscuridad, su lluvia resonante y sus sonidos misteriosos. Escuché pasos, pisadas de caballos, voces humanas, gritos y disparos de fusil. Desperté a Shagdur a las doce en punto, me metí en la tienda y me acosté con mi ropa todavía mojada. Estaba tan cansado que casi deseaba ser capturado y descansar por completo.

El 2 de agosto no llovió. Entramos en regiones pobladas. Pasamos junto a dos tiendas nómadas, donde había ovejas y yaks, y una caravana de trescientos yaks cargados de ladrillos de té para el famoso monasterio Tashilhunpo. Los caravaneros encendieron sus fogatas cerca del borde de la carretera y, cuando pasamos, los hombres se nos acercaron y nos hicieron muchas preguntas.

Un anciano me señaló y dijo:

—*Peling* (europeo).

La región se llamaba Amdo Mochu.

Nos dirigimos a un manantial y a una explanada, donde extendimos nuestra ropa en el suelo bajo el sol de la tarde. Pero luego vino una tormenta de granizo y un aguacero, y guardamos todo en la tienda. El trueno retumbaba con un sonido resonante que recordaba extrañamente a las campanas de las iglesias.

A la mañana siguiente disfruté de un descanso completo. Fui despertado a las nueve en punto por mis otros dos compañeros, quienes me aconsejaron que echara un vistazo a la caravana del té. Fue muy divertido. Los hombres iban todos a pie, con los rifles al hombro. Parecían ladrones, todos negros, tanto hombres como yaks. Silbaban, gritaban y cantaban.

LA GRAN CARAVANA DEL TÉ. TODO SE VEÍA NEGRO, LOS HOMBRES, LOS YAKS Y LOS FUSILES

Nos quedamos allí todo el día para secarnos. Llené mis botas con arena tibia y seca para quitarles la humedad. Mientras los animales pastaban, nos turnábamos para dormir. La noche era clara, la luna estaba alta y las estrellas brillaban.

El 4 de agosto alcanzamos la carretera principal a Lhasa. Constantemente pasábamos frente a las tiendas y los rebaños de los nómadas, nos encontrábamos con grandes caravanas y adelantábamos a otros. Y ahora también vimos montones de piedras *mani* sagradas. Nos detuvimos para pasar la noche y un joven tibetano vino a vernos.

El 5 de agosto cabalgamos veinte millas y media, rozando el Tso Nek[183] (el «Lago Negro»), donde abundaban las tiendas y los rebaños, hasta que por fin llegamos a una llanura donde había doce tiendas. Allí establecimos nuestro campamento número 53, tras haber recorrido ciento sesenta y dos millas desde que dejamos el cuartel general.

CAPÍTULO XLIV

PRISIONERO DE LOS TIBETANOS

AL anochecer, tres tibetanos vinieron caminando hacia nuestra tienda. Shereb Lama y Shagdur salieron a su encuentro. Conversaron un rato largo y se hizo muy oscuro cuando regresaron mis dos camaradas. Uno de los tibetanos les había dicho, en tono magistral, que tres días antes había llegado un mensajero de un cazador de yaks del norte, quien informó haber visto una enorme caravana que se dirigía a Lhasa.

—¿Estás asociado con ellos? —le preguntaron a Shereb Lama—. Di la verdad. Recuerda que eres un lama.

Las rodillas de Shereb Lama temblaron y expuso los hechos sin mencionar mi presencia. Pero Shagdur me aseguró que el magistrado tibetano había usado varias veces la expresión «*shved peling*» o «sueco europeo». Los peregrinos de Temirlik o Charkhlik probablemente habían averiguado mi nacionalidad a través de sus preguntas, aunque ninguno de ellos tenía el más mínimo conocimiento sobre Suecia. Solo tenían ideas muy vagas sobre China, la India británica y Rusia. Shagdur pensó que Shereb Lama nos había traicionado, pero yo no podía compartir sus sospechas. Y aunque fuera cierto, a día de hoy todo está olvidado y perdonado.

El tibetano había declarado finalmente:

—Mañana os quedaréis aquí.

Nos quedamos sentados durante mucho tiempo, reflexionando sobre nuestras perspectivas. Durante toda la noche, las hogueras rodearon nuestras tiendas a poca distancia.

Poco después del amanecer, otros tres tibetanos llegaron a nuestra tienda. Yo siempre usaba anteojos mongoles de color azul. Los recién llegados pidieron ver mis ojos y se sorprendieron mucho al encontrarlos tan oscuros como los suyos. Su deseo de ver nuestras armas fue concedido con placer. Después de esa lección, regresaron a sus caballos.

Un rato después nos visitaron un anciano lama de pelo blanco y otros tres hombres. El primero formuló una serie de preguntas sobre nuestro cuartel general y nos informó que se habían enviado mensajeros a Kamba Bombo, el gobernador de Nakchu[184]. Seríamos sus prisioneros hasta que llegaran sus instrucciones.

El siguiente número en el programa del día no fue tranquilizador. Cincuenta y tres jinetes, con capas rojas, negras y grises, tocados con altos sombreros blancos o pañuelos rojos alrededor de la cabeza, y armados con lanzas, jabalinas, espadas y mosquetes, adornados con gallardetes; se reunieron en un asentamiento de tiendas de campaña a unos cientos metros de distancia. Desmontaron, celebraron una consulta junto a una hoguera, justo bajo la lluvia, y luego saltaron sobre sus sillas de montar. Siete de ellos cabalgaron hacia el este por el camino a Nakchu, dos fueron hacia el sur por el camino principal a Lhasa. El resto partió al galope, directamente hacia nuestra tienda, emitiendo salvajes gritos de guerra y blandiendo sus espadas y mosquetes sobre sus cabezas. Shereb Lama pensó que nuestras horas estaban contadas.

Tomamos nuestra posición frente a la carpa, con los dedos en el gatillo. Como una avalancha, los tibetanos se precipitaron hacia adelante. Los cascos de los caballos resonaban en la humedad. Se acercaron tanto que los caballos más cercanos nos salpicaron de barro, y después se dividieron en dos pelotones y giraron en dos amplias curvas hasta su punto de partida.

Después de repetir esta maniobra bélica dos veces, desmontaron y dispararon a un blanco. Evidentemente, tenían la intención de infundirnos miedo. Finalmente cabalgaron hacia el noroeste y me pregunté si se atreverían a atacar nuestro cuartel general.

Durante todo el día llegaron nuevos visitantes. Nos traían pequeños obsequios de grasa, leche o leche agria, y ninguno de ellos aceptaba pago. Mientras caía un chaparrón, teníamos a cuatro compañeros en nuestra tienda, donde nos sentábamos apretados como sardinas en lata. En el momento en que un pequeño chorro de agua de lluvia entró en nuestro refugio, los envié a cavar una zanja alrededor de la tienda. Por la noche contamos treinta y siete hogueras a nuestro alrededor, que brillaban débilmente a través de la lluvia.

Al día siguiente llegaron nuevos espías. Uno de ellos nos obsequió con una brazada de excrementos de yak y un fuelle, y nos dijo que Lhasa estaba a cinco días de viaje, pero que el cartero a caballo había hecho el viaje en un día. El distrito donde estábamos se llamaba Yallok. Se habían llevado a nuestros siete animales de carga, probablemente para evitar nuestra huida.

Vimos jinetes en todas direcciones, cabalgando solos o en escuadras. A veces, el lugar se poblaba de hombres armados a caballo. Parecía una movilización. Éramos solo tres contra esta fuerza superior. Estábamos presos, en medio de una gran aventura.

En la mañana del 8 de agosto se acercaron cinco hombres y nos presentaron una oveja. Había llegado un mensaje diciendo que Kamba Bombo, «el Todopoderoso», estaba en camino para vernos. Shereb Lama temía que el gobernador lo reconociera. A modo de castigo por una negligencia, un lama había sido

LOS TIBETANOS CARGARON DIRECTAMENTE SOBRE NOSOTROS

sentenciado una vez a recorrer toda la distancia de Urga a Lhasa en una posición postrada, es decir, tenía que completar el camino arrastrando su cuerpo. Le había llevado seis años. Shereb Lama creía que sufriría un castigo similar. No podíamos dar cincuenta pasos desde la tienda sin que salieran espías a vigilarnos. Ben Nursu parecía ser una especie de jefe de espías. Su tienda estaba cerca de la nuestra. Se sentaba con nosotros durante horas y también compartíamos comida.

Era por la tarde cuando estábamos sentados con siete tibetanos alrededor de nuestra fogata al aire libre, y una tropa de jinetes galopó directamente hacia nosotros desde el este. Era el intérprete de Kamba Bombo, que hablaba un mongol más pobre que yo, pero por lo demás era un tipo decente. Nos interrogó minuciosamente y estaba más interesado en nuestro cuartel general. Aparentemente tenían falsas ilusiones de una invasión rusa, con miles de cosacos. El intérprete nos dijo que el dalái lama recibía informes diarios sobre nosotros. Le pregunté con dureza cómo se atrevían a detener a pacíficos peregrinos de las provincias buriatas del zar ruso.

—Tus súbditos roban nuestros caballos durante la noche; pero a nosotros, que no os hacemos daño, nos tratáis como ladrones.

El intérprete parecía pensativo, pero respondió que el camino a Lhasa estaba cerrado para todos los que no tuvieran pasaporte en regla.

En la mañana del día nueve, la escena se animó. Toda la llanura bullía con jinetes y animales de carga, y no muy lejos crecía una nueva aldea de tiendas de campaña. Tanto alboroto por nuestra culpa, ¡tres pobres peregrinos! Una carpa grande era blanca, con banderines azules. No podía ser la residencia de otro salvo un jefe.

Acompañado por un pelotón de jinetes, el intérprete vino a nuestra tienda y anunció que Kamba Bombo había llegado y me esperaba para un banquete. Todo estaba preparado. Cada uno de nosotros debía recibir un *haddik*[185], un largo trozo de gasa blanca y delgada, que simbolizaba la bienvenida. Había viandas, incluida una oveja entera.

Respondí con rigidez:

—La gente de buenos modales primero hace una visita antes de invitar huéspedes a una fiesta. Si Kamba Bombo quiere algo de nosotros, que venga aquí. No tenemos nada que ocultarle. Todo lo que deseamos saber es si el camino a Lhasa está abierto para nosotros o no. Si no, Kamba Bombo tendrá que asumir las consecuencias por sí mismo.

El intérprete se puso desesperado. Durante dos horas estuvo sentado, rogándonos e implorándonos que fuéramos al banquete.

—Me despedirán si no vienes —suplicó.

Incluso cuando estaba en su silla de montar, continuó con sus intentos de persuasión. Finalmente se alejó.

Habían pasado otras dos horas cuando una fila de sesenta y siete jinetes llegó galopando a toda velocidad desde la nueva aldea de tiendas. Presentaban un cuadro espléndido con su atuendo azul profundo y rojo oscuro, sus espadas en vainas adornadas con plata, coral y turquesas, sus estuches con una imagen de Buda, sus rosarios y los atavíos de plata tintineantes en sus costados. Kamba Bombo cabalgaba en el centro sobre una mula blanca como la leche. Era un hombre pequeño, pálido, de unos cuarenta años, con ojos que parpadeaban con picardía; y vestía una capa roja y un *bashlik* rojo sobre una túnica de seda amarilla con mangas de mofeta, botas de terciopelo verde y un gorro chino azul.

Desmontó frente a mi tienda. Su sirviente extendió una alfombra en el suelo y colocó cojines sobre ella. Aquí se desmontaron él y otro alto funcionario, Nanso Lama, un monje.

Invité a los dos caballeros a mi tienda, donde cada uno encontró un asiento en una bolsa de harina.

Kamba Bombo fue cortés y amable, a pesar de que habíamos tratado de engañarlo, habíamos respondido descortésmente a su invitación a un banquete y estábamos a su merced. Se reanudaron los interrogatorios, el secretario del gobernador anotó todas mis respuestas. Sobre mi petición de continuar hacia la ciudad santa, y luego regresar al cuartel general, Kamba

Bombo respondió con un significativo gesto de su mano hacia su cuello.

—No, ni un paso más hacia Lhasa. Eso les costaría la cabeza, y la mía también. Cumplo con mi deber. Recibo órdenes del dalái lama todos los días.

Era inamovible, inexorable. No perdía el control de sí mismo ni por un momento. Era a la vez digno y jovial. Cuando hablamos sobre los dos caballos que habían sido robados, se rio y dijo:

—Yo te ofreceré otros dos. Cuando regreses a tu cuartel general, serás escoltado hasta la frontera de mi provincia, tendrás provisiones, ovejas y todo lo que necesites. No tienes más que dar tus órdenes. Pero ni un paso más hacia el sur.

KAMBA BOMBO, ACOMPAÑADO POR SESENTA Y SIETE JINETES

En aquellos días era imposible para un europeo viajar a Lhasa. Przhevalski, Bonvalot, De Rhins, Rockhill, Littledale... todos se habían encontrado con la misma resistencia insuperable. Dos años después, lord Curzon envió su ejército indo-británico a Lhasa[186]. Abrió por la fuerza el camino del sur a la ciudad santa y cuatro mil tibetanos fueron asesinados. Eso se llama hacer la guerra. Y los tibetanos solo habían pedido que los dejaran en paz. Cuando los tibetanos, bajo el mando de Kamba Bombo, frustraron mi entrada a Lhasa, ellos también usaron medios perentorios pero sin violencia, e hicieron efectiva su voluntad sin mancharse las manos de sangre. Más bien al contrario, me trataron con la mayor consideración. En cuanto a mí, tuve la satisfacción de ir al límite de la aventura sin capitular hasta que la oposición se mostró absolutamente invencible. Al final, Kamba Bombo cabalgó de regreso a su tienda. Le dije que mi propósito era partir hacia el cuartel general al día siguiente.

Temprano en la mañana monté mi caballo y, para consternación de Shagdur y Shereb Lama, cabalgué completamente solo hasta la tienda de Kamba Bombo. Pero apenas había llegado a la mitad del camino, cuando veinte jinetes me rodearon y me pidieron que desmontara. Después de esperar un poco, apareció Kamba Bombo con su escolta. Se extendieron alfombras y cojines y nos dispusimos a conversar en terreno neutral. Le pregunté en broma qué pasaría si él y yo cabalgáramos hasta Lhasa, solo nosotros dos juntos. Se rio, sacudió la cabeza y dijo que sería un placer para él viajar en mi compañía, siempre que el dalái lama le diera su permiso.

—Bueno, enviemos un mensajero al dalái lama. Estoy dispuesto a esperar un par de días.

—No —respondió con determinación—. Sería despedido inmediatamente después de tal pregunta. —Kamba Bombo entrecerró los ojos y, señalándome, dijo—: ¡*Sahib*![187].

Le pregunté cómo podía pensar que un inglés de la India podía venir del norte con rusos y cosacos buriatos a su servicio, y traté de explicarle dónde estaba Suecia.

En ese momento trajeron dos caballos como compensación por los robados. Los pobres animales daban pena y dije que no los quería. Así que trajeron otros dos animales perfectos, y me declaré satisfecho.

Finalmente le pregunté a Kamba Bombo por qué vino con sesenta y siete hombres, cuando solo éramos tres, y además durante esa conversación estaba bastante solo. ¿Me tenía miedo?

—No, en absoluto, pero tengo órdenes de Lhasa de tratarte como tratamos a los más altos dignatarios de nuestro propio país.

Volvimos a montar y Kamba Bombo y sus caballeros me acompañaron a mi tienda. Allí se examinaron nuestras armas y se nos presentó a la escolta. Estaba formada por dos oficiales (Solang Undy y Ana Tsering), un suboficial, catorce hombres y seis hombres para las pertenencias de los tibetanos. Trajeron diez ovejas con ellos. Kamba Bombo nos dio otras seis, también grasa, harina y leche. Acto seguido me despedí y nos separamos como si fuéramos los mejores amigos[III].

III Edmund Candler, corresponsal de Reuters en la expedición militar británica-india contra Lhasa, relata en su libro *The Unveiling of Lhasa*, que una pequeña fuerza británica fue atacada inesperadamente a principios de mayo de 1904 por mil tibetanos bajo el mando de ese mismo Kamba Bombo que, tres años antes, había frenado mi avance cerca de Nakchu. Después de diez minutos de violentos

Nuestra procesión parecía un traslado de prisioneros. Estábamos flanqueados por tibetanos que cabalgaban delante y detrás de nosotros. Cuando acampamos, levantaron dos de sus tiendas inmediatamente al lado de las nuestras y vigilaron durante la noche. Dormimos y no pensamos en nuestros animales de carga. Yolbars les infundía el mayor de los miedos y constantemente había que sujetarlo con una correa. La escolta incluía a dos lamas, que constantemente hacían girar sus ruedas de plegaria, murmurando «*Om mani padme hum*».

El viaje del día se dividió en dos etapas, con un intervalo para tomar el té. Luego, los tibetanos trazaron tres cortes en la tierra con sus espadas y montaron un soporte triangular para la cacerola sobre el fuego. Su almuerzo consistió en cordero hervido, *tsampa* y té. Sus jinetes se veían hermosos, con coletas enrolladas alrededor de sus cabezas y fajas rojas como turbantes. Sus brazos y hombros derechos estaban desnudos, y el abrigo de piel les cubría hasta la mitad de sus espaldas. Todos los caballos llevaban cascabeles y alegraban los valles con su tintineo.

UN OSO ESCARBANDO LA MADRIGUERA DE UNA MARMOTA

Después de haber atravesado el Sachu Tsangpo, cuyo caudal había bajado considerablemente, la escolta se despidió de nosotros y una vez más nos dejaron solos. Todo parecía solitario y desolado después de que nos abandonaran, y nuestras vigilias nocturnas comenzaron de nuevo. En una ocasión, Malenki se encontraba parado ladrando en un pequeño montículo al borde del camino. Cabalgué hasta allí y vi a un oso escarbar el agujero de una marmota. Estaba tan absorto en su trabajo que no me vio hasta que estuve muy cerca de él. Luego se fue del agujero y se escabulló. Los perros lo persiguieron, entonces el oso se dio la vuelta y se mantuvo firme, y un baile alegre dio comienzo entre los tres animales, hasta que finalmente se cansaron.

disparos, los tibetanos se retiraron, dejando atrás ciento cuarenta muertos. Los británicos perdieron cinco. Es probable que mi amigo Kamba Bombo estuviera entre los asesinados. En aquella ocasión, como cuando lo conocimos, solo cumplió con su deber para con su país. No me enfadé con él en 1901. Después de lo sucedido en 1904, lo admiro y honro su memoria.

El 20 de agosto solo quedaban unas pocas millas por recorrer. Oímos disparos de rifle en un valle y vimos a dos jinetes. Eran Sirkin y Turdu Bai, que compraban carne para la caravana. Lloraron de alegría al vernos.

Y luego cabalgamos hasta el campamento, donde todo estaba en silencio.

Chernov había llegado con la retaguardia, después de haber perdido solo dos camellos y dos caballos. Para mí fue como volver a la civilización. Gracias a los baldes de la caravana, tomé un baño caliente. No me había lavado durante veinticinco días y hubo que cambiar el agua varias veces. Después fue agradable estar desnudo en la cama limpia y seca, mientras algunos de los hombres ofrecía un concierto con una balalaika, una flauta, una campana de un templo, mi caja de música y dos tambores improvisados. No habíamos llegado a Lhasa, pero habíamos saboreado el encanto de una gran aventura.

CAPÍTULO XLV

DETENIDO POR UNA FUERZA ARMADA

AHORA mi plan era cruzar el Tíbet y llegar a la India de una forma u otra. Decidí, por lo tanto, avanzar hacia el sur con toda la caravana hasta enfrentar obstáculos insuperables, y luego dirigirme hacia el oeste a Ladakh, y por medio de Cachemira y los Himalayas llegar finalmente a un territorio más cálido a orillas del Ganges.

Resultó ser una marcha difícil. Hubo que cruzar varios pasos elevados y sortear nuevos cinturones de arenas movedizas traicioneras. Varios caballos murieron. Uno de nuestros hombres, Kalpet, proveniente de Keriya, tuvo que cabalgar pese a estar enfermo.

La región era rica en caza y los cosacos nos mantenían a base de carne. En una ocasión le dispararon a una cabra salvaje y a un antílope, y les permitieron congelarse tal cual en su postura de huida, de modo que parecían seguir con vida. También recuerdo cuando una pobre liebre fue perseguida por siete perros. Yoldash la atrapó; pero luego apareció Yolbars y se la comió.

Que tarde o temprano nos detendrían, parecía seguro. Los tibetanos, ya advertidos, habían aumentado la guardia en el norte.

El 1 de septiembre, después de una semana de camino, nos encontramos de nuevo con nómadas. Desde lo alto de un paso vimos la llanura del sur, que parecía salpicada de caballos; y había millares de ovejas pastando allí. Shagdur y el lama cabalgaron hasta una tienda para comprar leche y grasa, pero los habitantes declararon que tenían prohibido vendernos nada. Shagdur se puso iracundo, por lo que el asustado tibetano accedió a vendernos lo que deseábamos. Trajeron tres tibetanos a nuestro campamento, donde los obsequiamos con té y pan. Cuando los despedimos, tenían una prisa terrible por subirse a sus sillas de montar; y se alejaron cabalgando como si fueran perseguidos por espíritus malignos.

El 3 de septiembre aparecieron seis jinetes armados a la izquierda de la caravana y siete a la derecha, todos a bastante distancia, cada uno con un sombrero alto y blanco. Había muchas tiendas de campaña y miramos dentro de algunas de ellas. Las mujeres llevaban el cabello recogido en pequeñas trenzas, y en la espalda tenían cintas rojas, con corales, turquesas y monedas de plata.

Llegamos de nuevo al Sachu Tsangpo, muy por debajo del punto por donde habíamos cruzado el río antes. Aquí el agua se acumulaba en un canal muy profundo. Los tibetanos, sentados en la orilla, esperaban ver un espectáculo gratuito. Cuando armamos nuestra barca y la botamos, observaron fijamente. En el campamento, un jefe con su banda se aventuró y dijo:

—Tenemos órdenes de evitar que continúes hacia el sur.

—Está bien, impídenos el paso.

—Hemos enviado mensajeros a Lhasa. Si sigues en esa dirección, nos cortarán la cabeza.

—Te lo mereces.

—A todos los nómadas se les ha prohibido venderte nada.

—Tomamos lo que necesitamos. Y tenemos armas de fuego.

Me llevé a Ordek conmigo y navegamos río abajo durante dos días, hasta el punto donde desembocaba en el gran lago salado de Selling Tso[188]. Los tibetanos nos siguieron hasta la orilla, ocasionalmente emitían gritos salvajes. Nos encontramos con la caravana cerca de la desembocadura y acampamos. Nuestros cosacos obligaron a algunas personas a vendernos cuatro ovejas.

Continuamos por la orilla del lago, y el 7 de septiembre nos pisaban los talones sesenta y tres jinetes. En los días siguientes bordeamos la orilla occidental del lago, y luego la orilla norte de un lago de agua dulce muy cerca. Los tibetanos aumentaron en número. Volvió a parecer que las tribus estaban siendo movilizadas. El jefe nos imploraba diariamente que nos desviáramos hacia Ladakh, o aguardáramos órdenes de Lhasa. Pero no nos dejamos desviar. Deseaba trazar un mapa de los dos lagos y me tomé la situación con calma.

El lago de agua dulce, llamado Naktsang Tso[189], era extremadamente hermoso con sus escarpadas rocas, bahías e islas, y su agua azul cristalina.

La enfermedad de Kalpet empeoró y el pobre hombre tuvo que ser transportado recostado en un camello. Una y otra vez hicimos breves paradas para aplicarle cuidados. Una vez, durante una de esas pausas, cerca de una aldea de tiendas de campaña en la costa este, pidió un vaso de agua. La siguiente vez que nos detuvimos estaba muerto. Lo pusieron en una tienda durante la noche, y los mahometanos mantuvieron una vigilia. En la tumba, Rosi Mollah habló acerca del fallecido y de su fidelidad, y los demás repitieron oraciones en honor a los muertos. En la loma se levantó una cruz negra con una inscripción. Su tienda, ropa y botas fueron quemadas. Durante el funeral los tibetanos nos observaron desde cierta distancia. Después expresaron su sorpresa por la cantidad de molestias que nos habíamos tomado con un hombre muerto.

—Sería más sencillo arrojar el cuerpo a los lobos —dijeron.

Volvimos a los afanes de la vida cotidiana y a las incertidumbres de un nuevo día. A medida que avanzábamos hacia el sur, las multitudes tibetanas crecían; y pronto aparecieron nuevos grupos delante de nosotros, reunidos alrededor de unas tiendas negras y dos azul y blanco. Una banda de jinetes nos rodeó y nos pidió que nos detuviéramos, ya que habían llegado los dos gobernadores de Naktsang, la provincia donde estábamos. Habían recibido información importante del Devashung, o Gobierno de Lhasa. Decidí acampar a ciento cincuenta pasos de sus tiendas. Nuestra tienda más grande estaba adornada con una alfombra de Jotán y se usaba como aposento de audiencias.

UNA MANADA DE «GOAS», GACELAS TIBETANAS

Al cabo de un rato llegaron los dos gobernadores, ataviados con magníficas túnicas rojas y cofias de corte chino. Salí a recibirlos. Desmontaron, me saludaron amable y cortésmente y entraron en la tienda. El más eminente de los dos, Hlaje Tsering, era un anciano imberbe con coleta; el otro era Yunduk Tsering. Empezamos toda una conferencia que duró tres horas.

Hlaje Tsering comenzó:

—Cabalgaste hasta Lhasa con solo dos compañeros por un camino más al este, pero Kamba Bombo de Nakchu te detuvo y te escoltó al otro lado de la frontera. Ahora has venido a Naktsang, y no puedes dar un solo paso más por este camino.

—No puedes impedírmelo —respondí.

—Sí podemos, tenemos millones de soldados.

—¿Y eso qué significa? Yo también puedo usar la fuerza.

—Ambos nos jugamos la cabeza. Seremos decapitados si os dejamos pasar. Dado el caso, preferiríamos luchar antes que nada.

—No te preocupes por mi cabeza y las de mis hombres, nunca las conseguirás. Contamos con el apoyo de poderes superiores y tenemos armas terribles. Tenemos la intención de continuar hacia el sur.

—Si tienes ojos, mañana verás cómo detenemos tu caravana —gritaron, fuera de sí por la emoción y la ira.

—Si tienes ojos, será mejor que vigiles bien mañana, cuando vayamos al sur —repliqué con la mayor frialdad—. Pero tened preparados vuestros mosquetes, porque os arderán los oídos. Antes de que tengáis tiempo de cargar, os habremos aniquilado a todos.

—No, no; no hablemos de matar a nadie —respondieron persuasivamente—. Si vuelves por el camino por donde viniste, te ofreceremos guías, provisiones, bestias de carga y todo lo que necesites.

—Escucha, Hlaje Tsering, ¿de verdad crees que estoy tan loco como para volver a los páramos del norte, donde ya he perdido la mitad de mi caravana? ¡Vaya donde vaya, no volveré allí!

—Muy bien —dijo—, no te dispararemos, pero haremos imposible tu viaje.

—¿Y eso cómo será?

—Cada uno de tus jinetes y camellos serán vigilados de cerca por veinte soldados. Nos apropiaremos de vuestros animales, y los dejaremos morir de cansancio. Tenemos órdenes especiales de Lhasa.

—Muéstramelas —exigí. Aunque me había dado cuenta desde el principio que no podríamos continuar.

—Con mucho gusto —respondieron.

Después de lo cual me enseñaron un papel. Estaba fechado: «En el año de la Vaca de Hierro, sexto mes, día veintiuno». Contenía un resumen de los informes de los peregrinos mongoles sobre nuestra gran caravana, y concluía así: «Que se envíen rápidamente escritos a Namru y Naktsang para que todos y cada uno sepan, desde Nakchu hasta los límites de mi tierra —

del dalái lama, se entiende —, que los europeos tienen prohibido viajar hacia el sur. Que se expidan escritos a todos los jefes. Guarden las fronteras de Naktsang; es necesario mantener todo el país, metro por metro, bajo vigilancia. Está más allá de cualquier necesidad que los europeos no entren en la "Tierra de los Libros Sagrados" para consultarlos. No tienen nada que hacer en la provincia que ustedes dos dominan. Si declarasen que es necesario proseguir con su empresa, que sepan que no viajarán hacia el sur. Si a pesar de eso proceden, ustedes perderán sus cabezas. Oblíguenlos a regresar y retroceder por el camino por donde vinieron».

Acto seguido, dirigieron duras palabras al pobre Shereb Lama, porque él «nos había mostrado el camino». Pero luego este se enfureció y preguntó qué derecho tenían de regañar a un lama que era ciudadano chino. Cuando la discusión se tornó demasiado violenta, saqué la gran caja de música y la coloqué entre los contendientes. Luego, los tibetanos se desconcertaron y no dijeron nada durante un buen rato.

Por la tarde devolví la visita y tomé el té en la carpa grande de los gobernadores, que estaba adornada con alfombras, cojines, mesas bajas y un altar, con imágenes sagradas, lámparas de aceite y ofrendas. Pasamos un rato agradable y hablamos hasta la medianoche.

Kuchuk y yo pasamos dos días sublimes en el bote, navegando sobre el lago de Naktsang Tso. El lago era circular y de una belleza mágica, donde los acantilados empinados se elevaban desde el agua. Remamos hacia bahías estrechas y pintorescas, donde las águilas reales se elevaban entre los acantilados. Los nómadas, que cuidaban sus rebaños en los campos a lo largo de la costa, se asombraron de nuestro silencioso movimiento por el agua. Nunca habían visto un bote, y apresuradamente alejaron a sus animales del lago. En la orilla noroeste encontramos de nuevo a nuestra gente y cabalgamos hasta la orilla oriental del Chargut Tso[190], otro hermoso lago, con sus montañas y montículos, sus islas y fiordos. El camello que había llevado a Kalpet cuando se durmió por última vez, murió en el camino; y los supersticiosos mahometanos encontraron eso bastante natural.

Nuestro campamento fue magnífico. Teníamos cinco tiendas; los tibetanos, veinticinco, y su fuerza había aumentado en más de quinientos hombres. La orilla estaba repleta de jinetes, hombres a pie, caballos, yaks y ovejas; y los banderines rojos ondeaban de los mosquetes de los soldados. En mi honor se realizaron exhibiciones militares y maniobras ecuestres imposibles. Qué brillante era la escena cuando los rayos de sol se proyectaban sobre las vestiduras abigarradas y las armas relucientes. Hubo un intercambio de hospitalidad. Hlaje Tsering me regaló dos caballos y puso a mi disposición cuarenta yaks. Estos se veían en buena preparación para el largo viaje a Ladakh. A los dos gobernadores les regalé relojes, revólveres, puñales y otros artículos, y nos convertimos en los mejores amigos.

El 20 de septiembre partí con el bote, Khodai Kullu era mi remero. Estábamos bastante lejos del lago cuando estalló una tormenta proveniente del oeste. Las olas se elevaban cada vez más y nuestra ligera barca se mecía violentamente en dirección hacia el campamento. Cuando éramos alzados por las crestas de las olas, las tiendas estaban a la vista; pero cuando caíamos, la orilla desaparecía de la vista. Nos acercamos a la orilla rápidamente. El oleaje rugió. Pronto seríamos arrojados a tierra y el bote hecho pedazos por las olas. Los tibetanos se agruparon en la orilla para presenciar nuestra destrucción. Pero los cosacos estaban listos. Se desnudaron y saltaron al agua, Khodai Kullu saltó por la borda y fuertes brazos llevaron el bote, así como a mí, a través de las olas espumosas hacia tierra firme. Los tibetanos se quedaron estupefactos.

La tarde era tranquila y realicé una exitosa expedición de sondeo a la luz de las linternas. Cuando volvimos, la orilla, vista desde el lago, parecía una ciudad iluminada. La luna derramaba su luz sobre el campamento. Las tiendas resonaban con alegría y música de instrumentos de cuerda.

Al día siguiente hice otra excursión por el lago con Kuchuk. La caravana y los tibetanos debían ir hasta el final del lago. Se extendía mucho en dirección oeste, y una isla rocosa se elevaba en el medio. Nos dirigimos hacia la isla. La costa norte reveló las largas líneas negras de nuestra caravana y sus acompañantes que se dirigían hacia el oeste. Empezó a levantar el viento. Tiramos de los remos. Había que llegar a la isla como fuese. Después de desesperados esfuerzos, desembarcamos a sotavento de su costa este. Sacamos el bote de la orilla y fuimos a explorar la tierra.

—¿Cómo lo ves? —le pregunté a Kuchuk—. ¿Atamos el bote correctamente?

—Creo que sí —fue su asombrada respuesta.

—¿Qué pasará si perdemos el bote? Solo tenemos comida para tres días. Si el bote se llena de agua, se hundirá, y los demás no podrán rescatarnos. Aunque tengamos todo el lago para beber, no tenemos ningún rifle con el que disparar a las aves —bromeé.

—Creo que deberíamos intentar pescar —sugirió Kuchuk.

—Sí, pero pasarán tres meses antes de que el lago se congele.

—Hay mucho combustible; parece evidente que los yaks pastan aquí en el invierno.

—Tendríamos que construir una cabaña de piedra y prepararnos para pasar el otoño.

—Y podríamos hacer una señal de fuego en la cima del acantilado para que nuestra gente pudiera encontrarnos, en caso de que estuvieran buscándonos.

—Oh, no digas tonterías, Kuchuk. Será mejor que vayas a ver si el bote sigue allí.

—Todavía estaba en el lugar donde lo habíamos dejado.

Caminamos hacia la orilla occidental. La tormenta arrojaba olas sin piedad entre enormes acantilados, donde se convertían en espuma. Fuimos a nuestro campamento al lado del bote, encendimos una hoguera, preparamos té y cenamos. Después nos tumbamos a escuchar el rugido de la tormenta entre los acantilados. Llegó el anochecer y la oscuridad, y salió la luna.

—Rememos hacia el oeste más tarde en la noche, cuando amaine la tormenta.

Pero la tormenta continuó violentamente y nos fuimos a dormir. Al día siguiente el sol salió radiante, pero la tormenta seguía tan ruidosa como el día anterior. Paseamos por la isla para recoger combustible. Me quedé sentado durante horas en la orilla occidental, soñando con el canto de las olas. En lo alto del acantilado me despedí del sol. Y de nuevo nos sentamos a esperar junto al fuego.

La tormenta amainó repentinamente durante la noche. Salimos y nos dirigimos hacia el oeste, donde había tomado la orientación de otra pequeña isla rocosa. Estaba oscuro, así que encendimos la linterna. El barco se balanceaba en el oleaje. Por fin llegamos a la orilla de la isla, izamos el bote y nos dormimos.

La mañana siguiente volvió a soplar viento, así que nos demoramos. Entonces el tiempo mejoró y empezamos a navegar de nuevo. Pero no habíamos avanzado mucho cuando se desató una nueva tormenta que nos obligó a desembarcar. Por la tarde se calmó e hicimos otro intento. Aún teníamos ante nosotros la mayor área de aguas abiertas; y el plomo llegó a hundirse cuarenta y ocho metros, esta era la zona de mayor profundidad en el lago. El sol se puso detrás de nubes ligeras. El cielo se oscureció sobre una cadena montañosa en el suroeste. Remábamos con un remo cada uno. Una nueva tormenta cayó sobre nosotros. Remamos como esclavos en una galera, en nuestra lucha contra el viento. Las olas crecieron y entró mucha agua dentro del bote. Las paredes montañosas se elevaban en el suroeste. Anhelábamos la seguridad de su sotavento. El bote ya estaba medio inundado.

—Prepara tu salvavidas, Kuchuk; yo tengo el mío listo.

Estábamos empapados por completo. Un punto de tierra apareció cerca. Forzando nuestros músculos, llegamos justo a tiempo. Medio muertos de cansancio, nos tiramos sobre la orilla. Tenía grandes ampollas en mis manos. Preparamos nuestra cena sobre un pequeño fuego y dormimos profundamente. Por la mañana comimos nuestro último trozo de pan. Remamos a través de la parte más occidental del lago; y al no ver a ninguno de los nuestros, continuamos por un estrecho muy corto que nos llevó a un nuevo lago, el Addan Tso[191]. Apenas habíamos avanzado en sus aguas cristalinas cuando una nueva tormenta literalmente nos arrastró hasta la orilla. El bote estaba completamente anegado de agua y no podíamos combatir las olas. Estábamos tan empapados que tuvimos que desvestirnos en la orilla y secar la ropa al viento. Me dirigía a una tienda nómada que estaba cerca cuando Kuchuk gritó:

—¡Ahí están Cherdon y Ordek en sus caballos!

A los pocos minutos estaban con nosotros. Habían cabalgado alrededor del Chargut Tso y el Addan Tso en nuestra búsqueda; al no encontrar ninguna señal, temieron que nos hubiéramos ahogado. Mientras buscaban, se encontraron con varias patrullas tibetanas y ocho tiendas de vigilancia que custodiaban la carretera principal a Lhasa.

Más tarde supe que los dos gobernadores sospechaban una estratagema y temían que yo hubiera burlado su vigilancia por medio de caballos preparados en la orilla y que me había apresurado a Lhasa montado en ellos. Durante nuestra ausencia, otro camello había sucumbido y uno de nuestros tibetanos había muerto. De camino al campamento nos cruzamos con su cadáver abandonado, ya desfigurado por las aves rapaces.

Hlaje Tsering y Yunduk Tsering estaban encantados con mi regreso y me invitaron a un banquete.

A la mañana siguiente tomamos caminos separados. Fui encomendado a la escolta que había sido encargada para acompañarme hacia el oeste, mientras los dos gobernadores volvían a la capital de su provincia. Nunca soñé, mientras los veía partir con su magnífica caravana, que Hlaje Tsering figuraría notoriamente en un episodio posterior de mis andanzas por Asia.

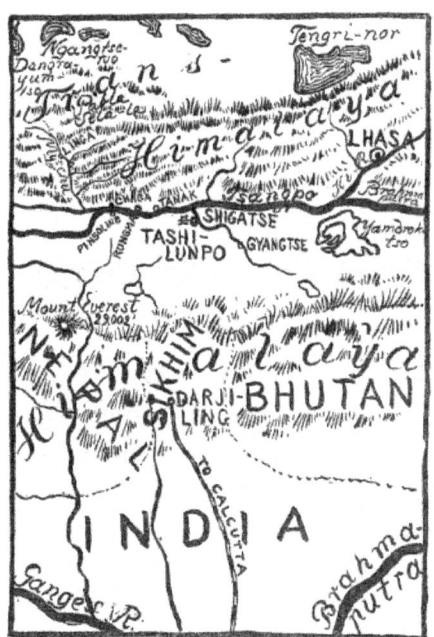

LHASA Y RUTA HACIA LA INDIA

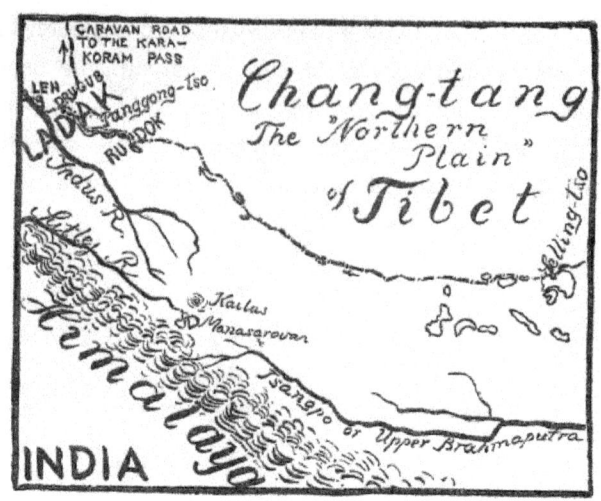

CAPÍTULO XLVI

DESDE EL TÍBET HACIA LA INDIA, Y DE VUELTA AL TÍBET

El 25 de septiembre iniciamos un viaje por todo el interior del Tíbet que duró tres meses. Nuestra primera escolta contaba con veintidós hombres y estaba bajo el mando de Yamdu Tsering. También nos proporcionaron un número suficiente de yaks. A medida que avanzábamos, los hombres y los animales eran renovados repetidamente. La tarea de la escolta era impedir que nos acercáramos demasiado al sur, a la «Tierra de los Libros Sagrados». Pero en varias ocasiones violé esta restricción, principalmente porque deseaba evitar las rutas del *pundit* Nain Sing y los ingleses Bower y Littledale, con la esperanza de trazar nuevas adiciones a los mapas de esa región.

Aunque la mayor parte de nuestro equipo estaba ahora a cargo de los yaks puestos a nuestra disposición, apenas pasaba un día sin que sufriéramos la pérdida de un camello, una mula o un caballo. Mohamed Tokta, un viejo camellero, encabezaba la lista de enfermos y lo dejamos montar uno de los últimos caballos. Siempre estaba alegre, jovial y sin quejas. Por lo general, era el último en llegar al campamento. Hasta que un día su caballo llegó a nuestras tiendas sin su jinete. Envié dos hombres a por él con una mula. Lo encontraron dormido en un hoyo al costado del camino, y dijo que le había entrado tanto sueño que se había caído del caballo y se había quedado tirado en el lugar donde cayó. Lo llevaron al campamento y se durmió profundamente en la tienda del hospital. De ese sueño nunca despertó. Lo enterramos por la mañana, según los ritos del Profeta en la medida que las circunstancias lo permitieron.

Llegamos a Lakor Tso[192], un lago salado que se estaba secando, el 20 de octubre. Aún quedaban cuatrocientas ochenta millas hasta Ladakh. Nunca hubiéramos podido llegar hasta allí sin la ayuda de los tibetanos. De cuarenta y cinco mulas y caballos, solo quedaban once; y de treinta y nueve camellos, solo veinte. Se acercaba la temporada de frío. La temperatura ya había bajado a -19 °C. Afortunadamente, la comida se podía obtener fácilmente durante nuestra ruta. Compramos ovejas a los nómadas, los cosacos siguieron con la caza y los hombres del Lop tendían sus redes en el Bogtsang Tsangpo, un río que seguimos durante varios días. En el lago Perutse Tso[193] encontramos los primeros arbustos desde que entramos en el Tíbet; así que nos quedamos cuatro días allí debido a los pastos y disfrutamos de hermosas fogatas.

En la frontera de Rudok, una provincia del Tíbet, nos recibió un jefe audaz e imperioso que pidió ver nuestro pasaporte de Lhasa.

—No tenemos pasaporte —respondí—. Creí que sería suficiente con que nos escoltaran tibetanos.

—No. No podéis dar un paso más al oeste sin pasaporte, ni cruzar por mi provincia. Quedaos aquí y esperad mientras envío mensajeros a Lhasa.

—¿Cuánto tardará en llegar la respuesta? —pregunté.

—Dos meses y medio.

—¡Excelente! —exclamé, rugiendo de risa—. Eso me viene de perlas. Volveremos a Perutse Tso, donde hay pastos y combustible, y estableceremos una base de suministros. Cuando llegue la primavera y te envíen tu soga de seda desde Lhasa, sabrás cómo pasé el invierno. Ten cuidado y no me culpes si cae tu cabeza.

Se volvió extremadamente cortés, llamó a sus hombres de la frontera y nos abrió el camino a Rudok. Los tibetanos también se volvieron más audaces, a medida que aumentaba nuestra distancia de Lhasa. Una vez, cuando íbamos a cambiar de hombres, faltaba el nuevo relevo, y la vieja cuadrilla se preparaba para regresar y dejarnos en la estacada, sin guías ni yaks. Tomamos sus yaks, los cargamos y proseguimos, después de lo cual los hombres pensaron que sería prudente seguirnos.

El 20 de noviembre aún quedaban doscientas cuarenta millas por recorrer. El termómetro bajó a −28 °C. Uno de los camellos veteranos murió. Había estado con nosotros desde la travesía a través del gran desierto hasta Cherchen y las dos veces que fuimos hasta Loulan. Todos los días tenía que separarme de alguno de los amigos que me ayudaron a conquistar vastos territorios del interior de Asia. Uno de los caballos que me había dado Kamba Bombo cayó en un agujero en el hielo del río Tsangarshar. Fue rescatado con gran dificultad, secado junto al fuego y cubierto con mantas. A la mañana siguiente el animal yacía muerto junto a las brasas. Otro día, más tarde, murieron cuatro caballos. Y ahora solo quedaba uno, el que yo todavía montaba.

Después de atravesar el pueblo del templo de Noh, llegamos al hermoso lago de agua dulce de Tso Ngombo [194] (el «Lago Azul»), estrecho e infinitamente largo, amurallado por altas y escarpadas montañas, donde el sonido de las campanas de bronce evocaba un eco melodioso. El lago constaba de cuatro cuencas conectadas por canales cortos. La cuarta cuenca aún no estaba congelada y la pared de la montaña en su orilla norte descendía abruptamente al lago. Por lo tanto, nos enfrentábamos a un obstáculo tan feroz como las huestes tibetanas.

PROBANDO LA RESISTENCIA DEL HIELO

Era el tercer día de diciembre. Grandes secciones del lago estaban cubiertas de hielo delgado, pero las aguas profundas se abrían directamente sobre nuestro camino. El aire era frío, claro y tranquilo. Durante la noche, la película de hielo se extendía por todo el lago hasta el pie de la montaña. A la tarde siguiente alcanzaba cinco centímetros de espesor. Decidí construir una especie de trineo, o flotador, con escalas para camellos y postes de tienda, cubrirlo con esteras de fieltro y luego tirar de los camellos, uno por uno, a través del delgado hielo.

En primer lugar, sometimos el trineo a una prueba. Se subieron al vehículo tantos hombres como el equivalente al peso de un camello. Dos hombres lo arrastraron alrededor de la orilla con facilidad. Pero el hielo era todavía tan delgado que se doblaba bajo su peso y, uno tras otro, los hombres tuvieron que saltar del trineo. Y cada «héroe» que demostraba ser un cobarde, era recibido con gritos de risa. El hielo brillaba y era transparente como el cristal. Pudimos ver los lomos de los peces en las profundidades, como en un acuario. Una noche más y el hielo era dos centímetros más grueso. Ahora era posible transportar toda nuestra carga alrededor del promontorio. Finalmente, los camellos también fueron arrastrados sobre una capa de hielo de nueve centímetros de espesor.

LOS CAMELLOS CRUZANDO LOS PEÑASCOS SOBRE LA ORILLA NORTE DEL PANGONG TSO

Un corto brazo se extendía desde el extremo occidental del Tso Ngombo hasta el Pangong Tso, un lago de montaña salado que, acunado entre nobles paredes rocosas, parecía un enorme valle fluvial. Los paisajes que observamos en cada península no pueden describirse con palabras; estaban entre los más magníficos de la Tierra. Con nieves perpetuas en sus crestas y cumbres, los hombros de las montañas se extendían como alas escénicas, más y más tenues hasta que se perdían en la distancia hacia el noroeste.

En la orilla norte, por donde seguíamos nuestro camino, el suelo a lo largo de la base de las montañas era generalmente bastante llano. Pero a veces teníamos que atravesar lomas bajas y empinadas; y a veces se apilaba una masa de grandes peñascos al pie de la montaña. Por su gran profundidad y el alto porcentaje de sal que contenía, el lago no se congelaba y muchas veces teníamos grandes dificultades para que los últimos camellos cruzaran.

Había enviado dos correos a Leh, la capital de Ladakh, para que anunciaran nuestra ruta; y el 12 de diciembre tuvimos el placer de encontrarnos con una expedición de socorro en la frontera entre el Tíbet y Ladakh. Encabezada por Annar Joo y Gulang Hiraman, dos ladakis que traían consigo doce caballos, treinta yaks, ovejas y abundancia de harina, arroz, maíz, frutas y conservas. Los últimos tibetanos fueron pagados y despedidos. Una nueva era comenzaba para nosotros.

Hubo mucha vida y alegría en nuestro campamento esa noche. Solo Yoldash estaba descontento. Es verdad que durmió a mis pies, como siempre, en la tienda. Pero cuando llegó la mañana se sacudió, hundió la nariz en el suelo y corrió hacia el este lo más rápido que pudo, a lo largo de la orilla del Pangong Tso. Corrió de regreso al Tíbet. Resultó que se había permitido mantener relaciones con las perras pertenecientes a los nómadas. Nunca regresó. Había sido mi compañero de tienda desde el día que dejé Osh.

Inmediatamente al oeste del Pangong Tso cruzamos una loma baja desde la cual divisamos la región del río Indo. Llevábamos dos años y medio en un territorio sin salida al mar.

El 17 de diciembre dejé la caravana y cabalgué rápidamente hacia Leh, para enviar telegramas a casa por Navidad. Montones de cartas me esperaban en la pequeña ciudad. No había tenido noticias de casa durante once meses. Lord Curzon me envió una muy amable invitación para visitarlo en Calcuta.

Pasé la Navidad con los amables misioneros moravos, Ribbach y Hettasch, el doctor Shawe y la señorita Bass; y la vista de las velas navideñas, titilando en una sala de la misión cristiana, me parecía extraña.

Sirkin y nueve de mis hombres mahometanos regresaron a casa por el puerto de Karakoram. Los demás se quedaron en Leh, a la espera de mi regreso. Solo llevé a un hombre conmigo a la India, Shagdur. Eran doscientas cuarenta y dos millas hasta Srinagar, y cabalgamos hasta allí en once días. Partimos el 1 de enero de 1902 y cruzamos a pie el peligroso puerto de montaña, cubierto de hielo, de Zoji La. Desde la capital de Cachemira nos dirigimos a Rawalpindi, montados en una *tonga*[195], durante tres días.

La falta de espacio me prohíbe detenerme en la fabulosa India. En Lahore fui equipado de pies a cabeza por un sastre inglés, después de lo cual fui a Calcuta vía Delhi, Agra, Lucknow y Benarés. Cada una de estas ciudades es como un sueño que lo persigue a uno a lo largo de la vida. En la Government House[196] de Calcuta y en Barrackpore, lord y lady Curzon me colmaron de hospitalidad. Pocos estudiantes conocían Asia mejor que él, y su esposa era una de las mujeres más bellas y encantadoras de América. Sir Ernest Cassel[197] también fue su invitado durante unos días. Shagdur, mi espléndido cosaco, deambulaba como en un sueño y no podía creer las hermosas vistas que sus ojos contemplaban. ¡Qué diferente de los tranquilos bosques del este de Siberia! Sin embargo, enfermó de fiebre tifoidea y fue transportado de regreso a Cachemira mediante preparativos especiales.

En cuanto a mí, visité al coronel McSwiney en Bolaram, cerca de Hyderabad, en Deccan; era entonces huésped de lord Northcote, gobernador de Bombay; subí a lomos de un elefante desde Jeypore hasta las ruinas de Amber; me quedé unos días con el maharajá de Kapurthala; y finalmente regresé a Srinagar. Shagdur, tras recuperarse un poco, pudo volver conmigo a Leh.

El Zoji La estaba tan densamente cubierto de nieve en esta estación que hubo que tomar un camino de invierno que atravesaba el profundo y angosto valle a sus pies. Las avalanchas se deslizaban hacia el desfiladero casi a diario desde las montañas que sobresalían, lo cual provocó que el camino fuera peligroso. La parte más arriesgada siempre se recorre antes del amanecer. Se requirieron sesenta y tres hombres para acarrear nuestras pertenencias, y nos tomó cuatro días negociar el paso y esa región. Después de caminar, montamos yaks; más tarde, caballos.

El 25 de marzo estuvimos en Leh, donde Shagdur, que sufrió una recaída, fue tratado en el hospital de la misión. No podía irme hasta que estuviera fuera de peligro. Los nueve camellos supervivientes, después de disfrutar de un descanso de tres meses y medio, estaban ahora gordos y redondos. Fueron vendidos a un comerciante del Turquestán oriental. El 5 de abril, con el resto de mi caravana, partí para cruzar el Tíbet una vez más. Pero, ¿por qué?, ¿por qué no volver a casa en un barco de vapor desde Bombay?

No podía dejar a la deriva a los cosacos y mahometanos. ¿No era yo el responsable de sus vidas? Shagdur fue el único que tuve que dejar atrás. Necesitaba dos meses de descanso. Le proporcioné amplios fondos para su viaje de regreso, y credenciales. Cuando me despedí, agradeciéndole e invocando la bendición de Dios, volvió la mirada y lloró. Mucho después supe que había llegado sano y salvo a su casa a través de Osh.

Pasé el 13 de mayo en Kasgar, con mis amigos Petrovski, Macartney y el padre Hendricks. El carnero Vanka nos había acompañado por todo el camino hasta este punto. Era tan devoto de nosotros como un perro. Él y todos los fieles mahometanos se quedaron en Kasgar. Dejé a Malenki y Malchik en Osh. Más tarde me separé del bueno de Chernov, que volvería a Vernoye. En Petrovsk[198], cerca del mar Caspio, me separé de Cherdon y Shereb Lama. Se dirigían a Astracán, a la desembocadura del Volga. El objetivo final del primero era Chitá, en Transbaikalia; el segundo tenía la intención de establecerse en un monasterio de lamas con los calmucos. Estas diversas despedidas de hombres y animales me disgustaron mucho.

Finalmente, otra vez completamente solo, viajé a través de Rusia en dirección a San Petersburgo. Vi al zar en el palacio de Peterhof. Estuvo encantado de escuchar mis elogios hacia los cosacos y los condecoró con la orden de Santa Ana, también les entregó doscientos cincuenta rublos a cada uno. Además ordenó que se emitiera una orden imperial del día a todos los puestos del ejército de Siberia, que declarase cómo los cuatro cosacos se habían honrado a sí mismos y a su país en una expedición larga y peligrosa. Más tarde, también recibirían medallas de oro del rey Óscar de Suecia.

El 27 de junio resultó ser uno de los días más felices de mi vida: ¡fue el día de mi llegada a casa!

CAPÍTULO XLVII

LUCHANDO CONTRA CUATRO GOBIERNOS

ME quedé en casa, en Estocolmo, durante tres años. La mayor parte del tiempo lo dediqué a la preparación de un relato de mi viaje más reciente, *Resultados científicos de un viaje por Asia central*, seis volúmenes de texto, con dos volúmenes de mapas[199].

Durante la realización de este trabajo, mi cabeza estuvo repleta de planes descabellados para nuevos viajes a la conquista de partes inexploradas de Asia, y los vientos del desierto me tentaron con su llamada: «¡Vuelve a casa!». Pero esta vez era especialmente el Tíbet lo que me atraía. Tres grandes manchas blancas todavía se abrían en los mapas como páginas en blanco, al norte, en el centro y al sur de la región montañosa más alta y extensa de la Tierra. La más importante de todas era el territorio al norte del Tsangpo, o el Brahmaputra superior. Dos expediciones habían atravesado este inmenso valle al norte y paralelo al Himalaya, la del *pundit* Nain Sing, en 1865, y la de los ingleses Ryder, Rawling, Wood y Bailey, en 1904. Pero ni ellos ni ningún otro había cruzado jamás el espacio en blanco al norte del río Tsangpo. La existencia de un enorme sistema montañoso en estas regiones era casi segura, ya que los pocos viajeros que exploraron el oeste y el este del Tíbet tuvieron que conquistar pasos altísimos. Sin duda, imponentes y gigantescas crestas debían encontrarse en la abertura entre las dos alas. Incluso se habían triangulado algunas cumbres altas en la ruta de Ryder. Pero nadie había estado allí, y sir Clements Markham, presidente de la Royal Geographical Society, tenía razón al decir sobre las montañas al norte del Tsangpo: «En toda la longitud desde Tengri Nor hasta el paso de Mariam La, hasta donde sabemos, nadie ha cruzado las montañas... y creo que nada en Asia es de mayor importancia geográfica que la exploración de esta cadena de montañas». (*Royal Geographical Society,* vol. 7, página 482).

El propósito principal de mi nuevo viaje era avanzar hacia ese país desconocido y, una vez allí, descubrir el nacimiento del río Indo. En el último mapa del Tíbet, publicado en 1906 en el *Geographical Journal* de la Royal

Geographical Society, el espacio en blanco al norte del río tenía solo una palabra, «Inexplorado». Mi ambición era borrar esa palabra del mapa del Tíbet, suplantarla con los nombres correctos de cadenas montañosas, lagos y ríos, y cruzar una y otra vez ese espacio en tantas direcciones como me fuera posible. Tenía una fuerte baza en el caluroso interés que lord Curzon de Kedleston, virrey de la India, tomó en mi plan. En respuesta a una carta mía, me escribió el 6 de julio de 1905 desde Simla:

> Estoy muy contento de que usted se proponga seguir mi consejo y preparar otra gran expedición más por Asia central antes de desistir de sus maravillosos viajes. Estaré orgulloso de brindarle toda la ayuda que esté en mi poder mientras aún permanezca en la India, y solo lamentaré que mucho antes de que termine su gran viaje habré dejado estas costas. Porque es mi intención partir en abril de 1906. Ahora, en cuanto a su plan, deduzco que no estará en la India antes de la próxima primavera, cuando tal vez todavía pueda verle. Me encargaré de encontrar un buen topógrafo local listo para acompañarlo; y, además, tendré un hombre instruido en observaciones astronómicas y en registros meteorológicos, que estará disponible para usted al mismo tiempo... No puedo decir cuál será la actitud del Gobierno tibetano cuando llegue a la India. Pero si siguen siendo amistosos, nos esforzaremos por conseguirle los permisos y la protección necesarios. Asegurándole que me dará la mayor de las satisfacciones ayudarle en todo lo que sea posible, le saluda atentamente, Curzon.

Las condiciones no podrían haber sido más propicias. Allí estaba, envuelto en el silencio del misterio, el vasto y desconocido territorio al norte del Himalaya, intacto por los británicos durante los ciento cincuenta años que las llaves de la India estuvieron en sus manos. Y, en la India, un virrey que muy amablemente prometió toda su ayuda para llevar adelante mis planes. Los fondos necesarios habían sido puestos a mi disposición por generosos patrocinadores, en particular el rey Óscar y Emanuel Nobel. Con un equipo más completo que nunca, la única nube oscura que se cernía sobre mí era la separación de mi querido hogar.

El 16 de octubre de 1905 me separé de mis padres y mi familia y viajé a través de Europa a Constantinopla, y a través del mar Negro a Batumi, para llegar a Teherán a través del Cáucaso y el mar Caspio. En Batumi se habían desatado altercados de carácter revolucionario[200], así como en varios otros lugares. Los puentes ferroviarios en el camino a Tiflis habían sido volados y tuve que cambiar mi ruta. Elegí el camino a través de Trebisonda, en la costa de Asia Menor. Partí desde allí en carruaje, escoltado por seis jinetes hamidiyés[201] que me prestó Abdul Hamid, a través de Erzerum y Bayazid[202] hasta la frontera persa. De allí continué, sin escolta, a Teherán, a través de Tabriz y Qazvín.

Mozaffareddín Shah Qayar, el nuevo rey persa, me recibió hospitalariamente e hizo todo lo posible por ayudarme en mi largo viaje a través de su gran dominio. Compré dieciséis espléndidos camellos, contraté asistentes, compré tiendas de campaña, cajas y provisiones, y el 1 de enero de 1906 emprendí un viaje a lomos de un camello que duró cuatro meses y medio. Durante ese tiempo crucé dos veces el peligroso desierto de Kevir, pasé una semana en Nasretabad, en Sistán, escenario de una devastadora plaga, y luego atravesé, en veloces dromedarios, todo Baluchistán hasta Nushki, donde llegué al ferrocarril indio. Una vez más, la falta de espacio me prohíbe detenerme en este emocionante e interesante viaje. Debemos apresurarnos hacia el desconocido Tíbet.

Bajo un calor abrasador (42 °C a finales de mayo) atravesé las llanuras de la India; y en Simla, a 2.130 metros de altitud, me deleitaba en el aire fresco de la montaña, en medio de bosques oscuros de cedros reales del Himalaya. Sir Francis Younghusband me recibió en la estación. Fui recibido con exquisita hospitalidad por lord y lady Minto[203], y fui su invitado en el alojamiento virreinal. Me rodeaba un ambiente de la mayor cordialidad y todos querían ayudarme a alcanzar el éxito. Tres asistentes nativos me esperaban en Dehra Dun; y lord Kitchener de Jartum, el comandante en jefe del ejército indio, me ofreció veinte gurkhas armados. Desde mi ventana pude ver los campos de nieve permanente sobre las crestas del Himalaya, aunque solo el primer día. En el otro lado estaba el Tíbet. Al poco tiempo, la cortina de nubes impenetrables descendió y ocultó la Tierra Prometida en el norte.

Un nuevo Gobierno, encabezado por sir Henry Campbell-Bannerman, estaba al mando en Londres y lord Curzon había dejado su puesto en la India. Lord Minto, su sucesor, hizo todo lo posible para cumplir las promesas de lord Curzon; pero un hombre muy poderoso, John Morley, el secretario de Estado de la India, bloqueó mi camino de manera efectiva. Sir Louis Dane, el ministro de Asuntos Exteriores de la India, me transmitió el veredicto de Morley: ¡el Gobierno de Londres me negaba el permiso para entrar en el Tíbet a través de la frontera india! Topólogos, ayudantes, escolta armada… todo lo prometido me fue retirado. Había sobrevivido a revoluciones, desiertos y pestes; pero en el umbral mismo del país desconocido encontré un obstáculo más difícil de superar que el Himalaya.

Le envié un telegrama al primer ministro y me encontré con una negativa. Lord Minto envió a su vez varios telegramas a Morley y fue rechazado. Lord Percy interpeló a Morley en el Parlamento británico, solo para ser respondido: «El Gobierno imperial ha resuelto mantener al Tíbet aislado de la India». Me recordó los versos de Kipling[204]:

> *Mías son las puertas que abro,*
> *y mías son las puertas que cierro,*
> *y mi casa en orden pongo,*
> *así dijo Nuestra Señora de las Nieves.*

¡Dios! ¡Cómo odiaba a Morley en ese momento! Las puertas se habrían abierto con una sola palabra de él; en cambio, me había dado un portazo justo en mi cara. Los británicos eran peores que los tibetanos. Pero despertaron mi ambición. «Ya veremos quién de nosotros se siente más a gusto en el Tíbet», pensé. Sir Cecil Spring-Rice[205] se dirigió a mí unos años más tarde, diciendo: «Te cerramos las puertas; pero te metiste por las ventanas». Por aquel entonces no entendía lo agradecido que debería haber estado con lord Morley; pero posteriormente tuve la oportunidad de decírselo en público.

Todas estas negociaciones y esfuerzos inútiles tomaron tiempo. Pero yo me encontraba bien. Gané un amigo para toda la vida en el coronel sir James Dunlop-Smith, secretario privado del virrey. Mi correspondencia con él llenaría un grueso volumen. Pasé dos semanas inolvidables con la encantadora familia de lord Minto. Me habló sobre su vida. Su bisabuelo había sido virrey de la India cien años antes. Como el viaje entre Gran Bretaña y la India era bastante arduo, había dejado a su familia en la madre patria. Cuando terminó su mandato, navegó hacia casa, pero murió de un derrame cerebral cuando estaba a solo una estación de su casa, llamada Minto, en Escocia. Sobre el paquete que contenía las cartas que pasaron entre él y su esposa durante sus años en la India, ella escribió estas palabras: «Pobres tontos». Lord Minto, en el presente, sirvió como joven oficial en la expedición militar británica a Afganistán. En 1885, durante una visita a St. Helena con lord Roberts, paseaban con el gobernador Johnson por la carretera a Longwood. Se acercaron dos ancianas, y el gobernador susurró a sus invitados: «Observad atentamente a la señora que está más cerca de nosotros». Cuando pasaron las damas, los visitantes comentaron: «Su perfil era la viva imagen de Napoleón». «Sí», respondió el gobernador, «es una hija de Napoleón». Lord Minto, que era un gran admirador del corso, contó otra anécdota sobre él.

Lord Russell visitó una vez a Napoleón en Elba y usó palabras muy fuertes para condenar la guerra y su terrible crueldad. Napoleón escuchó con una sonrisa y, cuando Russell terminó, dijo: «*Mais c'est un beau jeu, c'est une belle occupation*» (Pero es un juego hermoso, es una ocupación hermosa).

Sin embargo, Minto ascendió de rango y se convirtió en gobernador general de Canadá cuando Theodore Roosevelt era presidente de los Estados Unidos. Minto hablaba mucho acerca de él y de sus simples hábitos. Los dos hombres eran tan diferentes como la noche y el día. El presidente era el más poderoso de los dos. Pero Minto era un hombre excepcionalmente fino y noble; y cuando Curzon se retiró, fue nombrado virrey de la India, sobre su población de trescientos veinte millones de habitantes.

Lord Kitchener también era un conocido que no se olvidaba fácilmente. Estaba furioso por la actitud inflexible de su Gobierno hacia mí. Las cenas y fiestas públicas ofrecidas por él y el virrey sobrepasaron todo lo que se puede alcanzar en Europa y América; donde los maharajás brillaron con perlas y piedras preciosas. El vestíbulo de entrada de la casa de lord Kitchener estaba adornado con banderas que había tomado de los mahdistas [206] y los derviches en Omdurmán, y trofeos de la República de Transvaal y del Estado Libre de Orange. Sus apartamentos estaban decorados con bustos de Alejandro Magno y Julio César y retratos del general Gordon, sin mencionar la magnífica colección de porcelana de los períodos Kang Hi y Chien Lung. Townshend, su jefe de Estado Mayor, también era amigo mío. Llegó a ser jefe de campaña en Mesopotamia, en 1916, cuando me lo encontré prisionero de los turcos en Bagdad tras la caída de Kut-el-Amara[207]. Podría decir mucho sobre eso, pero estamos en camino al Tíbet.

Como todos los intentos resultaron vanos, decidí llegar al Tíbet por un camino sobre el que Morley no tenía autoridad, es decir, desde territorio chino en el norte. Me despedí de mis amigos en Simla y fui a Srinagar. Oficialmente se dijo que estaba de camino hacia el Turquestán oriental. El maharajá de Cachemira me recibió muy cordialmente; y Daya Kishen Kaul, uno de sus ayudantes de confianza, me ayudó personalmente a organizar mi caravana. Compramos cuarenta mulas del maharajá de Punch, rifles modernos y municiones, tiendas de campaña, sillas de montar, herramientas, provisiones, etc. Dos rajputs, Ganpat Sing y Bikom Sing; y dos pastunes, Bas Ghul y Khairullah Khan, ocuparían el lugar de la escolta no materializada en la India. Un euroasiático, Alexander Robert, sería mi secretario; y Manuel, un indio católico de Madrás, mi chef. Llevé conmigo 9.000 rupias en oro y 22.000 en plata. Todas estas tenían el semblante de la reina Victoria. Los tibetanos no aceptaban rupias que llevasen el retrato de un rey. La reina llevaba una corona imperial y un collar de perlas y parecía un Buda; mientras que del rey no mostraba más que su cabeza, y sin corona.

Tenía un bote plegable fabricado en Londres y un cofre de aluminio plateado muy hermoso con cientos de medicamentos diferentes en tabletas, regalo de Burroughs Wellcome[208], proveniente también de Londres. El bote, así como el cofre, serían cruciales más adelante en el Tíbet.

Tan pronto como llegué a Srinagar, recibí este mensaje escrito del coronel Pears: «El Gobierno indio informa que la frontera entre Cachemira y el Tíbet está cerrada para usted. Puede ir al Turquestán oriental, siempre que tenga un pasaporte chino; de otra forma, no». ¡Otro fastidio! Por supuesto, no tenía pasaporte chino para el Turquestán oriental, ya que me había preparado para entrar al Tíbet desde la India. Por telegrama solicité al ministro sueco en Londres, el conde Wrangel, que negociara con el enviado chino un pasaporte al Turquestán oriental. Fue concedido y enviado inmediatamente. Lo encontré a mi llegada a Leh; y, al mostrárselo al agente británico allí, telegrafió al Gobierno de la India al respecto.

Esta era la situación: aquí estaba yo, en Leh, con un pasaporte para el este del Turquestán, al que estaba abierto el camino a través del paso de Karakoram. Pero mi intención no era ir a Turquestán oriental y, por lo tanto, el pasaporte no era necesario. Tan pronto como me hubiese ido lo suficientemente lejos como para quedar fuera del alcance de las autoridades angloindias, planeaba dejar la ruta de las caravanas que pasa por el Karakoram y girar hacia el este, hacia el interior del Tíbet. Esta eventualidad también fue prevista por las autoridades británicas; y más de una semana después de haber partido de Leh, Simla notificó al comisionado adjunto que el virrey tenía órdenes de Londres de detenerme, por la fuerza si era necesario, si me dirigía al Tíbet. El fracaso de que este mensaje llegase a Leh a tiempo se debió a la «negligencia» de uno de mis amigos. Retuvo el telegrama durante días y lo entregó solo después de que cruzase la frontera a salvo. Ahora está muerto y guardo su nombre con un agradecido recuerdo[209]. Pero el Comisionado Conjunto respondió algo en este sentido: «Hace mucho que desapareció entre las montañas. Sería como buscar una aguja en un pajar». Y en cuanto a mí, bien podría haber quemado el pasaporte chino para el Turquestán oriental. Afortunadamente no lo hice.

Ahora dedicaré unas pocas palabras sobre mi viaje a Leh.

Partí de Srinagar el 16 de julio de 1906. Mi primer campamento, en Ganderbal, podría haber sido tomado por una verdadera conferencia orientalista. Había hombres de Madrás, Lahore, Kabul, Rajputana, Punch y Cachemira. En una calle de Srinagar habíamos recogido a tres miserables cachorritos. Los llamamos simplemente «Cachorro Blanco», «Cachorrita Marrón» y «Amigo de Manuel». Pasamos por Sonamarg en varias secciones, una de las cuales estaba compuesta por una larga fila de caballos alquilados de Cachemira, y llegamos a Kargil por Zoji La. En ese momento pude medir el auténtico calibre de mis hombres. Los dos pastunes eran persistentes alborotadores; los hombres de Punch y Cachemira, una gentuza variopinta, totalmente sin disciplina. Me deshice de toda la multitud; y solo quedaron Robert, Manuel y los dos rajputs de toda la «conferencia orientalista».

Decidido a un cambio radical en mis planes, contraté setenta y siete caballos y una cuadrilla de hombres nuevos; y así organizada, nuestra caravana hizo su entrada festiva en el monasterio de Lamayuru, donde los monjes nos agasajaron con danzas de exorcismo y música.

En Leh, donde los británicos, los misioneros alemanes y los nativos nos recibieron calurosamente, íbamos a completar nuestro equipo para el avance prohibido sobre el Tíbet. Younghusband me había aconsejado que contratara los servicios de Mohammed Isa. Había acompañado a muchos europeos famosos en sus viajes al interior de Asia. Había estado con Carey y Dalgleish, De Rhins y Grenard, con Younghusband en Lhasa y con Ryder en Gartok. Hablaba turki[210], indostaní y tibetano. Era un hombre grande y fuerte. Todos temblaban en su presencia. Mantenía una estricta disciplina, pero sin embargo podía ser alegre y jocoso. Mohammed Isa me recibió con un:

—¡Salaam, Sahib!

—¡Salaam! ¿Quieres venir a liderar una caravana? Será un viaje duro.

—Ciertamente. Pero, ¿adónde?

—Eso es un secreto.

—Pero tengo que saber cuánta comida necesitaremos.

—Consigue lo suficiente para tres meses, tanto para hombres como bestias. Compra tantos caballos como sea necesario y contrata a gente con experiencia.

Mohammed Isa se puso a trabajar, y con rapidez. Recibió una ayuda inestimable del poderoso Haji Naser Shah[211] y particularmente de su hijo, Gulam Razul. Se emplearon veinticinco hombres, nueve mahometanos y dieciséis lamaístas. El propio Mohammed Isa era mahometano, pero su hermano Tsering era lamaísta. También había dos hindúes, un católico y dos protestantes (Robert y yo). Cuando todo el grupo estuvo alineado en mi corte, el capitán Patterson, comisionado conjunto de Ladakh, se dirigió a ellos. Debían recibir quince rupias al mes, el salario de medio año por adelantado, y al final del viaje cincuenta rupias cada uno, siempre que trabajaran satisfactoriamente. Guffaru, de sesenta y dos años, era el decano. Había servido a Forsyth en el camino a Kasgar, treinta y tres años antes, y había visto al gran Yaqub Beg. Llevó consigo a su hijo y su sudario, para asegurar un entierro ceremonial, en caso de que muriera durante el viaje. A Shukur Ali lo había visto en 1890, en la tienda de campaña de Younghusband. Los demás miembros de la expedición serán presentados a medida que se desarrolle mi historia.

Mi valeroso líder de la caravana también compró cincuenta y ocho caballos: treinta y tres de Ladakh, diecisiete del Turquestán oriental, cuatro de Cachemira y cuatro de Sanskar. Cada uno estaba numerado; y, con el tiempo, cada uno habría de acabar inscrito en la lista de bajas. Todos murieron en el Tíbet. Nuestra caravana incluía, pues, al principio, treinta y seis mulas, cincuenta y ocho caballos, treinta caballos prestados y diez yaks también prestados.

Cuando se compraron las provisiones y estuvieron listas las tiendas, las sillas de montar y todo lo demás; se ordenó a la mayor parte de la caravana, con Sonam Tsering al frente, dirigirse a los campos de Muglib.

CAPÍTULO XLVIII

VIAJES A TRAVÉS DE TORMENTOSAS AGUAS

Poco antes de partir de Leh, visité al rajá de Stogh, un bondadoso soñador de mediana edad que, de no haber sido por la conquista de Ladakh por Cachemira en 1841[212], habría sido rey. El sólido castillo de los antiguos reyes se elevaba sobre la pequeña ciudad y era visible desde una gran distancia. El 14 de agosto su alta fachada desapareció de nuestra vista detrás de riscos imponentes, mientras nos dirigíamos al Indo. No mucho después dejamos atrás las corrientes de agua del real río; y recé en silencio para que algún día pudiera plantar mi tienda en su nacimiento, donde ningún europeo había puesto un pie hasta entonces.

Nuestros campamentos se veían grandiosos. Estaban repletos de hombres, caballos y mulas. Era una comunidad itinerante. Miraba con tristeza a nuestras bellas, gordas y florecientes bestias de carga, de pie tranquilamente, masticando grano de sus bolsas; porque sabía que no pasaría mucho tiempo antes de que, una tras otra, murieran de agotamiento. Cada tarde se sacrificaba una oveja. Mis hombres se sentaban en agradables grupos alrededor de las hogueras para comer; y cuando todos se habían ido a dormir, no se oía más que el canto de la guardia nocturna.

Ascendimos el paso de Chang La (5.360 metros de altitud) en columnas largas y lentas. Ahora lo estaba cruzando por tercera vez. En su otra ladera estaban Drugub y Tanksi, pequeños pueblos que conocía de antaño. Después de dejar Tanksi, no vimos árboles durante seis meses. Aquí montamos una gran tienda de diseño tibetano para los hombres, y llevamos a cabo una inspección minuciosa de todas las albardas para asegurarnos de que no magullaran a los animales; y por la noche celebramos una fiesta, con música y bailarinas.

Llegamos a las últimas viviendas humanas en Pobrang, más allá del Pangong Tso. Allí compramos treinta ovejas, diez cabras y dos perros. Nueve hogueras ardían en nuestro campamento. De acuerdo con nuestro esquema de organización, Sonam Tsering estaba a cargo de las mulas;

Guffaru, de los caballos; y Tsering, el hermano de Mohammed Isa, era el jefe de la pequeña sección que cuidaba mi tienda y mi cocina. El bote plegable lo llevaba uno de los yaks prestados. Hicimos un balance de nuestras provisiones. El grano y el maíz durarían sesenta y ocho días; la harina, ochenta; y el arroz, cuatro o cinco meses. La primera nevada despertó la indignación de los cachorros. Ladraban a los copos y los mordían. Los indios estaban igualmente asombrados, porque nunca habían visto caer nieve.

La nieve cubría treinta centímetros de profundidad alrededor del paso de Marsimik La[213], y la caravana parecía largos lazos negros y sinuosos frente a la deslumbrante blancura de las montañas. El primer caballo sucumbió antes de que llegáramos a la cresta (5.570 metros). Luego descendimos nuevamente por valles desolados, entre imponentes cordilleras coronadas por nieve. Montamos un campamento encantador en el valle del río Chang Chenmo, donde los arbustos proporcionaron un excelente combustible para nuestras hogueras. Es cierto que ahora no tenía restricciones de movimiento; pero en Simla había dado mi palabra de honor de no ir hacia el este a través de este valle hasta el paso de Lanek La[214], a cinco días de distancia, y así llegar a un camino más cómodo en dirección al oeste del Tíbet. Si Lanek La nunca hubiera sido mencionado, los animales podrían haberse ahorrado las dificultades y yo me habría ahorrado una cantidad considerable de tiempo y dinero. Pero dadas las circunstancias me vi obligado a dar un largo rodeo por el norte del Tíbet, con su clima asesino y sus inmensas zonas deshabitadas.

En el valle de Chang Chenmo nos despedimos del fugaz verano y subimos a las alturas para enfrentar el invierno. Acampamos en un valle al pie del paso Changlung Yogma[215]; y como no tenía nombre, llamamos al campamento «Número 1». Antes de que terminara este viaje, alcanzaría la cifra de quinientos campamentos. Mohammed Isa erigió un hombre de piedra en la entrada al valle, para indicar nuestro rastro al último mensajero que esperábamos de Leh, pero que nunca nos encontraría.

Dando cientos de vueltas, zigzagueamos por las empinadas colinas, donde cada caballo tenía que ser sostenido por varios hombres. Gritos de advertencia y exhortación resonaron entre las montañas. Al cabalgar al lado de la caravana llegué al collado del paso, a la inmensa altitud de 5.770 metros. Subí unas decenas de metros más alto para obtener una vista sin obstáculos.

Mi esfuerzo fue recompensado con una vista que sin duda es una de las más magníficas del mundo. Estaba rodeado por un mar agitado, compuesto por las cadenas montañosas más altas de la Tierra. Las cimas nevadas de los Himalayas se elevaban con un blanco deslumbrante en el sur y el suroeste, y las superficies de los glaciares brillaban como vidrio verde bajo enormes casquetes nevados. El brillante cielo estaba completamente despejado, con solo una pequeña nube blanca navegando aquí y allá. La cordillera principal del Karakoram, donde ahora nos encontrábamos, se extendía hacia el noroeste y el sureste. Toda el agua que fluye hacia el sur desde aquí es recogida por el Indo y llega al cálido mar salado. Volví a montar en mi caballo y me dirigí hacia el norte, dejando atrás el mundo indio. Durante dos años y un mes viviría en el Tíbet, a pesar de la prohibición de los que ostentaban el poder.

Estábamos en la salvaje y desolada meseta tibetana, que no tiene salida al mar. Atravesamos una región desprovista de pastos. El rastro de la caravana parecía una carretera en el suelo blando y húmedo. En el sureste, la cresta de Karakoram aún era visible bajo una cúpula de nubes azul negruzcas, pesadas como el plomo. Una y otra vez estas nubes eran iluminadas desde adentro por relámpagos llameantes, y el trueno rugía entre las montañas. Empezó a nevar y pronto nos vimos envueltos en un espeso torbellino. Cabalgando detrás de las mulas, solo podía ver los animales más cercanos, mientras que los demás eran apenas visibles; pero los que iban en cabeza no se distinguían en absoluto. El viento era fuerte y la nieve barría horizontalmente el suelo. Nuestro campamento esa noche era silencioso y frío. Una mula moriría durante la noche.

Aquí vimos los primeros antílopes. Hacía buen tiempo cuando atravesamos las llanuras del Aksai Chin (desierto de las piedras blancas) en busca de agua. Después de caminar dieciocho millas encontramos buenos pastos al pie de una punta rocosa de arenisca fosilífera y conglomerado. En su parte superior, Mohammed Isa erigió un mojón. Aquí cavamos en busca de agua. Este sería el campamento número 8. Poco me podía imaginar que más tarde acamparía de nuevo allí.

Continuamos hacia el este hasta el lago Aksai Chin y armamos nuestras tiendas en su orilla. Estábamos todavía en territorio hasta entonces visitado por muy pocos hombres blancos, Óscar Crosby, el viajero americano, fue uno de ellos. El este del país era llano y abierto, un valle longitudinal limitado al norte por el gigantesco sistema montañoso de Kunlun, con sus cumbres nevadas en forma de cúpula. El suelo era arenoso y proporcionaba pastos aceptablemente buenos.

Sin embargo, tres caballos murieron en un día. Un lobo estaba al acecho. Como ocurría en el desierto, todas las albardas se rellenaban con heno, para ser consumido gradualmente a medida que los animales sucumbían.

Después de cruzar una pequeña loma vimos al este el gran lago que el capitán Wellby descubrió en 1896 y llamó lago Lighten[216]. El campamento número 15 se estableció en su costa occidental. Se aplicaron ciertos cambios en la caravana. Despedí a los dos rajputs, de los que Mohammed Isa dijo, no sin razón, que eran tan inútiles como los cachorros. Estos hombres de la India no podían soportar el clima frío y el aire enrarecido de las alturas. Pudimos enviarlos a casa desde este lugar remoto porque nuestros ladakis contratados, tras haber perdido cuatro de sus treinta caballos, solicitaron permiso para regresar. Envié una gran cantidad de correo con ellos. La carta más importante que escribí fue una al coronel sir James Dunlop-Smith. Todo mi correo se envió al cuartel general del virrey, y pedí que la correspondencia de Suecia fuera enviada por un mensajero de confianza a la orilla sur del Dangra Yum Tso[217], lago donde esperaba llegar a fines de noviembre. Era una carambola. No había certeza de que pudiera llegar tan lejos. Estábamos a quinientas diez millas del lago. Mis amigos en la India entendieron muy bien que intentaría llegar al sur del Tíbet desde el norte, a pesar de las prohibiciones. Lo que sucedió con el correo será relatado en su debido momento.

Sin embargo, nuestra compañía se redujo considerablemente en el campamento número 15, donde también murieron siete de nuestros propios caballos. El resto fue obsequiado con abundante maíz y cereales para aligerar las cargas. Nuestro lugar de descanso estaba dispuesto de la siguiente manera: Mohammed Isa, Tsering y mi cocinero estaban alojados en una gran tienda de campaña, donde estaban apiladas mis veintidós cajas; los ladakis tenían su tienda tibetana negra más allá de un recinto donde guardábamos bolsas con las provisiones; Robert se alojaba en una tienda bastante pequeña; y yo, en otra.

Nuestro siguiente campamento daba a la orilla norte del lago. Mohammed Isa debía proceder con toda la caravana hacia la costa este el 21 de septiembre y encender una señal de fuego por la noche. Con Rehim Ali como remero, crucé el lago y me dirigí directamente hacia el sur. Era un día hermoso y tranquilo; el lago era como un espejo. Una poderosa cadena montañosa se elevaba en la costa sur, roja y de color fuego, y coronada por nieve y hielo inmutables. Sondeé la profundidad del agua. La plomada tenía solo sesenta y cinco metros de largo, y como el plomo no tocó fondo en el medio de este, el lago resultó ser uno de los más profundos que examiné en el Tíbet.

—Este lago no tiene fondo —se quejó mi fiel remero—. Es peligroso, ¡démonos la vuelta!

—Rema, pronto llegaremos a la orilla.

El lago era del mismo color que el cielo, y las montañas rojas y amarillas se reflejaban en su superficie. La imagen que nos rodeaba era hermosa más allá de cualquier descripción. La mayor parte del día había pasado antes de que tocásemos tierra. Y eran pasadas las tres y media cuando nos pusimos en marcha de nuevo para remar hacia el este hasta el siguiente punto de encuentro.

Nos mantuvimos a una distancia considerable de la orilla. El lago permanecía inmóvil como un espejo. Rehim Ali parecía aprensivo y de repente dijo:

—¡Una tormenta de las duras al oeste!

Yo estaba al timón y me di la vuelta para ver las nubes de polvo amarillo corretear sobre el paso en el oeste. Se hacían cada vez más densas, oscureciéndose y elevándose hacia el cenit. Se peleaban entre sí y se fusionaban en masas enojadas. Lejos, en el oeste, se fueron a la caza del lago, que todavía era como un espejo.

—¡Arriba el mástil y la vela! —grité—. Desembarcaremos si empeora.

Apenas se había izado la vela cuando la tormenta empezó a aullar en nuestros oídos. De repente, la superficie transparente se hizo añicos como un panel de vidrio; y con un golpe de viento la vela se hinchó. El oleaje se elevó en olas coronadas de espuma, y el ligero bote voló a través del lago como si fuera un pato salvaje. El agua bullía en la proa y millones de burbujas de aire flotaban en el camino de espuma que era nuestra estela.

—¡Una lengua de arena por delante! ¡Hay poca profundidad! —exclamó Rehim Ali.

—El bote se destrozará si encallamos aquí. ¡Está hecho de lona!

Puse todo mi peso en el timón. Tocamos la punta de la lengua de arena, justo sobre el oleaje rugiente. En caso de accidente, el bote se hundiría como una piedra, porque estaba lastrado con una orza de zinc. Pero teníamos dos salvavidas.

La tormenta aumentó en fuerza. El mástil estaba tenso como un arco. La vela me cortó la mano, pero tratar de sujetarla habría sido una estupidez.

—¡Otro cabo por delante!

—¡Debemos intentar desembarcar en la costa de sotavento! —dije.

Ahora percibíamos que el lago más allá de ese cabo era interminable. No se veía orilla alguna en el este. El sol se ponía. Con el color de una llama de una bola incandescente, arrojaba una luz maravillosa sobre la tierra y el agua. Todas las montañas brillaban como rubíes. Las olas y las crestas espumosas eran rojas. Cruzábamos a toda velocidad un lago de sangre. Incluso la vela brillaba de color púrpura. Se puso el sol. Pronto se extinguió el último reflejo en las cimas de las montañas más altas, y el paisaje recuperó sus matices crepusculares ordinarios.

Ahora estábamos cerca del segundo cabo. Pasamos por delante de sus clamorosas rompientes. Tenía la intención de forzar el barco a sotavento; pero antes de que pudiera orientarme habíamos dejado atrás el cabo como una exhalación. Volábamos a lo largo de nuestro rumbo tormentoso, llevados por el viento y las olas. Habría sido una pena haber puesto fin a nuestro vuelo alado. La luna estaba alta y a nuestro paso se proyectaba otro cabo. Nos acercábamos rápidamente a su extremo. Estaba listo para cambiar el timón a babor y poner rumbo a la orilla de sotavento, pero resultó imposible en medio de esta tormenta arrolladora. Navegamos a toda velocidad cerca del cabo.

Era muy tarde. Habíamos sido arrojados sobre nuevas y vastas aguas.

NAVEGANDO A TRAVÉS DE UN EXTRAÑO LAGO EN LA NOCHE

El día se había acabado en el oeste. La noche se extendía sobre las montañas orientales y extendía sus anillos negros sobre el lago. Las crestas de las olas brillaban con un color blanco tiza a la luz de la luna, como campos de nieve en las montañas. Rehim Ali estaba fuera de sí por el miedo y se encogió frente al mástil. Cruzábamos las crecientes olas en nuestro loco viaje hacia la muerte. Solo podíamos ver tres crestas de olas a la vez: la que levantaba el bote en la proa, la que pasaba fugazmente a nuestro lado y la que venía a golpearnos por detrás. Navegar en un bote de lona de noche con un clima así era peligroso.

La luna se puso y la oscuridad nos vigilaba. Las estrellas centelleaban y empezó a hacer más frío. Aflojé la bancada y me senté en el fondo de la barca, a fin de obtener algún refugio. Solo una lona nos separaba de las olas espumosas bajo las cuales se abrían profundidades desconocidas.

Las horas eran largas. El lago tenía que llegar a su fin tarde o temprano. Si los acantilados empinados descendían al lago en la orilla este, estábamos perdidos. Llamé a Rehim Ali para que me advirtiera tan pronto como viera las olas en la orilla. Pero no me escuchó. Estaba paralizado por el miedo.

TUVIMOS QUE SALTAR AL AGUA Y ARRASTRAR EL BOTE A LA ORILLA

Ahora escuchaba, a través del aullido de la tormenta, un sordo retumbar adelante. Era el oleaje. Grité a Rehim Ali, pero no se movió. La franja blanca y espumosa era apenas visible en la oscuridad. El bote cambió de curso. En un segundo sería succionado de nuevo, llenado de agua por la siguiente ola, arrojado contra la costa y hecho añicos. Me agarré al mástil con la mano izquierda para mantener el equilibrio; y con mi mano derecha agarré a Rehim Ali por el cuello y lo lancé por la borda. Eso ayudó. La siguiente ola cayó como un trueno; y cuando el bote se viró otra vez, y la ola lo llenó hasta la mitad con su cresta espumosa, yo también salté al agua. Luego, con un esfuerzo conjunto, subimos el bote a tierra.

Vaciamos el bote y guardamos nuestras empapadas pertenencias. Nuestra ropa se había congelado y estaba tan dura como la madera. Inclinamos el bote contra los remos para darnos cobijo. El rodillo de madera, alrededor del cual se enrollaba el sedal de plomo, al igual que su marco, se había roto en pequeños pedazos irreparables.

Las cerillas del bolsillo de mi pechera estaban secas, así que encendimos una hoguera. Me desnudé, descongelé mi ropa, escurrí el agua y traté de secar al menos mi ropa interior. Hacía −3 °C. Al sentir que mis pies estaban casi congelados, dejé que Rehim Ali me los frotara. ¿Sobreviviríamos esta noche?

Las astillas se consumieron y estaba a punto de sacrificar una de las bancadas del bote, cuando Rehim Ali dijo:

—Una luz al norte.

¡Sí, de verdad! Apareció débilmente y se desvaneció; volvió y se hizo más grande. Oímos el paso de los caballos. Tres jinetes se nos acercaron trotando, Mohammed Isa, Robsang y Adul. Nos levantamos de un salto y cabalgamos en la oscuridad hasta el campamento, donde las teteras cantaban sobre las hogueras.

USAMOS EL BOTE COMO PROTECCIÓN FRENTE AL VIENTO

Dos días después cruzamos otra loma y entramos en una nueva cuenca sin desembocadura. En el centro se encontraba un reluciente lago salado de color azul turquesa, conocido por la población del Turquestán oriental como Yeshil Kul (el «Lago Verde»). En estas aguas, también, hicimos un viaje lleno de aventuras, y nuevamente íbamos a ser puestos a salvo por un faro de fuego. Robert y Rehim Ali fueron mi tripulación. Nos proveímos de ropa. Al navegar hacia el noreste nos detuvimos para almorzar en la costa norte y nos dirigimos hacia el sur hasta el lugar de reunión acordado.

Habíamos desembarcado y empujado el bote a tiro de piedra de la orilla porque este lago, a diferencia del otro, era poco profundo. Al observar señales amarillas que advertían una tormenta en el suroeste, celebramos un consejo. ¿No sería más prudente pasar la noche en la orilla norte y dejar que la tormenta pasase?

Apenas habíamos puesto la proa de la barca hacia tierra cuando vimos dos grandes lobos de color amarillo sucio que esperaban nuestra llegada, al borde mismo del agua. No retrocedieron ni un paso. Rehim Ali pensó que eran puestos avanzados y representaban a toda una manada. No teníamos armas de fuego con nosotros. Ahora la pregunta era: «¿Qué es peor, los lobos o la tormenta?». Estábamos discutiendo la situación cuando estalló la tormenta, hinchando la vela y casi volcando el barco.

—¡Muy bien, entonces, vayamos! Desembarcaremos antes de que oscurezca.

LOBOS ESPERANDO EN LA ORILLA

Una vez más, la proa atravesó los silbantes rompeolas. El sol se puso amarillo rojizo; y con la salida de la luna, las formaciones rocosas con forma de serpiente se transformaron en polvo plateado. Teníamos el viento a favor y los hombres también usaban los remos. Nos protegimos de las olas lo mejor que pudimos. Pero a veces estas rompían sobre la borda, y finalmente había entrado tanta agua que acabamos sentados en una auténtica bañera. Sin embargo, no sucedió ningún desastre. Dos grandes señales de fuego aparecieron en el sur. Cayó la oscuridad. De repente, un remo tocó fondo y nos encontramos al abrigo de un pequeño cabo. Desembarcamos y pasamos una noche miserable en un parche de sal húmedo. Pero teníamos té; ya que llevábamos con nosotros dos cántaros de agua fresca, así como alimentos. Al amanecer, Rehim Ali recogió combustible y poco después llegó Mohammed

Isa con los caballos.

Sonam Tsering, después de servir tanto al capitán Deasy (1896-99) como al capitán Rawling (1903), pudo mostrarnos donde habían acampado estos ingleses y donde el primero había enterrado algunas cajas después de que murieran sus animales. Las desenterramos pero no encontramos nada de valor. Me llevé solo un par de novelas y libros de viajes. Estaba ansioso por dejar atrás las rutas de estos exploradores y adentrarme en los grandes puntos triangulares de tierra desconocida en el norte del Tíbet, seductoramente calificados en el mapa inglés como «inexplorados».

Después de otros dos días en el camino, nos encontramos en la orilla occidental del lago de agua dulce Pul Tso[218]. Fue un campamento agradable; y Tundup Sonam, el cazador, disparó a un yak salvaje, que nos proporcionó carne durante varios días. Me guardaron los riñones y los huesos de la médula, una verdadera golosina. Después del anochecer, los hombres se sentaron junto al fuego para comer, mientras yo trabajaba en mi tienda de campaña. Entonces, de golpe, vino una tormenta furiosa desde el este, para variar. Dos tiendas se derrumbaron y las brasas resplandecientes volaron como fuegos artificiales. El oleaje golpeaba pesada y sordamente contra la orilla y su rocío caía sobre el campamento como si fuera lluvia.

El día siguiente fue hermoso. Cruzamos el lago por dos rutas, sondeamos la profundidad y acampamos en la orilla sur, mientras la caravana, después de un día de descanso, se dirigía a la costa este. Dedicamos un día más al lago, y llegamos a nuestro nuevo campamento sin ninguna tormenta. La distancia con el campamento abandonado en la costa occidental no era grande. En ese momento se pudo ver un fuego y nubes de humo abultadas. Todos estábamos asombrados y perplejos. Habíamos salido del campamento ocho horas antes y el fuego se había extinguido entonces. ¿Había ya tibetanos listos para perseguirnos e interferir con nuestra expedición? ¿O era un mensajero de Leh? No, eso era inconcebible. Mis hombres creían que los fantasmas solían andar por la orilla. Dijeron que era un fuego fantasma encendido por los espíritus del lago. Yo sospeché que se trataba de un montón de excrementos de yak secos que se habían olvidado y se habían avivado con el viento.

La caravana se hacía más pequeña. Un caballo yacía muerto en el campamento; y al día siguiente pasé junto a tres candidatos a una muerte segura, que eran conducidos por mis hombres. Nuestras provisiones se redujeron proporcionalmente; y los sacos de grano que servían a los hombres de Ladakh como cortavientos fueron disminuyendo progresivamente. Tres de nuestros caballos se escaparon de noche, cerca de un pequeño lago abierto, y envié a Robsang a buscarlos. Después de tres días regresó con dos de los caballos. El rastro del tercero reveló un episodio a la vez triste y dramático. Perseguido por una manada de lobos, este caballo había corrido para salvar su vida directamente hacia el lago hasta meterse en el agua. Los lobos se detuvieron, pero no el caballo. Evidentemente, había seguido adelante, con la esperanza de salvarse nadando; pero debió haberse ahogado por el agotamiento, ya que no se percibía rastro de él en la otra orilla.

ATACADO POR LOS LOBOS, UNO DE NUESTROS CABALLOS CORRIÓ HACIA EL LAGO Y MURIÓ AHOGADO

La caravana también era seguida por lobos y cuervos. Los primeros aparecían siempre cuando morían nuestros caballos; los segundos eran medio mansos, y pudimos identificar algunos de ellos.

El 6 de octubre la temperatura había bajado a -25 °C. Algunas de las mulas subieron a mi tienda durante la noche, y por la mañana una de ellas yacía muerta en la entrada.

Hasta entonces, nuestro curso había sido este-noreste. Ahora giramos hacia el sureste, a través del gran triángulo donde ningún europeo había entrado nunca. Aún quedaban 396 millas hasta el Dangra Yum Tso. Los lamaístas entonaban oraciones todas las noches para que lográsemos llegar al gran monasterio de Tashilhunpo; si tuviéramos éxito, harían una ofrenda con la paga de un mes completo al santo tashi lama[219]. Dos días después habíamos perdido veintinueve caballos y seis mulas, quedaban veintinueve caballos y treinta mulas. Todavía contábamos con dieciocho ovejas. El mismo día, Tundup Sonam cazó dos excelentes *Ovis ammon* [220]. Era imprescindible. Cada vez que se agotaba el suministro de carne, le disparaba a un yak, a una oveja salvaje o a un antílope. Un día, cuando iba en cabeza, sorprendió a una manada de yaks que pastaba en una cañada y mató a un espécimen que rebotando y rodando de cabeza por una pendiente, cayó muerto como una piedra a sus pies.

CAPÍTULO XLIX

MARCHANDO CON LA MUERTE POR EL NORTE DEL TÍBET

EL invierno había llegado. Todos los hombres vestían chaquetas de piel de oveja. Curtían las pieles de las ovejas sacrificadas para hacer *bashliks* y calzado. Yo dormía sobre la mitad de una piel de cabra blanca, grande, cuadrada y sedosa, y me cubría con la otra mitad. Tsering me arropaba por la noche con pieles y mantas. Tenía un *bashlik* de piel suave, y por la noche me acostaba como si estuviera en una guarida. Mientras permanecía despierto, Robsang mantenía mi brasero caliente con estiércol incandescente. Incluso los cachorros tenían sacos de dormir de fieltro. La cachorrita marrón, equipada con tal prenda, caminaba lentamente un rato, haciendo intentos desesperados por liberarse de ella. Nos partíamos de risa, especialmente cuando el cachorro blanco se unía al juego y se rasgaba el abrigo. Entonces la cachorrita marrón se agachaba y miraba con reproche a sus torturadores.

Tundup Galsan era el jefe de cocina y también nuestro narrador de historias. Tsering, mi cocinero, tampoco se cansaba de contar historias a un grupo reducido y selecto. Pero era más divertido cuando cantaba. Sonaba como un cerdo atrapado en una verja.

El 17 de octubre hacía −28 °C. Ahora tenía veintisiete caballos, veintisiete mulas y veintisiete hombres; pero dos caballos y una oveja murieron congelados dos días después. No habíamos visto rastro de seres humanos durante cincuenta y nueve días. Nuestras aprensiones aumentaron. ¿Seríamos capaces de mantener vivos suficientes animales hasta que encontráramos a los nómadas? ¿O morirían y nos obligarían a abandonar nuestras pertenencias mientras íbamos a pie en busca de personas?

El terreno era difícil; estábamos atrapados entre montañas y valles laberínticos. En el campamento número 44 nos golpeó una fuerte ventisca y no sabíamos qué camino tomar. Nuestros exploradores sugirieron un paso en el este, y Mohammed Isa fue allí al día siguiente, a través de la nieve de treinta centímetros de profundidad. Cuando llegué allí — 5.600 metros sobre el nivel del mar —, encontré que la cordillera principal estaba bastante cerca, al sureste del paso; pero Mohammed Isa había descendido hacia el noreste por un valle desolado y cubierto de nieve, en la parte inferior del cual había acampado. No había combustible ni pastos a la vista, y nuestro fuego se mantenía vivo con las cajas vacías que nos quedaban. Pesadas masas de nubes descendieron sobre las montañas blancas y de nuevo cayó nieve. Justo encima del campamento había una pequeña cresta, de apenas doce metros de altura. Uno de los hombres dirigió mi atención hacia ella. Allí se encontraban dos hermosos yaks salvajes, observándonos. Estaban tan asombrados como nosotros, pero ciertamente se veían impresionantes en medio del torbellino de nieve.

Durante la noche, los caballos se mordían las colas entre ellos y las albardas. Dos de ellos yacían muertos. El próximo campamento sería igualmente desamparado. Mohammed Isa efectuó un reconocimiento y volvió con la noticia de que había tierra abierta a tres horas de distancia. Al anochecer tuvo el desafortunado impulso de continuar hasta la llanura cubierta de hierba. Me quedé atrás con Robert, Tsering y Rehim Ali. Los otros partieron en tres grupos, con el pastor y sus ovejas en la retaguardia. Desaparecieron como fantasmas en la oscuridad. Hacía un frío terrible, pero no importaba, porque estábamos animados por la expectativa de mejores condiciones a la mañana siguiente.

Teníamos dos pobres mulas con nosotros. Una de ellas murió a medianoche; y la otra estaba tan mal por la mañana que detuvimos su sufrimiento con un corte de cuchillo. Sus ojos relucientes miraban hacia el sol y brillaban como diamantes. La sangre roja se veía espeluznante contra la blanca nieve.

Seguimos el rastro de los demás. Pronto nos encontramos con Tundup Sonam, quien nos dijo que la caravana se había perdido en la oscuridad de la noche, y que las rutas de los varios grupos se habían cruzado entre sí. Además, cuatro mulas habían muerto. Continuamos con él como guía. A la vista yacía una mula muerta, junto con los dos sacos de arroz que había cargado. Mohammed Isa apareció a lo lejos mientras reconocía el terreno junto a dos hombres. Por fin llegamos a la llanura, donde la hierba era bastante buena. Desmontamos y, medio muertos de frío como estábamos, encendimos un fuego. Poco a poco, los diversos grupos se unieron en nuestro triste campamento número 47. Sonam Tsering apareció primero con las mulas supervivientes. Lloró por nuestras pérdidas. Aquella noche se había cobrado siete mulas y dos caballos. El pastor había perdido por completo el rastro de los demás y llevó a sus ovejas a un barranco, donde se instaló en el centro del rebaño para calentarse. Fue un milagro que los lobos no encontraran el camino al lugar.

Hicimos una estimación aproximada de nuestra caravana. Quedaban treinta y dos cargas, veintiún caballos y veinte mulas, inútiles cuatro de estas últimas. Solo Robert y yo continuábamos montados a caballo. Decidí que cinco de las siete cargas restantes de arroz debían ser ofrecidas a los animales. Todo dependía de ellos. Tundup Sonam mejoró esta triste situación al cazar tres antílopes.

Cuando varios de los hombres fueron a cortar la presa y preparar la carne, los lobos ya habían devorado un antílope.

Dos mulas y un caballo sucumbieron durante la marcha del 24 de octubre. Nuestra situación se agravaba cada día más. El silencio reinaba alrededor de las hogueras. Establecimos campamento en un pequeño lago, en la orilla del cual encontramos hierba seca y un manantial. A las diez de la noche una bandada de gansos salvajes, con destino al sur, voló sobre nosotros. El paisaje estaba iluminado por la luz de la luna más brillante y el clima estaba en calma. Por el graznido de los gansos salvajes supimos que tenían la intención de descender y descansar en el manantial. Pero, al darse cuenta de que el lugar estaba ocupado por seres humanos, el líder de los gansos «graznó» una nueva orden a sus tropas y, con una charla animada, levantaron de nuevo el vuelo y continuaron hacia el sur hasta la siguiente fuente de agua. Sin duda, estas comunidades han seguido las mismas rutas sobre el Tíbet durante miles de años, en su camino hacia y desde la India en otoño y primavera.

El gran caballo tordo que montaba cuando salimos de Leh estaba cansado; así que monté un pequeño ladaki blanco, un amigo mío. Mordió y dio coces cuando toqué la silla; pero una vez me levanté con él, caminó con pasos firmes y seguros. En dos lugares vimos el trípode de piedra típico sobre el que cocinan los cazadores de yaks. Nos acercábamos a la vida humana después de sesenta y cinco días de aislamiento. Todos estaban atentos a las carpas negras. Cuanto más tardáramos en ponernos en contacto con los nómadas, más tarde llegaría a Lhasa el rumor de nuestro acercamiento. Y, sin embargo, añorábamos a la gente, porque nuestros caballos y mulas supervivientes no podrían resistir mucho más. El agua era escasa. A veces teníamos que derretir hielo en las ollas para que los animales pudieran beber.

Hicimos una marcha corta al campamento número 51 en medio de un clima tormentoso y un frío glacial. Estaba tan exhausto que apenas podía sentarme en la silla de montar, y nos detuvimos dos veces para encender fogatas con estiércol.

Tan pronto como la tienda estuvo lista, me arrastré dentro y me acosté en la cama tal y como estaba. Desarrollé la fiebre más violenta, un dolor de cabeza palpitante y una temperatura de 41,5 °C. Robert sacó el botiquín de Burroughs Wellcome, ese bendito almacén que la misma firma también había regalado a Stanley, Emin Pasha, Jackson, Scott y otros. Robert y Tsering me desvistieron y cuidaron durante la noche. En mi delirio, me imaginaba lejos del Tíbet. Así estuve abatido durante ochenta y cuatro horas. Robert me leía en voz alta. Se desató una tormenta que duró seis días. El polvo entró en mi tienda, donde una vela titilaba durante la noche. Los lobos eran audaces y Tundup Sonam acabó por disparar a uno de ellos. También hubo que matar a un cuervo que picoteaba las crines de los caballos. Muchos de los hombres estaban enfermos. De los cincuenta y ocho caballos, dieciséis habían sobrevivido.

El 3 de noviembre pude continuar, bien abrigado. Con frecuencia nos encontrábamos con viejos lugares para acampar y ollas de piedra para cocinar. Dos días después encontramos rastros de minas de oro e indicaciones de excavación en busca del metal. Había un camino aparentemente transitado por seres humanos. Una manada de yaks salvajes pastaba en un estrecho valle. Tundup Sonam abrió el camino. Excepto por un macho viejo, tan grande como un elefante joven, los yaks huyeron valle arriba. El macho avanzó con los cuernos bajos hacia el cazador, que apenas tuvo tiempo de ponerse a salvo en una terraza. Desde allí derribó al yak con dos balas bien dirigidas. Tomé varias fotografías del hermoso animal.

EL YAK HERIDO BAJANDO POR LA CAÑADA EMPINADA

El 7 de noviembre tuvimos una aventura fuera de lo común. Me ocupé yo mismo de la recolección de especímenes minerales, trazando la ruta, y dibujando y fotografiando; siempre estaba en la cola de la caravana junto con Robert, a caballo, y Rehim Ali a pie. Este último solía sujetar mi caballo cuando desmontaba. Íbamos cabalgando a lo largo de la orilla de un lago, con una empinada pared montañosa a nuestra derecha. Entonces aparecieron dos rebaños de ovejas salvajes. Alrededor, había túmulos construidos por buscadores de oro. Salimos a un llano y huyeron cincuenta yaks que pastaban allí. Una manada de veinte antílopes *pantholops* (o antílope tibetano) apareció ante nosotros y se desvaneció como la sombra de una nube a medida que nos acercábamos. Enseguida avistamos el campamento número 56, media milla por delante de nosotros. En unos minutos estaríamos allí. El humo de las hogueras ya empezaba a elevarse.

Un gran yak negro pastaba apenas a doscientos pasos del campamento. Mohammed Isa salió de su tienda y disparó una bala al animal. La bestia herida se puso furiosa; al vernos y concluir que éramos enemigos, se dirigió directamente hacia nuestro pequeño grupo. Rehim Ali lanzó un grito de desesperación y corrió para salvar su propia vida hacia las tiendas. Pero el yak cambió de opinión y se dio la vuelta. Nuestros caballos se asustaron y empezaron a galopar. Rehim Ali agarró el caballo de Robert por la cola. El yak estaba bastante cerca, y tenía tanta rabia que echaba espuma por la boca. Tenía los ojos inyectados en sangre, su lengua azul violeta le colgaba fuera de la boca, su aliento salía de sus fosas nasales como nubes de vapor y el polvo se arremolinaba detrás de él. Se abalanzó hacia adelante con la cabeza gacha y, como yo cabalgaba en el extremo derecho, sería mi caballo al que primero cornearía, y nos lanzaría a él y a mí en el aire, después de lo cual nos pisotearía hasta convertirnos en pulpa. En mi imaginación ya podía oír el crujido de nuestras costillas rotas. El yak estaba ahora a quince metros de nosotros. Tiré mi *bashlik* para distraer su atención. El yak ni se inmutó. Me desabroché el cinto con la intención de echarle el abrigo de piel de oveja y así dejarlo ciego cuando estuviera cerca. Me sentí como un torero en una corrida de toros[221]. Solo estaba a un paso de la muerte. Antes de que pudiera liberarme del abrigo, se escuchó un chillido desgarrador. Era Rehim Ali, que había tropezado y ahora estaba boca abajo en el suelo. El yak, distraído por esto, se volvió hacia Rehim Ali. Con los cuernos bajados, se abalanzó sobre su víctima. Pero el yak debió pensar que el hombre ya estaba muerto, o lo consideró inofensivo —pues Rehim Ali ni siquiera se movió—, se contentó con cornear a Rehim Ali; luego continuó su carrera salvaje a través de la llanura y se alejó rápidamente.

Me volví de inmediato, desmonté y corrí hacia Rehim Ali, creí que estaba muerto. Yacía inmóvil, andrajoso y polvoriento. Al preguntarle cómo estaba, hizo un gesto cómico con una mano, como si dijera: «No me hagas caso. Ya estoy muerto como una piedra». En ese momento llegó ayuda del campamento. El pobre Rehim Ali realmente se veía muy miserable. Tenía una herida larga pero inofensiva a lo largo de una pierna. Lo subieron a un caballo, le vendaron la herida y le dieron cuidados en una tienda. De ahora en adelante no iría más a pie. Pero el evento ciertamente lo puso un poco raro, y pasó mucho tiempo antes de que volviera a ser el mismo de antes.

En el campamento siguiente perdimos un día al tener que volver sobre nuestros pasos hacia el norte, a causa de una manada de lobos que perseguía a nuestros caballos. El 10 de noviembre vimos las huellas frescas de un hombre y un yak domesticado en la orilla de un lago; y, mientras buscaba algo de caza, Tundup Sonam se encontró con una tienda aislada donde vivían una mujer y tres niños. Dos días más tarde, después de que hubiéramos perdido tres caballos y aún poseyéramos solo trece, nuestro poderoso cazador trajo a dos tibetanos montados a caballo a nuestro campamento. Estos eran los primeros hombres que veíamos en ochenta y un días.

EN CUALQUIER MOMENTO NOS EMBESTIRÍA A MÍ Y A MI PONI CON SUS CUERNOS

Podrían haber tenido cincuenta y cuarenta años, respectivamente. El mayor se llamaba Puntsuk; el más joven, Tsering Dava. Eran mitad nómadas, mitad cazadores de yaks y se hacían llamar *changpa* (norteños). Todo el norte del Tíbet se conoce como Chang Tang, o «Llanura del Norte». Me llamaban Bombo Chimbo (el «Gran Cacique»). Estaban sucios, su cabello era largo y desordenado, sus gorras estaban hechas para proteger sus mejillas y barbillas, vestían cálidos abrigos de piel de oveja y botas de fieltro, y estaban equipados con espadas toscas, eslabones para encender fuego y rifles, pero estaban totalmente desprovistos de... ¡pantalones!

¿Querrían vendernos algunos de sus yaks y ovejas? Sí, ¡con gusto! Regresarían a la mañana siguiente. Pero no confiamos mucho en ellos y los mantuvimos prisioneros en la tienda de Mohammed Isa durante la noche. Por la mañana, algunos de mis hombres los acompañaron a su campamento. Todo el grupo regresó pronto con cinco hermosos yaks, cada uno de los cuales llevaría la carga de dos de nuestros agotados caballos, y también con cuatro ovejas y ocho cabras. Les pagamos generosamente, porque en verdad nos habían salvado.

Nos contaron todo lo que sabían sobre la región y sobre sus propias andanzas. Se mantenían con carne cruda vieja, dura y seca, mantequilla, leche agria y ladrillos de té. Escondidos detrás de pequeños muros de piedra, junto a manantiales, acechaban a sus presas. Tsering Dava juró que había matado, en total, a trescientos yaks salvajes en su vida como cazador. Hacían botas y correas con las pieles de asnos salvajes e hilo con los tendones de las bestias salvajes. Ellos y sus mujeres cuidaban de los yaks domesticados, las

LOS PRIMEROS NÓMADAS QUE NOS ENCONTRAMOS

ovejas y las cabras. Así transcurrían sus vidas monótonamente, pero saludable y activamente, de año en año, en las vertiginosas alturas, en fríos mortales, tormentas y ventiscas. Erigían túmulos votivos a los dioses de la montaña, y veneraban y temían a todos los espíritus extraños que moraban en los lagos, ríos y montañas. Y cuando les llegaba su muerte, sus parientes los llevaban a una montaña, donde sus cadáveres se dejaban a los lobos y los buitres[222].

El 14 de noviembre continuamos, Puntsuk y Tsering Dava actuaban como guías. Me dieron los nombres geográficos, y verificamos sus afirmaciones;

Mohammed Isa interrogando a Puntsuk, y yo a Tsering Dava, les formulamos preguntas idénticas a cada uno. Hablaban de buscadores de oro (*topka*) que trabajaban dos o tres meses al año y traían a casa cargas de sal, que intercambian por grano. Todas las noches, contaban y jugaban con las brillantes rupias plateadas que les había dado.

Sus pequeños caballos me divertían. Cuando Tsering Dava y yo llegamos al campamento, Puntsuk ya había puesto su caballo a pastar. Pero a nuestra llegada, este vino galopando al encuentro de su camarada, relinchando de alegría, y luego intercambiaron saludos frotándose las narices. Los caballos tibetanos se interesaron genuinamente por los nuestros y no parecían entender que nuestros demacrados y miserables animales fueran de su propia especie. Fue interesante observar el deleite con que estos pequeños ponis comían carne seca, cortada en tiras largas. En un país donde el pasto es tan escaso, los nómadas tienen que entrenar a sus caballos para que se conviertan en animales carnívoros.

Un día, Tundup Sonam cazó dos yaks salvajes. Nos llevamos tanta carne como nos hizo falta. El resto la dejamos para Puntsuk y Tsering Dava; pero lo más probable es que los lobos llegasen primero.

Luego cabalgamos a través del paso de Chakchom La, cuya altitud es idéntica a la del volcán Popocatépetl en México (5.470 metros de altitud). Lo atravesaba el sendero habitual de los buscadores de oro.

En nuestro campamento, al sur de esta cordillera, nuestros nuevos amigos me suplicaron que los dejara regresar; porque nunca habían estado tanto al sur. Se les concedió su liberación además de generosas propinas, y por su reacción se vio que no habían soñado con la existencia de personas tan amables como nosotros.

Un día después, desde otro paso, avistamos seis tiendas de campaña rodeadas de rebaños de pastoreo. Acampamos en la orilla del lago Dungtsa Tso[223].

Las tiendas albergaban a cuarenta personas, que poseían mil ovejas, sesenta yaks y cuarenta caballos. Lobsang Tsering, un anciano cojo, nos ofreció tres hermosos yaks a veintitrés rupias cada uno, y uno de sus camaradas nos ofreció dos al mismo precio. Así teníamos diez yaks en total, y pudimos aliviar considerablemente a nuestras otras bestias.

Lobsang Tsering se veía atractivo con su abrigo de piel rojo y su tocado también rojo, similar a un turbante. Habló acerca de los depósitos de oro y sal en esta región, que eran explotados por gente de Lhasa. Él mismo y todos los demás nómadas que había en esta zona eran del distrito de Gertse[224], en el suroeste. Parecían deseosos de ayudarnos, pero tenían miedo unos de otros. Sin embargo, era evidente que no habían recibido ninguna orden especial de Lhasa.

Con nuestras catorce mulas, doce caballos y diez yaks, llegamos a un camino a través de altas montañas, el 22 de noviembre. Su existencia era atribuible a los buscadores de oro y sus yaks, y a las caravanas de sal con sus ovejas.

Las tormentas diarias eran una tortura. Abrigados como exploradores del ártico, cabalgamos a través de torbellinos de polvo. Nuestra piel se agrietaba, especialmente alrededor de las uñas, donde desarrollamos llagas crónicas. Y por la noche se oían estruendos, como de grandes trenes entrando en estaciones de ferrocarril, o de artillería pesada pasando a toda velocidad sobre adoquines.

Cuatro mulas murieron al día siguiente. La temperatura por la noche bajó a -33 °C. Una vez más acampamos, cerca de un pueblo de seis tiendas cercado por muros de piedra. Los habitantes pertenecían a la provincia de Naktsang[225], y recibían sus órdenes del Devashung, o Gobierno de Lhasa. Mohammed Isa trató de negociar la compra de algunos yaks y ovejas; pero un funcionario entró en la tienda y prohibió a la gente que nos vendiera nada. Sabía que un europeo estaba escondido en nuestra caravana y nos aconsejó que diéramos la vuelta de inmediato.

«Ya empezamos otra vez», pensé. «Ahora se enviará un mensajero rápido a Lhasa, y luego seguirá el espionaje y las cargas habituales, y finalmente la movilización de la milicia montada». No muy lejos de este lugar crítico nos encontramos con una caravana de treinta y cinco peregrinos de Nakchu, quienes, con seiscientas ovejas y cien yaks, habían estado en la montaña sagrada del Kang Rinpoche (monte Kailash), y viajaban tan lentamente que el viaje de ida y vuelta les tomó dos años. En nuestro siguiente campamento encontramos dos espías en guardia. Una mula murió durante la noche e inmediatamente cinco lobos la devoraron a medias, y no huyeron ni siquiera cuando cabalgué muy cerca de ellos.

Nos dimos tanta prisa como nuestros animales exhaustos podían permitir. Una tarde, cuando estábamos acampando entre enormes rocas, dos jinetes se acercaron a nuestras tiendas. Sus coletas estaban enrolladas alrededor de sus cabezas, que estaban adornadas con pañuelos rojos. Cintas rojas y verdes adornaban sus túnicas, las vainas de sus espadas estaban engarzadas con piedras semipreciosas y sus botas estaban hechas de fieltro de muchos colores. Dijeron que pertenecían a la caravana de los peregrinos de Nakchu, y esta afirmación sonaba más plausible cuando decían:

—Tú eres el *peling* (europeo) que vino a Nakchu con dos compañeros hace cinco años. El nombre de uno de ellos era Shereb Lama.

—Eso es correcto.

—Tenías camellos y rusos en tu caravana. Toda la provincia hablaba de ti.

«Eso es bueno», pensé. «Ahora los gobernadores pronto sabrán que estoy en camino, y luego nos detendrán».

—¿Tenéis yaks para vender? —pregunté.

—Sí. Estaremos de regreso mañana por la mañana temprano; pero nadie debe saber que te hemos vendido nada.

—Está bien; venid, no se lo diremos a nadie.

Y antes del amanecer llegaron con yaks, mantequilla, ladrillos de té y tabaco de Bután.

—Os daré tres rupias al día a cada uno de vosotros si nos acompañáis —dije.

—¡No, gracias! —respondieron—. Ya se ha enviado un mensaje al sur para detenerte y forzarte ir hacia el oeste, al igual que la última vez.

Y así se fueron. Y nosotros, dueños ahora de dieciocho yaks, nos dirigimos hacia el sur por un paso, al otro lado del cual encontramos el territorio cubierto de nieve. Con Robert y Haji, cabalgué muy por detrás de la caravana mientras cruzábamos una llanura. Señalando hacia el paso detrás de nosotros, Haji exclamó:

—¡Tres jinetes al galope!

«Ahora está sucediendo de verdad», pensé. Los jinetes se dirigieron directamente hacia nosotros. Un hombre corpulento exigió con autoridad que rindiéramos cuentas de nosotros mismos. Nosotros, a su vez, preguntamos quiénes eran. Después de más interrogatorios, se dirigieron a la caravana, que ya había acampado, y allí sometieron a Mohammed Isa a un severo interrogatorio y cabalgaron hacia el oeste.

El 4 de diciembre atravesamos un tramo donde pastaban cientos de asnos salvajes. Cuando llegamos al Bogtsang Tsangpo, un río que conocía de mi viaje anterior, estábamos a solo 4.755 metros sobre el nivel del mar, que era inusualmente bajo para nosotros.

No tardamos tiempo en establecer relaciones amistosas con los nativos, quienes voluntariamente nos vendían comida. Y ya era hora; porque nuestro propio suministro de arroz, harina y harina tostada se había acabado. Todavía recibía mi panecillo diario de pan blanco, pero los hombres subsistían con carne y té.

Todavía no habíamos sido privados de la libertad. Este era el mismo camino por el que había pasado en 1901, y justo al sur del Bogtsang Tsangpo estaba el comienzo del gran espacio en blanco, el objetivo principal de mi expedición. Pero nuevamente una nube negra se cernió sobre nuestra empresa. Al día siguiente, seis hombres llegaron cabalgando a nuestro campamento. El más alto entre ellos era un *gova*, o jefe del distrito. Dijo:

—Tengo información del norte sobre ti. Y ahora quiero saberlo todo. La última vez que pasaste por esta zona venías con camellos. Ahora voy a enviar un mensajero al gobernador de Naktsang, de lo contrario, me cortará el cuello. Bombo Chimbo debe quedarse aquí hasta que llegue la respuesta.

—¿Y eso cuándo será?

—En veinte días.

—¡No, gracias! No tengo tiempo. Proseguiremos con nuestro viaje mañana.

El anciano era amable y agradable. Nos acompañó río abajo, plantó su tienda junto a la nuestra y no puso objeciones a que los nómadas nos ayudaran. Estos últimos me aseguraron que todo Naktsang sabía sobre mi viaje.

Era el 13 de diciembre cuando, desde un paso de montaña, avistamos el ansiado lago de Dangra Yum Tso. Había ordenado al correo postal que se dirigiera a la costa sur y ya llevábamos medio mes de retraso. Sin embargo, decidí ir primero al Ngangtse Tso[226], un lago un poco más al este.

Cerca del campamento estaba la entrada a un desfiladero tan angosto que en algunos lugares podíamos tocar las dos paredes de la montaña simultáneamente. Dos de los hombres y yo dimos un paseo hasta allí. Robsang nos recogería con yaks. Parecía muy abatido cuando nos recibió a la hora señalada, y nos dijo que doce jinetes armados habían venido a detenernos.

Habíamos avanzado solo unos pocos días de viaje hacia el país desconocido, y ahora mi camino estaba obstruido como antes. Todo nuestro sufrimiento durante el invierno, todos los animales muertos, todo había sido en vano.

Cabalgué de regreso a mi tienda con un humor sombrío. Cuando Tsering entró con el brasero encendido, dije:

—Ahora ves que tenía razón cuando dije que nos detendrían.

—¡Detenido! —exclamó—. Nadie nos ha detenido.

—Robsang dijo que doce jinetes estuvieron aquí.

—Entendió mal; eso era solo un rumor.

—¡Bien! ¡Entonces sacrificaremos la oveja más magra y celebraremos un banquete esta noche!

CAPÍTULO L

A TRAVÉS DEL GRAN ESPACIO EN BLANCO «INEXPLORADO»

POR la tarde, tres tibetanos más cabalgaron hasta nuestro campamento. Eran decididamente amistosos, nos dijeron que una banda de ladrones de Nakchu andaba por el norte y, por consiguiente, declararon que nos habían tomado por ladrones. En cambio, estaban complacidos de conocer gente agradable. Uno de ellos me había visto cinco años antes y recordaba que en esa ocasión fui escoltado por tibetanos. No les importó vendernos varios yaks y además nos facilitaron un guía.

Compramos tres espléndidos yaks, por lo que nuestros últimos diez caballos y dos mulas quedaron ahora sin carga. Al entrar en la provincia de Naktsang, nos encontramos con una gran horda de jinetes y un gran número de yaks. «Nos detendrán en la misma frontera», fue mi pensamiento. Pero no fue así; eran solo nómadas inofensivos de Bogtsang Tsangpo, que habían ido al sur a comprar mercancías. A los pocos días, sin embargo, nos topamos con unas tiendas de campaña, cuyos habitantes gritaban con impertinencia a Mohammed Isa: «Vuelve por donde viniste. No tienes derecho a viajar por aquí». Ante lo cual Mohammed Isa se puso firme y dejó que los más insolentes probaran su látigo. Después de eso, se quedaron tan mansos como los corderos.

En la mañana del 24 de diciembre fui despertado por un canto lúgubre. Un mendigo ambulante y su anciana esposa se habían sentado fuera de mi tienda, cantando y blandiendo su bastón mágico.

Un niño pequeño era nuestro guía y nos llevó a través de un paso. Un hombre condujo mi caballo tordo hasta la cima. Acaricié al fiel animal al adelantarlo, con la esperanza de que su fuerza aguantara hasta nuestro próximo campamento. El caballo suspiró pesadamente y me miró cuando continué cabalgando. Nunca llegaría al campamento.

La caminata de Nochebuena fue larga; y las sombras del anochecer ya se cernían sobre los pies de las montañas cuando descendíamos hacia el valle circular; donde el lago Dumbok Tso, con una pequeña isla rocosa en el centro del agua, brillaba de color blanco debido al hielo. Los fuegos navideños mostraban sus llamas amarillas a cierta distancia de la orilla. Terminado el trabajo del día, quería hacer algo para celebrar la Navidad. Robert había ahorrado unas cuarenta velas medio derretidas; así que las dispusimos en filas sobre una caja y las encendimos. Llamé a todos mis hombres y les pedí que se sentaran frente a la tienda cerrada.

De repente bajamos las lonas de la tienda y sorprendimos a los hombres con esta iluminación inesperada. Fueron a buscar flautas, ollas y sartenes y empezaron a tocar, cantar y bailar. Los nómadas del vecindario probablemente pensaron que estos ritos y encantamientos eran parte de un acto de brujería. Nuestro joven guía creyó que nos habíamos vuelto locos y pidió permiso para regresar a su tienda. Los lamaístas cantaron una canción en honor a Tashilhunpo; y, cuando amainó el ruido, leí los pasajes bíblicos, propios de la Navidad, que se leerían aquella noche en todas las iglesias de Suecia y del resto de la cristiandad.

El campamento número 97 se levantó en la orilla norte del Ngangtse Tso, un lago salado grande y poco profundo descubierto por Nain Sing, el explorador indio. En este mismo lugar cruzamos su ruta. El pasto era bueno y quería que mis animales y hombres tuvieran un buen descanso. Sin embargo, algunos de los hombres más fuertes vendrían a trabajar conmigo. Íbamos a sondear la profundidad del Ngangtse Tso, que estaba densamente congelado. Ciertamente, entretenernos aquí era correr un riesgo, porque deberíamos haber estado penetrando en el país prohibido a marchas forzadas. Pero los animales tenían que descansar y había que sondear y cartografiar el lago.

Fabricamos un trineo donde me senté con las piernas cruzadas, envuelto en mi abrigo de piel de oveja. Robsang y Haji tiraban de él. Otros siete hombres llevaron nuestras provisiones y una pequeña tienda a través del hielo. A intervalos convenientes perforamos el hielo y dejamos caer el plomo a través de los agujeros. Nuestro primer campamento se hizo en la costa sur. El segundo viaje nos llevó hacia el noroeste; y tuvimos gran dificultad para cruzar aguas abiertas sobre una fisura de casi metro y medio de ancho. El 31 de diciembre hicimos el campamento número 100, en la orilla occidental. Allí un pastor apacentaba quinientas ovejas. Al vernos, salió corriendo a toda velocidad, dejando las ovejas a su suerte.

El 1 de enero de 1907 cruzamos el lago en diagonal, en dirección sur-sureste. Un fuerte viento arrastró la sal en polvo sobre el brillante hielo verde oscuro. Avistamos tiendas de campaña, yaks domesticados y asnos salvajes en la costa sur. Se desató una fuerte tormenta. Mis hombres de Ladakh se sentaron alrededor de su hoguera al aire libre, formando un grupo pintoresco entre el polvo y la difusa luz de la luna.

El 2 de enero cruzamos el lago en dirección suroeste frente a un fuerte viento en contra. Estaba sentado en el trineo sobre uno de los agujeros cuando el viento de la tormenta me llevó en volandas sobre el lago como si fuera un yate en el hielo. Si no hubiera sido por una grieta que me hizo volcar, probablemente habría cruzado todo el lago a esa velocidad de locura. En el campamento amarramos bien el trineo. Encontrando un poco de estiércol de oveja en un corral, encendimos una hoguera; pero tardamos una hora en descongelarnos. Éramos un espectáculo. Nuestras caras estaban tan blancas como las de un molinero, debido al polvo de sal.

Nos dirigimos hacia el noreste un tiempo después, con un viento glorioso que nos acompañaba. El hielo en polvo caía a chorros de nuestros cuerpos mientras avanzábamos. Trajimos comida de los nómadas. El cachorro blanco estaba con nosotros y me hizo compañía. El 4 de enero vimos a lo lejos una mancha negra en el hielo. Era Islam Ahun, quien, portando una carta de Robert, nos había buscado durante dos días completos. La carta decía que había llegado una tropa de jinetes armados para detenernos y que insistían en hablar conmigo.

Así que realmente tenían la intención de detenernos, como en 1901. Ahora había llegado a mi punto más al sur, y las puertas de la «Tierra de los Libros Sagrados» estaban siendo cerradas despiadadamente en mi cara; pues:

> *Mías son las puertas que abro,*
> *y mías son las puertas que cierro,*
> *y mi casa en orden pongo,*
> *así dijo Nuestra Señora de las Nieves.*

Al día siguiente efectuamos sondeos a lo largo de una ruta más, que reveló el punto más profundo de todo el lago, solo diez metros. Llegó otro mensajero, con este mensaje: «Se espera al propio gobernador en cuatro días. Estamos estrictamente vigilados». ¿Sería Hlaje Tsering, como antes? ¿Por qué no me había dirigido al Dangra Yum Tso, como había planeado desde el principio, y así evitado la región de Naktsang?

El 6 de enero hicimos sondeos sobre otra ruta más. Mientras estábamos así ocupados vino el propio Mohammed Isa. Me dijo que veinticinco tibetanos estaban acampando en nuestro campamento y que los mensajeros iban y venían. Nadie había oído hablar de ningún mensajero con correo para mí. Había señalado que mis cartas llegasen el 25 de noviembre al Dangra Yum Tso, y ahora era ya el 6 de enero. Entonces, ¿por qué el coronel Dunlop-Smith habría de cumplir con mi petición de enviar mis cartas al Tíbet, cuando sabía que el Gobierno británico había hecho todo lo posible por evitar mi viaje, y yo finalmente me había dirigido al Turquestán oriental con un pasaporte chino?

El 7 de enero acudimos requeridos por las autoridades tibetanas y cabalgamos hasta el campamento número 107, a poca distancia de la orilla noreste del lago. Me senté en la tienda de Mohammed Isa y recibí a los jefes tibetanos. Hicieron una reverencia, con sus lenguas fuera[227]. Uno de ellos había estado presente cuando Hlaje Tsering me interceptó en mi anterior expedición.

—¿Aún es Hlaje Tsering el gobernador de Naktsang?

—Sí, y sabe que eres tú quien ha vuelto. Ha enviado noticias sobre ti a Lhasa. Estará aquí dentro de cuatro días, y debes esperar hasta entonces.

En la tarde del día once, llegaron tropas a caballo y se levantó una gran tienda azul y blanca. Al día siguiente, el gobernador, junto con un joven lama, me visitó. El gobernador vestía un gorro chino, con dos colas de zorro y un botón de cristal blanco, un caftán de seda, con mangas anchas, cuello de piel de nutria, aretes y botas de terciopelo. Me saludó calurosamente; de hecho, no estuvimos lejos de abrazarnos. Pero seguía inflexible en su orden:

—No debes viajar a través de Naktsang, Hedin Sahib. Debes volver al norte. Aunque somos viejos amigos, no quiero meterme en problemas por tu culpa.

—Hlaje Tsering —respondí—, comencé este viaje con ciento treinta bestias de carga. Me quedan ocho caballos y una mula. ¿Cómo puedes pedirme que regrese a ese cruel Chang Tang con una caravana así?

—Puedes ir a donde quieras, pero no a través de mi provincia.

—El dalái lama ha huido. Ahora hay un régimen diferente al que había antes cuando estuve en el Tíbet. El tashi lama me está esperando.

—Solo recibo órdenes del Gobierno de Lhasa.

—Estoy esperando cartas de la India que me llegarán a través del tashi lama.

—No tengo pruebas de eso. No dejaré este lugar hasta que estés de camino hacia el norte.

—Y yo no me iré hasta que obtenga mi correo de la India.

«ESTOY MUY CONTENTO DE VOLVER A VERTE, HEDIN SAHIB», DIJO HLAJE TSERING

Ahora comprendí que debería haber ido al Dangra Yum Tso, que está fuera de la provincia de Naktsang, y que lo único que podía hacer ahora era volver al Bogtsang Tsangpo y desde allí hasta el Dangra Yum Tso.

Al regresar a su tienda, Hlaje Tsering me envió arroz, mantequilla y otras vituallas como regalo de bienvenida; y yo le entregué dos artículos y dos cuchillos de Cachemira a cambio. Luego le devolví la visita en su gran tienda bellamente decorada, donde continuamos las negociaciones. No se opuso a que enviase dos mensajeros al capitán O'Connor en Gyangtse. Rub Das y Tundup Galsan debían estar listos para la noche siguiente. Pero al final no resultó, porque el gobernador me visitó de nuevo al día siguiente, y esta vez había cambiado de opinión. Para mi gran asombro dijo:

—He discutido el asunto con mis hombres de confianza, y hemos acordado que lo único que puedes hacer es partir e ir al sur a la región de Labrang (Tashilhunpo). Te pido que reanudes tu viaje mañana.

¿Qué había ocurrido? ¿Qué quería decir? ¿Había recibido órdenes de Lhasa? No confié en mis oídos, pero mantuve mi semblante y dije con bastante frialdad:

—Está bien, iré al sur, solo si me consigues algunos animales de carga.

—Puedes comprárselos a los nómadas. Tu carretera discurre al este del Ngangtse Tso.

Después del habitual intercambio de visitas, volvimos a empaquetar nuestro equipaje con cuidado. Hlaje Tsering se interesó mucho en este procedimiento y pidió las cajas vacías que sobraron. Consiguió una caja de cuero rojo y varias cosas más. Se lo merecía todo, porque me había abierto de par en par las puertas de la «Tierra de los Libros Sagrados».

El 14 de enero fue un día memorable. Cuando el sol estaba en el meridiano se produjo un eclipse que cubrió el noventa por ciento de su superficie. Durante tres horas observé las fases con el teodolito y anoté la temperatura, la dirección del viento, etc. El cielo estaba perfectamente despejado. Oscureció y reinó el silencio general. Los tibetanos se escondieron en sus tiendas. Los ladakis murmuraron oraciones. Las ovejas regresaron del pasto. Los cuervos se posaron, inertes y adormecidos, como si la noche se acercara.

Tan pronto como terminó el fenómeno, fui a la tienda de Hlaje Tsering.

—Ya ves que los dioses del Dangra Yum Tso están enojados porque querías cerrarme el camino a su lago —dije.

Pero él me sonrió con aire de superioridad y respondió:

—Es el perro grande que deambula por el cielo, que a veces oscurece el sol.

Mientras estábamos sentados hablando, la puerta de la tienda se abrió de golpe y entró Robsang, casi sin aliento.

—¡El correo ha llegado! —gritó.

—¿Quién lo ha traído hasta aquí? —pregunté con una calma imperturbable.

—Un hombre de Shigatse.

—¿Qué ha pasado? —preguntó Hlaje Tsering.

—Oh, es solo el tashi lama, quien ha enviado mi correo aquí —respondí.

Hlaje Tsering envió a uno de sus hombres de confianza para verificar mi declaración. El hombre interrogó al mensajero, quien le dijo que el duque Rung Gushuk, hermano del tashi lama, le había ordenado que fuera a buscarme a toda costa. Se había enterado por los nómadas sobre dónde estaba yo.

Ahora le tocaba a Hlaje Tsering asombrarse. Abrió mucho los ojos y la boca y se limitó a mirar. Por fin dijo:

—Bueno, no tengo nada más que decir, ahora que sé que el mismísimo santo tashi lama te está esperando. El camino está abierto para ti. Pasado mañana iré a casa en Shansa Dzong.

—¿No te dije que mis cartas vendrían del tashi lama? —respondí.

Me despedí, corrí a mi tienda y recibí a Ngurbu Tundup, el espléndido mensajero. La preciosa valija postal había sido enviada desde Calcuta a Gyangtse y luego al tashi lama, con la petición de que fuera enviada al Dangra Yum Tso. Afortunadamente se había retrasado, como nosotros.

¡Montones de cartas! ¡Buenas noticias desde casa, periódicos, libros! Se restablecieron las relaciones con el mundo exterior. Devoré las cartas y los papeles. Los ladakis organizaron baile y música por la noche; salí con ellos por un rato, y pronuncié un discurso en chagatai turki, les agradecí su firmeza y fidelidad durante el pasado invierno. Ahora recibirían su salario y pronto verían Tashilhunpo y al hombre más santo del Tíbet[228].

Con -25 °C dentro de la tienda y los lobos aullando afuera, me quedé leyendo la mitad de la noche. El 15 de enero lo pasé enteramente leyendo. En el 16 de enero, partió el bueno de Hlaje Tsering. Intercambiamos regalos una vez más, él montó su caballo y, después de mutuos adioses de verdadero pesar, desapareció con su escolta por los cerros más cercanos.

Esta fue una gran victoria para mí. Cruzaría la parte oriental del gran espacio en blanco que ningún europeo o *pundit* había atravesado todavía. Todos los obstáculos en mi camino se habían derrumbado.

Compramos tres caballos nuevos a los nómadas más cercanos y nos dirigimos a la orilla sureste del lago. Un asno salvaje que había sido despedazado por lobos yacía allí. El frío bajó a -34 °C.

Teníamos una vista espléndida del lago Marchar Tso[229] desde nuestro próximo campamento en un valle. El cachorro blanco y un perro negro de Pobrang estaban ausentes, ya que se quedaron con el asno salvaje. Envié dos hombres a buscarlos; pero los perros se habían ido y nunca regresaron.

Dos días después, dos perros callejeros se unieron a nuestra banda errante. Uno de ellos era viejo, cojo y peludo, y los hombres trataron de ahuyentarlo a pedradas; pero nos siguió hasta el siguiente campamento, y después de eso, a través de cientos de millas; acabó por convertirse en el favorito de todos. Mantuvo una vigilancia feroz sobre la ciudad de tiendas de campaña, y fue simplemente bautizado como el «Cojo».

Cabalgamos a través de un laberinto de valles sinuosos con cursos de agua congelados y cordilleras oscuras que nunca habían sido registradas en un mapa, ni siquiera vistas por un hombre blanco desde que Noé dejó su arca. El nombre nómada de la cresta principal era Pabla. Nos aproximamos en tiempo tormentoso, con frecuentes torbellinos de nieve. En cada paso encontramos túmulos con banderines, que llevaban las seis sílabas sagradas, ondeando agrupados sobre postes de madera. El Sela La[230], de 5.505 metros de altitud, era el paso más alto e importante de toda la ruta. Está situado en la gran cuenca que separa el Tíbet interior no drenado del océano Índico. Toda el agua que fluye hacia el sur desde su cresta desemboca en el Tsangpo, el Brahmaputra superior.

Al descender por el paso nos encontramos con tres hombres y siete caballos, presumiblemente robados, porque los hombres dieron un gran rodeo al vernos. Un día después nos encontramos con siete hombres fuertemente armados, quienes nos preguntaron si habíamos visto a algún ladrón con caballos robados. Al enterarse de lo que habíamos visto, espolearon sus monturas y subieron el desfiladero.

Contratamos veinticinco yaks frescos para cubrir el terreno más rápidamente, ya que era muy desfavorable. Se hizo evidente que tendríamos que atravesar una serie de pasos, situados en tramos del Pabla, todos ellos casi a la altura del Sela La. Hacia el oeste había afluentes congelados del My Chu[231], un afluente del Raga Tsangpo, que desemboca en el Brahmaputra superior. El Shib La fue el primero de estos pasos secundarios. El camino era una ruta de montaña muy importante. A menudo nos encontrábamos con caravanas de yaks, jinetes, nómadas, cazadores, peregrinos o mendigos. Había túmulos votivos y piedras *mani* por todas partes. Evidentemente nos acercábamos a un gran centro religioso. Los nómadas eran todos amistosos porque Ngurbu Tundup, que nos había precedido rápidamente, nos había sembrado buena reputación.

Después de cruzar el paso de Chesang La, dejé los agotados yaks de Chang Tang que nos pertenecían al cuidado de Tundup Sonam y Tashi, a quienes les ordené que nos siguieran lentamente. Si hubiera tenido alguna idea sobre lo que supe más tarde, habría dejado atrás a toda la caravana y habría seguido adelante hasta Shigatse con tres o cuatro hombres. Pero no teníamos aprensiones y nos tomamos las cosas con calma.

Cada paso aquí conducía a un descubrimiento; cada nombre era una nueva adición a nuestro conocimiento de la Tierra.

Hasta aquellos días de enero de 1907, esta sección de la superficie terrestre era tan poco conocida como la cara oculta de la Luna. La familiaridad con el lado visible de ese satélite era mucho mayor que con esta complicada tierra montañosa.

Un camino empinado conducía al paso de Ta La, de 5.425 metros de altitud. Ante su túmulo y banderas de plegarias, tanto Tsering como Bolu se postraron, con la frente tocando el suelo, y presentaron sus respetos a los espíritus de la montaña. La vista hacia el sureste era magnífica. La magnitud de las montañas, de varios colores y sombras, se extendía como las patas de un oso hacia el valle del Brahmaputra; y al otro lado, o al sur del gigantesco valle de ese río, las cordilleras y picos del Himalaya aparecían de un blanco deslumbrante bajo un cielo azul claro con nubes blancas como la lana. ¿Tendríamos éxito, después de todo, en abrirnos camino a través del territorio desconocido hasta el gran río sagrado?

El 5 de febrero pasamos por un pueblo. De sus tiendas de juncos salieron a saludarnos cuarenta tibetanos. Estiraban la lengua todo lo posible, sostenían las gorras con la mano izquierda y se rascaban la cabeza con la derecha. Estas diversas maniobras se realizaron simultáneamente.

Al día siguiente alcanzamos el túmulo del paso de La Rok, a 4.430 metros de altitud. Por lo tanto, habíamos descendido unos mil metros desde que partimos de Ta La. El río parecía una estrecha franja en la distancia, y estábamos más cerca del Himalaya. Pero el monte Everest, la montaña más alta de la Tierra, no se veía. Estaba envuelta en nubes.

CAPÍTULO LI

EL VIAJE DE LOS PEREGRINOS POR EL RÍO SAGRADO

DESDE La Rok bajamos por un camino empinado hasta Ye Shung, donde el valle se ensanchaba. Aquí la altitud no superaba los 3.950 metros sobre el nivel del mar. Las casas que nos rodeaban eran blancas, con banderas de colores en los techos. Los monasterios Tashi Gembe y Tugdan me resultaron atractivos. Por aquí pasaba la gran carretera a Shigatse, Tashilhunpo y Lhasa. Cientos de tibetanos rodearon nuestras tiendas para vendernos ovejas, grasa, mantequilla, leche, rábanos, heno, cebada y *chang* (cerveza hecha de cebada). Y aquí también se presentó el espléndido Ngurbu Tundup, con los saludos de Kung Gushuk, el duque.

¿Deberíamos parar y descansar un día? No; podríamos recuperarnos en Shigatse. ¡Adelante!

Y seguimos, pasando por pueblos y campos de cebada. La mayor parte del tráfico pesado en este camino se debía a los peregrinos que se dirigían a las festividades de Año Nuevo en Tashilhunpo. El camino discurría a lo largo de la orilla norte del Brahmaputra, o Tsangpo. El agua, transparente y silenciosa, se deslizaba en su lecho. Era santo y bebimos de él. En el pueblo de Rungma vimos los primeros árboles desde que partimos de Leh. Aquí nos detuvimos e hicimos fogatas de campamento alimentadas con madera auténtica por primera vez en mucho tiempo.

El 8 de febrero, el estrecho y pintoresco camino discurrió a lo largo de la ribera montañosa del norte. El río estaba repleto de ruidoso hielo a la deriva. Situada en una alta terraza de detritos, la aldea de Tanak ofrecía una vista magnífica sobre el valle.

Faltaba un día de marcha para alcanzar el famoso monasterio. Ordené a Mohammed Isa que se mantuviera en el camino con la caravana. Robert, Robsang y yo fuimos por el río. Alquilamos un barco, una de esas divertidas y sencillas embarcaciones que solo pueden tener su origen en un país donde la madera escasea. Solo los jardines contenían algunos árboles; y ningún bosque salvaje crecía en estas alturas.

El bote, de forma rectangular, estaba hecho de cuatro pieles de yak cosidas y sujetas a un armazón de ramas ligeras. Una pieza triangular de cuero estaba sujeta en el extremo bifurcado del remo, le daba una apariencia de pata de pato. Después de que el barquero transporta a sus pasajeros, digamos desde Tanak hasta la apertura del valle de Shigatse, este se echa el bote a la espalda y regresa por el camino a Tanak. La corriente, que bajaba alrededor de metro y medio por segundo, era demasiado rápida para que alguien pudiera remar río arriba.

EN UN BOTE HECHO CON PIEL DE YAK SOBRE EL ALTO BRAHMAPUTRA

Guffaru debía esperarnos con caballos donde la carretera cruzaba el río. Mi viaje sobre el río Tsangpo era un movimiento estratégico por mi parte. Me permitía moverme fuera de la vigilancia de los espías; y en caso de instrucciones de último minuto de Lhasa para detenerme, los soldados solo podrían capturar a Mohammed Isa y la caravana. Habría sido una tarea bastante inútil buscarme en el río.

Nos embarcamos. Mis ojos captaron el paisaje que se acercaba y dibujé un mapa del curso del río, las orillas y sus alrededores. Este era el Tsangpo, o simplemente «el río», como llaman los tibetanos al Brahmaputra superior (Hijo de Brahma). Me pellizqué, todavía no podía creer que hubiera cruzado la tierra prohibida. El agua era transparente y verde claro. Parecíamos estar quietos y las orillas, aparentemente, se movían a nuestro lado a gran velocidad. Mirando hacia abajo por el costado del bote, pude ver la grava y los bancos de arena en el fondo, pasando rápidamente debajo de mí. A la derecha, hacia el sur, se elevaban las cordilleras más lejanas del Himalaya. Por el norte aparecían los últimos retoños del inmenso sistema montañoso que acabábamos de cruzar por el Sela La, que hasta entonces no había tenido nombre. Lo llamé Trans-Himalaya, porque estaba al otro lado y más allá del Himalaya (Morada de Invierno). Cada momento revelaba el paisaje en un aspecto diferente. Debido a las curvas cerradas, nos movíamos en todas direcciones.

A veces el sol estaba justo en nuestras caras; y después, sobre nuestras espaldas. Ora bordeábamos el pie de las montañas del norte, ora las del sur. Los gansos salvajes, en largos batallones grises, nos observaban desde la orilla. Gritaban cuando pasábamos junto a ellos, pero no se movían. Nunca se había matado a alguno, así que eran muy mansos.

Pero por fascinantes y magníficas que fueran estas escenas, no podía apartar los ojos de los barcos de peregrinos que, en largas filas, descendían deslizándose por el real río. Ora nos alejábamos de ellos, ora navegábamos paralelos a un mismo bote durante mucho tiempo. De vez en cuando nos acercábamos a la orilla para dejar pasar nuevas hileras de barcos. Con frecuencia los amarraban juntos, de a dos o de a tres; y transportaban a campesinos, aldeanos y nómadas, con sus mujeres y niños, rumbo a las inminentes festividades de Año Nuevo en Tashilhunpo. Iban vestidos de fiesta, con colores rojo, verde o azul oscuro. Las mujeres llevaban en la cabeza unas altas monturas arqueadas, como aureolas, adornadas con corales y turquesas. Largas cintas rojas, verdes y amarillas colgaban de sus trenzas hasta los talones, cubiertas de adornos y monedas de plata. Aquí y allá se veía sentado un lama con la cabeza descubierta, con su túnica roja de fraile. Todos los ocupantes de los barcos parecían congeniar. Chismeaban, fumaban, tomaban té y comida. Varillas, con banderas de plegaria en la parte superior, se fijaban en la borda. Estas apaciguaban los espíritus del río y aseguraban un feliz viaje a los peregrinos. Se veían grupos de botes arriba y abajo del río, esparcidos como islotes de colores. No restaron valor a la belleza de este canal de color verde malaquita que se encuentra entre las cadenas montañosas más altas del mundo.

De vez en cuando, la orilla revelaba un túmulo con un poste cubierto de banderas. Estos indicaban los puntos donde se podía cruzar el río y donde los transbordadores, siempre barcos ligeros hechos de pieles de yak, estaban disponibles para los viajeros y sus caravanas. Mientras están vivos, los yaks llevan a los nómadas a través de las montañas; después de la muerte, sirven para transportar seres humanos en el río sagrado.

Montañas de granito negro puro, próximas a nosotros, se fundían en el río. Pasábamos volando junto a un promontorio tras otro. Por un sendero al pie de uno de ellos, en la orilla sur, unos hombres avanzaban río arriba, con las barcas a la espalda. Vistos por detrás, parecían escarabajos gigantes de aspecto extraño. Observamos pescadores ocupados con sus redes. Su captura era puesta en venta por comerciantes chinos. Les pedimos que nos trajeran algo del pescado, en principio destinado al mercado del día siguiente en Shigatse.

—¿Cuánto nos queda por recorrer? —pregunté a nuestro buen patrón.

—¡Oh, todavía estamos lejos! Detrás del punto más lejano está el camino a Shigatse.

Me perdí en la ensoñación. No había espías ni soldados a la vista. El agua ondulaba en estrechos surcos, pero no se arremolinaba. Estaba pensando en las novecientas millas del Tarim. Esta vez podría emplearse la fuerza motriz del agua solo durante un día. El siguiente pensamiento se me cruzó por la cabeza: ¿podríamos continuar valle abajo, hasta el punto donde el río Ki Chu se unía al Tsangpo, desembarcar en el cruce, comprar tres caballos y cabalgar hasta Lhasa?

¡No! El anhelo que me había poseído en 1901 de penetrar disfrazado en la ciudad santa se había desvanecido por completo. El encanto por lo desconocido había pasado. Todo un cuerpo de oficiales, y miles de *Tommy Atkins*[232], habían estado allí con la expedición de Younghusband y el general MacDonald, solo tres años antes. Ryder, Rawling, Bailey y Wood, los corresponsales de los grandes periódicos y, sobre todo, el coronel Waddell, el erudito conocedor del lamaísmo, habían estado con ellos[IV].

Aparecieron algunos pueblos en el margen derecho. Filas de botes de

---

IV En 1923, otro inglés también entró en Lhasa. Sus logros se describen en el *Geographical Journal*. Dio conferencias en Europa y América, y publicó un libro. Un periódico de San Diego que me enviaron lo anunciaba en estos términos: «¡Conferencista con historia real contará cómo entró en la ciudad cerrada a los perros paganos! Se dice que es el único hombre blanco que entró en Lhasa, la capital del Tíbet». Pero poco antes que él, el señor Bell ya había vivido un año en Lhasa, y el general Edward Pereira acababa de estar allí. El mayor Bailey había visitado la ciudad. El doctor H. Hayden, geólogo, había vivido durante seis semanas en el Potala, el palacio del dalái lama. Dos mecánicos habían pasado un mes y medio instalando teléfonos en ese palacio, y dos funcionarios ingleses estuvieron empleados durante algunos años en la oficina de telégrafos de Lhasa; por no mencionar la expedición militar de Younghusband a Lhasa, o la sucesión de misioneros católicos que habían estado allí en años anteriores.

remos recién llegados yacían allí; y montones de heno, estiércol y otros productos se apilaban, a la espera del transporte a Shigatse por medio de caravanas de animales. Y en medio de la multitud de tibetanos estaba Guffaru, con cuatro de nuestros caballos.

Nuestro barquero recibió su paga y un poco más. Montamos nuestros caballos y subimos por el valle de Nyang Chu, que conducía a Shigatse. El sol bajó; las sombras se alargaron. No teníamos guía, pero encontramos nuestro camino fácilmente. La procesión peregrina y las caravanas nos indicaban el camino. Fuimos objeto de mucha atención, pero nadie hizo ningún movimiento para interferir con nosotros. Me regocijé en el crepúsculo y la oscuridad, ya que nadie se había fijado en nosotros. Un *chorten* alto y blanco se erigía a nuestra derecha; y un poco más adelante, en una colina aislada, se elevaba el *dzong*[233] de Shigatse, la poderosa ciudadela de la autoridad municipal. En ese momento vimos casas blancas débilmente a través de la oscuridad, a ambos lados. Estábamos en una calle de la ciudad de Shigatse.

Un hombre se me acercó. ¡Ah, era nuestro camarada Namgyal! Nos llevó a una puerta en una pared, detrás de la cual se encontraba el jardín de Kung Gushuk. Aquí nos encontramos con Mohammed Isa y los otros hombres. También había algunos tibetanos allí, los sirvientes de Kung Gushuk. Me llevaron a una casa justo detrás de la puerta. Había sido preparada y arreglada para mi uso. Pero preferí mi tienda en el jardín. Nuestras aireadas moradas ya estaban instaladas, con una hoguera que ardía frente a ellas. Me senté y me pregunté si estaba soñando. A última hora de la tarde, un miembro del personal secular del tashi lama visitó mi tienda, me formuló

PEREGRINOS DE CAMINO AL FESTIVAL DE AÑO NUEVO EN TASHILHUNPO

una serie de preguntas y tomó notas. Después cené y me fui a dormir gloriosamente en la ciudad de Shigatse.

A la mañana siguiente miré a mi alrededor e inspeccioné nuestro extraordinario campamento. Habíamos llegado aquí con seis caballos y una mula desde Leh. Uno de los caballos ahora yacía muerto en su establo y fue arrastrado fuera del campamento. Su trágico destino me entristeció. Durante medio año había soportado innumerables penalidades en Chang Tang, solo para sucumbir sobre la misma meta. Había cruzado pasos de casi 5.800 metros de altitud; y ahora había muerto frente a su pesebre lleno, a una altitud de 3.870 metros. Los últimos seis veteranos fueron atendidos con la mayor solicitud. Les preparamos camas de paja para que yacieran cómodos, en caso de que quisieran descansar. Debían saciarse de cebada y trébol, ser hidratados y ligeramente ejercitados para no ponerse rígidos. Entre ellos estaba mi pequeño ladaki blanco que me había llevado a través de tantas tormentas. Entré en su caseta y lo acaricié, a cambio él solo me mordió y propinó coces.

CAPÍTULO LII

CON EL TASHI LAMA EN LA FIESTA DE AÑO NUEVO

APENAS había terminado mi ronda de inspección cuando un chino regordete y jovial me llamó. Era un oficial al mando del *lansa* de ciento cuarenta hombres allí guarnecidos. Lo invité a mi tienda y le ofrecí té y cigarrillos. Su nombre era Ma y no podía entender de dónde habíamos venido. Dijo que creía que yo había caído del cielo, ni siquiera había oído rumores sobre nuestra llegada.

—Si hubiera sabido que te acercabas a Shigatse —dijo— te habría detenido con una fuerza armada; porque esta ciudad, como Lhasa, está cerrada a los europeos.

Me reí y bromeé con Ma, y le pregunté qué diablos íbamos a hacer, ahora que estaba realmente sano y salvo, justo en Shigatse.

El 11 de febrero, temprano en la mañana, recibí la visita de Lobsang Tsering Lama y Duan Suen, un chino. Ellos tampoco tenían el menor conocimiento sobre mi llegada; y probablemente pensaron que había salido de un agujero. También hicieron averiguaciones y tomaron notas.

—Sé que la fiesta de Año Nuevo empieza hoy. Es mi deseo presenciarla —dije yo.

—Eso es imposible para un europeo.

—También deseo conocer al Panchen Rinpoche (el tashi lama).

—Solo unos pocos mortales pueden aparecer ante su rostro.

Se me ocurrió revelar mi pasaporte chino en beneficio de Duan Suen. Lo leyó atentamente y con creciente interés. Sus ojos se hicieron más y más grandes, y finalmente dijo:

—¡Pero este es un pasaporte maravilloso! ¿Por qué no nos lo mostró de inmediato?

—Porque está hecho para el Turquestán oriental, y en su lugar he venido al Tíbet.

—Eso no importa. Este documento es de gran importancia.

Se retiraron. Pronto recibí una muestra de bienvenida del tashi lama, en forma de *kadakh*, o *haddik*, una gasa larga de color azul claro, cuya entrega implicaba respeto, bendición y bienvenida. Y, lo que es más, fui invitado solemnemente al monasterio para asistir al festival de Año Nuevo. Ahora bendecía al Gobierno indio que había insistido en el pasaporte chino. Sin él probablemente nunca hubiera obtenido permiso para ver Tashilhunpo. Hasta el día de hoy sigo perplejo por haber pasado desapercibido hasta mi llegada a Shigatse. Puede deberse en parte al respeto de los tibetanos por las armas europeas desde la expedición militar inglesa a Lhasa, en 1903 y 1904; quizás también, al hecho de que tantos jefes y otros se habían ido a Tashilhunpo para la fiesta del Año Nuevo, y estaban así ausentes de sus puestos cuando pasé con mi caravana. Otra posible razón fue que viajé por el río el último día y llegué después del anochecer. También tuve la suerte de llegar allí dos días antes de que comenzara la fiesta de Año Nuevo; porque me dio la oportunidad de presenciar el mayor rito anual del lamaísmo, y esto en el monasterio que era el más importante en todo el mundo del lamaísmo, porque el dalái lama estaba en Urga.

Losar, o el festival de Año Nuevo, se celebra para conmemorar la victoria de Buda sobre los seis falsos profetas y el triunfo de la verdadera religión sobre la incredulidad. Fiesta de todo el pueblo, celebra el regreso de la primavera y la luz, la victoria sobre el frío y la oscuridad. Las semillas germinan una vez más; la hierba brota para los rebaños de los nómadas. Durante quince días continúa la fiesta. Peregrinos de lejos y de cerca acuden en masa a Tashilhunpo, y en cada mano se escucha el zumbido de las seis sílabas sagradas, «*Om mani padme hum*».

Tsaktserkan, un chambelán, apareció con más mensajes de bienvenida del tashi lama y me informó que él y Lobsang Tsering Lama habían sido encargados de atenderme durante mi estancia en Shigatse.

Me vestí lo mejor que pude y Mohammed Isa se puso su hermosa túnica roja de fiesta y su turbante bordado en oro. A Robert, Tsering y otros dos lamaístas se les permitió acompañarme. Cabalgamos hasta el monasterio en unos doce minutos. Los peregrinos pululaban en todas direcciones. A lo largo del camino había pequeños puestos, donde se ofrecían carnes dulces y otros comestibles a los invitados desde lejos.

Desmontamos en la puerta de la lamasería y dejamos nuestros caballos. Luego subimos por una calle empinada, pavimentada con grandes losas oscuras; que estaban lisas y brillantes por los pasos de innumerables peregrinos que por aquí han transitado a lo largo de los siglos. A ambos lados había altos dormitorios; y por encima de todo se elevaba el hermoso «Vaticano», de fachada blanca, la residencia privada del tashi lama, con marcos de ventanas oscuros, un friso de rayas negras y rojas en la parte superior y pequeños balcones. Nos llevaron a través de un laberinto de habitaciones y pasillos oscuros, subimos escalones de madera resbaladizos que eran casi verticales, a través de galerías y salones; donde se distinguía el contorno de monjes vestidos de rojo frente a una tenue luz. Finalmente nos condujeron a una galería, en el borde mismo de la cual se colocó una silla para mí.

Desde allí tenía una hermosa vista del patio donde se celebraría el festival. Las terrazas, o galerías abiertas, corrían a lo largo de sus cuatro lados y las columnas se elevaban en varios niveles. Había balcones descubiertos en la parte superior. Justo debajo de nosotros, había un balcón de ese tipo. Allí estaban sentados los peregrinos, chismorreando y comiendo dulces. Forasteros de Ladakh, Bután, Sikkim, Nepal y Mongolia se apiñaban unos con otros. Los funcionarios, en sus hermosos y abigarrados vestidos y sombreros pomposos, formaban un grupo por sí mismos. En otro balcón estaban sus damas con atuendo igualmente festivo. En todas partes, incluso en los techos de los templos, se abarrotaba la gente. En el fondo estaba el patio pavimentado, con un poste alto erguido en el centro, del que colgaban cintas multicolores. Desde el patio, unas escaleras de piedra conducían a la Galería Roja, oculta por pesados cortinajes negros, tejidos con lana de yak.

SOPLANDO LAS CARACOLAS ANTES DE COMENZAR LAS ACTUACIONES RELIGIOSAS

Dos monjes aparecieron en uno de los techos más altos y produjeron un sonido hueco con caracolas. Luego los monjes bebieron té. Desde el interior de la Galería Roja llegaban los tonos de un canto melodioso de los coristas. Subía y bajaba como en oleadas. La galería del tashi lama, sobre la Galería Roja, estaba marcada por una amplia cortina colgante de seda amarilla, con flecos dorados. A través de una pequeña abertura cuadrada en ese dobladillo, el más santo de todos los sacerdotes del Tíbet presenciaría las festividades.

Grandes toques de trompetas huecas[234] anunciaron que el tashi lama había abandonado el Labrang. Un murmullo corrió por la multitud que esperaba. Llegó la procesión. Estaba encabezada por los monjes principales, que portaban la insignia del Santo. Y luego apareció él mismo. Todos se levantaron y se inclinaron profundamente. Su túnica era de seda amarilla; su tocado, de pesado material de lana, se parecía a un casco romano. Se sentó con las piernas cruzadas sobre unos cojines. A su derecha e izquierda se sentaron su madre, su hermano (el duque) y varios altos prelados. Todos se movían lentamente con deliberación y dignidad. Unos monjes pusieron delante de mí una mesa repleta de dulces, mandarinas y té. Me informaron que yo era el invitado del tashi lama. Entonces se cruzaron nuestras miradas. Me levanté e hice una reverencia, y él inclinó la cabeza amistosamente.

Ahora comenzaron las ceremonias. Dos lamas enmascarados

TRES TUMBAS DE TASHI LAMAS EN TASHILHUNPO

descendieron bailando las escaleras de la Galería Roja y dieron vueltas en misteriosos círculos alrededor del cuadrilátero. Les siguieron otros once, cada uno con una bandera plegada en sus manos. Después cada bandera fue desplegada y elevada en una larga asta bifurcada, en saludo al gran lama. Las banderas eran de varios colores, y de cada una colgaban tres franjas de diferente color.

Esta extraña procesión recibió nuevas adhesiones. Ahora venía un grupo de lamas vestidos de blanco, portando varios símbolos religiosos. Algunos tenían incensarios de oro que se balanceaban, de donde salía un humo azul grisáceo. Otros iban ataviados con arneses y otras prendas; y otros portaban capas de seda bordadas en oro. Luego siguió la música de ceremonia. Los instrumentos consistían en seis trompetas de cobre, de tres metros de largo y rematadas con latón amarillo, cuyas campanas descansaban sobre los hombros de los novicios. Los toques de trompeta resonaban solemnemente en el patio, y se mezclaban con el trinar de las flautas, el entrechocar de los címbalos, las campanas y los golpes sordos de cuarenta tambores, portados verticalmente. Los músicos, ataviados con mitras amarillas, estaban sentados a un lado del patio.

Un lama salió por las escaleras de la Galería Roja, con un cuenco lleno hasta el borde de sangre de cabra. Girando en una danza mística, derramó la sangre sobre los escalones. ¿Sería un símbolo de los supersticiosos sacrificios humanos de los antiguos tiempos prelamaístas?

Doce lamas enmascarados, que simulaban demonios, dragones y monstruosas bestias salvajes, entraron en el patio y comenzaron su danza circular y demoníaca. La música continuaba sin cesar. El tempo de la música aumentó; los bailarines aceleraron sus pasos. Las vestimentas de seda multicolor, magníficamente bordadas en oro, se destacaban como paraguas abiertos. Llevaban cuellos de camisa cuadrados, con un agujero en el medio para la cabeza; que sobresalían horizontalmente de sus cuellos. Sostenían cintas y banderines que ondeaban en sus manos. Y todo el tiempo la música se hizo más salvaje y el baile se volvió más furioso. Era más que suficiente para hacer que uno se mareara. El entusiasmo de los peregrinos aumentó. Arrojaron a los bailarines arroz y cebada; lo que hizo felices a las palomas del monasterio.

Se encendió un fuego en el patio. Se mantenía sujeta una gran hoja de papel cerca de él. En este papel estaba escrito todo el mal del año que terminaba, y del que uno deseaba ser purgado. Un lama avanzó con un cuenco que contenía un polvo inflamable.

LA DANZA DEL DIABLO

Recitó algunas fórmulas de encantamiento incomprensibles y describió movimientos místicos con sus brazos. Acercó el papel a las llamas. El lama vació el contenido del cuenco en las llamas, así el fuego ardió y consumió el papel y todo el mal que había atormentado a los hijos del hombre durante el año anterior. La multitud gritó de alegría. El último número del programa fue una danza de un grupo de sesenta lamas.

El tashi lama entonces se levantó y se retiró tan lenta y solemnemente como había entrado. Los peregrinos se dispersaron como la paja ante el viento.

A mi regreso a casa entró en mi huerta toda una caravana de mulas, cargadas de arroz, harina, cebada, frutos secos y frescos, y otras viandas. Todo esto era un regalo de bienvenida del tashi lama, y ciertamente valioso; porque aquellas provisiones serían suficientes para mí, mis hombres y animales durante un mes entero. Al final Tsaktserkan apareció y anunció que su santidad me esperaba a la mañana siguiente.

Acompañado por mi intérprete, Mohammed Isa, y dos altos lamas, atravesé los apartamentos, pasillos y escaleras del Labrang. Primero me recibió uno de los más altos dignatarios del monasterio, un hombre bajo y gordo, con la cabeza brillante como una bola de billar. Su celda resplandecía con un lujo sólido y espléndido; altares, estanterías, mesa y taburetes, todo de laca brillante. Imágenes de Buda, de plata y oro, estaban colocadas en cajas preciosas de los mismos metales, y las luces perpetuas parpadeaban en sus cuencos. Me presentó un ídolo y yo le entregué un puñal en una vaina de plata.

Después de una hora llegó un mensaje que anunciaba que podría continuar hacia las regiones más altas del «Vaticano». Pequeños grupos de lamas susurraban en los pasillos y salones. Llegamos. Nadie más que Mohammed Isa pudo acompañarme. Entramos en la habitación, que era más grande pero mucho más sencilla que la del lama gordo. La mitad estaba expuesta al cielo; la otra mitad, un escalón más arriba, tenía techo. En una pequeña alcoba a la derecha, el santo monje estaba sentado con las piernas cruzadas, en un banco sujeto a la pared. Observaba a través de una pequeña ventana cuadrada que se abría sobre Shigatse y el valle. Ante él había una mesa, con una taza de té, un telescopio y algunas hojas impresas. Su atuendo era el de un lama ordinario, diferenciado solo por el chaleco amarillo bordado en oro. Sus brazos estaban desnudos.

Con una expresión de la mayor amabilidad y solicitud, me ofreció ambas manos y me indicó que me sentase en la silla europea a su lado. Entonces pude observarlo de cerca. Me olvidé de que no era bien parecido según nuestros estándares; pues sus ojos y su sonrisa, su gran sencillez, su voz suave, baja, casi tímida, me cautivaron por completo. Pidió perdón por la sencillez de la recepción, pero le aseguré mi felicidad simplemente por estar en Tashilhunpo y ser *su* huésped.

Luego conversamos durante tres horas completas. Sería banal relatar en detalle lo que hablamos: mi viaje, Europa, China, Japón, India, lord Sahib (Minto), Kitchener y mil temas más. Me habló sobre su visita a lord Minto un año antes y sobre su peregrinaje a los lugares que habían sido santificados por los acontecimientos de la vida y los viajes de Buda. Dos lamas de rango servil estaban de pie en la parte sin techo de la cámara. En dos ocasiones, con un gesto de la mano, el tashi lama les indicó que salieran. Fue entonces cuando quiso decir o preguntar algo que no quería que escucharan. Por ejemplo, me pidió que no les dijera a los chinos que yo había sido su invitado, o que él me había revelado los secretos del templo. Dijo que yo tenía plena libertad y que podía andar, fotografiar, dibujar y tomar notas, donde y cuando quisiera. Él era mi amigo; y él mismo daría órdenes a los *hermanos* que debían guiarme por el monasterio.

A la edad de seis años había venido a Tashilhunpo, y durante diecinueve años había ocupado su alto cargo actual. En el Tíbet era llamado Panchen Rinpoche (el Preciado Maestro), mientras que el dalái lama en Lhasa se llamaba Gyalpo Rinpoche (el Preciado Rey)[235]. Estos dos títulos en sí mismos indican la diferencia entre el poder espiritual y el mundano. El dalái lama tiene mayor poder político, pues gobierna todo el Tíbet, con excepción de la provincia de Chang, que está bajo el dominio del Labrang en Tashilhunpo, es decir, del tashi lama. Pero este último es considerado como más santo y competente en las sagradas escrituras. El dalái lama, que había huido durante la campaña británica, en 1903, todavía estaba ausente en el momento de mi visita; y el tashi lama era, por lo tanto, el hombre más poderoso en el Tíbet. Esto explica por qué Gran Bretaña trató de ganarse su amistad y confianza al invitarlo a la India, donde recibió una impresión duradera del poder y esplendor del Imperio británico.

Los dos prelados mantenían cierta relación recíproca entre sí. El tashi lama actuaba como tutor del infante dalái lama, instruyéndolo en la religión y el contenido de las sagradas escrituras. De manera similar, el dalái lama cuidaba de un nuevo tashi lama. El tashi lama era una encarnación del Buda

Dhyani (Amitabha), en la era actual. A su vez representaba el renacimiento del reformador Tsong Kapa; porque este último, también contemporáneo de Tamerlán, era una encarnación del Buda Amitabha. El dalái lama, por otro lado, era una encarnación del bodhisattva Avalokiteśvara, cuyo nombre tibetano es Chenrezig, el representante del Buda Sakyamuni, el patrón de todos los seres vivos y de la iglesia budista, y el santo patrón del Tíbet.

Los tibetanos creen así en la transmigración de las almas (metempsícosis). Cuando muere un tashi lama, y su alma (es decir, el alma de Buda Amitabha) comienza sus andanzas, esta se aloja en un niño nacido simultáneamente con la muerte del santo.

ESCALERA EMPINADA Y ALTARES AL AIRE LIBRE EN EL CAMINO HACIA EL TASHI LAMA

Para encontrar al siguiente tashi lama se realizan consultas en todo el mundo lamaísta. Pueden pasar varios años antes de que lleguen todas las respuestas. Los padres deben informar particularmente sobre si algún milagro o presagio acompañó el nacimiento de sus hijos. Cientos de respuestas llegan a Tashilhunpo y son investigadas. Los casos más plausibles son seleccionados y probados nuevamente. Al final del proceso, solo quedan unos pocos, entre los que sin duda debe estar el verdadero nuevo tashi lama. Los nombres de los niños se escriben en tiras de papel y se colocan en un cuenco dorado tapado, y un alto lama elige una tira al azar.

El nombre allí escrito indicará el santo sucesor al trono del Buda Amitabha.

La audiencia terminó por fin y le pedí a Mohammed Isa que me trajera el botiquín de aluminio de Burroughs Wellcome. Lo habíamos pulido tanto que brillaba como la plata y lo habíamos envuelto en una tela de seda amarilla. Complació al gran lama. Más tarde tuve gran dificultad para explicar a dos lamas médicos cómo emplear los remedios en diversas enfermedades. Todo tenía que estar escrito en tibetano. Por precaución, conservamos un suministro suficiente de las medicinas más valiosas para nuestras propias necesidades.

Finalmente, el tashi lama se despidió de mí con la misma sonrisa amistosa. Ni él ni yo creíamos que fuese un dios. Pero sí que era un ser humano noble y gentil, aquel que me siguió con la mirada hasta que finalmente la puerta se cerró detrás de mí.

A partir de entonces, todo Shigatse hablaba del inusual honor que se le había otorgado a un extraño. Y al volver a sus casas, los peregrinos contaron esta historia en sus valles. A veces resultó ser de gran utilidad para mí, de mayor valor incluso que un pasaporte. A partir de entonces, yo bendecía la memoria del buen gran lama, cada vez que los nómadas exclamaban:

—¡Ah, eres amigo del tashi lama!

CAPÍTULO LIII

NUESTRAS EXPERIENCIAS EN TASHILHUNPO Y SHIGATSE

TASHILHUNPO es una *gompa*, una «morada de soledad» o monasterio. Es un pueblo de claustro y templo de al menos cien casas, un laberinto de casas de piedra encaladas, con franjas de color rojo y negro a lo largo de los techos. Las casas están separadas entre sí por callejuelas estrechas y escalones. El Labrang, el «Vaticano», con su hermosa fachada, se eleva sobre todas ellas, contra el fondo de una cresta abrupta, al pie de la cual se encuentra el monasterio. Delante y debajo del Labrang hay una fila de cinco pagodas con techos dorados, en estilo chino, mausoleos de difuntos tashi lamas. El monasterio fue fundado en 1445. La pagoda mortuoria del primer gran lama se eleva sobre el patio donde se celebran los festivales. Su interior es oscuro. Se puede ver el alto *chorten* piramidal de plata y oro, engarzado con piedras preciosas, que además es el sarcófago del difunto prelado. El muerto es sentado en su tumba envuelto en sal, porque los lamas deben morir sentados, como el Buda.

De esta tumba fuimos al último lugar de descanso del tercer tashi lama. Su nombre era Panchen Lobsang Palden Yishe. El Buda Amitabha habitó encarnado en su cuerpo entre los años 1737 y 1779. Fue él quien llevó a cabo animadas negociaciones con Warren Hastings, gobernador general de la India, y en consecuencia fue invitado por el desconfiado emperador Chien Lung a Pekín, donde murió. Una placa sobre la entrada de la tumba lleva su nombre en colores brillantes.

La tumba del quinto tashi lama, un regalo de los peregrinos, está abierta a visitas. Los nómadas se alinean y pasan por allí, y se postran sobre el suelo de madera ante la hilera de ídolos, cuencos de ofrendas sagradas y velas encendidas sobre la mesa del altar frente al sarcófago.

Fuera de cada mausoleo hay un patio desde el cual una escalera de madera, en tres tramos, conduce a una terraza abierta o vestíbulo de entrada, cuyas paredes tienen pinturas de los cuatro reyes espirituales. Se representan como bestias salvajes y dragones, rodeados de llamas y nubes, en las manos sostienen armas y símbolos religiosos. Puertas sólidas, de madera lacada en rojo con latón amarillo, se abren desde este salón a la cámara sepulcral.

Un anciano jovial vigilaba el templo en honor al filósofo Tsong Kapa. Dentro del templo se encontraba una representación tallada del reformador, sonriente y multicolor, como si surgiese de entre los pétalos de la flor de loto; indicativa de su origen divino. Tsong Kapa fue el fundador de los *Gelugpas*, la «Secta de los Virtuosos», o los «Sombreros Amarillos», una gran secta a la que pertenecen todos los monasterios más importantes y los principales lamas. Fundó Ganden, Drepung y Sera, los grandes monasterios cerca de Lhasa; introdujo el celibato; y descansa en Ganden, en un sarcófago que está suspendido en el aire. Los monjes cantan y murmuran sus himnos religiosos ante él, tocan tambores y hacen repicar campanas de bronce. Aparecieron dos lamas que me ofrecieron té y saludos de su santidad, que esperaba que no me cansara durante mi visita.

Se haría demasiado largo relatar todas mis experiencias en Tashilhunpo. Hoy miro atrás, a ese tiempo maravilloso, con asombro y deleite. Un día, el tashi lama, sentado en su trono pontificio, a lo largo del lado angosto del patio de ceremonias, escuchaba una disputa teológica en la que él mismo ocasionalmente tomaba parte. Después de eso se celebró una fiesta para la que se habían dispuesto las mesas. Al santo se le sirvió té en una olla de oro; a los demás, en ollas de plata. Luego bajó por la escalera de la Galería Roja, sostenido por dos monjes, un tercero mantenía un parasol amarillo sobre él.

Examinamos los dormitorios para ver cómo vivían los monjes en sus sencillas celdas. Y descendimos a la cocina debajo de la Galería Roja, donde se preparaba té para tres mil ochocientos monjes en seis calderos enormes. Se hacían ruidosas señales con caracolas cuando llegaba la hora del té. Durante mis paseos por la ciudad-monasterio, a veces veía al tashi lama caminando en procesión hacia o desde alguna función sagrada. Una vez entramos en el Kanjur Lhakang, una gran sala con impluvio[236], en la que se albergaba el *Kanjur*, o sagradas escrituras, en ciento ocho volúmenes. Un lama del grado *kampo* instruía a los jóvenes lamas sentados en largos bancos y mesas. Había cuatro lamas de ese grado en el monasterio, pero solo dos del grado *yungchen*. Los jóvenes monjes entonaban rítmicamente. Una y otra vez les eran arrojados puñados de arroz. Por unas pocas rupias cantaban una oración extra por la paz del alma, y no desaproveché la oportunidad de comprar una canción como esa.

El 16 de febrero el tashi lama me pidió que fuera al Labrang para fotografiarlo. Ofrecía su bendición a una procesión de monjas peregrinas. Nuevamente conversamos durante casi tres horas, principalmente sobre asuntos de geografía. Cuando por fin nos separamos, me obsequió con montones de artículos elaborados en el Tíbet, telas bordadas en oro provenientes de China, magníficos tapices rojos que todavía hoy decoran mis habitaciones, cuencos y tazas de té de cobre y plata, y finalmente una imagen dorada, envuelta en seda amarilla, que representaba al Buda Amitabha, «el que tiene una vida inconmensurablemente larga». Este último regalo era un símbolo de su deseo de que pudiera vivir durante mucho tiempo.

Así deambulaba yo diariamente por el monasterio, trazando bocetos y tomando fotografías. Todos los lamas eran amables y corteses. En todos los rincones y bajo los aleros había campanas. Se adherían plumas de halcón a las lengüetas de estas campanas, y cuando el viento soplaba fuerte sobre la ciudad del claustro, se podían escuchar melodiosos repiques de campanas.

PEREGRINOS VENERANDO LA TUMBA DEL QUINTO TASHI LAMA

Las fiestas de Año Nuevo no se limitan a ceremonias religiosas, pues los peregrinos son seres humanos y deben divertirse. Un día, la multitud se dirigió a un campo en las afueras de Shigatse, donde setenta jinetes alegremente ataviados galopaban a toda velocidad en una pista de carreras, disparando a pequeños blancos con arcos y flechas, mientras cabalgaban a un ritmo vertiginoso. Después del juego invité a todos los competidores a tomar el té en mi jardín. Una noche, mi amigo Ma celebró el Año Nuevo chino en su *yamen* con fuegos artificiales; y había farolillos de papel de seda en forma de grandes dragones y caballos, que se abrían paso entre la multitud.

Las casas en Shigatse son blancas con franjas rojas y negras en la parte superior. Los techos planos están protegidos por parapetos. Al igual que los techos de los templos, están adornados con manojos de ramas y hojarasca, arreglados elegantemente con telas. Se supone que estos ahuyentan a los demonios. En el patio, había un gran perro guardián de ojos rojos, salvaje como un lobo, atado con una cadena de hierro. La casa de Kung Gushuk, el duque, era la más bonita que vimos. Había alfombras, sofás, estanterías, altares y mesas en sus habitaciones. La esposa del duque era una mujer hermosa y tuve el honor de dibujar su retrato.

Cuando no estaba en el monasterio, me ocupaba en dibujar personas provenientes de muchas provincias diferentes. Toda clase de personas acudían a nuestro jardín: monjas y frailes que mendigaban, bailarines y espías. Un día, un *lagba*[237] o descuartizador de cadáveres me hizo una visita. La despreciada casta de los cortadores de cadáveres vive en el pueblo de Gompa Sarpa, no muy lejos al suroeste de Tashilhunpo. Cuando un lama se está muriendo, se rezan oraciones. Cuando llega la muerte, también se rezan las oraciones por los muertos. Durante tres días se deja al difunto en su celda. Luego, uno o dos hermanos lo llevan a Gompa Sarpa. Desnudan el cadáver y se reparten la ropa entre ellos. Luego, los monjes se apresuran a marcharse mientras los *lagbas* se hacen cargo del cuerpo. Pasan el extremo de una soga alrededor de su cuello, el otro extremo se sujeta a un poste en el suelo. Luego, el cadáver se estira y se despelleja. Es el momento que los buitres están esperando. En pocos minutos, habrán devorado todos los restos, dejando el esqueleto al descubierto. Luego, los huesos se trituran en un mortero hasta convertirlos en polvo, y el polvo de hueso se mezcla con los sesos. Los *lagbas* amasan la mezcla en bolas, para arrojarlas a los buitres. Muchos monasterios tienen perros sagrados que ocupan el lugar de los buitres. Los campesinos son tratados un poco de la misma manera. Cuando mi invitado, el *lagba*, relató estas costumbres, Mohammed Isa palideció y pidió permiso para retirarse.

Me quedé en Shigatse durante cuarenta y siete días. Gradualmente, la calidez y la hospitalidad hacia mí se enfriaron. Muchos lamas estaban disgustados con mis frecuentes visitas al monasterio; y los chinos parecían predispuestos en contra de mí. El peor centro de chismes en Shigatse, donde se hablaba mucho sobre mí, era la plaza donde los comerciantes tibetanos tenían puestos, y las vendedoras con tocados rojos se sentaban en el suelo, con los chinos, ladakis y nepalíes para hacer negocios en sus propios establecimientos. Espías disfrazados aparecían en mi jardín y holgazaneaban allí todo el día. Ya el 14 de febrero recibí la visita de un lama y un funcionario de Lhasa. Me dijeron que una patrulla de espías me había buscado por los alrededores del Dangra Yum Tso y Ngangtse Tso durante veintidós días, finalmente siguiendo nuestro rastro y llegando a Shigatse treinta y seis horas después que nosotros. Eso significaba que habíamos estado al borde del fracaso. Otro grupo había sido enviado desde Lhasa para interceptarnos.

Estos dos caballeros de Lhasa estaban sentados en mi tienda. Declararon que, de acuerdo con el tratado entre el Tíbet y Gran Bretaña, solo tres ciudades fronterizas en el Tíbet estaban abiertas a los «*Sahibs*», bajo ciertas condiciones. Estas eran Gyangtse, Yatung y Gartok.

Respondí:

—Para empezar, yo nunca firmé ese tratado. En segundo lugar, ya *estoy* en Shigatse, gracias a vuestra negligencia. Y, en tercer lugar, soy amigo del tashi lama y, por lo tanto, inviolable.

Se marcharon desconcertados. Pero regresaban con frecuencia para mantenerse informados sobre nosotros e informar a Lhasa. También enviaban sus espías para vigilarnos. Pero nosotros mismos teníamos espías ladakis disfrazados, que espiaban a su vez a los espías de Lhasa.

LA ESPOSA DEL DUQUE KUNG GUSHUK Y CUÑADA DEL TASHI LAMA

No supe más acerca del tashi lama. Por razones políticas, tuvo que ser cauteloso. Al final solo me quedó un amigo en la comarca, el capitán O'Connor, en Gyangtse. Estaba por encima de cualquier intriga política; y me ayudó en privado en todos los sentidos. Cambió mi oro por plata, me envió cajas de provisiones, envió mi correo desde y hacia la India, y me entregó toda una biblioteca de literatura muy bienvenida. Nuestra relación se mantuvo únicamente a través de la correspondencia, pero siempre estaré agradecido por su ayuda.

Ardía de impaciencia por marcharme. Sin embargo, me quedé, día tras día, con el fin de obtener las condiciones más favorables para mis movimientos posteriores. Un día recibí una carta lacónica de Gaw Daloi, representante de China en Gyangtse. Simplemente me envió una copia de algunas cláusulas del tratado anglo-chino, una de las cuales decía: «Ningún representante o agente de ninguna potencia extranjera recibirá permiso para visitar el Tíbet». Mi respuesta fue algo así: «Si desea información sobre mí y mis planes, será mejor que se dirija al capitán O'Connor, en lugar de enviarme cartas impertinentes».

Una nueva carta de Gaw Daloi decía: «Bajo ninguna condición puede ir a Gyangtse». «Desde luego que no», pensé, «¡me cuidaré mucho de no hacerlo!». Pero respondí: «Cualesquiera que sean los tratados que se hayan firmado entre Gran Bretaña y el Tíbet, no me conciernen en lo más mínimo; porque *estoy* en el Tíbet, y *nuestros* arreglos deben partir de *ese* punto». Gaw Daloi respondió: «He recibido órdenes de mi Gobierno de enviarle inmediatamente al otro lado de la frontera india, en caso de que venga a Gyangtse. Mi Gobierno le estaría muy agradecido si tuviera la amabilidad de volver por el mismo camino por donde ha venido».

Si hubiera ido a Gyangtse, por supuesto, debería haberme quedado en la casa de O'Connor. ¡Un funcionario chino amenazando con arrestar a un invitado de la Agencia Británica! En una carta que me envió, O'Connor se burló de la idea.

Ma estaba desesperado. Había sido reprendido por el *amban*, Lien Darin, en Lhasa, por no haberme detenido. Las autoridades de Lhasa aconsejaron a los monjes de Tashilhunpo que me trataran con frialdad. Ahora se estaba produciendo un intercambio de cartas entre Lhasa, Shigatse, Tashilhunpo, Gyangtse, Pekín, Calcuta y Londres. Y yo me encontraba en apuros, víctima de cuatro gobiernos. Sin embargo, al final salí victorioso.

El 5 de marzo, Gaw Daloi me aconsejó que escribiera a Tang Darin, el comisionado jefe imperial chino en Lhasa, y al *amban*, Lien Darin, solicitaba, como favor, que se me permitiera viajar a través de Gyangtse. Este cambio de rumbo implicaba una estratagema. Por lo tanto, escribí a Tang que debido a mi aversión a actuar en contra de los deseos del Gobierno chino viajando a Gyangtse, iría hacia el noroeste, tan pronto como me proporcionaran yaks. Y a Lien le escribí: «Si quiere deshacerse de mí, debe facilitar mi regreso. Nunca iré a la India. Mis sirvientes son montañeses y morirían allí. Son súbditos británicos y soy responsable de ellos».

El 4 de marzo hice mi última visita a Tashilhunpo. Los monjes me pidieron que no viniera más. Después del 12 de marzo cayó sobre nosotros un pesado silencio. Ma, Tsaktserkan y todos nuestros otros amigos habían desaparecido. Nadie nos visitaba ahora. Estábamos aislados. Toda relación con nosotros estaba prohibida. Me sentí como un prisionero en mi propia tienda. Mientras estuve en el Tíbet, fui tabú para los ingleses; y nadie podía tocarme mientras yo permaneciera quieto. Pero tan pronto como me moviese sería realmente un prisionero; porque entonces estaría rodeado por una escolta armada constantemente. Cuanto más me demoraba, más dóciles se volvían. Así transcurrió una semana; y finalmente Ma, los dos caballeros de Lhasa y algunos funcionarios del *dzong* de Shigatse vinieron a verme, deseando saber por qué camino regresaría.

—A lo largo del río Raga Tsangpo hasta su origen, y después por tierra al norte del Tsangpo —respondí.

Después de una conferencia, decidieron aceptar mis condiciones y asumir responsabilidades.

Después de más conferencias y después de recibir una carta cortés de Tang y un documento igualmente cortés de Lien, la postura de los ancianos se suavizó. Me visitaron con frecuencia en mi jardín y nos equiparon con todo lo que necesitábamos. Al final también me entregaron un nuevo pasaporte para el Tíbet, pidiéndome que indicara los puntos que pretendía alcanzar. Pero tuve mucho cuidado de no revelar mis verdaderos planes.

El 25 de marzo, el número de habitantes de mi tienda aumentó repentinamente con la entrega de cuatro cachorros negros por parte de la cachorrita marrón. Competía con la madre en dar muestras de afecto y me regocijaba en el pensamiento de tener futuros compañeros la mar de simpáticos. Al día siguiente me despedí de Ma y le di tres pobres caballos como recompensa por sus esfuerzos y como muestra de mi gratitud por no haberme impedido avanzar. Después de eso, solo quedaron dos caballos y una mula de los ciento treinta animales con los que habíamos dejado Leh. También teníamos algunas mulas y caballos, comprados en Shigatse, pero la mayor parte de nuestro equipaje lo llevarían yaks alquilados. Nos acompañaría una escolta de dos chinos y dos tibetanos, uno de Labrang y otro del *dzong* de Shigatse. Traían a sus propios hombres, monturas y bestias de carga.

Temprano en la mañana del 27, envié a Mohammed Isa con un mensaje de despedida para el tashi lama, quien me devolvió cordiales saludos y lamentó que el poder superior de los chinos le hubiera impedido prestarme el servicio que él deseaba.

Cuando llegó el momento de partir, se aproximaba una fuerte tormenta del oeste. Sin duda, el tashi lama estaría sentado junto a su pequeña ventana, con prismáticos en los ojos. Las olas del Tsangpo estaban coronadas por el blanco de la espuma, y no nos fue fácil transportar nuestros caballos al otro lado del río en los botes de piel de yak.

CAPÍTULO LIV

MONASTERIOS EXTRAÑOS – MONJES ENCLAUSTRADOS

MIS hombres y yo pronto llegamos a estar en términos muy amistosos con nuestra escolta, e hice lo mejor que pude para debilitar la vigilancia de los cuatro guardias. Les di cigarrillos, obsequios triviales y monedas de plata. El primer resultado de esto fue que no pusieron objeción alguna a que yo avanzara al monasterio de Tarting Gompa. Su *lhakhang* («gran salón de los dioses») era de lo más pintoresco por su tenue luz, con sus cuarenta y ocho pilares rojos que se elevaban sobre un suelo de grandes losas. Los hospitalarios lamas de Tarting Gompa pertenecían a la secta heterodoxa Pembo. Tenían ciertas características propias. Hacían girar sus ruedas de plegaria en contra de la dirección prescrita; y cuando peregrinaban a los templos y las montañas sagradas, se movían en sentido

CUATRO LAMAS RECITANDO ORACIONES EN HONOR AL FALLECIDO

contrario a las agujas del reloj. Esto, según los *gelugpas* (los Sombreros Amarillos), era bastante impropio. Sea como fuere, la vista desde su monasterio, sobre montañas magníficas y valles desolados, era gloriosa.

Fue en 1832, o setenta y cinco años antes, que Yundung Suiting, un niño nómada de cinco años, llegó a Tarting Gompa, ingresó como novicio con el nombre religioso de Namgang Lama y ascendió, paso a paso, hasta que alcanzó el grado más alto, cuando se hizo conocido como Namgang Rinpoche. La noche antes de nuestra llegada había fallecido y su cadáver estaba aún en su celda. Fui allí con dos de mis hombres. Una pareja de ancianos estaba sentada en el patio, cortando leña para la pira funeraria. Debía ser incinerado en el valle, después de lo cual sus cenizas serían llevadas al Kang Rinpoche, nombre dado por los tibetanos a la montaña sagrada de Kailash. Entramos en la celda del claustro. Cuatro lamas estaban sentados allí, tras haber leído las oraciones dedicadas a los muertos durante tres días y tres noches. El anciano difunto, con un paño en la frente y una corona de muchos colores en la cabeza, yacía sentado en su cama, ligeramente encorvado. Ante él, en la cama, había un taburete con imágenes y dos velas encendidas.

Los cuatro lamas se quedaron estupefactos con nuestra entrada. Semejante sacrilegio era inaudito. Pero no dijeron nada. Murmuraron sus oraciones sin interrupción. Me quedé un buen rato.

Recibí una extraña impresión de la majestuosidad de la muerte. Durante setenta y cinco años, Namgang Rinpoche había oído el repique de las campanas en el viento y había visto los días y las noches, los inviernos y los veranos, ir y venir entre esas regias montañas. Y ahora, en este mismo momento, su alma estaba liberada de la carne y había comenzado sus migraciones. Y este momento, el de suprema importancia para su destino, había sido perturbado por nuestra llegada.

En Gandan Chöding, un convento con dieciséis monjas, la oscura y desolada sala del templo, con sus seis imponentes pilares rojos, proporcionaba mayor placer que observar a las pobres y sucias hermanas, que vestían túnicas como lamas y, como ellos, llevaban el pelo corto.

Una vista más hermosa era el monasterio de Tashi Gembe, el pueblo blanco en el pie sur del Trans-Himalaya. En su patio principal se alzaba un trono para el tashi lama, que visita el templo una vez al año. Los salones dedicados a las deidades eran ricos en preciosas imágenes de buda y adornos de oro.

EL DIOS DE LOS MUERTOS

Las bibliotecas contenían los ciento ocho folios del *Kanjur* y los doscientos treinta y cinco tomos enormes del *Tanjur,* suficientes para cargar al menos cincuenta mulas. La gran rueda de plegaria medía tres metros de altura y su circunferencia era cuatro veces la extensión de mis brazos. Una clavija en el borde superior de un cilindro de oración más pequeño hacía sonar una campana con cada revolución del cilindro. Año tras año, dos monjes se sentaban desde el amanecer hasta la medianoche y hacían girar la rueda de plegaria. Daba diez mil revoluciones al día y estaba cubierta de millones de oraciones, escritas en papel fino. Los mismos monjes rezaban en trance;

MONJAS EN EL CONVENTO DE GANDAN-CHÖDING

rugían, cerraban los ojos, se tiraban al suelo y hacían oídos sordos a todo comentario.

De los pilares colgaban corazas, armaduras, estandartes y banderines del templo, junto con escenas de la vida de Buda y los santos pintadas con buen gusto. Sobre las mesas de los altares había cuencos de ofrendas y velas encendidas; y detrás de estas estaba sentado el Buda Sakyamuni, soñando, insondable, lleno de amor por la humanidad. Parecía haber surgido de los pétalos de una flor de loto.

Me resultó difícil separarme de este templo encantador, y pasé allí la mayor parte del día. El sol poniente arrojaba su exuberante luz roja a través de las ventanas del salón principal del templo, el mejor iluminado que he visto en el Tíbet. Los pilares estaban, como de costumbre, lacados en rojo.

El sol los transmutaba en rubíes transparentes. Monjes vestidos de rojo estaban sentados sobre divanes rojos y las sombras se oscurecían detrás de ellos. Las imágenes doradas y las hojas de las flores de loto brillaban en todas direcciones.

Continuamos nuestro viaje hacia el oeste, a lo largo de la orilla norte del Tsangpo hasta el pueblo de Chaga, donde un curioso puente de cadenas de hierro, ahora en ruinas, atravesaba el río hasta el monasterio de Pinsoling. Justo al oeste de este punto, el Raga Tsangpo desembocaba en el río principal, el Tsangpo, o Brahmaputra superior. Este último fluía desde el sur, a través de una entrada negra que se abría en el valle. Deseaba obtener algunas mediciones de los ríos en este punto; pero la caravana había continuado hasta la aldea de Tangma, en el Raga Tsangpo. Allí se armó el bote y, con un tibetano como remero, me dejé llevar por la corriente salvaje hasta una confluencia, donde algunos de los nuestros habían ido con caballos y provisiones. Mi remero era hábil y despierto. Navegó a través de la borboteante espuma, a lo largo de estrechos canales entre acantilados amenazantes.

La escolta, insegura de mi propósito, siguió a lo largo de la orilla. Algunos de los hombres se interesaron lo suficiente como para pedir permiso para hacer un viaje en bote por el Tsangpo, lo cual concedí de buena gana. Nos quedamos allí todo el día y no volvimos al campamento hasta que oscureció. Las campanas de los caballos chinos y el canto de los ladakis resonaban melodiosamente en el estrecho valle.

LA GIGANTESCA RUEDA DE PLEGARIA CILÍNDRICA EN TASHI GEMBE

Cabalgamos por el valle hasta llegar al pueblo de Lingö, donde el río My Chu desemboca en el Raga Tsangpo. Dos gigantescas representaciones de Buda están talladas en una pared de granito perpendicular perfectamente lisa. Me asombró que la escolta no nos llevara valle arriba por el Raga Tsangpo, sino hacia el norte, a través del valle del río My Chu.

Se extendía desde la cordillera principal del Trans-Himalaya, justo donde quería ir. Seguimos más y más alto. Casi a diario conseguíamos un nuevo grupo de yaks para llevar el equipaje. Pasábamos continuamente al lado de piedras *mani* y banderas de plegaria. Estábamos en una ruta de peregrinación, un camino que conducía a un monasterio. Había mucho

ALGUNOS DE LOS DIOSES LACADOS EN DORADO, ROJO Y AMARILLO EN EL MONASTERIO DE TASHI GEMBE

tráfico. Nos encontramos con caravanas, mercaderes, campesinos, peregrinos, jinetes y mendigos. Todos nos saludaban cortésmente sacando sus lenguas, como es su costumbre.

Después de cabalgar entre rocas de granito y pizarra, y a través del infinitamente hermoso y desolado valle del My Chu, llegamos al gran monasterio, parecido a un pueblo de casas blancas, en la aldea de Tong. Allí, nuestra escolta de Shigatse fue reemplazada por un nuevo grupo de guardias. En el pueblo de Sirchung estábamos a una altitud de 4.175 metros. Entre los habitantes había una mujer casada de veinte años llamada Putin. Era inusualmente bonita y bien formada. Los celos no existen en el Tíbet. No puede surgir cuando una esposa tiene generalmente dos o tres maridos, normalmente hermanos[238]. En consecuencia, la fidelidad conyugal no tiene sentido aquí.

Los rápidos del My Chu entonaban sus canciones apresuradas en el profundo y hermoso valle. Las águilas revoloteaban entre las paredes de las montañas, las palomas arrullaban, las perdices cacareaban en la grava y los patos salvajes graznaban en las orillas. Pasaba varias horas en cada nuevo monasterio que visitaba. El de Lehlung Gompa estaba entre los de mayor tamaño.

Un relato de todos estos monasterios llenaría un libro. De vez en cuando pasamos puentes pintorescos. El valle se contraía en un estrecho corredor, y el peligroso camino discurría a unos sesenta metros por encima de su base. En las grietas de la empinada pared de la montaña había tacos de hierro y madera sobre los que se colocaban peldaños de esquisto sueltos. Este pasillo tenía solo treinta centímetros de ancho en algunos lugares y el abismo se abría debajo. Todos los valles tributarios que cruzamos en el camino hacia abajo desde el Sela La atravesaban las montañas en el lado este del valle.

Acampamos en un ensanche del valle, donde un puente, construido sobre pozos de cimentación, cruzaba el My Chu. En una pequeña y empinada cañada entre las montañas, al oeste del río, yacía el extraño monasterio de Linga Gompa. Consistía en unas cuarenta casas separadas y, como todo lo demás en esta región, era absolutamente desconocido por los europeos antes de mi visita. Cabalgué hasta él con dos de mis hombres. Las palabras sagradas, *Om mani padme hum*, estaban delineadas en enormes losas de piedra sobre una pendiente oscura.

UN GIGANTESCO BUDA DE GRANITO CERCA DE LINGÖ Y UN HOMBRE SENTADO JUSTO DEBAJO

En el salón del templo principal, o *dukang*, prevalecía un crepúsculo misterioso, donde los estandartes, banderas, tambores, gongs y trombones del templo adornaban las paredes y los pilares. Una luz tenue de una abertura en el techo caía sobre las imágenes de los dioses. Los monjes estaban sentados sobre divanes, cantando una canción cuya melodía subía y bajaba en ondas rítmicas.

En la punta de una cresta de roca parecida a una plataforma, se elevaba el templo de Pesu. Desde su azotea y ventanas se veía el abismo debajo de nosotros en tres lados. El panorama visto desde este techo era de una belleza tal que se resiste a cualquier intento de descripción. También había un aire de misterio en su interior. Subí un empinado tramo de escalones hasta una sala de imágenes divinas, donde la luz de una abertura a la izquierda, con una contraventana que crujía con el viento, caía sobre toda una fila de figuras de Buda de tamaño mediano. Mis compañeros se habían quedado en un vestíbulo de entrada y ahí estaba yo, solo con los dioses. De vez en cuando, un ratón se aventuraba a salir de la oscuridad para darse un festín con el contenido de los tazones de las ofrendas sobre la mesa del altar.

Mientras los estandartes pintados de la izquierda se agitaban con la corriente de aire que entraba por la ventana, los rasgos de los dioses cambiaban de forma; y la vista de sus imágenes en cuclillas, sonriendo a los ratones merodeadores, era suficiente para hacer que uno temiera a los fantasmas.

Encontré el monasterio de Linga Gompa tan atractivo que permanecí varios días. Un día subimos caminando a la sección del monasterio conocida como Samde Puk, y al *dupkang* (cueva del ermitaño) más arriba, al pie de la pared de una montaña. En realidad era una choza, construida con bloques de piedra de buen tamaño. No tenía ventanas y su entrada estaba tapiada. Se veía una pequeña chimenea en el techo, y cerca del suelo había una abertura en la pared, a través de la cual se introducía la comida en un trozo de tabla.

LA SEÑORITA PUTIN, DEL VALLE DE MY CHU, QUE ERA UNA SUPUESTA BELLEZA

En esta celda a oscuras, un lama había estado encerrado durante tres años enteros, ¡sin comunicación con el mundo exterior durante todo ese tiempo! Había llegado a Linga tres años antes, desconocido y sin nombre. Como la cueva estaba desocupada, hizo el más vinculante y terrible de todos los votos monásticos; enclaustrarse allí durante el resto de su vida. Otro ermitaño había muerto poco antes, tras pasar doce años entre sus muros; ¡y antes de eso un monje había vivido en su oscuridad durante cuarenta años! De hecho, en Tong, donde había una gruta similar, los monjes nos hablaron de un ermitaño que había entrado en la oscuridad muy joven y que había vivido allí durante sesenta y nueve años. Al sentir la proximidad de la muerte, este ermitaño no pudo resistir el anhelo de contemplar el sol una vez más; y así dio la señal que requería que los monjes le devolvieran la libertad. Pero el anciano estaba ciego como un topo; y nada más salir a la luz del sol, se arrugó como un trapo y murió. Ninguno de los lamas entonces presentes se encontraba entre los vivos cuando entró en la cueva.

Y ahora nos detuvimos en frente de una de esas cuevas en el monasterio de Linga. El ermitaño que habitaba allí llevaba el título honorífico de Lama Rinpoche (el Monje Sagrado). Se creía que era un hombre de unos cuarenta años. Meditaba y soñaba con el Nirvana. A cambio de su penitencia voluntaria, su alma sería absuelta de las penas de la transmigración, y entraría en el reposo eterno inmediatamente.

Todas las mañanas le servían un cuenco de *tsampa* y a veces un poco de mantequilla. Obtenía agua de un manantial que brotaba en el interior de la cueva. Todas las mañanas su cuenco vacío era retirado y vuelto a llenar. Cada sexto día tomaba una pizca de té, y dos veces al mes le eran dadas unas varas, que podía encender con un chispero. Si el lama que le traía su alimento diario se dirigiese a él a través de la abertura, sería castigado con la condenación eterna. Por lo tanto, siempre guardaba silencio. Del mismo modo, si el hombre emparedado hablara con el monje sirviente, sacrificaría todo el *karma* obtenido durante sus años de meditación solitaria. Si el sirviente encontrase el cuenco intacto al día siguiente, entendería que el recluso estaba enfermo o muerto. Aun así, volvería a empujar el cuenco dentro de la cueva y se alejaría abatido. Si el cuenco permanecía intacto al día siguiente, y en total durante seis días, la cueva se abría; porque entonces era seguro asumir que el recluso habría fallecido. El muerto sería extraído de la cueva y su cuerpo cremado, como los de los santos.

LAMAS ORANDO DENTRO DE UNO DE LOS SALONES DEL TEMPLO DE LINGA GOMPA

—¿Puede oírnos? —pregunté a los monjes de Samde Puk.

—No —respondieron—, las paredes son demasiado gruesas.

Apenas me podía apartar del lugar. Allí, a solo unos metros de mí, había un hombre que poseía una fuerza de voluntad tal, que todo lo demás se volvía insignificante en comparación. Había renunciado al mundo; ya estaba muerto, pertenecía a la eternidad. El soldado que marcha hacia la muerte inevitable es un héroe; pero lo hace una vez. La vida física de Lama Rinpoche persistiría durante décadas y sus sufrimientos durarían hasta que la muerte lo liberase.

Tenía un anhelo insaciable de muerte. El Lama Rinpoche me fascinaba irresistiblemente. Mucho tiempo después pensaría en él durante las noches; e incluso hoy. Aunque han pasado diecisiete años, a menudo me pregunto si todavía está vivo en su cueva. Incluso si hubiera tenido el poder y el permiso, por nada del mundo lo habría liberado para sacarlo a la luz del sol. En presencia de tan extraordinaria fuerza de voluntad y santidad, me sentía un pecador indigno y un cobarde.

Imaginé verlo frente a mí, como la primera, la última y la única vez en su vida que caminó en una procesión solemne a través del valle, acompañado por los lamas de Linga, a lo largo del camino que acabábamos de tomar. Todo el mundo estaba en silencio. Sintió el calor del sol y vio los campos brillantes en las laderas. Vio su propia sombra y las de los otros caminantes en el suelo. Nunca más vería moverse una sombra; porque viviría en la más absoluta oscuridad hasta que muriera. Por última vez vio el cielo y las nubes a la deriva, los picos de las montañas y sus resplandecientes campos de nieve.

Contempló la puerta abierta de la cueva. Entró, con la estera de trapos que sería su cama. Se ofrecieron oraciones. La puerta fue cerrada; y fuera de la puerta se construyó un muro de grandes piedras, que llegaba hasta el techo de la gruta. ¿Estaría parado allí, captando los últimos destellos de luz del día fugaz? Y cuando la última grieta entre los bloques de piedra fue cubierta, la oscuridad descendió inexorablemente sobre él. Los monjes sirvientes, tras cumplir su labor de amor, bajaron a Linga, silenciosos y serios.

SAMDE PUK, PARTE DEL MONASTERIO DE LINGA GOMPA, SITUADO EN LO ALTO DEL VALLE

El hombre enclaustrado no oía más sonido que el de su propia voz mientras pronunciaba sus oraciones. Las noches eran largas. Pero no sabía cuándo se ponía el sol y comenzaba la noche. Para él solo había oscuridad sin alivio. Se iba a dormir; y cuando había descansado, se despertaba sin saber si era de día. El verano llegaría a su fin. Se daría cuenta de eso, debido a la caída de la temperatura y la humedad. Llegaría el invierno y se congelaría de frío; más tarde, con la llegada de la primavera y el verano, el aumento de la temperatura le concedería sensación de bienestar. Un nuevo año comenzaría su curso, y un año sucedería a otro. Leía constantemente sus oraciones, soñando con el Nirvana. Poco a poco su comprensión del tiempo se iría relajando, no sería consciente de la lentitud con que transcurrirían los días y las noches, pues siempre estaba sentado en su estera, perdido en los sueños del Nirvana. Sabía que solo se podía entrar en el «Reino de los Cielos» a costa de un tremendo autocontrol.

Envejecería inconsciente del hecho. Para él, el tiempo era estático; y sin embargo su vida le parecía como un segundo, en comparación con la eternidad del Nirvana. Nadie lo visitaba, salvo

EL SANTO LAMA CAMINANDO HACIA LA CUEVA DONDE SERÍA EMPAREDADO POR EL RESTO DE SU VIDA

quizás una araña o un ciempiés que a veces caminaba sobre su mano. Su ropa se desintegró, sus uñas crecieron, su cabello se volvió largo y enredado. No se dio cuenta de que su tez se volvió bastante blanca, y que su visión se debilitó, hasta que se apagó la luz de sus ojos. Anhelaba la salvación. Y un día alguien tocaría a su puerta, el único amigo que podía visitarlo en la cueva. Sería la Muerte, que había venido para

UN ÚLTIMO DESTELLO DE LUZ

sacarlo de la oscuridad y llevarlo a la gran luz del Nirvana.

CAPÍTULO LV

NUEVOS PUERTOS DE MONTAÑA EN EL TRANS-HIMALAYA – EL ÚLTIMO VIAJE DE MOHAMMED ISA

EL 17 de abril cabalgamos hasta el pueblo de Govo, el último donde la gente todavía vivía en chozas de piedra. Entonces se vieron una vez más las tiendas de color negro, los yaks negros que pastaban y las ovejas blancas en los altos campos alpinos.

A la izquierda se elevaba una montaña con una extraña cueva vertical, en cuya abertura inferior moraban dos lamas mendigos y dos monjas de Nepal. Eran los servidores de dos ermitaños cuyas cuevas estaban más arriba en la montaña. Un tramo natural de escaleras en espiral, resbaladizo y peligroso, conducía a la gruta en forma de alcoba, donde Gunsang Ngurbu, un ermitaño centenario, se había dedicado a la meditación. Para acercarnos a él tuvimos que retirar una delgada placa de pizarra que bloqueaba la entrada a su cueva como un postigo. Pero los nepalíes me suplicaron, por todo lo sagrado, que no molestara al anciano; así que me contenté con espiar el vestíbulo de la cueva a través de una rendija debajo del postigo. Nada era visible excepto dos imágenes. Escuché al anciano murmurar sus oraciones. En invierno, allá arriba, debía de haber sido un lugar frío para él. Pero al menos podía ver el sol, las estrellas y los remolinos de nieve; porque su morada rocosa se abría sobre el valle. Nunca le volvería a hablar a un alma; y ni siquiera era consciente del hecho de que tenía un vecino en otra cueva.

No muy lejos de allí llegamos al paso de Changla Podla, a 5.570 metros de altitud, un paso de primera importancia en la vertiente continental del Trans-Himalaya, a cuarenta y tres millas al oeste del Sela La. Este fue un nuevo descubrimiento significativo. Cruzamos el Trans-Himalaya y el gran espacio en blanco al norte del Tsangpo por segunda vez. Mi sueño era cartografiar este hueco en los mapas existentes, paso a paso, hasta su extremo occidental.

Continuamos hacia el noroeste. No podía descubrir las intenciones de la escolta. Simplemente nos llevaban en esa dirección. Pero no podría haber deseado una ruta más favorable. Uno de los principales miembros de la escolta había sido lama en Tong, pero había sido expulsado de la hermandad por su amor hacia una mujer.

Del otro lado del paso, estábamos nuevamente en regiones que no tienen salida al océano Índico. Los nacientes de esta zona desembocaban en el lago de Dangra Yum Tso. Esperaba penetrar hasta sus orillas. Un túmulo con banderas de plegaria se encontraba en el punto desde el cual se podía ver por primera vez la montaña sagrada de Targo Gangri[239], que Nain Sing, el *pundit* indio, en su día avistó desde el norte. Los tibetanos se postraron allí, como muestra de adoración a la montaña.

En el siguiente cambio de escolta tuvimos cinco ancianos y un gran número de otros hombres como guardianes. Querían llevarnos de regreso al Raga Tsangpo, pero los induje a continuar hacia el noroeste. Tenían once tiendas y unos cien yaks. Solía visitar sus tiendas para elaborar bocetos de los ancianos.

Nos acercamos a la montaña sagrada, con sus enormes picos nevados y sus cinco lenguas glaciares visibles. Una cordillera nueva, desconocida, de dimensiones grandiosas y con nieves perpetuas en su cresta, se alzaba en dirección oeste-suroeste. Instalamos nuestro campamento número 150 al pie de Targo Gangri y en la orilla del río Targo Tsangpo[240], que desemboca en el lago Dangra Yum Tso, el cual se encontraba a dos días de marcha más adelante. Hasta ahora todo había ido bien. Pero en este mismo punto aparecieron veinte hombres armados, Hlaje Tsering los había enviado para verificar nuestro progreso hacia el lago sagrado. Su líder era Yunduk Tsering, un hombre que conocimos en Ngangtse Tso, donde había estado en la *suite* de Hlaje Tsering. Declararon que bajo ningún concepto nos estaba permitido ir al lago. Pero no muy lejos de nuestro campamento, en el lado derecho del valle, había un promontorio rojo y rocoso, desde cuya cresta se decía que se veía el lago. Prometí abstenerme de visitar sus orillas, con tal de que me dejaran subir al promontorio rojo. No se opusieron a esto. Pero cuando el 28 de abril estábamos a punto de partir, apareció el cacique del distrito (o *largäp*), con sesenta jinetes, con vestimentas coloridas y montados en caballos blancos, negros y castaños. Se juntaron a nuestro alrededor, pelearon y gritaron entre ellos, y no me permitieron dar un paso fuera del campamento. Negociamos todo el día y al final cedieron. Cabalgué hacia el norte con dos compañeros hasta el lago, que brillaba con un color azul como el zafiro.

Luego caminamos hacia el sureste, para cruzar por tercera vez el Trans-

Himalaya. En el camino descubrimos el Shuru Tso[241], un lago de tamaño moderado que aún estaba congelado. El 6 de mayo volvimos a cruzar el Trans-Himalaya, esta vez por el paso de Angden La (5.520 metros). Estaba situado cincuenta y dos millas al oeste del paso de Changla Podla. Una vez más había logrado hacer mía una parte del gran espacio en blanco. El paisaje en ambas direcciones era magnífico. Detrás de nosotros, en el norte, todavía podíamos ver el Targo Gangri, y en el sur, la cresta blanca como la tiza del Himalaya. Íbamos camino al Raga Tsangpo. Una noche, el viejo Guffaru fue declarado enfermo. Estaba acostado en su tienda y parecía estar agonizando. Ya le había pedido a su hijo que estuviera listo con el sudario. El anciano tenía unos dolores de estómago terribles, y cuando le prescribí paños calientes me dijo que me fuera a mi tienda a acostarme. Mohammed Isa casi de ahoga de la risa, y los demás se retorcieron a carcajadas alrededor de este «lecho de muerte». Finalmente le di opio, y a la mañana siguiente estaba tan fresco como una rosa.

El 11 de mayo llegamos al Raga Tsangpo en medio de un torbellino de nieve. Los cachorritos, que viajaban en una canasta, corrían sorprendidos tras los copos de nieve. Estábamos en la ruta que Ryder y sus compañeros habían trazado previamente[242]. Pero durante el viaje de ochenta y tres días al lago Manasarovar, pude recorrer toda la distancia, excepto dos días y medio, por rutas nuevas y desconocidas.

Los dos jefes del pueblo de Raga Tasam eran unos obstinados. Me mostraron las órdenes recibidas del Devashung. En esencia, desde aquí no debía ir por otra ruta que no fuera la *tasam*, es decir, el camino principal de caravanas a Ladakh, como lo había hecho la expedición de Ryder. Escribí a Tang Darin y Lien Darin en Lhasa para pedir permiso para ir por Terinam Tso[243], Nganglaring Tso[244] y Manasarovar a la India. Encomendé a Tundup Sonam y Tashi la difícil tarea de llevar mis cartas a Ma en Shigatse, a doscientas millas de distancia, a pie. Luego debían reunirse con nosotros.

No nos apresuramos, pues no queríamos adelantarnos demasiado a ellos. Nos quedamos en el lugar una semana. Todavía el 15 de mayo, la temperatura nocturna alcanzaba –26 °C. Contrariamente a los deseos de los tibetanos, seguimos nuestro camino hacia el enorme grupo montañoso de Chomo Uchong, con su naturaleza salvaje y el frío helado del invierno. Al llegar a su otro lado nos quedamos un día en la entrada del valle de Basang. Desde allí había solo un día de camino hasta Saka Dzong[245], lugar de residencia del gobernador. En lugar de ir por ese camino, deseaba hacer un desvío más hacia el sur hasta el punto donde el Chaktak Tsangpo desembocaba en el gran Tsangpo. Este deseo sería concedido por los tibetanos con la condición de que Mohammed Isa, con el grueso de la caravana, viajara a Saka Dzong por la carretera principal.

La noche antes de separarnos, los hombres de Ladakh bailaron alrededor de la hoguera y Mohammed Isa tocó la guitarra. En la mañana del 27 de mayo partieron las caravanas en sus respectivas direcciones. Mohammed Isa y yo éramos los únicos que quedaban. Íbamos a caballo y, como de costumbre, le di mis órdenes. Luego nos despedimos.

Mi espléndido líder de la caravana parecía estar en las mejores condiciones mientras galopaba para alcanzar a los demás. Sería la última vez que le diera órdenes.

Yo mismo adelanté la sección a cargo de Robert y Tsering. Nuestra excursión resultó muy provechosa. Con ayuda de nuestro bote, medimos el volumen de agua en los dos ríos y acampamos en la región de Takbur después de cuatro días de trabajo. El 31 de mayo debíamos recorrer el último día de viaje hacia Saka Dzong. Pero temprano en la mañana llegó al campamento un jefe bruto e insensible, con un grupo de mercenarios. Azotó a los tibetanos que nos habían servido y les ordenó que se fueran, junto con sus caballos, que habíamos alquilado. Anunció que nosotros mismos seríamos detenidos tres meses como prisioneros, y que no recibiríamos ninguna provisión. Envié a uno de mis hombres en secreto a Saka Dzong, con un mensaje a Mohammed Isa para que nos enviara cinco caballos. Entonces pedí al jefe que me visitara en mi tienda. Declaró que yo no tenía derecho a viajar por ningún otro camino que no fuera el *tasam*. Le advertí que no se diera aires. Podría, si me complaciera, encomendar su cabeza a mis amigos, los mandarines de Lhasa. Esa frase despertó su furia, y se apresuró a desenvainar su espada para asestarme un golpe. Pero como yo permanecí sentado, sin mostrar temor alguno, desistió y se fue. Regresó por la noche con hombres y yaks, y declaró que el camino a Saka Dzong estaba abierto para nosotros.

En la mañana del 1 de junio llegaron algunos de nuestros hombres con cinco caballos y un mensaje de Mohammed Isa donde afirmaba que todo estaba bien en su campamento. Levantamos el nuestro. Fue un camino largo. Retenido por mi trabajo, como de costumbre, llegué al campamento mucho después que los demás. Guffaru y toda una multitud me dieron la bienvenida.

—Pero, ¿dónde está Mohammed Isa? Normalmente suele estar a la vista... —pregunté.

—Está echado en su tienda; ha estado enfermo todo el día.

Sabía que tenía dolores de cabeza con frecuencia, así que me fui tranquilamente a mi tienda a cenar. Ya estaba oscuro cuando Robsang vino a decirme que el enfermo no respondía cuando se le hablaba. Luego me apresuré a su tienda. Su boca estaba torcida y sus pupilas también daban señales de que había sufrido una apoplejía. Los otros, a quienes ahora interrogué a fondo, me dijeron que se había desmayado al mediodía y que había perdido el habla después de unas horas. Una lámpara de aceite ardía cerca de su cabeza, donde su hermano, Tsering, lloraba sentado. Pronuncié su nombre e hizo un débil intento de mover la cabeza. Le susurré a Robert que Mohammed Isa no viviría para ver otro amanecer y Robert se aterrorizó. Lo único que pudimos hacer fue ponerle hielo sobre la cabeza y bolsas de agua caliente a los pies, pero todo fue en vano; había llegado su hora. A las nueve de la noche comenzó la lucha contra la muerte.

Sus pies y manos se enfriaron, su cuerpo temblaba por la fiebre. Su respiración entrecortada se hizo más débil y se detuvo; pero después de un minuto llegó el último aliento, y Mohammed Isa había muerto.

Me descubrí ante la majestuosidad de la muerte. Los lamaístas murmuraron sus oraciones en su propio idioma, y los mahometanos profirieron su *La illaha il Allah*. Guffaru vendó la barbilla del muerto para mantener la mandíbula inferior en su lugar y cubrió su rostro con un paño blanco. Tsering lloraba sin control, se golpeaba la frente y se lanzaba de un lado a otro. Traté de calmarlo; pero finalmente tuvimos que llevarlo a su tienda, donde acabó durmiendo.

Los mahometanos convirtieron la tienda en una capilla, y cinco de ellos velaron toda la noche. A medianoche me dirigí allí. Allí yacía, el gigante, majestuosamente erguido y con una tranquila sonrisa en los labios. Su rostro estaba pálido, pero bronceado por todas las tormentas del Chang Tang y los soleados días tibetanos.

El 2 de junio era un domingo. Ese día lavaron el cadáver, lo envolvieron en el sudario de Guffaru y en una manta gris, lo colocaron sobre un tosco féretro y fue llevado por ocho mahometanos al lugar funerario que las autoridades de Saka Dzong habían puesto a nuestra disposición. Mis hombres de fe lamaísta todavía trabajaban en la tumba. La procesión fue sencilla. Caminé inmediatamente detrás del féretro, detrás iban Robert y algunos de nuestros criados. Tsering se quedó en su tienda, sumido en el dolor. Algunos tibetanos habían salido de sus casas para observarnos. Nunca habían presenciado tal ceremonia, pues era su costumbre arrojar sus muertos a los animales salvajes. Los portadores del féretro cantaban un canto fúnebre. Caminaron muy despacio y descansaron dos veces: su carga era muy pesada.

El cadáver fue descendido a la tumba con la cara vuelta hacia La Meca. Fue depositado en una cámara lateral, para que no se sujetase indebidamente solo con tierra y arena. Cuando la tumba estuvo llena, di un paso adelante y agradecí a Mohammed Isa su constante fidelidad.

Luego volvimos a nuestras tiendas, silenciosos y tristes. Escribí en una losa de pizarra los nombres en inglés de los europeos a quienes Mohammed Isa había servido treinta años antes de que viniera conmigo, para morir el 1 de junio de 1907, a la edad de cincuenta y tres años. Este escrito, junto con su nombre en caracteres árabes, y un *Om mani padme hum* (para hacer que la tumba también fuera sagrada para los tibetanos), fue grabado en la piedra erigida sobre su cabeza. Se colocó una pequeña losa a un lado, para que los mahometanos que pasaran pudieran arrodillarse y ofrecer una oración por el fallecido.

El 3 de junio los mahometanos y los demás solicitaron una oveja para celebrar un banquete en honor a su líder. Y luego caímos en la cuenta de la dimensión de nuestra pérdida. Lo extrañamos profundamente[V].

La nostalgia se apoderó de todos; y era conmovedor ver el ardor con el que los hombres de Ladakh, sentados junto a las fogatas, fabricaban zapatos para sus esposas e hijos en casa. Robert también anhelaba a su madre, esposa y hermanos. Pero yo, más que nadie, añoraba el territorio desconocido al norte del Tsangpo, el Brahmaputra superior. Si tan solo se nos hubiera permitido partir de inmediato; pero se necesitó una semana entera para negociar con los tibetanos sobre mi ruta. Después de muchos «síes» y «noes», concedieron mi petición de tomar la ruta del norte hacia el pueblo de Nyuku.

Guffaru fue designado sucesor del difunto líder, y les dije a mis hombres que cualquiera que no le mostrara la misma obediencia que se le había otorgado a Mohammed Isa, sería despedido de inmediato. Las pertenencias del muerto fueron selladas en dos cajas, para ser entregadas eventualmente

---

V El capitán Rawling, que murió como general de brigada en las postrimerías de la Gran Guerra, escribió un epitafio para Mohammed Isa en el *Geographical Journal*, 1909, p. 442.

a su viuda. De dinero encontramos solo diez rupias. Esto era prueba del manejo honesto de los fondos que se le habían confiado.

El 7 de junio partimos. Cabalgué hasta la tumba y presenté mis últimos respetos. Pronto las lomas oscurecieron nuestra vista del lugar, que quedó al cuidado de la gran soledad.

CAPÍTULO LVI

EL DESCUBRIMIENTO DEL NACIMIENTO DEL BRAHMAPUTRA

Nuestro camino nos llevó más allá del monasterio de Targyaling Gompa. Los arrogantes monjes declararon que nos recibirían a balazos si nos atrevíamos a visitar su santuario. Les envié un mensaje para asegurarles que no tenían por qué preocuparse, habíamos visto Tashilhunpo y no tenía sentido visitar su monasterio de relumbrón.

Nyuku estaba gobernado por un *gova* decente que, sin problemas, me permitió subir a caballo hasta el Kilung La, un paso de 5.300 metros de altitud, sobre una cadena que se bifurca del Trans-Himalaya. Desde allí vimos varios de los altos picos nevados del Lunpo Gangri, el mismo que la expedición de Ryder había triangulado desde el valle Tsangpo. Tuve la tentación de continuar hasta la cresta principal. Pero le había prometido al *gova* que no iría más allá del paso y, con el corazón roto, tuve que renunciar nuevamente a la exploración de grandes extensiones desconocidas de este país.

El 17 de junio acampamos en el valle de Dambak Rong. Luego escuchamos campanas tintinear en el camino. Un jinete llegó al galope hasta mi tienda, desmontó y me entregó una carta. Con el corazón palpitante, leí las palabras en inglés: «*Imperial Chinese Mission, Tibet*». Me di cuenta de que ahora sostenía mi *condena* en mis manos. Todos mis hombres, que anhelaban volver a casa en Ladakh y esperaban que ningún desvío extenso nos retrasara, se reunieron frente a las tiendas. La carta era de Tang Darin. Era cortés en la forma, pero su contenido se podía resumir así: «¡Vas a ir directamente a Ladakh sin desvíos al norte o en cualquier otra dirección!». Transmití este mensaje a mis hombres. Regresaron a sus tiendas en silencio. Ahora el regreso a casa parecía más cercano que antes. Estos inexorables mandarines excitaron mi ira y decidí usar todo mi ingenio para burlarlos. Cuanto más nos movíamos hacia el oeste, más grandes eran las extensiones de la tierra desconocida que dejábamos atrás. Pero de alguna manera me las arreglaría para volver allí.

Tundup Sonam y Tashi, que habían ido a Shigatse, regresaron esa misma noche. Después de cumplir su misión, apresuradamente comenzaron su viaje de regreso. Pero una noche, no lejos de Shigatse, fueron atacados por ladrones que, amenazándolos con armas, les robaron todo menos la ropa que llevaban puesta. Por pura casualidad, los bandidos pasaron por alto treinta monedas de plata que uno de mis hombres había escondido en la parte trasera de su cinturón. Aterrorizados, estos creyeron ver un ladrón en cada sombra y en cada piedra, después de este mal trago. Finalmente nos alcanzaron, cansados pero felices. Les entregué grandes recompensas por su servicio. Los rumores de la muerte de Mohammed Isa ya les habían llegado por el camino.

Una extraña enfermedad se apoderó de los cuatro cachorritos, que se habían convertido en agradables compañeros de tienda para mí. En una semana murieron los cuatro; y la cachorrita marrón y yo volvimos a estar de nuevo solos en la tienda.

En el pueblo-monasterio de Tradum, pasamos de nuevo por el camino principal (*tasam*). La autoridad allí estaba en manos de un *gova* que una vez había sido lama, pero que había sido expulsado de la fraternidad de los Sombreros Amarillos debido a una historia de amor. Era un granuja, pero a veces merece la pena tener bribones como amigos. Le prometí una gran suma, en plata, si me dejaba echar un vistazo en el norte de Nepal.

—Con mucho gusto —dijo él; e incluso me dejó alquilar algunos de sus caballos.

Si yo hubiera sido un poco más desconfiado y cauteloso, me habría alarmado ante esta inusual amabilidad. En primer lugar, era arriesgado entrar en un país donde los europeos tenían prohibido viajar y donde, en caso de ser admitidos, solo podían viajar por ciertas rutas si además se les proporcionaba el pasaporte adecuado. En segundo lugar, realmente estaría dejando el Tíbet al entrar en Nepal, y los tibetanos podrían detenerme en la frontera cuando volviera.

A pesar de esto, partí el 20 de junio y pasé la noche en Likse Gompa, un monasterio en la orilla sur del Tsangpo. De las vistas en ese pequeño monasterio solo mencionaré al perro sagrado, que vivía de los excrementos de los monjes y se comía sus cuerpos cuando morían; y los vasos de los sacerdotes, que eran cráneos humanos que brillaban como el marfil.

Dos días después cabalgamos hasta el paso a 4.660 metros de altitud de

Kore La, en el Himalaya, la divisoria de aguas entre el Brahmaputra (Tsangpo) y el Ganges, los dos ríos sagrados. La pendiente desde el Brahmaputra hasta el paso era casi imperceptible, la diferencia de altitud ascendía a solo 96 metros. Por lo tanto, en teoría sería posible excavar un canal y obligar al Brahmaputra superior a convertirse en un afluente del río Ganges. Actualmente estos dos ríos no se encuentran hasta que llegan al delta del Hugli.

El panorama desde el paso era maravilloso. En el sur, las cordilleras y los valles de Nepal brillaban al sol. En el norte estaba el Trans-Himalaya, bañado por la luz del sol. Pero los picos nevados del Himalaya estaban ocultos por las nubes, y del Dhaulagiri (8.180 metros de altitud) no se veía nada.

Bajamos a Nepal. Descendimos al valle del Kali Gandak, un afluente del sagrado Ganges, y lo hicimos a pie para no correr el riesgo de volcar sobre las cabezas de los caballos. El aire se volvió más cálido, la respiración se volvió más fácil y vimos más y más plantas que no podían soportar el clima tibetano. A 850 metros por debajo del paso establecimos nuestro campamento para pasar la noche, cerca de la aldea de Nama Shu, en el jardín de Lo Gapu. Su nombre se traducía como «Rey de la Tierra del Sur», y era un príncipe de un Estado en la frontera, bajo la soberanía del maharajá en Katmandú. Los vientos templados avivaban las frondosas copas de los árboles; era como estar en el paraíso. Dos de los hombres de Lo Gapu vinieron para invitarnos a ver a su amo en su residencia, más abajo en el valle, pero rechacé. Podría habernos hecho sus prisioneros. A la mañana siguiente estábamos montados en nuestros caballos y en camino de regreso al Kore La. Pero los rumores de mi visita a Nepal llegaron incluso a los oídos del maharajá. Más de un año después, cuando mi familia y amigos empezaban a temer por mi vida, el príncipe heredero de Suecia se reunió con el maharajá de Nepal en Londres. En esa ocasión, el maharajá habló de mi visita a su Estado e insinuó que mi temor en ese momento no tenía fundamento. Pero para entonces hacía mucho tiempo que había regresado al Tíbet.

Después de que el *gova* de Tradum recuperase sus caballos, junto con la recompensa prometida, nos unimos a Guffaru y la caravana y avanzamos hacia el oeste y el noroeste, a lo largo de la orilla sur del Tsangpo, a través de un territorio desconocido. En el monasterio de Namla Gompa, cruzamos el Tsangpo, que tenía allí 885 metros de ancho y parecía un lago. Unos días más tarde llegamos al pueblo de Tuksum, y luego ayudamos a un lama a cruzar el río. El Tsangpo transportaba 92 metros cúbicos de agua por segundo en este punto. Cinco chicas de Kham, en el extremo este del Tíbet, nos visitaron en uno de nuestros campamentos. Habían hecho una peregrinación a la montaña sagrada del Kang Rinpoche, cargando sus mochilas a la espalda y asistidas solo por bastones en sus manos. Subsistían mendigando de tienda en tienda.

Ahora me acercaba a uno de los problemas geográficos importantes que quería resolver, esperaba ser el primer hombre blanco en penetrar hasta el nacimiento del Brahmaputra y determinar su lugar en el mapa. En 1865, Nain Sing, el consumado *pundit* indio, había pasado por la gran carretera de caravanas de Ladakh a Lhasa. Sabía que el río provenía de los glaciares del suroeste, pero nunca se había dirigido allí. En 1904, Ryder y su expedición siguieron el mismo camino; y su ruta recorría treinta millas al norte del nacimiento del río.

Para resolver el problema, primero tuve que medir el volumen de agua en los ríos que forman el Tsangpo-Brahmaputra. Esto tenía que hacerse en un día despejado y, en la medida de lo posible, a la misma hora. Descubrí que el Kubi Tsangpo, uno de estos ríos, era tres veces más grande que todos los demás juntos. La conclusión fue, por lo tanto, seguir el Kubi Tsangpo, cuyo nacimiento también debe ser el del Brahmaputra.

Pero primero envié a Guffaru con la caravana por la carretera principal hasta el pueblo de tiendas de campaña de Tokchen, no lejos de la orilla nororiental del lago sagrado. Solo me acompañaron Robert, tres ladakis y tres tibetanos. Estos últimos estaban familiarizados con la región. Vestían abrigos de piel de oveja de color negro y llevaban grandes mosquetes sobre los hombros. En mi diario los bauticé como «los tres mosqueteros».

Seguimos el Kubi Tsangpo hacia el suroeste. Al sur y al suroeste, un mundo de gigantescos picos se alzaba, negro, pero cubierto de nieves perpetuas, puntiagudos como dientes de lobo, con poderosas lenguas glaciares entre ellos. Seguimos escalando más y más alto. Aquí y allá encontramos cortezas finas, de abedules u otros árboles de Nepal, que habían sido transportadas por el viento a través del Himalaya. Los tres mosqueteros se pusieron nerviosos cuando me observaron mirar a través del teodolito. Preguntaron si era yo quien mantenía alejada la lluvia, pero les aseguré que deseaba la lluvia tanto como ellos, por el bien de la hierba y de los animales.

Cuanto más alto ascendíamos, más poderosos se alzaban sobre nosotros los nueve picos salvajes y nevados del Kubi Gangri. A última hora de la tarde, destellos intensos de relámpagos blancos y azulados resplandecían en el sur; y las cimas de las montañas se destacaban negras como el carbón contra el fondo claro, como si estuvieran cortadas en papel negro. Montañas sagradas, donde nace el Brahmaputra, ¡el «Hijo de Brahma»! El río atraviesa la mayor parte del sur del Tíbet, también los Himalayas, riega los campos de los campesinos de Assam y mezcla su tremendo caudal con las aguas del Ganges en el delta del Hugli.

LAS GIGANTESCAS MONTAÑAS DE KUBI GANGRI, CUBIERTAS ETERNAMENTE POR HIELO Y ENORMES GLACIARES

El 13 de julio cabalgamos hasta el punto más alto de una enorme y antigua morrena. Desde allí contemplamos una vista asombrosa de las gigantescas montañas, con sus desoladas rocas negras, cúpulas y pasos, sus ventisqueros de nieves perpetuas, sus enormes glaciares, con oscuras morrenas en forma de franjas en la superficie y grutas de hadas de color azul verdoso en el hielo. Debajo de nosotros estaba la parte inferior del glaciar que alimentaba el más grande de todos los nacimientos del Kubi Tsangpo, el de las masas montañosas de Langa Chen. Aquí estaba el nacimiento del Brahmaputra, y la altitud era de 4.860 metros.

Cumplida su tarea, despedí a los tres mosqueteros y les entregué su salario. ¡Toda la excursión había costado siete libras! ¿A quién no le gustaría, por tan bajo precio, la gloria de descubrir el nacimiento de uno de los ríos más famosos de la Tierra? Los tres guías pensaron que estaba loco por darles tanto dinero después de un viaje de solo unos días. Y en cuanto a la gloria, me enorgullece compartirla con Nain Sing y Ryder, quienes viajaron por estas regiones, incluso si no llegaron al nacimiento mismo.

Durante los días siguientes continuamos hacia el oeste; sobre el paso de Tamlung La cruzamos la divisoria de aguas entre el Brahmaputra y el lago sagrado de Manasarovar; vimos a nuestra izquierda las montañas, el Ganglung Gangri —donde se encuentra el verdadero nacimiento del Sutlej— y el pico alto y arqueado de Gurla Mandata. Seguimos por el río de Tage Tsangpo, o Langchen Kamba, el «río Elefante», que es la parte superior del Sutlej y el río con mayor cauce de todos cuantos desembocan en el lago sagrado. Nos detuvimos por un momento en su orilla, en el manantial milagroso que, como el de Lourdes, cura a los enfermos y protege contra toda clase de males, incluidos el hambre, la sequía y los ataques de los ladrones. Avistamos, al noroeste, el Kang Rinpoche, el Kailash de los hindúes, con el paraíso de Shiva en su cima, la montaña más sagrada de los tibetanos; y, finalmente, pudimos vislumbrar, a sus pies, un rincón del lago sagrado de Tso Mavang, llamado Manasarovar por los hindúes.

En Tokchen estábamos todos reunidos de nuevo. Allí hice un cambio importante en la caravana. Trece hombres, bajo el mando de Guffaru, fueron enviados directamente a casa en Ladakh, con todo el equipaje que consideraba superfluo y trescientas páginas de cartas para varios amigos míos. La más importante de estas cartas era para el coronel sir James Dunlop-Smith. Le pedí que me enviara mi correo, seis mil rupias, revólveres, víveres y demás a Gartok, donde esperaba llegar dentro de un mes y medio. Los doce hombres restantes debían viajar conmigo. Tsering se convirtió en su líder. El 26 de julio nuestros caminos se separaron. Guffaru, con sus trece yaks y su pequeña tropa, se fue a casa. Se derramaron muchas lágrimas al partir. La división de la caravana hizo pensar a los tibetanos que nos reuniríamos en unos días, como en la ocasión anterior.

Fui hacia el suroeste con los demás y acampé en la orilla del Manasarovar, cerca del convento de Serolung Gompa, el primero de los ocho conventos que están plantados a lo largo del camino de los peregrinos; engarzados como piedras preciosas en un brazalete sagrado.

CAPÍTULO LVII

MANASAROVAR, EL LAGO SAGRADO

Santo, santo y santo es el lago Tso Mavang o Tso Rinpoche de los tibetanos, el Manasarovar de los hindúes, el alma de Brahma. Una guirnalda de montañas se eleva en sus orillas; y águilas reales, desde sus nidos debajo de los campos de nieve permanentes del Kailash en el norte, y Gurla Mandata en el sur, contemplan su superficie azul turquesa; sobre la cual los fieles de la India ven a Shiva, descendido de su paraíso, dar vueltas alrededor, en forma de cisne blanco. Este lago ha sido adorado durante miles de años en antiguos himnos religiosos. En la sección del *Skandá puraná*[246] titulada *Manasa Khanda* está escrito:

> Cuando la tierra de Mana Sarovara toque el cuerpo de alguien, o cuando alguien se bañe en ella, irá al paraíso de Brahma; y quien beba de sus aguas irá al cielo de Shiva, y será liberado de los pecados de cien nacimientos; e incluso la bestia que lleva el nombre de Mana Sarovara irá al paraíso de Brahma. Sus aguas son como perlas. No hay montaña como Himachala (Himalaya), porque en ella están Kailash y Mana Sarovara; como el sol de la mañana seca el rocío, así se secan los pecados de la humanidad a la vista de Himachala.

Con un sentido de reverencia, acampé en sus orillas. Quería examinar este lago; investigar sus relaciones hidrográficas con el Sutlej —esa era una cuestión antigua y discutible—; medir su profundidad, lo que hasta ahora no se había hecho; y así, con logros científicos, celebrar sus olas color verde azulado. Sus aguas están a 4.630 metros sobre el nivel del mar. El lago tiene forma ovalada y su parte norte está más acrecentada. Además, su diámetro es de unas quince millas.

Y ahora íbamos a aventurarnos en el lago sagrado. Esperamos los días 26 y 27 de julio porque el viento era demasiado fuerte. Nuestros tibetanos nos advirtieron del riesgo. Seríamos absorbidos por sus profundidades y pereceríamos. En la tarde del 27 el viento amainó y decidí remar a través del lago durante la noche. Fijé una señal de la brújula en la orilla opuesta (occidental) y dirigí mi rumbo hacia 59° SO. Shukur Ali y Rehim Ali remaban.

Llevábamos una plomada, un velocímetro, una linterna y comida para dos días. El humo de la fogata se elevaba perpendicularmente hacia las estrellas a medida que avanzábamos.

—Nunca llegarán a la otra orilla del lago, el dios del lago se los tragará —dijeron nuestros tibetanos. Y Tsering compartía sus miedos.

Eran las nueve. El oleaje agonizante resonaba melodiosamente contra la orilla. Después de solo veinte minutos de remar constantemente, la luz de la fogata se desvaneció; pero el oleaje en la orilla todavía era débilmente audible, a lo lejos. Por lo demás, solo el chapoteo de los remos y el canto de los remeros perturbaban el silencio.

Se acercaba la medianoche. Todo el cielo se encendió con un color blanco azulado, debido a los relámpagos detrás de las montañas en el sur. Durante una fracción de segundo se hizo tan brillante como el mediodía. El reflejo de la luna oscilaba con color blanco plateado sobre el agua reluciente. La profundidad ya era de sesenta y cuatro metros. Mis remeros se atemorizaron. No cantaron más.

A la luz de la linterna leí los sondeos y los instrumentos, y tomé mis notas. Una atmósfera de cuento de hadas nos rodeaba; en medio de la noche, en medio de un lago tan sagrado para cientos de millones de asiáticos como el mar de Galilea lo es para los cristianos. Aunque la santidad de Manasarovar es miles de años más antigua que la veneración otorgada al lago de Tiberíades, el poblado Cafarnaúm y el Salvador[247].

Las horas de la noche transcurrieron lentamente. El alba aparecía débilmente en el este. Los heraldos del nuevo día se asomaron por encima de las montañas. Nubes ligeras como plumas adquirieron tintes rosados, y sus contrapartes en el lago parecían deslizarse sobre jardines de rosas. Los rayos del sol golpeaban el pico del Gurla Mandata que brillaba en tonalidades púrpura y oro. Como un manto de luz, el reflejo cubría la ladera oriental de la montaña. Un cinturón de nubes, a mitad de camino del Gurla, proyectaba su sombra sobre la ladera.

Salió el sol, centelleando como un diamante, y se impartió vida y color a todo el incomparable paisaje. Millones de peregrinos habían visto la mañana avanzar victoriosa sobre el lago sagrado; pero ningún mortal antes que nosotros había presenciado este espectáculo desde el mismo centro del Manasarovar.

Gansos, gaviotas y golondrinas de mar volaban chillando sobre el agua. Los remeros tenían sueño; a veces se dormían sobre los remos. Pasaron las horas de la mañana y aún seguíamos como el centro del paisaje. Yo también tenía sueño. Cerré los ojos, imaginando el sonido de las arpas en el aire y viendo manadas enteras de asnos salvajes rojos, persiguiéndose unos a otros a través del lago.

¡No había tiempo que perder!

Para motivar a mis hombres les di una ducha con mi mano. En el siguiente lugar de sondeo, donde encontramos la mayor profundidad del lago —ochenta y dos metros— desayunamos huevos de ganso, pan y leche. El agua del lago era tan dulce como la de un pozo. Llegó el mediodía. Ahora era evidente que nos acercábamos a la orilla occidental, porque sus detalles se hicieron visibles. Después de dieciocho horas de remo, finalmente desembarcamos.

Recolectamos combustible, preparamos té, freímos cordero, fumamos nuestras pipas, charlamos, convertimos el bote y la vela en una tienda de campaña, y nos acostamos a las siete en punto. Al día siguiente navegamos hacia el norte, no lejos de la costa, donde vimos el monasterio de Gosul Gompa en su terraza alta, y pasamos una nueva noche en la costa occidental. Mucho antes del amanecer, el viento del oeste comenzó a soplar con el ruido de fuertes ráfagas. A las cuatro y media nos pusimos en marcha. Apenas habíamos navegado unas decenas de metros desde la orilla cuando las crestas de las olas se elevaron a una altura apreciable; y con el viento de popa volamos por el lago, de regreso al campamento, donde nuestra gente nos recibió en la orilla, felices y sorprendidos. Nos habían estado esperando desde que vieron nuestra vela, como una mancha blanca, a lo lejos.

El 1 de agosto trasladamos el campamento hacia el sur, la caravana discurrió por la orilla oriental, mientras yo remaba. En el sur se elevaban las montañas Ganglung, al pie de las cuales, como había descubierto, estaba el nacimiento del Sutlej. En el monasterio de Yango Gompa hicimos una breve visita a su monja y diez monjes; y en Tugu Gompa, donde montamos nuestras tiendas fuera de los muros, trece monjes nos recibieron con gran amabilidad. Se sorprendieron al ver un barco en el lago sagrado y no pudieron encontrar otra explicación sobre mi afortunado viaje sino mi amistad con el tashi lama. En el oscuro salón del templo de la deidad del lago, Hlabsen Dorje Barvas, había una imagen del dios que surgía de las olas, con la cúpula del Kang Rinpoche, la montaña sagrada de Kailash, elevada sobre su cabeza.

El 7 de agosto de 1907 se convertiría en uno de los días más señalados de mi vida. Al amanecer, un lama tocaba su caracola en el techo del templo de Tugu Gompa. Un grupo de peregrinos hindúes se bañaba en la orilla, echándose agua por la cabeza como los brahmanes cuando adoran al sagrado Ganges en los muelles de Benarés. El Kang Rinpoche estaba oscurecido por las nubes.

Con Shukur Ali y Tundup Sonam subí en el bote. Teníamos con nosotros abrigos, comida, velas y remos de repuesto. Pero esta vez el lago estaba absolutamente en calma y decidimos no levantar el mástil. Nuestra dirección era 27° NO. Después de remar durante varias horas, el Gosul Gompa apareció, como una mancha en la distancia, en el costado de babor. Era la una. Nubes amarillas de polvo se arremolinaban sobre la costa en el noroeste, y el viento soplaba en esa dirección. Oscuras franjas de lluvia colgaban a lo largo de las laderas de las montañas. Una fuerte lluvia caía sobre nosotros. Se convirtió en granizo. Nunca había visto nada parecido.

El granizo era del tamaño de avellanas; golpeaba el agua como proyectiles, en miles de millones; el agua salpicaba y chorreaba mientras caían, y el rocío se arremolinaba a lo largo del lago. Era como si el lago bullese. Solo las olas cercanas eran visibles. Nos rodeaba una gran oscuridad, pero el interior de la barca estaba blanco del granizo. El granizo se transformó en una lluvia torrencial que descendía enloquecida. Me había puesto el abrigo sobre las rodillas, pero se formaron charcos en los pliegues.

LOS LAMAS ARREGLANDO CUENTAS CON MERCADERES INDIOS

Se mantuvo tranquilo durante un instante, pero en seguida se desató una nueva tormenta, esta vez desde el noreste. La escuchamos rugir en la distancia como artillería pesada. Aún intentábamos dirigir nuestro rumbo hacia el noroeste, hasta el punto señalado por la brújula, pero las olas crecieron y sus crestas espumosas se precipitaron sobre la borda de estribor. El nivel de agua dentro del bote ascendió, lo que provocaba chasquidos y gorgoteos con nuestro balanceo. Tuvimos que navegar hacia el suroeste, en la dirección del viento. Una maniobra peligrosa, pero tuvo éxito. Ahora comenzaba un viaje que nunca olvidaré.

¡Vendaval! Éramos tres hombres en un cascarón, en medio de olas tan altas como las que hay en los mares tormentosos de mi país natal. No me di cuenta de cómo me calaba el frío mientras el agua pasaba por encima y por dentro de mi chaleco de cuero. Nos hundimos en canales de agua verde malaquita, y vimos, a través de las crestas de las olas, tan claro como el cristal, el sol brillando en el lejano sur. Nos elevábamos en medio de la espuma sobre las crestas de las olas embravecidas, donde el bote tembló durante un segundo antes de sumergirse nuevamente en una oscura tumba de agua que hervía amenazadoramente.

El bote se inundaba lentamente de agua. ¿Podríamos mantenernos a flote hasta que llegásemos a tierra? Si tan solo hubiéramos podido izar la vela, habría sido más fácil mantener nuestra embarcación estable en el viento. Ahora quería levantarme en medio del viento y permanecer en la barandilla de estribor a barlovento. Me apoyé en el timón con todas mis fuerzas, y Tundup ejerció toda la presión que fue capaz sobre su remo.

—¡Tira, tira! —grité.

Tiró con toda su fuerza y entonces el remo se rompió con un fuerte estallido. Ahora sí que teníamos problemas. Estábamos a punto de volcar. Pero Tundup era un tipo muy capaz. Sin pensarlo, fue a buscar el remo de repuesto, desató sus nudos, lo colocó en el tope y tiró otra vez antes de que el bote tuviera tiempo de virar. Cuanta más agua entraba en el bote, más nos hundíamos y más fácil era para las olas descargar su agua en el bote.

—¡*Ya, Alá!* —gritó con voz grave Shukur Ali.

Llevábamos una hora y cuarto luchando por nuestras vidas cuando se aclaró el tiempo y vimos el Gosul Gompa a lo lejos, justo delante de nosotros. Creció rápidamente de tamaño y los monjes se quedaron mirándonos desde los balcones del monasterio.

TRES MUCHACHOS LAMAS

Fuimos arrojados a la orilla por las olas, pero el bote fue empujado hacia atrás nuevamente por la fuerte resaca. Tundup Sonam saltó por la borda. ¿Acaso se había vuelto loco este hombre? El agua estaba más alta que su pecho, pero agarró el bote con firmeza y nos empujó hacia la orilla. Seguimos su ejemplo en aguas poco profundas y arrastramos nuestro cascarón a tierra.

Estábamos todos a salvo después de nuestra dura lucha, y nos tiramos de cabeza a la arena sin decir una palabra. Después de un tiempo, algunos monjes y jóvenes novicios bajaron a vernos.

—¿Necesitáis ayuda? Hemos visto que el lago os ha dado una buena tunda, es que hoy está furioso. Venid con nosotros, tenemos habitaciones confortables.

—¡No, gracias! Nos quedaremos aquí. Solo necesitamos algo de combustible y comida.

Los monjes regresaron al cabo de un rato con leche agria y *tsampa*. De toda nuestra comida, solo se podía usar el té. Encendieron una hoguera de bienvenida con ramas y estiércol, frente a la cual nos desnudamos y secamos la ropa, como tantas veces habíamos hecho después de los naufragios en los lagos tibetanos.

EL MONASTERIO DE GOSUL, SOBRE LA ORILLA ROCOSA
DEL LAGO SAGRADO

A la mañana siguiente, Robsang cabalgó hacia nuestra posición con provisiones frescas, aunque todos creían que habíamos perecido. Los monjes de Tugu Gompa habían quemado incienso ante la imagen del dios del lago y le habían pedido que nos perdonara. ¡Qué considerado de su parte! ¡Dios los bendiga por eso!

Me quedé en el Gosul Gompa doce horas. Me senté a dibujar entre los ocho pilares en la cámara de los dioses mientras observaba la imagen del misterioso hijo de Sakia, sobre la cual, los monjes rociaban agua bendita de un cuenco de plata con plumas de pavo real, mientras murmuraban: «*Om ah hum*» [248]. Aquí también, la deidad del lago reinaba en el misterioso crepúsculo de su propio salón.

Salí a la azotea. El lago sagrado, que ayer había hecho todo lo posible por ahogarnos, ahora estaba liso como un espejo. El aire estaba ligeramente brumoso. Uno no podía distinguir si la costa este eran montañas o cielo. El lago y el cielo tenían los mismos colores. Los objetos nadaban ante mis ojos.

Después de la experiencia con el lago embravecido del día anterior, todo el templo se balanceaba debajo de mí y me sentía como si fuera a ser arrojado al espacio infinito. Pero debajo yacía el lago sagrado, a lo largo de cuyas orillas innumerables peregrinos habían caminado cansados para asegurar la paz de sus almas. El Manasarovar, ¡el centro de la rueda que es un símbolo de la vida! Podría haberme quedado allí durante años, testigo de cómo el hielo extendía su techo por las profundidades, y las tormentas invernales arrastraban la nieve en remolinos sobre la tierra y el agua. Más adelante la primavera rompería la helada corteza, sucedida a su vez por los vientos templados del verano, anunciados por las fiables bandadas de gansos. Me hubiera gustado sentarme allí, y presenciar el ascenso al cielo de cada nuevo día en las alas del alba y fundirme con los cambiantes e igualmente fascinantes paisajes sobre el lago sagrado, que se revelan ante los ojos del hombre mortal todos los días y noches del año.

Pero pronto el día se desvaneció y el resplandor de la tarde se apagó. Me levanté en medio de un grupo de lamas, me acerqué a la barandilla y grité:

—¡*Om ah hum*!

EL LAGO SAGRADO Y EL LAGO DEL DIABLO

CAPÍTULO LVIII

RAKSHASTAL, EL LAGO DEL DIABLO

Hacía buen tiempo cuando remábamos de regreso a Tugu Gompa. Los monjes nos recibieron con una conmovedora amabilidad. Hablaron acerca del árbol sagrado que hunde sus raíces en la arena dorada en el fondo del lago, y que se eleva hacia la superficie del agua. Mil celdas de monjes están suspendidas de cada una de sus mil ramas, y el castillo del dios del lago está a sus pies. Cuatro ríos fluyen desde el lago sagrado: el Karnali, el Brahmaputra, el Indo y el Sutlej.

Después de subir a lo largo de las laderas del Gurla, pasamos por delante de Gosul Gompa una vez más hasta Chiu Gompa, en la esquina noroeste del lago. Allí vivía un monje solitario, el simpático y melancólico lama Tsering Tundup que, cansado de su soledad, pidió permiso para acompañarme a las montañas. Pero cuando estábamos a punto de partir, le faltó valor y se mostró incapaz de abandonar su retiro. Crucé el lago un par de veces más e hice un viaje a caballo hasta el monasterio de Pundi Gompa, cerca del cual Robsang y yo escapamos por los pelos de una banda de doce ladrones. Prefirieron, en cambio, saquear una caravana tibetana de animales y mercancías. En Langbo Nan Gompa tomé el té con el abad de doce años, un chico atractivo y despierto que se interesó mucho por mi cuaderno de bocetos. Mientras nos alejábamos, él se quedó quieto en su ventana, agitando su mano a modo de despedida. Charyip Gompa fue el octavo y último monasterio en el lago. Un lama solitario vivía allí, sin nadie a quien prestar atención cuando tocaba su gran campana de oración. Las sílabas sagradas de «*Om mani padme hum*» estaban grabadas sobre el metal. Al hacer sonar la campana, la resonante vibración llevaría el mantra sobre las olas del lago sagrado.

Nos encontramos de nuevo en Chiu Gompa, el punto donde el Manasarovar a veces se desborda, a través de un estrecho, en el lago adyacente al oeste, llamado Langak Tso por los tibetanos; el Rakshastal de los hindúes. El lecho generalmente estaba seco y el lago oriental tenía que elevarse más de seis pies para desbordarse. Esto había sucedido en 1846, cuando Henry Strachey[249] estuvo aquí, y también en 1909, según supe por una carta de Gulam Razul. Pero ahora el lecho estaba seco, y una investigación minuciosa del problema se convertiría en una de las grandes tareas de mi viaje. Ese es un tema que exige un libro propio[VI].

Los tibetanos estaban furiosos por todas las libertades que me tomé. El *gova* de Parka, la autoridad más cercana, me persiguió de campamento en campamento; pero cada vez que sus hombres llegaban galopando a nuestras tiendas, se encontraban con un:

—Está en el lago, atrápenlo si pueden.

Y antes de que pudieran llegar a la otra orilla, yo ya estaba de regreso, en la dirección opuesta. Se desconcertaron bastante y probablemente llegaron a la conclusión de que yo era un mito. De todos modos, ni una sola vez lograron siquiera verme.

EL ABAD DE DOCE AÑOS DENTRO DE SU CELDA EN EL MONASTERIO DE LANGBO-NAN-GOMPA

Aunque luego el *gova* envió un ultimátum a Chiu Gompa. Si no me presentaba voluntariamente en Parka, sus hombres se apoderarían de todas mis posesiones y las llevarían en yaks a ese lugar.

—Bien —respondí—. ¡Cómo quieran!

En realidad llegó una pequeña tropa con quince yaks, y los ayudamos gustosamente con la carga. Luego partieron, acompañados por la mitad de mis hombres. Con la otra mitad fui al Langak Tso, el Rakshastal de los hindúes que, según los tibetanos, a diferencia del lago sagrado de

---

VI Ese libro ya ha sido escrito, *Southern Tibet: Discoveries in former times compared with my own researches in 1906-1908* (1918-1922).

Manasarovar, está poblado por demonios. En el invierno anterior, cinco tibetanos habían tomado un atajo a través del hielo, que se rompió, y los cinco se ahogaron. El lago tiene forma de reloj de arena, pero la mitad sur es mucho más protuberante que la norte.

Acampamos en la orilla este del estrecho cuello entre los dos lagos. A la mañana siguiente debíamos comenzar a sondear. A pesar del fuerte viento, crucé sin contratiempos. Pero el viento se convirtió en un vendaval, y nos quedamos abandonados en la costa occidental durante todo el día y la noche. A la mañana siguiente regresamos al campamento bajo un viento desgarrador. A partir de ahí, todo parecía conspirar en nuestra contra. El viento y la tormenta prevalecieron día y noche. Por lo tanto, tuvimos que desmontar el bote y enviarlo en la última mula de Punch que había sobrevivido, mientras cabalgábamos por las orillas rocosas y desoladas, pero hermosas del lago.

Una tarde acampamos en la punta de un promontorio empinado en la orilla sur. En paralelo a este, una isla rocosa, llamada Lache To, se elevaba entre las olas. Los gansos salvajes anidan aquí en mayo, en la arena y grava de su suave meseta. El Gobierno de Lhasa paga a tres hombres para que protejan a los gansos salvajes de los zorros y los lobos. Estos hombres caminan sobre el hielo para alcanzar la isla, y permanecen en esta mientras puedan hacerlo con seguridad. Pero en una ocasión no tuvieron tiempo de salir de la isla antes de que una tormenta primaveral rompiera el hielo por completo. Tuvieron que permanecer en el Lache To durante ocho meses, subsistiendo a base de huevos de ganso y hierba.

Yo también quería ir a la «isla del ganso». Con Robert e Ishe a los remos, partimos desde la orilla opuesta. Era temprano por la tarde. Regresaríamos por la noche, con la esperanza de disfrutar de un ganso salvaje que estaría frito y listo para mi cena. Nuestro campamento estaba protegido por altos muros de montaña, y no notamos el viento hasta que estuvimos a cierta distancia de la orilla. Nos dirigimos al islote con un fuerte ritmo, y conseguimos desembarcar con dificultad en una cala. No podíamos pensar en remar de regreso con ese clima. Llevamos el bote a tierra y examinamos el islote. Era lo suficientemente pequeño como para recorrerlo andando en veinticinco minutos.

El criadero de los gansos salvajes estaba vacío y abandonado; pero como miles de huevos quedaban enterrados en la arena, teníamos suficiente comida hasta que el viento amainara y pudiéramos remar de regreso al campamento. Rompimos algunos huevos y los encontramos podridos. Probamos muchos de ellos y finalmente encontramos ocho que, preservados bajo la arena, resultaron comestibles. Ishe tenía una bolsa de *tsampa* con él. Al abrigo de un muro de piedra, construido por las bandadas de gansos, encendimos un fuego, horneamos los huevos y cenamos. Como en el Chargut Tso, varios años antes, volví a pensar en el peligro que corríamos si el viento se llevara el barco.

Dormimos en la arena y regresamos a la mañana siguiente antes de que el amanecer iluminara el este. Mi ganso salvaje se secó en ese momento; sin embargo, me lo comí con deleite. Un *gova* de Parka llegó esa misma mañana con un nuevo y estricto ultimátum. Le servimos una comida espléndida, bromeé con él y le dije:

—Cálmate, *gova*, me iré contigo.

Y así nos fuimos, perseguidos por tormentas de polvo y tierra que cubrieron toda la región. En el camino de vuelta completamos nuestro paseo alrededor del lago, cruzamos el antiguo lecho a través del cual el Sutlej había fluido anteriormente desde el Langak Tso, y llegamos a Parka tarde de noche.

Los jefes de la zona estaban contentos, ahora que me habían atrapado en su red. En ese momento, el último viaje de regreso a Ladakh comenzaría por la carretera principal, a través de Khaleb, una región al sur del Kang Rinpoche, la montaña sagrada, el Kailash de los hindúes. Le respondí al jefe que iría a Ladakh, como ellos deseaban, con tal de que me permitieran quedarme tres días en Khaleb. No se opusieron a mi petición.

Acompañados por un lama de rango, su escolta de monjes rojos y su caravana de equipo, partimos el 2 de septiembre y montamos nuestras tiendas en la llanura de Khaleb, a la vista de la más sagrada de todas las montañas de la Tierra.

CAPÍTULO LIX

DESDE LA MONTAÑA SAGRADA HASTA EL NACIMIENTO DEL INDO

A la mañana siguiente estábamos listos para jugar una mala pasada a los testarudos tibetanos. Había logrado permanecer un mes en los dos lagos, realizando sondeos profundos en el Manasarovar y visitando sus ocho monasterios. Ahora quería, a cualquier precio, completar una vuelta a la montaña sagrada, la aspiración de todos los peregrinos, un recorrido nunca hecho por un hombre blanco.

Temprano en la mañana del 3 de septiembre envié a Tsering, Namgyal e Ishe, con provisiones para tres días, al valle que sale del Kang Rinpoche. Cuando desaparecieron en el horizonte monté a caballo y seguí su rastro con Robsang. Dejamos mi tienda montada en Khaleb. En consecuencia, el *gova* creyó que regresaríamos por la noche.

Entramos en el hermoso y profundo valle entre altos muros perpendiculares de conglomerado y arenisca verde y violeta, donde nos encontramos con varios grupos de peregrinos. Todos iban a pie. No hablaban, solo murmuraban su eterno «*Om mani padme hum*». Descansamos unas horas en el monasterio de Nyandi Gompa. En el altar de su salón de los dioses había dos colmillos de elefante, «que habían venido volando desde la India». La montaña sagrada, vista desde el techo del monasterio, era magnífica. Su forma era la de un tetraedro sobre un pedestal con lados perpendiculares. Su pico estaba cubierto de nieve y hielo perpetuos. Desde el borde de esta capa de hielo, las aguas derretidas se precipitaban hacia abajo como si fueran espumosos velos nupciales.

Más arriba, en el valle, había granito a ambos lados. Era como pasar entre gigantescas fortificaciones, murallas y torres. A la derecha, en la apertura del valle, el pico del Kang Rinpoche aparecía de vez en cuando. No importaba desde qué dirección lo viéramos, era igualmente fascinante, desconcertante en su poderosa majestuosidad.

Pasamos nuestra primera noche entre otros peregrinos en el techo del monasterio Diripu Gompa. ¡Nos enteramos gracias a ellos que el nacimiento del Indo estaba a solo tres días de distancia! ¿Debíamos cambiar de rumbo? ¡No! Primero debíamos llevar a cabo nuestro plan original. ¡Después ya tendríamos tiempo para nuevas aventuras!

En consecuencia, continuamos el camino tortuoso de los peregrinos alrededor de la montaña. Su cara sur parecía un enorme cristal de roca. El sendero atravesaba todo un bosque de túmulos votivos erigidos por piadosos peregrinos. El cuerpo de un anciano yacía entre las piedras; había terminado su peregrinaje para siempre. Montamos a caballo en dirección a un paso de montaña. La subida era muy empinada. En una colina había una colosal roca de granito, y debajo de ella un estrecho túnel que atravesaba las capas sueltas de tierra. Los tibetanos creen que un hombre libre de pecado puede arrastrarse por el pasaje, mientras que uno cargado de pecados se queda atascado sin remedio.

Ishe fue lo suficientemente valiente como para someterse a la prueba. Se arrastró hasta el oscuro orificio y gateó sobre sus codos y pies hacia el interior de este. Se apoyó en el suelo, esforzándose con la punta de los dedos de los pies, de modo que el polvo se arremolinaba a su alrededor. Pero no avanzó, es más, se atascó. Todos los demás se partieron de risa. Las carcajadas de Robsang parecían rugidos, Namgyal tuvo que sentarse y Tsering literalmente lloraba de la risa. Oímos los gritos medio ahogados de ayuda provenientes del subterráneo pecador desenmascarado; pero lo dejamos reposar en el hoyo por un tiempo, por el bien de su alma. Finalmente lo sacamos por las piernas. Ishe parecía una figura de arcilla mustia y estaba más contrariado que nunca.

Peregrinos de todas las partes del Tíbet acuden en masa al Kang Rinpoche, la «montaña de hielo sagrada» o la «joya de hielo». Esa montaña es el ombligo de la Tierra. En su cumbre está el paraíso de Shiva.

Quien camina alrededor de la montaña reduce el sufrimiento de la transmigración y se acerca al Nirvana. Sus rebaños prosperan y sus bienes aumentan. Encontramos a un anciano que ya había dado nueve vueltas alrededor de la montaña y le quedaban cuatro más por completar. Caminando penosamente de la mañana a la tarde podía realizar el recorrido en dos días. Algunos de los peregrinos no se contentan con caminar. Se acuestan boca abajo, marcan el camino con la mano, se levantan, y se postran de nuevo sobre la marca previamente hecha. Postrándose de esta manera completan el camino entero. Se necesitan veinte días para rodear la montaña de este modo.

Finalmente llegamos al paso de Dolma La, de 5.670 metros de altitud. Estaba marcado por un bloque gigante de piedra, así como por postes con banderas de plegaria. Allí los fieles sacrifican mechones de su propio cabello y dientes de sus propias mandíbulas, que insertan en las grietas de la piedra. Se arrancan tiras de la ropa y las atan a las cuerdas. Luego se postran en el suelo alrededor de la roca, en homenaje a los espíritus del Kang Rinpoche.

Desde Dolma La, nuestro camino seguía cuesta arriba hasta la charca de Tso Kavala, que siempre está helada. Acompañado por mis cuatro criados lamaístas que iban a pie —pues solo los paganos pueden cabalgar por el camino de los santos—, cabalgué desde el monasterio de Tsumtulpu Gompa

EL GIGANTESCO BLOQUE DE GRANITO AL LADO DEL
MONASTERIO DE DIRIPU GOMPA

hasta Tarchen Labrang, el tercer monasterio del círculo. Así fue como completamos una vuelta a la montaña, como si fuese una rueda de plegaria, donde a cada paso se escuchaba la verdad eterna, «*Om mani padme hum*» (Oh, la joya está en la flor de loto, amén)[250], ese misterioso, sin fondo, «*Om*» y «*hum*», el principio y el final. Edwin Arnold escribió[251]:

> ¡El rocío está en el loto! ¡Álzate, gran sol!
> Levanta mi hoja y mézclame con la ola.
> ¡*Om mani padme hum* llega el amanecer!
> ¡La gota de rocío se funde con el mar brillante!

A mi regreso a Khaleb, visité a nuestro agradable *gova* y le dije directamente que tenía la intención de acudir al nacimiento del Indo. Después de largas negociaciones accedió, con la condición de que la mitad de la caravana fuera directamente a Gartok, para esperar allí mi llegada.

—Tendrás que hacer la excursión bajo tu responsabilidad —dijo—. Serás detenido por nuestras autoridades y también atacado y saqueado por los ladrones.

Llevé conmigo cinco hombres, seis bestias de carga, dos perros, dos fusiles, un revólver y comida para varios días. Conocíamos la primera parte de la ruta, es decir, hasta Diripu Gompa. Allí abandonamos el camino de los peregrinos y nos adentramos en los valles sin vida del Trans-Himalaya. La segunda noche escuchamos silbidos y señales, y mantuvimos una estricta vigilancia sobre nuestros animales. Sobre el paso de Tseti Lachen La (5.450 metros) cruzamos la cresta principal del Trans-Himalaya. Era la cuarta vez que lo hacíamos. Acampamos en su vertiente norte, a orillas del Indo, con unos pastores que se dirigían a Gertse con quinientas ovejas cargadas de cebada.

Uno de ellos, un anciano, estaba dispuesto a acompañarnos al nacimiento del Indo o Singi Kabab («Boca de León»), como los tibetanos llaman a este lugar notable. Quería siete rupias al día a cambio de su compromiso. También alquilamos ocho de sus ovejas y compramos su provisión de cebada, suficiente para alimentar nuestros caballos durante una semana. Ese hombre, Pema Tense, valía su peso en oro. Estuvo con nosotros durante cinco días, y al despedirnos de él le dimos sus ganancias, una suma enorme para él. En cuanto a mí, había logrado el descubrimiento del nacimiento del Indo a bajo precio.

Avanzamos con Pema Tense por un valle que se elevaba suavemente. El famoso río se encogió gradualmente a medida que dejamos atrás sus afluentes. Nos quedamos un rato en una expansión y pescamos treinta y siete peces, un cambio bienvenido en mi monótona dieta. Más adelante pasamos junto a una roca empinada, por la que trepaba un rebaño de ovejas salvajes. Los ágiles animales estaban tan absortos con la caravana que no se dieron cuenta de que Tundup Sonam se acercaba sigilosamente al pie de la roca. Sonó un disparo y uno de los hermosos animales cayó al valle.

¡En la noche del 10 de septiembre mi tienda fue montada en el Singi Kabab! Un manantial brotaba debajo de una repisa plana de roca en cuatro arroyos, que se unían en una sola corriente. Tres túmulos altos y una piedra *mani* cuadrada, adornados con hermosas tallas simbólicas, daban evidencia de que el lugar era sagrado. Estaba a 5.160 metros sobre el nivel del mar. Unos cuarenta años antes, un *pundit* indio había visitado el Indo superior. Cruzó el río treinta millas desde su nacimiento sin llegar a este importante lugar. En los mapas publicados un año antes de mi viaje, todavía se indicaba que el nacimiento del Indo estaba en la ladera norte del Kang Rinpoche (Kailash), es decir, en el lado sur del Trans-Himalaya, cuando, de hecho, yacía en el lado norte de ese poderoso sistema montañoso.

Arriano se refirió a Alejandro Magno en su obra *Historia Índica* (Libro VI, Capítulo I), donde relata el siguiente divertido episodio:

> Al principio, él (Alejandro) pensó que había descubierto el origen del Nilo, al ver cocodrilos en el río Indo, que no había visto en ningún otro río excepto en el Nilo. Pensó que el Nilo nace en algún lugar de la India y, después de fluir a través de un extenso tramo de territorio desértico, pierde allí el nombre de Indo; pero luego, cuando comienza a fluir de nuevo a través de la tierra habitada, los etíopes de ese distrito y los egipcios lo llaman Nilo, y finalmente desemboca en el Mar Interior (el Mediterráneo). En consecuencia, cuando escribió a Olimpia sobre el país de la India, después de mencionar otras cosas, dijo que creía haber descubierto el nacimiento del Nilo. Sin embargo, cuando hizo una investigación más cuidadosa de los hechos relacionados con el río Indo, se enteró de los siguientes detalles gracias a los nativos: que el Hydaspes[252] une sus aguas con las del Acesines[253], como este último lo hace con el Indo, y que ambos ceden sus nombres al Indo; que este último río tiene dos desembocaduras, por las que desemboca en el Gran Mar, pero que no tiene conexión con el país egipcio. Así que eliminó de la carta a su madre la parte que había escrito sobre el Nilo.

Al ver el volumen de agua del enorme río que brotaba de su valle en el Himalaya, Alejandro pensó que estaba en el nacimiento mismo. Que pudiera albergar una idea tan fantástica como la de descubrir el origen del Nilo se debió a que desconocía la existencia del océano Índico. Creía que la India estaba conectada con el continente africano, y que el gran río que vio brotar del Himalaya se curvaba hacia el sur, luego hacia el norte, desembocando en el Mediterráneo. Pero pronto se dio cuenta de que los dos continentes estaban separados por un océano, y que las aguas del Indo desembocaban en él. Por lo tanto, antes de enviar su carta a Olimpia, el rey tuvo la oportunidad de corregir su error. No había encontrado el nacimiento del Nilo, sino el del Indo. Pero eso también fue un error; porque Alejandro no tenía conocimiento del curso superior del río, de varios cientos de millas de largo. Y transcurrirían más de dos mil doscientos años antes de que, el 10 de septiembre de 1907, se descubriera el verdadero nacimiento del Indo.

Así tuve la dicha de ser el primer hombre blanco en penetrar hasta los nacimientos del Brahmaputra y del Indo, los dos ríos famosos desde tiempos inmemoriales, que, como las pinzas de un cangrejo, circundan el Himalaya, el sistema montañoso más alto de la Tierra.

Ya fuera del alcance de las autoridades, avanzamos a través de la parte occidental del espacio en blanco, hacia la región de Yumba Matsen. Desde allí tomamos rumbo oeste hacia Gartok, cruzando en nuestro camino el paso de Jukti La[254], que alcanza la enorme altitud de 5.820 metros. Este hecho significó que habíamos cruzado el Trans-Himalaya cinco veces durante nuestra expedición. Pero el Jukti La no estaba entre mis descubrimientos. Nain Sing lo había cruzado en 1867, y el inglés Calvert en 1906. Pero ningún hombre blanco o *pundit* había cruzado jamás esa parte del gran país desconocido que se extendía entre los dos pasos de Angden La y Tseti Lachen La, una distancia de trescientas millas, y un área de cuarenta y cinco mil millas cuadradas. Todo lo que se sabía de él eran los escasos picos altos del Lunpo Gangri, que la expedición de Ryder había sondeado. Debido a la hostilidad de los tibetanos y los chinos, me vi obligado a dejar atrás todo este territorio, el cual continuaba como el objetivo principal de mi viaje.

Simplemente *tenía* que ir allí. Era impensable que volviera a casa sin haber llevado a cabo mis planes, ni haber alcanzado mi objetivo. En primer lugar, tendría que esperar en Gartok y Gar Gunsa por el dinero y otras cosas que el coronel Dunlop-Smith me enviaría desde la India. Los gobernadores del Tíbet occidental, los dos *garpun*, fueron implacables cuando intenté persuadirlos para que me dejaran ir directamente al país desconocido. Debido a eso fui forzado a tomar una ruta que llevaría seis meses en lugar de uno. Muchos caballos y mulas habrían de perecer a causa de un invierno asesino en Chang Tang.

Como resultado de toda la resistencia obstinada que encontré; desarrollé y concreté mi último plan. Gar Gunsa era ahora un importante lugar de comercio, donde un gran número de comerciantes de Lhasa y Ladakh instalaban sus tiendas con mercancías. Aquí propagué el rumor de que estaba harto del Tíbet y tenía la intención de viajar por Ladakh a Jotán, en el este del Turquestán, y de allí a Pekín. Mi pasaporte chino confirmaba esa ruta. Ninguno de mis amigos en la India debía albergar la menor sospecha sobre mis verdaderas intenciones. Incluso le escribí al corresponsal de Reuters en la India, mi amigo el señor Buck, para afirmarle que estaba a punto de ir a Jotán. Solo Gulam Razul, un comerciante de Leh, conocía mi secreto. Se le encomendó organizar una caravana completamente nueva. Compré las veinte mulas que tenía en Gar Gunsa y además me consiguió quince espléndidos caballos. Además, todavía me quedaban cinco veteranos.

Luego escribió a Leh y en mi nombre contrató a once nuevos servidores, que se unirían a mí en Drugub. Por último, me consiguió víveres, pieles, ropa, tiendas de campaña; en resumen, todo el equipo pesado, y me prestó cinco mil rupias en plata. Por los servicios que me prestó, acabaría recibiendo una medalla de oro del rey Gustavo de Suecia. Asimismo fue honrado por el Gobierno indio con el título de Khan Bahadur.

El 6 de noviembre llegaron por fin las mercancías de la India, así como seis mil rupias y el correo. Fue entonces cuando recibí información sobre el tratado entre Gran Bretaña y Rusia, concluido ese mismo año (1907), del cual me preocupaba muy de cerca el siguiente párrafo: «Gran Bretaña y Rusia se comprometen mutuamente a no permitir, sin acuerdo previo, durante los próximos tres años, la entrada de ninguna expedición científica en el Tíbet, y convocar a China a hacer lo mismo».

Hasta ahora había tenido en mi contra a Gran Bretaña, India, Tíbet y China. Ahora se añadía Rusia. Me reí a carcajadas de aquellos amables diplomáticos que redactaban leyes para mi persona en su mesa de conferencias.

El problema ahora era salir de Ladakh. Desde allí debía tomar la ruta principal de las caravanas hacia el paso de Karakoram y, como el año anterior, girar hacia el este en dirección al Tíbet; y, al llegar a regiones habitadas, viajar disfrazado.

Tan pronto como todo estuvo listo, marchamos a Tanksi y Drugub. Despedí a todos mis antiguos compañeros, incluido Robert, porque si alguno de ellos se encontraba conmigo cuando llegase a lugares en el Tíbet donde había estado antes, todo mi proyecto estaría destinado a fracasar. La despedida fue amarga y dolorosa, como de costumbre, pero así tenía que ser. Todos lloraron, pero fueron consolados por sus generosas recompensas. Así que me quedé de nuevo absolutamente solo en el interior de Asia, frente a cinco gobiernos que se unieron para trastornar mis planes.

Pero mi aislamiento terminó cuando los once hombres empleados por Gulam Razul llegaron a Drugub. Ocho eran mahometanos y tres lamaístas. El nombre del líder de la caravana era Abdul Kerim. Los otros se llamaban Kutus, Gulam, Suän, Abdul Rasak, Sadik, Lobsang, Kunchuk, Gaffar, Abdullah y Sonam Kunchuk. Todos eran ladakis con la excepción de Lobsang, un tibetano. Era el mejor de todos, aunque es verdad que todos eran hombres de primera. Les di la bienvenida con un discurso, y deseé que les fuera bien en el camino a… ¡Jotán! Ninguno de ellos, ni siquiera Abdul

Kerim, tenía ni idea de mi verdadero plan. Por lo tanto, Abdul Kerim era en parte excusable por llevar insuficiente cebada para los animales. Le dije que comprase cebada para dos meses y medio. Pero al encontrarse Jotán a solo un mes de camino, solo tomó la cebada suficiente para ese tiempo.

Teníamos tres tiendas de campaña. La mía era tan pequeña que solo cabía mi catre en el suelo y dos cajas. Nuestra caravana contaba con veintiún mulas y diecinueve caballos. Monté en mi pequeño ladaki blanco, que había estado conmigo durante toda la campaña anterior. La plata y las conservas componían cuatro cargas; la cocina, dos; las tiendas, las pieles y los enseres de los hombres cargaban varias bestias. Solo Abdul Kerim y yo íbamos montados a caballo. Todos los demás animales llevaban arroz, harina, *tsampa* para nosotros, y cebada para las bestias. Solo teníamos dos perros, la cachorrita marrón y un recién llegado llamado el «perro amarillo». Además, compramos veinticinco ovejas.

Así que todo era nuevo. La cachorrita marrón, la mula blanca de Punch y mi pequeña montura eran los únicos veteranos. Me di cuenta de que la campaña que estaba por comenzar sería más dura que la anterior. En aquel momento habíamos comenzado en agosto; ahora ya era diciembre. Caminaríamos directos hacia los brazos de un frío invernal paralizante y un viento arrollador. Ya se habían alcanzado –23 °C durante esos días, y la temperatura descendería gradualmente hasta alcanzar el punto de congelación del propio mercurio[255].

CAPÍTULO LX

DESESPERADOS DÍAS DE INVIERNO EN EL NORTE DEL TÍBET

EL 4 de diciembre, nuestro primer día de camino hacia el pueblo de Shayok, fue uno de los más difíciles de todo el viaje. La ruta discurría a través de una cañada estrecha. El fondo estaba ocupado por un río en su mayor parte, y en algunas zonas estaba congelado, pero en otras había fuertes rápidos.

Los hombres llevaban el equipaje y los animales no transportaban nada más que las albardas. Mis porteadores, unos cien hombres, desaparecieron cantando valle abajo. Un poco más tarde yo y un compañero partimos a caballo.

La distancia era de solo seis millas, pero nos llevó ocho horas recorrerla. Tuvimos que cruzar el río una y otra vez. Algunos puntos a lo largo de la costa estaban marcados por fuertes cinturones de hielo que terminaban abruptamente. Los caballos saltaron al turbulento río. El agua tenía metro y medio de profundidad. Tuvimos que apretar fuerte con las rodillas para no ser lanzados por encima de las cabezas de los caballos y caer en el río. Pudimos evitar vadear varias veces al deslizarnos descalzos por la base rocosa de la orilla derecha. Pero los caballos no tuvieron más remedio que vadear el río. Suän trató de cruzar un lugar a caballo. Era demasiado profundo. El caballo dejó de hacer pie y Suän tuvo que nadar hasta el borde del hielo, donde se pudo levantar. En el último vado, el equipaje lo cargaban hombres desnudos que se balanceaban sobre el fondo rocoso, llevaban bastones en las manos y se apoyaban unos con otros. Lo crucé en un caballo alto y me mojé los pies. El hecho de que los hombres que iban y venían entre las orillas no muriesen congelados fue un enigma para mí. Uno de ellos quedó inmóvil en medio del río y tuvo que ser rescatado por sus compañeros. Encendimos una hoguera en la orilla para que se calentaran.

En el pueblo de Shayok, donde todas las albardas se secaban al fuego, nos encontrábamos a una altitud de 3.780 metros. Pasaría mucho tiempo antes de que volviéramos a alcanzar un nivel tan bajo.

Celebramos la última noche con una fiesta de despedida. Las muchachas del pueblo bailaron alrededor de una gran fogata y los músicos tocaron melodías típicas de la zona.

El 6 de diciembre se inició una nueva *marcha fúnebre*, una de las más difíciles que he experimentado en el Tíbet. Llevamos a Tubges, un pastor de Shayok, con nosotros durante unos días para cuidar las ovejas. Pronto demostró ser tan buen tirador que lo mantuvimos con nosotros. Ahora éramos trece en el grupo.

Lenta y laboriosamente subimos por el valle de Shayok. Nos encontramos con caravanas de Yarkanda y Jotán. Un hombre de una de ellas se me acercó y me ofreció dos puñados de duraznos secos.

—¿Me reconoce, *Sahib*? —preguntó.

—Ciertamente, Mollah Shah.

¡No había vuelto a su casa desde que me dejó en la primavera de 1902! Ahora nos rogaba volver a acompañarnos; pero no teníamos lugar para él. Algunos fardos de seda yacían esparcidos, desechados por las caravanas después de que murieran sus animales. Fuimos hacia el norte. El valle de Shayok era desagradable. Estaba lleno de rocas, hielo y remolinos de agua. La temperatura ya había bajado a −25 °C. El perro amarillo yacía aullando de ira por el frío. Por lo demás, reinaba el silencio y sentimos el frío invernal que se acercaba por todas partes. De repente, escuché un extraño gemido proveniente de la tienda donde mandaba Gulam, mi nuevo chef. Era la cachorrita marrón. Nos había vuelto a dar cuatro cachorros negros, igual que en Shigatse. Dos de ellas eran perras y fueron ahogadas por los hombres. A los otros dos los cuidamos con mucho cariño y, durante la marcha, Kunchuk los llevaba dentro de su abrigo, junto a su cuerpo. Esta ruta comercial entre

LAS MUCHACHAS DE SHAYOK BAILANDO ALREDEDOR
DE UNA HOGUERA

el Turquestán oriental, Cachemira e India es sin duda la más difícil del mundo. En cualquier caso, es la de mayor altura. En el campamento de Bulak, donde encontramos una caravana de Yarkanda, yacían muertos veinte caballos; y, por el camino, contamos sesenta y tres cadáveres durante un viaje de dos horas.

No había pastos en el campamento número 283. Examiné nuestro suministro de cebada y descubrí que daría para diez días.

—¿No te dije que tomaras cebada para dos meses y medio? —le pregunté al anciano.

—Así es —respondió entre sollozos—, pero dentro de dos semanas podremos comprar cebada en Shahidullah, camino a Jotán.

Le hablé muy bruscamente. De todos modos, fue culpa mía no haber investigado las provisiones antes de nuestra partida. Era impensable regresar a Ladakh, porque en ese caso mi verdadero plan habría sido revelado. Permanecí despierto la mitad de la noche a una temperatura de −35 °C, consultando mis mapas. Habíamos recorrido noventa y seis millas hasta el campamento número 8 del otoño pasado, donde el pasto era bueno. Desde allí había cuatrocientas millas hasta el lago Tong Tso[256], que yo quería alcanzar para atravesar el espacio en blanco al sur de ese lago. Pero mucho antes de llegar a Tong Tso nos encontraríamos con nómadas y podríamos comprar animales frescos. *Tenía* que llevar a cabo el plan. Hacia delante, sin importar los días atroces; ¡pero ni un paso atrás!

Cuanto antes dejáramos la ruta del Karakoram —que discurría hacia el norte— y giráramos al este y sureste hacia el interior del Tíbet, mejor. El 20 de diciembre un gran valle lateral nos tentó a buscar un atajo hacia el este. Después de luchar todo el día en esa dirección, descubrimos que el valle se reducía a un desfiladero, y finalmente a una mera grieta, a través de la cual un gato difícilmente habría podido pasar. Acampamos. Ni una brizna de hierba para pastar. Los caballos se mordían las colas y las riendas unos a otros. La temperatura descendió a −35 °C. A la mañana siguiente volvimos sobre nuestros pasos. Yo iba el último y Kutus a pie delante de mí. Pasamos junto al caballo blanco de Mohammed Isa de Shigatse, que yacía congelado como una piedra en el valle.

Estábamos de nuevo en el camino de los caballos muertos de la caravana. Una atmósfera espeluznante invadía el valle. Constantemente se veían cadáveres. Varios de ellos estaban medio cubiertos de nieve. Los perros les ladraban. Soplaba un fuerte viento del sur y el polvo rojo se asentaba como hilos de sangre en los campos nevados. Kisil Unkur (la «Cueva Roja») no podía haber tenido mejor nombre.

Acampamos allí para ascender trescientos metros a las alturas de Dapsang a la mañana siguiente, el día antes de Navidad. Si éramos sorprendidos por una ventisca allí, había todas las probabilidades de que resultara fatal. Por lo tanto, mis hombres estaban serios. Solo después de que oscureció, aparecieron los dos hombres que cuidaban las ovejas; solo quedaban doce de ellas, las otras habían muerto congeladas. No teníamos combustible. Los hombres estaban sentados alrededor de unos palos resplandecientes, cantando un melancólico himno a Alá, cuando, por regla general, cantaban canciones alegres. Pero cada vez que escuchaba los tonos profundos y serios entendía que pensaban que nuestra situación era desesperada.

El día antes de Navidad se presentó con un sol brillante. Cuando llegamos a las alturas de Dapsang, seguí adelante. Giré hacia el este y dejé el camino de caravanas que conducía a Jotán. Los hombres no me entendían. Habían añorado las uvas y los abundantes antros de Jotán[257], y en vez de ir allí cabalgábamos directo hacia este espantoso desierto de frío y nieve.

En algunos lugares, la corteza de la nieve soportaba el peso de los caballos. Pero se rompía con bastante frecuencia y los animales se hundían en agujeros llenos de nieve, de casi dos metros de profundidad. Se zambullían como delfines a través de la fina nieve en polvo. Todo estaba blanco como un lienzo. La caravana se destacaba negra contra la blancura. En nuestro campamento navideño el termómetro registró −27 °C a las nueve de la mañana y una mínima de −39 °C durante la noche. La luna brillaba clara y luminosa sobre esta morada de quietud sepulcral. Leía los pasajes bíblicos reservados para este día, mientras el frío crepitaba alrededor de mi tienda. Ya podía haber venido una tormenta de nieve por las montañas y borrar las huellas que mostraban nuestra ruta, que a mí no me importaba.

Un caballo yacía muerto por la mañana. Seguimos un camino de antílopes, dirección este. ¡Sin pastos! Solo quedaban dos sacos de cebada. Cuando estos se agotasen, los animales recibirían arroz y *tsampa*, de los cuales teníamos grandes suministros. Todos los hombres padecían dolor de cabeza. Volví a oír el extraño himno a Alá. Abdul Kerim ofrecía oraciones todas las noches, intercediendo por los demás. Quizás tenían razón. ¡Quizás mis aspiraciones eran demasiado altas! Simplemente teníamos que continuar, incluso si teníamos que ir a mendigar entre los nómadas.

Seguimos por un valle. Había menos nieve. Algo amarillo brillaba en la ladera a nuestra izquierda. ¡Era hierba! Nos detuvimos y los animales corrieron hacia allá con sus cargas. Suän, lleno de alegría, comenzó un baile gracioso que nos levantó el ánimo a todos. Una mula murió en el pasto. Los yaks salvajes habían estado en el vecindario, por lo que volvimos a tener combustible. Veintidós ovejas salvajes trepaban por una pendiente rocosa.

Llamé a Abdul Kerim, Gulam y Kutus a mi tienda y les revelé mi plan. Hablé del gran territorio desconocido del sureste que quería cruzar, de cómo los tibetanos no me quitaban la vista de encima y de cómo era necesario que me disfrazara tan pronto como nos encontráramos con los primeros nómadas. Entonces Abdul Kerim se convertiría en el líder de nuestro grupo y yo sería el más humilde entre sus servidores. Se miraron asombrados, pero dijeron que sí y amén a todo; aunque probablemente se preguntasen en qué lío les estaba metiendo este loco.

Llegamos al valle del Karakash Daria[258], uno de los dos ríos que nacen en el Jotán Daria. Tenía en mente el viaje al desierto de trece años antes, cuando el Jotán Daria me salvó la vida. Aquí, también, tratamos de tomar un atajo hacia el interior del Tíbet, pero tuvimos que dar la vuelta nuevamente después de forzar innecesariamente a nuestros animales y a nosotros mismos durante dos pesados días. Así de mal comenzó el nuevo año de 1908.

Todavía teníamos que continuar hacia el este y en nuestro camino cruzamos dos pasos altos. Un yak salvaje vino corriendo hacia nosotros; pero al darse cuenta de su error, se dio la vuelta, perseguido por los perros. La nieve terminaba más allá del segundo paso. Llevamos con nosotros dos bolsas llenas de nieve del último ventisquero que atravesamos. Acampamos en un valle abierto donde había combustible. Todos los animales fueron llevados a un pastizal donde un manantial helado les proporcionó agua. Durante la noche, los animales salieron corriendo en busca de mejores pastos. Se fueron muy lejos, y nos tomó todo el día siguiente reunirlos. Mientras tanto, me senté solo en mi tienda, con la cachorrita marrón y el cachorro pequeño como compañía. El otro cachorro había muerto. Una extraña sensación de desolación me poseía. Las cosas eran tolerables mientras el sol estaba alto, porque entonces las extrañas formaciones y los colores de las montañas y las nubes eran visibles. Pero después de la puesta del sol, llegaba la larga noche de invierno y el penetrante frío.

El 8 de enero murieron un caballo y una mula. Al día siguiente caminamos solo unas pocas millas, hasta un abundante manantial. Desde ese campamento (número 300) vimos, al este, la región de Chang Tang, donde yo había estado el año anterior. Un día más y nos detuvimos en un buen pasto que había sido nuestro campamento número 8 anteriormente. El túmulo de Mohammed Isa se alzaba como un faro en lo alto de la colina. ¡El 14 de enero la temperatura bajó a -39,9 °C! Era imposible mantenerse en calor. Todas las noches ordenaba que Gulam me frotara los pies, que estaban casi congelados. Tubges cazó una oveja salvaje y un antílope cerca del campamento número 306. Esto concedió un respiro a nuestras dos últimas ovejas.

Al virar hacia el sureste nos perdimos en un mundo de montañas y fuimos azotados por constantes tormentas. Había muerto una cuarta parte de la caravana, y poco después también cayó la última mula de Punch. Rara vez podíamos recorrer más de seis millas por día. La cebada se acabó y los animales recibieron arroz en grano y bolas de arroz. Este era el tiempo de la devastación. No pasaba un día sin la pérdida de un caballo o una mula.

El Arport Tso[259], el lago visitado por Deasy y Rawling, se extendía justo al otro lado de nuestra ruta. Lobsang actuaba como guía. El centro del lago era muy estrecho. Lobsang caminaba sobre el hielo, que era claro como el cristal y verde oscuro. En las grietas se había acumulado nieve suelta que ofrecía un punto de apoyo a los animales. De lo contrario, el viento embravecido se habría llevado por delante toda la caravana. En la otra orilla brotaban manantiales que nos obligaron a subir a las colinas. En una ensenada había buenos pastos. Allí se quedaron dos caballos y una mula.

NUESTRO EXHAUSTOS ANIMALES ASCENDIENDO UN PASO A TRAVÉS DE LA NIEVE PROFUNDA

¿Sobreviviríamos hasta encontrarnos con los nómadas?

Nos abrimos paso a través de una tormenta hasta un puerto de 5.580 metros de altitud. Dos caballos murieron por el camino. Ahora Abdul Kerim también tenía que ir a pie. Necesitábamos su caballo de montar. La nieve yacía a treinta centímetros de profundidad. Kutus y yo caminábamos muy por detrás de los demás. Encontramos a Sonam Kunchuk y Suän en un ventisquero. Tenían dolores en el corazón y en la cabeza, y no podían continuar. Les dije que descansaran y que siguieran nuestro rastro más tarde. Por la tarde se arrastraron hasta llegar al campamento. Abdul Kerim vino a mi tienda, abatido, diciendo que estaríamos perdidos si los nómadas no nos ayudaban en diez días.

—Sí, lo sé —respondí—. Ayuda a los demás a mantener el ánimo y a cuidar bien de los animales, y todo irá bien.

El 30 de enero resultó ser un día difícil. La nieve yacía por todas partes, a menudo de un metro de profundidad. Dos guías, bastones en mano, conducían a nuestro agonizante tren por un desfiladero. Aprendí que la nieve profunda, en un terreno elevado a esta tremenda altitud, acaba con la vida incluso de los mejores animales de caravana.

Nevaba y el fuerte viento nos atravesaba la piel como si fueran cuchillos. Todos caminamos en fila india por el surco abierto por los guías. Una y otra vez caía un caballo o una mula, y había que ayudarlos a levantarse. Cayó un caballo marrón, y se murió en unos minutos. Un torbellino de nieve lo cubrió con una fina mortaja blanca mientras el cadáver aún yacía caliente. Nuestro progreso era irremediablemente lento. Dudábamos si tendríamos fuerzas para alcanzar la cima de este paso asesino. Me senté en la silla de montar, sujetado por el peso de la nieve, con las manos y los pies bastante entumecidos; y, sin embargo, no me atrevía a descuidar mi mapa, brújula y reloj. Sostuve el lápiz como si fuera el mango de un martillo. Este paso era tan alto como el anterior. Descendimos lentamente. Pronto nos quedamos atrapados en la nieve de un metro de profundidad. La tormenta arreciaba con toda su furia salvaje, arrastrando una nieve fina y seca que nos rodeaba, mientras nos adentrábamos en los ventisqueros y montábamos laboriosamente las tiendas. Y luego llegó la oscuridad de la noche. Incluso si hubiera habido pastos, no podríamos haberlos encontrado, debido a la nieve. Así que mantuvimos a los animales atados. La tormenta aullaba a nuestro alrededor; pero desde la tienda de los hombres oí débilmente el grave himno a Alá. A la mañana siguiente, una mula apareció muerta.

El último día de enero solo pudimos recorrer tres millas. Cuatro viejos yaks caminaban por una pendiente justo por encima del campamento, sumergiéndose en los ventisqueros. En este punto decidí efectuar una criba con el equipaje. Todo lo que no era absolutamente esencial fue amontonado y quemado. Rompimos todas las cajas para después usar su madera como combustible. Su contenido fue envasado en bolsas, al ser más ligero y adecuado para los animales.

Una gran cantidad de nieve cayó durante toda la noche. Los últimos pasos seguramente estarían bloqueados por la nieve. Si hubiéramos sido atrapados en uno, nos habríamos quedado inmovilizados. Al menos nos ahorramos el temor de ser perseguidos desde el norte. Sobre lo que nos esperaba en el sureste solo podíamos conjeturar.

Continuamos por un gran valle abierto. La nieve disminuyó. El tiempo se aclaró. Vimos el lago de Shemen Tso[260] y acampamos cerca de su orilla occidental, donde había buenos pastos. Allí nos quedamos tres días, completamente exhaustos. La tormenta de nieve había durado dos semanas. Me senté dentro de mi tienda como si fuera un prisionero. La cachorrita marrón y yo suspirábamos por la primavera. ¡Ay de mí, todavía faltaban cuatro meses! El cachorro pequeño, nacido en pleno invierno, aún no conocía la sensación de los vientos templados de primavera.

CUATRO YAKS VIEJOS EN LA NIEVE

El 4 de febrero el sol volvió a asomarse. Un caballo y una mula murieron; y con los últimos diecisiete animales caminamos por la orilla norte del Shemen Tso. El paisaje era hermoso, con las montañas de un color amarillo fuego. Las siluetas de la orilla, semejantes a un anfiteatro, indicaban el estado seco del lago.

Veíamos rastros de nómadas o cazadores diariamente. Otros dos de nuestros animales murieron exhaustos. Todavía montaba mi pequeño ladaki blanco, pero ahora él también se había cansado. Tropezó justo en el suelo llano y cayó, y a mí el suelo tibetano me recibió con brusquedad. Después de eso, el caballo fue liberado de todo servicio.

Acampamos en una cañada abierta. Abdul Kerim apareció en mi tienda e informó con voz seria que se veían tres hombres en el norte. Salí con mis prismáticos. La distancia era muy grande. El espejismo los hizo parecer muy altos. Los observamos durante un largo rato. Por fin se acercaron. Pero, por desgracia, resultaron ser solo tres yaks salvajes pastando.

En este punto, al igual que el año anterior, se me presentaba un dilema emocional. Por un lado, anhelaba nómadas a quienes comprar yaks y ovejas. Por el otro, la ausencia de gente hacía más segura nuestra posición; pues tan pronto como nos pusiéramos en contacto con los nómadas, el rumor de nuestra caravana se extendería de tienda en tienda, y el riesgo de oposición crecería día tras día. Sin embargo, dada nuestra situación, era imprescindible que encontráramos nativos antes de que cayera el último de los animales de nuestra caravana.

CAPÍTULO LXI

ME CONVIERTO EN UN PASTOR

El 8 de febrero tuvimos otro día extraordinario. Al cruzar un gran valle abierto, vimos un antílope *pantholops*, treinta metros delante de nosotros. No huyó y notamos de inmediato que una de sus patas traseras había quedado atrapada en una trampa. El pobre animal luchaba y se desgarraba para liberarse. Los perros corrieron hacia él, pero dos de nuestros hombres los ahuyentaron. Sacrificamos al animal y acampamos no muy lejos. La trampa consistía en un embudo hecho con las costillas elásticas de un antílope, sujeto a un anillo firme de fibra vegetal. Este a su vez estaba anclado en el fondo de un hoyo donde se ocultaba el embudo. Los cazadores tibetanos sabían desde tiempos inmemoriales que los antílopes podían ser detenidos en su avance por una hilera de pequeños túmulos, de varios cientos de metros de largo. Los antílopes seguían la fila muy de cerca hasta el final. De este modo se había abierto un camino a lo largo de los túmulos, donde los cazadores colocaban las trampas.

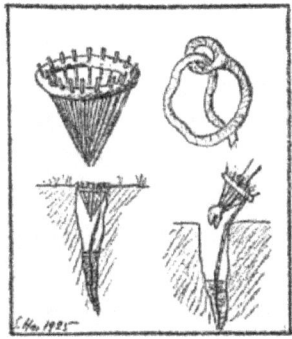
CONSTRUCCIÓN DE UNA TRAMPA PARA ANTÍLOPES

Ahora era evidente que no estábamos lejos de las tiendas negras. Vimos las huellas bastante frescas de dos hombres. Posiblemente nosotros mismos habíamos sido observados, y quizás ya era demasiado tarde para que me disfrazara. Convoqué a los hombres en mi tienda y les informé de los papeles que desempeñarían. Debíamos pretender ser trece ladakis al servicio de Gulam Razul, un rico comerciante. Abdul Kerim sería el líder de nuestra caravana y yo uno de sus doce sirvientes. Mi nombre sería Haji Baba. Gulam Razul nos había encargado atravesar estas regiones, para investigar si valía la pena enviar una gran caravana al oeste del Tíbet el próximo verano para comprar lana de oveja.

Mientras aún estábamos hablando, Lobsang apareció e informó haber visto dos tiendas de campaña en la distancia. Envié a Abdul Kerim y otros dos al lugar. Regresaron después de tres horas con una oveja y leche. Nueve personas, adultos y niños, habitaban en las dos tiendas. Poseían ciento cincuenta ovejas. Pero vivían principalmente de la carne de antílope, que cazaban con trampas. Abdul Kerim les pagó también por el antílope atrapado que habíamos tomado. El lugar se llamaba Riochung. Hacía sesenta y cuatro días que no habíamos visto a otros seres humanos además de nosotros.

Como ahora teníamos que estar preparados para encontrarnos con más nómadas en cualquier momento, me puse mi disfraz de Ladakh y luego aparecí con el mismo ropaje que mis sirvientes. Solo que estaba demasiado limpio y ordenado. Pero no pasó mucho tiempo antes de que el hollín de las fogatas y la grasa de oveja de nuestras comidas lo ensuciaran.

En el campamento número 329 mi pequeña montura resultó estar bastante agotada. Mientras los otros animales pastaban en la escasa hierba, esta permanecía de pie en mi tienda, con carámbanos colgando debajo de sus ojos y fosas nasales. La liberé de los carámbanos y la alimenté con bolas de arroz.

El 15 de febrero nuestra caravana avanzó lentamente por un nuevo paso. Yo me adelanté, montado a caballo. En la parte superior del paso (5.650 metros) me detuve para esperar al resto. La vista detrás, hacia el noroeste, era gloriosa. Un mar agitado parecía detenido y coronado por deslumbrantes campos de nieve. Pizarra, pórfido y granito estaban presentes en todos los matices. Esperé hasta que llegaron nueve bestias de carga. Las otras cuatro estaban vencidas por el cansancio, y los hombres tuvieron que llevar parte de su carga hasta la cima del paso. Desde allí descendimos hacia un valle pedregoso, donde la nieve yacía bastante profunda. Pudimos dar de beber a los animales cuando derretimos nieve sobre el fuego. Después de oscurecer, los hombres que se habían quedado atrás llegaron con una mula. Los otros tres animales, uno de ellos mi pequeño ladaki blanco, habían muerto. Hacía justo un año y medio, exactamente ese día, desde que habíamos salido juntos de Leh. El caballo había elegido un lugar distintivo para su final, la misma cima del paso, donde sus huesos se blanquearían bajo la nieve de las tormentas invernales y el sol del verano. Su marcha dejó un gran vacío y quedamos desolados. Un paso de montaña más como este habría aniquilado toda la caravana.

Las cargas ahora eran demasiado pesadas para nuestras diez bestias. En consecuencia, toda mi ropa europea, excepto algo de ropa interior, fue quemada. Deseché tapetes de fieltro, utensilios de cocina innecesarios y todos mis artículos de aseo, incluidas las navajas de afeitar. Solo guardé un trozo de jabón. Todo el *stock* del boticario, excepto una caja de quinina, fue descartado. Todos los libros de los que pude prescindir rindieron homenaje a las llamas. Éramos como un globo que arrojaba lastre para no caer.

De camino al Lemchung Tso[261], un pequeño lago, antílopes y ejércitos enteros de gacelas animaban la gran llanura que atravesábamos. Era la frontera de una gran extensión de territorio desconocido. En ese momento dejamos atrás las rutas de Deasy y Rawling. El lago estaba cubierto de hielo espeso. Hicimos un agujero en él y hundimos algunos artículos de metal, incluidos algunos costosos instrumentos de reserva.

ASNOS SALVAJES CORRIENDO EN FILA INDIA

El viaje del día siguiente nos llevó a depósitos de oro bastante grandes en minas poco profundas, en el lecho de un arroyo con drenajes de piedra. Vimos dos tiendas nómadas en la distancia, pero las ignoramos. Tubges disparó a cinco liebres, que aprovechamos al agotarse nuestro suministro de carne. En un hermoso valle extenso vimos por lo menos mil asnos salvajes en rebaños dispersos y, más abajo, cinco rebaños más. Uno de ellos contaba con ciento treinta y tres cabezas. Es imposible describir sus elegantes movimientos, mientras daban vueltas alrededor de nuestra caravana moribunda, como si se burlaran de nosotros. Uno podría haber creído que eran montados por cosacos invisibles y que respondían a sus órdenes. Porque corrían en perfecta formación, con sus cascos resonando mientras daban sus pasos al unísono.

Cerca del campamento número 341 encontramos unos nómadas, quienes nos vendieron dos ovejas, leche y manteca. Desde allí marchamos hacia dos pequeños lagos en una hondonada. No lejos de la orilla, dos pastores cuidaban ovejas y un hombre conducía seis yaks. Acampamos allí. La altitud era de solo 4.630 metros. Lobsang y Tubges fueron a una tienda de campaña en las inmediaciones, y un anciano salió y les preguntó:

—¿Qué quieren? ¿A dónde van?

—A Saka Dzong —respondimos.

—Mienten. Están al servicio de un europeo. ¡Digan la verdad!

Mis hombres estaban abatidos cuando regresaron. Abdul Kerim tuvo mejor suerte. Compró una oveja más y un poco de leche.

Teníamos la intención de continuar el día siguiente. Pero la tormenta que había estado rugiendo durante treinta días se había convertido ahora en un huracán. Levantar el campamento estaba absolutamente fuera de duda. El aire estaba tan saturado de polvo en suspensión que no podíamos ver dónde se abría el valle o dónde se elevaban las montañas en nuestro camino. Así que allí nos quedamos. Nuestros vecinos nos llamaron. El corazón del engreído anciano se ablandó cuando supo que pagaríamos treinta y ocho rupias por doce ovejas. La transacción fue llevada a cabo mientras yo permanecía escondido en mi tienda. El viento rugía y aullaba. Hacía mucho frío y yo sentía una fuerte propensión a quedarme dormido.

Luego continuamos. Ahora teníamos tres caballos, seis mulas y doce ovejas. Hasta las ovejas llevaban cargas; porque cinco ovejas podían cargar tanto como una mula. En un lugar donde sobresalía una colina, dos perros corrieron hacia nosotros. No nos habíamos percatado de dos tiendas de campaña que estaban allí. Los ocupantes nos vendieron algunas ovejas. Nuestro rebaño ahora contaba con diecisiete cabezas, y esperábamos no tener que depender de nuestros cansados animales de carga.

El vendaval nos perseguía constantemente. Era una tortura viajar con ese clima. El viento arañaba el suelo y dejaba marcas en forma de surcos. Había un rugido como el que se produce cuando se lanzan chorros de agua a alta presión sobre una casa en llamas, un rugido como el de los vagones de tren al rodar, o como el que causan los carros de artillería cuando avanzan sobre las calles empedradas. El 6 de marzo nos fue difícil montar las tiendas en la orilla de un lago salado. Cuando mi tienda finalmente fue levantada y expuesta al vigoroso bombardeo de arena y grava, estuvo a punto de salir volando debido a la fuerza del viento. A los ladakis no les quedaban fuerzas suficientes para armar su propia tienda. Dejé que algunos de ellos se arrastraran hasta la mía, mientras que los demás yacían esperando a sotavento. ¡Estaba claro que un viaje por el Alto Tíbet no es un viaje de placer!

Al día siguiente cabalgué delante de la caravana, Kutus y Gulam me acompañaban. Un canal helado, con una superficie de hielo tan transparente como el cristal, interrumpió nuestra marcha. Encendimos una fogata en una pequeña hendidura en el lado más alejado y esperamos a los demás. Cuando estaban cruzando el cinturón de hielo, una de nuestras mejores mulas resbaló y se torció una pata trasera, de modo que el animal ya no podía mantenerse en pie. Hicimos de todo por ayudarla, pero nuestros esfuerzos fueron en vano. No podía caminar y tuvimos que sacrificarla. Cuando nos dirigimos hacia el sur a la mañana siguiente, la cachorrita marrón y el perro amarillo se quedaron con la mula y así obtuvieron una buena comida de carne caliente.

De nuevo partí por adelantado con Gulam y Kutus. Gulam se adelantó para advertirnos si aparecían tiendas de campaña entre la densa neblina. La tormenta rugía, como de costumbre. De repente Gulam nos hizo señas para que nos detuviéramos. A través de la neblina, una casa de piedra, dos cabañas y un muro eran apenas visibles a la derecha de un valle, a unas decenas de metros de distancia. Era demasiado tarde para dar la vuelta, de lo contrario lo habríamos hecho; porque ahora podríamos, tal vez, caer directamente en las manos de un jefe, quien, por supuesto, impediría nuestro avance hacia el sur. Pasamos junto a las casas, sin ver personas ni perros, y

MANTENIENDO LAS OVEJAS A RAYA

nos metimos sigilosamente en una hendidura de la base de un acantilado saliente, en la parte superior del cual había dos *chorten* y una piedra *mani*.

Por un momento, mientras se levantaba la nube de polvo, vimos una enorme tienda negra bastante cerca, al otro lado del valle. Nuestros hombres llegaron finalmente. Habían perdido un caballo. De los cuarenta animales originales de la caravana, solo quedaban dos caballos y cinco mulas. Abdul Kerim y Kunchuk se dirigieron a la gran tienda camino arriba. Allí vivía, en soledad, un lama boticario. El interior estaba dispuesto como una pequeña cámara de un templo, y el lama era el guía espiritual de los nómadas de la vecindad. La zona se llamaba Nagrong. Gertse Pun, su jefe, estaría de vuelta en casa en cualquier momento. ¡Qué suerte tuvimos de no encontrarlo allí! Mis hombres pronto trabaron buenas amistades con su cuñado, quien les vendió cinco ovejas, dos cabras, dos cargas de arroz, dos cargas de cebada y algo de tabaco.

NUESTRO PERRO FAVORITO, SOLO EN EL FRÍO Y SOLITARIO TERRITORIO TIBETANO

Al amanecer del mes de marzo aparecieron otros dos tibetanos y ofrecieron vendernos unas ovejas. Nos alegramos de comprarlas. Completé mi disfraz, me pinté la cara de marrón y avancé con Tubges y otros dos, conduciendo nuestras treinta y una ovejas, todas cargadas, delante de nosotros. Los tibetanos se paraban y nos miraban. Seguramente se percataron de que yo no poseía talento para conducir ovejas. Nunca en mi vida había trabajado como pastor de ovejas. Movía mi bastón como lo hacían mis hombres, silbaba como ellos y emitía los mismos sonidos extraños que ellos. Pero las ovejas no me tenían respeto; caminaban por donde querían, y yo me quedaba sin aliento al perseguirlas. Cuando estuvimos fuera de la vista de las tiendas, me acosté en una hendidura para esperar a la caravana y me alegré de poder volver a montar a caballo.

Cabalgamos a través de un cinturón de arenas movedizas. Nos dirigíamos al suroeste y la tormenta nos golpeaba en la cara. El constante roce de las partículas de arena contra mi abrigo hizo que se cargara de electricidad estática. Solo necesitaba tocar la crin del caballo para hacer saltar chispas con un chasquido. Acampamos en un redil.

La cachorrita marrón y el perro amarillo nunca llegaron a Nagrong. Nadie los había visto desde que se habían quedado con la mula que sacrificamos. Esperaba que nos encontraran, como lo habían hecho tantas veces antes. Pero el vendaval probablemente había borrado nuestras huellas y su olor. Nunca más los volvimos a ver. ¡La cantidad de veces que, mientras yacía despierto por la noche, me parecía ver la entrada de mi tienda de campaña levantarse; y ver a mi vieja compañera de viaje arrastrarse y acostarse en su rincón!

Pero siempre era el viento el que me engañaba. Imaginé que podía ver a la perra infeliz, corriendo desesperada, noche y día, en los valles por los que habíamos pasado, buscando siempre en vano nuestra huella. La vi, con las patas heridas, sentada y aullando a la luna. Había pasado toda su vida en mis caravanas; y ahora nos había perdido. La imagen de la cachorrita marrón me persiguió durante mucho tiempo.

Imaginé que el fantasma de un perro estaría presente dondequiera que yo estuviera; un perro pobre, solitario y abandonado, que suplicaba ayuda. Pero el misterio del destino de la cachorrita marrón, si ella y el perro amarillo permanecieron juntos y se quedaron con los nómadas o, exhaustos, cayeron víctimas de los lobos, nunca se resolvió.

El 15 de marzo acampamos en la orilla occidental del Tong Tso, un pequeño lago que Nain Sing descubrió en 1873. La altitud allí era de solo 4.510 metros. Ahora nos encontrábamos en el extremo norte del territorio desconocido. Si lográramos ir directamente hacia el sur hasta el Tsangpo (o Brahmaputra), cruzaríamos el centro del gran espacio en blanco. Ahora era crucial jugar hábilmente nuestras cartas.

Abdul Kerim entró a mirar en dos tiendas de campaña y sostuvo la siguiente conversación con dos hombres:

—¿Cuántos son ustedes? —le preguntaron.

—Somos trece.

—¿Cuántos rifles tienen?

—Cinco.

—Cuando llegaron aquí, otro hombre cabalgaba por delante. Ustedes iban a pie, así que el que cabalgaba debe ser europeo.

—Los europeos nunca viajan en invierno. Somos compradores de lana de Ladakh.

—La gente de Ladakh nunca viaja por este camino, al menos no en invierno.

—¿Cuál es vuestro nombre? —preguntó Abdul Kerim.

—Nakchu Tundup y Nakchu Hlundup.

—¿Tenéis yaks y ovejas para vender?

—¿Cuánto pagan?

—¿Cuánto queréis? Traed los animales.

El resultado de todo esto fue que compramos dos yaks y seis ovejas a la mañana siguiente. Estábamos en la frontera norte de la provincia de Bongba. El nombre de la región era Bongba Changma, y se tardaba seis días de viaje hasta el campamento de tiendas de campaña de Karma Puntso, residencia del gobernador.

Nos encontramos con tiendas de campaña varias veces al día. Cada vez que aparecían a la vista, y cada vez que los pastores se encontraban con sus rebaños, tenía que ir y conducir nuestras ovejas. Empecé a adquirir cierta pericia en el arte. En una ocasión Tubges disparó a siete perdices. Un tibetano que se fijó comentó que solo los europeos comían perdices. Pero Tubges le aseguró que Abdul Kerim también tenía ese curioso gusto.

Estábamos en un camino bien trillado y el 18 de marzo acampamos al pie de un paso de montaña. A la mañana siguiente, mientras nos preparábamos para levantar el campamento, llegaron tres tibetanos. Me apresuré a salir de mi tienda para conducir las ovejas por el desfiladero con Lobsang y Tubges.

Tropezamos con un tibetano sobre un caballo blanco, seguido de un gran perro guardián harapiento, negro, con dos manchas blancas. Abdul Kerim, que venía detrás de nosotros con la caravana, compró el caballo por ochenta y seis rupias, y el perro por dos. El perro era de la raza takkar[262]; así que lo llamamos «Takkar». Era tan salvaje y feroz como un lobo. El tibetano nos ayudó a atar una cuerda alrededor de su cuello, con dos extremos largos, por lo que Kunchuk y Sadik lo llevaron entre ellos para evitar que mordiera a alguien.

TAKKAR TENÍA QUE SER SUJETADO POR DOS HOMBRES

Al otro lado del paso descendimos por una cañada, donde había varias tiendas, suficientes rebaños y jinetes como para sugerir otra movilización de tropas. Acampamos allí. Takkar probablemente se sintió como el tío Tom[263]; qué también había sido vendido en cautiverio. Pero la vista del caballo blanco pareció alegrarlo. Necesitábamos un perro guardián, después de haber perdido a la cachorrita marrón y el perro amarillo. Para evitar que Takkar se escapara, pensamos en atarle un palo al cuello, de tal manera que no pudiera romperlo en pedazos. Pero tan pronto como uno de los hombres se acercó a él, se echó a correr, con los colmillos al descubierto y los ojos inyectados en sangre, decidido a llegar a la garganta de su torturador. Así que los hombres arrojaron una manta gruesa de fieltro sobre el perro y cuatro hombres se sentaron sobre él, mientras que los demás le sujetaban un palo al cuello con una soga gruesa. Luego anclaron un poste en el suelo y ataron a Takkar. Terminada la operación, trató de lanzarse contra los hombres, que huyeron en todas direcciones. «Será bueno tenerlo con nosotros», pensé.

TAKKAR AMARRADO

A partir de este punto, nos encontrábamos con nómadas todos los días. Yo montaba a caballo cuando no había tiendas visibles, pero tan pronto como un hombre o una tienda aparecían a la vista, desmontaba y me iba a arrear ovejas. El número de ovejas se incrementó gradualmente, y las cargas de nuestros últimos caballos y mulas se hicieron cada vez más ligeras. Pero las ovejas también nos servían de alimento. Después de una travesía muy difícil sobre el Kangsham Tsangpo, un río que fluye de la montaña de Shakangsham; supimos por los nómadas que en siete días llegaríamos al campamento de Tsongpun Tashi, un comerciante de Lhasa, a quien la gente de la vecindad solía comprar ladrillos de té en invierno.

Cruzamos dos pasos difíciles durante los días siguientes. A nuestro alrededor había tiendas y rebaños; también vimos ovejas salvajes en las montañas y goas (o gacelas del Tíbet) en las llanuras. No logramos que dos mulas exhaustas cruzaran un paso empinado y las dejamos atrás, con la esperanza de que los nómadas que pasaban por allí las cuidaran. Por todas partes se hablaba de Tsongpun Tashi, que vivía en el interior de este gran territorio desconocido. Me encontraba en un estado de extraordinaria expectación. ¿Tendría éxito? Todas las mañanas me manchaba la cara y las manos de marrón y nunca me lavaba. Llevaba puesto un abrigo sucio, un gorro de piel de oveja y botas, todas similares a las que usaban mis hombres. Pero era irritante tener que estar en guardia todo el tiempo y sentirme como un ladrón. Cuando Gulam, que nos precedía, extendía su brazo, significaba que tenía que desmontar e ir a las ovejas. Abdul Kerim luego montaba mi caballo. Cuando estaba en mi tienda era virtualmente un prisionero; y siempre manteníamos a Takkar atado frente a la entrada.

El nuevo perro era irreconciliable. Nadie podía acercarse a él. Si uno de nosotros salía de una tienda de campaña, ladraba hasta quedarse ronco; pero al que más ganas le tenía era a Kunchuk. El cachorro pequeño era el único que podía acercarse a él; incluso trataba de hacer que Takkar jugase con él, pero Takkar nunca estaba de humor para esas cosas.

Una cadena montañosa tras otra se alzaba en nuestro camino y teníamos que superarlas todas. En el pie sur de una, un manantial brotaba copiosamente y formaba un riachuelo de aguas cristalinas que fluía lentamente entre orillas cubiertas de hierba. Allí pescamos ciento sesenta pescados que resultaron ser deliciosos. En un estanque profundo, el agua apenas se movía y podíamos ver el fondo con tanta claridad como si el lecho estuviera seco. El cachorro pequeño, que nunca había visto en su vida nada más que hielo cristalino, pensó que la superficie era firme, y saltó. Grande fue su asombro, decepción y enfado ante su repentina inmersión profunda.

Se nos acercó un pastor. Nos informó que no había más que un corto día de viaje hasta las tiendas de Tsongpun Tashi. «Ya empezamos», pensé. Sería un verdadero milagro pasar desapercibido.

CAPÍTULO LXII

DE NUEVO, CAUTIVO DE LOS TIBETANOS

EL 28 de marzo fue un día crítico de suma importancia. Silbando, yo conducía las ovejas mientras Abdul Kerim y otros dos se dirigían a la gran tienda que había sido señalada como la de Tsongpun Tashi. Consideramos más prudente coger el toro por los cuernos en vez de andar a hurtadillas como ladrones en la noche. Pasamos por varios campamentos de tiendas de campaña. Algunos hombres salieron a preguntar qué clase de personas éramos.

En un campamento, Abdullah intercambió un caballo negro moribundo nuestro por dos ovejas y una cabra. Se decía que una gran tienda pertenecía al *gova* de esa región. En otra vivía el abad de Mendong Gompa, un monasterio del que ni yo ni nadie en el mundo, excepto los tibetanos, habíamos oído hablar jamás. Karma Puntso, el gobernador, también estaba en algún lugar cercano. Así estábamos, rodeados por todos lados por hombres de alta autoridad. Podríamos ser detenidos en cualquier momento y acabar prisioneros. Era muy importante permanecer alerta. El hecho que pareciéramos mendigos jugaba decididamente a nuestro favor. Éramos, de hecho, un puñado de andrajosos, con cuatro caballos, tres mulas, dos yaks y una veintena de ovejas. Ciertamente nadie podía creer que un europeo viajara con una escolta tan pobre y miserable.

Acampamos entre las tiendas de Tsongpun Tashi y el abad, pero a una distancia considerable de ambos. Abdul Kerim pronto regresó. Había comprado arroz, cebada, mantequilla y *tsampa*. Lo cargamos todo en un caballo, que él también había comprado. Tsongpun Tashi había demostrado ser un anciano amable, que se creyó la historia que le contó Abdul Kerim y, además, nos advirtió acerca de las bandas de ladrones que estaban alojadas en la región del sur. Abdul Kerim también prometió dejar que Tsongpun Tashi comprara uno de nuestros caballos a bajo precio, el mismo caballo que Abdullah ya había vendido. Entonces mi líder de la caravana, que lo estaba haciendo todo espléndidamente, se dirigió a la tienda del *gova*. Allí se encontró con la información de que, debido a alguna negligencia, el *gova* había sido excomulgado por el abad de Mendong y no se le permitía salir de su tienda durante cierto tiempo. «Bien», pensamos nosotros, «eso elimina a *este* pájaro».

A la mañana siguiente, el propio Tsongpun Tashi caminó directamente hacia nuestras tiendas, me ensucié la cara a toda prisa y guardé todos los artículos sospechosos en el fondo de una bolsa de arroz. Esta vez, el comerciante de Lhasa estaba de un humor bastante diferente. Estaba colérico.

—¿Dónde está ese caballo que os he comprado? Me habéis mentido; ¡sois unos bribones! Ahora examinaré vuestras tiendas y pertenencias. ¡Atad a vuestros perros!

Atamos a los perros y el anciano entró en la tienda de Abdul Kerim, que, como de costumbre, estaba montada junto a la mía. Cuando vino a examinar la tienda donde yo me escondía, el viejo estaba tan enojado como una avispa. Pero mientras tanto, Gulam había liberado a Takkar; y cuando el anciano apareció en la abertura, el perro se abalanzó sobre él. Se retiró apresuradamente.

—Kutus —rugió Abdul Kerim—, llévate a Haji Baba contigo y ve a buscar el caballo perdido.

Kutus se apresuró hacia mí y juntos corrimos hacia la montaña más cercana.

—¿Quién es ese? —preguntó Tsongpun Tashi.

—Haji Baba, uno de mis sirvientes —respondió Abdul Kerim, sin pestañear.

—Me quedaré aquí hasta que Haji Baba haya encontrado el caballo —dijo Tsongpun Tashi.

Sin embargo, Abdul Kerim manejó al huésped no invitado con habilidad diplomática. Desde nuestro escondite en un risco lo vimos alejarse con paso encorvado hacia la tienda del abad después de que Takkar hubiera sido atado una vez más. La tienda del abad estaba situada de modo que Kutus y yo no pudimos evitar pasar por delante. Caminamos rápidamente, mirando al suelo como si buscáramos las huellas de los caballos; y ciertamente fuimos muy felices de dejar la tienda muy atrás de nosotros sin más aventuras. La caravana llegó poco después y yo ocupé mi lugar con las ovejas, pues tuvimos que pasar delante de veinte tiendas de las que, como siempre, salían curiosos a mirarnos. Cuando por fin logramos salir de este nido de avispas, acampamos en una llanura del valle.

Lancé un suspiro de alivio. No teníamos vecinos. Takkar estaba, como de costumbre, atado delante de mi tienda. Me senté, anoté los acontecimientos del día en mi diario y dibujé la panorámica. Era una tarde clara. Vientos primaverales soplaban por la llanura. Takkar jugaba condescendientemente con el cachorro pequeño. De repente, el perro grande se me acercó y me miró fijamente.

—Y bien, ¿qué quieres? —pregunté.

Inclinó la cabeza hacia un lado y empezó a rascarme el brazo con las patas delanteras. Tomé su cabeza harapienta entre mis manos y lo acaricié. Nos entendíamos. Empezó a aullar y gimotear de placer, saltó sobre mí como si quisiera insinuar: «Ah, ven y juega conmigo en lugar de estar ahí sentado solo y malhumorado».

Desaté los nudos alrededor de su cuello y lo liberé del asqueroso poste que lo había lastrado desde el día en que se convirtió en nuestro cautivo. Se quedó inmóvil. Finalmente limpié las legañas en las esquinas de sus ojos. Ahora su alegría era ilimitada. Se sacudió de modo que levantaba el polvo por los aires y casi me tiró al suelo con sus saltos juguetones. Se encorvaba y bailaba, aullaba y ladraba, y parecía orgulloso y feliz por la confianza que le había mostrado al restaurar su libertad. Luego salió disparado por la llanura como una flecha. «Ahora volverá corriendo con su antiguo amo», pensé. Pero no; regresó a toda velocidad en un minuto y le dio al cachorro pequeño un empujón que hizo que el perrito diera varias vueltas por el suelo. Y esta maniobra se repitió una y otra vez hasta que el cachorro pequeño se mareó bastante. Mis hombres estaban asombrados al ver que Takkar había sido domesticado tan rápido y de que yo pudiera jugar con él con la misma seguridad que con el cachorro.

A partir de entonces jugué con mi nuevo amigo, el sucesor de la cachorrita marrón, todas las noches durante mi encarcelamiento voluntario; y día y noche Takkar fue nuestro mejor protector. Desarrolló un odio violento por todo lo que era tibetano. No permitía que un tibetano se acercara a las tiendas. Sus ataques eran como dardos. Tuve que pagar una cantidad de rupias de plata a nómadas pacíficos por las ropas rasgadas y las heridas sangrientas que les causó. También me ayudó a mantener mi anonimato, porque no permitió que un alma se acercara a mi tienda. Y cuando temíamos a los vecinos curiosos, no teníamos más que atar a Takkar delante de la tienda para asegurar una paz perfecta.

También estaba en gran deuda con Takkar por el resultado exitoso de la sexta travesía por el Trans-Himalaya y, en consecuencia, guardo su recuerdo con cariño.

Unos pocos días de paz siguieron inesperadamente. Entramos en el *serpunlam* (el camino que tomaban los buscadores de oro hacia el este del Tíbet), compramos un caballo y algunas ovejas más, y descubrimos un lago, Chunit Tso[264]. Nos encontramos con caravanas de sal y caravanas de yaks. Desde el fácil paso de Nima Lung La, admiramos una de las cadenas más importantes del sur del Trans-Himalaya. En un valle yermo y angosto, un búho cornudo de montaña se posó sobre nuestras tiendas, ululando fuertemente. Lobsang nos informó que esta ave advertía a los viajeros contra los ladrones y salteadores.

Ahora era el comienzo de abril. Seguimos el río hasta ahora desconocido, Buptsang Tsangpo[265], hacia el sur. Algunos de los muchos nómadas que acampaban en sus orillas nos dijeron que el río desembocaba en Tarok Tso[266], un lago a varios días de viaje hacia el noroeste. En el sur-sureste había dos gloriosos picos nevados, pertenecientes al Lunpo Gangri. Luego llegamos al hermoso valle en forma de anfiteatro, en un semicírculo de montañas nevadas y glaciares, que contenía varios nacientes del Buptsang Tsangpo.

Intercambiamos dos de nuestros cansados yaks por nueve ovejas pertenecientes a unos amables nómadas. El 14 de abril pasamos junto a una caravana de sal formada por ocho hombres y trescientos cincuenta yaks. Estos hombres mostraron gran interés en nosotros y nos hicieron muchas preguntas inoportunas.

Al día siguiente cruzamos el paso de Samye La (5.520 metros), cruzando por sexta vez la cordillera principal del Trans-Himalaya, la cuenca continental entre la parte del Tíbet que no tiene salida al mar y el océano Índico. Entre Angden La en el este y Tseti Lachen La en el oeste, había logrado así establecer una nueva ruta a través del gran espacio en blanco. Y aquí se me ocurrió claramente que el vasto sistema de cadenas montañosas que se extienden al norte y paralelas a los Himalayas, debería llamarse Trans-Himalaya a partir de entonces.

Mientras estaba sentado en medio del paso de montaña, dibujando y regocijándome por esta nueva conquista importante para el conocimiento geográfico, Kutus susurró:

—Se acercan yaks.

Abajo, en el valle, apareció la gran caravana de yaks, titubeándose hacia el paso como una serpiente negra, y escuchamos los silbidos y gritos agudos de los conductores. Luego descendimos al valle por el lado sur; y una vez más me sentí complacido ante la idea de que el arroyo que fluía sobre la grava encontraría algún día su nirvana particular en el mar de la India.

No pasamos cerca de ninguna tienda de campaña en todo el día. La ruta estaba a demasiada altura. Nos encontramos solo con dos jinetes. Abdul Kerim los retuvo el tiempo suficiente para comprar una de sus monturas. Nuevamente tropezamos con caravanas de ovejas, que llevaban sal de camino a Pasaguk. En el camino hacia el Chaktak Tsangpo, un río que conocíamos desde el año anterior, nos encontramos con nómadas que nos advirtieron sobre una banda de dieciocho ladrones, todos armados con armas de fuego. Evitamos pasar por Pasaguk y Saka Dzong, y tomamos un camino de regreso a través de las montañas hasta el poblado de Raga[267]. Esta misma ruta era notoria por sus nidos de ladrones. Por las noches, los mahometanos cantaban su sobrecogedor himno a Alá.

El 21 de abril, las tiendas nómadas volvieron a ser tan numerosas que tuve que ocupar mi lugar designado con las ovejas. Pronto llegaríamos a una gran tienda, la de Kamba Tsenam, que poseía mil yaks y cinco mil ovejas. El 22 de abril uno de mis hombres visitó a unos nómadas de paso, para preguntarles si nos venderían algún caballo. La nieve caía tan espesamente que podía cabalgar por tramos sin ser visto. Dos de nuestros hombres fueron a la tienda de Kamba Tsenam y compraron provisiones.

El rico nómada no estaba en casa, pero dos de sus hombres cabalgaron hasta nuestro campamento por la noche y nos vendieron un hermoso caballo blanco por ciento veintisiete rupias.

El 23 de abril continuamos hacia el este hasta el paso de Gabuk La. Afortunadamente encontramos a un anciano cuidando unos caballos, que accedió a acompañarnos como guía. Era bastante locuaz y nos habló, entre otras cosas, de un europeo que había estado en esos lugares el año anterior con un líder de caravana grande y fuerte, que murió repentinamente y fue enterrado en Saka Dzong.

El campamento número 390 se encontraba en la entrada al valle que conducía al paso de Kinchen La. Nevó copiosamente durante toda la tarde y la noche, y una vez más pareció como si estuviésemos en pleno invierno.

Nuestra ansiedad aumentaba cada día. Cada paso que dábamos nos acercaba más a la línea de peligro; porque el viaje de dos días nos llevaría a la ruta principal de caravanas (*tasam*) y sus autoridades vigilantes. Qué sucedería y cómo íbamos a eludir las dificultades era todo un enigma para mí, aunque había hecho varios planes. Las circunstancias tendrían que determinar cuál de ellos adoptaría. Si los tibetanos nos hicieran prisioneros una vez más, por lo menos tendría la satisfacción de haber atravesado la provincia de Bongba, que corresponde al Trans-Himalaya medio, y que, hasta entonces, estaba inexplorada.

¿Cómo terminaría *este* día? Ese era mi pensamiento, el 24 de abril, cuando partimos bajo un sol brillante para viajar a través de la tierra cubierta de nieve. Admiramos la gran masa del Chomo Uchong. Como de costumbre,

EL TRANS-HIMALAYA VISTO DESDE NUESTRO CAMPAMENTO

me detuve para elaborar un croquis panorámico del paso, el Kinchen La (5.440 metros). Desde allí se podía ver una imponente cordillera nevada en el noreste, el Lunpo Gangri en el oeste y la cordillera blanca de los Himalayas en el este-sureste. Nadie nos molestó. Cuando terminé mi boceto, seguí el rastro de la caravana. Habían montado el campamento número 391 en una cañada bastante estrecha, que proporcionaba pastos, combustible y agua.

Todos sentimos que algo decisivo se avecinaba. En consecuencia, se adoptaron algunas radicales medidas cautelares. Mis mantas europeas, estuches de instrumentos de cuero y todas las demás cosas que pudieran despertar sospechas fueron enterradas o quemadas. Abdul Kerim tomó mi tienda; y desde entonces ocupé un compartimento secreto, una casita pequeña y cerrada, dentro de su gran tienda. Nuestras dos tiendas siempre estaban adosadas. Esto me permitió arrastrarme de una a otra sin ser visto desde el exterior. Según la nueva disposición, los tibetanos podrían registrar ambas tiendas sin encontrarme, escondido como estaba en el compartimento separado.

Estaba sentado escribiendo cuando Abdul Kerim se asomó y, con voz seria y semblante grave, dijo:

—¡Un grupo de hombres desciende por el paso!

Había una mirilla hecha en cada lado de la tienda. Miré a través de una en dirección al paso. ¡Así era! Se acercaban ocho hombres. Llevaban nueve caballos, dos de los cuales transportaban cargas. No eran nómadas ordinarios, ya que vestían abrigos de piel rojo y azul oscuro y tocados rojos, y estaban armados con rifles y espadas.

Metí todo lo que pudiera despertar sospechas en la bolsa de arroz, mi escondite habitual. Ordené a Gulam que atara a Takkar frente a la entrada de mi tienda. Retoqué mi tez morena y me puse mi turbante ladaki sucio. Tres de los forasteros llevaron sus caballos a un lugar a apenas treinta pasos de Takkar, que ladraba furiosamente. Allí descargaron y desensillaron los caballos, recogieron combustible, encendieron un fuego, trajeron agua en un recipiente y se acomodaron para pasar la noche.

Los otros cinco, entre los que se encontraban dos funcionarios evidentemente prominentes, entraron en la tienda de Abdul Kerim sin ceremonias e iniciaron una conversación animada pero en voz baja. Los escuché mencionar mi nombre; y Abdul Kerim juró, esperando salvarse, que no había ningún europeo en nuestra caravana. Luego salieron y se sentaron en círculo alrededor del fuego para tomar el té.

Sin ser visto desde el exterior, me arrastré hacia la tienda de Abdul Kerim. Todos mis hombres estaban sentados allí, como si acabaran de escuchar su sentencia de muerte.

El líder del grupo había dicho:

—Caravanas de sal recién llegadas del norte os han denunciado al gobernador de Saka Dzong. Este sospecha que Hedin Sahib está oculto entre vosotros. Tengo el encargo de hacer una investigación exhaustiva. Por lo tanto, revisaré todo vuestro equipaje, daré la vuelta a cada bolsa y finalmente os examinaré a cada uno hasta la mismísima piel. Si resulta que no lleváis a ningún europeo en vuestro grupo, como decís, os permitiré viajar a donde queráis.

Mis hombres consideraban que nuestra situación era desesperada. Kutus sugirió que él y yo huyéramos a las montañas tan pronto como oscureciera y nos escondiéramos allí hasta que terminara el examen.

—Eso es inútil —susurró Gulam—. *Saben* que somos trece.

—No —agregué—, sería en vano, es demasiado tarde. *Estamos* atrapados. Iré a los tibetanos y me entregaré.

Abdul Kerim y los demás comenzaron a llorar, pues pensaban que había llegado nuestro último momento.

Me levanté y salí de la tienda. Los tibetanos dejaron de hablar y me miraron. Me detuve un rato al lado de Takkar para acariciar al perro. Él gimió cariñosamente. Entonces caminé lentamente hacia los tibetanos, con mis pulgares en mi faja. Todos se levantaron. Hice un gesto altivamente condescendiente y les pedí que se sentaran. Me senté entre los dos más destacados. A mi derecha estaba Pemba Tsering. Lo recordé de inmediato, del año anterior.

—¿Me reconoces, Pemba Tsering? —pregunté. No respondió, pero sacudió la cabeza en mi dirección y miró mezquinamente a sus camaradas. Todos estaban avergonzados y en silencio—. Sí —continué—, soy Hedin Sahib. ¿Qué vas a hacer conmigo?

ME ENTREGUÉ A LOS TIBETANOS

Mientras cuchicheaban, envié a Kutus a buscar una caja de cigarrillos egipcios. Los repartí y todos fumaron. En ese momento, el líder recuperó su coraje. Presentó una carta, recibida por el gobernador del Devashung, que explicaba que no debía dar un paso más hacia el este.

—Mañana irás con nosotros a Saka Dzong.

—¡Nunca! —respondí—. Hemos dejado una tumba allí. *Nunca* volveré a ese lugar. El año pasado quise subir a la tierra montañosa al norte de Saka Dzong. Por aquel entonces tú me lo impediste. Ahora he venido aquí, después de pasar por esa tierra prohibida. Como verás, *no puedes* interferir en mis planes, y soy más poderoso que tú en tu propio país. Ahora iré a la India; pero yo mismo decidiré por qué camino.

—El gobernador de Saka Dzong decidirá sobre ese punto. ¿Vendrás con nosotros a Semoku en el Tsangpo, para encontrarte con él allí?
—Será un placer.
Inmediatamente se envió un mensajero al gobernador.
Ahora la conversación se hizo más despreocupada. El líder comenzó:
—El año pasado te obligamos a ir a Ladakh. Ahora estás de nuevo entre nosotros. ¿Por qué has vuelto?
—Porque me gusta estar en el Tíbet y me gusta su gente.
—Nos convendría más si también te gustara vivir en tu propio país.
De este modo nos sentamos, charlando y fumando hasta que se puso el sol. Nos convertimos en los mejores amigos. Mis criados estaban tan contentos como sorprendidos por el agradable desenlace de la aventura. Los tibetanos se rieron con ganas de la alegre historia de Abdul Kerim sobre que éramos compradores de lana. Pero creían que poseía poderes secretos que me permitían atravesar el Chang Tang y escapar de las trampas de las bandas de ladrones. El cacique, Rinche Dorche, también llamado Rindor, anotó todo lo que dije, para informar al gobernador.

Un nuevo capítulo de nuestra existencia errante empezaba ahora. Tuve una cómoda sensación de libertad y ya no tuve que esconderme en mi tienda. Sin embargo, realmente seguía siendo un cautivo. Hicimos mi tienda lo más atractiva posible al sacar fuera sacos de arroz y enseres por el estilo, y ciertamente me alegré de no haber tenido tiempo de quemar más de los valiosos artículos útiles entre los que habíamos desechado. Para empezar, me sometí a un lavado minucioso con agua tibia, que se renovó cuatro veces. Después me afeité la barba.

Echaba de menos mis navajas y otros accesorios de aseo. Pero con agua y un poco de jabón, podía prescindir de otras comodidades.

El 25 de abril cabalgamos hacia Semoku, a dos días de camino. Nuestra procesión parecía una pandilla de prisioneros. Seis tibetanos iban a cada lado de mí. Encontramos al gobernador en el lugar de reunión. También estuvieron presentes Dorche Tsuän, su colega Ngavang y su hijo Oang Gyä. El primero de ellos era un hombre alto de cuarenta y tres años, vestido con seda china, con gorro y coleta, con orejeras, sortijas y botas de terciopelo. Entró en mi tienda, educado y sonriente:
—Espero que hayas tenido un viaje agradable.
—Sí, gracias, pero hacía frío.
—Se te ordenó salir del país el año pasado. Entonces, ¿por qué has vuelto

aquí?

—Porque hay partes de su país que yo *quería* ver.

—El año pasado fuiste a Nepal, a Kubi Gangri, a los lagos, a todos los monasterios alrededor de la montaña sagrada, al nacimiento del Indo. Sé exactamente dónde has estado. Repetir tal cosa es imposible este año. El Devashung ha emitido nuevas órdenes y he informado al Gobierno de que estás aquí de nuevo. Ahora debes volver al norte por el mismo camino por el que viniste.

Grandes áreas del espacio en blanco, ricas en enigmas geográficos, aún permanecían tanto al este como al oeste de mi última ruta a través del Samye La. Surgió en mí un anhelo irresistible de conquistarlos también, de completar un trabajo pionero y esbozar un mapa de todo el territorio desconocido, dejando solo el trabajo de detalle a futuros exploradores. Pero yo era consciente de que solo los refinamientos de la diplomacia me abrirían las puertas de estas regiones. Por lo tanto, afirmé que deseaba emprender el regreso a la India a través de Gyangtse.

—¡Imposible! Nunca obtendrás permiso para ir por esa ruta.

—También quiero escribirle a Lien Darin y enviarle cartas a mi familia.

—No reenviamos cartas.

De este modo, al no poder informar a Lien Darin y mis amigos en la India que todavía seguía con vida, mis padres no tendrían noticias mías hasta septiembre. De ahí que se temieran lo peor. Muchos ya me daban por muerto, incluso.

Dorche Tsuän, por su parte, insistió en que volviera hacia el norte. Respondí:

—Podrás matarme, pero *nunca* podrás obligarme a cruzar el Samye La.

—Bueno, entonces, puedo permitirte regresar por el mismo camino a Ladakh que tomaste el año pasado.

—¡No, gracias! Nunca camino sobre mis propias huellas. Eso va en contra de mi religión.

—¡Debes tener una religión extraña! ¿Qué camino tomarás, entonces?

—A través de un paso al este de Samye La, y luego al Terinam Tso y más al oeste.

—¡Eso es inconcebible! ¿Estás dispuesto a ir con nosotros a la tienda de campaña Kamba Tsenam para continuar con las negociaciones?

—Ciertamente.

Antes de irnos, escribí una lista de nuestras necesidades en cuanto a ropa y provisiones, y Dorche Tsuän envió un mensajero a un comerciante en Tsongka, cerca de la frontera sur del Tíbet, y a dos días de viaje de Semoku.

Dorche Tsuän se había enamorado de un revólver del ejército sueco que yo tenía, y pidió comprármelo, pero le dije que no estaba en venta. Sin embargo, se lo ofrecí como regalo, siempre que me permitiera elegir mi propia ruta.

—Es extraño —dijo—, estás peor vestido que todos tus sirvientes y, sin embargo, ¡tienes tanto dinero!

EL AUTOR VISTIENDO UN ATUENDO TIBETANO

Un caballo marrón, por el que habíamos pagado cien rupias, fue atacado por lobos y devorado. Los tibetanos se tomaron este percance con calma. Sin embargo, se pusieron frenéticos cuando Tubges le disparó a un ganso salvaje. El joven Oang Gyä vino a mi tienda, al borde de las lágrimas, y se lamentó:

—¡Es un asesinato! ¿No comprendes que el otro ganso morirá de pena ahora que has destruido a su pareja? Mata a los animales que quieras, pero deja en paz a los gansos salvajes.

Más tarde partimos en nuestro viaje a través de cuatro pasos de montaña. Mientras acampábamos en el valle de Namchen, los mercaderes llegaron con los artículos requeridos. Mis hombres consiguieron ropa nueva; y Abdul Kerim me elaboró una genuina túnica tibetana de pesada tela roja, como las que usan los nobles de la zona.

Compré un gorro chino forrado de piel, elegantes botas, un rosario para llevar al cuello y una espada con una vaina de plata, adornada con turquesas y corales, para llevar en el cinto. Compramos arroz, cebada, harina, *tsampa*, té, azúcar, velas de parafina y cigarrillos, suficientes para dos o tres meses, y también varios caballos y mulas. Los ojos de los tibetanos se pusieron como platos al ver las monedas de plata apiladas en la alfombra de mi tienda.

Hasta ahí todo salió bien. Solo quedaba la cuestión de la ruta. Celebramos un consejo durante varias horas en la tienda de Dorche Tsuän.

—No hay otro paso que no sea el Samye La —dijeron.

—Sí que existe —respondí—, el Sangmo Bertik La.

—Ese camino es tan malo que no alquilamos yaks para viajar hasta allí —intervino un nómada.

—Entonces compraré los yaks.

—No los vendemos.

—Hay bandas de ladrones por todas partes en esa región —añadió el gobernador.

—Entonces es tu deber proporcionarme una escolta.

—Los soldados que tengo pertenecen a la guarnición de Saka Dzong.

—Dividámonos en dos grupos, pues. Abdul Kerim cruzará el Samye La con el grueso de la caravana; y yo, con una pequeña caravana, tomaré el camino del este. Luego nos encontraremos en el río Buptsang Tsangpo inferior. Me darás diez hombres como escolta. Cada uno de ellos recibirá dos rupias al día. Entonces podrás supervisar mis movimientos, además de tener la seguridad de que no daré largas vueltas, ya que tengo que pagar tanto.

Dorche Tsuän pensó un poco y salió a celebrar un consejo privado con sus hombres de confianza. Cuando volvió, me había salido con la mía; y solo me pidió que firmara un papel para que yo asumiera toda la responsabilidad del viaje.

Inmediatamente me presentaron al capitán de la guardia personal. Su nombre era Nima Tashi. Parecía un buen tipo y vestía un abrigo de piel grande y abultado. Panchor, hermano mayor de Kamba Tsenam, un cazador de yaks de cincuenta y cinco años, sería nuestro guía. Era un anciano arrugado y un bribón empedernido.

El 4 de mayo fuimos todos juntos al campamento de Kamba Tsenam, donde se había levantado un pueblo de tiendas de campaña en el valle. Tras pasar allí el 22 de abril, habíamos descrito así un bucle alrededor de las masas montañosas de Chomo Uchong. Por la noche, Kamba Tsenam se coló en mi tienda. Me confió que Panchor nos llevaría a mí y a la escolta a donde quisiéramos. Me dijo, por su propia voluntad, que estaba en términos amistosos con los ladrones de toda la región.

NIMA TASHI, EL JEFE DE NUESTRA ESCOLTA

—Soy el padre de todos los ladrones —dijo.

El 5 de mayo fue nuestro último día juntos. Por la noche se organizó una fiesta de despedida para Dorche Tsuän y todos sus hombres. Me senté con los jefes en la entrada de mi tienda y tomé el té con ellos. Afuera, frente a nosotros, había una gran hoguera, alrededor de la cual mis hombres realizaron danzas de Ladakh y se divirtieron mucho. Dos hombres, cubiertos con una manta, con dos palos por cuernos, simulaban una fiera, que se acercaba sigilosamente al fuego y era derribada por un cazador al acecho. El cómico Suän ejecutó una danza de amor hacia una mujer que estaba representada por el bastón que llevaba en la mano. El público aplaudió rítmicamente, los ladakis cantaron y los tibetanos, en un sólido círculo alrededor de la arena, aullaron con deleite. Dorche Tsuän me aseguró que nunca en su vida se lo habían pasado tan bien.

Mientras tanto, la nieve caía copiosamente; el humo del fuego y el torbellino de nieve se unieron a la danza. Fue una velada pintoresca y exitosa. Era medianoche cuando los invitados partieron y el fuego fue extinguido.

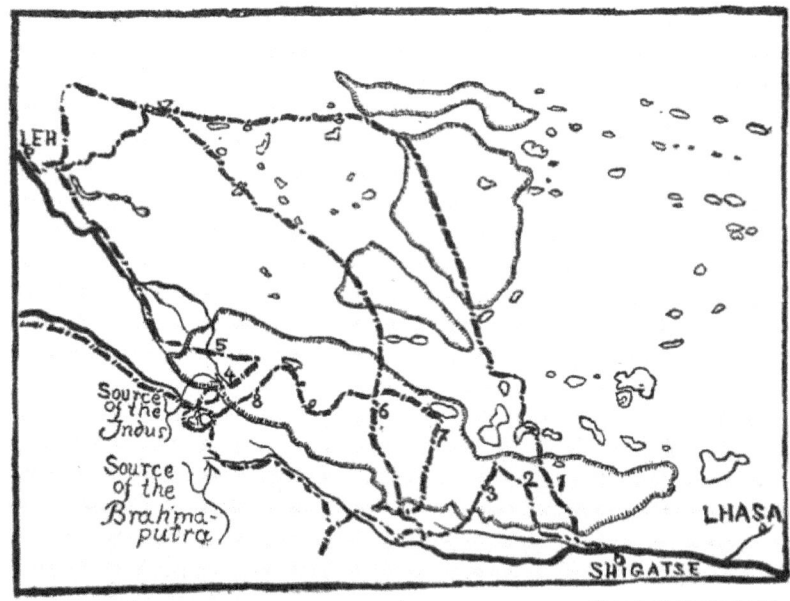

EN 1906 HABÍA GRANDES REGIONES DEL TÍBET QUE SE MANTENÍAN INEXPLORADAS.
LOS NÚMEROS DEL 1 AL 8 INDICAN MIS TRAVESÍAS POR EL TRANS-HIMALAYA

CAPÍTULO LXIII

NUEVOS VIAJES A TRAVÉS DE TIERRAS DESCONOCIDAS

EN la mañana del 6 de mayo nuestros caminos se separaron. Me acompañaban Gulam, Lobsang, Kutus, Tubges y Kunchuk. Todos iban montados a caballo. Nima Tashi y sus nueve soldados también montaban a caballo. Teníamos yaks para el equipaje, y también compramos ovejas por el camino. Abdul Kerim y los otros seis se fueron por Samye La, con instrucciones de esperarme cerca de Tarok Tso. Como mi pequeña tropa tenía que ir lo más ligera posible, cometí el error de entregar a Abdul Kerim la mayor parte de mis fondos, o dos mil quinientas rupias.

Cabalgamos hacia el norte a través de la tierra desconocida, cruzamos la poderosa cordillera de Kachung Gangri, alcanzamos el curso superior de nuestro viejo amigo el Chaktak Tsangpo y acampamos en el lago Lapchung Tso[268], rodeado por altas montañas en todos sus lados. La cordillera principal del Trans-Himalaya, con enormes picos nevados, se elevaba frente a nosotros. Nuestro camino nos llevó aún más alto, y este complicado laberinto de cadenas montañosas, valles, ríos y lagos se hacía cada vez más claro para mí. El terreno era difícil. Caminábamos sobre rocas cubiertas de musgo, a lo largo de senderos raramente utilizados excepto por yaks salvajes. Pero finalmente alcanzamos la cima del Sangmo Bertik La, a 5.820 metros de altitud sobre el nivel del mar. Allí crucé por séptima vez el sistema del Trans-Himalaya, con lo cual descendimos nuevamente a regiones que no tenían salida al mar.

Nima Tashi y su puñado de guerreros tenían mucho miedo a los ladrones. Tan pronto como veían algunos jinetes en la distancia, esperaban un ataque de estos; así que comenzaron a causar problemas, pues querían retroceder. Pero después de sugerirles que recibirían sus dos rupias todas las noches, decidieron quedarse. Panchor nos entretenía con historias de robos, y también nos contaba que había fantasmas por la noche en la tumba de Mohammed Isa.

La región era rica en caza, donde se podían encontrar goas, antílopes tibetanos, ovejas salvajes, yaks y asnos salvajes. Nos encontramos con campamentos de tiendas de campaña aquí y allá; en una ocasión que hicimos un campamento, sesenta tibetanos curiosos se apiñaron a nuestro alrededor.

Cruzando el río de Soma Tsangpo llegamos al pequeño paso de Teta La. Su umbral brindaba una vista indescriptiblemente hermosa del lago salado Terinam Tso, de un azul turquesa intenso, y rodeado de montañas desnudas en tonos violetas, amarillos, rojos, rosados y marrones.

UN GRUPO DE TIBETANOS

En el noroeste se elevaba el Shakangsham, en el sureste el Targo Gangri, en el sur y suroeste el Trans-Himalaya, todos ellos con deslumbrantes campos de nieve. Me senté durante horas fascinado por toda esta belleza grandiosa y dibujé una panorámica del lago a color. El *pundit* Nain Sing había oído hablar del Terinam Tso en 1873, pero nunca había visto el lago; de ahí que tuviera la satisfacción de ser el primer explorador en verlo y confirmar su existencia. El lago está situado a 4.680 metros sobre el nivel del mar.

Desde el Teta La pude ver, a través de los prismáticos, nítida y claramente, todos los picos, campos nevados y glaciares de Targo Gangri; con él volvió mi antiguo anhelo por el Dangra Yum Tso, el lago sagrado, que yacía a sus pies. Estaba a solo unos días de viaje. Negocié con Nima Tashi y Panchor en nuestro campamento en la orilla del Terinam Tso, a quienes prometí grandes recompensas si me dejaban desviarme. Pero no se atrevieron a acceder, y como temían que de un modo u otro me dirigiera al Dangra Yum Tso en contra de sus deseos, llamaron al jefe Tagla Tsering, quien el año anterior había tomado parte en los esfuerzos por detenerme cerca de la orilla sur del santo lago. Llegó con veinte jinetes, con traje de guerra, lanzas, espadas y fusiles, y con altos sombreros blancos. Él mismo estaba vestido con una piel de pantera y una capa roja, con una cinta que portaba seis ídolos de plata en su hombro.

Era ingenioso y jovial, y lo pasamos muy bien durante los cuatro días que estuvimos juntos en el lago. Sin embargo, se mantuvo firme y no pude persuadirle. Ni un paso hacia el este, fue su ultimátum. Tampoco se me permitió visitar Mendong Gompa, un monasterio que estaba situado al oeste de Terinam Tso, y del cual habíamos oído hablar antes. El único camino abierto para mí era el de Tarok Tso, donde me reuniría con Abdul Kerim. En consecuencia, tuve que abandonar la idea de un viaje al Dangra Yum Tso por tercera vez.

Varios años más tarde, este lago sería visitado por el distinguido geólogo inglés sir Henry Hubert Hayden, quien recientemente falleció en un ascenso a una montaña en los Alpes[269]. Él es, que yo sepa, el único europeo que penetró en la tierra desconocida al norte del Tsangpo después de mi viaje; pero debido a su prematura muerte, sus observaciones no han sido publicadas.

El 24 de mayo nos despedimos del bueno de Tagla Tsering y sus soldados, y cabalgamos hacia el oeste a lo largo de la costa sur del Terinam Tso (literalmente el «Lago Celestial de las Montañas del Trono»). Acampamos en Mendong Gompa a pesar de la prohibición. Era un pequeño convento blanco y rojo. Los monjes y monjas vivían en tiendas de campaña. Al oeste del «Paso de la Gacela» (Goa La) descubrimos el peculiar lago Karong Tso[270], rodeado por una maraña de crestas y promontorios. Y pocos días después volvimos a entrar en la provincia de Bongba y acampamos a orillas del río Buptsang Tsangpo. El 5 de junio nos despedimos de la escolta, quién nos comunicó haber cumplido su cometido. Regresaron con Panchor a Saka Dzong. Así, solos y tras habernos procurado como guías a dos nómadas sin pretensiones, teníamos absoluta libertad para ir a donde quisiéramos.

Pero ahora la tarea más importante era encontrar a Abdul Kerim y su destacamento. Nadie había visto ninguna señal de ellos. Por lo tanto, seguimos a lo largo del río hacia el Tarok Tso.

Aunque era principios de junio, nos topamos con la tormenta de nieve y viento más violenta que experimentamos llegados a este punto, y todo el campo se volvió blanco como la tiza. Los truenos crepitaban en el Trans-Himalaya, una de cuyas crestas más poderosas se elevaba al suroeste del valle Buptsang Tsangpo. El cachorro pequeño, que nunca había oído el rugido de un trueno, se asustó tanto que corrió hacia mi tienda, con el rabo entre las piernas, y se quedó allí, gruñendo y ladrando a los repiques. El experimentado Takkar se enfrentaba al ruido con mayor calma.

Los puntos que escogimos para acampar en Buptsang Tsangpo eran tan hermosos que me hubiera gustado quedarme allí más tiempo, aunque solo fuera para observar los gansos salvajes y los diminutos polluelos amarillos que nadaban en el río. Finalmente montamos nuestras tiendas cerca de la orilla sur del Tarok Tso. En ninguna parte vimos el rastro de Abdul Kerim y su tropa. En cambio, nos visitaron dos jefes del distrito y una veintena de jinetes. No habían oído nada de Abdul Kerim, pero prometieron encontrarlo. Declararon que la única ruta abierta para mí conducía a través del paso de Lunkar La al monasterio de Selipuk Gompa, el mismo camino que yo quería tomar; porque atravesaba la extensión más grande de la tierra desconocida que aún permanecía «inexplorada».

TAGLA TSERING CON ALGUNOS DE SUS HOMBRES

Y así nos dirigimos, el 9 de junio, al pequeño monasterio de Lunkar Gompa, temporalmente cerrado, y subimos al paso de Lunkar La (5.580 metros), desde cuya cima había una espléndida vista del Tarok Tso y el Tabie Tsaka[271], un lago salado, famoso por su alta producción de sal.

Todos los nómadas y jefes que conocimos en esta región fueron amables y serviciales. En Poru Tso[272], un lago recién descubierto, el *gova* Pundar de Rigihloma nos presentó sus respetos y nos proporcionó los suministros que necesitábamos. Aquí, las enormes cordilleras periféricas del sistema Trans-Himalaya se extendían de norte a sur. Cruzamos una de ellas por el paso de

Sur La, de 5.820 metros de altitud, rodeado por un mundo de magníficas cúpulas nevadas, picos y glaciares de un azul brillante. Luego descendimos al valle de Pedang Tsangpo, donde el río fluía hacia el norte. Al seguir este camino, la cordillera de Sur La quedaba a nuestra derecha, con su valle al frente coronado por cimas cubiertas de nieve.

El conocimiento de ser el primer hombre blanco en atravesar esta región me daba una sensación de satisfacción indescriptible. Me sentía como un poderoso soberano, dueño de su propio país. Seguro que habrá futuras expediciones en este país, que es uno de los más notables del mundo desde el punto de vista de la orografía y la geología. En los siglos venideros será tan conocido como los Alpes. Pero su descubrimiento es mío y ese hecho nunca se olvidará.

Ahora bien, ¿dónde estaba Abdul Kerim? Se había desvanecido sin dejar rastro. ¿Habría sido atacado por ladrones? Me consolaba saber que todos los resultados de la última etapa, desde Drugub en adelante, estaban en mi poder; colecciones, diarios y mapas. Pero de dinero solo me quedaban ochenta rupias.

EL ABAD DE SELIPUK GOMPA

El río Pedang Tsangpo nos llevó al lago de Shovo Tso [273], otro nuevo descubrimiento. Su cuenca también estaba rodeada por poderosas montañas. La «ruta del oro» atravesaba el paso de Ka La, en el noreste. El 23 de junio, mientras cruzábamos el paso de Tayep Parva La, nuestros ojos se encontraron con el Nganglaring Tso, un gran lago salado de color azul turquesa brillante, rodeado de montañas de color rojo ladrillo y violeta. Un paisaje extremadamente fantástico, maravillosamente impregnado de vivos colores.

No se veía ni un árbol, ni un arbusto, solo pastos escasos y ocasionales en una cañada. Todo estaba yermo y demacrado, como todo lo demás en el Alto Tíbet. Uno de los *pundits* del capitán Montgomery[274] que había oído hablar de este lago, unos cuarenta años antes, lo llamó Ghalaring Tso. Pero ni él ni nadie más había estado allí.

Nos instalamos en su orilla y luego en las orillas del Sumdang Tsangpo, río que desembocaba en él. Había muchos lobos en los alrededores y teníamos que vigilar atentamente a nuestros animales. Una vez, una manada de lobos se nos acercó bastante a plena luz del día. Lobsang atrapó a un pequeño y feroz cachorro de lobo en Sumdang Tsangpo y lo mantuvimos atado en el campamento. Takkar y el cachorro pequeño lo trataron con cierto respeto y se mantuvieron a distancia. En un momento de descuido, el cachorro de lobo logró liberarse de la soga y huyó hacia el río, con la intención de nadar hasta la otra orilla. Pero Takkar pensó que la situación se había ido de las manos. Emitió un aullido, se arrojó al río, alcanzó al joven lobo, lo mantuvo bajo el agua hasta que se ahogó, nadó de regreso a nuestra orilla con el lobo entre los dientes y se lo comió, con piel, huesos y todo.

Llegamos al monasterio de Selipuk Gompa el 27 de junio. El abad, Jamtse Singe, nos recibió muy cordialmente. Para disipar nuestros temores acerca de Abdul Kerim, consultó sus libros sagrados y nos aseguró que nuestros hombres aún estaban vivos, que estaban en el sur y que los encontraríamos dentro de veinte días. Mi efectivo se había reducido a veinte rupias y estaba listo para vender rifles, revólveres y relojes. Entonces nos sería posible llegar a Tokchen y el Manasarovar, y desde allí enviar un mensajero a nuestros viejos amigos en Gartok.

Anteriormente, en Shovo Tso, habíamos visto una gran caravana de yaks, que ahora también acampaba en Selipuk. Pertenecía al gobernador de Chokchu en el Dangra Yum Tso, que estaba en peregrinación al Kang Rinpoche, la montaña sagrada, con cien personas, cuatrocientos yaks, sesenta caballos y cuatrocientas ovejas. Me hice amigo de él y de sus dos hermanos. Me visitaron en mi tienda y cené con ellos. El nombre del gobernador era Sonam Ngurbu. Era un tipo llamativo, con rostro cobrizo, nariz ancha y tosca, frondoso pelo negro que parecía una melena de león (¡sin duda ricamente surtida!) y una capa de color rojo cereza. Él y sus dos hermanos tenían dos esposas en común, o dos tercios de una esposa cada uno, lo que, en vista del aspecto de las damas, parecía ser suficiente. Las mujeres eran viejas, feas y sucias.

Traté de vender una buena pistola sueca; pero cuando Sonam Ngurbu ofreció diez rupias por ella, dije que el arma sería suya cuando presentara trescientas rupias de plata. Un reloj de oro, valorado en doscientas rupias, lo asombró sobremanera. Pensó que era extraño que los seres humanos pudieran fabricar cosas tan pequeñas y delicadas. Pero como la diferencia entre las doce y las seis le daban lo mismo, ya que tenía el sol en el cielo gratis, se abstuvo de pujar. Me ofreció sesenta rupias por nuestro último revólver del ejército sueco.

A lo cual yo respondí:

—No, de hecho, no soy un mendigo, y sesenta rupias no significan nada para mí.

Mentí, por supuesto, porque realmente *era* un mendigo y estaba metido en un lío tan grande como el de Kermanshah, veintidós años antes. Sin embargo, Sonam Ngurbu nos obsequió con arroz, *tsampa* y azúcar, para que pudiéramos llegar a Tokchen; a modo de recompensa, le di un reloj.

El *gova* de Selipuk era divertido. Vino a mi tienda con una pandilla de holgazanes, para preguntar, en virtud de su posición, qué clase de individuo era yo. Había oído hablar de la llegada de un europeo, y se sorprendió mucho al encontrar a un extraño con atuendo tibetano, rodeado de cinco auténticos vagabundos. El problema era demasiado complicado para su intelecto, y no hice ningún intento de resolverlo por él. Se marchó con algo en qué pensar.

Partimos el 30 de junio y acampamos en la llanura de Rartse, desde donde la cordillera nevada en forma de dientes de sierra del Trans-Himalaya ofrecía una vista magnífica. Hacia la puesta del sol apareció Lobsang y anunció la llegada de cuatro hombres y cuatro mulas. Saqué los prismáticos. ¡Ajá! Era Abdul Kerim, dos de nuestros hombres y un guía. Los demás llegaron unos días después. No me faltaron insultos hacia mi líder de caravana; pero salió ileso, en parte porque el dinero estaba intacto, en parte porque realmente había sido asaltado por ladrones —que escaparon con un caballo y una mula— y finalmente por su encuentro con jefes de distrito hostiles, que lo obligaron a tomar caminos accidentados al norte del Tarok Tso.

Solo quedaba por realizar la travesía final por el territorio desconocido. Resultó en muchos descubrimientos importantes para los que no hay espacio en este libro. Cruzamos el Ding La, un paso de 5.880 metros de altitud, el más alto de los que habíamos sorteado durante todo este viaje en el Tíbet, y atravesamos Surnge La, de 5.270 metros de altitud, situado en la cuenca continental. El 14 de julio llegamos a Tokchen.

En total había cruzado el Trans-Himalaya ocho veces, por ocho pasos diferentes, de los cuales solo uno, el Jukti La, se conocía hasta entonces. Entre Jukti La, en el oeste, y Khalamba La, en el este, se extiende un área de quinientas setenta millas de longitud que ningún europeo había visitado antes y que, en el último mapa inglés, estaba marcado con nada más que con la palabra «Inexplorado». Aunque la existencia de un poderoso sistema montañoso en el este y el oeste era bien conocida antes, se convirtió en mi suerte describir la enorme brecha intermedia. La hazaña se logró cuando finalmente llegué a Tokchen.

Las cadenas montañosas más altas del mundo están situadas en la gigantesca elevación de la corteza terrestre de la cual el Tíbet ocupa la mayor parte. Son el Himalaya, el Trans-Himalaya —que se fusiona con el Karakoram en el oeste— y el Kunlun, que incluye el Arka Tagh. En cuanto a esa parte del Trans-Himalaya que había explorado, podría decirse que en general sus pasos de montaña son quinientos metros más altos que los del Himalaya, pero sus picos son mil quinientos metros más bajos. Toda el agua de lluvia que cae sobre los Himalayas fluye hacia el océano Índico; pero el Trans-Himalaya es la divisoria de aguas entre el océano y la meseta que no tiene salida. Solo el Indo tiene su nacimiento en la vertiente norte del Trans-Himalaya, atravesando ese sistema, así como a través de los Himalayas.

En los volúmenes III y VII de mi trabajo *Southern Tibet* (Estocolmo, 1917 y 1922) se puede encontrar una descripción detallada del Trans-Himalaya y un relato de todo lo que se sabía sobre este sistema montañoso antes de mi expedición.

Después de mi regreso a casa, el nombre que le había dado al sistema montañoso al norte del Tsangpo fue objetado por geógrafos británicos en ciertos sectores. La razón fue que sir Alexander Cunningham ya había usado el mismo nombre, en la década de 1850, para denotar a una de las cadenas montañosas del noroeste del Himalaya. En la India, se había propuesto que el sistema llevara mi nombre, un honor que rechacé. A este respecto, se me perdonará que cite la opinión de lord Curzon de Kedleston, uno de los estudiosos más distinguidos de la geografía de Asia. Después de aludir a mis descubrimientos en Bongba, escribió:

> Junto a este gran descubrimiento colocaría el recorrido de cientos de millas, y la certeza de la existencia orográfica de una poderosa empalizada de montaña, o serie de empalizadas, a la que el doctor Hedin ha bautizado, en mi opinión muy apropiadamente, como Trans-Himalaya. Durante muchos años se ha supuesto que esta cordillera existe en toda su extensión; ha sido cruzada en sus extremos por Littledale y por agrimensores nativos. Pero estaba reservado para el doctor Hedin seguir su rastro sobre el mismo lugar y colocarla en el mapa en su extenso significado, continuo y masivo... No es una pequeña adición al conocimiento humano que debamos darnos cuenta de la existencia de una de las mayores masas montañosas del mundo. En cuanto al nombre que le ha dado el doctor Hedin, solo diré que las aspiraciones del título de un nuevo y trascendental descubrimiento geográfico

parecen ser estas: (1) que el nombre debería, si es posible, ser dado por el descubridor principal; (2) que no debe ser impronunciable, imposible de escribir, demasiado recóndito u oscuro; (3) que debe, si es posible, poseer algún valor descriptivo; y (4) que no debe violar ningún canon reconocido de nomenclatura geográfica. El nombre Trans-Himalaya combina todas estas ventajas, y tiene una analogía directa con el Trans-Alai de Asia central, que es una cadena de montañas que tiene la misma relación con el Alai, que la que el Trans-Himalaya tiene con el Himalaya. No me causa buena impresión el hecho de que el nombre le fue dado una vez a otra cadena, y que por lo inapropiado de este se aseguró su temprana extinción. Cualquier intento de sustituirlo por otro título en el presente momento estará, en mi opinión, condenado al fracaso.

(*Geographical Journal*, abril de 1909).

CAPÍTULO LXIV

HACIA LA INDIA

Nos demoramos nueve días en Tokchen debido a los implacables jefes de los distritos. En general, eran amables y corteses. Pero al haberse metido en problemas el año anterior, cuando anduve a mi antojo sin permiso por sus dominios; se mostraban reacios a meterse en otro lío por mi culpa. No tenía pasaporte. En consecuencia, no me podían dejar viajar por ningún otro camino que aquel por donde había venido. Las autoridades a lo largo de esa ruta eran responsables de mi travesía. Los funcionarios de Tokchen no me permitían alquilar yaks ni comprar provisiones. Pero en caso de que quisiera regresar hacia el norte, a Selipuk, no tenían problemas en prestarme toda la ayuda que fuese posible.

¡Los tibetanos son un pueblo extraño! El año anterior había recurrido a todo tipo de trucos y estratagemas para entrar en la tierra desconocida al norte del Tsangpo y, sin embargo, había fracasado. Al final, me vi obligado a sacrificar alrededor de un año, una caravana completa de cuarenta animales y miles de rupias para lograr mi objetivo. Y ahora, después de muchos cruces y recruces sobre la tierra desconocida, y cuando no anhelaba nada más que bajar a la India, ¡querían *obligarme* a regresar al norte del Tsangpo!

Al final se me acabó la paciencia y partí con mis doce hombres y diez caballos, sin ayuda. Seguimos la orilla norte del Manasarovar y visité a nuestros amigos, el joven abad de Langbo Nan y el solitario Tundup Lama de Chiu Gompa. En el monasterio de Tirtapuri dividí la caravana. Solo Lobsang, Kutus, Gulam, Suän, Tubges y Kunchuk me acompañarían a la India; los otros, al mando de Abdul Kerim, irían directamente a Ladakh.

Mi viaje a lo largo del río Sutlej y a través de sus afluentes profundos fue uno de los más interesantes que jamás haya emprendido en Asia, porque cruzamos el Himalaya transversalmente. Las palabras no alcanzan a describir los paisajes de abrumadora grandeza que nuestros ojos encontraron por todas partes. Verlos una vez es poseer un recuerdo para toda la vida de los picos de las altas montañas, con sus deslumbrantes campos de nieve y las escarpadas paredes rocosas que cierran el valle del Sutlej; uno incluso se puede imaginar el rugido intenso del espumoso río.

El viaje de Tirtapuri a Simla tomó un mes y medio. Aquí contaré solo dos recuerdos de este sendero que cruza la cadena montañosa más alta de la Tierra.

En el monasterio de Kyunglung, el Sutlej estaba atravesado por un puente de madera combado, construido con dos vigas con travesaños. Tenía un metro de ancho y trece metros de largo, y no tenía barandilla. Unos metros por debajo del puente, el Sutlej, apretado entre acantilados, se precipitaba a una velocidad vertiginosa, bullendo, hirviendo, echando espuma; unos cientos de pasos más abajo se ensanchaba, con un rugido ensordecedor. El río era muy profundo en este tramo cincelado y rocoso. Uno no podía permitirse marearse al cruzar el puente.

Los hombres llevaban el equipaje. Dos de los caballos nos causaron considerables problemas. Mi caballo blanco, el que había comprado a Kamba Tsenam y había recorrido cuatrocientas ochenta millas, fue el último en cruzar. Desmonté y le quitamos la silla. El animal estaba asustado por el agua furiosa, y nunca había visto un puente en su vida. Su cuerpo entero temblaba. Le atamos una cuerda alrededor de la nariz y dos hombres lo subieron al puente, mientras los otros lo empujaban con látigos. Todo parecía ir bien. Pese a temblar en cada extremidad, el caballo avanzó hasta la mitad del puente. Pero es allí donde se fijó en la espuma del río debajo de él y se asustó. Se detuvo y giró transversalmente sobre el puente, con la cabeza apuntando río arriba. Sus ojos brillaban. Entonces aguzó las orejas, sus fosas nasales se dilataron, resopló y dio un salto mortal directo al río.

«Está perdido, se convertirá en papilla contra las rocas», fue mi primer pensamiento. Y mi segundo fue: «¡Suerte que no iba montado en él!». Pero lo más extraño de todo fue que el caballo emergió a la superficie, en la expansión debajo del puente, y nadó rápidamente hasta la orilla izquierda. Se levantó de un salto y empezó a pastar, ¡como si no hubiera pasado nada!

Tuvimos que cruzar todos los afluentes del Sutlej. Estos estaban erosionados profundamente, como el Gran Cañón del Colorado, aunque, por supuesto, en una escala mucho menor. Sin embargo, algunos de ellos imponían mucho respeto. Justo debajo del borde del desfiladero de Ngari Tsangpo se encontraba el gigantesco valle del río. Descendíamos a pie a través de cientos de zigzags escarpados, bajando ochocientos treinta metros hasta el río; para luego subir una altura semejante y con la misma pendiente en el otro lado. Necesitamos la mayor parte de un día para cubrir unas pocas millas.

EL CABALLO ATERRORIZADO SALTÓ DEL PUENTE PARA CAER EN LOS RÁPIDOS DEL RÍO

Cerca de Shipki La cruzamos la línea fronteriza entre el Tíbet y la India. Aquí, y por última vez, llegamos a una altura de 4.970 metros. Permanecí mucho tiempo mirando hacia el Tíbet, la tierra de mis victorias y mis penas, la tierra inhóspita donde el hombre y la naturaleza ponen obstáculos al viajero, y desde cuyas alturas vertiginosas el viajero regresa con todo un mundo de recuerdos inolvidables, preciosos, a pesar de las dificultades.

En un tramo de unas pocas millas habíamos ascendido 1.710 metros desde el río hasta el paso de montaña. Luego descendimos dejando atrás el frío y el viento de las alturas hasta el río, donde disfrutamos de los vientos templados de verano que soplaban entre los albaricoques. Estábamos en el margen izquierdo. Poo, el primer pueblo del lado indio, se encontraba en lo alto de las colinas del lado derecho, incrustado en medio de una exuberante vegetación. Aquí había una misión cristiana de Moravia, establecida hace muchos años y aún dirigida por misioneros alemanes.

Pero, ¿cómo íbamos a cruzar el inmenso río, que en este punto se apretujaba en un estrecho paso entre rocas perpendiculares, y rugía en remolinos espumosos a través de su lecho? No se veía una criatura viva en la orilla, y Poo estaba oscurecido. Solo un cable de acero, tan grueso como mi pulgar, se extendía a través del abismo, que se abría unos treinta metros más abajo. El puente que una vez estuvo allí se había roto. Los únicos restos que quedaban eran los estribos de piedra en ambos extremos y las vigas contiguas que solían ser las cabezas de puente. Ngurup, nuestro último guía, sabía qué hacer en esta situación.

Enrolló una soga alrededor del cable unas cuantas veces, se aseguró en un lazo, agarró el cable y se arrastró a través. Luego corrió a Poo y pronto regresó con dos misioneros y algunos nativos. Trajeron un yugo de madera, acanalado para encajar en el cable y enrollado con cuerdas. Otras cuerdas servían para jalarlo de un lado a otro a lo largo del cable. Y ahora comenzamos el tránsito. Mulas, caballos, perros, cajas y hombres fueron transportados mediante este sistema. Pasé mis piernas por los lazos de las cuerdas, agarré el yugo con mis manos, me ataron otra cuerda alrededor de la cintura y así fui arrastrado a través del abismo. Fue un viaje peligroso. Me balanceaba entre el cielo y la tierra con las piernas colgando. Estaba a treinta y cinco metros del punto intermedio, pero la distancia parecía interminable. Con una sensación de alivio, finalmente me deslicé sobre la cabeza de puente en la orilla derecha y me sentí a salvo.

Era el 28 de agosto de 1908; y, hasta el momento que me encontré con el señor Marx y su compañero, no había visto a un europeo desde el 14 de agosto de 1906. Me quedé con ellos unos días. Un domingo asistí a su impresionante misa mayor, celebrada para los niños nativos.

Desde Poo descendimos a alturas cada vez más bajas, donde cada vez hacía más calor. Takkar agonizaba con su espesa capa de cabello negro. Con la lengua colgando y chorreando de sudor, corría de sombra en sombra; y se acostaba, tendido, en cada arroyo para refrescarse. Hacía medio año que se había unido a nosotros, mientras las tormentas invernales tibetanas arrojaban la espesa nieve alrededor de nuestras tiendas. Hasta Shipki La había respirado el aire fresco y frío de su país natal y había visto los últimos yaks. Pero ahora lo habíamos llevado a una tierra de calor infernal. Takkar reflexionaba, meditaba, y era consciente de que se aflojaban las ataduras. Lo habíamos tomado de las manadas nómadas por la fuerza; y de

CRUZANDO LA FRONTERA ENTRE EL TÍBET Y LA INDIA

nuevo deslealmente, lo traíamos a un país cuyo calor no podía soportar. Se sentía cada vez más como un extraño entre nosotros. Se perdía de vista con frecuencia durante todo el día; pero en el fresco de la tarde regresaba a nuestro lugar de campamento.

Se sentía solo y desamparado, y notaba que, en nuestro camino, lo dejábamos atrás cruelmente. Hasta que una noche no se presentó. Nunca más lo volvimos a ver. Sin duda había regresado al Tíbet, de vuelta con los pobres nómadas y las mordaces tormentas de nieve.

El 9 de septiembre me entregaron el correo en Gaura; y el 14 acampé en Fagu. Había dejado atrás toda mi caravana varios días antes y ahora viajaba solo. El 15 de septiembre entré en Simla y escribí la entrada «Campamento número 500» en mi diario.

Al día siguiente asistí a uno de esos brillantes bailes de Estado en la corte de lord Minto. ¡Yo, que había holgazaneado como un mendigo y había cuidado ovejas hacía bien poco! Podía ver el Himalaya desde mis ventanas en la residencia del virrey[275]. Detrás de su cresta nevada, mi amado Tíbet yacía soñando. Las puertas del país prohibido se habían vuelto a cerrar.

Había descendido así del Tíbet a Simla precisamente por ese camino que,

MUCHACHO DEL OESTE DEL TÍBET

en la dirección opuesta, me había sido cerrado por lord Morley y el Gobierno británico. Los ingleses de Simla me recibieron como un conquistador, y fui abrumado por la hospitalidad de todos. Di una conferencia en el Salón del Trono, sobre el viaje realizado con tanto éxito, ante lady Minto, lord Kitchener, los funcionarios del Gobierno, el Estado Mayor, varios maharajás y el cuerpo diplomático.

Me resultó muy doloroso separarme de mis seis hombres, el cachorro pequeño y los últimos animales de la caravana. ¿Acaso no les debía mi gratitud a ellos, así como a sus compañeros que se habían ido a casa o habían muerto, y a todos los caballos y mulas que habían sucumbido, gracias por que todo hubiera ido tan bien, bajo la protección del Altísimo? La última caravana regresaría ahora a su hogar en Leh. Además de entregarles grandes propinas y ropa nueva, les permití quedarse con los animales de la caravana y les pagué cuatro veces los gastos en los que habían incurrido. Lord Minto se dirigió a ellos, para agradecerles su fidelidad ejemplar. El rey Gustav los honró, así como a todos los despedidos anteriormente, con medallas. Lloraron amargamente mientras se alejaban por el parque de la residencia del virrey. Pero las lágrimas más amargas de todas llegaron en el momento de separarme del cachorro pequeño. Había vivido toda su vida conmigo en mi tienda. Había venido al mundo bajo un frío asesino, en los glaciares del paso de Karakoram.

Gulam prometió cuidarlo y estaba feliz de quedarse con este recuerdo vivo de nuestras aventuras juntos. Me senté a acariciar al fiel perro durante mucho tiempo antes de romper los lazos entre nosotros para siempre; ¡y luego lo vi huir entre los árboles del parque!

Después de que lord y lady Minto se marcharan de viaje por las montañas, Kitchener me pidió que me mudara a Snowdon, la magnífica casa del comandante en jefe en Simla. Allí pasé una semana inolvidable. Creo que puedo decir, sin alardear, que me acerqué mucho a Kitchener durante esos días. Los dos estábamos solteros. Vivíamos tranquilos en el gran palacio, solo dos ayudantes compartían nuestras comidas. Él había derrotado a África con las armas; Asia había caído en mi suerte. No se cansaba de interrogarme sobre detalles del vasto continente al que ahora había trasladado sus actividades. Si ahora tuviera notas de lo que entonces me contó sobre su vida, podría redactar un libro completo solo con sus palabras. Me habló acerca de sus primeros años, de Trebisonda y Suakin, de sus actividades topográficas en Palestina, de Gordon Pasha, de la campaña contra los Mahdi y los derviches, de la batalla de Omdurmán, de la guerra de Sudáfrica, de las reformas introducidas por él en el ejército indio; todo lo cual podría desarrollar con más detalle a partir de cartas escritas de su puño y letra, desde cuatro continentes. Todas las noches dábamos un largo paseo por la carretera que conducía al Tíbet. Era *entonces* cuando se sentía movido a hablar.

También mostró muchos rasgos comprensivos y sencillos que difícilmente se esperaban en este hombre de hierro. Cuando me mudé por primera vez a su casa, me llevó a mis habitaciones. Estaban decoradas con buen gusto, incluidos ramos de flores en jarrones. Los ayudantes me dijeron que él mismo las había recogido en su jardín. «¿Por qué?», pregunté. Porque quería que los colores armonizaran. Una pila entera de libros sobre el Tíbet estaba sobre la mesita de noche de mi dormitorio, para que pudiera sentirme como en casa en mi nuevo entorno. Kitchener fue muy particular en algunos detalles pequeños a los que la mayoría de los generales habrían prestado poca atención. Cuando celebraba grandes cenas, él mismo supervisaba la disposición de la mesa y la inspeccionaba tan críticamente como si se tratara de una formación de batalla. Se colocaba al final de la mesa, se inclinaba hacia adelante, miraba con atención y se aseguraba de que cada copa de vino, cada cuchara, cuchillo y tenedor estuviera en su lugar, en una línea rígidamente recta. Y los movía hasta que había un orden perfecto.

Le divertía aplicar cambios. Snowdon se sometió a una remodelación completa después de su llegada. Se decía que Kitchener encontraba la guarnición en las tierras bajas de la India demasiado plana y, por lo tanto, hizo construir una pequeña montaña en el lugar.

En Snowdon, que se ubicaba en un terreno montañoso, hizo nivelar una pequeña montaña para construir una pista de tenis. Siempre tenía nuevas ideas. Él mismo dibujó los planos, no solo para edificios y casas, sino también para las decoraciones artísticas.

Cuando habían pasado tres días, me preguntó:

—Bueno, ¿estás satisfecho o tienes algún otro deseo?

—Todo me parece encantador —respondí—, aunque aquí falta una cosa.

—¿Qué? —preguntó sorprendido.

—¡Mujeres! No he visto una falda desde que llegué a Snowdon.

—Está bien. Tendremos una cena mañana. Pero tendrás que elegir a los invitados. Y recuerda: ¡solo mujeres!

Había conocido a muchas damas amables en Simla, así que redacté mi lista. Fueron invitadas. Tal cosa nunca había sucedido antes. La cena resultó ser una de las más alegres y agradables a las que he asistido. Kitchener estaba de excelente humor. Pero contó algunas historias que habrían sido más adecuadas en una cena de hombres.

En otra ocasión conseguí que fuera conmigo al teatro, donde creo que nunca había puesto un pie. El público se sorprendió al verlo allí.

Pero los días pasaron volando. El 11 de octubre, Kitchener me llevó a la estación de tren y me despedí de él y de mi fiel amigo Dunlop-Smith.

CAPÍTULO LXV

CONCLUSIÓN

AHORA que hemos llegado al final de mi progreso en la vasta y salvaje Asia, solo me resta hacer un breve registro de las principales etapas de mi vida durante los últimos años. Mientras aún estaba en la India, recibí una invitación muy cortés de la Sociedad Geográfica de Tokio para ir a Japón a impartir algunas conferencias sobre el Tíbet. Por lo tanto, viajé en el *SS Delhi*, desde Bombay, con escala por Colombo, Penang, Singapur y Hong Kong, hasta Shanghái; donde impartí una conferencia en el teatro, presidida por el capitán Bruce, el famoso viajero asiático.

Continué en el *Tenyo Maru* hacia Kobe, donde una delegación de eruditos japoneses me recibió y me acompañó a Yokohama, donde tuvieron lugar más recepciones, me dieron la bienvenida el barón Kikuchi, presidente de la Sociedad Geográfica. Luego siguió una serie de fiestas brillantes y distinciones honrosas. Encontré un hogar hospitalario con el ministro sueco, Wallenberg; y en la residencia de sir Claude Macdonald, el embajador británico, impartí una conferencia ante el Cuerpo Diplomático. Entre todos los banquetes ofrecidos en mi honor, recuerdo en particular aquel en el que la legación sueca y yo fuimos los únicos invitados, nuestros anfitriones eran doce de los generales mundialmente famosos de la guerra Ruso-Japonesa. El victorioso anciano Oku pronunció el discurso principal en resonante japonés, que un intérprete tradujo al inglés. El almirante Togo, el mariscal Yamagata y el general Nogi también se encontraban en este distinguido grupo. Entre mis amigos especiales estaban el conde Kozui Otani, que me hizo su invitado durante varios días en Kioto, el marqués Tokugaya y su hermano, el príncipe. También los profesores Ogawa, Yamasaki, Hori, Inouye, Omori y muchos otros. Este último era el sismólogo más destacado de Japón. Lo volvería a encontrar a principios de octubre de 1923, en circunstancias peculiares. En ese momento yo viajaba en el mismo *Tenyo Maru*, desde San Francisco a Yokohama. En Honolulu, Omori subió a bordo. El gran terremoto de Kantō del 1 de septiembre lo había convocado a casa desde Australia. Estaba enfermo y yacía en la cama de su camarote. En la devastada Yokohama lo llevaron a tierra en una camilla; y murió después de llegar a la arrasada ciudad de Tokio.

Dejo para el final al japonés más grande de la época, el hombre que tuvo el coraje y la voluntad de derribar viejos prejuicios y abrir su país a las demandas de la nueva era: el emperador Mutsuhito[276]. Más alto que sus súbditos, modesto, amable e interesado, me recibió en su palacio de Tokio. Tras intercambiar las preguntas habituales sobre la salud del rey y sobre mi propio viaje, se informó completamente sobre las condiciones en el Tíbet. Sus últimas palabras se grabaron particularmente en mi mente.

—Has logrado cruzar el Tíbet en varias direcciones. Que eso sea suficiente; pues, recuerda que tal vez no puedas hacerlo tan fácilmente si regresas de nuevo a esas regiones de alta montaña.

Pasé cuatro días en Seúl como invitado del príncipe Ito. Habló con asombrosa franqueza del futuro político de Japón; pero lo que dijo pertenece a la categoría de aquellos asuntos que no deben ser reproducidos en forma impresa[277]. Además, ¡los tiempos han cambiado! El príncipe Ito también me invitó a visitar Port Arthur[278], donde tuve la oportunidad de estudiar el progreso de la construcción de una fortificación bajo la tutela de expertos. Allí también conocí al general Oshima, y nuevamente me encontré con el señor Kusakabe, el embajador de Japón en Estocolmo. Era Navidad y un árbol de Navidad sueco adornaba su casa.

Fuera de Mukden, visité las tumbas imperiales y me guiaron por el famoso campo de batalla. En Harbin, mi tren se detuvo durante dos horas para esperar el expreso de Vladivostok. Un grupo de oficiales rusos me remolcó y me condujo a una sala de espera, donde una mesa crujía bajo el peso de una batería de botellas de champán. Pasamos un rato alegre, y se pronunciaron poderosos discursos. Por casualidad le pregunté a un general alto y jovial si era demasiado tarde para comprar un gorro de piel en la ciudad, ya que tal gorro podría ser muy útil en el severo frío siberiano. Me aseguró que todas las tiendas estaban cerradas, y con esas me encasquetó su inmenso gorro de piel en la cabeza. Lo usé después hasta llegar a San Petersburgo. Pero la corona todavía llevaba la insignia del general, una cruz de plata en un campo azul. Así que cada vez que aparecía en los andenes de las estaciones en Siberia, con un abrigo de piel ruso sobre los hombros y esta maravillosa gorra de general en la cabeza, todos los gendarmes se volvían hacia mí y se ponían firmes. Les devolvía el saludo a la manera militar; pero ciertamente fue una suerte que no me arrestaran.

En Moscú me recibieron unos amigos suecos, y de nuevo paseé por el Kremlin y la Galería Tretiakov. En San Petersburgo, el general Brandstrom, embajador sueco, ofreció una cena donde los grandes duques y geógrafos, el doctor Backlund, jefe del observatorio de Púlkovo, y el doctor Emanuel Nobel estuvieron entre los invitados. Una vez más fui a la Villa de los Zares, donde relaté mi viaje, ilustrándolo con grandes mapas.

Unos días más tarde, el 17 de enero de 1909, llegué a mi hogar en Estocolmo y nuevamente experimenté la alegría inenarrable de encontrar intacto mi querido círculo familiar.

De ahora en adelante mi vida sería casi tan extenuante como cuando viajaba por el Tíbet, aunque de un modo muy diferente. Todas las sociedades geográficas más importantes de Europa me invitaron a impartir una conferencia ante ellas. En Berlín hablé ante el emperador y la emperatriz; en Viena volví a encontrarme con el anciano emperador Francisco José; en París, una brillante asamblea de geógrafos y otros eruditos me pidió que hablara en el gran salón de la Sorbona. La Royal Geographical Society de Londres se reunió en el Queen's Hall; entre los presentes estaba el valiente y capaz sir Robert Falcon Scott, quien perecería unos años más tarde, a su regreso del Polo Sur. Es costumbre de la Sociedad ofrecer un discurso de agradecimiento al orador, a propuesta de alguien en la audiencia. Esa tarea fue asignada ni más ni menos que al secretario de Estado de la India, ¡lord Morley de Blackburn! Había sido este hombre noble y altamente culto, quien me impidió ir al Tíbet desde la India, y quien se mostró frío ante todas las súplicas de lord Minto. Ahora me agradecía la conferencia en la que relaté los descubrimientos que había hecho. Fue y sigue siendo el recuerdo más preciado que tengo de la Royal Geographical Society[VII].

VII El discurso está impreso en el *Geographical Journal* de abril de 1909. En su libro *Recollections*, vol. II, pág. 295, el vizconde Morley escribe sobre este episodio: «Me dio mucho gusto hacer las paces con Sven Hedin el lunes pasado. Tuvimos una charla encantadora juntos en la cena, antes de que él diera su conferencia; la audiencia era inmensa. Di mi voto de agradecimiento a él, con elogios ingeniosamente ajustados a mí mismo por negarme a dejarlo salir de la India, y luego a él por ir al Tíbet a pesar de mí. El valiente hombre estuvo encantado, y en presencia de muchos cientos de hombres y mujeres geógrafos, me tomó de la mano y públicamente me juró eterna amistad. El escandinavo siempre me ha parecido una persona íntegra. Nansen es otro ejemplo».

Solo un caballero puede hablar así, un verdadero caballero que sepa distinguir entre el juego limpio en la investigación y la mezquina intolerancia en la política. Probablemente fue por sugerencia de lord Morley que el rey Eduardo me otorgó la Orden del Imperio de la India con rango de Caballero Comendador[279]. Esto no sucedería hasta otoño. El rey quería que me desplazase a Londres para recibir la distinción de su propia mano. Pero no pude hacerlo, porque en ese mismo período estaba contratado para impartir conferencias en Alemania, Austria y Hungría. Por lo tanto, la concesión fue confiada a sir Cecil Spring-Rice, embajador británico en Estocolmo, luego embajador británico en Washington, y uno de los hombres más comprensivos y dotados que he conocido.

En febrero de 1910 hablé ante la Società Geografica Italiana en Roma. Cuando el presidente me iba a entregar la medalla de oro, se la ofreció al rey y le pidió que me confiriera el honor; pero el rey a su vez se lo entregó a la reina, y así recibí la distinción de su encantadora mano. No soy católico y nunca en mi vida había tenido la intención de molestar al anciano Papa, Pío X, con una visita, pero he aquí que sucedió algo inusual. El Papa, que conocía bien la antigua obra misionera católica en el Tíbet, y en particular la del monje Odorico de Pordenone, cuyo lugar de nacimiento no estaba lejos del suyo, expresó el deseo de que fuera a visitarlo. Era un anciano amable y tuvimos una agradable conversación de una hora los dos solos.

En mayo de ese mismo año el presidente Roosevelt estuvo en Estocolmo, y me encontré con él varias veces. Nuestro primer encuentro, en casa del príncipe Wilhelm, fue bastante divertido. Entre los presentes estaban los profesores Montelius, Arrhenius y Lönnberg, también el almirante Palander, capitán del buque *Vega* de Nordenskiöld. Estábamos de pie formando un semicírculo, y el príncipe nos presentó uno tras otro a Roosevelt. Al venir hacia mí, el príncipe dijo:

—Doctor Hedin.

Lo que no causó la menor impresión en el presidente. Pero cuando el príncipe pronunció mi nombre de pila, en lugar del título, Roosevelt se enderezó, apretó el puño justo frente a mi cara, mostró todos los dientes y rugió, enfatizando cada palabra:

—¡Estás diciendo que este es Sven Hedin! Estoy muy contento de conocerte. He leído tus libros. Tendremos una larga charla después de la cena.

Tuvimos una larga conversación, no solo entonces, sino varias veces después. Lo recuerdo con admiración, como la clase de hombre con una voluntad fuerte e indoblegable. Roosevelt trató de persuadirme para ir a los Estados Unidos ese mismo otoño para dar una serie de conferencias públicas.

—Yo lo organizaré todo por ti —dijo.

A lo que yo respondí, en broma:

—Bueno, si el presidente Roosevelt va a ser mi gerente, estoy seguro de que tendré algún éxito.

—Simplemente envíame un telegrama tres meses antes de tu llegada y entonces pulsaré el botón. Tendrás éxito, ¡puedes estar seguro de ello!

Pero no iría a América en esa ocasión.

Durante esos primeros años después de mi regreso a casa desde el Tíbet, escribí mis relatos de viaje, que se publicaron en doce idiomas, y también comencé *Southern Tibet*, un trabajo científico que no se terminó por completo hasta diciembre de 1922.

En mayo de 1911 me encontraba en Londres, con un ambiente de plena locura por la coronación del rey Jorge V. Vi a muchos amigos de la India allí, el primero de ellos fue lord Curzon, quien era entonces presidente de la Royal Geographical Society. Mi hermana Alma y yo dimos una pequeña cena en el Hotel Cecil, que seguramente no fue de las menos destacadas de esa temporada. Éramos trece en la mesa. Siete de los presentes ya están muertos. Entre los invitados se encontraban el príncipe heredero de Suecia; lord Minto; lord Kitchener; el conde Wrangel, embajador sueco; sir Robert Baden-Powell, jefe de la Boy Scout Association; sir James Dunlop-Smith; sir Francis Younghusband; y el capitán Cecil Rawling, del Tíbet. Había decorado las tarjetas de la cena con alusiones a las profesiones de los respectivos invitados, y el ambiente de la ocasión era magnífico.

En julio del mismo verano, sir Ernest Cassel llegó a Estocolmo, de camino al cabo Norte. Me invitó a mí y a otros dos caballeros a unirnos a él. Nos llevaron a través de los profundos pozos ricos en metales de las montañas del extremo norte. Contemplamos el sol de medianoche; viajamos desde Narvik a través de oscuras olas polares hasta el cabo más septentrional de Europa y regresamos por la costa noruega.

En aquellos días, los espías rusos se veían con frecuencia en Suecia. En enero de 1912 publiqué *Ett Varningsord* (Una palabra de advertencia)[280] contra la amenaza rusa, un folleto del que se distribuyeron un millón de copias. Era consciente de que esta publicación me separaría para siempre de Rusia y que provocaría animadversión en el zar, que siempre me había mostrado tanta bondad. Por lo tanto, fui a San Petersburgo y tuve una larga conversación con el zar en la Villa de los Zares. Le hablé francamente sobre mis temores y reconocí que mi llamada de advertencia se publicaría dentro de una semana. El zar escuchó con atención. *Ahora* no tiene importancia que revele sus palabras. Está muerto, y el viejo orden ha pasado el testigo. Me dijo:

—Suecia no tiene nada que temer de Rusia.

—No, no directamente su majestad, pero el hecho de que Rusia esté aumentando su armada de manera tan considerable es razón suficiente para reforzar nuestras defensas.

—Nuestro programa de construcción naval está dirigido contra una potencia muy diferente a Suecia. Puede estar completamente tranquilo.

—Sí, pero en la guerra nunca se sabe lo que puede pasar.

—Le concedo que, en caso de una guerra general, la posición de Suecia podría volverse peligrosa para nuestros intereses, y que, en ciertas circunstancias, en contra de nuestra propia voluntad, podemos vernos obligados a asumir una actitud hostil hacia su país. En cualquier caso, Suecia haría bien en proteger sus costas.

Aquella fue la última vez que vi al zar. Regresé a Estocolmo el mismo día en que el panfleto, como una avalancha, se extendió por todo el país. Después de leerlo, el zar expresó su pesar al general Brandstrom por haber sido publicado. En Rusia, su consecuencia más directa para mí fue que me dieron de baja de la Sociedad Geográfica Imperial Rusa. Durante mi estancia en San Petersburgo, en diciembre de 1923, fui invitado a dar una conferencia nuevamente ante esa Sociedad, reorganizada de acuerdo con las nuevas condiciones políticas, y fui recibido entonces con una tempestuosa hospitalidad. *Tempora enim mutantur…*[281]

Los años 1912 y 1913 fueron comparativamente tranquilos. Continué mi trabajo en el libro *Southern Tibet* y sus mapas. En el verano de 1913 emprendí un viaje en automóvil de tres mil millas a través de Suecia y vi, por fin, partes de mi país natal que nunca había visitado. A fines de otoño culminaría el movimiento de defensa, que entonces cobraría nueva vida al apoderarse del país; y el 6 de febrero de 1914, treinta mil campesinos, bajo los estandartes de sus respectivas provincias, marcharían hasta el castillo real para declarar al rey su disposición a llevar el peso de una defensa eficaz. Participé en el movimiento de defensa y pronuncié varios discursos.

Pasé el verano de 1914 con mis padres y hermanas en una isla cerca de

Estocolmo. Fue un verano abrasador y bochornoso; y además el aire no estaba nada fresco después del anuncio del asesinato en Sarajevo. El 25 de julio, el presidente de la República Francesa pasó cerca de nuestro muelle con una pequeña flota en su camino a Estocolmo. Había venido directamente de San Petersburgo para entrevistarse con el zar. Por la noche, el rey y la reina ofrecieron una fiesta de gala en el palacio. El presidente me formuló unas preguntas sobre el Tíbet, tema que seguramente ese día no le interesaba en absoluto. La fiesta terminó a las diez en punto y él se apresuró a regresar a París. Luego siguió la semana negra y estalló la guerra.

No era difícil comprender que todo el desarrollo político y económico de las décadas siguientes dependería del resultado de esta guerra mundial. Por lo tanto, me invadió un deseo incontenible de observar la guerra de cerca en el frente. Estudiar la guerra moderna en el campo de batalla es una experiencia valiosa. Al menos se aprende a aborrecer la guerra como tal y a valorar correctamente las monumentales mentiras que los, en teoría responsables, líderes de las naciones profieren de la forma más irresponsable.

Nadie más que el Kaiser podía conceder permiso a un extranjero para visitar los frentes alemanes. El embajador alemán en Estocolmo, von Reichenau, transmitió mi consulta; y la respuesta fue afirmativa. Estuve en el frente occidental desde mediados de septiembre hasta mediados de noviembre, y al regresar a casa escribí un libro sobre mis observaciones[282].

En 1915 visité a Hindenburg y Ludendorff y presencié una fase importante de la guerra contra Rusia. También visité los ejércitos austríaco y húngaro, y acompañé al ejército de Woyrsch a través de Polonia hasta Brest-Litovsk, entonces en llamas. Sobre esa campaña, también, escribí un libro[283].

Durante siete meses de 1916 fui huésped de Enver Pasha, Halil Pasha y Yemal Pasha, durante la campaña en Asia. Me dirigí allí a través de Asia Menor[284], Mesopotamia, Siria, Palestina y el desierto del Sinaí, pero dediqué mucha menos atención a las operaciones de guerra que a esos países notables, su gente y sus reliquias. Pasear entre las ruinas de Babilonia durante varios días, bajo la guía del profesor Koldewey, fue de particular interés. Dediqué dos semanas inolvidables a Jerusalén y tenía en la colonia americana un fondeadero seguro, de la que eran miembros muchos suecos. Después de mi regreso a casa, escribí un libro sobre Bagdad y Babilonia, y otro sobre Jerusalén y Tierra Santa[285]. Como en tantas ocasiones anteriores, mi anciano padre pasó los manuscritos a limpio y mi madre los revisó. Pero mi padre estaba demasiado débil para terminar este trabajo. Murió en 1917, y dejó tras de sí oscuridad y un vacío.

Pasé el otoño de 1917 con von Billow en la campaña contra Italia, y también visité Curlandia y Riga, dedicado principalmente a buscar en los viejos archivos suecos información sobre el barón Bengt Oxenstierna, un viajero que, hace más de trescientos años, entró en el servicio militar del shah Abbás el Grande de Persia, y que realizó maravillosos viajes por Oriente.

Durante los años que siguieron, completé los nueve volúmenes de texto y tres volúmenes de mapas de mi trabajo *Southern Tibet*, que, hasta fines del otoño de 1922, había ocupado todo mi tiempo. También me quitaba mucha energía e implicaba hábitos sedentarios. Para sacudirme el polvo de los libros, mapas y manuscritos, y respirar aire fresco por un tiempo, vista la atmósfera mohosa que contaminaba Europa, zarpé hacia América, el 1 de febrero de 1923, a bordo del *SS Hansa*, de la Línea Hamburgo-Americana. Mis impresiones sobre los Estados Unidos se escribirán en otro momento, si tengo tiempo e impulso para hacerlo. Regresé a casa por el Pacífico, Japón, China, Mongolia, Siberia, Rusia y Finlandia. Nunca había viajado alrededor del mundo. Entonces me di cuenta de que efectivamente era redondo.

Ahora estoy sentado en la casa de verano donde me quedé en 1914, y me pregunto si el mundo es más pacífico y tolerante ahora que entonces. Seguramente un hombre se convierte en algo así como un filósofo después de una década como esta. Así que aquí cierro *Mi vida como explorador*. Lo que pueda llevar a cabo en mis años restantes, descansa en las manos del Todopoderoso.

NOTAS DEL TRADUCTOR

1. Una *telega* es un típico carro ruso tirado por caballos, usado principalmente para transportar cargas. Mientras que un *tarantás* es otro tipo de carro portado sobre un chasis largo, que le permite amortiguar impactos, y era usado para transportar personas sobre largas distancias. Ambos tipos de carros eran frecuentes en la Rusia del siglo XIX.
2. Grusia era el antiguo nombre dado a la provincia de Tiflis o Georgia. *Encyclopaedia Americana* (1829).
3. Actual Ucar o Ujar, otras fuentes la denominan Udjarri o Udžary. *RSFSR In Europe, South. Azerbaijan SSR. The World Atlas.* URSS (1967).
4. Actual Volgogrado, también conocida como Stalingrado entre 1925 y 1961.
5. La llamada «Ciudad Negra de Bakú», era una zona del sureste de la ciudad donde se concentró la industria petrolífera durante el siglo XIX.
6. *Pud*: unidad de masa utilizada principalmente en Rusia, equivalente a 16,38 kilogramos.
7. Antigua moneda persa en circulación entre 1825 y 1932.
8. Actual Manjil, provincia de Gilan, Irán.
9. Actualmente conocida como Plaza Real o Plaza de Naqsh-e Yahán.
10. Mezquita del Shah, actualmente conocida como Mezquita Real o Mezquita del Imam Jomeini.
11. La fayenza es un tipo de cerámica vidriada artesanal, compuesta de loza fina que después de ser cocida entre los 1.000 °C y los 1.300 °C, es cubierta con un esmalte de plomo y estaño. Toma su nombre de la ciudad italiana de Faenza.
12. Asuero es el nombre que recibe, en el libro bíblico de Ester, el rey persa con quien esta contrae matrimonio. Se considera que «Asuero» es la forma hebrea del nombre «Jerjes».
13. Esaias Tegnér (1782-1846), escritor y obispo sueco, considerado como el padre de la poesía moderna sueca. Se le conoce principalmente por ser el autor de la saga legendaria *Frithiofs saga*.
14. El narguile o narguilé, también conocido como pipa de agua o *huka*, es un artefacto originario de la India que se emplea para fumar tabaco de distintos sabores.
15. El *samovar* (en ruso: самовар) es un recipiente metálico en forma de cafetera alta, dotado de una chimenea interior con infiernillo, y sirve para preparar té.
16. Al-Muntafiq fue una confederación de tribus árabe localizada en el sur de la actual Iraq y Kuwait. Tuvo estatus de emirato entre los años 1530 y 1918, y su capital se encontraba en la actual ciudad iraquí de Basora.
17. Los caldeos fueron una tribu semítica de origen desconocido que se asentó en la Mesopotamia meridional en la parte anterior del I milenio a. C. Por consiguiente, esa región pasó a conocerse como Caldea durante la antigüedad.
18. Mirza es un nombre de origen persa que se usa como apellido o prefijo para identificar el linaje patriarcal. Fue usado principalmente como título nobiliario o real en varios imperios como el persa y el mogol.

19	Renombrada en 1993 como Turkmenbashi.
20	Actual Estambul.
21	Actual Edirne.
22	Nikolái Przhevalski (1838-1888) fue un geógrafo y renombrado explorador de Asia central. Llevó a cabo cuatro expediciones entre los años 1870 y 1885, visitando regiones de las actuales Mongolia, Tíbet, China, Kazajstán y Kirguistán. Sus expediciones no solo resultaron en nuevos descubrimientos geográficos, sino también botánicos y zoológicos.
23	Cuarenta libras esterlinas del año 1889 equivaldrían aproximadamente a cinco mil quinientas libras esterlinas del año 2020.
24	Actual Karaköy.
25	Actual Mezquita de Santa Sofía.
26	En referencia a la Primera Guerra Mundial.
27	Un Pasha o Paşa era un alto rango en el sistema político y militar del Imperio otomano. Se otorgaba típicamente a gobernadores, generales o dignatarios; también como título honorífico.
28	El sitio de Pleven o de Plevna fue un enfrentamiento durante la guerra Ruso-Turca (1877-1878) entre el Imperio ruso (y sus aliados, los Principados Rumanos) y el Imperio otomano.
29	Actual Üsküdar.
30	Un *isvostchik* es un tipo de carro tirado a caballo, popular en la región del Cáucaso durante el siglo XIX.
31	Robin Goodfellow es un ser fantástico del folclore de las Islas Británicas. Típicamente representado como un demonio doméstico, famoso por sus travesuras y bromas pesadas.
32	En la actualidad los cráneos se encuentran en el Museo Etnográfico de Estocolmo. Y a pesar de lo escrito aquí por Hedin, nunca han sido objeto de estudio. *https://svenhedinfoundation.org/collections/*
33	La *falka* o *falanga* es un método de tortura y pena corporal que consiste en golpear las plantas de los pies con varas.
34	Traducción literal del texto original (*He had his own court, his dwarfs, jesters, negroes, masseuses and servants*). Lo más probable es que se trate de esclavos. En la Persia de la dinastía Kayar (1796-1925) era común el uso de esclavos, tanto de etnia caucásica como africanos. *From the Mongols to the abolition of slavery* (2000), Willem Floor.
35	*Jinn* es la transliteración de la palabra genio, ser mitológico característico por su naturaleza solidaria y benévola. Mientras que un *div* (o *dev*) es otra criatura mitológica responsable de desgracias o enfermedades. Ambas criaturas tienen su origen en la antigua mitología persa.
36	Actual Mashhad.
37	En el momento de la publicación original de este libro (1926) el shah de Persia era Ahmad Shah Qayar, último shah perteneciente a la dinastía Kayar.

38 Doscientas libras esterlinas del año 1890 equivalen aproximadamente a 26.281 libras del año 2020.
39 Actualmente conocida como Gorgán, la capital de la provincia de Golestán, Irán.
40 En 1995 le fue concedido el estatus de ciudad y renombrada como Dibaj.
41 Esta acción tuvo lugar en la conocida batalla de Geok-Tepe (nombre antiguamente dado a este asentamiento) durante la conquista rusa de Asia central (1879-1885).
42 Transcaspia es el antiguo nombre dado a la región al este del mar Caspio, donde hoy se encuentran Uzbekistán, Turkmenistán y Kazajstán.
43 Localidad actualmente en el sur de Turkmenistán.
44 También conocida como Turgistán o Turestán, era una antigua provincia del Imperio sasánida (224-651 d. C.), y se encuentra en la actual Pakistán.
45 El saxaúl es un arbusto que puede crecer hasta alcanzar ocho metros de alto. Habita en los desiertos áridos y salobres de Asia central, especialmente en la región del Turquestán y el este del mar Caspio; se extiende hasta el desierto de Gobi.
46 Hafez de Shiraz, o Hafis (1325-1389), fue un poeta persa, cuya producción literaria es considerada por muchos iraníes como la cúspide de la literatura persa. Su tumba se encuentra en la ciudad de Shiraz y es objeto de peregrinación en la actualidad. Cuenta la leyenda que Tamerlán convocó a Hafez para explicar los versos que Hedin cita en este libro. Samarcanda era la capital de Tamerlán, y Bujará una de las ciudades más elegantes de su reino. Este se quejó que no había escatimado en gastos para engalanar ambas ciudades; y que no entendía por qué Hafez decía en sus versos de venderlas por el lunar de cualquier chica de Shiraz. A lo cual Hafez hizo una profunda reverencia y respondió: «Oh, príncipe, es esta prodigalidad la causa de la miseria en la que me encuentras». Tan sorprendido y encantado se quedó Tamerlán con esta respuesta que dejó marchar a Hafez tras darle múltiples regalos. *The Green Sea of Heaven: Fifty ghazals from the Diwan of Hafiz* (1995), Elizabeth T. Gray.
47 Sarto es el nombre dado a los habitantes sedentarios de Asia central y que ha tenido diferentes significados con el paso de los siglos. En la época en la que Hedin viajó por esas tierras, el término «sarto» se usaba para denotar a los habitantes turco-parlantes en los asentamientos del Turquestán occidental.
48 Macizo montañoso situado entre Afganistán y Pakistán.
49 La batalla de Angora o batalla de Ankara (20 de julio de 1402) fue un conflicto armado entre el Imperio otomano (liderado por Bayaceto el Rayo) y el Imperio timúrida (liderado por Tamerlán), y que se saldó con la derrota del Imperio otomano.
50 Los trabajos de restauración sobre la mezquita de Bibi Khanum comenzaron a mediados de los años 70 por iniciativa de la entonces República Socialista Soviética de Uzbekistán. Estos trabajos continúan hoy en día y han causado controversia por no ajustarse del todo a la arquitectura y decoración original del templo.
51 *Bihasht* o *Behesht* significa paraíso en persa, es un término que proviene de la colección de textos sagrados zoroastrianos del Avesta. *http://www.avesta.org/zglos.html*

52 Afrasiab es el nombre de una ciudad histórica que data del año 500 a. C. aproximadamente, y tiene su ubicación en el norte de la actual Samarcanda.

53 Esta llanura se encuentra actualmente en Uzbekistán y se la conoce con el nombre uzbeko de Mirzacho'l.

54 Actual Amu Daria.

55 Referencia al rey sueco Óscar II.

56 Khudayar Kan fue kan de Kokand entre los años 1845 y 1875. La conquista rusa de Asia central resultó en la abolición del Kanato de Kokand en 1876. De ahí que Hedin se refiera a Khudayar Kan como el «último kan».

57 Existe una leyenda en Uzbekistán que cuenta que la tumba de Iskandar Zulqarnayn (símbolo islámico de Alejandro Magno en la literatura y folclore de Asia central) se encontraba en Margilan, pero que esta desapareció con el paso del tiempo. El paradero real de la tumba se desconoce hoy en día.

58 El postillón es el conductor que dirige un carruaje tirado por caballos.

59 *Bek*, también transcrito como *bey* o *beg*, es un título de origen turco usado por jefes tribales o líderes locales.

60 En 1915, Hedin publicó el libro *With the German Armies in the West*, donde relata la evolución de la Primera Guerra Mundial desde el punto de vista alemán. Su postura claramente germanófila durante la contienda provocó que varios honores y medallas de algunas sociedades geográficas le fueran revocadas. Además de esto, su relación con varias personas con las que había mantenido un trato cordial se enturbiaron. Una de ellas fue sir Francis Younghusband. Según Axel Odelberg, Hedin envió un artículo al diario británico *The Times*, el cual versaba sobre la primera aparición del monte Everest en un mapa. Al rechazar el diario su publicación, Hedin escribió una carta a Younghusband solicitando su ayuda, pero Hedin no recibió respuesta alguna. *Äventyr på riktigt* (2014), Axel Odelberg.

61 La antigua Przhevalsk, como se conocía entonces, ha sido renombrada como Karakol.

62 Actualmente tiene categoría de ciudad, se encuentra en el sur de Kazajstán y se la conoce como Taraz.

63 Curlandia era la antigua denominación de Letonia.

64 Said Abdul Akhad Khan fue el penúltimo emir de la dinastía uzbeka Manghud en el Emirato de Bujará. Su reinado duró desde el año 1885 hasta 1911.

65 Hedin aquí obviamente habla en sentido figurado.

66 *Agha* es un calificativo o título empleado por los otomanos y turcos. Significa «cabeza» o «maestro» en turco y «señor» en persa.

67 Dos mil libras esterlinas del año 1893 equivalen aproximadamente a doscientas sesenta mil libras esterlinas en el año 2020.

68 Un *bashlik* o *bashlyk* es una capucha con forma de cono tradicional de Oriente Próximo. Normalmente está hecha de lana, fieltro o cuero; y tiene unas orejeras que se pueden atar alrededor del cuello para ofrecer protección contra el frío.

69 Turkestán, Türkistan como se la conoce en kazajo, es una ciudad que se encuentra al sur de Kazajstán. Los restos arqueológicos más antiguos de esta ciudad datan del siglo IV de nuestra era. La ciudad es además destino de peregrinaje por fieles musulmanes, ya que el prominente asceta sufí Ahmad Yasavi se encuentra enterrado en ella.

70 El mausoleo de Khoja Ahmad Yasavi al que Hedin hace referencia fue mandado a construir por Tamerlán en 1389; aunque con la muerte de este en 1405 se quedó sin completar. Declarado Patrimonio de la Humanidad en 2008 por la Unesco, este mausoleo es hoy en día una de las principales atracciones turísticas de Kazajstán.

71 Hoy en día se le conoce como pico Lenin, aunque ha sido renombrado oficialmente como pico Ibn Sina por las autoridades de Tayikistán.

72 «Orquesta musulmán» es la traducción literal de las palabras usadas por Hedin. Al tratarse de la ciudad de Kasgar, lo más probable es que se refiriese a uigures.

73 *Ambán* (en plural: *ambasa*) es una palabra en idioma manchú que significa ministro y que se usaba en la China imperial para designar al representante del emperador de la dinastía Qing. Habitualmente los *ambasa* habitaban en los territorios tributarios o dependientes del imperio, actuando de manera similar a un gobernador en un protectorado.

74 Las lenguas kipchak o túrquicas noroccidentales constituyen una de las principales ramas de la familia túrquica. Se clasifican en tres grupos, basados en criterios geográficos y características compartidas. Por ejemplo, está el grupo kipchak-nogay que incluye el kazajo, tártaro nogayo y tártaro siberiano. El kipchak-kirguís, al que hace mención Hedin, es el grupo que incluye el kirguís y el altái.

75 También conocido como Kok Moinok, es un paso de montaña que se encuentra en el norte de la actual Kirguistán.

76 Se conoce actualmente como lago Bangda.

77 Conocido actualmente como Makit, situado a orillas del Yarkand Daria.

78 Chagatai, también conocida antiguamente como Turki, es una lengua túrquica ahora extinta que llegó a ser hablada ampliamente en Asia central. Entre las regiones donde se hablaba chagatai se encuentran las actuales Uzbekistán, Kazajstán, Kirguistán y la provincia china de Xinjiang. El uzbeko y el uigur son dos lenguas modernas que descienden del chagatai.

79 Arthur Douglas Carey (1844-1936), funcionario del Imperio británico en la India; y Andrew Dalgleish (1853-1888) viajero y espía británico. Ambos hombres llevaron a cabo un viaje entre 1885 y 1887. Partieron de la localidad india de Leh, se dirigieron a Jotán y siguieron el cauce de los ríos Yarkand y Tarim para llegar al extremo este de la cuenca del Tarim, la zona donde se encontraba el lago salado de Lop Nor. Finalmente regresarían a la India, tras cruzar el temido paso del Karakórum hasta alcanzar la región de Ladakh.

80 Deseo por lo desconocido.

81 En referencia a la *vía dolorosa* (en latín «camino afligido» o «camino triste»), la calle que se ha tomado tradicionalmente como parte del itinerario que siguió Cristo, cargando con la cruz, camino de su crucifixión.

82 El hornillo Primus fue el primer quemador para cocinar de queroseno a presión, inventado en 1892 por el mecánico sueco Frans Wilhelm Lindqvist. Debido a su alto rendimiento y poco peso era el hornillo elegido en múltiples expediciones a los polos y al monte Everest.

83 El chelín era una moneda inglesa que equivalía a la vigésima parte de una libra esterlina (20 chelines = 1 libra esterlina).

84 Un *yamen* era la oficina administrativa o residencia de un burócrata local (*amban*) en la antigua China imperial. El término se sigue utilizando en la actualidad de forma coloquial para nombrar las oficinas del Gobierno.

85 El Kanjut Sar es una montaña pakistaní localizada en el Hispar Muztagh, una subcordillera del Karakórum. Tiene 7.760 metros de altitud y es la vigésimo sexta montaña más alta del mundo.

86 El lago Chaqmaqtin es un lago que se encuentra en la región de Wakhan en Afganistán, en el extremo más oriental del país.

87 Los gurkhas procedían de Nepal, mientras que los afridi eran una tribu pastún originaria de Pakistán y Afganistán. En cuanto a los kanjutis, estos eran originarios del Principado de Hunza, un antiguo Estado cuyo territorio entró a formar parte de Pakistán en 1947.

88 Sher Ali Khan (1825-1879) fue emir de Afganistán desde 1863 hasta 1879.

89 Abdur Rahman Khan (1840-1901) fue emir de Afganistán desde 1880 hasta su muerte en 1901. Se le conocía como el «Emir de Hierro» debido al despotismo militar con el que gobernaba.

90 Esta enfermedad, de tipo endocrinológico, se conoce en español como bocio. Se caracteriza por el aumento del tamaño de la glándula tiroides. Como curiosidad, Marco Polo también observó la misma enfermedad en Yarkanda durante sus viajes por Asia durante el siglo XIII. *Endemic Goitre* (1960), World Health Organization.

91 El *li* es una unidad de longitud tradicional china que se ha estandarizado en quinientos metros, aunque históricamente su valor osciló alrededor de distancias mayores y menores según distintos períodos.

92 Garuda es un dios hindú asociado a la fuerza y el coraje, y una criatura divina mencionada en las fes jainista, budista e hindú. Toma la figura antropomorfa de hombre con alas o la zoomorfa de un pájaro gigante con alas parcialmente desplegadas.

93 Mikhail Vasilievich Pevtsov (1843-1902) fue un oficial del Ejército Imperial ruso y explorador de Asia central.

94 El fusil Berdan es un fusil ruso creado en 1868 por el inventor norteamericano Hiram Berdan, y se convirtió en el fusil estándar del ejército ruso entre 1870 y 1891.

95 Príncipe Enrique de Orleans (1867-1901), en 1889 decidió dedicarse a las exploraciones geográficas y emprendió un viaje cuya ruta iría de Siberia a Hanoi; acompañado por el

también explorador Gabriel Bonvalot. En el transcurso del viaje, cruzó diversos sistemas montañosos del Tíbet y los frutos de sus observaciones fueron plasmados en el libro *De Paris au Tonkin á travers le Thibet* (1892), lo que le valió la Gran Medalla de Oro de la Sociedad Geográfica de París.

96 Piotr Kozlov (1863-1935) fue un explorador ruso activo entre los años 1898 y 1926. Sus expediciones tuvieron lugar en las regiones actuales de Xinjiang, Mongolia y el Tíbet. Fue partícipe en la que hubiera sido la última expedición de Przhevalski (ver nota 495); y en 1902 le fue otorgada la Medalla de Constantino, máxima condecoración de la Sociedad Geográfica del Imperio ruso.

97 Pueblo actualmente conocido como Qiemo, situado en la Región Autónoma de Xinjiang, República Popular China.

98 No confundir con Li Darin, del capítulo anterior, el gobernador de Charklik. Liu Darin era el gobernador de Jotán.

99 La expedición realmente tuvo lugar en 1895.

100 La expedición de Aurel Stein tuvo lugar en 1913, casi 20 años después de que Hedin hiciera el descubrimiento de los restos arqueológicos de Dandan Oilik.

101 *Vestigia terrent* es una cita en latín atribuida al poeta romano Horacio (65 a. C. - 8 a. C.), se puede traducir como «las huellas me asustan».

102 Conocida actualmente como Minfeng, Prefectura de Jotán, situada en la Región Autónoma de Xinjiang, República Popular China.

103 En el texto original en inglés, Hedin nunca menciona la etnia uigur. En este caso, ha hecho referencia a un grupo étnico con el nombre de taghliq; que describe como «habitantes de las montañas» de Dalaikurgan. En su libro *Sand-Buried Ruins of Khotan* (1904), Aurel Stein explica que los taghliq eran una tribu local compuesta en su mayoría por criminales exiliados de Jotán, que se habían marchado a las montañas en busca de trabajo. Se da la coincidencia de que él termino *taghliq* significa «montañoso» en uigur; y dado que el grupo étnico mayoritario en Jotán ha sido tradicionalmente el uigur, se ha reemplazado la palabra *taghliq* por uigur en la traducción.

104 Jules-León Dutreuil de Rhins (1846-1894), fue un geógrafo y explorador francés. En 1891 organizó una expedición para cartografiar la región Xinjiang y el Tíbet. No llegaría a ver el resultado de dicho trabajo al ser asesinado después de un enfrentamiento con un grupo de nómadas de la etnia golok. Los resultados de la expedición fueron publicados en 1897 por su auxiliar, Fernand Grenard, bajo el título *Mission scientifique dans la Haute-Asie*.

105 Actualmente llamado Hoh Xil Shan en chino.

106 La cruz, en zoología y referida a los cuadrúpedos, es una prominencia situada en la porción anterior de la columna vertebral.

107 Tsa'i dam, que significa en tibetano y mongol «marisma salada», es una región desértica del norte de la meseta tibetana. Su nombre también puede ser transcrito como Qaidam.

108 Por algún motivo, en el texto original se define *tsampa* como harina de maíz tostada. Pero la *tsampa* es tradicionalmente harina de cebada tostada, similar al *talkan* al que Hedin hace también referencia con anterioridad.
109 También conocida como Xining, la capital de la provincia china de Qinghai.
110 Lago Tuosu en la actualidad.
111 Lago Keluke o Hurleg Hu en la actualidad.
112 El uso del término *tangut* por Hedin tiene un matiz. En la época en la que Hedin viajó al Tíbet, los chinos usaban el término *Si-fan* (bárbaros occidentales) para referirse a los tibetanos del este. Así mismo, los distinguían en dos subgrupos, los «Si-fan negros» (debido a la costumbre nómada de usar pelo de yak negro para construir sus tiendas de campaña) y los «Si-fan amarillos» (aquellos cuyos jefes pertenecían al clero y vestían túnicas amarillas). En su relato del viaje a través del Tíbet en 1872 y 1873, Nikolái Przhevalski mencionó los llamados *Kara-Tangut* (*tangut* negros). Este término probablemente se derive del chino «Si-fan negros». Al encontrarse similitudes entre el idioma *tangut* y el tibetano, se podría concluir que *tangut* es otra denominación para los nómadas tibetanos. *Mongolia, the Tangut Country, and the solitudes of Northern Tibet* (1876), Nikolái Przhevalski.
113 Lago Hala (o Har Hu en chino) en la actualidad.
114 En referencia al desfiladero en Grecia que dio nombre a la famosa batalla entre los ejércitos del Imperio persa y la alianza de ciudades griegas liderada por Esparta en 480 a. C.
115 Conocido como Chengguan o Huangyuan en la actualidad, se encuentra en la provincia china de Qinghai.
116 Conocido como río Buha en la actualidad.
117 Conocido como lago Qinghai en la actualidad.
118 Évariste Régis Huc (1813-1860), también conocido como Abate Huc, fue un sacerdote católico francés y también misionero lazarista y viajero. En 1837 viajó a China como misionero, lo que le permitió conocer varias regiones del Imperio chino, Mongolia y Tíbet. Una vez establecido en China, en 1844 decidió emprender un viaje hasta Lhasa; cruzando la provincia de Qinghai y visitando el lago Qinghai en el intento. Sus experiencias durante su estancia asiática fueron recogidas en el libro *Souvenirs d'un Voyage dans la Tartarie, le Thibet, et la Chine pendant les Années 1844, 1845, et 1846*, publicado originalmente en 1850 en París.
119 *Chorten* es el nombre tibetano dado a una *estupa*, la típica estructura budista hecha para contener reliquias de un buda, monje o sacerdote; o también como construcción simbólica o de oración.
120 También conocido como Tsa Chu, o Dzachu (río rocoso).
121 El testimonio de Susie Rijnhart fue recogido en el libro *With the Tibetans in Tent and Temple* (1901).
122 Tsongkhapa («el hombre de Tsongkha» o «el hombre del valle de la Cebolla», 1357-1419) fue un importante maestro, filósofo y yogui tántrico del budismo tibetano que nació

cerca de Amdo y creó la escuela Gelug o «escuela del sobrero amarillo». A partir del siglo XVI esta escuela se convirtió en la escuela budista dominante en el Tíbet y Mongolia, siendo además la escuela a la que pertenecen los dalái lama.

123   La China Inland Mission (Misión al interior de China) era el antiguo nombre de la actual Overseas Missionary Fellowship (Fraternidad misionera en el extranjero); una organización fundada en 1865 por el misionero protestante James Hudson Taylor (1832-1905). El objetivo inicial de dicha misión fue predicar el evangelio en China.

124   *Daotai* era el nombre dado al gobernante de una localidad en la última etapa de la China imperial.

125   El *tael* es una unidad de peso dentro del sistema chino de pesos y medidas. Durante la dinastía Qing también se usó como base para la acuñación de monedas de plata; los pesos más comunes eran 50, 10, 5 y 1 *tael*. Tradicionalmente 1 *tael* de plata equivalía a cuarenta gramos aproximadamente. Por lo tanto, aquí Hedin declara que le restaban 30.800 gramos de plata (770 veces 40).

126   Localidad actualmente conocida como Yongdeng, está situada al norte de Lanzhou, provincia de Gansu, República Popular China.

127   Ciudad actualmente conocida como Lanzhou, capital de la provincia de Gansu, República Popular China.

128   Actualmente conocido con el nombre de río Xining.

129   Actual Ningxia, oficialmente recibe el nombre de Región Autónoma Hui de Ningxia. Es una de las cinco regiones autónomas que, junto con otras veintidós provincias, conforman la República Popular China. Tiene su capital en la ciudad de Yinchuan.

130   En la edición china, Sung Shu Choang ha sido transliterado como «Pueblo de las Moreras» (桑树庄); sin embargo, se desconoce el nombre actual de dicha localidad.

131   Actualmente conocida como Tingyuanying (o Bayanhot), situada en el oeste de la Región Autónoma de Mongolia Interior, República Popular China.

132   Actual Baotou.

133   Actual Zhangjiakou, es una ciudad-prefectura situada en la provincia de Hebei.

134   En la edición china, Kwei Hwa Chung ha sido transliterado como «Pueblo del Osmanto» (桂花庄). Se desconoce el nombre actual de dicha localidad.

135   Urga era el antiguo nombre dado a la actual capital de Mongolia, Ulán Bator. Este nombre procede de la palabra *Ulaanbaatar*, que significa que significa «héroe rojo» en la lengua mongola, en honor al héroe nacional mongol Sukhe Bator.

136   La ciudad tártara, también llamada Ciudad Mongol o Ciudad Interior de Pekín, es un distrito histórico de Pekín. Se extiende alrededor de la Ciudad Imperial y abarca la plaza de Tiananmen, el parque Jingshan, así como el Campanario de Pekín y la Torre del Tambor. Debe su nombre a los mongoles y manchúes, los cuales eran apodados en Occidente como tártaros.

137 Traducción del término *The Middle Kingdom*, el cual tiene su origen en la traducción al inglés del chino «Zhōngguó» (中國); y que era un nombre popular para referirse a China entre los siglos XVI y XIX.

138 Alexander Pávlov (1860-1923) fue un diplomático y chambelán ruso. Entre 1896 y 1898 ejerció como encargado de negocios del Imperio ruso en China.

139 Funcionario diplomático de mayor jerarquía dentro de una representación diplomática, del francés: *chargé d'affaires*.

140 El emperador Kangxi (1638-1722), cuarto emperador de la dinastía Qing.

141 El emperador Qianlong (1711-1799), sexto emperador de la dinastía Qing.

142 Li Hongzhang (1823-1901) fue un político, general y diplomático de la tardía dinastía Qing. Alcanzó notoriedad al apaciguar varias rebeliones internas y también como negociador frente a las potencias occidentales.

143 Modo de transporte tradicional consistente en un carro de dos ruedas tirado por una persona.

144 En referencia a William Ewart Gladstone (1809-1898), un estadista británico que llegó a ser primer ministro en cuatro ocasiones (1868-1874, 1880-1885, 1886 y 1892-1894).

145 La Exposición de Artes Generales e Industriales de Estocolmo, también conocida como la Exposición de Estocolmo, que tuvo lugar en 1897 en ocasión del vigésimo quinto aniversario del rey Óscar II.

146 En el año 1930, la expedición noruega *Bratvaag* encontró los restos de la expedición de Andrée. Junto con varios efectos personales, también encontraron los restos de Andrée y sus dos acompañantes. Los cuales fueron transportados a Estocolmo para su posterior incineración. El motivo de su desaparición y muerte sigue rodeado por el misterio y las especulaciones.

147 Este era un tipo de bote plegable inventado a finales del siglo XIX por el capitán británico E. C. F. James; cuya construcción ligera y robustez lo hacían deseable como parte del equipo de expediciones de la época. *Manual of Yacht and Boat Sailing and Architecture* (1913) Dixon Kemp.

148 No confundir con el Yoldash de la expedición anterior. Hedin tenía la costumbre de llamar al menos un perro Yoldash en cada una de sus expediciones. Así que este Yoldash era un nuevo perro que se unía a su equipo.

149 *Yamba* es la transcripción —por otro lado, incorrecta— de la palabra china *yuanbao* (元宝), que significa literalmente «lingotes». El *yuanbao* (o *sycee*) fue un tipo de moneda en la China imperial que se basaba en lingotes de oro y plata. Los lingotes se producían en distintos pesos, siendo los más comunes 50, 10, 5 y 1 *tael* (ver nota 495).

150 Loess es un término que proviene del alemán (*löss* o *löß*) y se usa para denominar depósitos sedimentarios limosos de origen eólico.

151 Hedin aquí no menciona de qué río se trata, aunque realmente la travesía incluiría dos ríos: el Yarkand Daria y el río Tarim, cuya longitud conjunta es de 2.030 kilómetros.

152   También conocido actualmente como Mazartag, una cadena montañosa en el oeste de la cuenca del río Tarim. Tiene 145 kilómetros de longitud y su montaña más alta alcanza los 1.635 metros de altitud.

153   En algunos mapas también aparece como Karul. Un pequeño asentamiento cerca de la confluencia entre los ríos Tarim y Ugen Daria. *Scientific Results of a Journey in Central Asia, 1899-1902: Vol. 7* (1904-1907), Sven Hedin.

154   El Yangi Kol era un lago elongado que formaba parte de un grupo de lagos cercanos a la ribera del Tarim, cerca de un pueblo llamado actualmente *Sanshiyi Tuanchang*. En su lugar, hoy existe un lago llamado Yingku'er Haizi.

155   Lago que pertenecía al mismo grupo de lagos que el Yangi Kol y que se encontraba un poco más al norte que este. La geografía de la zona ha cambiado considerablemente desde que Hedin realizó este viaje, y hoy en día muchos de los lagos de esta zona se han secado. El Bash Kol, por su parte, se ha reducido tanto en tamaño que casi ha desaparecido por completo.

156   Río que tomaba su nombre homónimo del asentamiento antiguamente llamado Cherchen; hoy en día conocido como Qiemo en chino (Qarqan en uigur). En la actualidad se lo conoce como río Qiemo.

157   En referencia a la expedición que Vsevolod Roborovski (1856-1910) y Mikhail Pevtsov (1843-1902) llevaron a cabo entre 1888 y 1890 en la actual Xinjiang y el norte del Tíbet. Como curiosidad, cabe señalar que fue al comienzo de esta expedición cuando Nikolái Przhevalski falleció después de contraer el tifus. Mikhail Pevtsov sería nombrado sucesor de Przhevalski como líder de la expedición. *Proceedings of the Tibetan Expedition* (1895), Sociedad Geográfica del Imperio Ruso.

158   Su nombre chino actual es Karamiran He.

159   Los *raskólnikis* (o «viejos creyentes») fueron cristianos ortodoxos partidarios de la vieja liturgia y cánones eclesiásticos que no aceptaron la reforma de la iglesia ortodoxa rusa hecha por el patriarca Nikon en 1654. Parte de la reforma incluía una orden de quemar libros viejos, entre otros cambios, lo que provocó el cisma entre creyentes y parte del clero (*raskol* significa «cisma» en ruso). Dicho conflicto degeneró en una persecución de los viejos creyentes por parte de la Iglesia y de las propias autoridades del Imperio ruso; incluyendo la tortura y ejecución de los miembros más activos. Como resultado, muchos viejos creyentes huyeron de Rusia y se establecieron en diversas regiones como las actuales Lituania y Ucrania, y también regiones más remotas como Siberia y el Turquestán.

160   Metáfora en referencia a la leyenda del holandés errante (The Flying Dutchman, en inglés), que versa sobre un barco que no pudo regresar a puerto y quedó condenado a vagar para siempre por los océanos del mundo.

161   Actualmente conocido como Konqi He en chino.

162   El Kara Koshun fue un lago que se encontraba al sur del Lop Nor, y que sería crucial para que Hedin formulase su teoría del «lago errante» Lop Nor. Ninguno de los dos lagos existe en la actualidad, tras haberse secado por completo. *Hyllningsskrift tillägnad Sven Hedin på hans 70-årsdag* (1935), Geografiska annaler årg. XVII.

163   Actual Mandalik, situada en la Región Autónoma de Xinjiang, República Popular China.

164   El «gran lago» al que hace referencia Hedin hoy día ya no existe, tras secarse por completo. *Mainland China: Official Standard Names Approved by the U.S. Board on Geographic Names, Volume 1* (1968), Army Map Service.

165   Actual Donglük, situada en la Región Autónoma de Xinjiang, República Popular China.

166   Cadenas que forman parte de una más extensa hoy conocida como Altyn Tagh, cuyo punto más alto alcanza los 6.245 metros de altitud. Dicha cadena montañosa separa la cuenca este del río Tarim y la meseta tibetana; siendo una frontera natural entre Xinjiang y el Tíbet.

167   Hoy conocida como Qimantag Shan en chino, situada en la Prefectura Autónoma Mongol de Bayingolin, República Popular China.

168   También transcrito como Charkliq, este pueblo recibe actualmente el nombre de Ruoqiang en chino.

169   Hedin no nombra explícitamente quiénes fueron estos exploradores, aunque una ojeada a un mapa suyo producido por la Royal Geographical Society muestra que las rutas de Dutreuil de Rhins (1894) y George Littledale (1895) cruzaron el Arka Tagh. Por lo tanto, se podría suponer que se refiere a estos dos exploradores. *Sketch map of part of Tibet showing the explorations and journeys of Dr. Sven Hedin, 1906-1908* (1909), Royal Geographical Society.

170   Referencia al personaje bíblico Nemrod (o Nimrod) que aparece en el libro del *Génesis* y es descrito como el arquetipo de cazador prodigioso.

171   Conocido actualmente como lago Ayakum, está situado en la Prefectura Autónoma Mongol de Bayingolin, China.

172   Cantidad aproximadamente equivalente a unas 125.700 libras esterlinas en el año 2020.

173   El término *pundit* fue usado en la segunda mitad del siglo XIX para referirse a los agrimensores indios usados por el Imperio británico para explorar regiones del norte de la India en secreto. La palabra tiene su origen en el nombre en clave del primero de los exploradores de este tipo; Nain Singh (1830-1882), cuya profesión original era maestro de escuela (o *pundit*).

174   Los buriatos son un grupo étnico asiático, y el más grande de Siberia. Son de ascendencia mongólica, con los que comparten muchos hábitos y rasgos. Entre ellos, un gran manejo de los caballos; razón por la cual, a finales del siglo XIX muchos buriatos fueron reclutados para el cuerpo de cosacos del Amur.

175   Obviamente aquí Hedin hace uso de una hipérbole, que va en consonancia con la tónica habitual de la narrativa; donde Hedin no pierde ninguna oportunidad para enfatizar sus descubrimientos.

176   Bulingar Gol o Sulin Gol He (en chino), un lago en la provincia china de Qinghai.

177   También transcrito como Zhan Guo Ce, su traducción al español es *Estrategias de los Reinos Combatientes*. Un clásico de la historiografía china que narra la historia de los principales reinos del período de los Reinos Combatientes, que abarca desde el siglo V a. C. hasta el año 221 a. C.

178   Este ya no es el caso. En 1986 se excavó una tumba en el yacimiento arqueológico de Fangmatan, cerca de la ciudad de Tianshui en la provincia de Gansu, que contenía un mapa hecho sobre un papel que se cree que data del siglo II a. C., convirtiéndolo en el trozo de papel más antiguo que existe.

179   El nombre de los períodos chinos era el título tradicional con que se designaba al año de reinado o período de reinado de los emperadores chinos. El período Taishi (泰始) dio comienzo con el emperador Wu del reino de Jin en el año 265 de nuestra era (primer año de Taishi) y finalizó en el año 274.

180   Nikolái Przhevalski aseguró haber localizado el lago Lop Nor en la misma zona donde se encontraba el Kara Koshun. El geógrafo alemán von Richthofen puso en tela de juicio dicha afirmación puesto que el Lop Nor era un lago de agua salada y mapas chinos de la antigüedad lo señalaban más al norte; mientras que el Lop Nor de Przhevalski era un lago de agua dulce (Kara Koshun). *The Lob-Nor Controversy* (1898), The Geographical Journal, Vol. 11, Número 6.

181   Actual provincia (*aygmal*, en mongol) de Hövsgöl, situada en el norte de Mongolia.

182   Actualmente el río se conoce como Tsagya Tsangpo o Za'gya Zangbo. Desemboca en el gran lago Siling.

183   Actualmente este lago se conoce como el lago Cona, Tsonag (en chino), o Co Nag (en tibetano). Es considerado un lago sagrado, y está situado en la región tibetana de Amdo.

184   Nombre de la actual ciudad-prefectura de Nagqu (en chino) o Nagchu (tibetano).

185   Las transcripciones usadas actualmente para esta palabra son *Khata, khatag* o *hada*. Es el tradicional pañuelo de seda que se utiliza en la cultura tibetana y mongola como ofrenda, y que por lo general está confeccionado en seda. Pueden estar hechos de varios colores. El blanco, por ejemplo, simboliza la pureza de corazón del que la ofrenda. Las *khatas* mongolas son generalmente de color azul, que simboliza el cielo.

186   Referida eufemísticamente de manera oficial como «Expedición Británica al Tíbet» (1903-1904); fue la invasión del Tíbet por el Ejército Británico de la India. Dicha invasión tuvo su contexto histórico como parte del «Gran Juego», nombre dado a la rivalidad anglo-rusa por la supremacía en Asia, que tuvo lugar durante el siglo XIX y principios del XX. Su objetivo declarado era poner fin a las disputas fronterizas entre el Tíbet y la región de Sikkim, que había sido anexada al Imperio británico. El objetivo real era eliminar cualquier tipo de influencia o tratado que permitiese a los rusos establecerse en el Tíbet y conspirar contra los intereses británicos. Tal y como quedó reflejado en la posterior Convención de Lhasa (1904), un tratado que prohibía al Tíbet de establecer acuerdos o tratados con ninguna potencia extranjera.

187   *Sahib*, término árabe cuyo significado actual podría traducirse como *señor*, era usado en el Ejército Británico de la India para referirse formalmente a los oficiales. En este contexto, Kamba Bombo acusa a Hedin de ser un oficial a las órdenes del ejército británico.

188   Actualmente conocido como lago Siling o Selincuo (en chino), situado en la Prefectura de Nagqu, Región Autónoma del Tíbet.

189   Actualmente conocido como Tso Ngön, lago hermano del Siling Tso.
190   Actualmente conocido como Shargut Tso, o lago Jargö, situado al oeste del Tso Ngön.
191   Actualmente conocido como lago Urru, y cuyas aguas son drenadas en el lago Jargö al oeste.
192   Actualmente conocido como Laguo Cuo (en chino) o Laggor Co (tibetano).
193   Actualmente conocido como Bieruo Zecuo (en chino) o Bêro Zêco (tibetano), situado en la Prefectura de Ngari, Región Autónoma del Tíbet.
194   En la actualidad este gran lago recibe el nombre de Pangong Tso o lago Pangong, tiene 134 kilómetros de largo y alcanza hasta la región india de Ladakh. El lado oriental de este lago, que Hedin describe aquí, es conocido como Nyak Tso (o lago Pangong del Este). Está situado en el condado de Rutog, Prefectura de Ngari, Región Autónoma del Tíbet.
195   La *tonga* o *tanga*, es un carruaje ligero tirado por un solo caballo que se usa como modo de transporte en la India y Pakistán.
196   Construida en 1803, la Government House era la residencia oficial del gobernador general de la India en Calcuta. Después de la independencia de la India, el edificio pasó a llamarse Raj Bhavan, y es la actual residencia oficial del gobernador del estado indio de Bengala Occidental.
197   Sir Ernest Cassel (1852-1921) fue un influyente banquero de negocios y filántropo británico.
198   Actualmente conocida como Majachkalá, es la capital de la República de Daguestán, una de las veintidós repúblicas que integran la Federación Rusa.
199   Publicado en inglés como *Scientific Results of a Journey in Central Asia, 1899-1902*. Instituto Litográfico del Estado Mayor del Ejército Sueco. Estocolmo. 1905-1907. Libro ampliamente usado como referencia para esta traducción.
200   En referencia a la Revolución rusa de 1905, ocasionada por la insatisfacción popular hacia el régimen absolutista del zar Nicolás II. Tuvo como consecuencia un cambio en la forma de gobierno del Imperio ruso, que pasó de una monarquía absolutista hacia una monarquía constitucional.
201   Los *hamidiyés* eran una caballería armada compuesta principalmente por kurdos suníes; y que formaban parte del ejército del Imperio otomano.
202   Ciudad de la provincia oriental turca de Agri, se la conoce actualmente como Dogubeyazit.
203   Gilbert Elliot-Murray-Kynynmound (1845-1914), cuarto Conde de Minto, fue virrey y gobernador general de la India entre 1905 (habiendo sucedido a lord Curzon) y 1910.
204   *The gates are mine to open*
And the gates are mine to close,
And I set my house in order,
Said our Lady of the Snows.
205   Sir Cecil Spring Rice (1859-1918), diplomático británico que llegó a ser embajador en Suecia (1908-1912) y EE. UU. (1912-1918).

206   Los llamados *mahdistas* eran los seguidores de Muhammad Ahmad (también conocido como El Mahdi), el líder de un movimiento revolucionario islámico que luchó entre 1881 y 1885 para acabar con el dominio otomano-egipcio sobre el Sudán.

207   Conocida actualmente como Kut.

208   Firma farmacéutica londinense.

209   En el texto original Hedin no desvela el nombre de esta «mano invisible». Se trató de su amigo James Dunlop Smith (1858-1921), un oficial británico que era secretario personal del virrey lord Minto. Al llegar el telegrama de Londres, Dunlop lo colocó en la parte inferior de la pila de documentos del virrey. Lo que le dio a Hedin el tiempo necesario para partir antes de que las órdenes de detenerle a toda costa fuesen conocidas. *Äventyr på riktigt* (2014), Axel Odelberg.

210   Ver nota 495.

211   Gobernador local de Leh.

212   A mediados del siglo XIX, la zona al este de Kishtwar y Cachemira estaba controlada por varios reinos o principados. Dos de estos fueron el reino de Ladakh y el principado de Jammu y Cachemira; y fue el líder de este último, Gulab Singh, quién llevo a cabo la conquista de Ladakh en 1841.

213   También llamado Marsemik La o Lankar La.

214   También conocido como Lanak La.

215   Conocido actualmente como Changlung Barma La.

216   Conocido actualmente como lago Guozha (chino) o Kotra Tso (tibetano).

217   Conocido actualmente como Dangre Yongcuo (chino) o Tangra Yumco (tibetano).

218   Conocido actualmente como Pur Co en chino.

219   También conocido como panchen lama, y quizás este sea el término más usado en la actualidad para referirse a él. El panchen lama es el segundo lama en la jerarquía tibetana solo por detrás del dalái lama. Entre sus responsabilidades se encuentra la de buscar la siguiente reencarnación del dalái lama. Tradicionalmente tenía su residencia en el monasterio de Tashilhunpo, en la ciudad de Shigatse.

220   El *ovis ammon* o *argalí* es una especie de muflón asiático que tiene su hábitat en las montañas del centro de Asia (Himalaya, Altái y Tíbet).

221   En texto el original: *I felt like a «toreador» at a bull-fight*.

222   Esta es todavía una práctica común hoy día en el Tíbet, así como en las provincias chinas de Sichuan, Qinghai y Mongolia Interior. En español se la conoce como «entierro celestial»; mientras que en tibetano se refieren a esta como *bya gtor*, cuyo significado literal es «dispersado por las aves».

223   Actualmente conocido como lago Dongcha en chino, situado en la Prefectura de Ngari, Región Autónoma del Tíbet.

224   Actual condado de Gêrzê o Kai-tse, dentro de la Prefectura de Ngari.

225   La «provincia de Naktsang» es una traducción literal. Las tres provincias culturales del Tíbet han sido: Ü-Tsang, Amdo y Kham. Es probable que Hedin se refiriese aquí al

	pueblo de Naktsang, conocido actualmente como Xainza, y que da su nombre a un condado en la Prefectura de Nagqu.
226	Actualmente conocido como Angzi Cuo (chino) o Ngangzi Co (tibetano), localizado dentro del condado de Xainza, Prefectura de Nagqu.
227	Sacar la lengua al saludar es una señal amistosa y de respeto entre la cultura tibetana.
228	Esta es otra traducción literal del texto que requiere un apunte. Tradicionalmente, la autoridad espiritual más alta del Tíbet ha sido el dalái lama. En realidad, con la invasión británica del Tíbet en 1904, el dalái lama se vio forzado a huir a Mongolia, y no regresaría al Tíbet hasta el año 1908. Lo que Hedin quiere decir es que, en ese momento, el panchen lama era en efecto la figura más sagrada que había sobre suelo tibetano. Puesto que el dalái lama se encontraba en el extranjero.
229	Actualmente conocido como Ma'erxia Cuo (en chino) o Marxai Co (tibetano), localizado dentro del condado de Xainza, Prefectura de Nagqu. Otros mapas también muestran los nombres de Daru Tso o Pungpa Tso.
230	También conocido simplemente como Paso Sela, en el estado de Arunachal Pradesh, India.
231	Actualmente conocido como Maiqu Zangbo en chino, situado en la Prefectura de Shigatse.
232	*Tommy Atkins*, o simplemente *Tommy*, es una forma coloquial usada para referirse a un soldado del ejército británico. Su uso está particularmente asociado a la Primera Guerra Mundial.
233	*Dzong* (también escrito como *jong*) es una palabra tibetana usada para describir un tipo de arquitectura aplicada a los «monasterios fortaleza». Su característica principal son sus muros altos hechos de ladrillo que disponen de pocas o ninguna ventana; dentro de los cuales se encuentran patios y templos budistas. Los *dzong* se solían construir con fines militares, religiosos (servir como alojamiento para los monjes) y administrativos.
234	Conocidas en tibetano como *dungchen*, las largas trompetas metálicas usadas en las ceremonias budistas.
235	Según la *Encyclopædia Britannica*, su nombre también se puede traducir como «preciado conquistador».
236	Un impluvio (del latín *impluvium*) es una especie de estanque rectangular con fondo plano, diseñado para recoger agua de lluvia. Era típico de los vestíbulos de las antiguas casas (*domus*) de los griegos, etruscos y romanos.
237	Hedin usa el término *lagba*, pero fuentes actuales se refieren a estos como *ragyapa* o *ragyabpa* (intocables). Es un término más general, usado para referirse a la casta más baja, cuyos miembros suelen dedicarse a profesiones «menos nobles» (como pescadores, carniceros, prostitutas o verdugos).
238	La poliandria, o estado de la mujer que está casada con más de un hombre, no está permitida en la actual legislación de la República Popular China. Sin embargo, se han hecho modificaciones a la ley nacional para ajustarse a esta práctica tradicional tibetana, donde los matrimonios poliándricos se pueden registrar como monógamos por la

esposa y el mayor de los esposos. De esto se desprende que es todavía una práctica tolerada de facto. *The Conflict and Adjustment of Tibetan Polyandry Marriage Customs and National Law* (2012), Zhang Kai.

239   Este pico se conoce actualmente como Dargo Kangri, y se encuentra al sur del lago Tangra Yumco, en la Prefectura de Nagqu.

240   También conocido como Dargo Zangbo en tibetano.

241   Conocido actualmente como Xuru Cuo (en chino) o Xuru Co (tibetano).

242   En 1904, Charles Ryder, topógrafo general de la India, viajó junto con los oficiales británicos C. Rawling, H. Wood, F. Bailey y el propio Mohammed Isa a través del Tíbet. Su ruta los llevó desde Gyangtse hasta Simla (la India), pasando por el asentamiento tibetano de Gartok. *Exploration and survey with the Tibet Frontier Commission, and from Gyangtse to Simla via Gartok* (1905), Major Charles Ryder.

243   Conocido actualmente como Zhari Nanmucuo (en chino) o Zhari Namco (tibetano), situado en la Prefectura de Ngari.

244   Conocido actualmente como lago Ang Laren o Ang Larencuo en chino, situado en el condado de Zhongba, Prefectura de Shigatse.

245   Saka Dzong se corresponde con el nombre de un condado conocido actualmente con el nombre de Saga, cuya sede recibe además el mismo nombre. Está situado en la Prefectura de Shigatse, Región Autónoma del Tíbet.

246   El *Skandá puraná* es un texto religioso hindú perteneciente al género de los llamados *puranas*. Este tipo de textos versa generalmente sobre historia, genealogías, tradiciones, mitos, leyendas y religión.

247   En referencia al poblado de Cafarnaúm o Cafarnaum, situado a orillas del mar de Galilea (también llamado lago Tiberíades), conocido por los cristianos como «la ciudad de Jesús». Debido a que fue en este donde, según la biblia, Jesús de Nazaret (el Salvador) predicó y realizó algunos de sus milagros.

248   «Om ah hum» es un mantra budista tibetano, cuyas sílabas representan la trinidad tibetana del cuerpo (OM), el sonido (AH) y la mente (HUM). *The Tibetan Book of Living and Dyring* (1992), Songyal Rinpoche.

249   Sir Henry Strachey (1816-1912) fue un oficial y explorador británico que cartografió áreas fronterizas entre la India y el Tíbet.

250   Aquí se ha traducido literalmente el texto original: «*Oh, the jewel is in the lotus flower, amen*». Fuentes actuales se refieren a la traducción literal simplemente como «la joya en el loto».

251   El fragmento del poema citado por Hedin es del libro *The Light of Asia* (1879), una forma de poesía narrativa que cuenta la historia de cómo Siddhārtha Gautama alcanzó la iluminación. Fue escrito por el periodista y poeta británico sir Edwin Arnold (1832-1904).

252   Actual río Jhelum, un río que tiene su nacimiento en la zona del valle de Cachemira controlada por la India, y que pasa por Pakistán, para confluir más tarde en el río Chenab.

253   Actual río Chenab, uno de los grandes ríos que fluye en India y Pakistán, y cuyo nacimiento se encuentra en la región de Himachal Pradesh, norte de la India.

254   Este paso de montaña se conoce actualmente como Jiuchi La (en chino) o Gyugchi La (tibetano). En algunos mapas también aparece transcrito como Giugti La.

255   El punto de congelación o fusión del mercurio se encuentra a −38,83 grados Celsius.

256   Lago cuyo nombre en tibetano significa «el lago desolado», está situado en la Prefectura de Ngari, Región Autónoma del Tíbet.

257   El texto original dice «*They had been longing for the grapes and abundant fleshpots of Khotan*». Una insinuación de que sus hombres estaban deseosos por encontrarse con las muchachas de los múltiples negocios sexuales de Jotán.

258   Actual río Karakash.

259   Conocido actualmente como Orba Co u Horpa Tso en tibetano (Wo Erbacuo en chino), es un lago situado en la Prefectura de Ngari, Región Autónoma del Tíbet.

260   Lago que tiene diversos nombres en función de la fuente, entre ellos, Charol Tso. Actualmente es conocido como Lumajangdong Cuo (en chino) o Lumaqangdong Co (tibetano), y está situado en la Prefectura de Ngari, Región Autónoma del Tíbet.

261   Actualmente conocido como Kahu Cuo (chino) o Kahu Co (tibetano), situado en la Prefectura de Ngari, Región Autónoma del Tíbet.

262   El nombre de la raza *takkar* no aparece en ninguna de las fuentes consultadas. Por las características descritas, debe haber sido un perro similar a un dogo o mastín tibetano.

263   En referencia al protagonista de la novela *La cabaña del tío Tom* (1852), donde se narra la historia de un esclavo afroamericano.

264   Actualmente conocido como Maiqiong Cuo (en chino) o Mêrqung Co (tibetano), situado en el condado de Zhongba, Prefectura de Shigatse, Región Autónoma del Tíbet.

265   Actualmente conocido como Biduo Zangbu (en chino) o Püdog Zangbo (tibetano), situado en la Prefectura de Shigatse, Región Autónoma del Tíbet.

266   Actualmente conocido como Taruo Cuo (en chino) o Taro Co (tibetano).

267   Actualmente conocido con el nombre de Raka, situado en el municipio de Dênggar, en el condado de Saga, Prefectura de Shigatse, Región Autónoma del Tíbet.

268   Este es un pequeño lago actualmente conocido como Chengxiang Cuo en chino, situado en la Prefectura de Shigatse, Región Autónoma del Tíbet.

269   En referencia a sir Henry Hayden (1869-1923), un geólogo de origen irlandés que trabajó para la Geological Survey of India (Departamento Geológico de la India) entre 1895 y 1922.

270   Actualmente conocido como Garen Cuo (en chino) o Garing Co (tibetano), situado en el condado de Coqên, Prefectura de Ngari, Región Autónoma del Tíbet.

271   Este lago se conoce actualmente con el nombre de lago Zabuye (Zhabuye Chaka en chino), y está situado en la Prefectura de Shigatse. En este mismo lago, en 1987, se descubrió el mineral llamado zabuyelita (carbonato de litio), que es extraído de minas y usado como fuente de litio para fabricar baterías (entre otros usos).

272 Actualmente conocido como Palong Cuo (en chino) o Palung Co (tibetano), y situado en la Prefectura de Shigatse, Región Autónoma del Tíbet.

273 Actualmente conocido como Renqingxiubu Cuo (en chino) o Rinchen Shubtso (tibetano), y situado en la Prefectura de Shigatse, Región Autónoma del Tíbet.

274 Thomas George Montgomery (1830-1878) fue un oficial y topógrafo británico que participó en el Gran Proyecto de Topografía Trigonométrica de la India (Great Trigonometric Survey), un proyecto que duró varias décadas y cuyo objetivo era cartografiar todo el subcontinente indio. Montgomery también quiso extender las expediciones hasta el Tíbet, pero al hallarse este cerrado a extranjeros, entrenó a nativos de la India para que se infiltraran en el Tíbet disfrazados como viajeros o peregrinos (los llamados *pundits*, ver nota 495).

275 A este edificio se le conoce actualmente con el nombre de Rashtrapati Niwas, y es la sede del Instituto Indio de Estudios Avanzados, un instituto de investigación científica. Está situado en la ciudad de Simla, Estado indio de Himachal Pradesh.

276 También conocido por su nombre póstumo, emperador Meiji (1852-1912).

277 El príncipe Itō Hirobumi (1841-1909) fue un jefe de Gobierno japonés, gobernador general de Corea y cuatro veces primer ministro de Japón. Hedin publicó un libro en 1950 titulado *Stormän och kungar* (Grandes hombres y reyes), en el cual da más detalles sobre la conversación mantenida con Itō. Según Hedin, Itō bromeó con la posibilidad de que Japón conquistase todo el este de Siberia hasta llegar al lago Baikal. De algún modo indicaba los planes expansionistas que Japón llevaría a cabo durante las siguientes décadas. *Sven Hedin's visit to Korea in 1908: Knowledge, Power and Propaganda* (2019), Anders Karlsson.

278 Ciudad actualmente conocida como Lüshunkou o Lüshun, situada en la provincia de Liaoning, República Popular China.

279 KCIE: Knights Commander of the Order of the Indian Empire, orden de caballería fundada por la reina Victoria en 1877.

280 *Una palabra de advertencia* fue el resultado de la colaboración entre Hedin y el oficial del ejército sueco Gabriel Hedegren. A principio de la década de 1910, había malestar en el estamento militar sueco por la decisión del Gobierno liberal, liderado por Karl Staaff, de posponer la construcción de un nuevo navío para la armada sueca. El panfleto escrito por Hedin jugaría un papel fundamental para crear una opinión popular favorable a construir dicho navío; y también sentaría las bases de lo que sería una mayor participación de Hedin en la vida política sueca posteriormente. Dicha historia se narra en los libros *Äventyr på riktigt* (2008) y *Med kungen som verktyg* (2014), escritos por Axel Odelberg.

281 *Tempora enim mutantur* se puede traducir como «los tiempos están cambiando».

282 La edición inglesa de este libro se publicó bajo el título *With the German Armies in the West* (1915).

283 Este libro se publicó en español con el título *Hacia el este* (1916), C. Seither Editor.

284 Actual región de Anatolia, en Turquía.

285 Obras publicadas bajo los títulos *Bagdad, Babylon, Nineve* (1917) y *Jerusalem* (1917), respectivamente.

Este libro ha sido posible gracias a Rosa, Antonio, Carmen, Juan, Rosa María, Juan Francisco y 徐佳